불멸의 여인들

불멸의 여인들

초판 1쇄 발행 · 2009. 3. 2.
초판 3쇄 발행 · 2010. 7. 5.

지은이 · 김후
발행인 · 이상용 이성훈
발행처 · 청아출판사
출판등록 · 1979. 11. 13. 제9-84호
주소 · 경기도 파주시 교하읍 문발리 출판문화정보산업단지 507-7
대표전화 · 031-955-6031 편집부 · 031-955-6032 팩시밀리 · 031-955-6036
홈페이지 · www.chungabook.co.kr E-mail · chunga@chungabook.co.kr

ISBN 978-89-368-0391-9 03990

＊ 값은 뒤표지에 있습니다.
＊ 잘못된 책은 구입한 서점에서 바꾸어 드립니다.

불멸의 여인들

역사를
바꾼
가장 뛰어난
여인들의
전기

김후 지음

청아출판사

신라의 역사에서 선덕여왕은 선정을 베푼 영민한 군주 중 한 분이었다. 그렇다면 우리의 역사서 중 최고의 권위를 갖는 《삼국사기》에서는 이 분에 대해 어떻게 평가했을까?

하늘을 두고 말한다면 양(陽)은 강하고 음(陰)은 부드러운 것이요, 사람을 두고 말한다면 사내는 높고 계집은 낮은 것이다. 어찌 늙은 할미가 안방으로부터 뛰어나와 국가의 정사를 처리하는 것을 허락할 수 있을 것인가? 신라는 여자를 잡아 일으켜 임금 자리에 앉게 하였다. 참말 어지러운 세상에나 있을 일이었으니 나라가 망하지 아니한 것이 다행이었다.

무척 당황스럽게도 이 글은 《삼국사기》를 편찬한 김부식 선생이 〈선덕여왕〉 편을 마무리하며 여왕에 대한 자신의 평가를 주석으로 달아 놓은 부분이다. '암탉이 울면 집안이 망한다' 라는 말은 단순한 속담이 아니라 유교의 영향을 받았던 동양의 여러 나라에서는 상당히 권위가 있는 것이었다. 그 말의 근거가 유교의 최고 권위자 공자께서 편찬한 《서경(書經)》이기 때문이다.

그렇지만 공자의 이 '암탉 망국론'은 공자 개인이 가지고 있던 여성에 대한 편견이 반영된 것이다. 암탉이 우는 것과 집안이 망하는 것과의 상관 관계는 통계적으로 입증할 수 없다. 따라서 '암탉이 울면 집안이 망한다'라는 공자의 가설은 잘못된 것이다. 리더십이라는 것은 카리스마나 지력, 대인 관계, 판단력과 같은 개인적인 능력들이 종합적으로 작용해서 결정되는 것인데, 이러한 능력은 남녀를 구분해서 주어지는 것이 아니다.

서양의 경우에는 여성들의 위치가 상대적으로 더 좋아 보이지만 그것은 근세에 들어서 유럽과 미국의 여성들이 치열한 투쟁을 벌여 힘겹게 거둔 성과이며, 이것이 서양인들의 페미니즘을 반영한 것이라고 보기는 어렵다. 유럽 문화가 자라난 두 개의 뿌리라고 할 수 있는 헬레니즘과 기독교, 양대 이데올로기 역시 여성들에 대해서는 상당히 억압적인 환경을 만들고 있었기 때문이다.

그렇기 때문에 근세 이전의 역사에 이름을 남긴 여인들은 근본적으로 사회적인 제약과 편견을 극복한 사람들이었다고 할 수 있다. 따라서 같은 조건의 남성들에 비해 개인적인 역량이 더욱 뛰어났던 사람들이었을 개연성이 높다. 이 책은 바로 이러한 사람들의 이야기이다. 우연히 모든 조건이 맞아 힘들이지 않고 인생을 산 사람들이 아니라 치열하게 투쟁하여 그 결과 권력이나 명예를 얻은 사람들의 이야기이다.

이 책에서는 이러한 여성들을 자의적으로 선정해서 편의상 팜므 파탈, 아마존, 어머니, 혁명가, 구원자의 다섯 개 카테고리로 구분했다. 여기에 등장하는 대부분의 여성들이 이 카테고리를 결정하는 다섯 가지의 요소들 중에서 여러 개를 동시에 가지고 있기 때문에 분류 작업도 쉽지 않았으며, 어떠한 객관적인 기준을 적용할 수도 없었다.

한편 책에 수록할 인물들의 명단이 확정되고 원고가 절반 이상 넘어가면서 그간 거론되던 한국의 여성들이 모두 탈락하였다. 이 책을 준비하면서 우리의 역사는 여왕을 세 분이나 배출했고 상당히 많은 여성들의 이름이 역사에 기록되었는데도 불구하고 우리의 '기록된' 역사에는 그 여성들에 대한 기록이 미미하다는 사실을 확인했다.

유사 이래 한국의 여성들이 모두 무능해서가 아니라 시작하는 부분에서 말했듯이 여성에 대한 뿌리 깊은 편견이 문제였을 것이다. 《삼국사기》의 〈산상왕〉 편이나 수로 부인의 일화같이 고대 사회의 여성 파워를 추정할 수 있는 단편적인 기록은 곳곳에서 발견할 수 있지만, 여성의 역할에 대한 공식적인 역사의 기록은 의도적으로 삭제하거나 축소한 부분이 많이 있었던 것으로 보인다.

우리의 역사상 여권이 가장 신장되어 있었다는 고려 시대의 여인들 중에는 사회적으로 활발히 활동하고 실제로 역사에 영향을 미쳤던 인물들이 상당히 많이 있었을 것이다. 그렇지만 고려의 정사인 《고려사》는 그 시대가 아니라 유교를 통치이념으로 채택했던 조선왕조에 만들어진 책이다. 《고려사》의 〈열전〉에도 나라에 이바지한 여성들의 사례가 실려 있지만, 하나같이 유교적인 이념에 들어맞는 이른바 '열녀' 들의 이야기만 선택적으로 수록하고 있다.

그러한 영향으로 인해서 만약 픽션이 가미되지 않는다면 선덕여왕이나 진성여왕에 대한 기술은 단 한두 페이지에 모두 쓸 수 있을 정도로 현재 우리에게 남아 있는 역사적인 자료는 빈약한 상황이다. 이러한 상황에서 그분들에 대해 기술하는 일은 기록자로서 상당히 무책임한 행위라고 생각하기 때문에 이러한 분들의 이야기가 제외된 것이다.

마지막으로 이 책은 페미니스트의 입장에서 쓰려고 한 것이 아니라 냉정한 역사의 기록자 입장에서 쓰기 위해 노력한 책이라는 점을 확실하게 해두고 싶다. 아주 긴 세월 동안 여성들은 사회적인 억압에 시달려 왔지만 기록자들의 편견에도 시달려 왔다. 이 책에서는 객관적인 사실에서 추론해서 그러한 편견들을 수정하려고 했을 뿐이다. 다만 이 책을 구성하는 다섯 개 장이 시작되는 부분에는 각 장마다 서문을 붙였는데, 이 부분에서는 개인적인 생각을 제약 없이 서술했다.

차례

1

뿌리칠 수 없는 유혹

팜므 파탈

달기 | 포사 | 조비연 | 서시 | 왕소군 | 초선 | 양귀비
클레오파트라 | 테오도라 | 퐁파두르 부인 | 심프슨 부인

팜므 파탈이라는 존재 자체는 사람들이 머릿속에서 만들어낸 환상일지도 모른다. 한 시대를 풍미했던 영웅이나 위대한 인물들이 궁극적으로 좌절하거나 파멸했을 때 실패의 근본적인 책임을 당사자에게 묻는다면 그것은 너무나 가혹한 일이기도 하다. 팜므 파탈은 이러한 경우 책임을 떠넘기기 위해서 상상으로 만들어낸 개념일지도 모른다. 그들은 악마적인 천성을 타고난 사람들이 아니라 주어진 운명을 최선을 다해 헤쳐 나갔던 비범한 여성들이었는지도 모른다.

뿌리칠 수 없는 유혹

남자와 여자가 상대방을 보는 시각에는 미묘한 차이가 있다. 남녀 관계는 대개 서로 호감을 가지고 시작하지만, 일방통행적인 관계에서 시작하는 경우도 적지 않다. 어느 한쪽의 주도로 시작해서 어려운 과정을 극복하고 긴밀한 관계가 이루어졌을 때 남자의 경우에는 "저 녀석은 도도한 퀸카를 정복했어."라는 표현을 사용한다. 반면 여자는 '정복'이라는 표현보다 '유혹'이라는 어휘를 주로 사용한다.

남자는 여자를 정복하지만 여자는 남자를 유혹한다는 것이 사람들이 오랫동안 가지고 있었던 고정관념이다. 정복이나 유혹 모두 상대방을 지배하려는 데 그 목적이 있지만, 어휘의 의미를 세심하게 살펴보면 유혹 쪽이 훨씬 더 치명적이다. 정복을 당한 상대방은 당연히 정복자에 대해서 저항할 권리를 가지지만, 유혹이라는 것은 저항의 의지를 아예 무력하게 만들기 때문이다.

여기서 '팜므 파탈(femme fatale)'이라는 개념이 만들어졌다. 사전적인 의미로는 단순히 '치명적인 여인'이며 우리말로는 '요부(妖婦)' 정도로 해석되는 이 프랑스어 단어는 상당히 복잡한 개념을 가지고 있는 말이다. 요즈음에는 이 단어를 남용해서 반쯤 드러낸 가슴과 퇴폐적인 화장, 멍청한 표정 세 가지만으로도 아무 여자나 팜므 파탈이 되지만, 원래는 구약성서의 〈창세기〉에서 아담을 유혹하여 선악과를 먹게 만든 인류의 어머니 '이브'에서 시작된 여인의 원죄와 관련된 개념이었다.

또한 이 단어는 '유혹'이라는 개념과 연결되어 악마적인 여성상을 의미한다. 악마와 팜므 파탈은 동일하게 유혹을 주 무기로 하기 때문이다. 성서의 엄격한 해석에 의하면, 이브가 아담을 부추겨 선악과를 먹게 한 행위는 악마가 인간을 유혹하는 것과 동일한 범죄 행위였던 것이다. 따라서 팜므 파탈은 신학적으로는 중죄를 저지른 범죄자들이다.

그런데 중세의 어둠이 걷히고 인간성이 회복되기 시작한 르네상스 시대가 오자 이 팜므 파탈들이 속세에 나타나 전 유럽을 풍미하기 시작했다. 이 시대에는 초인적인 영웅들과 아름다운 여인들, 사악한 괴수들이 등장하고 갖가지 모험과 아름다운 사랑으로 가득 찬 로망스 소설들이 유행했는데, 그러한 소설들에는 어김없이 팜므 파탈들이 중요한 캐릭터로 등장했다. 이 시대의 팜므 파탈 중 가장 대표적인 인물이 아서 왕의 이야기에 등장하는 모간 르 페(Morgan le Fay)이다.

아서 펜드래건(Arthur Pendragon)은 영국의 전설적인 영웅이지만, 단순히 상상력에 의해서 만들어진 인물인지 아니면 실존했던 역사적 인물을 토대로 이야기가 덧붙여졌는지는 확실하지 않다. 아서 왕의 전설은 5세기 후반을 시대적인 배경으로 해서 음유시인(bard)들에 의해서 갖가지 버전으로 구전되어 오다가 9세기 초반 무렵 처음 기록으로 남겨졌다. 실존 여부와는 상관없이 아서 왕이 영국 역사에 미친 영향은 지대했다. 통치자들에게는 잉글랜드 국왕의 이상적인 모델로 여겨졌으며, 대중들에게는 언젠가는 돌아올 메시아로 마음속 깊이 자리 잡게 되었다.

아서 왕의 전설은 1485년 출판된 토머스 멀로리(Thomas Malory) 경의 8부작《아서의 죽음(Le Morte d' Arthur)》으로 집대성되었으며, 이 책은 후대의 예술가들에게 많은 영감을 주었다. 영국의 시인 알프레드 테니슨(Alfred L. Tennyson)이 1856년에 발표한《왕의 목가(Idyll of the King)》는 아서 왕의 전설을 근대적인 감각으로 재해석한 것이다. 리하르트 바그너(Wilhelm Richard Wagner)의 오페라〈트리스탄과 이졸데(Tristan und Isolde)〉는 멀로리 경이《아서의 죽음》에 기술한 여덟 개의 이야기 중 하나를 극화한 것이며, 1981년에 만들어진 영화〈엑스칼리버(Excalibur)〉와 같은 현대의 작품들도 모두 이 책을 바탕으로 하고 있다.

시대를 뛰어넘는 대작이었던《아서의 죽음》에서 멀로리 경은 모간 르페라는 멋진 팜므 파탈을 창조하였다. 이 작품의 등장인물 대부분은 선악이 분명하고 쉽게 다음 행동을 예측할 수 있는 아주 단순한 캐릭터를 가지고 있다. 하지만 유독 모간의 캐릭터만큼은 현대의 심리 소설에서나 볼 수 있을 정도로 복합적이라 쉽게 이해되지 않는다. 모간은 아서의 이야기뿐 아니라 그 시기에 쓰인 샤를마뉴 대제의 이야기에도 등장하는데, 여기에서는 위기에 빠진 프랑스를 구원하기 위해 200년 전에 죽은 영웅을 부활시키는 착한 마법사이다.

멀로리 경의 저서로 돌아가면, 아서에게는 아버지가 다른 누이가 세 명 있는데 모간은 그들 중 막내로 어릴 적부터 아서와는 아주 각별한 사이였다. 켈트인들의 성지인 아발론(Avalon)을 지키는 사제이자 강력한 마법사인 모간은 아서를 위해서 왕을 상징하는 붉은 용의 깃발과 성검 엑스칼리버를 넣기 위한 칼집과 같은 마법의 물품들을 만들어 준다. 모간이 만든 아서의 깃발은 지저분한 것들이 묻지 않아 언제나 새것처럼 보였으며, 칼집에는 치유의 능력이 있어서 아무리 깊은 상처를 입어도 상처에 갖다 대기만 하면 그 상처가 깨끗이 아무는 귀중한 물건이었다.

모간은 아서를 친동생으로, 국왕으로, 사람들을 구원할 영웅으로, 또한 한 명의 남자로 끔찍이 사랑한다. 그러나 그것과는 별개로 아서와 카멜롯을 파멸시키기 위해서 전력을 다하며, 클라이맥스에서 마침내 아서와 원탁의 기사들을 완전히 파멸시키는 데 성공한다. 그렇지만 이 이야기의 마지막은 아서가 반역자들과의 전투에서 승리를 거둔 뒤 전투에서 입은 치명상으로 인해 숨을 거두자 슬픔에 가득 찬 모간이 세 명의 여자 사제들과 함께 나타나 아서의 영원한 안식을 위해 그를 나룻배에 싣고 성지 아발론을 향해 짙은 안개 속으로 사라지는 것이다. 모간의 항해를 마지막으로 아발론과 인간 세상과의 인연은 영원히 끊어지게 된다.

이 부분에서 독자들이 그녀의 행동에 대해 이해하기는 거의 불가능하다. 저자인 토머스 멀로리 경조차 '나룻배에서 내리는 네 명의 사제 중에서 가장 눈에 띄는 저 아름다운 여인은 경이롭게도 모간 르 페가 아닌가?'라고만 썼다. 사랑하는 사람을 파멸시킬 것이냐 아니면 파멸시켜야 하는 상대를 사랑할 것이냐. 이런 경우 남자들은 대부분 둘 중에서 하나만 선택하지 모간처럼 두 가지 목표를 동시에 추구하지는 않는다. 아마 보통의 여자들도 마찬가지일 것이다.

모간의 팜므 파탈적인 모습은 그녀의 스승인 마법사 멀린(Merlin)과의 관계에서도 잘 드러난다. 멀린은 당대 최고의 마법사이자 과거와 미래를 꿰뚫어 볼 수 있는 현자였다. 그는 어린 모간을 만났을 때부터 그녀가 장차 자신은 물론 아서와 아서의 왕국을 파멸시킬 것이라는 사실을 잘 알고 있었다. 그럼에도 멀린은 어린 나이에 불우한 정략결혼에 의해 희생

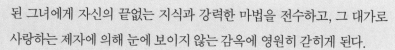

된 그녀에게 자신의 끝없는 지식과 강력한 마법을 전수하고, 그 대가로 사랑하는 제자에 의해 눈에 보이지 않는 감옥에 영원히 갇히게 된다.

모간의 이름 뒤에 붙는 '르 페(le fay)'는 일종의 별명으로 '정령'을 의미하는 영어 단어 'fairy'에 해당하는 말이다. 따라서 그녀의 이름은 '요정처럼 아름다운 모간'이 된다. 요정과 같은 용모, 타고난 총명함과 뛰어난 지성을 갖추고 있는 모간은 뜨거운 피가 끓는 아서뿐 아니라 현명한 노인인 멀린에게까지 치명적인 팜므 파탈이었다.

그렇지만 토머스 멀로리 경이나 테니슨과 같은 작가들은 그녀가 그렇게 행동한 이유를 아예 무시하거나, 억지로 궁색하게 설명할 뿐이다.

아서의 이야기가 음유시인들에 의해 구전된 때부터 시작해서 1500년 이상 사악한 요녀였던 모간에게 20세기 말엽에 들어서면서 정당성이 부여되었다. 미국의 작가 마리온 짐머 브래들리(Marion Zimmer Bradley)가 발표한 무척 긴 소설 《아발론의 안개(The Mists of Avalon)》는 아서 왕의 전설에 대한 완결편에 해당하는 작품이다.

이 책을 통해서 작가는 모간이 당연히 해야 할 일을 했을 뿐이라고 친절하게 설명해 준다. 모간은 고대 켈트인들의 신앙을 지키는 사제였고, 그녀가 사랑하는 동생 아서는 로마인들에 의해 도입된 기독교 신앙을 카멜롯 왕국 통치의 기초로 삼았다. 아발론은 브리튼 섬의 사람과 자연을 보호하는 신비한 능력을 가지고 있는 성지였지만, 공격적인 기독교 신앙에 의해 사람들로부터 배척되자 지리적으로도 점차 멀어졌다. 결국 모간의 시대에는 쉽게 접근할 수 없는 장소가 되고 말았다.

모간은 이것을 되돌리기 위해서 아서를 움직이고자 했으며, 그 과정에서 눈부시게 아름답지만 냉정한 성격이면서 독실한 기독교 신자인 아서의 왕비 귀네비어(Gwenhwyfar, Guinevere)와 대립할 수밖에 없었다. 격정적이고 급한 성격인 모간과 침착하고 차갑고 음울한 성격의 귀네비어는 각기 과거와 현재의 브리튼을 대표한다. 이 대립구도에 따라 두 여인 사이에서 갈팡질팡하던 아서라는 불세출의 영웅은 결국 운명을 극복하지 못하고 극적으로 몰락하는 비극을 맞이하게 되는 것이다.

《아발론의 안개》는 1982년에 발표되어 그해에 바로 베스트셀러가 되었으며, 20년이 훨씬 지난 지금도 아마존 서점의 판매 순위에서 상위에 올라 있는 작품이다. 이 책을 읽고 나면 수백 년 동안 의문에 쌓여 있던 모간 르 페라는 멋진 캐릭터에 대한 이해가 가능하다. 모간 자신이 이 책의 주인공이자 내레이터이기 때문이다.

한 가지 덧붙이자면 《아발론의 안개》를 저술한 마리온 브래들리는 다양한 장르를 섭렵했던 여류작가이다. 여자였기 때문에 이 전설적인 팜므 파탈에 대한 이해와 변호가 가능했을 것이다. 남자에게는 모간의 복잡한 사고방식이 이해조차 불가능한 낯선 것이었을 테니까.

팜므 파탈이라는 존재 자체는 사람들이 머릿속에서 만들어낸 환상일지도 모른다. 모든 문학작품의 캐릭터들 중에서 가장 대표적인 팜므 파탈 중 하나가 모간 르 페이지만, 그녀에게 갖은 고뇌 속에서도 자신의 할 일을 성실히 수행했을 뿐이라는 정당성을 부여할 수 있다면, 실제 역사 속에서도 치명적으로 위험한 여인은 존재한 적이 없었는지도 모른다.

사실 한 시대를 풍미했던 영웅이나 위대한 인물들이 궁극적으로 좌절하거나 파멸했을 때 실패의 근본적인 책임을 당사자에게 묻는다면 그것은 너무나 가혹한 일이기는 하다. 팜므 파탈은 이러한 경우 그 책임을 떠넘기기 위해서 상상으로 만들어낸 개념일 뿐일지도 모른다. 그들은 악마적인 천성을 타고난 사람들이 아니라 주어진 운명을 최선을 다해 헤쳐 나갔던 비범한 여성들이었는지도 모른다.

침어낙안 폐월 수화

중국사의 팜므 파탈들

사자성어로 빼어난 미인을 의미하는 '절세가인(絶世佳人)'이나 '경국지색(傾國之色)'이라는 단어는 모두 한나라 무제 시절에 활동하던 시인 겸 음악가인 이연년(李延年)이 미모가 뛰어난 자신의 누이동생을 칭송하며 쓴 시 중의 한 구절에서 유래한다.

북방에 아름다운 여인이 한 사람 있는데 北方有佳人

세상과 떨어져 홀로 서 있다. 絶世而獨立

한번 뒤돌아보면 성을 위태롭게 하고 一顧傾人城

다시 뒤돌아보면 나라를 위태롭게 하기 때문이다. 再顧傾人國

중국사에는 왕조의 멸망에 직·간접적인 요인을 제공했던 달기, 포사, 조비연 자매와 같은 경국지색들의 이야기가 여러 사서를 통해서 전해진다.

달기, 포사, 조비연

상(商)나라의 마지막 임금 주(紂)의 총애를 받았던 달기(妲己)는 구리기둥을 불에 잔뜩 달구어 놓고 죄인을 그 위로 걷게 해서 결국 태워 죽이는 포락(炮烙)이라는 잔인한 처형 방식을 창안한 사람으로 유명하다. 그녀는 주왕과 함께 주지육림(酒池肉林)에서 호화스럽고 방탕한 생활을 즐기다 나라의 몰락을 초래했다고 기록되어 있다.

그렇지만 달기에 대한 대부분의 기록은 야사나 소설에서 기인한 것으로 그녀가 실존 인물이었는지, 상나라의 제후국이었다가 왕조를 멸망시킨 주(周)나라에 정당성을 부여하기 위해 만들어낸 가상의 인물인지, 그것도 아니면 마찬가지 목적으로 주왕의 총애를 받던 죄 없는 미인에게 날조된 혐의를 덮어씌운 것인지 현재로서는 확인할 길이 없다. 《사기(史記)》에는 주왕이 신하들의 고언은 듣지 않고 달기의 말만 들었으며, 주왕이 자살한 후 달기는 반란군에게 사로잡혀 처형되었다고 기록되어 있다.

상(商)을 멸망시킨 주(周)나라 역시 포사(褒姒)라는 여인에 의해 결정적으로 기울어지기 시작해서 서주(西周) 시대의 종말을 맞이하게 된다. 포

포사를 웃게 하려고 거짓 봉화를 올린 유왕

사는 서주의 마지막 임금 유(幽)의 왕후였다.

유왕은 궁에 들어와서 한 번도 웃지 않은 그녀의 웃는 모습을 보고자 거짓으로 봉화를 올렸다. 이를 본 제후들이 사방에서 군사들을 이끌고 허겁지겁 달려오는 모습을 보고서야 포사는 빙긋이 미소를 지었다고 한다. 남자들이 여자가 웃는 모습을 한 번 보기 위해 엄청난 돈을 쓴다는 뜻으로 사용되는 '천금매소(千金買笑)' 라는 사자성어가 바로 이 여인으로부터 유래되었다.

그런데 포사가 망국의 원흉으로 오명을 뒤집어쓴 것은 정말 억울한 일이다. 아무리 여러 각도에서 생각해 봐도 이 경우에는 천성적으로 내성적인 성격이라 잘 웃지 않았던 포사의 잘못이 아닌 왕후의 웃음을 보겠다고 거짓 봉화를 올린 유왕의 책임이다. 견융(犬戎)이 침입해서 나라가 위기에 빠지자 유왕은 봉화를 올렸다. 그러나 그것이 또 거짓인 줄 알고 제후들이 출동하지 않아 유왕은 허망하게 패했다.

한 고조 유방이 천신만고 끝에 세웠던 전한 왕조를 끝장낸 원흉으로 지목된 미인은 성제(成帝)의 부인이었던 효성황후(孝成皇后) 조비연(趙飛燕)이다. 조비연은 날씬한 몸매의 여인을 칭송할 때 사용하는 '작장중무

(作掌中舞)'라는 성어의 주인공인데, 이 말의 의미는 사람의 손바닥 위에서도 춤을 출 수 있다는 의미이다. '물 찬 제비'라는 의미의 '비연(飛燕)'은 그녀의 본명이 아니라 별명이다. 조비연은 실제로 내시 두 사람이 들고 있는 수정 쟁반 위에 올라가 춤을 추어 성제를 즐겁게 했다고 한다.

한자로 미인의 스타일을 분류할 때 '연수환비(燕瘦環肥)'라고 하는데, 그 뜻은 조비연과 같이 마르고 연약한 몸매의 미인과 양귀비와 같은 글래머 스타일의 미인을 함께 일컫는 말이다.

비연의 작고 가냘픈 몸매를 입증하는 또 하나의 일화가 있다. 성제가 호수에 배를 띄우고 그 배 위에서 비연이 춤을 췄는데, 갑자기 바람이 불자 그녀의 몸이 바람에 날아갔다고 한다. 이때 급히 그녀를 붙잡다가 치마폭이 길게 찢어졌는데, 비연의 이 찢어진 치마에서 한쪽 옆이나 뒤를 길게 트는 치마인 유선군(留仙裙)이 유래한 것이라고 전해진다.

이 일화는 사실인 것으로 보인다. 비연이 옥외에서 춤을 추다 다시 바람에 날아갈 것을 염려한 성제는 그녀를 위해서 아무리 거센 바람이 불어도 안에서 안전하게 춤을 출 수 있는 누각을 짓고 칠보피풍대(七寶避風臺)라는 이름을 붙였다.

이러한 신비의 여인 조비연이 역사가들의 비난을 받는 이유는 그녀의 질투 때문이다. 그녀와 그녀를 따라 입궐한 동생 합덕은 황제의 총애를 받았는데도 아이를 갖지 못했다. 그래서 조비연 자매는 성제의 다른 후궁들이 애를 갖는 것을 심하게 질투했는데, 그 바람에 장차 황제가 됐을지도 모르는 여러 명의 어린 왕자들이 억울한 죽음을 당했다. 여기서 역사가들은 조비연 자매가 왕실의 대를 끊어 한나라 왕조를 망친 사악한 마녀라고 몰아세운다.

그렇지만 전한 왕조가 망한 것은 황제의 후계자가 없었기 때문이 아니라 성제의 외가인 허씨와 처가인 왕씨로 대표되는 막강한 외척 세력들이 권력 투쟁에 몰두했고, 무능한 황제들이 이 투쟁을 제대로 제어하지 못했기 때문이었다.

더욱이 비연 자매는 명문세가 출신인 다른 후궁들과는 달리 아무런 집안배경이 없는 천한 무희 출신이다. 그들의 입장에서 권력가 출신의 다른 여자가 낳은 예비 황제는 사형선고나 다름없었을 것이다. 그러니 이 아름다운 자매들에게 망국의 책임을 묻는 것은 지나친 감이 있다.

서시, 왕소군, 초선, 양귀비

청나라 초엽 무렵 정설로 정리된 중국 역사에서 가장 아름다웠던 4대 미인에는 조비연이 들어가지 않고 엉뚱하게도 가상인물이 한 사람 포함되어 있다. 이 영광스러운 네 명의 미인에는 춘추전국 시대의 서시(西施), 전한 시대의 왕소군(王昭君), 삼국 시대의 초선(貂嬋), 당나라의 양귀비가 선정되었는데, 엄격하고 객관적인 기준에 따른 것이라기보다는 이 네 사람의 별명을 이어 붙여서 만든 '침어낙안 폐월수화(侵魚落雁 閉月羞花)'라는 말의 운율이 기가 막히게 맞아 떨어지기 때문이 아닌가 생각된다.

이들 중에서 '폐월(閉月)'이라는 별명을 가지고 있는 초선은 실존 인물이 아니라 소설책인 《삼국지연의(三國志演義)》에 등장하는 가공의 캐릭터이다. 이 책에는 초선이 한 왕실의 중신인 사도(司徒) 왕윤(王允)의 가기(歌妓), 현대 사회의 시각에서 해석하자면 높은 벼슬아치인 왕윤과 원조교제하던 가수 지망생이었다. 아주 예쁘고 총명한 여자로 왕윤이 아예 수양딸로 삼아서 공공연하게 동거하고 있던 중이었다.

연의에서는 동탁이 권력을 잡은 후 황제를 무시하고 전횡을 일삼자 왕윤은 먼저 조조에게 황제의 뜻이 담긴 칠성검을 주어서 그의 암살을 시도하지만 실패한다. 그러자 초선이 죽음을 무릅쓰고 동탁을 제거하는 막중한 임무에 자원한다. 초선은 동탁과 그가 가장 신임하는 장수 여포 사이를 이간시켜 결국 여포가 동탁을 죽이게 한다. 연의에서는 극적인 사건이지만, 실제 중국의 정사로 분류되는 진수(陳壽)의 《삼국지(三國 志)》에서는 동탁과 여포가 갈라지는 발단이 된 이 사건에 대해 '여포가 동탁의 시비와 사사로이 정을 통했다(布與卓侍婢私通)' 라고만 적고 있으 며, 초선이라는 이름은 나오지도 않는다.

그렇지만 《삼국지연의》에는 초선의 미모를 묘사하는 아주 그럴듯한 장면까지 실려 있다. 초선이 밤에 후원에 나와 왕윤이 무사하기를 빌며 기원을 드리자 때마침 달이 구름에 가렸다. 이에 왕윤이 초선에게 말하 기를 "너무나 아름다운 너의 모습에 달도 부끄러워 모습을 가렸구나." 라고 했다. '달이 숨다' 라는 의미의 '폐월(閉月)' 은 바로 이 대사에서 기 원한 별명이다. 초선은 가상의 인물이기 때문에 아무리 총명하고 아름 다운 팜므 파탈이었다고 해도 이 책에서는 더 이상 논의의 대상이 될 수 없다.

낙안(落雁) 왕소군(王昭君)은 전한의 9대 황제인 선제(宣帝) 시절의 인물 이다. 선제 원년에 한나라의 황실에서는 공주 한 사람을 북방 훈족[1]의 군주인 호한야 선우(呼韓耶 單于)에게 시집보내야 할 형편이었다. 선제는

---

1 우리가 훈족을 흉노(匈奴)라고 부르는 것은 아직도 사대주의적인 역사관에서 벗어나지 못 했다는 증 거이다. 중국인들을 제외한 전 세계에서 이들을 훈(Hun), 또는 후니(Huni)라고 부른다. 흉노는 이 '훈' 을 발음 나는 대로 한자로 표기한 것으로 그들을 비하하는 의미가 담겨져 있다. 더욱이 그 한자를 현대 중국어로 읽으면 원래의 발음과는 거리가 한참 먼 '시엔누' 가 된다. 지금부터라도 그들의 원래 이름을 한글 맞춤법의 외래어 표기 규정에 따라 원래의 발음과 가장 유사한 형태로 찾아 주어야 한다.

자신의 혈육 대신 멀리 보내도 슬프지 않을 것 같은 후궁들 중에서 한 명을 보내기로 했다. 당시는 선제 원년. 즉위한 지 얼마 되지 않은 황제는 수많은 궁중의 여자들을 일일이 기억하고 있지 못했으므로 화공 모연수(毛延壽)에게 그들의 화상을 그려 바치게 해서 하룻밤 은총을 베풀 대상을 고르곤 했다.

그러자 황제와 잠자리를 같이 하는 일에 목숨을 건 여인들은 모두 모연수에게 뇌물을 써서 아름다운 모습으로 그려 주도록 부탁했으나 평범한 집안 출신의 왕소군은 그러한 재력을 가지고 있지 않았다. 그녀에게 삐친 모연수는 왕소군의 초상을 가능한 한 평범하게 그리고 얼굴에 큼직한 점까지 하나 찍어 놓았다. 당연히 왕소군은 열다섯 살에 입궐해서 3년 동안 황제의 총애를 받기는커녕 얼굴 한 번 보지 못하고 있었다.

선제는 모연수가 그린 초상화들을 보고 그중에서 훈의 선우에게 넘겨도 아깝지 않을 평범한 여인을 골라냈으니, 그 사람이 바로 왕소군이었다. 왕소군이 떠나는 날에야 그녀를 처음 본 선제는 땅을 치고 후회했으나 이미 때는 늦었다. 그는 화공 모연수를 참형에 처하는 것으로 울분을 풀었다.

일설에 의하면 선제는 왕소군을 보내기 전에 혼수를 준비한다는 구실로 시간을 벌어서 그녀와 사흘 동안 동침했다고 한다. 하지만 그것은 절세가인을 훈에 보낸 사실을 무척 배 아파하던 훗날의 중국 역사가들이 슬그머니 추가한 기사로 보인다. 선제 자체가 그런 대담한 일을 벌일만한 인물이 못 되었으며, 그즈음에 호한야는 황궁에 머물고 있었다. 여러 번 통혼을 한 한 왕실과 훈족 왕실 사이의 긴밀한 관계로 미루어 볼 때 이런 처사가 있었다면 즉각 호한야 선우에게 보고됐을 것이다.

왕소군은 훈의 옷으로 갈아입고 호한야 선우와 함께 장안을 떠나 다시는 돌아오지 못할 길을 떠났다. 그녀가 막 훈의 영역으로 넘어갈 때

왕소군

마침 기러기 떼가 그녀의 머리 위를 날았다. 그러자 그녀는 비파를 꺼내어 연주하면서 자작한 노래를 불렀다. '춘래불사춘(春來不似春)'이라는 너무나 유명한 구절이 포함되어 있는 바로 그 노래였다.

> 훈의 땅에는 꽃도 풀도 없으니 胡地無花草
> 봄이 와도 봄 같지 않겠구나. 春來不似春

왕소군이 노래를 부르자 그 노래가 너무나 처연하고 아름다워 주변에 있던 사람들은 모두 넋을 잃었다. 또한 하늘을 날던 기러기 떼까지 그 노래에 넋을 잃고 날갯짓 하는 것을 잊어버려 땅으로 곤두박질을 쳤다. 그래서 그녀에게 붙여진 별명이 '기러기가 떨어졌다'라는 의미의 낙안(落雁)이다. 이 정도면 중국인들의 과장법은 이미 그 당시에 예술적 경지까지 이른 것이 확실하다. 더욱이 왕소군을 본 적도 없는 후대의 중국인들은 그녀를 비극의 주인공으로 만들었으며 수많은 시인들이 그녀를 애통해했다.

> 소군이 옥으로 만든 말안장을 잡고 昭君拂玉鞍
>
> 말 위에서 울어 뺨이 붉어졌구나. 上馬啼紅頰
>
> 오늘은 한나라 궁궐의 사람인데 今日漢宮人
>
> 내일 아침이면 오랑캐 땅의 첩이 되는구나. 明朝胡地妾

이 시는 시선(詩仙)이라고까지 불리는 당나라의 시인 이태백이 쓴 〈왕소군(王昭君)〉이라는 시이다. 유감스럽게도 위대한 시인이 쓴 이 시는 중국인들이 훈족을 포함한 다른 민족에 대해 가지고 있는 편견과 근거 없는 우월감에서 비롯된 오만을 고스란히 반영한다. 이런 윤색은 지극히 중국적인 관점일 뿐이다. 물론 다시는 고향으로 돌아오지 못할 길을 떠날 때야 무척 슬펐을 것이고 그녀의 노래도 심금을 울렸겠지만, 훈족의 땅에 도착한 후에도 그렇게 슬퍼했을지는 극히 의문이다.

유교의 영향을 적게 받은 북방의 유라시아 초원은 당시의 중국에 비해 여성의 권리가 비교도 되지 않을 정도로 신장되어 있던 지역이었다. 더욱이 왕소군은 선우의 첩이 된 적이 없다. 당시 호한야 선우는 50대 중반의 홀아비였으며, 왕소군은 도착하자마자 알지(閼氏)에 봉해졌다. 알지는 선우의 공식적인 부인을 의미하는 말로 중국의 황후들보다 권한이 훨씬 컸다. 후일 몽골의 '카툰'과 마찬가지로 선우에 의존하지 않고 독립적인 재산권과 통치권의 일부를 행사할 수 있었다.

선우가 원정에 나서거나 질병 등으로 유고가 발생했을 때 알지는 선우를 대신한다. 선우가 사망한 경우에도 다음 선우가 대부족회의를 통해 선출될 때까지 알지가 전체 훈족을 통치하는데, 항상 이동을 하는 유목민의 특성상 대부족회의를 열기가 쉽지 않기 때문에 경우에 따라서는 통치기간이 여러 해가 될 때도 있었다.

왕소군을 애통해하는 중국인들의 정서와는 상관없이 그녀는 훈의 땅에서 두 명의 선우로부터 사랑을 받으며 천수를 누렸다. 호한야는 왕소군과 재혼한 지 3년 남짓 만에 아들 하나만 남기고 죽었다. 선우의 지위는 전처소생의 장남 복주루(復株累)에게 별 탈 없이 승계되었다. 복주루는 혈기왕성한 미남 청년이었으며, 열여덟 살에 시집 온 왕소군은 이때 겨우 스물두 살의 한창 나이였다. 복주루는 훈의 전통에 따라 왕소군에게 청혼했으며, 그녀는 그의 청혼을 받아들였다.

만약 중국이었다면 이러한 재혼은 큰 스캔들이었겠지만, 가장이 죽었을 때 거친 환경에 홀로 남겨진 미망인들과 어린아이들을 보살피는 일을 큰 미덕으로 삼고 있던 훈족에게는 아주 당연하고 자연스러운 것이었다. 왕소군은 복주루와의 사이에서 여러 명의 자녀를 두었다. 후일의 사서를 통해 두 명의 딸은 확실하게 실존했다는 사실이 확인되고 있으며, 많게는 다섯 명의 자녀를 두었다는 설까지 있다.

왕소군은 사회 활동도 무척 열심이었던 것으로 보인다. 그녀는 훈족의 역사상 최초로 초원에 초등 교육시스템을 도입해서 훈족의 어린이들에게 다양한 방면의 중국 문화를 소개하고 교육의 기회를 만들어 주었고, 여인들을 위해서는 진보된 길쌈 기술을 도입했다. 당연히 훈족의 사랑과 존경을 받았으며, 그녀가 생존했던 기간 동안 훈과 한나라 사이에 전쟁은 단 한 번도 일어나지 않았다.

그녀가 훈의 땅에서 60년 동안 살다 생을 마감하자 훈족은 그녀를 정성스럽게 장례 지내고 그녀의 무덤에 '푸른 무덤'이라는 의미인 '청총(靑塚)'[2]이라는 이름을 붙였다. 그녀가 따뜻한 고향을 떠나 추운 북방에 들어와 살면서 항상 푸른 풀이 돋아나는 자신의 고향땅을 그리워했기 때문에 그런 이름을 붙였겠지만, 바로 그 이름 때문에 후일 그녀의 무덤에는 겨울이 와도 풀이 시들지 않는다는 전설이 생겼다.

왕소군이 평범하지 않은 삶을 살았던 여인이었던 것은 분명한 사실이지만 이 장에서 말하는 팜므 파탈의 범주에 넣기는 어렵다. 다만 한 가지 떨칠 수 없는 생각은 그녀가 중국인들의 생각처럼 야만적인 세계로 내팽개쳐진 가여운 여인이 아니라 자신의 의지와는 상관없이 안락한 황궁에서 떠나기는 했지만 새롭게 맞이한 인생을 기회로 삼아 적극적으로 자기의 길을 개척할 수 있었던 행운아가 아니었을까 하는 것이다.

중국의 4대 미인 중에서 연대기상의 마지막 인물은 당나라 현종의 총애를 받은 수화(羞花) 양귀비(楊貴妃)이다. 그녀의 본명은 옥환(玉環)이며, 태어날 때 손목에 옥팔찌를 두르고 있었다고 해서 붙여진 이름이라고 한다. '꽃이 부끄러워한다'는 의미의 '수화(羞花)'의 유래는 이렇다. 어느 날 양귀비가 내원을 거닐다 함수초(含羞草)[3]라는 식물의 꽃에 손을 댔는데 갑자기 잎이 말리면서 움츠려들었다. 이 광경을 목격한 한 시녀가 그녀의 미색에 꽃이 부끄러워하며 움츠렸다는 소문을 냈는데, 이 소문이 그대로 그녀의 별명이 되었다.

양옥환은 꽤 괜찮은 집안 출신이지만 부모가 일찍 죽어 하남부(河南府)의 사조(士曹)라는 관직에 있던 숙부 양현교의 집에서 자랐다. 용모도

---

2 현재 중국의 내몽골자치구 호어하오트 시에 청총이 위치하고 있으며, 중국 정부에서는 이곳이 왕소군의 무덤이라고 강변하고 있지만 실제인지는 명확하지 않다. 당시 그녀를 사랑하고 존경한 훈족들이 그녀가 신 한 짝을 흘리자 그 장소에 한 사람이 한 줌씩 흙을 쌓다 보니 그 지형이 마치 커다란 무덤처럼 만들어졌다는 주장도 만만치 않다.

3 이 일화에 나오는 함수초가 '신경초'라는 별명도 가지고 있는 미모사이다. 굳이 양귀비가 아니더라도 아무나 손을 갖다 대거나 별다른 자극이 없어도 밤이 되면 저절로 잎을 말면서 마치 부끄럼을 타는 듯한 모습을 한다. 그래서 꽃의 한문이름이 '부끄럼을 타는 풀'이라는 의미의 함수초이다.

원나라 화가 전선이 그린 말에 오르는 양귀비

빼어난데다 총명하고 성격이 활달하고 명랑했으며 시와 음악과 춤에 능했기 때문에 어릴 적부터 당의 수도 장안에서 그 이름이 널리 알려졌다. 또한 그녀는 현종 황제가 가장 아끼던 딸 함의공주(咸宜公主)와 친하게 지냈는데, 함의의 소개로 그녀의 오빠이자 현종의 열여덟 번째 아들인 수왕(壽王)과 만났다. 두 사람은 곧 사랑에 빠져서 결혼에까지 이르게 되었으며, 이때 그녀의 나이가 열여섯 살이었다.

당시 현종은 현명한 정치를 펼쳐서 제국의 혼란이 수습되고 상업과 무역이 번창하면서 제2의 전성기를 구가하게 했는데, 현종의 시대 중 이 전반부의 시기를 '개원의 치(開元之治)'라는 이름을 붙여 높이 평가하기도 한다. 그렇지만 현종의 시대 일찌감치부터 이미 환관 고력사(高力士)나 재상 이임보(李林甫)와 같은 간신들이 활개를 치면서 황제의 총명을 흐리고 있었다.

현종에게는 원래 무혜비(武惠妃)라는 오랫동안 사랑한 여인이 있었다. 옥환과 결혼한 수왕과 함의공주가 바로 이 무혜비의 소생이었다. 그런데 옥환이 수왕과 결혼한 지 2년 만에 무혜비가 죽자 현종은 큰 충격에 빠졌다. 원래 감상적인 성격이었던 현종은 생전에 무혜비가 거처하던 궁을 찾아 아무 말도 하지 않고 그곳에 마냥 서 있곤 했다.

그런데 당시 여러 해 동안 현종을 보좌하던 고력사는 아첨의 귀재였다. 그는 죽은 무혜비의 대안으로 양옥환을 떠올렸다. 아마 무혜비와 양옥환은 분위기나 스타일이 비슷한 글래머 타입의 미인들이었을 것이다.

그렇지만 옥환은 엄연히 현종의 며느리였다. 현종과 고력사는 오랫동안 기회만 엿보다 여산에 있는 온천궁으로 행차하면서 은밀하게 양옥환을 불렀다. 수왕과 옥환 부부는 사건의 전모와 부왕의 의도를 완전히 파악했지만 반항할 도리가 없었다. 결국 쉰다섯 살의 시아버지는 온천에서 목욕을 하고 나오는 스물한 살의 며느리를 범하고, 여러 날 밤낮을 그녀와 함께 보냈다. 일을 저지를 때야 뒷일을 생각하지도 않았겠지만 이제는 사태를 수습하는 일이 문제였다.

다시 한 번 고력사가 기지를 발휘했다. 옥환을 여도사의 신분으로 위장시켜 황궁 안에 있던 태진궁(太眞宮)이라는 도가의 사당에서 제사를 받들도록 한 것이다. 현종은 그녀에게 태진(太眞)이라는 법호를 내리고 밤마다 시중을 들게 했다. 또한 수왕을 다른 여자와 결혼시켜 옥환을 되찾고자 하는 불순한 의도를 원천봉쇄했다.

그렇지만 겨우 여도사의 신분으로 만족할 옥환이 아니었다. 현종을 사로잡기 위한 갖가지 노력 끝에 입궁한 지 5년 만에 드디어 후궁 중에서 최고의 직위인 귀비(貴妃)에 책봉되었다. 황후 자리가 공석이었으므로 실질적으로는 내명부 최고의 자리를 차지한 것이다.

양귀비는 단지 미인이라는 것 때문에 현종을 사로잡은 것이 아니다.

그녀는 당대 최고의 비파 연주 실력을 가지고 있던 천재적인 예술가였으며, 바로 이러한 기질적인 특성을 현종과 공유하고 있었다. 현종이 불교음악을 바탕으로 〈예상우의곡(霓裳羽衣曲)〉이라는 곡을 만들자 양귀비는 그 자리에서 이 곡에 음을 붙여 노래를 부르면서 춤을 췄다고 한다. 그녀는 음악뿐 아니라 시문학의 대가이기도 했다. 스스로 뛰어난 예술가이기도 했던 현종에게 가장 잘 어울리는 여자였던 것이다.

모든 쾌락 중에서 정신적인 쾌락은 다른 것이 줄 수 없는 최고의 희열을 선사한다. 양귀비가 등장하기 이전까지 현종은 중신들이 모이는 아침 조회에 빠진 적이 없고 밤늦은 시각까지 국정을 살피는 정열적인 군주였다. 때문에 이임보나 고력사 같은 소인배들이 주변에 있다고 해도 그들이 활동할 여지가 거의 없었다. 그러나 양귀비와 함께 최고 수준의 예술을 추구할 수 있게 되자 조회에 참석하기는커녕 국정 전반을 아예 이임보에게 떠넘겼다.

양귀비에게는 친형제가 한 사람도 없었지만 같이 자란 다섯 명의 사촌 형제들이 있었다. 크게 될 역량을 전혀 갖추지 못한 두 명의 오빠와 양귀비만큼이나 아름다웠다고 하는 세 명의 언니들은 모두 황제가 하사한 호화로운 집에 살면서 무소불위의 권세를 누렸다. 현종은 근본적으로 영민한 사람이었다. 양현교의 자녀들에게 권세와 호사는 허락했지만 그들에게 전권을 위임하지는 않았다.

그들보다는 육촌 오빠인 양소(陽釗)가 문제였다. 사서에서는 그를 학문에는 어두웠으나 계수에는 무척 밝았다고 평하고 있다. 양소는 멀리 촉(蜀) 땅에서 미관말직에 있다가 양귀비의 후광으로 장안으로 진출했다. 그러나 그 다음부터의 출세는 자신의 힘으로 이루었다. 그는 재정 분야에서 크게 두각을 나타내면서 현종의 신임을 얻고 국충(國忠)이라는 이름을 하사받았다. 그는 교활한 자였다. 현종에게 아부하면서 파당을 만들고 재물을 갈취했다. 양국충으로 새로 태어난 양소는 재상 이임보와 대립하기 시작했다.

이 무렵에 머지않아 현종과 양귀비를 파멸시키게 될 삼진절도사 안녹산(安祿山)이 등장한다. 그는 군사적인 측면에서는 당시 최고의 실력자였으며 변경에서 세운 혁혁한 전공으로 인해서 현종의 총애를 받고 있는 사람이었다. 더욱이 아부하는 실력은 군사적인 능력보다 훨씬 뛰어나 양국충과 같은 과에 속하는 부류였다. 그는 현종 황제를 아버지로, 자기보다 열한 살이나 어린 양귀비를 어머니로 섬겼다.

양국충과 안녹산은 이임보를 제거하기 위해 의기투합했으며, 양귀비는 안녹산과 부적절한 관계를 맺었다. 현종과 양귀비 사이에 끈끈하게 이어진 정신적인 유대감이야 그 누가 끊으려고 해도 끊을 수가 없는 것이었지만, 34년이라는 물리적인 나이 차이를 극복하는 것은 근본적으로 불가능했을 것이다. 사람의 육체라는 것은 때때로 정신을 배신하는 법이다. 이 와중에 19년 동안 재상 자리에 있으면서 온갖 비리의 온상이었던 이임보가 죽었다.

양국충과 안녹산의 제휴 관계도 자연스럽게 끝나고 두 사람은 경쟁 관계로 돌변했다. 이 경쟁에서 항상 황제를 가까운 위치에서 보좌할 수 있는 양국충이 훨씬 더 유리한 입장에 있었다. 그러자 안녹산은 그가 가장 잘 할 수 있는 방식으로 대항했다. 모반을 일으킨 것이다. 실전으로 단련된 15만의 정예 병력을 지휘하는 안녹산을 막기는 불가능했다. 제2의 도시 낙양이 함락되고 방어선이 뚫리자 현종은 장안을 떠나 피난길에 나섰다.

당시 사람들은 이 모든 사태의 책임이 양국충과 양귀비에게 있다고 생각했다. 황제 일행을 호위하던 근위군 병사들도 마찬가지였다. 병사들은 양국충을 죽이고 나서 양귀비까지 내달라고 요구했다. 황제에게는 세상에서 가장 사랑하는 사람을 구할 능력이 없었다. 고력사와 양귀비 단 두 사람만 작은 불당에 들어가 예불을 올린 다음 밖으로 나왔다. 고력사는 긴 비단 천을 꼬아서 배나무에 걸고 한쪽 끝을 양귀비의 목에 감았다. 이때 양귀비의 나이는 서른일곱 살이었다.

다음해 겨울에 현종은 장안으로 돌아왔지만, 거의 폐인이 되어 태상왕으로 물러난 채 양귀비의 초상 앞에서 눈물만 흘렸다. 그렇게 여러 해를 혼자 지낸 현종은 어느 초여름 날 옥피리를 꺼내 멋지게 연주하더니 궁녀를 불러 자신을 목욕시키라고 명했다. 그날 밤 늦게까지 현종의 처소에서는 웃음소리가 끊이지 않았다. 다음 날 새벽 78세를 일기로 세상을 떠난 태상왕이 목격되었다.

양귀비를 당나라가 멸망한 주요 원인으로 보는 견해에는 심각한 오류가 있다. 당 왕조는 양귀비가 죽은 다음에도 150년이나 더 지속되었으며, 망한 원인도 체제가 가지고 있던 구조적인 모순 때문이었다고 보는 것이 훨씬 더 논리적이다. 개방적인 사회였기 때문에 상공업이 발달해서 나라 전체의 부는 크게 증가했지만 체제의 결함으로 인해 그 부가 공평하게 분배되지 않았다는 사실이 결정적인 요인이었다.

그렇지만 현종이라는 걸출한 인물을 완벽하게 몰락시켰다는 점에서 양귀비는 분명히 팜므 파탈의 범주에 들어간다. 그러나 엄정하게 이야기한다면, 사실 현종의 몰락도 근본적으로는 양귀비가 아니라 자신이 가지고 있던 성격적인 결함에 기인한 것이다. 그는 군주보다는 예술가에 훨씬 더 어울리는 성격을 가지고 있던 사람이었다.

양귀비와 현종의 사랑이 역사를 뛰어넘는 큰 스캔들이었던 것은 분명하다. 양귀비보다 두 세대 정도 뒤에 태어난 백거이(白居易)는 현종과 양귀비의 사랑을 7언 장시로 노래했다. 다섯 살 때부터 시를 지었다고 하는 이 천재 시인은 두 사람의 사랑 이야기를 네 개의 장으로 나누어 장장

120행이나 되는 멋진 시를 만들었는데, 이 명시가 바로 〈장한가(長恨歌)〉
이다. 현대 젊은 남녀들이 사랑의 상징으로 여기는 '연리지(連理枝)'나
홍콩 영화의 제목으로도 유명한 '천장지구(天長地久)'라는 말이 이 시의
가장 마지막 구절에 들어 있다.

> 하늘에 있다고 하면 비익조가 되고 싶고 在天願作比翼鳥
>
> 땅에 있다면 연리지가 되고 싶다 했었네. 在地願爲連理枝
>
> 끝없는 하늘과 땅도 끝날 때가 있건만 天長地久有時盡
>
> 이 한은 끝없이 이어져 그칠 때가 없구나. 此限綿綿無絶期

비익조는 암수가 짝을 찾으면 자웅동체가 되어 한 마리가 한쪽 날개로
만 날아다닌다는 전설 속의 새이며, 연리지는 뿌리가 다른 두 그루의 나
무가 가지가 하나로 이어지면서 한 그루의 나무처럼 된 상태를 말한다.

'치명적인 유혹자' 팜프 파탈이라면 중국사의 4대 미인 중에서 단연
코 춘추 시대 월나라 출신의 미녀 침어(侵魚) 서시(西施)를 꼽을 수 있다.
수화 양귀비 역시 당 왕조 몰락에 일부 책임을 가지고 있지만, 스스로의
의지보다는 주변의 상황에 의해 강요된 삶을 살았던 운명의 희생양이라
는 이미지가 훨씬 더 강하다. 그렇지만 서시는 자신의 의지에 따라 가슴
에 보이지 않는 독기를 품은 채 목표에 의도적으로 접근한 대단히 위험
한 여자였다.

그녀의 별명인 침어라는 말은, 서시가 연못에서 물고기가 헤엄치는
모습을 감상하고 있었는데, '그녀의 아름다움에 놀란 물고기가 헤엄치
는 것을 잊고 바닥으로 가라앉았다(侵魚)'라는 과장에서 기인한 것이다.

그녀와 관련해서는 침어 이외에도 '서시빈목(西施嚬目)'이라는 또 하

나의 이야기가 전해진다. 이 이야
기는 역사서에 있는 것이 아니라
장자(莊子)가 〈천운편(天運編)〉에
적어 놓은 일화이며, 역사적 사실
은 아닐 확률이 높다.

서시는 권문세가 출신이 아니라
저라산(苧羅山) 부근에 살던 나무
꾼의 딸이었다. 평범한 집안 출신
이지만 그 미모가 워낙 출중해서
부근의 남자들 중 서시에게 연정
을 품지 않은 사람이 없었다. 같은
동네에는 추녀가 한 사람 살고 있
었다. 그녀는 서시가 왜 그렇게 남
자들에게 인기가 많은지 궁금했기
때문에 서시를 항상 따라다니면서
그 이유를 알고자 했다. 그런데 서
시에게는 원래 심장병이 있었다.

당나라의 시인이자 화가인 왕유가 그린 서시

가끔 그녀의 약한 심장이 발작을 하는데 통증이 올 때마다 서시는 멈추
어 서서 한손으로 가슴을 누르면서 미간을 찌푸렸다. 추녀는 바로 그것
이 서시의 매력이라고 생각해 자신도 한손으로 가슴을 누르며 미간을
찌푸리고 다녔다. 그러자 마을의 남자들은 모두 문을 걸어 잠그거나 도
망을 갔다고 한다.

'서시빈목(嚬目)'은 단순히 문자적인 의미로만 해석한다면 '서시가 눈
살을 찌푸린다' 라는 의미이며 '서시효빈(效嚬)' 과 의미와 용례가 똑같은
사자성어로 본질을 망각하고 무작정 남의 흉내만 내는 어리석음을 깨우

치기 위해 사용하는 말이다. '서시봉심(奉心)'은 '서시가 가슴앓이를 한다'라는 의미이지만 '빈목'이나 '효빈'과 마찬가지 의미로 사용된다.

이 이야기를 쓴 장자와 유학의 태두 공자는 동시대의 인물이다. 공자는 전국 시대 말엽이었던 당시에도 이미 고대에 해당하는 주나라의 예법에서 난세를 구할 해결책을 모색했는데, 장자가 이러한 공자의 어리석음을 비난하기 위해서 서시에 관한 그럴듯한 일화를 창작했을 가능성이 높다. 시대가 바뀌면 사회의 기본 이념 또한 당연히 바뀌어야 한다는 것이 장자의 생각이었다. 어찌되었건 이 책에서 장자와 공자의 의견 차이는 그리 중요한 이슈가 아니다.

서시가 월(越)나라의 재상인 범려(范蠡)에게 스카우트되어 최종적으로 월나라의 숙적인 오(吳)나라의 왕궁으로 들어가게 되는 이야기는 상황 설명이 조금 필요하다. 여기서는 유명한 '와신상담(臥薪嘗膽)'의 고사와 관련이 있다.

주나라 말엽에 해당하는 전국 시대에 중국의 남부에서도 오(吳), 월(越), 초(楚), 정(鄭)과 같은 제후국들이 패권을 다투고 있었다. 이들 중에도 특히 극심하게 대립하여 서로를 원수로 여겼던 나라가 바로 오나라와 월나라였다.

서시가 한 예닐곱 살쯤 되었을 때 오왕 합려(闔閭)는 월나라를 공격하다 손에 부상을 입고 그 부상이 악화되어 세상을 떠났다. 합려를 계승한 태자 부차(夫差)는 매일 밤 장작더미 위에 자리를 펴고 자면서 자신의 방 앞에는 사람을 세워놓아 자신이 나타날 때마다 "부차야! 아버지의 원수를 잊었느냐!"라고 외치게 하였다. 이 상황이 바로 장작을 베고 눕는다는 의미의 '와신(臥薪)'이다.

이 소식을 들은 월왕 구천(句踐)은 대부 범려의 말을 듣지 않고 오나라를 공격하다 크게 패배하고 얼마 남지 않은 병사들을 수습해서 회계산

(會稽山)에 들어가 농성을 했다. 그렇지만 그 농성도 그리 오래 가지 못하고 결국 구천은 부차에게 항복을 하고 말았다. 당시 부차는 병법의 대가인 오자서(伍子胥)를 휘하에 두고 있었다. 오자서는 부차에게 구천을 죽여 후환을 없애라고 조언했지만 구천으로부터 뇌물을 받은 재상 백비(伯嚭)가 그를 두둔하는 바람에 월나라의 항복을 받아들이고 만다.

자신의 부인과 범려를 데리고 오나라에 들어온 구천은 부차의 명령에 따라 여러 해 동안 합려의 묘를 지키며 말을 기르는 궂은 일을 하면서 월나라로 돌아갈 기회만 기다렸다. 마침 부차가 병에 걸리자 구천은 그를 정성껏 간호해서 병을 낫게 했다. 이에 감동한 부차는 구천을 석방했다. 구천은 월나라로 돌아와서도 꾸준히 부차를 섬겼지만 자신의 처소에 돼지의 쓸개를 걸어두고 항상 그것을 핥아 쓰디쓴 맛을 보면서 "너는 회계산의 치욕을 잊었느냐?"라고 소리쳤다. 이 장면이 바로 쓸개를 맛본다는 의미의 '상담(嘗膽)'이다.

바로 이 시점에서 치명적인 팜므 파탈, 서시의 활약이 시작된다. 이 무렵 서시는 눈부신 미인으로 성장해 있었다. 월나라로 돌아온 범려는 현대라면 '미스 월드 선발대회' 정도에 해당하는 전국 규모의 미인대회를 개최하는데, 그 우승자가 바로 서시였다. 서시는 범려에게 철저하게 훈련받은 후 중요한 사명을 띠고 오나라로 파견되었다. 오나라를 약화시키는 것이 임무였지만, 그중에서도 가장 중요한 것은 시대를 풍미하고 있는 영웅 중의 영웅 오자서를 제거하는 일이었다.

서시는 영리한 여자였다. 뛰어난 미모와 철저한 훈련을 통해 얻어진 지성을 바탕으로 오왕 부차의 총애를 받았지만, 왕궁에서 다른 여인들과 암투를 벌이며 자신의 영향력을 키워가는 섣부른 행위 따위는 절대로 하지 않았다. 그녀는 부차의 명예욕을 끊임없이 자극했을 뿐이다. 잠자리에서는 존경심이 가득 담긴 표정으로 부차를 칭송했을 것이다. 아무리 목석 같은 남자라도 이런 식의 공격을 버텨낼 사람은 없다.

절세미인 서시의 부추김으로 한껏 고무된 부차는 국내에서는 대대적인 토목공사를 벌여 군주로서의 위상을 한껏 높이고 대외적으로는 대군을 조련해서 천하의 패권을 노렸다. 나라의 힘은 꾸준히 약화되어 갔지만 누구도 그 사실을 알지 못했다.

당시 중국의 강대국인 전국 팔웅(八雄) 중에서 가장 강한 나라는 현재의 산둥성(山東省)에 해당하는 제(濟)나라였다. 오자서의 반대를 무릅쓰고 출격한 오나라 군대는 마침내 제나라 군대를 격파하고 개선했다. 부차는 마침내 수많은 제후들을 모아 천하의 일을 논하기 시작했다. 원정을 반대했던 오자서의 입지는 약화되었다.

이때 서시는 오나라에서 강력한 동맹자와 제휴할 수 있었으니, 바로 오나라의 재상 백비였다. 원래 오자서는 오나라 사람이 아니라 초(楚)나라 출신으로 태자의 후견인 격인 태자부 태부(太子府 太傅) 오사(伍奢)의 작은아들이다. 그의 아버지와 형 오상(伍尙)이 비무기(費無忌)라는 소인배의 모함으로 죽자 원한을 품고 초나라를 떠나 우여곡절 끝에 전 왕 합려를 섬기게 되었다. 백비 역시 초나라 출신으로 그의 아버지 백주려(伯州黎)가 비무기의 모함으로 죽자 오나라로 망명한 사람이었다.

백비는 오자서의 추천으로 벼슬에 나가 뛰어난 권모술수로 고속 출세를 해서 마침내 재상의 자리에 오른 인물로 후일 간신의 대명사로 알려지게 될 인물이다. 오자서가 백비를 추천할 때 그의 인물됨을 꿰뚫어 본 대부(大夫) 피리(被離)가 백비를 평하면서 그의 눈길은 매와 같고 걸음걸이는 호랑이와 같아 필히 살인을 할 관상이니 조심하라고 했다. 그러자 오자서는 당시 유행하던 노래를 개작해서 '동병상련 동우상구(同病相憐 同憂相救)'라고 대답했다. 같은 병이 있으면 서로를 불쌍하게 생각하고 같은 근심이 있으면 서로를 위로한다는 말이었다. 우리가 많이 쓰는 '동병상련'이라는 말은 바로 오자서의 이 대답에서 나왔다. 피리가 이야기했던 매의 눈과 호랑이 걸음이라는 의미의 '응시호보(鷹視虎步)' 역시 어려울 때 서로 돕다가도 일의 성과가 나면 비정하게 배신하는 사람이 있음을 경계하는 말로 사용되고 있다.

결국 오자서를 모함해서 죽음에 이르게 한 응시호보의 백비가 비열한 인간이었던 것은 분명하지만, 오자서의 인간성에도 큰 결함이 있었다. 그는 오왕 부차와 함께 초나라의 수도를 점령한 뒤 그의 아버지와 형을 죽인 평왕(平王)의 무덤을 파헤쳐 그 시체에 300대의 매질을 한 것으로 유명하다.

이런 유형의 사람은 아무리 충직하다고 해도 다른 사람들을 질리게 하기 마련이다. 서시는 백비처럼 오자서를 직접 탄핵하거나 하지는 않았다. 그럴 필요도 없었을 것이다.

"대왕께서는 용병에서 오자서보다 훨씬 더 뛰어난 분이옵니다."

이 한마디면 충분했을 것이다. 서시와 백비의 협공을 받은 오자서는 결국 몰락하고 말았다. 그가 부차로부터 자살하라는 명령을 받았을 때 마지막으로 남긴 유언은 참으로 끔찍하다.

"나의 무덤에 가래나무를 심으라. (부차의) 관을 짜기 위함이다. 내 두 눈을 도려내어 동문에 걸어라. 월나라 군대가 쳐들어와 오를 멸망시키는 장면을 보기 위함이다."

오자서가 죽고 나서 대략 10년 후에 구천은 마침내 오나라를 멸했다. 회계산의 치욕으로부터는 꼭 20년 만의 일이다. 부차는 자살로 화려한 인생을 마감하면서 오직 오자서 한 사람만을 기억했다.

"내가 죽어서 자서를 볼 낯이 없다."

서시는 주어진 임무를 성공적으로 수행했다. 그러면 정작 서시 본인은 어떻게 되었을까. 일설에 의하면 부차가 자살하고 나서 죄의식에 사로잡힌 서시도 그를 따라 자살했다고 하지만, 이것은 중국 역사가들의 상투적인 표현이다. 삼강오륜의 윤리가 머릿속에 굳게 자리 잡고 있는 그들에게 아무리 조국을 위해서라지만 지아비를 배신한 서시는 결코 용서할 수 없는 존재이기 때문이다. 중국 역사에 나오는 수많은 경국지색 중에서 스스로 자살로 생을 마감한 여인은 단 한 사람도 없다.

오나라가 패망했을 때 서시의 나이도 어느덧 삼십 대에 들어섰다. 그녀는 범려의 부인이 되었다. 범려와 서시 부부는 구천이 내리는 큰 상과 높은 직위를 마다하고 제나라로 떠났다. 범려는 구천이 '어려움은 함께 나눌 수 있지만 즐거움은 함께 나누지 못할 사람'이라는 사실을 잘 알고 있었다. 실제로 구천은 오나라를 격파하고 천하의 패권을 차지한 다음 그를 도왔던 인물들을 모두 제거했다.

범려와 서시 부부는 제나라에서 장사를 시작하여 큰 성공을 거두어 거부가 되었다. 그제야 그 유명한 재사 범려가 자기 나라에 들어와 있다는 사실을 알게 된 제나라 조정에서 그를 크게 등용했지만 이번에는 관직에 오래 머물지 않았다. 그리고 그때에는 이미 중년의 나이에 이르렀을 서시가 당시 제나라에서 최고의 미인이라고 칭송했던 기록이 남아 있다.

어떤 측면에서 보면 서시는 엄격한 기준에 따라 선발되고 철저하게 교육된 다음 특정한 목적을 위해서 적국에 파견된 세계 최초의 스파이였다고 할 수 있다. 그녀는 남자의 약점을 철저하게 파고들었다. 전국 시대 천하의 패자가 될 뻔했던 부차에게 있어서 서시는 깊은 곳에 독을 감추고 있던 치명적인 팜므 파탈이었다. 서시의 이야기는 눈부시게 아름다운 한 명의 경국지색, 그리고 명예라는 헛된 허상을 쫓는 남자들의 허영심이 조화되어 만들어낸 역사의 한 장면이었다.

로마를 굴복시키려고 했던 여인

클레오파트라 7세

이집트의 마지막 파라오 클레오파트라에 대한 왜곡은 기원전 1세기 그녀가 채 스무 살도 되지 않았던 때부터 키케로(Cicero)와 같은 당대의 로마인들에 의해 시작되어 20세기의 조지 버나드 쇼(George Bernard Shaw)[4]나 브리태니커 백과사전에 이르기까지 장장 2000년에 걸쳐서 줄

---

[4] 아일랜드 출신의 극작가 버나드 쇼의 〈시저와 클레오파트라(Caesar and Cleopatra)〉라는 연극은 1901년 처음 공연되었다. 셰익스피어는 희곡 〈안토니우스와 클레오파트라(Antony and Cleopatra)〉에서 클레오파트라를 자신의 육체를 무기로 안토니우스를 유혹하는 요부 정도로 그려냈지만, 버나드 쇼는 클레오파트라를 오만하고 난폭하고 잔인한 열여섯 살짜리 소녀로 묘사했다. 아카데미 상 각본상을 수상하기도 했던 버나드 쇼는 여인들을 폄하하고 조롱하는 데 자신이 가지고 있는 재능의 상당부분을 사용했던 사람이다.

기차게 시도되었으며, 그 결과 사람들은 그녀를 역사상 가장 유명한 팜므 파탈 중의 한 사람으로 기억하고 있다.

당대의 로마인들은 이집트의 부를 약탈하려는 자신들의 탐욕을 감추고 이집트 정복을 정당화하기 위해서 그녀를 비난했다. 디오 카시우스(Dio Cassius)와 같은 로마의 역사가들은 제국의 초대 황제인 옥타비아누스를 신격화하기 위해서 로마 제국에 마지막까지 저항했던 이 동방의 여왕을 매춘부의 수준으로까지 끌어내렸다. 후대의 유럽 출신 역사가들과 작가들은 이러한 시각을 그대로 답습했다.

아무리 역사를 왜곡해서 여왕을 매춘부로 둔갑시킨다고 하더라도 분명한 사실은 당시 로마와 옥타비아누스는 가해자였고 이집트와 클레오파트라는 피해자였다는 사실이다. 그렇지만 유럽인들은 한때 북아프리카와 소아시아를 정복했던 대제국 로마에 대해서 진한 향수를 가지고 있는 것이 분명하다. 디오 카시우스의 오만하고 왜곡된 역사관은 셰익스피어와 푸슈킨, 버나드 쇼, 브리태니커 편집자들, 그리고 유럽이 아닌 일본 출신의 시오노 나나미에게까지 고스란히 승계되었다.

클레오파트라의 즉위

우리가 말하는 클레오파트라는 정복자 알렉산드로스의 후계를 다투었던 네 명의 장군 중 한 사람인 프톨레마이오스 1세가 이집트에 세운 프톨레마이오스 라지드 왕조의 클레오파트라 7세를 말한다. 라지드 왕가에는 '아버지의 영광'이라는 의미인 클레오파트라라는 이름을 가진 여인들이 유난히 많았다. 그녀의 어머니 이름 역시 클레오파트라로, 클레오파트라 5세이다. 라지드 왕가의 적통자인 그녀는 이집트인이 아니라 마케도니아의 혈통을 가지고 있지만 삼대 위의 할머니가 프톨레마이오스 왕가로 시집 온 시리아의 공주이기 때문에 페르시아 왕가의 혈통도 섞여 있다.

클레오파트라가 태어날 당시에 이미 이집트는 로마에게 정복당해 속주로 전락할 운명이 결정되어 있는 상태였다. 지중해 연안의 모든 나라는 로마의 속주가 되어 있었고, 유일하게 이집트와 현재의 이스라엘인 조그마한 유대 땅만이 로마에게 막대한 조공을 바치면서 가까스로 독립국의 명맥을 유지하고 있는 형편이었다. 당시 로마인들은 지중해를 '마레 노스트룸(Mare Nostrum)'이라고 불렀다. '우리들의 바다'라는 뜻이다.

당시 이집트의 수도 알렉산드리아는 약 100만의 인구가 밀집되어 있는 세계의 무역항이었다. 물을 정화해 도시에 공급하는 정교한 상수도 시스템이 있었고, 효율적인 운하와 여러 개의 구획으로 잘 정리된 시가지에서는 중국과 인도로부터 수입되는 갖가지 진기한 물품과 이집트에서 생산되는 식량과 옷감이 지중해 전역으로 공급되고 있었다. 70만 권의 장서를 소장한 도서관에서는 수많은 학자들이 활동하고 있었으며, 그들보다 훨씬 더 많은 수의 서기들이 과학과 수학, 철학에 관한 저서들을 필사해 전 로마 제국에 공급하고 있었다.

탐욕스러운 로마인들이 이러한 지중해의 보물을 감상만 하고 있을 리 만무했다. 상황을 더욱 악화시킨 사람은 클레오파트라의 아버지인 프톨레마이오스 12세였다. 그는 '아울레테스(Auletes)'라는 별명으로 불렸다. '피리 부는 사람'이라는 뜻이다. 그의 별명이 말해주듯 통치보다는 유희에 관심이 많았던 사람이었다. 하루가 멀다 하고 연회를 열었고 술에 취하면 무희들 사이에 끼어들어 피리를 불어댔다.

피리 부는 파라오는 로마에 엄청난 자금을 풀어 '로마의 친구'라는 호칭을 얻었지만, 이집트의 중요한 전략 거점인 키프로스 섬은 로마군의 공격으로 함락되었다. 이집트 주민들은 분노했다. 그들은 아울레테스를 축출하고 그의 장녀이자 클레오파트라의 언니인 베레니케 4세(Berenice IV)에게 왕위를 넘겼다. 아울레테스는 막대한 빚을 져 가면서까지 원로원 의원직을 사서 자신의 딸과 대립하며 로마군의 출병을 요구했다.

로마인들은 다른 나라의 권력다툼에 끼어들기를 주저했지만, 아울레테스가 딸의 목에 1만 달란트라는 거액의 현상금을 걸자 시리아에 주둔하고 있던 폼페이우스는 부관인 아울루스 가비니우스(Aulus Gabinius)를 출동시켰다. 이집트인들은 강력하게 저항했지만 전투에서 패배했고 군을 지휘하던 베레니케의 남편은 전사했다. 아울레테스는 알렉산드리아로 입성하면서 베레니케를 처형했다.

이로부터 4년 후에 아울레테스는 죽고 장녀가 된 클레오파트라는 왕가의 법에 따라 동생인 프톨레마이오스 13세와 결혼해서 이집트의 공동 통치자가 되었다.[5] 그때 클레오파트라의 나이는 열여덟 살이었고 남편이자 동생의 나이는 열 살을 갓 넘어서고 있었다. 그렇지만 라지드 왕가는 곧 고질적인 내분에 빠져들었다. 환관 포티누스(Photinus)를 주축으로 한 소년 왕 프톨레마이오스파와 클레오파트라 바로 밑의 여동생인 아르시노에가 손을 잡고 클레오파트라를 축출한 것이다.[6]

겉보기에는 왕가에서 흔히 볼 수 있는 권력 투쟁이었다. 그러나 실제로는 강력한 통치권을 행사하는 진정한 파라오가 되기를 원하는 여왕과

---

5 장녀와 장남이 결혼해서 공동으로 이집트를 통치한다는 원칙은 왕가의 혈통을 보존하기 위한 조치이지만 고대 이집트 신화에 기원을 둔 전통을 따른 것이기도 하다. 초대 파라오라고 할 수 있는 오시리스(Osiris)는 누이동생인 이시스(Isis)와 결혼했다.
6 아울레테스는 모두 5남매를 두었는데 장녀가 자신이 처형한 베레니케, 차녀 클레오파트라, 삼녀 아르시노에 4세(Arsinoe IV), 그 아래로 아들 두 명이 있었다.

여인에게 특권을 빼앗기기 싫은 기득권 세력이 충돌한 양상이었으며, 클레오파트라 본인의 성향이 중요한 변수였다. 클레오파트라는 마케도니아의 혈통을 가진 파라오였는데도 불구하고 자신의 권력 기반을 왕가를 따라 이주해 온 그리스계 주민들로 삼지 않고 대다수 민중인 토착 이집트인들로 삼았다.

클레오파트라가 즉위할 당시 이집트의 경제는 완전히 망가져 있었다. 계획경제를 기반으로 하고 있는 나라에서 물가는 바닥으로 떨어졌다 천정부지로 치솟았다. 이 와중에 부동산과 금화를 확보하고 있는 사람들은 쉽게 돈을 벌어들였지만, 서민들의 생활은 엉망이 되었다. 더욱이 불안한 물가 때문에 부의 원천인 수출은 완전히 막혀 있었다. 클레오파트라는 기습적으로 이집트 화폐의 가치를 3분의 1로 평가절하했다.

금본위제를 근간으로 하는 이집트에서 발행된 금화의 대부분은 소수 그리스계 주민들과 유대인들이 독점하고 있었다. 하루아침에 서민들의 수입은 세 배로 늘어난 반면 특권을 누리던 소수의 재산은 3분의 1로 줄어들었다. 서민들의 생활이 안정되자 생산과 소비가 늘고 수출이 정상화되었다. 반면에 기득권 세력의 불만은 폭발 직전에 이르렀다.

클레오파트라는 한걸음 더 나아가 이집트 전통 신앙을 지키던 사제들을 자기편으로 끌어들였다. 그리스 주민들의 신앙은 당연히 올림포스 12신을 주신으로 섬기는 것이었다. 프톨레마이오스 라지드 왕가 역시 대대로 이 전통을 충실하게 지키면서 태양신 '라'나 지혜의 여신 '이시스'를 섬기는 이집트 종교를 배척하고 있었다. 클레오파트라는 자신이 직접 이시스로 분장하면서 사제들의 지원을 끌어냈다.

이집트는 종교의 나라였다. 사제들의 영향력은 대단한 것이었다. 서민들의 입장에서 보면 클레오파트라는 자신들의 삶을 극적으로 개선시킨 군주인데다가 사제들의 칭송을 받고 있었다. 자신들을 대하는 기본적인 태도가 전임 파라오들과는 완전히 달랐다. 라지드 왕조에서 이집트인들의 민족주의는 언제나 숨어 있는 뇌관이었으며, 이것이 사회 문제로 부각되면 전임 파라오들은 군대를 동원했다. 그렇지만 클레오파트라는 색다른 접근방법으로 이 민족주의를 어느 정도 순화하는 데 성공했다. 사실 클레오파트라는 이 시점까지 250년이나 지속된 라지드 왕가에서 민중의 언어인 이집트어를 구사할 줄 아는 유일한 파라오였다. 그녀의 전임 파라오들은 피정복민인 이집트인들에 대해 신경조차 쓰지 않고 있었다.

외교적인 면에서도 그녀는 현명한 선택을 했다. 로마의 힘을 잘 알고 있던 그녀는 당시 로마의 최고 권력자였던 폼페이우스를 지원했다. 바로 얼마 전에 군대를 파견해서 알렉산드리아를 약탈하고 자신의 언니를 죽음에 이르게 한 바로 그 사람이었다.

알렉산드리아를 장악하고 있는 그리스계 주민들이 흥분한 것은 당연했다. 알렉산드리아를 탈출한 클레오파트라는 그저 손 놓고 있지만은 않았다. 그녀는 용병들을 모아서 군대를 조직한 다음 직접 이들을 지휘해서 알렉산드리아를 향해 진군했다. 클레오파트라의 성격으로 볼 때 만약 이때 알렉산드리아에서 로마 제국과 전 지중해를 뒤흔드는 대사건이 발생하지 않았다면 분명히 알렉산드리아를 공격했을 것이다.

클레오파트라와 카이사르

비극은 카이사르의 개성을 미처 파악하지 못한 소년 왕 프톨레마이오스 13세와 그의 측근 포티누스에서부터 시작되었다. 카이사르와의 내전에서 패배한 폼페이우스가 마지막 희망을 걸고 아울레테스의 자녀들을 찾았을 때, 프톨레마이오스 13세와 포티누스는 여기까지 쫓겨 온 패배 자(폼페이우스)를 처단하면 카이사르의 환심을 살 수 있으리라고 생각했다. 그들은 폼페이우스의 갤리선에 작은 배를 대고 그를 정중하게 모셨다. 그를 모시러 온 사람은 한때 폼페이우스 휘하에 있던 군인이었다.

작은 배가 알렉산드리아 항을 향해 나아가다 활의 사정거리를 벗어나자 폼페이우스의 가족들이 갤리선에서 뻔히 바라보고 있는 가운데 폼페이우스가 살해되었다. 사흘 후에 카이사르가 알렉산드리아 항에 나타나자 암살자들은 자랑스럽게 폼페이우스의 머리와 반지를 카이사르에게 내밀었다. 그는 울음을 터뜨렸다. 당시 이집트군에 대해서 병력면에서 열세에 있었던 카이사르는 이들에게 노골적으로 반감을 드러내지는 않았지만, 마음속으로는 이미 이집트의 통치자를 결정했을 것이다.

카이사르가 알렉산드리아에 입성했을 때에도 시민들이 로마에 대해 가지고 있는 반감은 예전과 마찬가지였다. 카이사르는 일단 라지드 왕가의 통치권을 인정한다고 시민들을 진정시킨 후 로마의 집정관 자격으로 프톨레마이오스와 클레오파트라의 중재를 자청했다. 바로 여기에서 영화를 통해 사람들의 상상력을 자극했던 명장면이 나온다. 한밤중에 자신의 나신을 카펫에 둘둘 말아서 은밀하게 카이사르의 처소에 잠입하는 여왕과 카펫에서 벗어난 아름다움에 넋이 나가는 카이사르, 격정적인 하룻밤의 사랑. 애석하지만 이 일이 실제로 있었는지 없었는지는 아무도 확인할 수 없다.

다만 어느 날 아침에 프톨레마이오스가 카이사르의 호출을 받고 왕궁에 들어왔을 때 클레오파트라가 그 장소에 있는 것을 보고는 울면서 뛰쳐나간 것 정도가 역사적 사실이다. 폼페이우스까지 죽이면서 카이사르의 지원을 기대했던 소년 왕과 그 측근들이 카이사르에게 큰 배신감을

카이사르 앞에 선 클레오파트라. 장 레옹 제롬 작

느꼈을 정황이었던 것은 분명했다. 그들은 로마군에 대한 공격을 개시했다.

카이사르는 이집트에서 대대적인 전투를 벌일 생각이 없이 1만 명 남짓한 소수의 병력만 데리고 왔기 때문에 수세에 몰렸다. 카이사르의 병사들이 알렉산드리아에 불을 질러 그 유명한 도서관을 완전히 태운 것도 대규모의 이집트군을 두려워했기 때문이다. 이집트 해군에게 항구를 장악당해 원군이 상륙하지 못할 것을 우려한 로마군이 정박해 있던 이집트 함대에 불을 놓았는데, 이 불이 마침 불어오던 강한 바람을 타고 크게 번지는 바람에 일어난 일이었다.

카이사르와 클레오파트라와의 관계도 클레오파트라가 마음먹고 카이사르를 유혹한 것이 아니라 전력이 열세인 가운데 두 사람이 함께 왕궁에 있었기 때문에 전투 중에 관계가 급진전됐을 확률이 훨씬 높다. 두 사람 사이가 뜨거워지고 로마의 원군이 도착하고 때마침 나일 강의 홍수가 이집트군의 진영을 덮쳐 프톨레마이오스가 많은 병사들과 함께 익사하면서 사태는 수습되었다.

클레오파트라는 왕가의 전통에 따라 다시 10살짜리 막내 동생과 결혼했다. 달리 할 일이 없던 카이사르는 나일 강 탐험을 계획했다. 신비에 쌓여 있던 이 강의 발원지를 찾으려는 과학 탐사를 위한 대모험이었다. 그는 배를 타고 나일 강을 끝까지 거슬러 올라가는 이 모험에 클레오파트라를 초청했다. 카이사르는 강의 발원지를 찾는 탐험의 원래 목표에는 실패했지만 클레오파트라를 임신시키는 데는 성공했다.[7]

클레오파트라가 정말 남자들이 보기만 하면 넘어갈 정도로 눈에 띄는 미인이었나 하는 문제는 과거부터 논란의 대상이었다. 디오 카시우스는 '사랑을 거부하는 어떤 남자의 마음도 움직일 수 있을 정도'의 미인이었다고 했지만, 그리스 출신인 《플루타크 영웅전》의 저자 플루타르쿠스(Mestrius Plutarchus)는 타고난 미모 자체는 그리 특별하지 않았지만 '이상하게' 대단한 매력을 지니고 있었다고 기록했다. 두 사람 모두 클레오파트라의 목소리와 화술이 거부할 수 없을 만큼 매력적이었다는 사실에는 의견이 일치하고 있다.

영국의 대영박물관은 클레오파트라가 대략 서른 살 전후였을 때의 모습을 사실 그대로 묘사한 것으로 추정되는 조각상을 소장하고 있다. 검은 대리석으로 만들어진 이 조각상을 기준으로 하면 플루타르쿠스의 주장이 전적으로 옳다. 키는 150센티 정도로 그 당시 기준으로도 작은 편이었다. 그녀는 눈에 띄는 미인이라기보다는 강인한 인상을 주는 사람으로 날카로운 매부리코와 겹쳐지는 두 개의 턱과 두툼한 목덜미를 가지고 있었다. 육체는 단단하게 다져진 근육질로 전반적으로 통통한 편

---

7 나일 강이 에티오피아 타나 호수에서 발원하는 청나일과 적도 부근의 니웅웨(Nyungwe) 숲에서 발원하는 백나일이 만나 이루어진다는 사실은 17세기와 18세기에 들어서야 포르투갈과 영국 탐험대에 의해서 밝혀졌다.

이었다.

그녀가 카이사르에게 뿜어낸 매력은 미모나 육체, 성적인 기교에 기인했던 것이 아니다. 그녀는 그 시대에 살았던 전 세계의 여성들 중에서 최고라고 할 정도로 믿을 수 없는 지성을 갖추고 있었다. 그녀는 원래 비정상적인 지력의 소유자인데다 어렸을 적부터 문학, 과학, 수학, 철학, 천문학, 수사학, 의학 등 모든 분야의 지식을 스펀지처럼 빨아들였다. 특히 아홉 개의 언어를 자유자재로 구사하는 어학 분야의 천재였다. 악기 연주와 노래에도 능했으며 어릴 적부터 엄격한 체육과 군사 교육을 받았는데 특히 승마에 능했다.

사실 여자의 미모라는 것은 전망 좋은 방과 같다. 처음 들어서면 감탄하지만 오래 머물게 되면 익숙해지는 것이다. 그러나 지성은 다르다. 클레오파트라 같은 유형의 여자라면 언제 어떤 종류의 대화라도 막힘이 없을 것이다. 카이사르 역시 대단히 지적인 사람이었다. 어쩌면 그의 취향에 가장 잘 맞는 여자였는지도 모른다.

카이사르가 원로원에서 암살되기 직전 클레오파트라는 '작은 카이사르'라는 의미의 '캐사리온(Caesarion)'이라는 별명이 붙은 아들 프톨레마이오스 카이사르를 데리고 로마를 방문했다. 카이사르의 개선식을 참관하기 위한 목적이었을 것이다. 로마인들은 이집트에 대한 탐욕을 감추는 대신 여왕에 대한 적의를 드러냈다. 당대의 논객이었던 키케로(Cicero)는 여왕의 오만함을 공격했지만, 다른 로마인들은 근거 없이 여왕의 방탕함을 공격했다.

로마인 입장에서는 아찔한 일이기도 했다. 캐사리온은 카이사르의 유일한 직계 혈육이었다. 그에게는 율리아(Julia)라는 딸이 하나 있었지만 폼페이우스에게 시집을 가서 아이를 낳다가 젊은 나이에 세상을 떠났다.

언젠가는 이 이집트 여왕의 아들이 자신들의 통치자가 될지도 모를 일이 었다. 그들은 캐사리온이 실질적으로는 카이사르의 아들이 아니라는 주장에 정당성을 실어 주려고 여왕을 방탕한 여인으로 몰아간 것이다.

그들의 주장 중에는 클레오파트라가 카이사르가 마련해 준 티베르 강변의 빌라에서 하루 저녁에 100명의 젊은 귀족 남자들과 난교를 벌였다는 주장도 포함되어 있었다. 이 말이 사실이라면 클레오파트라가 방탕한 것이 아니라 로마 귀족들이 그녀를 끔찍하게 윤간한 것이 분명하다. 모두 근거 없는 소문이었지만 후일 로마의 역사가들은 이러한 이야기를 사실로 각색하여 기록했다.

사실 카이사르와 클레오파트라의 관계에서 주도권을 행사한 쪽은 카이사르였다. 그는 워낙 소문난 당대의 바람둥이였기도 했지만, 그보다는 여왕이 상징하는 이집트의 막대한 부와 막강한 이집트 해군이 무척 사랑스러웠을 것이다. 당시 이집트에는 가짜 프톨레마이오스 13세가 등장하면서 정황이 무척 어수선했는데도 불구하고 여왕은 로마에 2년 가까이 머물렀다. 카이사르는 이 위험할 정도로 영리한 여자를 상당히 경계하고 있었던 것이 틀림없다.

카이사르가 원로원에서 암살당하자 클레오파트라는 막내 동생이자 공식적인 남편인 프톨레마이오스 14세와 캐사리온을 데리고 급히 로마를 탈출했다. 로마 제국은 카이사르파와 공화파로 분열되었고, 현직 집정관인 안토니우스와 카이사르의 후계자로 지목된 옥타비아누스가 대립하면서 혼란이 계속되고 있었다. 이집트 역시 기근이 들고 페스트가 창궐하여 어수선한 상황이었다.

그녀가 상황을 수습하는 동안 허울만 남편이었던 막내 동생 프톨레마이오스 14세가 병으로 죽었다. 캐사리온이 그의 뒤를 이어 파라오로 즉위했다. 로마에서는 안토니우스와 옥타비아누스가 손을 잡고 여기에 카이사르의 근위대 대장이었던 레피두스가 가세해 제2기 삼두정치가 성립되면서 공화파를 대대적으로 숙청하기 시작했다. 이때 여왕에 대해서 노골적으로 적대감을 표출했던 키케로도 살해되었다. 브루투스를 중심으로 그리스에서 마지막 저항을 벌였던 공화파는 결정적인 전투에서 패하고 브루투스가 자살하자 완전히 몰락했다.

이 혼란한 와중에서도 클레오파트라는 현명하게 대처했다. 공화파들은 주로 시리아나 마케도니아 같은 동방을 근거지로 삼았고 알렉산드리아에 주둔하던 로마군까지 공화파에 가세한 상황이었다. 그러나 클레오파트라는 충직한 카이사르파의 장군 돌라벨라를 지지하면서 군대를 파견하거나 하는 직접적인 개입은 하지 않았다. 여왕의 직접 통치가 다시 시작되면서 이집트는 안정을 되찾았고 혼란스럽기만 했던 로마의 정세에도 휘말리지 않았다.

클레오파트라와 안토니우스

클레오파트라와 안토니우스의 만남은 카이사르가 죽고 나서 3년 후에 이루어졌다. 형식적으로는 동방 원정에 나선 안토니우스가 알렉산드리아 주둔군이 공화파에 가담한 사태를 설명하라며 여왕을 호출한 형태였지만, 실제로는 여왕으로부터 경제적, 군사적 지원을 얻어내기 위한 것이었다. 클레오파트라는 위압적이기까지 했던 안토니우스의 편지를 여러 번 묵살하여 그를 안달이 나게 만들고서야 천천히 움직였다.

두 사람은 현재 터키 남쪽 해안선에 위치한 타르수스에서 만났다. 이 만남은 당시에도 큰 화제였다. 클레오파트라는 아프로디테로 분장하고,

안토니우스와 클레오파트라. 알마 타데마 작

알렉산드리아에서 타르수스까지 화려한 여왕의 전용 갤리선으로 이동했
다. 또한 안토니우스는 스스로를 축제와 유흥의 신인 디오니소스와 동일
시했다. 플루타르쿠스는 이 장면을 멋지게 묘사해서 기록으로 남겼다.

　금으로 장식된 뱃머리, 진홍색의 돛, 은으로 만든 노는 갖가지 악기가 연주
　하는 장단에 맞춰서 움직였다. 여왕인 아프로디테는 금으로 만든 별실에 비
　스듬히 누워 있었고 그 주변에 큐피드로 분장한 아이들이 부채질을 하고 있
　었다. 여신처럼 차려 입은 아름다운 시녀들이 방향타와 밧줄을 잡고 있었다.

　정치 분야에서 클레오파트라의 스승은 위대한 정복자 카이사르였다.
반면 키케로의 표현에 의하면, 안토니우스는 '육체적으로나 정신적으
로나 완벽하게 검투사와 같은' 사나이였다. 첫 만남에서부터 주도권을
잡은 쪽은 클레오파트라였다. 그녀는 당시 지중해에서 가장 부유한 여
인이었다. 안토니우스가 원하는 것은 무엇이든지 해 줄 수 있는 능력을

가지고 있던 유일한 사람이었다.

두 사람은 9년 동안이나 부부였다. 클레오파트라는 프톨레마이오스라지드 왕조의 전성기를 재현하는 듯했다. 안토니우스가 정복한 영토를 여왕이 통치했다. 알렉산드리아는 아예 클레오파트라에게 할양되었으며, 안토니우스의 개선식도 로마가 아닌 알렉산드리아에서 거행되었다. 로마인들은 들끓었다. 옥타비아누스는 교묘한 여론 조작을 통해서 안토니우스가 아니라 이집트에 대해서 선전포고를 했다. 두 사람의 몰락을 초래한 악티움 해전은 분명히 로마와 이집트 함대 간의 교전이었다.

로마의 역사가들은 클레오파트라가 향락과 여색으로 안토니우스의 판단력을 마비시켰다고 주장한다. 그렇지만 안토니우스는 클레오파트라의 돈과 그녀가 모아 주는 군대를 가지고 전투를 했으며, 제2차 파르티아 원정에서 로마군이 처참한 상황에 몰렸을 때 구원해 준 사람도 바로 클레오파트라였다. 그녀가 방탕했다는 주장도 설득력이 없다. 현대의 역사가들은 클레오파트라가 평생 카이사르와 안토니우스 단 두 사람의 연인하고만 관계를 했었다는 데 대체적으로 의견이 일치하고 있다.

비열한 쪽은 옥타비아누스였다. 그는 안토니우스의 인기와 능력이 절정에 달했을 때에는 자신의 누나인 옥타비아를 그와 결혼시키면서까지 충돌을 피하려고 했다. 옥타비아는 클레오파트라와는 비교도 되지 않을 정도의 대단한 미인이었으며 우아한 품위와 고매한 인격까지 갖춘 뛰어난 여자였지만, 안토니우스를 가운데 두고 클레오파트라와 벌인 경쟁에서 패배했다. 그래서 남녀 사이는 알 수가 없는 것이다.

옥타비아누스는 알렉산드리아에 입성하자마자 카이사르의 편지를 모두 불태우고 서둘러 캐사리온을 살해했다. 분명히 카이사르가 캐사리온을 자신의 적자로 인정하는 내용도 사라졌을 것이다. 그는 안토니우스와 관계된 모든 서류도 폐기했으며, 오직 그에게 아부하려 했던 사이비 역사가들의 기록만을 후대에 남겼다.

옥타비아누스의 의도를 충실하게 따랐던 당대 로마의 사학자들, 그리고 오만한 민족적 자긍심으로 무장한 그들의 후배들은 클레오파트라가 안토니우스를 사로잡기 위해 벌였던 성대한 파티는 '모방할 수 없는 삶'이라는 제목으로 자세하게 묘사하면서, 왕궁에서의 일과를 마치고 난 저녁에 평복으로 갈아입고 알렉산드리아 시내에 나가 보통 사람들과 어울리는 여왕의 모습은 간단한 가십거리 정도로 취급했다.

그 당시에도 그리스나 시리아, 이집트 사람들은 로마인들과 견해를 달리 했다. 그들의 견해에 의하면 클레오파트라는 '이집트에서 가장 사려 깊은 여인'이었다. 그녀에 대한 이러한 평가는 후일 제노비아 여왕이 잠시나마 로마로부터 이집트를 회복하는 데 결정적인 요인이 되었다. 클레오파트라가 죽고 약 3세기 후에 태어난 시리아의 여왕 제노비아는 클레오파트라의 직계 후손이다.

클레오파트라, 그 이후

클레오파트라가 남긴 네 명의 자녀 중에서 세 아들은 모두 죽었으며 마지막까지 살아남은 사람은 안토니우스와의 사이에서 낳은 이란성 쌍둥이 중에서 딸인 클레오파트라 셀레네(Cleopatra Selene)뿐이다. 안토니우스의 공식적인 미망인이자 옥타비아누스의 누나인 옥타비아가 이 아이를 거두었다. 그녀는 로마의 동맹국인 아프리카 누미디아(Numidia)의 주바(Juba) 2세와 결혼했으며, 이들은 아프리카 북부 지중해 해안에 새로운 도시 캐사리아(Caesaria)[8]를 건설했다.

아랍어 기록으로는 '알 자바의 딸 자니비야(Znwbya Bat Zabbai)'인 율리아 아우렐리아 제노비아(Julia Aurelia Zenobia)는 여러 가지 면에서 그녀의 선조인 클레오파트라와 유사한 캐릭터를 가진 여왕이다. 그녀는 시리아에 있던 팔미라(Palmyra) 왕국의 정복군주였으며 직접 군대를 지휘하며 전투에 참여하는 전사였다. 당시 팔미라는 로마의 속국이었다. 그녀는 사산조 페르시아에게 공격당하고 있던 로마의 동쪽 국경을 안정시킨다는 명목으로 시리아 일대를 통일해 페르시아의 영향력을 축출하고 현재 터키의 아시아 지역인 아나톨리아까지 정복했다.

자신감을 얻은 그녀는 칼끝을 로마로 돌렸다. 그녀는 군대를 몰아 알렉산드리아로 진군하면서 '선조들의 땅'을 요구했다. 이집트인들이 내부로부터 호응하자 로마의 통치는 손쉽게 와해되었다. 그녀는 로마 총독 테나지노 프로부스(Tenagino Probus)가 지휘하는 로마군을 격파하고 알렉산드리아에 입성했다. 로마 제국의 최전성기인 '5현제 시대'를 구가하고 있었던 로마인들에게 300년 전의 악몽이 되살아나는 순간이었다. 로마 본국으로부터 대군이 급파되었고, 팔레스타인의 안티오크 부근에서 양쪽의 군대가 격전을 벌였다. 결국 팔미라군은 패배하고 제노비아는 포로가 되어 로마로 압송되었다.

제노비아의 운명은 클레오파트라와는 많이 달랐다. 당시 로마 황제는 《명상록》의 저자인 철학자 황제 마르쿠스 아우렐리우스(Marcus Aurelius)였다. 제노비아에게 감복한 황제는 그녀를 사면하고 로마 근교의 티볼리에 위치한 멋진 장원을 하사했다. 스스로 철학에 조예가 깊었던 제노비아는 얼마 지나지 않아 로마에서 가장 영향력 있는 인물이 되었으며,

[8] 현재 알제리에 있는 항구 도시 셔셀(Cherchell)이 모렌타아 왕국의 수도인 캐사리아이며, 한때는 전 지중해에서 가장 부유한 도시 중 하나였다.

그 시대 학문과 예술에 대한 최대 후원자가 되었다. 팔미라 왕국 최고 전사의 미망인이었던 그녀는 로마에서 두 번째 결혼을 했는데, 그녀의 후손들 중에서 로마의 명사들이 여러 명 나왔다.

클레오파트라와 제노비아의 운명이 극과 극으로 갈린 것은 황제 개인의 취향도 원인이었겠지만, 그 기간 동안 수없이 다른 민족과 충돌하면서 로마 사회가 변화했다는 사실을 반영하는 것이기도 하다. 그만큼 이질적인 요소를 받아들이는 데 익숙해졌던 것이다. 혹자는 이러한 사회적인 의식의 성숙이 제국의 약화를 가져왔다고도 한다. 사실 정복국가는 그 바탕이 되는 야만성을 잃었을 때 급속히 약화되는 경향을 보이기는 한다.

클레오파트라 시절의 로마는 아직도 폭력을 숭상하고 탐욕을 추구하는 순수한 야만성이 충만해 있던 시절이었다. 이 시대의 로마인들이 이집트의 마지막 파라오를 로마의 영웅을 추락시킨 팜므 파탈로 간주했다고 해서 그것이 다른 시대에도 올바른 평가가 될 수는 없다. 초강대국이 자신의 조국을 병합하기 위해 조여 오고 있을 때 약소국의 통치자가 대처할 수 있는 방법이 무엇이었을까?

그런 측면에서 클레오파트라가 멸망할 위기에 처한 조국을 구하고자 조국과 민중에게 최선을 다했던 헌신적인 파라오였다는 사실을 카이사르나 안토니우스와의 개인적인 연인 관계와 함께 기억해야 한다. 어쩌면 클레오파트라를 방탕한 요부로 매도하는 것은 단순히 속물적인 잡담 정도가 아니라 근본적으로 대단히 위험한 역사관에 바탕을 둔 사고방식일지도 모른다.

로마는 분명히 폭력적이고 야만적인 방법으로 다른 민족을 정복하고 약탈하면서 대제국을 건설했다. 갈리아인, 게르만인, 아프리카인, 아시아인들의 희생 위에서 번영했던 야만적인 피의 제국이다. 그런데도 유럽인들은 항상 로마 제국이 재현되기를 꿈꾸었다. 그들은 로마의 영광만을 기억했지 그 역사 뒤에 감추어진 야만성을 기억하지 않는다.

형제 살해자인 샤를마뉴가 초대 황제였던 신성로마 제국이나 인류 역사상 가장 우매한 결정이었던 십자군 원정 모두 그러한 맥락에서 해석할 수 있다. 유럽인들이 잠시 성공을 거둔 적도 있었다. 대양 항해가 본격적으로 시작된 15세기 무렵부터 그들은 폭력을 동원해서 아시아와 아프리카와 아메리카를 정복했다. 무적함대를 앞세운 스페인이나 빅토리아 시대의 해가 지지 않는 나라 대영제국은 분명히 로마 제국의 복사본이다.

우리가 역사를 통해서 교훈을 얻는데도 불구하고 그 역사는 반복된다. 그래서 혹시 지금의 미국 역시 그 시절의 로마를 복사하고 있지는 않을까 심각하게 우려하고 있는 것이다.

제국을 통치했던 창녀

비잔틴 제국의 황후 테오도라

　　인류 역사상 존재했던 모든 여왕들과 왕후들을 통틀어도 테오도라만큼 평가가 극단으로 갈리는 사람을 찾아내기란 불가능할 것이다. 동방정교회에서는 성인으로 인정하는 반면 그녀와 같은 시대의 역사가는 그녀를 사악한 악녀이자 방탕한 요부로 매도하고 있다. 그도 그럴 것이 그녀는 창녀였다. '품행이 단정하지 않은 여자'를 의미하는 창녀가 아니라 '매춘을 전문 직업으로 하는 여자'라는 의미의 창녀로, 테오도라는 콘스탄티노플의 이 분야에서 가장 인기 있는 여성 중 한 사람이었다.

　　그녀는 현대적인 어휘로 해석하자면 극장 소속으로 대중 앞에서 공연을 하는 배우였지만, 당시에는 이 직업이 창녀와 동의어였다. 테오도라의 예를 들자면 그녀의 공연 레퍼토리 중에서 가장 인기 있는 것은 〈레다와 백조〉였다. 그녀와 동갑이었던 역사학자 '캐사리아의 프로코피우스(Procopius of Caesarea)'가 쓴 《비사(Anekdota, Secret History)》에는 〈레다와 백조〉의 공연 내용이 자세하게 묘사되어 있다. 《비사》는 저술한 지천 년 넘게 공식적으로 출판되지는 못했지만 분명히 역사책이고 포르노그래피가 아니다.

　극장에서 모든 사람들이 보는 앞에서 한가운데로 나와 옷을 모두 벗고 나체로 섰다. 몸에 걸친 것은 오직 음부를 가리고 있는 띠 하나뿐이었다. 그것은 그녀가 음부를 드러내는 것을 부끄러워한 것이 아니라 완전한 나체로 공연하는 것이 법으로 금지되어 있기 때문이었다. 겨우 무화과 잎 정도의 리본으로만 몸을 가린 그녀는 무대의 바닥에 주저앉아 등을 비스듬히 기대고 누웠다. 그러면 노예들이 나와 이 열정적인 꽃의 꽃받침 속으로 보리쌀을 뿌렸으며, 그 다음에는 특별한 훈련을 받은 거위들이 나와서 부리로 그 보리쌀을 하나씩 쪼아 먹었다.

유스티아누스와의 만남

　테오도라의 아버지 아카시우스(Acacius)는 콘스탄티노플의 원형경기장에서 곰을 조련하는 사람이었으며, 이름이 알려지지 않은 그의 어머니는 무희이자 배우였다.

　아버지가 일찍 죽자 테오도라는 다섯 살 무렵부터 생활전선에 뛰어들어야 했다. 그녀의 어머니는 그녀의 머리에 화관을 씌우고 원형극장에 나가 사람들의 동정심에 호소했다. 테오도라는 두 언니와 함께 무대에 섰으며, 뛰어난 미모와 명랑한 성격으로 열두어 살 무렵부터는 수많은 팬을 거느린 대스타가 되었다.

프로코피우스는 테오도라를 쾌락에 몸을 던진 타락한 여자로 묘사했지만, 그녀의 행적을 보면 꼭 그런 것 같지는 않다. 그녀는 일찌감치 열여섯 살 때 이러한 생활을 청산하려고 시도했다. 그녀는 헤케볼루스(Hecebolus)라는 시리아 출신의 장교를 만났으며, 그를 따라 리비아로 갔다. 그곳에서 4년 동안 살았지만 세상이 그녀의 뜻대로 되지는 않았다. 헤케볼루스는 테오도라를 학대하다 마침내 그녀를 버렸다. 그녀는 자신이 알고 있는 유일한 방법으로 콘스탄티노플까지 돌아오는 여비를 벌어야 했다.

테오도라가 콘스탄티노플로 돌아오는 길은 멀고 험했다. 그러나 돌아오는 도중 알렉산드리아에 잠시 정착했을 때 인생의 큰 전환점을 맞이했다. 고결한 인품을 가졌던 것으로 알려진 콥트 교회의 알렉산드리아 대주교 티모티우스 3세(Timothius III)를 만나 신비한 종교적 체험을 경험한 것이다. 그녀는 뼛속까지 철저한 청색당원[9]임에도 불구하고 콥트 교

[9] 당시 비잔틴 제국은 청색당과 녹색당으로 나누어져 극한 대립을 하고 있었다. 원형극장 안에서 벌어지는 전차경기에서 양쪽 팀이 입는 유니폼의 색깔로부터 시작된 것이지만, 이들은 이미 강력한 정치 세력이 된 지 오래였다. 양쪽 당파는 콘스탄티노플을 비롯한 모든 도시에서 자체 군대까지 조직할 정도로 세력화하여 대립하고 있었다. 청색당은 로마와 그리스의 전통을 따르는 것이었고, 주로 신흥 상인들과 기술자들이 주축이 된 녹색당은 새롭게 로마에 편입된 동방 지역의 요소들을 많이 받아들이고 있었다. 양쪽의 대립에 가장 결정적인 요인은 종교 문제였다. 청색당은 정통적인 동방정교회의 가르침을 따르고 있던 반면, 녹색당은 이단으로 배척되고 있는 단성론의 영향을 많이 받고 있었다. 각 도시에서는 이 양쪽 당파를 공식적으로 인정해서 아예 당파의 수장에게 임명장을 수여하고 공공사업을 수장들에게 위탁하는 형편이었다.

테오도라는 열렬한 청색당원이었다. 이것은 그녀의 어린 시절에 겪은 불행과 연관되어 있다. 그녀의 아버지 아카시우스는 열성적인 녹색당원이었는데도 불구하고 그가 죽자 녹색당은 테오도라 일가를 외면

회의 가르침에 따라 단성론자(Monophysite)**10**가 되었다.

알렉산드리아를 떠난 테오도라는 팔레스타인의 안티오크에서 마케도니아(Macedonia)라는 청색당 소속의 무희를 만났다. 정황으로 볼 때 두 사람은 전부터 잘 아는 사이였음이 분명하다. 마케도니아는 청색당 내에서 마당발이었고 테오도라의 직업은 아직까지는 무희 겸 배우였다. 테오도라는 마케도니아의 소개로 비잔틴 황제 유스티누스(Justinus)의 조카인 유스티아누스(Justianus)와 운명적인 만남을 가졌다. 머지않아 황제가 될 운명이었던 유스티아누스는 테오도라와 마찬가지로 청색당 지지자였으며, 테오도라를 만나는 순간 그녀에게 반했다.

스물두 살의 그녀는 생애에서 가장 빛나는 시절을 맞이하고 있었고, 유스티아누스는 그녀보다 열여덟 살 위였지만 아직 미혼이었다. 2년에 걸쳐 콘스탄티노플로 돌아온 테오도라는 과거의 생활을 완전히 청산하고 왕궁 부근의 자그마한 집에서 양털로 실을 짜서 팔면서 검소한 생활을 하기 시작했다. 그러나 그녀의 타고난 미모와 발랄한 천성은 여전했으며 거기에다 6년이라는 고통의 세월을 통해 자연스럽게 몸에 밴 성숙한 지혜까지 갖추고 있었다.

테오도라에게 완전히 매료된 유스티아누스는 정식으로 그녀와 결혼하기를 원했지만 몇 가지 장애 요인이 있었다. 당시에는 계급 간의 결혼을 금하는 법률이 있었으며 특히 고급관리의 경우는 결혼 대상을 선택하는 데에 많은 제약을 받고 있었는데, 그때 유스티아누스는 내무대신

했다. 반면에 청색당원들은 테오도라의 어머니에게 일자리를 제공하고 이 가족의 생계를 지원해 주었다. 그런 이유로 테오도라는 평생 녹색당에 대한 혐오감을 숨기지 않았다.
10 단성론은 예수 그리스도에게는 오직 신성(神性)만이 존재한다는 이론으로 예수에게는 신성과 인성(人性)이 공존하지만 분리할 수 없다는 정통적인 양성론 교리와 대립했다. 451년 칼케돈 공의회에서 이단으로 선언되었으며, 현재의 기독교권에서는 이집트의 콥트 교회만이 단성론을 따르고 있다.

이었다. 그보다도 더 큰 장애 요인은 황후 유피미아(Euphemia)였다. 조카인 유스티아누스의 이야기라면 무엇이든지 들어주던 황후였지만 테오도라와의 결혼만큼은 결사적으로 반대했다.

반대의 이유

사실 황후의 이러한 태도는 자기모순이었다. 황후 본인이 최하층 출신이었기 때문이었다. 황제 플라비우스 유스티누스(Flavius Justius)는 오직 자신의 힘으로만 출세를 한 입지전적인 인물이다. 그는 나이수스(현재의 세르비아 남부에 위치한 도시 니시) 부근에서 이스톡(Istok)이라는 이름으로 불리던 평범한 농부였다. 그 지역에 이민족이 침입하자 그는 두 동생과 함께 콘스탄티노플로 피난했다. 여기에서 그는 생계 해결책으로 군에 입대했으며, 직업이 적성에 맞았는지 크게 두각을 나타냈다. 유스티누스는 전투에서 여러 번 뛰어난 전공을 세웠고, 장군을 거쳐 제국의 최정예 부대인 황궁 경비대의 사령관 '코메스 엑스쿠비토룸(Comes Excubitorum)'에 올랐다.

프로코피우스의 《비사》에 의하면, 유피미아 황후의 원래 이름은 암컷 늑대를 의미하는 루시피나(Lucipina)였으며, 이름이 나타내는 것처럼 이민족 출신의 노예였다. 유스티누스는 자기 주인의 첩 노릇을 하고 있던 그녀를 사들여 노예 신분에서 해방시키고 결혼했으며, 황후라는 지위를 얻을 무렵 보다 종교적이고 로마적인 이름인 '유피미아'로 개명했다고 한다.

유스티누스가 전임 황제 플라비우스 아나스타시우스(Flavius Anastasius)

아나스타시우스

의 뒤를 이어 제위에 오른 것은 누구도 예상하지 못했던 의외의 일이었다. 여기에 관해서는 두 개의 일화가 전해진다.

전임 황제 아나스타시우스는 '신의 뜻'에 의해 후계자가 결정될 것이라고 믿어 의심치 않았다. 그에게 자식은 없었지만 세 명의 조카가 있었다. 그는 어느 날 조카들을 모두 만찬에 초대했다. 당시 로마의 식사 습관은 비스듬히 누워서 음식을 먹는 것이었는데, 아나스타시우스는 조카들을 위해 세 개의 긴 의자를 준비하고 그중 하나에 '제국(Regnum)'이라고 쓴 쪽지를 숨겨놓았다. 누구라도 그 자리에 앉는 사람이 다음 황제로 지명될 판이었다. 그런데 공교롭게도 세 조카 중에서 두 명이 사촌 이상의 사이였다. 이 두 연인이 한 의자에 앉는 바람에 쪽지가 숨겨진 의자는 공석이 되었다.

아나스타시우스는 다음 황제는 자기의 혈육 중에서는 나오지 않을 것이라는 사실을 직감했다. 그는 밤새워 간절한 기도를 올린 후 그 다음날 누구라도 자신의 방에 처음으로 들어오는 사람을 황제로 지명하라는 계시를 받았다. 그날 아침 처음 황제를 알현한 사람은 황제가 내린 명령이 제대로 집행되었음을 보고하러 들어온 황실 경비대장 유스티누스였다.

이 이야기의 신빙성에 대한 논란은 접어두더라도 아나스타시우스 황제는 점잖고 나름대로 리더십도 있는 사람이었지만 대단히 유약했으며, 이 이야기가 사실로 믿어질 정도로 단성론에 편향되어 종교 문제에 집착하는 고집스러운 성향도 가지고 있었다. 그의 통치 시절에 제국은 페르시아, 불가족과 같은 외부 세력의 도전과 내부의 종교 갈등으로 인해서 위기에 처해 있었지만, 황제는 제대로 대응하지 못했다.

동시대의 연대기 작가 요아네스 말라라스(Joannes Malalas)에 의하면 황제가 서거한 후에도 한동안 후계자는 결정되지 않고 있었다고 한다. 그러자 황제의 환관 아만티우스(Amantius)는 테오크리투스(Theocritus)라는 인물을 황제로 앉히려는 음모를 꾸미고 유스티누스를 매수하려 했다. 그러나 유스티누스는 아만티우스의 거사 자금을 모두 챙겨서 자기 자신을 위해서 썼다. 드디어 황제를 선출하기 위해서 원로원이 소집되었고 원로원에 인접한 원형극장에는 콘스탄티노플 시민들이 몰려들었다.

원로원 의원들이 바깥과의 접촉을 차단당한 상태에서 황제를 선출하는 동안 결정을 기다리던 시민들 사이에서 싸움이 일어나더니 소요로 번졌다. 즉각 황실 경비대가 출동해서 사태를 수습했다. 그러자 원로원은 완전무장한 황실 경비대에 의해 둘러싸인 형세가 되고 말았다. 여기까지는 아만티우스가 쓴 각본 그대로였지만, 황실 경비대는 테오크리투스가 아니라 자신들의 '코메스'를 연호하기 시작했다. 강압적인 분위기에서 원로원들도 코메스를 연호하는 데 동참하자 유스티누스는 몇 번 사양하다 황제 자리를 수락했다. 아만티우스와 테오크리투스는 다음날 참수되었다.

어쩌면 원로원이 유스티누스를 황제로 선택한 것은 당시의 상황에서 최선의 선택 그리고 유일한 선택이었는지도 모른다. 콘스탄티노플에 주둔하고 있던 황실 경비대는 당시 극도로 혼란한 제국에서 유일하게 효율적으로 움직이고 있던 조직이었기 때문이다.

이렇게 황제가 된 유스티누스와 유피미아 사이에는 후사가 없었고 조카들 중에서 아주 영리한 페트루스 사바티우스(Petrus Sabbatius)라는 소년을 아들처럼 키웠다. 콘스탄티노플에서 최고의 교육을 받은 이 소년은 성장해서 가장 충성스럽고 믿음직스러운 부하이자 조언자가 되었으며,

이 조카는 백부에게 감사하는 의미로 자신의 이름에 '유스티아누스'를 추가했다. 후일 일부 역사가들이 '대제(大帝)'로까지 추앙하는 바로 그 사람이고, 또한 풍운의 여인 테오도라의 평생 반려자이다.

유스티아누스는 유피미아 황후가 생존해 있을 때는 꿈작도 하지 못했지만, 그녀가 죽자 황제를 졸라 계층 간의 결혼을 금지하는 법률을 폐기하고 정식으로 테오도라와 결혼식을 올렸다. 이때 테오도라는 스물다섯 살이었다. 이들은 사이에 딸을 하나 두었는데 일부 역사가들은 유스티아누스의 딸이 아니라고 주장한다. 그러나 테오도라의 전직 이외에 별다른 근거는 없으며 유스티아누스 본인은 언제나 이 아이를 적법한 딸로 대우했다. 이 딸은 부모보다 먼저 세상을 떠났다.

유스티아누스는 '준비된 황제'였다. 백부인 유스티누스는 문맹이었고 황제로 임명될 때 이미 예순을 훌쩍 넘긴 나이였기 때문에 통치의 상당 부분을 똑똑한 조카에게 의존했다. 테오도라와 결혼하고 2년이 지나 유스티누스 황제가 서거하고 유스티아누스가 제위를 계승했다. 후일의 빛나는 업적과는 상관없이 신임 황제와 황후는 그 시대의 신민들로부터 인기를 전혀 얻지 못했다.

전쟁 영웅이었으며 충직한 군인의 이미지를 가지고 있었던 백부와는 달리 유스티아누스는 젊은 시절부터 백부의 후광을 등에 업고 줄곧 엘리트 코스만 달린 사람이다. 일반 대중들은 이런 사람들을 좋게 보지 않는데다 이런 유형의 사람들이 으레 그렇듯이 유스티아누스에게 드러나는 분위기도 냉소적이고 매정한 것이었다. 테오도라의 경우에도 당시 콘스탄티노플 시민들의 인터뷰가 남아 있을 리 없지만 그 시대 연대기 작가들의 저술로 미루어 볼 때 대다수의 사람들이 '제국의 수치'로 여기고 있었던 것이 분명하다.

테오도라의 업적

유스티아누스 황제의 업적은 크게 세 분야로 정리할 수 있다. 첫 번째는 건축 분야로 그는 이스탄불의 상징인 소피아 대성당의 건축자이다. 이 경이로운 건축물 이외에도 여러 개의 성당들을 새로 건축하거나 대대적으로 재건축했다. 두 번째는 법률 분야였다. 엘리트 법률 교육을 받았던 유스티아누스는 기존의 로마법을 집대성해서 하나의 법체계로 통합하기를 원했다. 우리가 〈시민법 대전(Corpus Juris Civilis; Body of Civil Laws)〉 혹은 〈유스티아누스 법전〉이라는 이름으로 알고 있는 법전이 치세 초반에 편찬되어 제국 전반에서 시행되기 시작했다. 마지막 분야는 군사 정복으로 '제국 재건(Renovatio Imperii)' 프로젝트를 세우고 비잔틴 제국의 영역을 확장했다.

새로운 건축물, 법전 편찬, 그리고 대대적인 군사원정과 같은 일은 모두 막대한 자금이 필요했다. 그렇지만 제위를 물려받았을 때 유스티아누스의 재정적 상황은 그리 좋지 않았다. 아나스타시우스 황제는 유스티누스에게 32만 파운드 이상의 금화를 물려 주었지만, 재위 말기에 고트족과 페르시아를 동시에 상대해서 힘겨운 전쟁을 치러야 했던 유스티누스는 텅빈 황실 금고를 남겼다.

황제는 새로운 조세 시스템을 세웠다. 전통적으로 로마는 지방의 유력자를 '세리'로 임명해서 이들로부터 세금을 거두고 이들이 다시 일반 시민들에게 세금을 부과하는 방식을 고수하고 있었지만, 유스티아누스는 관리들이 직접 시민들에게 부과하는 방식으로 전환했다. 아주 올바른 조치였고 후일 제국의 조세 시스템으로 정착되었지만, 당시 문제는 제도가 아니라 사람이었다.

황제는 '카파도키아의 요한네스(Johannes of Cappadocia)'라는 사람을 발

유스티아누스

탁하여 민정청독(Praetorian Prefect)에 임명하면서 재정적인 난국을 타개했다. 교육을 제대로 받지 못했으며 상당히 거친 성격에 술과 색을 몹시 밝힌다는 단점은 가지고 있었지만, 근면하고 열성적인 관리이며 부패하고는 아예 담을 쌓은 결벽증 환자인 그는 세금을 거두는 문제에 관한 한 최고의 적임자인지도 몰랐다.

그러나 과유불급(過猶不及). 요한네스는 독한 사람이었다. 세금을 조금이라도 속이는 낌새가 있으면 무조건 잡아들여 고문하고 악착같이 세금을 징수해 주민들은 밥 먹는 식기까지 내줄 정도로 가지고 있는 모든 재산을 빼앗기는 일이 속출했다. 그는 일을 맡은 지 얼마 되지 않아서 제국에서 가장 증오받는 사람이 되었다.

황제가 임명한 법무관 트리보니아누스(Tribonianus)의 경우는 요한네스와 반대였다. 〈시민법 대전〉의 편찬을 주도했을 정도로 방대한 지식을 가지고 있었지만, 이 법률 전문가는 제국에서 발생하는 모든 부패 행위의 근원지였다. 뇌물을 받고 자기 마음대로 법을 적용해 판결을 하면서 사리사욕만 채웠다. 가뜩이나 인기가 없는 황제에게 이런 측근들은 치명적인 존재였다.

테오도라는 언제나 유스티아누스의 가장 강력한 조언자였지만, 치세 초기에는 교회의 통일을 추구하는 황제의 뜻에 반해서 이단으로 몰린 단성론자들을 피신시켜 보호하는 정도 이외에는 자신의 개성을 크게 드러내지 않았다. 그러나 이들에게 니카(Nika) 폭동이라고 알려진 일생일대의 위기가 닥쳐오면서 비로소 황제나 그 측근들이나 일반 대중들까지 테오도라의 진면목을 알게 되었다.

유스티아누스가 제위에 오르고 7년 정도 지나자 사회적인 불만이 팽배해져 폭발 직전에 이르게 되었다. 이 상황은 요한네스와 트리보니아누스가 주도적으로 만든 것이었다. 처음에는 불한당들과 불만 세력들이 작당을 했지만 곧 오랫동안 반목해온 녹색당과 청색당이 단합하면서 사태가 크게 번졌다. 결정적인 사건은 황제가 참가한 전차경기에서 발생했다. 이 혼란 사태를 니카 폭동이라고 부르는 이유는 전차경기에서 응원을 할 때 지르는 '이겨라!' 라는 구호가 그리스어로 '니카(Nika)' 였기 때문이다.

전차 경기는 중단되고 거리로 나온 군중은 난동을 부리기 시작했다. 치안대를 습격하여 경비병들을 살해하고, 원로원과 성당을 비롯한 중요 건물에 방화를 하기 시작했다. 두 번째 날에 군중들은 경기장에 모여 요한네스와 트리보니아누스의 해임을 요구했다. 황제는 이들의 요구를 수락했지만 난동은 계속되었으며, 점차 황제에 대한 반감을 드러냈다. 그들은 아나스타시우스 황제의 조카인 프로부스(Probus)를 새 황제로 추대했으나 그가 콘스탄티노플을 빠져나가자 그의 집에 불을 질러 태워버렸다.

사흘째 되던 날 황제는 군중들을 만나 설득하려 했다. 그러나 군중들은 오히려 아나스타시우스 황제의 또 다른 조카 히파티우스(Hypatius)를 황제로 옹립했다. 당시 나이가 많았던 히파티우스는 야심이 없는 사람이라 군중들을 피해 다녔는데도 사람들이 그를 찾아내 목마를 태워 경기장까지 데려왔다. 유스티아누스는 콘스탄티노플을 빠져나가려고 했다. 그러자 테오도라가 강력하게 반발했다.

"자주색이 가장 좋은 수의이다."

이때 테오도라가 인용했다는 고대의 격언이다. 자주색은 황제의 색깔로 다른 사람들은 사용하지 못하는 것이다. 테오도라가 비록 황제가 피신한다고 해도 자신은 남겠다며 고집을 세우자 유스티아누스는 생각을 바꿨다. 그때 그의 곁에는 충성스러운 내시장 나르세스(Narses)와 막 동방으로부터 개선한 젊은 장군 벨리사리우스(Belisarius), 그리고 문두스(Mundus) 장군과 그가 이끄는 스칸디나비아 용병대가 있었다.

황실 경비대와 용병대는 원형극장을 완전히 봉쇄한 다음 잔혹한 방식으로 폭동을 진압하기 시작했다. 그 안에 있는 사람들을 모두 폭도로 규정하고 사살한 것이다. 이날 살해된 사람은 약 3만 명 정도로 집계되었다. 히파티우스는 황제에게로 압송되었다. 유스티아누스는 이 노인이 자신의 의사와는 상관없이 황제에 추대되었다는 사실을 잘 알고 있었으므로 그를 용서하려고 했지만, 테오도라가 한번 황제로 추대되었던 사람은 언제라도 반란의 핵심이 될 수 있음을 환기시켜 주었다. 히파티우스와 그의 동생 폼페이우스(Pompeius)는 바로 그 다음날 처형되었으며, 소극적으로라도 폭동을 지지했던 원로원 의원들도 모두 추방되었다.

니카 폭동은 유스티아누스에게 도리어 전화위복의 기회가 되었다. 이제 사람들은 황제가 결코 쉽게 굴복시킬 수 있는 인물이 아니라는 사실을 깨달았다. 황제 역시 화해를 모색했다. 요한네스와 트리보니아누스를 복직시키기는 했지만 그들의 권한을 대폭 축소하고 세금을 조절했다. 그리고 무엇보다도 폭동의 와중에 파괴된 콘스탄티노플을 전보다 더 멋지게 재건하자는 데 의견이 일치하였다.

콘스탄티누스 대제가 세운 소피아 대성당도 이 폭동의 와중에 전소되었다. 이런 일이 벌써 두 번째였다. 유스티아누스는 세 번째로 세우는 소피아 성당이야말로 규모나 아름다움에서 기독교 세계 최고의 성당이 되어야 한다고 생각했다. 전 제국으로부터 최고의 자재들만 모아서 착공한 지 거의 6년 만에 이 성당이 완공되었을 때 유스티아누스 황제가 성당에 들어가면서 한 말은 매우 유명하다.

"솔로몬이여, 내가 당신을 이겼노라."[11]

니카 폭동이 진압되고 이어서 페르시아와의 평화협정이 체결되자 유스티아누스는 오랫동안 꿈꿔왔던 '제국 재건' 프로젝트를 본격적으로 추진하기 시작했다. 그에게는 비장의 무기가 있었다. 니카 폭동을 진압하는 데에도 참가했던 장군 벨리사리우스였다. 북아프리카를 장악하고 있던 반달(Vandal) 왕국에서 왕위 찬탈 사건이 일어나자 유스티아누스는 기회를 잡았다.[12]

벨리사리우스가 파견되었고, 2년 남짓 만에 카르타고를 중심으로 하는 옛 로마의 북아프리카 영토를 회복했다. 물론 군사적으로 점령된 이 지역을 완전히 속주로 만드는 데는 여러 해와 많은 노력이 필요하겠지만 그러한 업무는 군인의 일이 아니었다. 벨리사리우스는 콘스탄티노플로 돌아와 프로젝트의 다음 단계를 준비했다. 바로 동고트족이 지배하고 있는 이탈리아 반도였다.

후일 '비잔틴 제국 최고의 명장'으로 평가되는 이 젊은이는 당시 이십 대 중반 정도의 나이였는데, 테오도라는 그에게 젊은 시절 자신의 절친한 친구였던 안토니나(Antonina)를 소개했다. 벨리사리우스는 안토니

---

11 솔로몬 성전은 기원전 957년 완공되었다가 기원전 588년 바빌로니아인들에 의해 파괴되었고, 두 번째로 지은 것도 서기 66년에 로마군에 의해서 파괴되었다. 때문에 이 시대에도 이미 존재하지 않았으며 단지 '지상에서 가장 아름다웠던 성전'으로만 기억되고 있던 건물이었다. 지금 예루살렘에 남아 있는 '통곡의 벽'은 헤로데가 증축했던 두 번째 성전 중 일부라고 알려져 있다.

12 당시 반달 왕국 힐데리크(Hilderic) 왕의 어머니는 서로마 제국 황제 발렌티아누스 3세의 딸이었고 반달 왕국과 비잔틴 제국은 우호적인 관계에 있었다. 그런데 겔리메르(Gelimer)라는 자가 왕을 살해하고 왕위를 찬탈하자 유스티아누스가 항의서한을 보냈으나 조롱하는 답신이 왔다. 또한 아리우스파였던 겔리메르는 다른 종파의 기독교도들을 이단으로 몰아 왕국에서 축출했기 때문에 많은 난민들이 콘스탄티노플로 들어와 반달 왕국에 대한 정벌을 청원했다.

몰락하여 거지가 된 벨리사리우스. 자크 루이 다비드 작

나에게 빠져서 결혼까지 하기에 이르렀지만, 테오도라의 희망과는 달리 그녀는 이 천재적인 장군의 발목을 잡는 방해물이라는 사실이 분명해졌다. 벨리사리우스에 비해 나이가 최소한 열 살은 위였고, 아버지를 확인할 수 없는 여러 명의 자식까지 거느리고 있었던 안토니나는 스스로를 과거와 단절시킨 테오도라 황후와는 달리 좀처럼 과거의 생활방식을 청산하려고 하지 않았기 때문이었다.

역사가 프로코피우스는 그의 저서 《비사》를 통해 유스티아누스에게는 이탈리아 반도에서 큰 전쟁을 치르지 않고도 평화롭게 회복할 수 있는 기회가 있었다는 사실을 이야기한다. 실질적으로야 어찌되었건 형식

상으로 동고트(Ostrogoth) 왕국은 비잔틴 제국의 제후국이었으며, 이 왕
국은 고트족뿐 아니라 전 게르만의 영웅 테오도리크(Theodoric) 대왕의
외동딸인 아말라순타(Amalasuntha)가 어린 아들 아말리크(Amalic)의 섭정
자격으로 탐욕스럽고 거친 남자들의 도전을 받으며 힘겹게 왕권을 이어
가고 있었다.

아말라순타는 동시대의 여성으로는 보기 드물게 지성적인 여성이었
으며 유스티아누스와는 자주 비밀 서신을 주고받는 사이였다. 유스티아
누스는 비록 만나지는 못했지만 서신을 주고받다 보니 그녀에게 상당한
호감을 가지게 되었다. 테오도라 황후의 심기가 상당히 불편했던 것은
충분히 이해할 수 있다. 왕권을 향한 남자들의 도전이 점점 거세지자 아
말라순타는 황제의 도움을 요청했다.

그녀의 아버지 테오도리크는 후일 프랑크나 노르만의 정복 영주들에
게 많은 영감을 준 인물이다. 그는 위대한 전사이기도 했지만 관대한 통
치자이기도 했다. 정복한 로마인들의 군대 복무는 금지했지만, 그들을
존중했을 뿐 아니라 행정 업무는 아예 그들에게 위임하였다. 이 때문에
동고트 왕국은 정복 왕조가 흔히 겪는 정복자와 피정복자의 갈등을 큰
어려움 없이 극복할 수 있었다.

또한 불필요한 마찰을 피하기 위해서 자신을 낮출 줄도 알았다. 아리
우스파 기독교도였음에도 불구하고 철저하게 교황의 권위를 지켜 주었
으며, 스스로를 '이탈리아의 왕'으로 낮추면서 비잔틴 제국 황제 제논
(Zenon)과의 마찰을 피했다. 형식적으로 테오도리크는 제논에 의해 임명
된 이탈리아 총독이었으며 자기가 발행하는 주화에도 자신의 얼굴이 아
니라 제논의 얼굴을 새겼다.

테오도리크라는 이름이 갖는 위력은 고트족이나 이탈리아에 사는 로
마인들에게 모두 대단한 것이었다. 유스티아누스가 어떤 방식이든 아말

라순타와 관계를 맺게 되면 이탈리아의 회복은 그리 어렵지 않은 듯이 보였다. 그런데 이 와중에 공식적으로는 왕이었던 소년 아말리크가 죽고 아말라순타가 감금되는 변고가 발생했다. 새롭게 왕위에 오른 자는 테오도리크의 조카인 테오다하드(Theodahad)로 테오도리크의 유일한 혈육이지만 멍청하고 비겁하며 탐욕스러운 한심한 자였다.

유스티아누스는 즉각 사신을 보내어 아말라순타에게 변고가 발생하는 경우 곧바로 전쟁으로 이어질 것이라고 경고했는데 같은 시기에 테오도라도 밀사를 파견해서 아말라순타를 제거해 줄 것을 요청했다. 멍청한 테오다하드도 황제보다는 황후가 더 무서운 사람이라는 사실을 알고 있었는지 아말라순타는 암살자들에 의해 교살되었다. 테오다하드는 자신이 개입되었다는 사실을 극구 부인했지만 암살자들에게 포상을 내리는 우를 범하고 말았다.

이렇게 해서 결국 제국의 원정군이 출발하게 되었다. 일리리아에 주둔하고 있던 문두스 장군은 육로로 출발했고, 벨리사리우스는 북아프리카를 통해서 시칠리아를 정복한 다음 본토에 상륙했다. 이탈리아 본토 회복은 북아프리카의 경우보다 훨씬 어려웠다. 초전에 달마시아에서 문두스가 전사하는 등 고트족의 저항도 만만치 않았지만 그보다도 더욱 큰 문제는 이탈리아 여러 도시에서 한때는 같은 로마인이었던 사람들의 저항이 거셌다는 사실이었다.

원정군이 갖는 근본적인 문제도 있었다. 유스티아누스 군대의 주력은 잡다한 이민족으로 구성된 용병들이었고 특히 훈족이 많았다. 이들은 기독교도가 아니었기 때문에 고트족이건 다른 이민족이건 누구에게나 신성한 피난처로 인식되던 성당까지 거침없이 공격해 학살과 약탈을 자행했다. 고트족은 아리우스파이긴 해도 엄연히 기독교도들이었다.

여기에 경제적인 문제도 더해졌다. 유스티아누스가 효율적인 세금체계를 도입했지만, 제국의 능력으로는 일시적으로 이탈리아를 정복할 수 있을지는 몰라도 숱한 이탈리아의 도시들을 방어할 정도로 재정이 풍족한 상황은 아

테오도라

니었다. 이러한 문제들 때문에 유스티아누스의 야심 찬 제국 재건의 계획은 그 시작부터 궁극적으로 실패할 운명이었다고 할 수 있다.

그렇지만 갖은 어려움 속에서도 벨리사리우스는 이탈리아 전역을 수복하고 고트 왕국을 붕괴시켰다. 그러나 그가 성공할수록 그에 대한 황제의 경계심도 커졌다. 이탈리아를 수복하는 과정에서 벨리사리우스는 고트족으로부터 서로마 제국의 황제를 제의받은 적이 있었다. 이것이 빌미가 되어 유스티아누스는 벨리사리우스가 황제의 지위를 찬탈할지도 모른다는 막연한 불안감을 가지고 있었는데, 이 감정을 테오도라가 더욱 증폭시켰다.

그녀는 초기의 호감과는 달리 벨리사리우스를 그녀의 경쟁자로 간주했던 것이다. 이 바람에 벨리사리우스는 평생 마음의 고통으로 지고 살아야 할 일생일대의 큰 잘못을 저지르고 말았다. 벨리사리우스의 로마 입성은 교황 실베리우스(Silverius)의 요청에 의해서 이루어진 것이었다. 그런데 이 교황은 단성론을 철저하게 배격하던 사람이었다. 단성론자인 테오도라는 벨리사리우스에게 압력을 가해 그를 교황에서 몰아내고 후임으로 교황의 특사로 콘스탄티노플에 와 있던 비길리우스(Vigilius)를 임

명하라고 종용했던 것이다.

테오도라와 비길리우스 사이에는 테오도라가 그를 교황으로 만들어 주면 그가 단성론을 공식적인 신앙으로 인정한다는 비밀스러운 거래가 있었다. 정통적인 동방정교 신자였던 벨리사리우스는 크게 반발했지만 테오도라는 평생 도움이 되지 않았던 그의 부인 안토니나를 통해 집요하게 압력을 가했다. 결국 실베리우스는 로마가 다시 고트족에게 포위되었을 때 그들과 내통했다는 혐의를 받고 교황 자리에서 물러났다. 비길리우스는 그를 조그만 섬에 있는 감옥에 가두어 비참한 최후를 맞이하도록 했다.

테오도라에 대한 비난

테오도라는 유스티아누스가 이탈리아를 완전히 수복하는 장면을 보지 못하고 암으로 추정되는 증세를 보이다 죽었다. 마흔여덟 살이라는 비교적 젊은 나이였다. 그녀가 죽고 나서 유스티아누스는 유약함을 보이기 시작했으며, 호전적인 사산조 페르시아와의 관계에서도 돈을 주고 평화를 사는 방식을 택했다. 특히 정통교리와 단성론의 대립이라는 종교문제에 휘말리면서 중심을 잡지 못하고 갈팡질팡했다.

테오도라가 살아 있을 때에는 정통교리를 고수하는 황제에 대항하여 단성론자들을 보호하는 황후가 있었기 때문에 이 문제가 어느 정도 완화될 수 있었다. 테오도라는 죽기 직전 유스티아누스에게 자신이 위험을 무릅쓰고 온 힘을 다해서 보호했던 황궁 내의 조그마한 단성론자들의 교회를 끝까지 지켜달라고 부탁했다. 유스티아누스는 이 약속을 끝까지 지켰으며 제국 내에서 전통교리와 단성론의 균형을 잡기 위해서 노력했다.

그렇지만 바로 이런 태도 때문에 어렵게 확보한 이탈리아에서 제국의 영향력이 급속도로 축소되었다. 유스티아누스 시절에 비잔틴 제국은 이미 이탈리아 본토를 모두 잃고 시칠리아 왕국만이 영토로 남게 되었다.

테오도라에 대한 비난은 그녀의 출신을 문제 삼아 아주 음란하고 방탕한 여인으로 간주하는 개인적인 것과 이단적인 단성론의 맹신자로 기독교 세계의 통합을 방해했다는 종교적인 문제 두 가지에 집중된다. 그러나 그녀와 유스티아누스를 공격하는 데 첨병 역할을 했던 프로코피우스를 비롯한 소수의 비잔틴 연대기 작가들을 제외한다면 유스티아누스와 결혼한 후의 테오도라에 관해서는 별다른 스캔들을 기록하지 않았다.

종교 문제에 관해서는 평가하기가 대단히 복잡하다. 당시 기독교 세계는 단성론이라는 이단적인 종파가 세력을 넓히면서 대단히 큰 사회적 긴장을 조성하고 있었고, 사회의 통합을 위해서는 먼저 교리의 통합이 시급한 문제였다. 그러나 이 교리의 통합을 이루는 방식을 파문이나 이단 선언, 그리고 권력을 등에 업은 폭력에 의존하는 것이 문제였고, 그당시의 단성론자들은 분명히 핍박받는 소수였다. 그렇다면 테오도라는 사회적 약자를 보호하고자 했던 사람이었다고 할 수 있다.

사실 그녀는 상당히 현대 사회에 어울리는 감성을 가진 여자였다. 그녀는 자신의 출신을 숨기지 않았으며 당당하게 하층민, 그중에서도 억압받는 하층의 여자들의 권익을 향상시키기 위해 노력했다. 따라서 이집트의 마지막 파라오 클레오파트라에 대한 로마 역사가들의 반감이 이민족에 대한 혐오감을 반영한 것이라면, 비잔틴 제국이 최대의 영역을 확보하던 시기에 그 제국의 황후였던 테오도라에 대한 비난과 조롱은 소시민들의 오만한 계급의식에 뿌리를 두고 있음이 분명하다.

그 시대에 활동하던 대부분의 '배우 겸 무희'들이 그랬듯이 그러한 삶은 그녀 스스로 선택한 것이 아니었다. 그런데도 불구하고 대부분 명문가 출신인 역사가들은 근거 없는 비난으로 그녀를 매도했다. 그들은 테오도라가 황궁 내에 고문실을 차려놓고 정적들을 잡아들여 고문하고 재산을 빼앗았다고 비난했지만, 누가 언제 얼마 동안 고문을 당해서 어떻게 되었는지는 기록하지 않고 있다. 그녀의 방탕함에 대해서도 마찬가지이다. 이런 유의 포르노그래피적인 기록들은 역사적으로는 일고의 가치도 없다.

테오도라는 역사상 최초의 '여권 신장론자'였다고 할 수 있다. 그녀에 앞서서 수많은 여성 통치자들이 존재했지만 정작 여성의 권익을 위해 노력한 사람은 그리 많지 않다. 그렇지만 유스티아누스 황제 시절 콘스탄티노플의 원로원은 여성들의 지위를 향상시키기 위한 여러 개의 법률을 제정했다. 그 결과 비잔틴 제국의 여인들은 재산권이나 상속권, 이혼을 제기할 수 있는 권리, 양육권 등 광범위한 부문에서 같은 시대나 그녀의 시대 한참 후까지도 전 세계 어느 지역의 여인들이 누리는 것보다 훨씬 더 많은 축복을 누렸다. 그리 오래 살지 못했던 테오도라가 그들을 위해 남겨 준 선물이었다.

왕의 여자

퐁파두르 부인/심프슨 부인

르네상스 시대 이후 시민혁명 시기까지 수백 년의 기간 동안 유럽의 왕실과 봉건 귀족들이 주도하던 최상층 문화에는 '코티잔(courtesan)'이 라고 불리는 여인들이 존재했다. 우리말로는 '정부(情婦)' 정도로 해석 되지만, 그 의미에 정확하게 부합되는 해석은 아니다. 코티잔은 국왕이 나 제후와 같이 힘 있는 사람의 후원을 받으면서 그에 상응하는 갖가지 서비스를 제공하는 여인들로 사회적으로 널리 공개된 존재들이었다.

유럽의 왕실이나 귀족들의 결혼은 정치적 목적의 정략결혼이 대부분 이었으며 부부가 독립적으로 활동하는 경우가 많기 때문에 왕궁에서 활동하는 코티잔들은 자연스러운 존재들로 인식되었다. 황후나 제후의 부인들 역시 어디를 가든 코티잔을 끼고 다니는 남자들에게 유사한 방식으로 보복하기는 했지만, 자신의 연인을 공개하는 경우는 흔치 않았다.

르네상스가 시작된 이탈리아가 코티잔의 근원지였으며 그 단어 역시 이탈리아어 '코르티지아나(cortigiana)'에서 나왔다는 설이 가장 그럴듯한데, 이 단어 자체는 부정적인 의미를 포함하지 않는다. 이탈리아인들은 코티잔의 원조답게 이들을 '코르티지아나 일 루메(Cortigiana il lume)'와 '코르티지아나 오네스타(Cortigiana onesta)'로 구분을 했는데, 전자는 후원을 받는 대가로 주로 성적인 서비스만을 제공하는 예쁜 여인들을 의미하며, '정직한 코티잔'이라는 의미의 후자가 이 시대의 유럽 왕실에서 큰 영향력을 행사하던 바로 그 사람들이다.

대부분 뛰어난 미모를 자랑하는 이들은 철저한 교육을 통해서 당대의 여자들은 물론 남자들도 뛰어넘는 고도의 지성과 교양을 갖추고 있었으며, 문학과 예술 분야에도 조예가 깊어 권력자들의 조언자 역할까지 했다. 이들의 주류는 명문 귀족가문 출신이었으며 유부녀인 경우도 아주 흔했다. 이러한 코티잔들 가운데 역사적으로 가장 유명하면서 동시에 가장 비난을 많이 받았던 사람이 루이 15세의 총애를 받았던 당대의 미녀 퐁파두르 부인이다.

루이 15세의 연인 퐁파두르 부인

퐁파두르 부인(Madame de Pompadour)의 이름은 잔느 앙투아네트 푸아송(Jeanne-Antoinette Poisson)으로 파리에서 태어났으며, 아버지는 재정 전문가였던 프랑수아 푸아송(François Poisson)이었다. 그녀의 아버지는 재정 스캔들로 인해서 그녀가 아주 어렸을 때 국외로 피신했으며 대자본가인 '투르네엠의 노르망(Le Normant de Tournehem)' 이 그녀의 법적 후견인이 되었다. 이 때문에 그녀는 평생 그녀의 실제 아버지가 프랑수아가 아니라 노르망이라는 의혹을 받아야 했다.

노르망이 그녀의 어머니와 부적절한 관계를 유지하고 있기도 했으나, 그가 어린 잔느 앙투아네트에게 퍼부은 엄청난 교육비는 확실히 비정상적인 수준이었다. 노르망은 과학, 문학, 예술 등 여러 분야에서 최고의 선생들만 초빙해서 그녀를 교육시켰는데, 그중에는 프랑스에서 가장 유명한 가수와 배우들도 포함되어 있었다.

퐁파두르는 후일 어린 시절의 일화 하나를 밝힌 적이 있다. 그녀의 어머니는 상당히 미신에 집착했는데, 그녀가 아홉 살 때 그녀를 데리고 유명한 점성술사를 찾았다고 한다. 이때 점성술사로부터 "이 작은 아이가 후일 국왕의 마음을 지배할 것" 이라는 예언을 들었다. 이후 잔느 앙투아네트는 '레네트(Reinette)' 라는 별명으로 불리게 되었는데, '왕후' 를 의미하는 단어 '렌느(Reine)' 에 '작다' 라는 의미를 가진 어미 '-ette' 를 붙인 것으로 '어린 왕후' 라는 뜻으로 해석할 수 있다.

레네트는 열아홉 살에 노르망의 조카와 결혼을 했다. 노르망은 이 부부에게 엄청난 결혼 선물을 했는데, 그중에는 왕실 사냥터와 가까운 파리 근교의 에티올(Etiolles)에 있는 예쁜 집도 포함되어 있었다. 어린 부부는 첫 아이를 1년 만에 잃은 것을 제외한다면 행복하게 살았던 것으로 보인다. 결혼하고 3년 후에는 후일 '팡팡(Fanfan)' 이라는 별명으로 불리면서 루이 15세의 귀여움을 받다가 급작스러운 죽음으로 그에게 큰 슬픔을 안겨 주게 될 딸 알렉산드린느-잔느(Alexandrine-Jeanne)가 태어났다.

레네트는 파리의 사교계에 들어서면서 에티올의 집에 살롱[13]을 열었

풍파두르 부인

는데, 유명한 문인과 예술가들이 그녀의 살롱에 속속 모여들었다. 그들 중에는 프랑수아 마리 아루에(François Marie Arouet)라는 중년의 극작가도 끼어 있었다. 이 사람의 필명이 그 유명한 '볼테르(Voltaire)'이다. 얼마 지나지 않아 레네트는 파리 사교계의 명사가 되었으며, 그녀의 이름은 국왕 루이 15세의 귀에도 들어갔다.

레네트의 운명이 바뀐 순간은 갑자기 다가왔다. 그녀는 황태자 도팽(Daupin Louis)과 스페인의 왕녀 마리아 테레지아(Infanta Maria Teresa)의 결혼을 축하하기 위해서 베르사유에서 열린 가장무도회에 초대되었다. 이 무도회에서 국왕 루이는 참석자들을 즐겁게 해 주기 위해 우스꽝스러운 나무로 가장을 했으며, 똑같은 분장을 하고 동시에 입장한 사람이 루이를 포함해서 모두 여덟 명이었다. 마침 레네트는 수렵의 여신 아르테미스로 꾸미고 있었다. 그녀가 여덟 그루의 나무 중에서 국왕을 식별해내자 두 사람 사이에 자연스러운 대화가 이루어졌다.

13 프랑스가 17~18세기에 유럽 문화의 중심으로 자리 잡게 된 것에는 살롱의 역할이 컸다. 당시 상당한 재력을 가지고 있는 귀족들이나 부르주아들이 문학과 철학과 예술을 지원하기 위해 자신의 집에 여러 명의 학자나 예술가들을 초빙해서 함께 토론하고 시험적인 작품도 발표하도록 지원하는 방식을 애용했는데 주로 집 주인의 응접실인 '살롱(salon)'에서 회합을 가졌다.

이 시기는 루이의 연인이자 코티잔이었던 샤토루 공작의 미망인 마리 안느(Marie-Anne de Mailly-Nesle, Duchess de Châteauroux)가 갑자기 죽은 지 두 달 정도 지났을 때로 루이는 아주 힘들어 하고 있었다. 레네트는 이 날 이후 국왕을 정기적으로 방문하는 사람들 명단에 끼었다가, 얼마 지나지 않아 아예 베르사유 궁에 머물게 되었다. 루이는 그녀에게 퐁파두르의 영지와 함께 후작부인(Marquise)의 작위를 내렸다. 그녀가 궁정에 머물기 위한 최소한의 조건을 갖춰 준 것이었다. 그녀의 나이 스물세 살 때 일이었다.

남편과는 공식적으로 이혼한 잔느 앙투아네트 푸아송은 이때부터 퐁파두르 후작부인(Marquise de Pompadour)으로 불렸다. 영리한 그녀는 쉽게 궁정의 예식을 배웠고 그보다 더 쉽게 궁정의 음모술과 처세술을 배웠다. 베르사유에 들어갈 때부터 그녀에게는 적이 매우 많았다. 왕궁은 귀족들의 성역으로 간주되던 곳인데 평민 부르주아 출신인 그녀는 아주 이질적인 존재였던 것이다.

리슐리외 공작(Duc de Richelieu)을 위시한 대영주들, 아르겐송 후작(Marquis d'Argenson)과 아르겐송 백작(Comte d'Argenson) 형제, 모레파 백작(Comte de Maurepas)과 같은 국왕의 측근 관료들이 그녀와 대립했다. 이들은 마담 퐁파두르에 관한 온갖 추잡한 내용을 과장하거나 창작해서 저널 형태로 일반 시민들에게 공개했다. 언제나 그렇듯이 이러한 형태의 저널들은 대중의 저속한 관음증을 만족시키면서 대단한 성공을 거두었으나, 그만큼 왕조 자체의 기반을 파먹는 것이었다. 또한 현대 사회라면 인터넷을 통해서 얼마든지 반박이 가능하겠지만 당시의 퐁파두르 부인에게는 대처할 수단이 전혀 없었다.

해군성 장관인 모레파 백작과의 충돌은 심각한 상황에까지 이르렀다. 모레파 백작은 열일곱 살의 나이에 황실부 장관으로 임명된 이래 무려

31년 동안이나 요직을 두루 거친 인물로 국왕의 가장 친한 친구나 다름 없는 사이였다. 마담 퐁파두르는 자기가 가지고 있는 지성만큼이나 격정적인 사람이어서, 국왕과 모레파 백작 두 사람이 일하는 중이라도 문제가 있다고 생각되면 즉시 끼어들었다. 그 누구도 국왕과 모레파 사이에 이런 식으로 개입하려고 하지는 않았다.

퐁파두르에 대한 백작의 증오심은 극에 달했다. 그 심정을 이해할 수도 있으나, 감정을 표출하는 방법이 너무 치졸했다. 그는 그녀의 원래의 성을 가지고 '푸아소네이드(Poissonnade)' 라는 단어를 만들어 그녀를 조롱하곤 했는데 굳이 해석하자면 '생선 스튜' 라는 뜻이다. 그 정도는 약과였다. 그가 퐁파두르가 백선에 걸렸다고 비방한 4행시가 투쟁의 클라이맥스였다. 두 사람 사이에 아주 심한 말이 오갔고, 퐁파두르는 갑작스럽게 열병에 걸린 다음 유산을 했다. 모레파는 해임과 동시에 멀찌감치 유배되었다.

퐁파두르는 서서히 은밀하게 프랑스 최고의 권력자가 되었다. 1755년 그녀는 오스트리아의 외교관인 카우니츠 백작 벤젤 안톤(Wenzel Anton, Graf Kaunitz)의 방문을 받았다. 오스트리아는 바로 얼마 전에 마무리된 계승 전쟁에서 프랑스와 교전한 국가였고, 카우니츠 백작은 천재적인 외교관으로 소문난 사람이라 국왕 루이는 아예 만날 생각도 하지 않고 있던 터였다. 그렇지만 카우니츠와 퐁파두르가 만나고 약 1년 후에 프랑스와 오스트리아는 제1차 베르사유 협약을 체결하면서 동맹 관계에 들어갔다. 세계사에서 '외교혁명(Diplomatic Revolution)' 이라고 불리는 대변동의 서막이었다.

당시 유럽은 프로이센과 프랑스가 동맹을 맺고 오스트리아와 영국이 동맹을 맺은 상태로 대립하고 있었다. 이 관계가 프랑스-오스트리아 동맹 대 프로이센—영국 동맹으로 뒤바뀐 것이다. 이 외교혁명은 결국 100만 명 이상의 사망자가 발생한 국제전인 7년 전쟁으로 번졌다. 전쟁의 결과 프랑스는 캐나다의 프랑스령과 아메리카의 식민지 대부분을 잃었으며 인도에서도 밀려났다. 그녀의 시대와 그 이후에 퐁파두르가 프랑스인들로부터 가장 크게 비난받는 이유가 바로 이 외교혁명과 7년 전쟁이다.

국제 전쟁, 실질적인 국가 재정의 파산, 연인에 대한 국내의 비난 여론에도 불구하고 루이는 변함없이 퐁파두르를 사랑했다. 육체적인 사랑이 아니었다. 여자들이 미모와 잠자리에서의 섹스 테크닉만 가지고 남자로부터 오랜 기간 사랑을 받을 수 있다고 생각하면 큰 오산이다. 퐁파두르는 두 번의 유산을 경험한 다음에는 루이나 그 어떤 남자하고도 잠자리를 같이 하지 않았다. 그 일은 다른 코티잔들의 몫이었다.

퐁파두르의 매력은 다른 곳에 있었다. 볼테르는 그녀에 대해 이렇게 말했다.

그녀는 바르게 자랐고, 활기 넘치고, 선량하고, 매력적이며, 다재다능했다.

그녀는 베르사유 안에 작은 극장을 만들고 그곳에서 루이를 위해 연극을 공연했다. 그녀가 연출을 맡고 중요한 배역도 맡았는데, 이러한 연극들은 언제나 루이에게 새로운 활력을 불어 넣어주었다.

한편 퐁파두르는 왕궁에 들어오기 이전 살롱을 열었을 때부터 줄곧 작가들을 후원하고 있었다. 그러나 루이는 작가들을 싫어했다. 퐁파두르는 루이에게 작가들을 후원하라고 여러 번 권유했지만, 그때마다 루이는 교묘하게 빠져나갔다.

정원의 퐁파두르

"지원하기에는 그들의 숫자가 너무 많지 않소?"

그렇지만 누군가는 왕실의 연대기를 써야 했고, 결국 볼테르가 베르사유 궁에 들어와 상주하면서 이 일을 했다. 그는 이 덕분에 전 시대의 프랑스 역사에 대한 그의 연구를 마무리할 수 있었으며, 후일 그의 저술 작업에 대한 기반을 다질 수 있었다.

루이와 퐁파두르는 문학 분야에서는 의견을 달리 했지만 건축이나 장식에 관한 취향은 공유했다. 그들은 작고 섬세한 것들을 좋아했다. 기념비적인 건축물을 세우기보다 숲속에 작은 집을 짓고 화려하게 응접실을 장식하는 데 엄청난 비용을 투자했으며, 집 주변에 열대 식물이나 희귀한 화초를 심고 루이가 광적으로 좋아했던 가금류나 다른 희귀한 작은 동물들이 돌아다니게 했다. 사람들은 자신의 세금이 오래 가지 못할 작은 것들에 낭비되고 있다고 그들을 비난했다.

퐁파두르는 마흔세 살이라는 아까운 나이에 죽었다. 그녀의 죽음으로 그녀의 적들은 안도했지만, 국왕은 절망했고 볼테르는 진심으로 그녀를 애도했다.

그녀의 죽음 앞에서 나는 정말 슬프다. 나는 그녀에게 빚을 졌으며 감사하는 마음으로 그녀를 애도한다. 걷기조차 힘든 이 늙은 글쟁이는 아직 살아 있는데 그토록 아름다운 여인이 인생의 최전성기에 마흔의 나이로 죽다니.

그녀에 대한 비난은 대부분 어느 날 국왕의 측근으로 갑자기 끼어든 평민 출신의 여인에 대해 기득권을 놓지 않으려는 오만한 귀족들이 선동한 것이었고, 대중들은 그들의 선전술에 현혹되었다.

그녀가 외교혁명과 7년 전쟁의 단서를 제공했다는 것 또한 심각한 오류이다. 패전의 요인은 허약한 프랑스의 해군과 육군이었지 마담 퐁파두르가 아니었다.

후일 역사가들이 밝혀낸 당시의 외교사에 의하면 먼저 움직인 쪽은 오스트리아가 아니라 영국과 프로이센이었다. 더욱이 당시 프로이센의 왕은 '대왕'의 칭호를 듣는 야심가 프리드리히 2세(Friedrich II)였다. 그의 개성과 행적으로 판단하건대, 당시에 프랑스가 어떤 식으로 대응했든 궁극적으로 큰 전쟁은 피할 수 없었을 것이다.

퐁파두르로 인해 루이 15세가 국고를 낭비했다는 비난은 타당성이 있어 보이지만 그 책임도 본질적으로는 루이의 몫이다. 그는 다른 부르봉 왕가의 왕들과 마찬가지로 백성들에 대해 무지했다. 여기에 얽힌 상당히 유명한 일화가 있다.

어느 날 우연히 파리의 빈민가를 지나다 백성들이 굶주리는 모습을 보고 루이는 큰 충격을 받았다. 베르사유에 돌아온 그는 검소한 생활을 실천하기 위해서 가장 먼저 80명이나 되는 왕궁의 정원사들을 해고했다. 그렇지만 그들과 그 가족들이 루이가 만났던 빈민들과 마찬가지로 굶주리게 됐다는 퐁파두르의 지적을 받고 다음날 전원 복직시켰다.

루이와 퐁파두르가 막대한 비용을 쏟아 부었던 정교하고 아기자기한 건축물과 장식예술을 로코코(Rococo) 양식이라고 부른다. 루이와 퐁파두르는 당시의 건축가, 조각가, 장식예술가들에게 막대한 지원을 했으며, 이 양식은 두 사람 덕분에 전성기를 맞이했다. 프랑스가 자랑하는 세브르(Sèvres) 도자기도 그 시기에 퐁파두르의 후원으로 꽃을 피운 것이다. 그 당시 사람들은 분명히 상당한 세금 부담을 짊어졌겠지만, 그 덕분에 그 후손들은 지금 앉아서 돈을 벌고 있다.

그녀의 잘못은 왕궁에서의 일을 왕궁의 방식대로 처리했어야 했는데 그러지 않았다는 것, 그것이다. 원래 그곳은 얼굴을 보며 웃고 노닥거리다 상대가 돌아섰을 때를 노려서 등에다 칼을 꽂아야 하는 곳이다. 그런데 뻔히 보는 앞에서 사방으로 비수를 던져 댔으니.

에드워드 8세의 연인 심프슨 부인

"내가 사랑하는 사람과(the woman I love)" 결혼하기 위해서 왕위를 버린 영국의 국왕 에드워드 8세(Edward VIII)와 그의 연인 월리스 심프슨 부인(Mrs. Wallis Simpson)의 이야기는 지고지순한 사랑을 기대하는 낭만주의자들에게는 동화처럼 멋진 이야기이었는지는 몰라도 실제로는 서글픈 결말로 끝이 난 비극이었다. 이 이야기는 국왕의 코티잔이 그 본분을 잊고 여왕의 자리를 차지하려는 야망을 드러냈을 때, 사회 시스템이 어떤 식으로 반응하는가에 대한 좋은 예가 될 것이다.

베시 월리스 워필드(Bessie Wallis Warfield)는 1896년생이며, 아버지 티클 월리스 워필드(Teackle Wallis Warfield)와 어머니 앨리스 몬태규(Alice Montague) 사이에서 태어난 외동딸이다. 티클은 미국 메릴랜드 볼티모어 시의 유력한 가문 출신이지만 열여섯 살 먹은 앨리스를 임신시켜, 그녀를 데리고 펜실베이니아의 블루리지 서미트로 도망갔다.

그들은 그곳에서 결혼식을 올리고 일곱 달 후에 딸 베시 월리스를 낳았다. 그런데 이 가족에게 큰 불행이 닥치고 말았다. 아이가 태어나고 다섯 달 후에 티클이 죽은 것이다. 어린 앨리스는 갓난 베시 월리스를 데리고 볼티모어로 돌아와 워필드 가문의 친척들의 온정에 의지해서 사는 방법 이외에는 다른 방도가 없었다. 앨리스가 재혼한 후에도 베시 월리스는 워필드 가문의 후원으로 볼티모어 최고의 사립여자고등학교인 올드필즈 여학교를 졸업했다.

베시라는 이름을 가진 암소들이 많다는 이유로 자신의 이름에서 '베시'를 뺀 윌리스는 스무 살에 미군 해군 조종사인 얼 윈필드 스펜서 2세 (Earl Winfield Spencer Jr.)와 결혼하면서 인생의 돌파구를 모색하지만, 이 첫 결혼은 참담한 실패로 끝났다. 스펜서는 심각한 알코올 중독자였던 것이다. 스펜서의 임지를 따라 워싱턴, 홍콩 등을 옮겨다니면서 별거와 재결합을 반복하는 와중에 여러 남자와 염문을 뿌렸던 윌리스는 서른한 살의 나이에 이혼을 함으로써 자유로운 몸이 되었다.

이 시기에 그녀는 이미 어니스트 심프슨(Ernest Aldrich Simpson)이라는 꽤 잘나가는 반미국계 반영국계 사업가와 깊은 관계에 빠져 있었는데, 그는 딸 하나가 있는 유부남이었다. 그녀는 이 시기에 어머니에게 쓴 편지에서 '혼자서 돈도 없이 세상과 싸우려니 너무 힘들다'라고 자신의 심정을 토로했다. 어니스트 심프슨은 다음해에 본부인과 이혼하고 윌리스와 재혼했다. 그들 부부는 어니스트의 연고가 있는 영국에 정착했다. 그는 영국 왕실 근위대 보병연대의 장교 출신이었다.

윌리스 심프슨보다 두 살 위인 영국의 황태자 에드워드는 그 당시 '세계에서 가장 매력적인 독신 남성' 중 한 사람이었다. 그는 윌리스 심프슨을 만나기 훨씬 전부터 숱한 여성들과 염문을 뿌리고 있었는데 상당수는 유부녀들이었다. 그중에는 영국 섬유 재벌의 상속녀인 프레다 더들리 와드(Freda Dudley Ward), 한때 찰리 채플린의 부인이기도 했던 미국 출신 영화배우 밀드레드 해리스(Mildred Harris), 굴지의 해운회사를 소유한 퍼니스 자작(Marmamduke Furness, the First Viscount)과 결혼해서 '레이디 퍼니스(Lady Furness)'라고 불리던 영화배우 출신의 텔마 모건(Thelma

심프슨 부인과 에드워드 8세

Morgan)과 같은 저명인사들이 포함되어 있었다.

에드워드와 월리스 심프슨은 레이디 퍼니스가 연 파티에서 처음 만났다. 당시 월리스의 나이는 서른다섯 살이었고, 눈에 띄는 미인도 아니었지만 상당히 매혹적이었다고 한다.

그녀는 점차 에드워드의 다른 여인들을 밀어내고 유일한 코티잔의 자리를 차지하게 되었다. 어니스트 심프슨도 이 사실을 잘 알고 있었고, 대부분의 육체적인 관계는 심프슨 부부의 집에서 이루어졌다. 이때 월리스는 어니스트와 이혼하고 에드워드와 결혼하기보다는 이러한 스릴 있는 관계를 계속 유지하고 싶어 했다. 이 시절에 쓴 그녀의 편지 중에는 이러한 구절이 있다.

> 두 사람의 남자를 다루는 일은 상당한 기술을 필요로 해요. 나는 두 사람을 모두 갖기 위해 노력할 거예요.

월리스는 이 분야에서 탁월한 기술을 가지고 있었음이 틀림없다. 미국과 영국의 법률에 따라 최근에야 공개된 양국 정보기관의 비밀문서에 의하면, 그녀는 이 두 사람 이외의 다른 남자들과도 간간이 육체 관계를 맺고 있었다. 그녀는 눈치 채지 못했겠지만 런던 주재 독일 외교관과 관계를 갖기도 하여 정보기관의 주목을 받고 있던 상황이었다.

월리스와 에드워드, 그리고 어니스트의 기묘한 관계는 5년 가까이 지속되었다. 그 기간 중 에드워드는 버킹검 궁에서 열린 왕실의 파티에서 월리스를 가족들에게 소개했다. 성급하고 분별력이 떨어지는 행동이었다. 에드워드는 이 일로 부왕인 조지 5세로부터 크게 노여움을 샀다. 1936년 1월에는 조지 5세가 타계하자, 왕후 엘리자베스는 조지 5세의 급작스러운 타계에 에드워드와 월리스의 책임이 크다고 생각했다.[14]

에드워드가 왕위를 계승하면서 공식적으로 대영제국의 국왕 에드워드 8세가 되었다. 왕위 계승의 중요한 행사로 에드워드가 성 제임스 광장이 내려다보이는 창문에 모습을 드러냈을 때, 그 옆에는 월리스가 자리하고 있었다. 에드워드가 그녀와 결혼하려는 의지는 분명했다. 그렇지만 그녀는 아직도 심프슨 부인이었으며, 이즈음 본격적으로 어니스트와의 이혼절차에 들어갔다. 이혼은 다음해에야 정식으로 성립되었다.

에드워드는 왕위를 지키면서 월리스와 결혼하기 위해 당시의 수상인 스탠리 볼드윈(Stanley Baldwin)과 끈질기게 협상했지만 별 성과가 없었다. 사실 일반 법률로는 별 문제가 없었지만, 볼드윈 수상은 에드워드에게 영국의 국왕은 영국 성공회의 수장이기도 하다는 사실을 상기시켰다. 당시 성공회의 교회법에 따르면 이혼한 사람은 그 배우자가 죽을 때까지 재혼할 수 없었다.[15]

그러나 근본적으로는 교회법이 문제가 아니라 영국 국민들이 월리스에 대해 갖고 있는 감정이 문제였다. 오만한 미국인, 미천한 출신, 이혼, 스캔들. 그녀에게 결함은 너무 많아 보였다. 결국 에드워드는 "내가 사랑하는 여인의 도움 없이는 국정의 의무를 수행할 수 없다."라며 그해 12월에 동생 조지에게 양위하고 윈저 공작(Duke of Windsor)이 되었다. 월리스 심프슨은 윈저 공작부인(Duchess of Windsor)이 되긴 했지만, '전하(Her Royal Highness)'라는 호칭은 사용하지 못하는 신분이었다. 그러나 바로 그해 여성으로는 최초로 〈타임(The Times)〉지가 선정하는 '올해의 인물'로 표지를 장식했다.

---

14 후일 여왕이 되는 손녀 엘리자베스 2세와 구분하기 위해서 '어머니 엘리자베스(Mother Elizabeth)'라고 부른다.
15 놀랍게도 이 규정은 2002년에야 폐기되었다.

스캔들은 여기에서 끝나지 않았다. 결혼한 그해에 윈저 공작 부부는 아돌프 히틀러의 개인적인 초청을 받아들여 독일을 방문했다. 히틀러는 공작부인을 "(에드워드의 양위만 없었다면) 훌륭한 왕비가 되었을 분"이라고 띄워 주었다. 그 훨씬 이전부터 미국 FBI는 월리스 심프슨을 나치주의자로 의심하고 있었다. 그녀가 예전에 영국과 프랑스에서 활동하던 나치의 핵심인사들과 긴밀한 관계를 맺고 있었기 때문이었다.

공작부인은 제2차 세계대전이 발발하고 독일이 영국을 공습하자, 공작이 프랑스에서 영국군에 합류해 임무를 수행 중인데도 불구하고 "별로 유감이라는 생각이 들지 않는다."라고 말했으며, 독일이 프랑스를 점령하자 "프랑스는 내부적으로 감염되었기 때문에 망했다."라고 생각했다. 에드워드 자신도 패배주의적인 발언으로 국민들을 자극했다. 영국 정부에서는 이 위험한 부부를 바하마로 빼돌리고 에드워드를 그곳의 총독으로 임명했다.

월리스는 바하마를 '우리들의 세인트헬레나'라고 불렀다. 그녀는 그곳의 원주민들을 가리켜 '게으르고 번식만 하는 검둥이들'이라고 했으며, 영국이 식량배급과 등화관제로 고통받고 있을 때 미국에 나타나 어마어마한 쇼핑을 하곤 했다. 이런 행위들은 자신을 여왕으로 받아들이지 않은 나라에 대한 반감에 기인한 것인지도 모른다. 설사 그렇다고 해도 진정한 왕비가 되기에는 자질이 한참 모자라는 여인이었다.

순수한 사랑의 힘을 믿는 사람들은 사랑을 위해 왕위까지 포기한 대영제국의 국왕 에드워드 8세를 위대한 승리자라고 생각하겠지만, 현실적으로 그는 그리 행복하게 여생을 보내지 못했다. 영국 왕실과 국민들은 윈저 공작부인에게 강한 반감을 가지고 있었으며, 공작부인 역시 왕실과 영국에 대한 반감을 숨기지 않았다. 에드워드는 값비싼 선물공세를 통해서 그녀의 분노를 달래야 했다. 결혼 이후에도 공작부인을 둘러싸고 몇 번의 스캔들이 터졌지만, 사실 여부를 확인하기는 쉽지 않다.

에드워드와 윌리스에 관한 당시의 기사를 보면 그녀가 이기적인 인간이었던 것은 확실하다. 그래서 그녀가 살았던 90 평생 중 후반부의 삶은 이루어지지 않은 야망과 그에 대한 분노가 지배했다고 할 수 있다.

그렇다면 에드워드는 어땠을까. 1972년에 눈을 감을 때까지 40년 동안 열렬히 윌리스 심프슨을 사랑하며 살았을까. 아니면 한때 자신이 내렸던 결정에 대해 집착하고 있었을까. 그녀와 같이 있어서 행복한 것이 아니라 자기가 그러한 결정을 했기 때문에 행복하다는 자기최면 속에 빠져 있던 것은 아닐까. 그것도 아니면 달콤한 꿈에서 깨어난 사람처럼 좌절 속에서 희미한 추억만 되씹으며 시간만 보냈을까. 인간에게 감정이란 항상 유효기간이 있다. 사랑도 마찬가지이다. 사랑이라는 이 세상에서 가장 아름다운 감정은 매우 서글프게도 영원히 지속되지는 않는다.

2

칼과 거울의 마력

아마존

부다카 | 라니 | 예지황후 소작 | 마틸다
샤를로트 코르데 | 로자 룩셈부르크

아마존이건 검은 샤먼이건 여전사들이 뿜어내는 카리스마는 경이로운 것이다. 그리스나 로마 시대에 국한된 문제가 아니다. 현대의 아마존은 굳이 군복과 거울과 무기로 무장하지 않는다. 그들은 정장이나 캐주얼 또는 운동복 차림으로 나타나지만, 대중을 압도하고 매료하는 것은 신화 속의 아마존이나 유라시아 초원의 검은 샤먼들과 마찬가지이다. 그들은 정치, 경제, 문화, 스포츠와 같은 현대 사회의 모든 분야에서 매일같이 남성들을 압도하고 있지 않은가.

칼과 거울의 마력

남성이 여성에게 느끼는 매력의 근원은 꼭 아름다움에만 있는 것은 아니다. '남성성'을 가진 강인한 여성에게도 '여성성'을 가진 아름다운 여성에게만큼이나 강한 호기심과 매력을 느낀다. 그리스 신화에 등장하는 아마존이나 북구 신화에 등장하는 발키리는 이러한 심리에 바탕을 둔 일종의 동경에서 탄생한 여성상이다.

신화에 의하면 여전사들로만 구성된 아마존 부족은 군신 아레스(Ares)와 미의 여신 아프로디테(Aphrodite) 사이에서 태어난 조화의 여신인 하모니아(Harmonia)와 테베를 건설한 인간 영웅 카드무스(Cadmus)의 후손들이다. 기마술과 궁술의 대가인 이 호전적인 전사들은 스스로를 가장 문명화된 민족 중 하나라고 생각하고 있던 그리스인들의 기준으로도 상당히 개화된 종족이었다.

현재 터키에 속하는 아나톨리아 반도의 북동부와 흑해의 남쪽 해안 지역을 근거지로 부근의 광대한 지역을 장악했으며, 많은 도시들이 이들의 손에 의해서 건설되었다고 한다. 그리스 시대의 아마존은 단순한 신화가 아니었다. 냉정한 기록자인 역사가들조차 아마존 부족이 실제로 존재했다고 믿어 의심치 않았다. 그들은 터키의 스미르나, 에페소스, 시노페와 키프로스의 파포스와 같은 거대 도시들이 아마존에 의해 최초로 건설되었다고 구체적으로 예시하고 있다.

기원전 1세기경에 활약했던 역사가 디오도루스(Diodorus)는 여왕 미리네(Myrine)가 이끄는 용감한 아마존 전사들이 리비아를 정복하고 그곳에서 눈만 마주쳐도 사람을 돌로 만든다는 신화 속의 괴물 고르곤(Gorgon)을 물리쳤다고 상세하게 기술하였다. 이런 기록들로 봐서 아마존들이 고대 그리스인들의 상상력을 어지간히도 자극했던 것이 분명하다. 그리스의 신화 속에 등장하는 영웅들의 이야기에는 거의 대부분 아마존과 만나는 일화가 포함되어 있다.

황금양털을 찾아 항해에 나섰던 아르고(Argo) 호의 선원들은 본격적인 모험에 앞서 에게 해의 렘노스 섬에서 아마존의 환대를 받았다. 헤라클레스가 수행해야만 했던 달성이 불가능한 과업 중에는 아마존 여왕 히폴리테(Hippolyte)의 거들을 훔치는 일도 포함되어 있었다. 헤라클레스의 이 모험에 동행했던 아테네의 전설적인 왕 테세우스(Theseus)가 아마존의 왕국에 들어갔다가 히폴리테의 동생인 왕녀 안티오페(Antiope)와 사랑에 빠지는 바람에 아마존과 아테네 사이에 큰 전쟁이 벌어지기도 했다.

《일리아드》의 저자 호메로스(Homeros) 역시 트로이 전쟁 와중에 그리스 원정군의 영웅 아킬레우스는 아마존 전사들과 전투를 벌였다고 기록했다.

신화가 아니라 실제의 역사를 기록한 저술들에도 아마존은 자주 등장한다. 알렉산드로스 대왕은 아마존들과 전투를 하지는 않았지만, 페르시아 원정 중에 아마존 부족의 공식적인 방문을 받고 그들을 정중하게 환대한 것으로 역사는 기록하고 있다.

더욱이 훨씬 후대인 로마 시대에도 위대한 전략가이자 당대의 명장이었던 폼페이우스 마그누스(Pompeius Magnus)는 로마 제국을 끈질기게 괴롭혔던 폰투스(Pontus) 왕국의 미트리다테스 6세(Mithridates VI)가 지휘하는 대군과 소아시아에서 전투를 벌일 때 폰투스군에 합류한 강인한 아마존 전사들과 조우했다고 증언했다. 폼페이우스는 동시대의 카이사르처럼 허풍이 심하고 거짓말에 능한 사람이 아니라 대단히 우직한 성격을 가진 믿을만한 사람이었다.

과거에는 아마존 부족은 그리스인들의 순수한 상상력에서 나온 존재들이며, 그 이야기에는 심리학적인 측면에서 여성들에 대한 경고성 메시지가 담겨 있다는 주장이 정설이었다. 고대의 그리스인들이나 그들을 계승한 로마인들이 실질적으로 여자들에게 휘둘리고 있었던 것은 현대 남성들과 매한가지였지만, 법적인 면에서만 보자면 여자는 분명히 남자의 소유물이었다. 결혼하기 전까지는 아버지에게, 결혼한 후에는 남편에게 소유권이 귀속되는 존재였던 것이다.

매일 부인들에게 시달리고 있는 현실과는 분명히 상당한 거리가 있지만, 법률적으로나마 여성에 대해 억압적인 사회 질서를 계속 유지하고 싶던 그리스인이나 로마인의 심리가 아마존의 신화에 고스란히 반영되어 있는 것은 사실이다.

아마존은 대적하기가 거의 불가능한 훌륭한 전사들이지만, 대부분의 일화에서 남자 영웅들에 의해 살육을 당하거나 정복을 당하는 것으로 결말지어진다. 이것은 여자가 남자를 압도하려고 시도했을 때 얻어질 결과에 대한 경고 혹은 희망사항이다. 또한 이러한 결말의 기저에는 강하고 뛰어난 여자들을 정복하고 싶어 하는 남자들의 환상이 반영되어 있다.

이런저런 이유로 그리스 시대 이후부터 최근까지 아주 오랫동안 아마존 신화는 남성들의 이중적인 심리에 바탕을 둔 순수한 상상력의 산물로 간주되었다. 그렇지만 20세기 중반 우크라이나 지역의 고분군에 대해 체계적으로 고고학적인 접근이 이루어지면서 아마존이 실제로 존재했다는 의견이 조심스럽게 대두하기 시작했다. 이 고분군의 주인공은 청동기 말엽부터 이 초원지대를 장악하고 있던 사르마트인(Sarmatians)이다.

사르마트인에 대해서는 서양사에 관한 한 '역사의 아버지'라는 이름이 부끄럽지 않은 헤로도토스(Herodotus of Halicarnassus)에 의해 일찌감치 역사 기록으로 남겨졌다. 기원전 5세기 무렵의 사람인 헤로도토스는 사르마트인들이 유라시아 스텝 지역의 유목민인 스키타이인과 아마존 전사들을 선조로 한다고 주장했다. 그러나 현대의 인류학적 연구는 그들이 북부 이란으로부터 이주해 온 기마민족이라는 사실을 밝혀냈다.

또한 아마존이라는 부족 이름 역시 헤로도토스는 '도마뱀의 눈'을 종족적인 특성으로 공유했다고 해서 처음에는 '사우로마태(Sauromatae)'라고 불렀으며 이 이름이 발음의 변천을 거쳐 사르마트로 정착되었다고 주장했지만, '궁수'라는 의미의 고대 이란어 '사루마타(Sarumata)'를 어원으로 한다는 주장이 훨씬 더 신빙성 있다. 그 어떤 종족도 자신들의 이름을 도마뱀 따위로 비하해서 부를 리 없었을 것이다.

사르마트인들의 고분군을 발굴하면서 고고학자들은 경이로운 장면을 목격했다. 그들은 사후세계가 이 세계의 연장이라 생각하고 죽은 사람들에 대해서 최대한 경의를 표했다. 그래서 전사자들을 집단으로 장사지내는 경우 각 무덤의 배치 역시 살아 있을 때의 신분이나 사회적 지위를 그대로 반영했는데, 각 무덤군의 중앙에 여성이 배치되는 경우가 남성이 배치되는 경우보다 훨씬 더 많았다. 또한 이러한 여성들의 부장품 역시 함께 매장된 남성 전사들보다 훨씬 값진 것들이었으며 훨씬 풍부했다. 그런데 당시의 역사 기록에는 사르마트인들이 모계를 중심으로 사회를 형성했다는 기록이 전혀 없다.

발굴 당시 고고학자들을 더욱 혼란스럽게 만들었던 사실은 전사자들을 위한 집단무덤에 매장된 여성들도 남자들과 마찬가지로 날카로운 무기에 의해 치명상을 입은 경우가 대부분이었으며, 그 여성들 중에는 아직 뼈의 성장판이 닫히지 않은 십 대의 유골들도 다수 포함되어 있다는 사실이었다. 그렇다면 매장된 여성들은 직접 전투에 참여했다 전사했다는 사실이 분명하다.

한동안 이들의 정체에 대해서 논란이 끊이지 않았지만, 이해할만한 설명을 한 사람들은 고고학자들이 아니라 고대의 종교를 연구하던 인문학 계열의 학자들이었다. 그들의 주장에 의하면 이 사르마트 여전사들은 일반적인 전사들이 아니라 샤먼이었다. 그들의 부장품으로 전투에서 사용하던 것으로 보이는 검이나 투창과 같은 무기류와 함께 청동제 거울들이 함께 발굴되었기 때문이다. 샤머니즘은 사르마트인 특유의 믿음이 아니라 아시아 동쪽 끝에서 중부 유럽에 이르는 광대한 유라시아 초원에서 공통적인 형태로 확립되어 있던 명백한 '종교'로 신석기 시대 이래 수천 년 동안 존재해 왔다.

샤먼은 '하얀 샤먼'과 '검은 샤먼'의 두 종류로 분류할 수 있다. 하얀 샤먼은 예언과 치유와 축복을 담당했지만, 검은 샤먼은 무시무시한 저주를 내릴 수 있는 능력과 죽은 자들과 대화할 수 있는 능력을 가지고 있었다. 샤먼 중에서 특히 검은 샤먼들은 전투에 참여해서 영적인 능력으로 아군의 사기를 높이고 적군에게는 저주의 주술을 행사했다.

칸과 노얀(장군, 몽골의 단위부대 지휘관)들은 나이만의 샤먼들이 부르는 엄청난 폭풍을 뚫고 악전고투 끝에 진군했다.

이 기록은 창작된 것이 아니라 실제의 사실에 대한 역사 기록이다. 사르마트인보다 한참 후대인 칭기즈칸의 시대에 몽골의 전사들이 초원을 통일하기 위해 벌였던 마지막 전투는 초원의 서쪽을 장악하고 있던 나이만 부족과의 전투였다. 그 전투에서 실제로 있었던 일을 정사인 《몽골비사(Secret History of the Mongols)》는 이렇게 기록했던 것이다.

다시 고대 그리스 시대로 돌아가 보면, 그리스인들과 사르마트인들은 전장에서 자주 마주쳤을 가능성이 매우 높다. 근거지가 지리적으로 가까웠고 양쪽 모두 약탈과 정복, 식민지 건설을 중요한 경제 수단으로 삼고 있는 호전적인 종족들이었다. 사르마트인의 경우 전사들과 동행한 샤먼 중에서 여성의 비율이 월등했으며 전투에도 매우 적극적으로 참여했을 것이다. 또한 이들이 전투 중에 수행하는 역할을 고려할 때 각 단위부대의 중심을 이루고 있었을 것이다.

사르마트인들과 전장에서 마주친 어느 이름 모를 그리스 병사의 시각으로 상황을 파악해 보자. 강력한 사르마트의 기마부대를 이끌고 전투 현장에 나타난 여자 샤먼들을 만났을 때 여성을 억압하는 사회체제에 길들여진 이 병사는 극심한 문화적 충격을 받았을 것이다. 그 병사의 생각에 의하면, 다른 일이라면 몰라도 최소한 전투만은 여자들이 할 일이 아니었을 것이다. 여전사라는 존재 자체가 대단히 경이로운 것인데다가 그들은 성능이 우수한 무기와 갑옷으로 단단하게 무장하고 화려하게 치장한 말이나 전차에 타고 있었을 것이다. 더욱이 그 여전사들은 하나같이 반짝반짝하게 닦여진 청동거울을 가슴에 걸고 있는데, 그 거울로부터 태양빛이 눈부시게 반사되고 있었을 것이다. 당시는 미신의 시대였다. 이 그리스의 병사는 자신들에게는 무시무시한 저주를 내리면서 동시에 사나운 사르마트 전사들을 축복하고 있는 여전사들에게 엄청난 두려움을 느끼지 않았을까.

바로 이 여자 샤먼들이 아마존 신화를 만들어낸 그리스인들의 상상력에 최초의 단서를 제공했을 것이다. 그렇다면 타고난 성격상 절대로 거짓말을 할 리 없는 로마의 장군 폼페이우스 마그누스가 아나톨리아 원정 도중에 전투를 벌였던 상대 역시 아마존이 아니라 다수의 여자 샤먼들이 각 단위부대의 핵심을 이루고 있던 사르마트인의 기마부대였을 것이다.

굳이 아마존이나 샤먼이 아니라고 해도 여전사들의 흔적은 세계의 곳곳에서 발견된다. 1976년 중국에서 대략 3000년 전의 상나라 시대의 고분을 발굴했는데, 그 무덤이 후 하오(婦好)라는 여전사의 것임이 밝혀지면서 적지 않은 충격을 준 적이 있다. 그녀는 단지 상징적인 군사 지도자가 아니라 실제로 야전에서 수만의 병력을 지휘해서 전투를 승리로 이끌었던 인물이었다. 또한 베트남의 역사에서 한 무제 시절에 시작된 중국의 통치에 반발해서 최초로 저항 운동을 일으킨 인물들은 쯩짝(徵側)과 쯩니(徵貳)라는 두 자매였다. 이 반란은 한때 중국의 통치를 완전히 무력하게 만들 정도로 광범위한 지지를 받았으며, 수년간 지속되어 쯩짝은 스스로 왕이라고 칭하기도 했다. 베트남의 민족 항쟁사에는 쯩씨 자매보다 약 200년 후에 찌에우 끼에우(趙橋)라는 여인이 다시 한 번 저항 운동을 주도한 역사가 반복되었다.

유럽 역사에서 가장 강력했던 여전사라면 12세기부터 13세기까지 그루지야(Georgia) 왕국의 황금시대를 이끌었던 타마라(Tamara) 여왕일 것이다. 그녀는 현명하고 강인한 군주였던 아버지 기오르기 3세(Giorgi III)

의 뒤를 이어 그루지야를 통치하면서 아르메니아와 비잔틴, 셀주크 튀르크, 이 세 개의 강대국으로 둘러싸인 작은 나라를 지역의 패자로 만들고 왕국의 영역을 코카서스 산맥까지 확장시켰다.

남성들의 입장에서 여전사들이란 분명히 신비한 존재이다. 단지 희소성 때문만이 아니라 여성들이 전장이나 여인들과는 어울리지 않는 다른 장소에서 뿜어내는 카리스마는 경이로운 것이다. 그래서 아마존에 대한 환상은 고대 그리스인들의 전유물로 국한되지 않고 오늘날에도 계속되고 있다.

현대의 아마존은 굳이 갑옷과 거울과 무기로 무장하지도 않는다. 그들은 정장이나 캐주얼 또는 운동복 차림으로 나타나지만 대중을 압도하고 매료하는 것은 신화 속의 아마존이나 유라시아 초원의 검은 샤먼들과 마찬가지이다. 그들은 정치, 경제, 문화, 스포츠와 같은 현대 사회의 모든 분야에서 매일같이 남성들을 압도하고 있으며, 남성들은 그들에게 열광하고 있지 않은가.

여인이 칼을 드는 이유

부디카/라니

브리타니아의 부디카

영국 런던을 가로지르는 템스 강 강변에 있는 국회의사당 건물에서 웨스트민스터 다리로 가다 보면 상당히 위압적인 분위기를 풍기는 청동 조각상과 마주친다. 두 마리의 말이 앞발을 높이 쳐들고 마치 내리 밟을 것 같은 자세를 취하고 있고, 이 두 마리의 말이 끌고 있는 전차 위에는 세 명의 여인들이 타고 있다. 가운데에는 오른손에 긴 창을 잡고 왼손을 높이 들고 있는 여전사가 당당하게 서 있으며, 그녀의 양옆에는 십 대의 소녀들이 옆으로 몸을 기울이고 있다. 이 청동상의 좌대에는 두 줄의 시가 새겨져 있다.

카이사르의 군단은 결코 알지 못했으리라 Regions Caesar never knew
그대의 후손들이 번성하리라는 것을 Thy posterity shall sway

이 조각상의 주인공은 서기 60년 로마인들이 브리타니아(Britannia)라고 부르던 영국의 본섬에서 로마에 대항해 민중 봉기를 이끌었던 켈트인들의 여왕 부디카(Boudica)이다. 로마인 중에서 브리타니아를 정복하려는 시도를 처음으로 했던 사람은 카이사르였다. 그러나 카이사르는 두 번 브리타니아에 상륙해서 견학을 한 정도였고, 본격적인 정복사업은 한 세기 뒤에 클라우디우스(Tiberius Claudius) 황제 시절부터 시작되었다.

브리튼 섬의 지도를 보면 동쪽 끝에 북쪽을 향해 약간 솟아나온 노포크라는 지역이 있다. 이 노포크와 이곳에 인접한 남쪽 지역에서 번성하던 켈트의 한 부족인 이케니족(Iceni)은 클라우디우스의 원정대가 브리타니아에 도착할 때부터 로마와 우호적인 관계에 있었다. 당시 이케니 부족의 왕은 프라수타구스(Prasutagus)였는데, 로마식 표기이기 때문에 원래의 켈트식 이름은 알지 못한다.

이케니의 왕 프라수타구스의 왕비가 바로 부디카였다.[1] 그녀가 이케니족 출신인지 아닌지는 확실하지 않다. 그녀에 대한 가장 정확한 기록을 남긴 역사가들은 로마 출신의 타키투스(Gaius Cornelius Tacitus)와 카시우스 디오(Cassius Dio)였는데, '부디카는 왕가의 혈통을 가지고 태어났

---

[1] 그녀보다 한 세대 정도 뒤에 태어난 로마의 역사가 타키투스가 이 시대의 역사를 정리하면서 그녀의 이름을 로마식으로 '보아디케아(Boadicea/Boudicea)' 라고 표기하는 바람에 세계사에서는 이 이름으로 더 널리 알려져 있다.

부디카

다' 라고만 했기 때문에 당시 켈트인들의 관습상 다른 부족의 공주 출신으로 프라수타구스와 결혼했을 가능성이 아주 높다.

클라우디우스의 브리타니아 정복은 용맹한 로마 군단의 무용담보다는 매수와 사기, 기만 등의 비열한 수법이 훨씬 더 큰 비중을 차지했다. 이 방식의 취지는 야만인 왕들과 귀족들에게 돈을 빌려주어서 피를 흘리지 않고 근거지를 확보하자는 것이었다. 이 전략에 따라 어마어마한 선물들이 브리타니아의 왕들과 귀족들에게 선사되었다. 브리타니아에 상륙한 로마인들은 굳이 그들에게 이 선물은 '빌려 주는' 것이므로 나중에 꼭 갚아야 한다는 사실을 설명해서 그들에게 상처를 주고 싶지는 않았던 것 같다.

로마인들은 호의적인 켈트인들의 지원 혹은 최소한 묵인 아래 군대를 주둔시키고 도시를 건설하고 사람들을 이주시켰다. 근거지가 확고해진 다음에는 '빌려 준' 선물 대금을 회수하기 시작했다. 채무를 갚지 못하는 켈트인들은 그들이 가지고 있던 땅으로 대신 갚아야 했다. 저항하는 경우에는 성벽과 주둔군으로 단단하게 보호되는 몇 개의 도시들에서 용맹한 로마 군단이 출동했다. 이런 방식은 아주 효과적이어서 로마인들은 짧은 기간에 잉글랜드 지역과 웨일스 지역의 켈트인들을 쉽게 정복했다.

반면 수십 년 동안 이케니 부족은 다른 켈트 부족들보다는 운이 조금 좋았다. 로마 제국의 공식적인 입장에서 보자면 프라수타구스는 '보호국의 왕(Client King)' 이었다. 이들의 근거지는 로마의 직접적인 통치가 불가능한 지역으로 분류되어 있었던 것이다. 이케니족은 덕분에 상당히 평온하고 부유한 시절을 보낼 수 있었다.

서기 60년은 브리타니아 정복 사업이 시작되고 한 세대가 지난 네로(Nero Claudius) 황제 시절이었다. 로마인들은 눈엣가시 같던 이케니인들에 대해서 드디어 학수고대하던 기회를 잡았다. 프라수타구스가 죽은 것이다. 그는 유언으로 자신의 두 딸과 로마 황제를 공동으로 후계자로 지명했다. 이로써 자신의 왕가와 부족이 안전해질 것으로 생각했겠지만, 큰 오산이었다. 당시 로마의 퇴역군인들은 은퇴 후에 '농사를 지을 땅'을 요구했지만, 이미 이 시기에도 로마 제국의 토지는 턱없이 부족한 상황이었다.[2]

사태를 파국으로 몰고 간 사람들은 마침 장성한 딸들에게 남길 거대한 장원이 필요했던 브리타니아의 행정장관 카투스 데키아누스(Catus Decianus)와 우리가 뛰어난 철학자이자 웅변가이면서 재치 넘치는 작가로 알고 있는 원로원 의원 세네카(Lucius Annaeus Seneca)였다. 세네카는 자문을 구하는 네로 황제에게 이 기회에 과거 클라우디우스 황제가 프라수타구스에 빌려 준 선물 대금을 회수하라고 조언했다.

이케니 부족에게 과거와 달라진 단 하나의 사실은 그들의 왕이 죽었다는 것뿐인데 갑자기 그들의 토지가 몰수되었다. 당연히 빗발치는 항의가 이어졌다. 그런데 이 시기에 마침 브리타니아 총독 수에토니우스

---

2 이들은 소박한 전원생활을 할 토지를 요구한 것이 아니라 노예를 부리면서 편하게 먹고 살 수 있을 정도의 장원을 요구했다. 각 세대마다 끊이지 않았던 이들의 요구야말로 로마가 해외 식민지를 개척하는 에너지원이었다.

(Gaius Suetonius Paulinus)는 북부 웨일스에서 브리타니아의 야만인들을 정신적으로 결속시키고 있는 사악한 이교도 드루이드(Druid)를 완전히 소탕하는 성스러운 전쟁을 수행 중이었다.

그를 대신하여 카투스 데키아누스가 이케니 부족의 항의에 대해서 강력한 조치를 취했다. 그는 프라수타구스의 재물을 모두 가로채고 부디카에게 태형을 가했다. 그리고 당시 겨우 십 대 초반 정도였던 부디카의 두 딸을 강간했다. 다른 켈트 부족의 경우에도 이런 식으로 굴복시켜 정복했을 것이다. 그러나 이번 경우에는 예상이 완전히 빗나갔다. 데키아누스의 대응은 대형사고로 이어졌다.

"나는 위대한 전사의 딸이다. 그러나 나는 지금 왕관을 위해 싸우는 것이 아니라 자유를 잃은 보통 사람으로 싸우는 것이며 멍든 나의 육체와 짓밟힌 내 딸들을 위해서 싸우는 것이다. …… 우리는 전쟁에서 이기거나 아니면 죽을 것이다. 이것이 바로 내가 하고자 하는 일이다. 남자들이여! 한 사람의 여자로 묻노니, 그대들은 노예로 살고 싶은가? 그렇다면 그렇게 살아라. 나는 결코 그렇게 살지는 않을 것이다."

이케니 부족이 단독으로 봉기한 것이 아니었다. 그동안 로마인들로부터 수탈당했던 다른 켈트인들이 가세했다. 특히 이케니 부족과 비슷한 방식으로 토지를 잃은 남쪽의 트리노반트족(Trinovante)이 대거 합류하면서 첫 번째 목표가 정해졌다. 얼마 전까지 트리노반트 부족의 수도였다가 로마인들의 도시로 바뀐 카물로두눔(Cmulodunum)[3]이었다. 더욱이 여기에는 클라우디우스 황제를 신으로 승격시켜 모신 신전이 세워져 있어 모든 켈트인들이 증오하고 있던 장소였다.

시민들은 급히 카투스 데키아누스에게 방어병력을 요청했다. 이때까지도 데키아누스는 급박한 병력 지원 요청에 겨우 200명의 예비 병력을

---

3 런던에서 동북쪽으로 한 시간 남짓 정도에 도달할 수 있는 콜체스터 시가 이 시대의 카물로두눔이다.

파견할 정도로 사태의 추이를 제대로 파악하지 못하고 있었다. 카물로 두눔의 시민들과 200명의 병력은 한 사람도 남김없이 학살되었으며 도시 전체가 사라졌다. 생존자들은 클라우디우스의 신전으로 피신해서 이틀 동안 저항했지만 신전과 함께 모두 사라지고 말았다.

브리타니아 주둔군 지휘관 중에서 에스파냐 제9 군단의 군단장 케리알리스(Quintus Petillius Cerialis)[4]는 당시 브리타니아에 있던 다른 로마인보다는 상대적으로 괜찮은 인물이었다. 그는 카물로두눔을 구원하기 위해 급히 군단을 출동시켰다. 그런데 이 군단 전체가 부디카가 이끄는 반란군에게 철저하게 격파되었다. 보병들은 완전히 전멸했고, 케리알리스본인과 수백 기의 기병들만 가까스로 생환했다. 부디카는 생존자도 포로로 남기지 않았다.

역사가 카시우스 디오는 이때 부디카가 저지른 만행을 강조하기 위해서 로마의 귀족 여인에 대한 처형 장면을 자세하게 묘사한다. 카시우스 디오에 의하면, 켈트인들은 승리를 축하하기 위한 제사나 연회에서 귀족 여인들을 산 제물로 희생시켰는데, 그들을 긴 못에 꿰어놓고 가슴을 도려낸 다음 긴 창으로 몸을 아래에서부터 위로 관통시켜서 살해했다고 기술했다.

그렇지만 그는 원래 로마인의 우수성과 이민족의 야만성에 대해서 과장이 심했고 더욱이 여자에 대해서는 극도로 오만한 편견을 가지고 있던 사람이었다. 카시우스 디오는 부디카의 이야기를 사건이 일어나고 나서 100년이 훨씬 더 지난 다음에 기술했다. 부디카와 가장 가까운 시대의 기록자인 타키투스는 그런 기록을 남기지 않았다. 그는 실제로 부

---

4 킨투스 페틸리우스 케리알리스는 이 패전으로부터 약 10년 후 브리타니아의 총독으로 부임한다. 그는 잡다한 켈트인들을 로마화시키고 결집시켜 중부 지역의 강력한 켈트 부족 브리간트(Brigante)에 대한 정복을 시작하는 인물이다.

디카와의 전쟁에 참가했던 참전용사들의 증언을 바탕으로 실제의 이야
기를 재구성하면서 아주 냉정하게 표현했을 뿐이다.

그들은 포로를 잡아서 (노예로) 파는 데 관심이 없었다.

부디카의 다음 목표는 로마인들에게 가장 중요한 도시인 베룰라미움
(Verulamium)[5]이었다. 그 중간에는 론디니움(Londinium)[6], 현재의 런던이
있었다. 당시에는 론디니움이 아직 로마 식민지를 총괄하는 수도가 아
니었지만, 상업과 무역의 중심지로 로마인들에게는 대단히 중요한 상업
적 거점이었다. 브리타니아 총독 수에토니우스는 웨일스로부터 급히 돌
아와 론디니움 방어에 나섰다. 그러나 그는 이 도시를 둘러본 다음 방어
시설이 취약하다고 판단하고 도시를 아예 포기했다.

론디니움은 철저하게 파괴되었고, 여러 가지 이유로 수에토니우스와
함께 도시를 빠져나가지 못하고 남아 있던 일부 주민들은 모두 학살되
었다. 베룰라미움 역시 론디니움과 똑같은 운명을 맞이했다. 대략 2년
에 걸쳐 세 개의 도시가 완전히 사라지고, 8천 명 정도의 로마인들이 목
숨을 잃었다. 네로 황제는 아예 브리타니아에서 완전히 철수할 계획까
지 고려했다. 그렇지만 당시 로마인들에게 패배의 불명예는 죽음보다도
견디기 힘든 것이다. 타키투스는 이렇게 기술했다.

이러한 폐허가 여자의 손에 의해서 만들어졌다는 사실은 더욱 참기 어려
운 불명예였다.

5 베룰라미움은 런던 북부에 위치한 세인트 알반스(St Albans)이다. 영국 내에서 아직까지도 로마 시대
의 유적이 남아 있는 몇 개 안 되는 지역 중 하나이다.
6 실제의 론디니움은 현재의 런던 중심가보다 약간 북쪽에 위치하고 있었으며, 행정구역상으로는 웨스
트민스터 시에 해당한다.

참고 기다리던 수에토니우스는 드디어 부디카를 공격할 기회를 잡았다. 그는 모든 병력을 끌어모아 1만 명 정도의 보병과 1천 기 이상의 기병을 확보할 수 있었다. 카시우스 디오는 부디카의 병력이 23만 명이라고 했지만, 그의 저술에서 으레 그렇듯이 로마군의 승리를 과장하기 위해서 적의 병력까지 크게 과장한 것이 분명했다. 또한 병력에서는 켈트인들이 우세했을 수도 있지만, 로마군은 무장, 무기 전술, 군기 등을 고려한 전체 전투력 면에서 그들을 훨씬 압도하고 있었을 것이 분명했다.

그런데 부디카에게는 큰 약점이 있었다. 그녀는 전사들뿐 아니라 그들에게 딸린 여자와 아이들, 노인들까지 모두 데리고 다녀야 했다. 그렇기 때문에 전투 장소를 그녀가 아니라 로마군이 선택한다는 것은 좋은 징조가 아니었다.

서기 61년 가을이 되기 직전 부디카와 켈트인 반란군은 최후를 맞이했다. 필룸(pilum)이라고 부르는 긴 투창과 방패와 갑옷으로 단단하게 무장한 일만 병력을 단순한 무기로 상대하는 것은 무리였다. 마지막으로 켈트인들은 가족들이 타고 있는 마차들로 큰 원진을 만들어 최후까지 저항했지만, 로마군은 모든 남자와 여자와 어린아이들, 그리고 가축까지 눈에 보이는 것들은 모두 죽였다. 타키투스는 이때 죽은 켈트인들의 숫자가 8만 명에 이른다고 기록했다. 부디카 자신은 항상 가지고 다니던 독약을 마시고 스스로 목숨을 끊었다.

수에토니우스는 대대적인 보복을 시작했다. 무자비한 학살도 문제였지만 가장 치명적인 보복은 수확을 앞두고 있던 작물을 모두 불태운 일이었다. 또 다른 반란을 우려한 네로 황제는 즉시 수에토니우스를 소환했다. 이 와중에 멀리 갈리아로 도망을 쳤던 카투스 데키아누스 역시 해임되었다. 네로는 브리타니아에 대해서 보다 온건한 정책으로 전환했지만 그곳의 사람들은 이미 아주 잔인한 겨울을 맞이하고 있었다.

영국인들은 그 후로 1500년 동안이나 부디카를 잊고 있었다. 튜더 왕조가 성립되고 잉글랜드인들 사이에서 민족의식이 서서히 싹트기 시작할 때야 비로소 그녀가 부활했다.[7]

부디카가 스타덤에 오른 시기는 대영제국이 전 세계에서 위세를 한창 떨치고 있던 19세기 빅토리아(Victoria) 여왕의 시대였다. 부디카의 이름은 고대 켈트어의 'buda'에서 유래한 것인데, 이 단어의 의미가 바로 '승리(victory)'이다. 부디카는 빅토리아 여왕과 똑같은 이름을 가지고 있었던 것이다.

빅토리아 시대가 정점에 이르렀던 1858년 부디카의 조각상이 당대 영국 최고의 조각가였던 토마스 토니크로포트(Thomas Thornycroft) 부부에게 의뢰되었다. 오늘도 템스 강변에 우뚝 서 있는 바로 그 조각상이다. 그런데 이 조각상이 만들어진 바로 그 시기에 부디카와 이케니 부족들이 겪었던 비극이 똑같이 반복되고 있었다. 이번에 사고가 발생한 곳은 인도 북부의 잔시(Jhansi)라는 곳이었고, 대형사고의 가해자는 부디카의 후손들이었다.

인도 잔시의 라니

82년이나 지속되었던 빅토리아 여왕 통치기의 대영제국은 확장기 시대의 로마 제국과 여러모로 닮아 있다.

인도인들이 간단하게 '라니(Rani/Ranee)'라고 부르는 마하라자 락크쉬

---

7 잉글랜드 왕실에서는 이탈리아 출신의 폴리도레 버질(Polydore Virgil)이라는 사이비 역사학자가 헨리 8세에게 카시우스 디오의 역사서를 소개하면서 그녀의 이름이 거론되기 시작했다.

미바이(Maharaja Lakshmi Bai)라는 여인은 1828년에 갠지스 강을 끼고 있는 성스러운 도시 바라나시에서 태어났으며, 그녀의 어릴 적 이름은 마니카리카(Manikarnikka)였다. 그녀는 긴 이름 대신 애칭인 '마누(Manu)'라는 이름으로 많이 불렸다.

마누는 태어날 때부터 한 왕국의 여왕이 될 운명이었다. 그녀는 브라만 계급에 속했고, 그녀의 아버지 탐베이(Moropant Tambey)는 북인도를 지배하던 대제국 마라타(Maratha)의 통치자 바지 라오 2세(Baji Rao II)를 가까이에서 보좌하는 최고의 권력자였다. 그녀는 태어날 때부터 제국에 속한 수많은 제후국 중의 하나로 출가하는 것이 결정되어 있었다. 탐베이는 그녀를 바지 라오의 왕궁에서 철저하게 교육시켰다. 그 교육과목 중에는 유사시를 대비한 승마, 격투, 검술, 사격과 같은 과목도 포함되어 있었다.

그녀는 인도인들에게 전설적인 존재이기 때문에 그녀의 어릴 적에 관한 많은 일화들이 전해지고 있지만 출처가 불분명하거나 상당히 과장된 것들이 대부분이다. 다만 이러한 일화들에서 공통적으로 이야기하고 있는 사실은, 어린 나이의 그녀는 얌전하고 모범적인 힌두 소녀와는 거리가 아주 멀었다는 것이다. 남자아이처럼 억세고 활기 넘치는 개구쟁이에다 힌두교의 전통에 따라 여자들에게 가해지는 갖가지 사회적인 제약을 아예 무시하는 타입이었다고 한다.

마누가 열네 살 때 그녀의 아버지 탐베이는 그녀를 데리고 마하타의 제후국 중 하나인 잔시로 여행을 했다. 북부 인도 정중앙의 전략요충지에 자리 잡고 있는 잔시는 단단한 성곽으로 둘러싸인 요새와도 같은 도시이다. 당시 그곳의 젊은 군주인해서인 라자(Raja)[8] 강가다 라오(Gangad

---

8 라자(Raja)는 인도의 소왕국을 다스리는 통치자를 의미하며, 왕이나 제후를 뜻한다. 라자 앞에 '크다'는 의미의 접두사 'maha-'를 붙인 '마하라자(Maharaja)'는 대왕이라는 의미이다. 그러나 실제의 용례는

잔시의 라니

har Rao Newalkar)가 바로 마누의 남편이 될 사람이었다. 1842년 강가다 라오와 마누는 성대하게 결혼식을 올렸다.

결혼한 여자는 이름을 바꾸는 힌두교의 관습에 따라 그녀는 공식적인 이름을 락크쉬미바이로 바꾸었다. 행운과 번영을 가져다 주는 여신의 이름이었다. '라니'는 일종의 애칭으로 여기서 비롯된 것이다. 이때부터 10년 정도가 라니에게 가장 행복한 시간이었다. 강가다 라오는 통치보다 연극에 더 열중하는 사람이기는 했지만, 근본적으로 선량한 사람이었고 헌신적인 남편이었다. 라니는 스물세 살이 되었을 때 첫 아들을 얻었다.

행복하기만 할 것 같던 라니의 인생이 완전히 바뀐 시점은 이 시기였다. 장차 잔시를 통치해야 할 라자의 후계자는 태어난 지 넉 달 만에 세상을 뜨고 말았다. 불행은 어느 날 갑자기, 그리고 겹쳐서 찾아오기 마련이다. 그리고 얼마 지나지 않아서 강가다 라오가 중병에 걸렸다. 그러자 라자의 후계자에 대한 문제가 시급한 문제로 대두되었다. 잔시가 영국의 영토로 편입될 위기에 놓인 것이다.

당시의 인도 총독은 인도인들의 입장에서 보자면 무모하고 위험천만한 인물인 달하우지 백작(James Andrew Broun-Ramsay, 1st Marquess of Dalhousie, General Governor of India and Governor of Bengal)이었다.[9] 달하우

라자와 같다. 더 큰 제국의 통치자는 페쉬와(Peshwa)라고 한다.
9 정치인 출신으로 스물일곱 살의 나이에 인도 총독으로 부임해 10년 넘게 재임하면서 영국 식민지의 영역을 펀자브와 미얀마 지역으로 넓힌 사람이다.

지 이전까지 인도에 대한 영국의 정책은 어디까지나 지역 영주들을 통한 간접지배가 원칙이었으며, 영토 자체보다는 경제적인 이득을 얻는 것이 목적이었다. 그렇지만 독실한 신앙심과 지나친 열성으로 무장한 이 스코틀랜드인은 총독으로 부임하던 첫 해부터 북서부의 시크교도들과 전쟁을 벌여 펀자브 지방을 강제로 합병했던 인물이다.

후일 역사는 그에 대해 긍정적인 평가를 내리지 않는다. 달하우지는 궁극적으로 인도와 대영제국 두 나라의 상황을 크게 악화시킨 인물이다. 인도의 입장에서 보자면, 그는 개인적인 공명심과 영토 확장의 야심으로 여러 번의 잔혹한 전쟁을 일으켰으며, 인도의 전통과 문화를 무시하고 영국의 전통을 강요했다. 그는 다양한 문화로 사분오열되어 혼란스럽기까지 했던 인도인들에게 '인도인'이라는 민족적인 정체성을 깨닫게 한 인물이다.

그는 대영제국에게도 인도에 대한 것만큼이나 심각한 해를 끼쳤다. 이 시대에 영국이 세계적으로 위세를 떨칠 수 있었던 근본 요인 중 하나는 인도라는 거대한 자원공급지와 시장을 통해서 들어오는 막대한 수익이었다. 달하우지는 이러한 지역을 확장한다고 생각했겠지만, 통치력이라는 것도 다른 힘과 마찬가지로 한계가 있는 것이다. 결국 그는 인도를 들어오는 수입보다 그것을 유지하기 위해 지출하는 비용이 훨씬 더 큰 곳으로 만들었다.

그리고 대영제국이 식민지 인도를 유지하기 위해 막대한 대가를 지불해야 하는 상황으로 이끈 데에는 누구보다도 '잔시의 라니'가 기여한 바가 컸다.

죽음을 앞둔 강가다 라오에게 가장 큰 걱정거리는 달하우지 백작이 만든 '권리 소멸의 원칙(Doctrine of Lapse)'이라는 정책이었다. 달하우지는 '인도의 라자들이 직접적인 상속자나 후계자를 세우지 못할 경우 그 라자가 통치하던 지역은 영국 동인도 회사에 귀속된다' 라는 정책을 세웠다. 어처구니없는 우격다짐이지만, 어쨌거나 달하우지는 이 원칙을 내세워 그가 총독으로 부임한 첫 해에 이미 사타라 지역을 병합해 빅토리아 여왕이 직접 통치하는 지역에 편입시킨 전력이 있었다.

라자 강가다 라오는 친척 중에서 다모다 라오(Damodar Rao)라는 다섯 살짜리 소년을 골라 입양했다. 힌두교와 마하타 제국의 전통에 따른 적법한 절차였다. 강가다 라오가 죽자 라니는 어린 다모다 라오를 대신해서 잔시를 통치하려고 했다. 그러나 달하우지는 이 지역의 병합을 선언했다. 라니는 그에게 두 번이나 청원을 냈지만, 첫 번째는 거절되었고 두 번째 청원은 제대로 전달되지도 않았다.

그녀의 영국인 법률고문 존 랑(John Lang)은 달하우지가 아니라 본국에 청원을 내라고 충고했다. 이 청원 역시 1854년에 최종적으로 기각되었지만, 논의 과정에서 달하우지의 위험한 정책 자체가 비판을 받았다.

이에 달하우지는 그녀에게 아주 치졸한 방식으로 보복했다. 그는 강가다 라오가 그녀에게 남긴 보석과 재산을 '국가 재산' 이라는 명목으로 몰수하면서 연간 6만 루피의 연금을 제안했다. 물론 연금은 잔시의 부담으로 지급되고, 지급 이전에 강가다 라오가 동인도 회사에 지고 있던 부채를 먼저 청산해야 한다는 조건이 붙어 있었다.

"나는 나의 잔시를 절대로 포기하지 않아!"

그녀는 이렇게 소리쳤지만 별다른 수가 없었다.

그녀가 언제부터 영국에 대한 인도의 초기 저항운동을 이끌던 지도자 중 한 사람인 탄티아 토페(Tantia Tope)[10]와 접촉했는지는 확실하지 않

10 탄티아 토페 역시 라니와 마찬가지로 마하타 왕궁에서 자란 인물이지만 나이 차이가 열네 살이나 나

다. 그렇지만 그녀는 이 시기에 이미 영국인들의 통치로부터 잔시를 독립시키려는 생각이 확고했으며, 탄티아 토페에게는 "잔시를 '자유 인도의 실례'로 만들겠다."라고 말했다고 한다.

이 시기만 하더라도 영국 정부와 인도의 총독부는 모든 상황을 낙관적으로 보고 있었다. 특히 잔시라는 작은 지역과 그곳의 라니는 별로 중요하게 고려할 사안이 아니었던 것이 분명하다. 사실 라니 본인도 사태가 급격하게 바뀌리라고는 생각하지 않았을 것이다. 그러나 1857년, 전인도를 뒤흔들게 될 폭력 사태가 잔시에서 발생했다.

인도 역사에서 '세포이(sepoy)의 반란'이라는 중대한 사건이 일어난 것이다. 세포이는 특정한 종족을 지칭하는 말이 아니다. 단어의 의미만 보자면 '보병(infantry)'이라는 뜻으로, 기병인 '소와르(sowar)'에 상대되는 말이다. 세포이는 영국군이나 동인도 회사가 보유한 군대에서 보병으로 복무하는 현지 인도인들을 의미했다. 1857년 5월 10일 미루트라는 조그마한 마을에 주둔하고 있던 동인도 회사의 군대에서 세포이들이 하극상의 폭동 사태를 일으켰을 때, 이것이 제1차 인도 독립전쟁으로 번질 줄은 그 누구도 예상하지 못했다.

그러나 이 폭동은 한 달 만에 북부 인도에 주둔하고 있던 대부분의 부대로 번졌으며, 잔시에서는 큰 비극이 발생했다. 폭동을 일으킨 일단의 세포이들이 잔시의 요새를 포위했다. 잔시에 있던 수백 명의 영국인과 유럽인 중 대부분이 민간인들이었고, 그중에서도 여자와 아이들이 큰 비중을 차지하고 있었다. 그들은 세포이들에게 항복하기로 결정했고, 항복이 받아들여져 무장을 해제하고 잔시를 빠져나가려고 했다. 그런데

기 때문에 같은 시기에 왕궁에 머물렀을 확률은 없다. 그는 1851년 칸푸르에 주둔하고 있던 동인도 회사의 군대와 격전을 벌여 승리함으로써 저항운동의 지도자로 부상했다. 그는 나나 사힙(Nana Sahib)을 저항군의 최고 지도자로 추대하고, 자신은 나나 사힙의 휘하에서 군사령관으로 활약했다.

1857년 탄티아 토페와 세포이들의 행군

바로 그 순간 세포이들이 돌격했다. 유럽인들은 한 사람도 남김없이 모두 학살되었고, 생존자는 이들과 함께 있지 않았던 극소수였다.

이 학살자들이 떠날 때 라니는 그들에게 3만 5천 루피와 말 다섯 마리, 코끼리 두 마리를 내 주었다. 그녀는 6월 14일 사가르에 있던 고문관 어크스카인(Erkskine) 대령에게 편지를 보내 사건의 진상을 설명했다. 그녀는 '신앙심이 결여된 잔인하고 폭력적인' 폭도들을 비난하고 영국인들에게 위로의 뜻을 전했다. 그녀는 충분한 병력과 무장을 갖추지 못한 상태에서 그들에게 위협을 받는 상황이라 어쩔 수 없이 그들에게 돈과 말을 지원했다고 밝혔다. 라니는 생존한 영국 관리가 없기 때문에 자신이 잔시의 행정을 맡고 있다고 밝혔다.

어크스카인은 '다른 경로로 얻은 정보와도 일치된다' 라는 코멘트와 함께 그녀의 편지를 중앙정부로 보냈으며, 7월 2일 그녀에게 답신을 보내어 다른 감독관이 도착할 때까지 징세와 치안을 포함해서 모든 행정 업무를 수행해 줄 것을 요청했다. 그녀는 잔시에서 군대를 모집해 자체의 방어를 강화했다. 그러자 수천 명의 자원자들이 몰려들었다. 이것은 영국군을 겨냥한 것이 아니라 혼란의 시기마다 으레 있었던 야심만만한 라자들의 공격을 대비한 것이었을 확률이 크다.

아니나 다를까. 그해 9월과 10월에 이웃한 제후국 다티아(Datia)와 오르크차(Orchha)의 라자들이 연달아 잔시를 공격했지만, 라니는 여유 있게 방어에 성공했다. 이 시기에는 한때 델리를 점령하고 무굴의 바하드르 샤 자파르(Bahadur Shah Zafar)를 힌두스탄(Hindustan)의 통치자로 옹립하면서 기세를 올렸던 세포이들이 델리를 빼앗기면서 서서히 밀리기 시작하고 있었다.

이 시기부터 라니에 대한 영국의 태도가 달라졌다. 여기에 가장 결정적인 공헌을 한 사람은 잔시에서 부세무관으로 일하던 토튼(Thornton)이라는 자였다. 잔시의 학살을 라니가 지휘했다는 그의 증언과 함께 잔시 학살에서의 생존자인 머틀로우 부인(Mrs. Mutlow)의 증언이 증거로 제시되었다.[11] 라니는 다음해 1월 1일 인도의 중부를 책임지고 있던 로버트 해밀턴(Robert Hamilton) 경에게 다시 한 번 자신의 입장을 정리한 서신을 보내지만, 그의 힘으로도 사태를 돌이키기에는 너무 늦었다. 대다수의 영국인들은 이미 심적으로 라니를 유죄로 규정하고 있었고, 휴즈 로즈(High Rose) 경이 지휘하는 부대가 잔시를 향해 출발했다.

이로부터 30년이 지난 다음에야 당시 잔시 학살에서 살아남았던 생존자 마틴(T. A. Martin)이라는 사람이 라니의 양자인 다모다 라오에게 편지를 보내어 울컥한 심경을 토로했다.

가련한 당신의 어머니는 부당하고 잔인하게 취급되었습니다. 그 내막을 나만큼 잘 알고 있는 사람은 없을 것입니다…….

사실 무력충돌은 피할 수 없는 운명이었다. 영국인들에게 잔시는 대단히 위험한 지역이 되어 있었다. 세포이들의 마지막 거점인 우드(Oudh)

---

[11] 후일 공식적으로 제시한 증거물과 증언 중에서 상당부분이 조작되었다는 사실이 밝혀졌지만, 영국에서는 아직도 라니의 투쟁을 '세포이 반란'의 일부로 간주한다. 라니는 무굴의 통치자를 '힌두스탄의 황제'로 인정한 적이 없다. 또한 우리가 영국의 기준에 따라 세포이 전쟁이나 세포이 반란으로 배우는 이 전쟁을 인도에서는 공식적으로 '제1차 독립전쟁'이라고 부른다.

까지 점령된 그 시점에서 잔시는 그녀의 표현 그대로 유일한 '자유 인도'의 상징이었던 것이다. 그해 3월 로즈가 지휘하는 대군은 잔시를 포위했다. 라니와 잔시 주민들은 2주 동안이나 격렬하게 저항했지만 끝내 함락되었다. 탄티아 토페는 그녀를 구원하기 위해 대병력을 지휘해서 남하했으나 영국군에게 참패를 당하고 막대한 희생자만 기록했다.

영국군은 8천 명 이상의 주민들을 학살함으로써 지난번의 사태를 앙갚음했다. 라니는 어린 다모다 라오를 등에 업고 그녀의 아버지, 그리고 그녀를 그림자처럼 수행하는 두 여전사 만다르(Mandar)와 카쉬(Kashi)와 함께 잔시를 탈출했다. 그녀는 로즈의 추격자들을 따돌리고 북상하여 반란의 거점인 카플리에 도착해 탄티아 토페, 나나 사힙, 그리고 다른 저항운동의 지도자들과 합류했다. 그런데 로즈의 다음 목표가 바로 카플리였다.

카플리 전투에서 인도의 저항군은 다시 한 번 큰 패배를 당했다. 그렇지만 이 전투에서 가장 눈에 띄었던 사람은 라니였다. 그녀는 소수의 기마대를 지휘해서 기습적인 기마전을 전개하면서 줄기차게 영국군을 괴롭혔다.

"만약 전투의 지휘를 탄티아 토페가 맡지 않고 라니가 맡았다면 결과가 달라졌을지도 모른다."

이것이 그 전투에 대한 로즈 경의 생각이었다.

이제 라니는 전 인도인들의 우상이 되었다. 인도 저항군뿐 아니라 영국군에 종군하고 있는 인도 출신 병사들 사이에서도 그녀를 숭배하는 분위기가 퍼지기 시작했다. 그녀 덕분인지 확실하지는 않지만 와해 위기의 저항군에게 마지막 희망이 생겼다. 괄리오르의 요새에 주둔하고 있던 로즈의 부대에서 인도 출신 군인들이 이탈해 반란군에 합류한 것이다. 천하의 로즈도 별 수 없이 퇴각했다.

로즈는 석 달 후인 6월에 저항군 최후의 거점 괄리오르를 포위했다. 치열한 전투가 이틀째 계속되던 와중에 저항군 쪽에서 갑자기 휴전을 요청했다. 로즈는 휴전에 응했다. 이어서 라니의 전사소식이 영국군에게도 알려졌다. 정확한 상황이 알려진 것은 아니지만 제8 후사르(Hussars) 기병대와 백병전을 벌이다 등에 치명적인 총상을 입었다는 것이었다. 항상 그녀를 그림자처럼 따르던 만다르와 카쉬도 함께 전사했다. 후사르 기병대는 로즈 휘하의 다른 부대원들로부터 비난과 원성을 들어야 했다. 저항군은 이틀 동안 통곡했다. 괄리오르 요새는 전투가 재개된 바로 그날 함락되었다.

> 왕좌는 흔들리고 충성은 침묵할 때
> 옛 인도는 새 젊음으로 활기를 되찾았네
> 사람들은 잃어버린 자유의 가치를 깨닫고
> 침입자를 내치겠다고 모두가 다짐했네
> 낡은 칼은 57년에 다시 한 번 빛을 발하니
> 시바를 섬기는 분델의 음유시인이 말하기를
> 여기에 남자처럼 싸운 여인이 있었으니
> 바로 잔시의 여왕이라네.

식민지 시대 말기에 활약하던 인도의 여류시인 쿠마리(Subhadra Kumari Chauhan)가 쓴 〈잔시의 라니(Jhansi ki Rani)〉라는 시이다. 라니는 서른 번째 생일을 맞지 못하고 죽었지만, 인도 독립운동의 아이콘이 되었다. 그녀의 이름이 들리는 곳마다 인도의 남자와 여자들이 속속 독립운동에 가담했다. 1947년 독립 후에 인도 정부는 잔시와 괄리오르 두 곳에 라니의 동상을 세웠다. 말에 올라타 오른손으로 칼을 높이 들고 있는 모습이다.

부디카와 라니 두 사람 모두 침략자에 맞서 처절하게 저항한 영웅들이고 탐욕에 사로잡힌 정복자들에게 희생된 순수한 용기를 상징하는 사람들이다. 또한 이 두 사람의 이야기는 어제의 피해자가 오늘의 가해자가 되는 아이러니를 보여준다. 사람들은 역사를 통해서 교훈을 얻는 것이 분명한데 왜 역사는 반복되는 것일까.

중국사 최고의 여걸

예지황후 소작

우리나라의 국사 교과서에서 요(遼)나라를 '계단(契丹)'이라는 한자로 표기하며 '거란'이라고 읽는 것은 다른 나라의 경우와 균형이 맞지 않는다. 서기 903년에 야율아보기(耶律阿保機)에 의해서 세워진 이 나라는 얼마 후에 그를 계승한 태종 야율덕광(耶律德光) 시절에 '요'라는 정식 국명을 갖췄다. 또한 거란이라는 종족에 대한 호칭도 원래 이들을 부르는 정확한 발음과는 거리가 멀다. 다른 나라에서는 요나라를 건국한 이 사람들을 가리켜 '키탄(Khitan)'이라고 부른다.[12] 키탄은 고대에 동호(東

---

[12] 고대의 진나라를 의미하는 'China'와 함께 중국을 의미하는 영어단어 '캐세이(Cathay)'는 'Khitan

胡)라고 불리던 유목민들의 후예이며, 한때 동북아에서 강력한 세력을 유지하던 유목민 제국 유연(柔然)과 이들은 혈연적으로 깊은 연관이 있었을 것으로 생각된다.[13] 이들은 유라시아 초원에서 활약하던 유목민 중에서는 상당히 일찍부터 중국의 문화를 받아들였으며, 중국사에서 수(隋)—당(唐)의 왕조 교체기인 6세기 말에서 7세기 초엽부터 키탄이라는 이름으로 민족적인 정체성을 갖기 시작했다.

소작의 정치

200년 이상 지속된 이 왕조에서 가장 뛰어난 인물이 바로 예지황후(叡智皇后) 소작(蕭綽)이었다고 단언할 수 있다. 중국의 정통 역사나 역사를 바탕으로 하는 소설, 연극에서 예지황후는 대단히 사악하고 교활한 캐릭터의 악역이다. 그렇지만 그녀는 키탄이었고, 그녀에 대한 부정적인 이미지는 모두 한족들에 의해서 만들어졌다. 엄정하게 이야기하자면 같은 시대인 송나라 초기의 한족 중에서 그녀를 감당할 만한 인물이 없었다.

요 왕조는 태조 야율아보기 시절부터 후계 문제로 상당히 시끄러웠다. 왕위 찬탈을 위한 골육상잔과 반역이 꼬리를 물고 이어졌다. 키탄이 이러한 권력 투쟁 속에서도 만리장성 이북의 영토 전체와 연운 16주(燕雲十

사람' 이라는 의미인 페르시아어 '키타이(Khitai)' 에서 유래한 말이다. 원음과 우리의 발음이 이렇게 차이가 나는 이유는 우리의 고려 시대 발음과 현대식 발음에 많은 차이가 나기 때문일 수도 있다.
13 우리나라 역사학자들은 아예 외면하고 있는 학설이지만 외국의 학자들은 우리의 삼국 중에서 신라는 예맥인이 아니라 동호인들을 뿌리로 하고 있다는 주장에 주목하고 있다. 유물과 풍속, 골품제와 같은 사회적인 체제가 매우 유사하기 때문이다. 더욱이 신라나 서라벌이라는 이름은 모두 '새로운 땅' 이라는 뜻이다. 이들은 동호인들 중에서 일부가 남하해서 경주 지역에서 터전을 잡고 신라를 세웠다고 생각한다.

六州)라고 불리는 현재의 베이징 인근의 장성 이남 지역까지 확보할 수 있었던 이유는 당시 중국이 5대 10국(五代十國)이라는 군웅할거 시대에 돌입해서 극도로 혼란한 시절이 약 70년간이나 지속됐기 때문이다.

소작의 아버지인 소사온(蕭思溫)은 요나라 황실의 일가로 남경유수(南京留守)라는 요직을 차지하고 있었다.[14] 당시의 황제는 목종(穆宗)이었으며 뛰어난 지략가로 이름난 소사온은 황제로부터 신임을 얻는 중신들 중의 한 사람이었다. 목종에게는 후사가 없었다. 그런데 그가 재위 19년 만에 사냥 도중 급사하는 사고가 발생했다. 요나라 황실은 다시 한 번 골육상잔의 위기를 맞이했지만, 소사온의 기지로 전 황제 세종(世宗)의 둘째 아들인 야율현(耶律賢)이 무사히 제위를 계승하게 되었다.

야율현은 자신을 황제로 추대하고 무사히 승계과정까지 마치게 해 준 소사온에게 보답하는 의미에서 그를 위왕(魏王)에 봉하고 북원추밀사 겸 북부재상으로 임명했다. 현재 한국의 행정체제를 적용한다면 국회의장 겸 국무총리로 임명된 셈이었으니, 문자 그대로 '일인지하 만인지상(一人之下 萬人之上)'의 권력을 누리게 된 것이다.

소작은 소사온의 셋째 딸로 서기 953년생이다. 그녀는 어릴 때부터 '연연(燕燕)'이라는 애칭으로 불렸으며 장성한 다음에는 '세랑(細娘)'이라는 별명이 붙었다. 연연은 제비를 의미하고, 세랑은 북방의 말로 한자어 '절세가인'과 동의어였다. 그녀의 별명들로 추리해 보면 몸매가 호리호리한 스타일의 뛰어난 미인이었음이 틀림없다.

그녀가 어린 시절을 보낸 남경은 중국 문화의 보물창고나 마찬가지인

---

14 소사온은 태조 야율아보기의 황후 술율평이 속한 가문의 후손이고, 그의 어머니는 두 번째 황제인 태종의 맏딸이었다. 당시 요나라의 남경은 현재의 베이징으로 한인들이 주민의 대부분을 차지하고 중국 문화의 영향력이 아주 강한 곳이었다.

지역이었다. 이곳에서 그녀는 어릴 때부터 다양한 분야에 대해 체계적인 교육을 받아 상당한 지식과 교양을 쌓았던 것이 분명하다. 또한 후일 그녀의 활약상을 보면 이 시기에 승마와 검술, 궁술 같은 군사훈련으로 자신의 몸을 단련시켰을 것이 분명하다. 이것은 키탄 귀족 여인들의 전통이었다. 야율아보기가 키탄국을 세울 때에도 그의 부인 술율평은 여인들만으로 군대를 편성해 직접 전투에 참가함으로써 그의 위업에 크게 기여했다.

야율현이 황제에 올랐을 때 그의 나이는 스물세 살이었으며, 소작은 열여섯 살을 바라보고 있었다. 그가 소문이 자자한 세랑에게 관심을 가지지 않을 리 없었다. 야율현은 소작을 일단 귀비(貴妃)로 책봉해서 궁으로 불러들였다. 이때 그녀의 나이는 거의 열일곱 살이었는데, 태후와 황후가 모두 공석이고 귀비가 가장 높은 품계의 여인이었으므로 실질적으로 내명부를 이끌어가야 하는 입장이었다.

야율현은 다음해에 그녀를 정식으로 황후에 책봉했다. 그러나 그 기쁨도 잠시, 황후가 되고 얼마 지나지 않아서 소작은 충격적인 비극을 당했다. 그녀의 아버지 소사온이 정적들에 의해 살해당한 것이다. 반역의 기회를 엿보고 있는 황실의 인물들과 그를 시기한 대신들이 꾸민 음모였다. 음모는 분쇄됐지만 그것은 앞으로 오랫동안 그녀가 시달려야 할 크고 작은 모반의 서막이었다.

그 다음해에는 첫아들 융서(隆緖)를 얻었지만, 키탄 황실에 서서히 그림자가 드리워지고 있었다. 야율현은 원래 영민한 개혁군주였으며 그가 시행한 갖가지 개혁 정책으로 개국 이래 누적되어 있던 문제점도 개선되기 시작했다. 그러나 그의 건강이 왕조에 그림자를 드리웠다. 그는 아주 어린 시절에 처절한 골육상잔의 비극에서 간신히 목숨을 구한 적이 있었는데 그 과정에서 추위에 오래 노출되는 바람에 치유될 수 없는 지병을 얻었던 것이다.

융서가 태어나고 얼마 후부터 그의 지병이 악화되기 시작해서 점차 조회조차 제대로 참석하기 힘든 상황이 되었다. 야율현은 소작을 자신의 대리인으로 내세웠고, 황제 대신 황후가 조정에 나가 정무를 관장했다. 일반적인 청원에서부터 전쟁 선언에 이르기까지 모든 업무가 소작에 의해서 결정되었다. 그녀는 빈틈없이 일을 처리했지만, 황후가 황제를 대신해서 앞에 나선다는 사실 자체가 불온한 세력들에게는 빌미를 제공했다.

소사온과 함께 야율현을 황제로 내세웠던 공신 고훈(高勛)과 여리(女里)가 주동이 되어 대병력을 동원해서 반역을 꾀했다. 소작은 군대를 동원해서 이 반군들을 기습해 격파함으로써 음모를 분쇄했다. 이 모반 음모는 소작에게 혁신의 계기가 되었다. 그녀는 세습적인 공신 세력들을 누르면서 키탄이건 한족이건 가리지 않고 충성스럽고 능력 있는 새로운 피를 수혈했다. 이들 중에는 한인 출신으로 남경의 실력자인 한광사(韓匡嗣)와 당대 최고의 명장으로 이름을 남기게 될 야율휴가(耶律休哥)도 끼어 있었다.

야율현은 직접 정사에 참여할 수 없을 정도로 건강이 악화되자 사관들을 불러 황후가 하는 말을 기록할 때 '짐(朕)'이나 '여(予)'와 같이 황제만이 사용하는 한자로 바꾸어 기록할 것을 명했다. 이런 상징적인 조치를 취함으로써 황제는 자신의 의사를 분명하게 밝혔다.

여러 번의 반역 음모가 분쇄되고 새로 등용된 관리들의 노력으로 내정 개혁이 이루어지자 요나라는 번영의 길로 들어서기 시작했다. 또한 군사적으로도 중국을 통일한 송(宋)나라와 연운 16주를 놓고 밀고 밀리던 접전을 벌이던 상황에서 벗어나 점차 우세를 확보하게 되었다.

연운 16주를 두고 키탄이 남쪽의 5대 왕조나 중국을 재통일한 송나라와 벌인 투쟁은 제2대 황제인 태종 시절부터 거의 매년 반복되어 온 연례행사였다. 원래 연운 16주는 석경당(石敬瑭)이라는 인물이 키탄의 지원을 얻어 후당(後唐)을 멸하고 후진(後晉)을 세우면서 그 대가로 요나라에게 할양한 땅이었다. 후진을 멸하고 선 나라가 후한(後漢)이었는데, 이 왕조는 들어선 지 3년 만에 후주(後周)에 의해 망했다.

이 후한의 왕가는 완전히 몰락하지 않고 현재의 산서성으로 도망갔다. 그리고 그곳의 태원(太原)을 중심으로 조그마한 나라를 세우고 이름을 북한(北漢)이라고 했다. 북한은 한인들의 나라였지만, 실질적으로 키탄의 보호국이나 마찬가지였다. 후주의 황제들은 당연히 이 나라가 못마땅했으며 대군을 동원해서 북한을 공격하는 일이 연례행사였다.

후주의 대군이 쳐들어오면 북한에서는 즉시 요나라에 구원을 요청하고, 이 요청을 받으면 키탄의 경기병들이 출동했다. 기동력을 자랑하는 키탄군이 급하게 남하해서 도착할 때쯤에는 대부분의 경우 수도 태원이 포위되어 있었다. 그러면 키탄군은 장기인 기마전을 전개해 보병 위주의 한인 병사들을 몰아내고 태원을 구원했다. 이런 일이 장장 이십여 년 동안 지겹도록 반복되고 있었다.

서기 960년 후주의 장군 출신인 조광윤(趙匡胤)이 송나라를 세우고, 남쪽으로 방향을 돌려 그곳에 자리 잡고 있던 십국의 잔재들을 청소하면서 통일 왕조를 세우는 기간에 이 지역은 평온했다. 그러나 968년 통일이 마무리되자 드디어 조광윤도 후주의 다른 황제들과 마찬가지로 태원을 포위했다. 이때에도 바람과 같이 달려온 키탄의 기마군단이 나타나자 이 온화한 성격의 황제는 불필요한 소모전보다는 평화를 선택했다. 송과 요 사이에는 대략 10년 정도의 평화기가 찾아왔다.

송 태조 조광윤을 계승한 사람은 그의 동생인 조광의(趙光義)였다. 그는 너그럽고 따뜻한 성품의 형과는 달리 제위를 차지하기 위해 조카를 제거한 잔인하고 야심만만한 인물이었다. 조광의는 황제에 오르고 나서 바로 다음해인 979년에 50만 대군을 몰아서 태원을 공격했다. 그해에도 어김없이 키탄의 구원군이 나타났지만, 조광의는 이들을 격파하고 북한을 멸했다. 자신감에 충만한 그는 곧바로 연운 16주에 대한 공격에 나섰다. 목표는 이곳의 중심지인 남경이었다.

소작의 고향이기도 한 남경은 50만 대군의 공격을 받으면서도 굳게 버텨냈다. 이 방어전을 주도한 인물이 바로 남경유수 한사광의 아들인 한덕양(韓德讓)이다. 한덕양은 이민족인 요나라의 중신으로 활약했지만, 후일 중국 역사가들에 의해 역사상 최고의 명신 중 한 사람으로 꼽히게 될 인물이다. 소작은 야율휴가와 야율사진(耶律紗軫), 그리고 10만의 병력으로 남경의 구원에 나섰다.

여기에서 야율휴가는 세계의 전쟁사에 길이 이름을 남기게 될 고량하(高粱河) 전투[15]의 주역이 된다. 이 전투에서 그는 10만의 병력으로 50만 대군을 상대하면서 유인, 교란, 포위, 섬멸의 순으로 대전과를 올렸다. 후일 '기동전략의 교과서'로 평가될 정도로 멋진 전투였다. 결정적인 최후의 전투에서 야율휴가는 불과 3만 명 남짓의 병력으로 열 배가 넘는 대군에게 압승을 거두었다. 고량하에서 화살에 맞아 부상까지 당했던 조광의는 3년 동안 권토중래해서 다시 한 번 대군을 동원하여 연운 16주를 공격하지만, 이때에도 야율휴가의 기동전술에 말려 참패했다.

야율현은 키탄이 고량하에서 대승을 거두고 3년이 지난 후에 오랜 투

---

15 고량하 전투에서 야율휴가는 상식과는 반대로 적은 병력으로 대병력을 포위하는 과감한 전술을 선택했다. 그러기 위해서 그는 얕은 종심과 넓게 산개된 대형을 취했는데, 후일 임진왜란 때 한산도 전투에서 이순신 장군이 사용한 학익진과 유사한 형태의 공격방법이었다.

병 생활을 청산하고 서른여섯 살의 나이로 눈을 감았다. 그에게는 경종 (景宗)이라는 시호가 붙여졌으며, 소작은 승천황태후(昇天皇太后)라는 칭호를 얻었다. 소작의 나이는 스물아홉 살이었으며, 경종과의 사이에서 3남 3녀를 두었다. 그녀는 나이가 열두 살밖에 되지 않은 야율융서를 대신해서 태후의 신분으로 실질적인 최고 통치자가 되었다.

그녀에게는 아직도 훈구대신들이 만만치 않은 세력으로 도전하고 있었지만, 송나라에 대한 결정적인 승리를 계기로 권력층 내에서 세대교체가 이루어지고 있었다. 승리의 주역이었던 야율휴가나 야율사진같이 황후에게 충성하는 황실의 일가들이 부각되기 시작했으며, 능력 있는 관리라면 키탄이건 한족이건 가리지 않고 중용되었다. 이들의 힘을 배경으로 소작은 대대적인 내정 개혁에 착수했다.

그동안 요나라의 가장 큰 문제점은 세습된 부와 권력을 누리고 있던 개국공신의 일가들이었다. 그녀는 이들을 무장해제시키면서 병권을 자신에게 집중시켰다. 고량하 전투 직전 벌어진 처절했던 남경 방어전의 영웅이었던 한덕양도 중용되었다. 한덕양의 아버지 한사광은 한족이지만 태조 야율아보기 시대의 중신으로 소사온의 전임으로 남경유수를 역임한 사람이었다.

비록 출신 종족은 달랐지만 태후의 소(蕭)씨 가문과 한(韓)씨 가문은 이 지역을 대표하는 양대 명문가로 아주 긴밀한 사이였으며 소작과 한덕양 두 사람도 개인적으로 매우 친밀한 사이였다.[16] 어릴 적부터 소작과 자주 어울렸던 그의 궁 출입이 잦아지면서, 두 사람에 대한 스캔들이 돌기 시작했다. 그리고 그 시기는 확실하지 않지만 실질적인 내연의 관

---

16 한덕양이 소작의 정혼자였다는 기록도 있다. 그녀가 귀비로 책봉되어 황궁에 들어가면서 약혼이 깨지게 되자 소사온은 소작 대신 그녀의 조카를 한덕양에게 시집보냈다고 한다. 그렇지만 이러한 기록은 요나라의 정사인 《요사(遼史)》에는 언급되지 않고 있다. 또한 이 책의 내용과 직접적인 연관은 없지만 경종이 소작에 앞서 결혼했을 확률이 매우 높은 제2비는 발해의 왕녀였다.

계로까지 발전하게 되었던 것은 분명하다.

그러한 스캔들에도 불구하고 태후의 입지는 확고했다. 그녀는 기득권을 향유하고 있던 보수적인 키탄의 귀족 세력을 누르면서 새로운 질서를 잡아가고 있었다. 요나라는 시작부터 키탄 자신들을 포함한 북방의 여러 유목민들과 한족들이 뒤섞여 있는 나라였다. 상이한 법체계 아래에 살던 다양한 민족이 급작스럽게 통합되는 상황에서 태조 야율아보기는 나름대로 합리적인 해결방안을 찾았다. 그는 관리를 임명하면서 아예 북면관(北面官)과 남면관(南面官)을 나누어 임명하는 방식을 취했다.

키탄을 비롯한 유목민 출신들에게는 북면관이 초원의 법을 적용하지만, 한족들에게는 남면관이 전통적인 한나라의 법체계를 적용했다. 최고의 의사결정기구인 추밀원까지도 남추밀원과 북추밀원으로 나누어 운용했다. 이런 시스템은 건국 초기에는 그런대로 효율적으로 움직였다. 그러나 점차 같은 사안에 대해서 두 가지 기준이 적용된다는 문제점이 발생했으며, 더욱이 요나라의 형법체계는 그들과 경쟁하고 있는 송나라보다 훨씬 가혹한 것이었다.

소작의 시기에도 북면에 대한 업무는 한덕양과 마찬가지로 뛰어난 행정가였던 야율사진이 책임을 지고 남면에 관한 업무는 한덕양이 책임을 지면서 군사에 관한 문제는 야율휴가가 총괄하는 형태였다. 소작은 각 사안에 달리 적용되는 법체계를 통일하고 가혹한 형법을 개정하기 시작했다. 그녀는 또한 송나라 출신 포로들을 모두 해방시켜 평민의 신분을 주었고, 반역죄에 대한 연좌제를 폐지하였으며, 키탄 고유의 부족을 기반으로 하는 행정체제를 오경(五京)을 중심으로 지역에 기반을 두는 체제로 개편했다.

한편 과거를 시행해서 출신을 가리지 않고 관리를 등용해서 새로운 피를 꾸준히 수혈했으며, 인사에서 청렴도를 가장 중요한 기준으로 세워 놓았다. 한덕양을 위시해서 야율사진이나 야율휴가와 같은 권력자들 중에서 부정부패와 관련하여 문제를 일으킨 사람은 하나도 없었다. '동일 범죄에 대한 동일 처벌'의 원칙이 엄격하게 시행되고, 그간 형법 집행의 대상에서 제외되고 있었던 특권층들까지 형법의 대상에 포함되었다. 이로써 민족적인 갈등이 급속도로 해소되었고, 진정한 의미의 사회적인 융합이 이루어지기 시작했다.

송과의 일전

이 시기에 요나라는 단단한 기반을 닦고 있었지만, 송나라의 황제 조광의는 상황을 제대로 파악하지 못하고 있었다. 그는 나이 어린 황제와 개혁정책을 추진하는 태후의 독주, 더욱이 한족 출신 신하와의 부적절한 관계 등 여러 가지 정황을 종합해서 요나라의 지도층에 균열이 있을 것이라고 확신했다. 경종이 죽고 나서 6년 후인 988년 조광의는 드디어 마지막 승부를 걸었다.

모든 인적·물적 자원을 전쟁에 총동원했고, 수십만의 대군을 동군과 서군으로 나누어 동시에 두 방향에서 연운 16주를 공격했다. 초기에 원정군이 기대 이상의 성과를 올리자 크게 고무된 조광의는 자신도 중군을 직접 지휘해서 북상하기 시작했다. 송나라 황제의 친정에 대해 소작 역시 자신의 친정으로 대응했다. 무장을 하고 직접 전투에 참여한 것이다.

송나라의 대군은 초기 전투에서 연달아 승전을 거두어 여러 개의 주현을 점령하면서 곧장 남경과 대동으로 압박해 들어왔다. 그러자 대동 쪽으로 접근하던 동군을 야율휴가가 막아섰다. 그는 자신의 장기인 기동전을 전개하면서 송나라의 동군을 기습하여 그들을 교란시키고는 송군이 전열을 가다듬을 때쯤이면 멀찌감치 물러났다. 그러고 나서 조용히 기회를 기다리다 그들이 진격하면 또다시 교란시키고 바로 물러나는 전술을 반복하면서 보병 위주의 대병력으로 편성된 송나라 군대의 진을 뺐다.

이러한 교란전술에 말려 송나라 동군의 움직임이 현저하게 둔화되자 야율휴가는 갑자기 공세로 전환했으며, 그와 때를 맞춰 소작이 직접 지휘하는 키탄의 중군이 길게 늘어선 송나라 동군의 옆구리를 기습했다. 양쪽에서 협공을 받은 송의 동군은 견디지 못하고 사하(沙河)로 후퇴해서 부대를 재편성했다. 그렇게 해서 사하 강변에서 송나라 병력 사십만과 키탄군 이십만 병력이 정면으로 충돌하는 건곤일척의 대회전이 벌어졌다.

이날의 전투에서 소작은 한 사람의 장수로 직접 육박전에 참가했다. 화려한 흰색 갑옷을 입고 긴 창으로 무장한 태후는 전장을 누볐으며, 그 모습은 양쪽 병사들 모두의 눈에 잘 들어왔다. 키탄군은 병력면에서는 절대 열세였지만, 그들의 사기는 하늘을 찌를 듯이 올라가 있었다. 반면 송나라의 대군은 혼란과 공포로 얼어붙었다. 그녀는 직접 병사들을 지휘해서 송나라 동군의 방어선을 돌파했다. 그날의 전투 결과에 대해 사서는 '송나라 병사들의 시체로 강물이 막혔다'라고 기록했다.

주력 부대인 동군이 전멸하자 조광의는 급히 서군을 후퇴시켰지만, 이들 역시 키탄군의 우익을 맡고 있던 야율사진의 추격을 받아 진가곡에서 와해되었다.

송나라의 조정에서는 전쟁을 일으키면서 태후의 문란한 생활이 요나라에 국론의 분열을 가져올 것이라고 믿어 의심치 않았다. 그러나 이것은 유교 문화에 철저하게 길들여진 그들의 치명적인 오산이었다. 한덕양과 태후의 관계는 이미 널리 공개되고 받아들여진 상황이었다.

전쟁이 일어나기 직전 소태후는 한덕양의 처소에 나가 대신들 부부를 모두 초청한 가운데 큰 연회를 열었다. 《요사(遼史)》에서는 이때 사람들이 짝을 이루어 즐거움이 다하도록 즐겼다고 기록했다. 소작과 한덕양은 정식으로 결혼식을 올리지는 않았지만 결혼피로연을 열어 두 사람의 관계를 당당하게 공개한 셈이었다. 그날 이후로 두 사람은 거리끼지 않고 함께 다녔다. 이것이 소태후가 난관을 돌파하는 방식이었다.

사하 전투 여파로 송나라가 입은 타격은 컸다. 국제적인 위세가 크게 추락하면서 서쪽에서 그동안 한족에게 눌려오던 탕구트인들은 그들의 지도자인 이계천(李繼遷)을 앞세워 독립을 선언하고 서하(西夏)를 건국했다. 소작은 이들에 대한 지원에 나서 수천 필의 군마를 공급하고 황실 간의 통혼을 통해서 송나라에 대한 공동전선을 구축하는 데 성공했다. 그녀는 송나라가 서하 쪽으로 병력을 집중하지 못하도록 줄기차게 변경 지역을 공략했으며, 직접 출병하는 경우도 잦아졌다.

그녀가 전선으로 자주 나설 수 있는 이유는 왕권이 안정되고 황제가 이미 장성했기 때문이다. 그녀의 아들 야율융서는 후일 고려와 세 차례의 전쟁을 벌임으로써 우리와는 악연이 깊은 황제이지만, 중국 역사상 유일하게 성스러운 통치자라는 의미의 '성종(聖宗)'이라는 영광스러운 시호를 얻은 현군이 된다.[17] 이는 어린 시절부터 소작이 엄격하게 교육시켰기 때문에 이루어진 일이었다.

소태후는 황제가 직접 정무를 관장한 이후에 그의 결정을 번복하거나

---

[17] 야율융서가 고려를 공격한 이유를 우리나라 국사 교과서에서는 강조의 정변을 계기로 강동육주에 대한 야욕을 드러냈다는 식으로 가르친다. 그렇지만 요나라와 고려 왕실의 관계는 생각 이상으로 가까웠으며 개입할 명분도 있었다. 고려 성종의 왕후가 요나라 황실의 공주였다는 사실은 조선 시대에 편찬한 고려사 원문에서도 삭제되어 있다. 역사 왜곡은 우리 주변국만 하는 것이 아니다.

하는 일은 거의 하지 않았다. 다만 황제가 물건을 사용할 때 지나치게 헤프게 사용하지 않는지 옷을 입을 때에는 너무 사치한 것을 입지는 않는지 상을 너무 후하게 내리지는 않는지 등 작고 개인적인 사항들만 철저하게 간섭했다. 그래서 정식 역사서인《요서》에까지 성종이 요나라의 성군이 된 데에는 태후의 가르침이 결정적이었다고 기록되었다.

송의 태종 조광의는 사하 전투가 있은 지 9년 후에 가슴에 한을 품은 채 세상을 떠났다. 그를 계승한 조덕창(趙德昌)은 우유부단하지만 합리적인 군주로 능력 있는 신하들을 등용하고 내정을 안정시키면서 국력을 신장시키고 있었다. 소작은 나이 쉰을 넘겼고 융서는 그녀의 간섭이 필요 없을 정도로 훌륭한 군주로 성장했다. 그녀는 요나라를 위해 그녀가 할 수 있는 마지막 봉사에 대해서 생각하기 시작했다.

1004년 가을, 소작은 이십만 대군을 몰아서 송나라에 대한 전격적인 침공을 감행했다. 야율휴가나 야율사진 같은 전설적인 명장들은 이미 이 세상 사람이 아니었기 때문에 한덕양이 그녀를 수행했으며, 선봉장은 태후의 일족인 소달름(蕭撻凜)이었다. 이에 황제인 야율융서가 기겁을 하고 쫓아와서 그녀에게 합류했다. 그런데 이번에는 키탄군의 공격 방향이 이상했다. 진격하는 곳은 연운 16주 중에서 유일하게 송나라가 확보하고 있는 지역이기 때문이었다.

연운 16주 중 동쪽에 위치한 영주(瀛州)와 막주(莫州)는 후주의 세종이 요나라로부터 탈환한 지역으로 현재의 지형과는 달리 늪지대가 군데군데 숨어 있는 습지였다. 영토로서의 가치도 거의 없었을 뿐 아니라 태행산맥의 구릉 지대를 제외하고는 접근이 어려워서 군사적인 공격도 쉽지 않은 곳이었다. 송나라는 이 구릉 지역에 난공불락의 요새 와교관(臥交關)을 세우고 습지대에는 수만 개의 말뚝을 박아 기병 위주의 키탄군이 아예 접근을 하지 못하도록 만들어 놓고 있었다.

그러므로 대군이 말을 탄 채 이 위험한 습지를 통과한다는 소작의 선택은 대모험이었다. 송나라는 다른 지역에는 탄탄한 방어선을 구축해 놓았으나, 키탄군이 대담하게 이 방향으로 공격하리라고는 전혀 생각하지 못하고 있었다. 사실 송나라는 물론이고 요나라에서조차 이런 식의 침공을 예상한 사람은 없었을 것이다. 허를 찔린 송나라의 방어선은 급속하게 허물어지고 패전을 거듭하면서 현재의 하남성에 위치한 전주(澶州)까지 순식간에 밀렸다. 전주는 송나라의 수도인 개봉(開封)에서 2~3일이면 도달할 수 있는 지역이었다.

송나라 조정에서는 수도인 개봉을 버리고 달아나자는 논의가 활발하게 벌어졌지만 재상인 구준(寇準)은 황제를 설득하여 오히려 황제가 대군을 지휘해서 전주로 북상하도록 했다. 그러자 그동안 패전으로 땅에 떨어졌던 송나라 병사들의 사기도 올라갔다. 양쪽에서 동원한 수십만 대군이 성벽 하나를 사이에 두고 대치하는 일촉즉발의 위험한 상황이 되었다. 그러나 소작이 이번 원정에서 세운 목표는 송나라를 타도하는 것이 아니었다. 그녀는 막주에 주둔하고 있는 송나라의 장수에게 밀사를 보내 평화를 원한다면 송나라에서 먼저 제안해야 할 것이라고 귀띔했다.

성벽을 사이에 두고 팽팽하게 대치하고 있는 와중에 밀사들이 요나라 태후 소작과 송나라 재상 구준 사이를 부지런히 오갔다. 소작은 천주와 막주의 할양을 요구했다. 천주는 송나라의 수도 개봉과 인접한 지역이고, 현재의 하북성에 위치한 막주는 천주로 들어오는 통로였다. 송나라에서 도저히 들어 줄 수 없는 요구라는 사실을 뻔히 알면서도 고집을 세운 것이었다. 몇 번의 막후교섭이 더 이루어지고 드디어 송나라 황제가 임명한 전권대사 조이용(曹利用)이 소태후를 공식적으로 방문했다.

며칠 후에 양국의 황제는 외교적인 수사로 가득한 종전협정에 조인했다. 이 협정으로 인해서 송나라와 요나라는 형제국이 되었다. 야율융서는 조덕창을 형으로 부르고 조덕창은 소태후를 숙모로 부르게 되었다. 양군은 철수하여 예전의 국경을 지키기로 했다. 이 정도면 송나라의 외교적인 승리였겠지만, 문제는 송나라가 요나라에게 세폐(歲幣)로 매년 은 10만 냥과 비단 20만 필을 제공해야 한다는 조항이 있었던 것이다.

역사적으로는 이 협약을 '전연의 맹(澶淵之盟)'이라고 하며, 중국인들은 이것을 그들의 역사 중에서 가장 치욕적인 사건의 하나로 생각한다. 분명히 돈을 주고 평화를 산 셈이었지만, 송나라와 요나라는 이 협약을 충실하게 지켰으며 이날 이후 120년 동안이나 전쟁을 한 적이 없다. 그 시대를 살았던 송나라 사람들은 후대의 역사가들과 견해를 달리하고 있었음이 틀림없다.

예지황후 소작

전연의 맹이 체결되고 5년 후 자신이 해야 할 일을 모두 했다고 판단한 태후는 은퇴를 결심했다. 그녀는 아들 융서에게 키탄 고유의 칸 즉위식이라고 할 수 있는 시책례(柴册禮)를 성대하게 거행하도록 해서 자신의 결심을 공포했다. 그녀는 융서의 부담을 덜어 주기 위해 아예 고향인 남경으로 내려갈 생각이었다. 그러나 남경으로 내려가는 도중에 병이 깊어져 세상을 하직했다. 1009년 겨울의 일이었으며, 향년 57세였다.

성신선언황후(聖神宣獻皇后)라는 시호를 얻고 후일 다시 예지황후(叡智皇后)라는 시호가 추증된 소작은 요나라뿐 아니라 중국 역대 왕조의 왕후들 중에서도 가장 뛰어난 인물이었다. 더욱이 그녀가 내정에서 추구한 가치는 극히 현대적인 기준인 '인권'이라고 할 수도 있다. 민족적인 구분에 의한 차별의 철폐와 관대한 통치와 공정한 법 집행이 그녀가 추구하던 목표였다.

그녀는 기회가 있을 때마다 전쟁포로나 노예들의 신분을 평민으로 회복시켰다. 북방의 피정복민 출신 유목민 한 사람이 야율 가의 시조 묘에서 실화를 해 큰 불을 낸 적이 있었다. 그 어떤 왕조에서도 당연한 사형감이었지만 태후는 그를 용서했다. 그렇지만 자신의 노예가 귀족 출신 여자와 정분이 생겨 도망가자 이들을 여진 땅까지 추적해 살해한 황실의 종친에게는 중벌을 내렸다. 법의 집행은 공정해서 그 누구에게도 예외가 없었다. 소태후에게는 두 명의 언니가 있었는데 이들이 반역에 연루되자 단호하게 처형을 명했다.

그녀는 요나라를 유목민의 왕조에서 중국적인 왕조로 바꾼 사람이었다. 그렇지만 정작 자기 자신은 황궁에서조차 말 타기와 활쏘기와 같은 훈련을 통한 육체적인 단련을 게을리하지 않은 철저한 키탄이었다. 세랑 소작은 현명한 여인이었고 불굴의 전사였으며 위대한 지도자였다. 수천 년의 중국 역사를 뒤져 봐도 그녀와 비교할 수 있는 다른 여성 지도자는 단 한 사람도 없었다고 단언할 수 있다.

그리스도의 여전사

토스카나의 마틸다

중세 유럽에는 경건한 신앙심과 불굴의 투지로 무장하고 광기와 공포가 지배하는 전장을 누빈 여인들이 있었다. 잉글랜드가 바이킹의 한 계열인 데인족의 침입을 받았을 때 색슨족을 구한 알프레드 대왕의 딸 에텔플레다(Ethelfleda, Lady of the Mercians), 14세기 중반 잉글랜드의 대군으로부터 스코틀랜드를 구해낸 던바 백작부인 아그네스(Countess Agnes Dunbar)와 같은 사람들이 그러한 전사들이다.

이들 중에서 가장 유명한 사람은 역시 프랑스의 잔 다르크일 것이다. 그렇지만 오늘날 그녀가 누리는 명성에 비해서 그녀가 실질적으로 올린 군사적인 성과는 그리 큰 것이 아니었다. 문자 그대로 혜성처럼 역사에 등장해서 비극적으로 퇴장할 때까지 많은 사람들로부터 대단한 주목을 받기는 했지만, 그녀가 활약한 기간은 왕궁에서 허송세월한 여러 달의 기간까지 모두 포함하더라도 고작 1년 3개월 정도에 불과했다.

그녀는 1429년 4월 29일부터 5월 8일까지 9일 동안 오를레앙을 포위하고 있는 잉글랜드군과 치열한 전투를 벌여 잉글랜드군이 포위를 풀고 퇴각하게 만들었으며, 이 승리로 '오를레앙의 처녀(La Pucelle d' Orléan)'라는 별명을 얻었다. 또한 6월 9일에서 19일까지 로어 계곡에서 잉글랜드군을 몰아냈으며 그녀 덕분에 왕위를 차지하게 된 샤를 7세(Charles Ⅶ)의 대관식을 위해 6월 29일에서 7월 17일까지 랭스 대성당까지 행군한 것이 그녀가 성취했던 승리의 전부였다.

잔 다르크가 프랑스군에 끼친 엄청난 영향력은 뛰어난 전략이나 전장에서의 리더십이 아니라 종교적인 신념에 관한 것이었으며, 그녀의 죽음이 순교의 성격을 띠자 여러 해 동안 이어진 패전으로 무력한 패배주의에 빠져 있던 프랑스인들을 크게 자극했던 것이다. 전쟁 자체는 잔 다르크가 죽은 후에도 이십 년 넘게 계속되었으나 그녀의 죽음을 계기로 전쟁의 주도권은 프랑스인들에게 넘어갔다.

프랑스인들은 잔 다르크가 실제로 신의 뜻을 실천하다 부당하게 순교한 것으로 믿어 의심하지 않았다. 그렇지만 당시의 잉글랜드 사람들은 이와 정반대의 견해를 가지고 있었다. 셰익스피어의 희곡 중에서 〈헨리 6세〉에 등장하는 잔 다르크는 천사장 미카엘이나 그리스도가 아니라 대악마 루시퍼로부터 신비한 능력을 부여받은 인물이었다. 신학적인 해석이 달라질 수 있는 이러한 문제들로 인해서 '성인'의 명칭을 부여하는 데 매우 까다로운 가톨릭 교회에서는 그녀에 대한 시성을 아주 오랫동안 고려하지 않고 있었다.

1905년 프랑스가 제정한 〈교회와 국가의 분리에 관한 법령(Concernant la Séparation des Églises et de l'État)〉에 의해 프랑스 교회의 소유권이 바티칸으로부터 완전히 독립한 후 프랑스의 교회에서 자체적으로 그녀에 대한 미화 작업에 들어갔다. 이후 성인으로 추앙하기 위한 움직임이 시작됐으며, 교황청에 의해서 정식으로 시성된 시기는 성인의 의미 자체가 많이 퇴색된 1920년의 일이었다.

여전사 마틸다

중세 시대의 인물 중에서 그리스도의 여전사를 단 한 사람만 선정한다면, 잔 다르크보다 더욱 적합한 후보자가 있다. 이탈리아 출신의 대백작녀 마틸다(Matilde, la Gran Contessa della Tuscany)가 그 주인공으로, 잔 다르크보다 3세기 반 정도 앞선 1054년 태어나 오랜 기간 성 베드로의 후계자인 교황들을 위해서 군사적으로 맹활약했던 대단한 여전사였다.

> 나의 사촌누이여, 그대가 나를 위해 변호를 해 주오.
> 성하께 나의 용서를 구해 주시오.
> 오! 나의 용감한 사촌누이여,
> 그분께 가서 나에게 다시 한 번 축복을 내려 주시도록 해 주오.
> 나는 그대에게 간절히 청하고 있소.

이 대화는 우리가 세계사에서 '카노사의 굴욕'이라는 이름으로 배우는 역사적인 장면의 클라이맥스이다. 맨발로 얼어붙은 땅 위에 꿇어앉아 간절히 애원하고 있는 사람은 신성로마 제국의 황제 후보인 하인리히 4세이고, 그의 청원을 듣고 있는 사람은 그의 육촌 누나인 토스카나 대백작녀 마틸다이다. 때는 1077년 정월의 어느 날이며, 장소는 마틸다의 근거지인 카노사 성의 정문이다.

사람에 따라 천하고 빈곤한 환경이 아니라 누구라도 부러워할 만한 고귀하고 부유한 환경이 평생을 지고 가야 할 커다란 짐이 되는 아이러니한 경우가 있다. 평생 동안 신성로마 제국 전체를 상대로 혼자 외롭게 투쟁해야 했던 대백작녀 마틸다의 경우가 바로 그러했다.

마틸다는 북부 이탈리아의 광대한 지역을 영지로 가지고 있던 토스카나 후작 보니파체 3세(Boniface III, Margrave of Tuscany)의 막내딸로 태어났지만, 이 일가에 연이어 닥친 불운과 시련 때문에 유일한 상속자로 남게 되었다.

6세기 북부 유럽에서 남하해서 북부 이탈리아에 정착해 이탈리아 왕국을 세웠던 게르만족의 일파를 롬바르드인(Lombards)이라고 한다. 보니파체 후작은 이들의 영주로, 밀라노를 중심으로 하는 현재 이탈리아 북부 지역의 롬바르디아와 에밀리아, 양대 주의 거의 대부분 지역을 지배하던 사나운 워로드(warlord)[18]였다. 마틸다의 어머니는 북로렌 공작 프레데리크 2세(Frederick II, Duke of Upper Lorraine)의 둘째 딸인 베아트리체(Beatrice)였으며, 신성로마 제국의 황제 하인리히 3세의 사촌 누이였다.

베아트리체는 보니파체 후작의 두 번째 부인이었기 때문에 나이 차이가 상당히 많은 편이었다. 보니파체의 첫 번째 부인은 일찍 세상을 떠났고 슬하에 자식도 두지 못했다. 보니파체와 베아트리체 사이에는 세 명

---

18 워로드와 가장 근접한 말은 군벌(軍閥)이다. 중세 초기의 프랑크인이나 게르만인, 데인계 바이킹의 경우 각 부족의 부족장이나 지도자들은 작은 규모의 정복군주였다. 이들은 군사력을 앞세워 영토를 정복하면서 크고 작은 봉건영주들로 탈바꿈했는데, 노르망디 공국이나 시칠리아 왕국은 이런 식으로 세워진 나라였다. 이러한 사람들을 가리켜 워로드라고 한다.

의 자녀가 있었는데 첫 번째가 어머니의 이름을 딴 베아트리체, 그 다음이 외아들 프레데릭, 막내가 마틸다이다.[19] 그녀의 이름은 외조모인 슈바비아(Swabia) 대공녀로부터 딴 것이다. 마틸다는 부계로부터는 불굴의 투지와 용기를 물려받고, 모계로부터는 뛰어난 두뇌를 물려받았다고 할 수 있다.

마틸다

마틸다의 나이가 여섯 살이었을 때부터 집안에 불행이 연이어 닥치기 시작했다. 최초의 사건은 보니파체 후작이 암살당한 일이었다. 보니파체는 당시 신성로마 제국의 황제인 프랑켄(Franken) 왕조의 하인리히 3세(Heinrich III)와 대립하고 있었다. 이 암살 음모에 대해서 당시에도 상당한 논란이 제기되었지만, 하인리히는 혐의를 부인했으며 확실하게 밝혀진 사실은 아무것도 없다. 당대 최고의 전사가 암살로 생을 마감한 일은 이 집안에 드리워진 비극의 시작이었다. 보니파체가 죽고 나서 바로 다음해에는 맏딸 베아트리체가 병으로 죽었다.

보니파체가 남긴 영지는 북부 이탈리아를 동서로 나누는 아펜니노 산맥의 양쪽에 넓게 자리 잡고 있었으며 부유한 도시들이 여러 개 포함되어 있었다. 베아트리체는 자신과 어린 프레데릭의 능력만으로는 탐욕스러운 워로드들로부터 넓은 영지뿐 아니라 가족들의 안전까지도 지키지

---

19 마틸다에게는 한 명이 아니라 두 명의 오빠가 있었다는 설도 있다. 중요한 점은 얼마나 많은 형제들이 있었느냐는 것이 아니라 그녀 혼자만 살아남았다는 사실이다.

못하리라는 사실을 잘 알고 있었다. 그녀에게는 강력한 보호자가 필요했고 그런 이유 때문에 재혼을 통해서 이 위기를 벗어나려고 했다.

베아트리체는 황제와는 다른 쪽으로 사촌형제 사이인 남로렌 공작 고드프리 3세(Godfrey III, Duke of Lower Lorraine)가 때마침 상처하자 그와 재혼했다. 고드프리는 '턱수염(the Bearded)'이라는 별명으로 불리던 사나운 전사였다. 이 결혼과 동시에 나이 어린 마틸다는 고드프리의 아들인 고드프리 4세(Godfrey IV)와 약혼한 사이가 되었다. 이를테면 이중 안전장치였다. 작은 고드프리는 육체적인 장애를 가지고 있어서 '곱사등이 (the Hunchback)'라는 별명으로 아버지와 구분된다.

턱수염 고드프리와 베아트리체의 결혼은 마틸다에게 또 다른 불행을 가져다 주었다. 그들의 결혼은 급작스러운 것이기는 했어도 당시 교황이었던 레오 9세(Leo IX)의 주례로 이루어진 정식결혼이었다. 그러나 신성로마 제국의 황제인 하인리히 3세는 자신이 허락하지 않은 이 결혼에 대해 몹시 분노했다. 고드프리는 황제 자리를 놓고 하인리히와 경쟁하던 숙적이었다. 그는 원래 북로렌 공작이었지만 하인리히에 대해 반란을 일으켰고, 그 결과 독일에서 축출되어 토스카나에 머물고 있는 상태였다.

하인리히는 이탈리아로 남하해서 피렌체에 자신의 궁정을 열고 나서 그를 방문한 베아트리체를 투옥시켰다. 그리고는 토스카나 후작을 계승한 마틸다의 오빠 프레데릭에게 궁정으로 출두하라는 명령을 내렸다. 비록 나이는 어렸지만 강단이 있었던 프레데릭은 하인리히의 소환을 무시했다. 며칠 후 프레데릭은 원인이 알려지지 않은 급작스러운 죽음을 맞이했다.[20] 사태가 이런 지경에 이르자 고드프리는 황제가 없는 독일

---

20 프레데릭의 죽음에 하인리히가 연관되어 있을 가능성은 매우 낮다. 하인리히와 마틸다 일가는 아주 가까운 친척이며, 프레데릭의 죽음으로 하인리히가 얻을 수 있는 이익이 전혀 없었을 뿐 아니라 그의 죽음으로 입지가 강화되는 사람은 오히려 숙적인 고드프리였기 때문이다. 토스카나 후작의 작위도 유일한 후계자로 남은 마틸다에게 자동으로 승계되는 상황이었다.

로 치고 올라가 로렌 지방을 장악하면서 황제를 위협했다.

하인리히는 이탈리아를 떠나 독일로 귀환했으며, 베아트리체는 황제의 볼모신세가 되었다. 홀로 남겨진 마틸다는 이 기간에 토스카나 후작 가문의 주성(主城)으로 높은 바위 언덕 위에 세워진 천혜의 요새 카노사와 토스카나 지역의 중심지인 루카에서 불안한 나날을 보냈다. 상속법에 의해 앞으로 넓은 영지를 다스려야 할 마틸다는 상당한 위험에 노출된 상황이었다. 때문에 여덟 살 나이의 어린 소녀에게는 힘에 겨운 엄격한 교육이 시작되었다.

그녀는 이제 자신의 의사와는 상관없이 한 사람의 워로드였다. 그녀에게는 야전에서 적들을 직접 상대하는데 필요한 전투기술을 습득하는 일이 무엇보다도 중요했다. 마틸다의 군사훈련을 담당한 교관은 ‘팔루다의 아루두이노(Arduino della Palude)’ 라는 직업군인이었다.[21] 가혹한 훈련으로 다져진 후일의 마틸다는 몸이 가는 편이기는 했어도 키가 상당히 크고 웬만한 남자보다도 강한 근력을 가지고 있었으며, 창으로 무장하고 싸우는 마상전투와 전투용 도끼나 칼을 들고 싸우는 보병 근접전 양쪽에 모두 능숙했다고 한다.

군사 훈련 외에 다른 부문에서의 교육도 철저하게 이루어진 듯하다. 그녀는 모국어인 이탈리아어뿐 아니라 독일어, 프랑스어와 라틴어를 능숙하게 구사했으며, 다양한 분야에서 뛰어난 지식과 교양을 갖추고 있었다. 이것은 그 시대의 다른 영주들과 구분되는 면이었다. 당시의 워로드들은 지식이나 교양을 중요하게 생각하지 않았으며, 아예 문맹인 사람도 많았다. 그들은 지식이나 교양이 용기와 마이너스의 상관 관계를 가지고 있다고 생각했던 것이다. 다른 귀족 여인들도 남자들과 마찬가

21 아루두이노 델라 팔루다는 후일 마틸다 휘하에서 중요한 군사지휘관으로 활약했으며 최종적으로 토스카나군의 장군으로 승진했다.

지였다. 그들 중에서 수도사의 도움 없이 글을 읽거나 쓸 수 있는 사람은 아주 극소수였다.

13세 소녀의 출전

마틸다의 위기는 일 년 넘게 지속되다 턱수염 고드프리와 그의 동맹자인 플랑드르 백작 보두앵 5세(Baudouin V, Count de Flandre)가 북부 독일에서 하인리히 황제를 압박해서 평화협정을 체결하게 함으로써 해소되었다. 마틸다가 열 살이 되던 해에 하인리히 황제가 세상을 떠나고, 마틸다의 어머니 베아트리체가 고드프리와 함께 이탈리아로 돌아왔다. 프랑켄 왕조의 후계자는 마틸다보다도 네 살이나 어린 하인리히 4세였다. 로렌 공작 고드프리는 신성로마 제국의 실력자로 부상했다.

그는 교황 선출에도 큰 영향력을 행사했으며 교황의 자리가 공석이 되자 그의 친동생인 프레데릭이 교황으로 선출되어 스테파노 9세로 즉위했다. 이때부터 마틸다의 집안은 바티칸과 불가분의 관계를 맺게 되었다. 스테파노 9세는 1년여 만에 죽었으나 그를 계승해서 약 3년 동안 교황으로 재위한 니콜라오 2세는 피렌체의 대주교, 다시 그를 계승한 알렉산데르 2세는 루카의 대주교로 모두 토스카나 출신이었다.

이 시기에 교황청에 대한 토스카나 공작 겸 로렌 공작 고드프리의 영향력은 최고조에 이르렀다. 마틸다가 열세 살이던 1059년, 워로드로서의 공식적인 첫 출전이 이루어졌다. 본격적인 전투는 아니었고 교황의 반대 세력들에 대해서 로마 방어에 대한 토스카나 공작의 능력과 의지를 과시할 목적으로 이루어진 무력 시위이었다. 그녀는 의붓아버지 턱수염 고드프리, 의붓오빠이자 약혼자인 곱사등이 고드프리, 어머니 베아트리체, 그리고 토스카나의 병사들과 함께 로마로 행군했다.

2년 후인 1061년에는 교황 알렉산데르 2세에 대항해서 일부 주교들에 의해 대립교황[22] 호노리오 2세가 선출되자 마틸다는 턱수염 고드프리와 함께 다시 로마로 진군했다. 이때 마틸다는 고드프리와 동행한 정도였고, 전투에서 실질적으로 맹활약을 한 사람은 궁수대와 기병대를 지휘한 그녀의 무술 선생 아루두이노였다. 그는 귀베르트(Guibert)[23]라는 신부가 지휘하는 군대를 격파했으며, 호노리오 2세는 교황에게 용서를 받기는 했으나 결국 은퇴했다.

이 와중에 마틸다는 상당히 어린 나이에 의붓오빠인 고드프리와 결혼했다고 전한다. 일부 기록에서는 두 사람이 정신적인 교감 없이 의무적으로 육체적인 관계만을 가졌다고 하지만 이는 마틸다에게 신성을 부여하기 위해 의도적으로 왜곡된 기록이 확실하다. 고드프리는 신체적인 결함을 가지고 있기는 했어도 대단히 용감한 전사였으며 존경할만한 남자였다. 마틸다에게 '성처녀(Sacred Virgin)'의 이미지를 덧씌우기 위한 불확실하고 막연한 주장 이외에 이 어린 부부의 소원한 관계를 전하는 신뢰할만한 기록은 찾아볼 수 없다.

마틸다와 고드프리가 후일 끝내 결별하게 되게 되는 것은 그들의 의사와는 상관없는 것으로 당시의 정치적인 상황이 빚어낸 또 하나의 비극이었다. 마틸다가 크게 의존했던 의붓아버지 턱수염 고드프리는 마틸

---

22 이 시기는 가톨릭 교회도 상당히 혼란한 시기였다. 정치적인 이해에 따라 정식으로 선출된 교황 외에도 파벌의 지지를 업고 스스로 교황으로 자처하는 사람들이 있었는데 가톨릭 역사에서는 이들을 정식 교황으로 인정하지 않고 대립교황(antipope)이라고 부른다.

23 라벤나의 귀베르트(Guibert of Ravenna)는 마틸다의 일가였지만, 황제의 편에 가담해서 후일 대립교황 클레멘트 3세가 되어 하인리히 4세에게 신성로마 제국 황제의 관을 씌워주는 인물이다. 가톨릭 교회에서는 그를 교황으로 인정하지 않고 있으며 하인리히 4세 역시 신성로마 제국의 황제로 인정하지 않고 있다.

다가 스물한 살이던 1069년에 사망했다. 그는 마틸다와 함께 토스카나를 공동으로 통치하는 영주인 동시에 멀리 북부 독일에 위치한 로렌의 공작이기도 했다. 마틸다의 의붓오빠이자 남편인 고드프리는 그에게 남겨진 로렌의 영지를 통치하기 위해 북쪽으로 떠나야 했지만, 마틸다는 토스카나의 영지를 통치하기 위해 이탈리아에 머물러야 했다.

고드프리는 2년 정도 토스카나에 머물다 마틸다가 딸 베아트리체[24]를 낳은 후에 로렌으로 돌아갔다. 그리고 이것이 이 부부의 영원한 이별이 되고 말았다. 고드프리는 독일의 어린 왕 하인리히 4세를 위해서 그에게 반란을 일으킨 작센 공작 마그누스(Magunus, Duke of Saxony)를 격파하고 연이어 위트레흐트 주교령(Archbishopric of Utrecht)[25]을 노리고 침공한 홀란드와 플랑드르의 연합군을 상대하던 도중에 비열한 방식으로 암살되었다. 1076년의 일이었으며 마틸다의 어머니 베아트리체도 바로 이 시기에 세상을 떠났다.

이제 마틸다는 보호자 없이 스스로의 힘만으로 자신의 영지를 사수해야 했다. 이 시기에 그녀보다 네 살이 어린 하인리히 4세도 힘든 상황에 놓여 있었다. 그는 어린 나이에 왕위를 계승하고 줄곧 어머니인 아그네스 황후의 섭정체제하에서 순탄하지 않은 성장기를 보냈다. 그의 아버지 하인리히 3세는 강인한 군주로 자신의 영토를 확장하고 독일에 있는 제후들 대부분의 지지를 받았으며 교황을 세 사람이나 폐위시킨 사람이

---

24 가톨릭의 기록에 의하면, 마틸다의 유일한 혈육인 베아트리체는 태어난 지 일 년도 살지 못하고 죽었다고 한다. 그렇지만 르네상스 시대의 위대한 예술가 미켈란젤로는 자신이 베아트리체의 후손임을 주장했다. 그의 주장은 당시 토스카나 공작의 지지를 받았으며 가톨릭 측의 기록은 마틸다의 유산과 관련되어 후일 조작된 것이라는 설이 있다.
25 현재의 네덜란드에 속하며 7세기 말엽에 성립된 교황청의 직속령으로 오랜 기간 존속하다, 16세기에 합스부르크 왕가의 영토로 편입되었다.

었다.

그렇지만 아그네스 황후는 아들에게 상속된 광대한 영지 중에서 바이에른 공작령과 슈바벤 공작령을 작센 백작 오토와 사위인 루돌프에게 양도해서 왕실의 위세를 스스로 하락시키는 실책을 범했다. 하인리히 4세는 키가 크고 잘생긴 사람으로 성격이 호방해서 주위에 사람들이 많이 몰렸고 예술과 문학에 대해 전폭적인 지원을 하던 개명된 군주였다. 그러나 어린 시절 유괴를 당했던 아픈 기억으로 인해서 아집과 권력욕이 남달리 강하고 성급하면서도 고집이 세고 무모하기까지 한 사람이었다.

그의 독특한 개성은 어머니의 그늘을 벗어난 치세 초반에 그를 위기에 몰아넣었다. 작센과 바이에른의 영주들을 적대시하는 바람에 하인리히 자신이 보름스까지 피난해야 하는 위기에 몰리게 되었던 작센 지역의 반란은 그의 무모한 성격과 영토 확장에 대한 욕심이 빚어낸 결과였다. 그가 재위 기간 내내 교황들과 벌였던 처절한 투쟁 역시 타협했을 경우와 비교하여 그가 얻을 수 있는 정치적인 실익이라고는 거의 없는 일종의 기세 싸움이었다.

당시 교황은 그레고리오 7세였다. 성 베드로 이후 현재까지 역대의 교황 중에서 가장 개혁적이었던 교황의 한 사람으로 꼽히는 인물로 가톨릭 역사에서는 그의 통치를 '그레고리오의 개혁(Gregorian Reform)'으로 부른다. 마틸다의 근거지인 토스카나의 아주 작은 시골 마을 출신인 그는 불과 몇 년 전에 새롭게 확립된 공식적인 절차에 의해서 동료 주교들과 일반 신부들의 지지를 얻어 교황으로 추대된 사람이었다. 가톨릭 교회의 성립 이후 철저하게 세속화, 권력화의 길을 걸어왔던 교회에서 그의 즉위와 함께 최정상으로부터 하향식 개혁 운동이 시작되었다.

그는 오랜 세월 반목하고 지내던 비잔틴 제국의 황제와 화해를 시도해 성사시켰으며, 이교도인 사라센의 군주들과의 관계 개선도 시도했

그레고리오 7세

다. 또한 그는 주교 이상의 고위직에 있는 성직자들에 대해서 기록적인 횟수의 파문장을 날린 사람이기도 했다. 그레고리오 7세가 가장 치중한 일은 교황의 권위를 다시 세우는 작업이었으며, 그중에서 가장 중요한 것은 군주들로부터 성직자의 임명권을 독립시키는 일이었다.

거의 3세기 전인 서기 800년 크리스마스 날 교황 레오 3세가 프랑크의 정복자 샤를마뉴에게 신성로마 제국 황제의 관을 씌워줄 때 바티칸은 스스로의 선택에 의해서 고대 로마의 법체계에 따라 황제의 영향력 안에 들어간 셈이었다. 그레고리오의 시대는 신성로마 제국의 황제뿐 아니라 모든 군주들이 자신이 통치하는 지역 내에서 군주가 성직자 임명권을 갖는 것은 당연하다고 생각하던 시절이었다. 그레고리오의 의도가 명확한 이상 젊고 야심만만한 황제와의 충돌은 불가피해 보였다.

교황에게는 현실세계에서 하인리히의 막강한 군사력에 대항할 수 있는 무력이 필요했으며, 그가 신뢰할 수 있는 유일한 버팀목은 마틸다뿐이었다. 당시 시칠리아와 로마가 위치한 남부 이탈리아에는 바이킹의 일파인 노르만인들의 왕국이 성립되어 그곳의 워로드들이 스스로 바티칸의 수호자임을 자처하고 있었지만 전적으로 신뢰할 수 있는 사람들은 아니었다. 워로드들 중에서 오직 마틸다만이 세속적인 권력 대신 천상의 구원을 목표로 하고 있는 경건한 신앙인이었던 것이다.

카노사의 굴욕

개혁주의자 교황 그레고리오 7세와 아직까지는 황제로 등극하지 못하고 있던 하인리히는 1076년 밀라노 대주교의 임명권을 두고 정면으로 충돌했다. 원래 밀라노 대주교가 공석이 된 시기는 이보다 3년쯤 전이었다. 밀라노의 개혁주의자들[26]이 교황의 지지 아래 그들 스스로 대주교를 선임하자 롬바르디아의 주교들이 크게 반발했다. 그들은 하인리히에게 도움을 청했고 그가 새로운 주교를 임명하자 교황은 여기에 관련된 주교들에 대해서 전원 파문 조치했다.

하인리히는 타협할 생각이 전혀 없었지만, 작센에서 대반란이 일어나자 서한을 보내서 겸손하게 주교 임명권을 포기했다. 그러자 교황은 여기에서 한발 더 나아가 로마에서 종교회의를 소집해 세속의 권력자가 성직자를 임명하는 행위 자체를 금지하는 칙령을 내렸으며, 하인리히도 별다른 이의를 제기하지 않았다. 그렇지만 작센의 반란이 수습되자마자 하인리히는 태도를 완전히 바꿨다. 교황은 그에게 서신을 보내어 '사울왕의 슬픈 운명'[27]에 대해 이야기하면서도 주교 임명권에 대해서 그와 타협할 의사가 있음을 시사했다.

이 시점에서 하인리히의 성격이 문제를 크게 만들고 말았다. 교황의 서신에 발끈한 그는 1076년 정월 초하루부터 교황을 폐위하겠다고 선언하며, 당시에 영향력을 가지고 있던 26명의 주교들을 보름스로 소집해

---

26 성직자들의 도덕적 타락을 공격하면서 가톨릭 교회의 개혁을 시작했던 이 밀라노의 평신도들을 파타리니(Patarini)라고 부른다. 당시의 교회법은 신부들의 결혼이나 축첩을 눈감아 주고 있었다. 이 문제에 대한 엄격한 기준을 요구하며 처음 시작되었던 개혁 운동은 후일 가톨릭의 자체 정화작업으로 발전해 나가게 된다.

27 사울은 예언자 사무엘에 의해서 최초의 이스라엘 왕이 되었지만 여호와의 뜻을 따르지 않아 후일 사무엘에게 버림받고 몰락하게 되는 구약성서의 영웅이다. 하인리히가 더 이상 자신과 대립하면 그를 버리겠다는 교황의 경고였다.

카노사 성에서 하인리히의 청원을 듣고 있는 마틸다

서 교황의 명령에 따르지 말 것을 요구했다. 이로써 밀라노 대주교가 누가 될 것이냐 하는 사소한 문제가 교황과 황제 내정자 사이의 'Dead or Alive' 식 전면전으로 확대되고 말았다.

그레고리오 교황은 단호하게 회의에 참가한 주교 전원과 하인리히에 대한 파문으로 응수했다. 이 파문의 여파는 컸다. 주교들이 하나 둘 교황에게 백기를 들었고, 하인리히에 대한 충성의 의무에서 벗어난 독일의 영주들은 새로운 황제가 될 국왕[28]을 선출하기 위해서 모였다. 이때가 10월이었다. 하인리히는 영주들에게 단지 일 년의 기간을 유예받는 조건으로 이 상황을 타개하겠다고 다급하게 약속했다. 그 다음 장면이 바로 이 글의 앞부분에서 묘사한 '카노사의 굴욕'이다.

당시 하인리히는 전면적인 군사행동도 고려했지만, 마틸다와 그녀에게 무조건 충성하는 사나운 롬바르드 전사들이 지키고 있는 알프스를 돌파하는 일이 큰 부담이었다. 그는 군사적 모험 대신 정치적인 해결책을 선택했다. 그는 교황이 마틸다의 주성인 카노사에 머물고 있을 것이

---

[28] 당시 독일의 국왕은 명목상으로는 신성로마 제국의 황제라고 해도 실제로는 선거권을 가진 강력한 영주들이 모여 그들의 대표자를 뽑는 정도에 불과했다. 따라서 국왕의 지도력은 전적으로 개인의 역량에 달려 있었다.

라고 생각하고 맨발에 수도복 차림으로 그곳에 나타났다. 그러나 교황은 며칠 전에 출발하고 난 다음이었으며 교황 대신 그를 맞아들인 사람은 마틸다였다.

'카노사의 굴욕'은 독일뿐 아니라 모든 유럽의 군주들로부터 성직자 임명권이 박탈되어 교황에게 귀속되는 계기가 된 대단히 역사적인 사건이었지만, 그 당시 훗날의 역사적인 의미를 알고 있을 리 없던 단순한 하인리히는 자신이 파문의 명분을 제거함으로써 교황에 대해 정치적인 승리를 거두었다고 확신했다. 단기적인 관점에서만 보자면 실질적으로도 큰 승리를 거둔 셈이었다.

삼 년 후에 하인리히는 교황과 똑같은 방식으로 다시 한 번 대립했다. 그렇지만 이번에는 그의 강력한 경쟁자이자 매형인 슈바벤 공작 루돌프가 죽은 다음이라 배후에 적대적인 세력의 준동을 염려하지 않아도 되는 상황이었다. 그는 대병력을 몰아 이탈리아로 원정을 감행할 수 있게 되었다.

마틸다는 병력이 현저하게 열세였지만 교황을 지키기 위해서는 싸우는 수밖에 다른 도리가 없었다. 그녀는 알프스를 넘는 여러 개의 길목 중에서 라벤나를 통과하는 한곳만을 제외하고 모두 봉쇄했다.

그러자 이곳으로 통과해 진군한다고 해도 하인리히는 후방에 껄끄러운 마틸다를 두고 로마를 수비하는 노르만인들과 싸워야 하는 입장이 되었다. 결국 마틸다는 하인리히에게 정면 돌파를 강요한 셈이었다. 전략은 훌륭했지만 보유하고 있는 전력의 격차가 문제였다. 그녀의 상대는 신성로마 제국 전체였다.

마틸다는 1080년 10월 만토바 부근의 전투에서 패배하고 알프스로 후퇴했으며, 토스카나의 수도였던 루카의 시민들은 반란을 일으켜 황제의 편으로 돌아섰다.[29] 기가 오른 하인리히는 다음해 여름 그녀의 작위를 박탈했다.

그러나 이 정도 조치로 마틸다의 권위나 영향력이 손상되지는 않았다. 하인리히는 1080년과 1081년 두 번에 걸친 로마 공격에 실패하고 1084년에야 로마에 입성했으며, 교황 그레고리오는 로마를 탈출했다. 이 시기에도 마틸다의 권위는 그대로 유지되었고, 독일의 영주들에게 편지를 보내서 자신을 통해 전달되지 않은 교황의 서신은 하인리히에 의해 위조된 것임을 명확히 하고 있었다. 하인리히는 과거에도 문제를 일으킨 적이 있는 라벤나의 귀베르트를 클레멘스 3세라는 이름으로 대립교황의 자리에 앉히고 나서, 그로부터 신성로마 제국 황제의 관을 받았다.

자신의 뜻이 이루어진 하인리히는 그의 동맹자들을 남겨두고 독일로 돌아갔고, 그레고리오는 그 다음해에 세상을 떠났다. 빅토르 3세(Vitor III)가 후임 교황으로 선출되자 마틸다는 노르만의 워로드인 카푸아의 조르다노(Giordano of Capua)와 연합해서 새로운 교황을 지지했다. 마틸다는 1087년에 대립교황을 축출하기 위해서 로마를 공격했지만 황제파의 반격으로 실패했으며, 이 여파로 빅토르 3세는 은퇴해야 했다.

빅토르 3세를 이어 교황으로 선출된 사람이 우르바노 2세였다. 인류 역사상 가장 어리석은 집단지성의 결과물 중 하나였던 십자군 원정의 첫 제안자로 유명하지만, 그는 그레고리오 교황 시절 그의 개혁을 열렬히 지지했으며 후일 그것을 계승한 개혁주의자로 프랑스의 대단한 귀족 가문 출신이었다. 새로운 교황 우르바노는 마틸다에게 바이에른의 벨프 5세(Welf V)와 재혼할 것을 권했다. 그는 마틸다보다 스물여섯 살이나 연

29 마틸다는 루카를 잃자 이 도시의 탈환을 위해서 이곳에서 멀리 잉글랜드의 캔터베리까지 이르는 고대 로마의 도로 비아 프란치게나(Via Francigena)를 복원하면서 세르치오(Serchio) 강을 가로지르는 마델레나 다리(Ponte della Maddalena)를 건설했다. 몇 차례의 복원작업을 걸쳐 아직도 보존되고 있는 이 다리는 중세 토목공사의 백미로 꼽히고 있다.

하인 열일곱 살 소년이었다.

　마틸다의 첫 결혼과는 달리 이번의 결혼은 명확한 전략적 제휴였으며, 그 기간도 5년밖에 지속되지 못했다. 벨프 가문이 바이에른 공작의 작위를 대가로 하인리히 4세 편에 가세했기 때문이었다.[30] 그렇지만 이 기간 동안 마틸다는 그녀의 휘하에 벨프 가의 튜튼 기사단을 보강해서 역공에 나섰으며, 그녀의 주성인 카노사 부근에서 벌어진 전투에서 하인리히에게 결정적인 승리를 거두었다. 이 전투로 인해서 이탈리아 내에서 황제의 영향력은 큰 손상을 입고 말았다.

　마틸다와 벨프가 이혼한 1095년, 하인리히는 다시 한 번 이탈리아를 침공해서 마틸다의 요새 중 하나인 노가라 성을 포위했으나 지원군을 이끌고 달려온 마틸다에 의해 다시 한 번 패퇴하며, 2년 후에 황제의 병력은 이탈리아에서 완전히 철수하게 된다. 마틸다의 시련은 이제야 비로소 끝났다. 그녀는 페라라, 파르마, 프라토와 같이 황제에게 충성하던 도시들을 하나씩 점령해 나갔다. 아버지 하인리히 4세와 전투를 벌이면서도 그를 계승하게 되는 둘째 아들 하인리히 5세는 마틸다에게 우호적이었으며 그녀를 존중했다.

잔인한 정복자, 진정한 투사

마틸다는 이탈리아 내에서 그녀의 권위가 최고조에 달했던 1115년 웅

---

30 이 짧은 결혼은 후일 이탈리아는 물론 신성로마 제국 전체가 황제파와 교황파로 나누어 치열한 투쟁을 벌이는 계기가 된다. 황제파는 '기벨린(Ghibelline)'이라고 하는데, 슈바벤의 공작인 호엔슈타우펜(Hohenstaufen) 가의 주성 바이블링겐(Waiblingen)을 이탈리아식으로 읽은 것이다. 교황파는 '구엘프(Guelphs)'라고 하는데, 슈바벤 공작의 숙적인 바이에른 공작 벨프(Welf) 가를 가리키는 말이다.

혈(凝血)로 급작스럽게 사망했다. 얼마간의 이론이 있기는 하지만, 그녀에게는 후사가 없었다는 사실이 공식적인 기록이다. 그녀의 영지와 재산은 유언에 따라 모두 교회에 기증됐다. 그러자 아주 당연히 바티칸의 음모설이 제기되었다. 그녀의 유산을 놓고 교황과 황제, 그리고 그녀와 가장 가까운 친척들인 육촌 형제들과 그 후손들이 오랫동안 경합을 벌이다, 1213년 신성로마 제국의 황제 프리드리히 2세가 마틸다의 유산 전체가 바티칸의 소유임을 선언함으로써 가까스로 사태가 종결되었다.

그녀의 죽음으로 이탈리아 북부 지역은 형식적으로 교황의 직할령이 되었다. 그렇지만 실질적으로는 자치권을 갖는 수십 개의 도시국가들이 생긴 것과 마찬가지의 결과가 되었다. 피렌체, 루카, 피사와 같은 도시들은 군사적으로 경제적으로 또 문화적으로 서로 치열하게 경쟁하면서 각자의 방식대로 성장해 나갔다. 이러한 상황이 후일 바로 이 지역에서 유럽의 역사를 뿌리부터 뒤바꾸게 될 이탈리아 르네상스가 꽃피는 토양이 되었다.

마틸다에 대한 비판도 만만치 않다. 역사가들은 상대를 제압한 후에도 끝까지 추격해 완전히 섬멸했던 그녀의 잔혹함과 정복지에서 자행한 난폭하고 파괴적인 행동을 비난한다. 그녀에게 정복과 학살, 파괴는 일상적인 작업이었으며, 자신의 강력한 군대를 유지하기 위해서 일반 서민들에 대한 착취는 물론 대대적인 약탈까지도 불사했던 인물이었다.

그렇지만 그녀는 본질적으로 그 시대를 풍미했던 워로드들 중의 하나였다. 워로드란 오직 자신이 가진 무력으로만 승부를 보는 사람들이다. 그녀의 행동은 그 시대의 기준에서 지극히 정상적인 것이었으며, 현대의 기준을 그 시대에 적용시키는 것은 불공평할 뿐 아니라 대단히 어리석은 일이다.

마틸다는 그녀가 살았던 시대를 기준으로 한다면 유일하게, 그리고 현대의 기준으로도 쉽게 찾아지지 않을 정도로 자신의 운명을 스스로 개척한 강인한 여인이었으며, 모든 전사들의 귀감이 될 수 있는 진정한 투사이기도 했다. 이 여전사가 그 시절의 다른 워로드들과 확연하게 구분되는 점은 남다른 용기와 불굴의 투지, 뛰어난 지성 외에도 신앙심이라는 강력한 무기를 하나 더 가지고 있었다는 사실이다.

"마틸다와 성 베드로를 위하여!"[31]

그녀의 병사들은 전투에 임하면서 항상 이렇게 외쳤다고 전한다. 그녀는 이른바 '그레고리오 개혁'의 바탕이 되는 순수한 신앙이 실현되리라는 신념을 가지고 있었고, 정의의 힘을 믿었으며, 그것을 지키기 위해 자신이 가지고 있는 모든 것을 쏟아 부은 인물이었다. 그리고 그 결과 종교적 열정으로 한 시대를 정복한 인물이 되었다고 말할 수 있다. 설사 마틸다가 가진 종교적인 열정 때문에 수천의 목숨이 사라지고 수만의 민중이 고통받았다고 해도 그것은 그녀의 문제가 아니라 시대의 문제였으며, 그녀가 평생 잊지 않고 있었던 종교적인 신념만큼은 분명 숭고한 것이었다.

마틸다의 견고한 요새이자 마음의 고향이었던 바위의 성 카노사는 그녀가 죽은 지 100여 년 후에 이웃한 도시 레기오(Reggio)의 공격을 받아 파괴되었다. 후일 이탈리아의 도시들 사이에 벌어진 치열한 투쟁 속에서 그녀의 영원한 안식처마저 위협받자, 바티칸은 17세기에 그녀의 시신을 로마의 성 베드로 성당으로 옮겼다. 그곳은 숱한 사도와 성인들이 잠들어 있는 곳이다. 이 조치를 통해서 600년이 지난 다음에도 바티칸은 교회에 대한 그녀의 헌신을 잊지 않고 있으며, 그녀에게 감사하고 있다는 사실을 널리 알린 것이다.

---

31 가톨릭에서는 예수께서 제자 베드로에게 "너는 반석이다. 내가 이 반석 위에 교회를 세울 것이다." 라고 하신 말씀에 근거해서 교황을 베드로의 후계자로 간주한다.

혁명의 순교자

샤를로트 코르데/ 로자 룩셈부르크

일단 '혁명(Revolution)'을 긍정적인 의미를 갖는 단어라고 가정하자. 그렇다고 해도 역사는 지금까지 일어난 대부분의 혁명 중에서 진정한 의미의 혁명은 아예 없거나 있다고 해도 존속하는 기간이 대단히 짧았다는 사실을 이야기한다. 역사에서 얻을 수 있는 교훈은 한때는 순수했을지도 모르는 혁명 과정에 인간의 탐욕이라는 요소가 개입되는 순간 혁명은 변질되기 시작하며, 여기에 다시 폭력이라는 요소가 개입되면 혁명은 더 이상 혁명이 아닌 괴물이 되고 만다는 사실이다. 여기에는 혁명의 순수성을 유지하고자 했던 아주 미미한 저항만이 있었다. 이 글에서의 이야기는 바로 그 미미한 저항에 관한 것이다.

샤를로트 코르데

1793년 6월 22일 8만 명이 넘는 과격파들[32]이 무장한 채 국민공회를 포위하고, 29명의 지롱드 당원들을 체포하라고 요구했다. 지롱드 당은 폭력을 통한 혁명에 반대하고 있었다. 공회는 이 시위대에게 굴복했다. 이 사건을 계기로 프랑스 혁명은 '공포정치(la Terreur)'의 시대로 접어들었다. 그리고 반혁명주의자나 왕당파뿐 아니라 혁명의 동지들까지 체포되어 단두대에서 처형되었다. 파리에서 시작된 이러한 폭력의 광란은 전국으로 퍼져갔다.

이 시기 프랑스에는 두 사람이 혁명의 총아로 부각되고 있었다. 한 사람은 헌법을 정지시키고 공안위원회를 지휘한 막시밀리앙 로베스피에르(Maximilien Robespierre)이며, 다른 한 사람은 당시에 가장 인기가 있었던 매체인 〈인민들의 친구(L' Ami du peuple)〉를 통해 인민들을 선동한 장 폴 마라(Jean-Paul Marat)였다.

1793년 7월 13일 저녁 7시 30분이 약간 넘은 시각, 마라는 노르망디에서 온 여인의 방문을 받았다. 샤를로트 코르데(Charlotte Corday)라고 하는 젊고 아름다운 여인이었다. 그녀는 지롱드 당 소속 인사들의 반혁명 봉기 음모에 관해 알고 있다고 했다. 마라는 그녀를 자신의 욕실 안에서

---

32 이 사람들을 '상퀼로트(sans-culottes)'라고 불렀다. 'sans'은 '…이 없는(+without)'이라는 의미이며 'culotte'는 짧은 바지나 여자용 팬티를 의미한다. 굳이 해석하자면 '속옷도 못 입는 사람들'이 된다. 당시 파리의 영세 자영업자나 노동자 등의 서민들이 살인적인 물가와 물자부족으로 거의 파산상태였던 것을 의미한다.

보드리가 그린 마라를 암살한 코르데

맞았다. 그는 지독한 피부병 때문에 욕조 안에서 모든 업무를 처리해야 했다. 마라는 코르데가 부르는 음모자들의 이름을 들으며 그녀와 진지하게 대화하기 시작했다.

그 집에 있던 마라의 친구들은 자리를 피해 주었고, 두 사람의 대화는 계속되었다. 대화가 시작되고 나서 십여 분 후에 코르데는 스카프 속에 숨겨온 날카로운 칼을 꺼냈다. 그녀는 주저 없이 그 칼을 마라의 가슴에 깊이 찔러 넣었다. 칼은 마라의 폐를 관통해서 대동맥을 절단하고 좌심실에 꽂혔다.

"친구들이여! 도와주게."

마라는 단 한 마디만 남기고 절명했다. 마라의 친구들이 달려 왔을 때 코르데는 마라의 마지막 모습을 담담하게 내려다보고 있었다.

그녀는 자신의 양팔을 뒤로 돌려 묶는 마라의 친구들에게 반항하지 않았다. 그녀는 수녀원에 마련된 감옥에 수감되었다. 젊고 아름다운 여인에 의한 암살은 프랑스인들에게 큰 충격을 주었다. 그녀에게는 '암살의 천사(L' ange de l' assassinat)' 라는 별명이 붙여졌다.

코르데는 노르망디의 유력한 영주 가문 출신임에도 불구하고 열렬한 공화주의자였다. 그녀는 혁명의 이름으로 자행된 추악한 폭력 행위에 대한 자신의 반감을 자신의 방식으로 표현한 것이었다.

샤를로트 코르데의 원래 이름은 마리안느 샤를로트 코르데 다르몽 (Marie-Anne Charlotte d' Armount)이다. 그녀의 아버지는 노르망디 내륙에 위치한 셍 사튀르넹 데 리그네리(Saint-Saturnin des Ligneries)의 영주였다. 그는 국왕에게 충성하기는 했지만 기득권층의 특권을 비난하는 인쇄물을 찍어대는 개혁주의자였으며, 가난한 사람들에게 자신의 재산을 풀어 온정을 베푸는 행동주의자이기도 했다.[33] 그녀의 어머니는 17세기를 풍미했던 극작가 피에르 코르넬(Pierre Corneille)의 직계 후손이었다.

코르데가 아직 어린 시절 그녀의 가족은 명확하지 않은 이유로 영지에서 그리 멀지 않은 칸으로 이주했다. 그곳은 셍 사튀르넹보다는 훨씬 큰 도시였다. 그리고 그녀가 열세 살 정도 되었을 때 그녀의 가족에게

---

33 그는 가족들에게 돌아가야 할 재산까지 소진하면서 가난한 사람들을 도왔다. 이러한 성향 때문에 그는 처가의 식구들로부터 지속적으로 그의 재산권 행사를 제한하려는 소송에 시달려야 했다.

불행이 닥쳤다. 어머니와 맏언니가 갑자기 사망한 것이다.[34] 코르데의 아버지는 이 슬픔을 제대로 극복하지 못했고, 코르데를 칸에 있던 유명한 수녀원에 맡겼다.

이 수녀원에 딸려 있던 여학교는 당시 프랑스의 유력한 집안의 딸들이 모이는 명문 학교였는데, 이곳 수녀원에 수녀로 있던 코르데의 친척 루바니 부인(Madame de Louvagny)이 원장 벨쥔스 수녀(Mother Belzunce)에게 그녀를 추천해서 원장의 비서 일을 하면서 학교에 다닐 수 있었다. 그녀는 이때부터 자신의 수입만으로 학비와 생활비를 모두 대고 나머지를 집에 송금할 수 있을 정도로 완벽하게 독립했다.

부모의 영향으로 어린 시절부터 진보적인 사상을 접했던 코르데에게 수녀원의 도서관은 그야말로 우연히 발견한 보물창고였다. 그녀는 도서관의 많은 책들을 섭렵하면서 특히 고대 영웅들의 이야기를 담은 플루타르크와 계몽주의 사상가인 루소와 볼테르의 저서들에 심취했다. 코르데에게 칸 수녀원은 제2의 고향과 마찬가지였다. 1789년 프랑스 혁명이 발발하고 이 기운이 칸까지 미쳤을 때, 그녀의 나이는 스물한 살을 바라보고 있었지만 그때까지도 원장의 측근으로 수녀원에 머물고 있었다.

입법의회가 봉건체제를 타파하면서 코르데 자신이 가지고 있던 특권도 박탈되었지만, 그녀는 그 조치를 진정으로 축하했다. 파리로부터 칸을 방문한 의회의 한 인사가 그녀를 가리켜 '공화주의자를 만나러 오신 아름다운 영주 아가씨'라고 치켜세우자 그녀는 자신은 '시민 코르데'라고 응수했다고 한다. 그녀는 이때 처음 지롱드 당에서 발행한 팸플릿을 접하면서 그들에게 관심을 가지게 되었다. 이 시기만 하더라도 주류의 혁명가들은 입헌군주제를 주장한 반면 지롱드 당은 공화제를 주장했기 때문에 가장 급진적인 사람들이었다.

---

34 이 일가에 닥친 불행은 그 당시에는 아주 치명적이었던 전염병이 원인이었을 것으로 추정된다.

당시의 기준에 의하면 코르데는 급진적인 사상을 가진 대단히 위험한 인물이었다. 그렇지만 그녀는 혁명이 반드시 비폭력적인 과정을 통해서만 성공할 수 있다고 믿는 이상주의자이기도 했다. 코르데가 가장 혐오하는 것은 폭력, 그 자체였다. 그런데 혁명의 서막부터 칸에서 폭력사태가 발생했다. 희생자는 수녀원 원장의 친척으로 코르데도 잘 알고 있는 벨쥔스 자작(Vicomte de Belzunce)이라는 사람이었다.

당시 칸의 시민들은 귀족들과 성직자들이 제3계급에 가세한 사실을 기념하기 위해서 나무로 탑을 쌓아 그 위에 '국왕 폐하 만세! 네케르 만세! 신질서 만세!(Vive le Roi! Vive Necker! Vive les trois orders!)'라고 써놓고 모여서 축하행사를 하고 있었다. 자신이 빼앗긴 특권에 대해 울화가 치민 벨쥔스 자작은 옆에서 분위기에 들떠 소리를 지르고 있던 소년에게 주먹을 날렸다.

그러자 흥분한 다수의 군중들이 자작을 둘러싸고 잔혹한 집단폭행을 가해 그를 사망에 이르게 했다. 혁명의 와중에 우발적으로 일어난 작은 사건이었지만, 코르데가 받은 충격은 상당히 컸다. 희생자가 매우 잘 아는 사람이라는 이유도 있었지만, 대낮에 칸의 대로에서 발생한 민중의 폭력은 비폭력적인 방식으로 혁명의 목표에 도달해야 한다는 그녀의 신념이 현실적인 것인가에 대한 회의를 불러왔던 것이다.

격변의 시기였지만 코르데는 칸에서 젊은 남자들에게 대단히 인기 있는 여인 중의 한 사람이었다. 그녀는 수녀원에서 나와 사촌언니인 브레트빌 부인(Madame le Coustellier de Bretteville-Gouville)의 집으로 거처를 옮겼다. 브레트빌 부인은 사촌 간이라도 나이 차이가 스무 살 이상 나는 대단히 부유한 여인으로 젊은 코르데의 후원자가 되었으며, 나중에는 그녀를 자신의 상속자로 지명하기도 했다.

1792년 여름이 되면서 프랑스, 특히 파리는 극도의 혼란 상태에 들어갔다. 프랑스 혁명의 전파를 막기 위해서 거의 모든 유럽 국가들이 '제1차 대프랑스 봉쇄연합(the 1st Coalition)'을 결성한 것이다. 이때에 프랑스군은 제대로 대응할 수가 없었다. 프로이센군이 실제로 프랑스를 침공했는데도 입법의회가 해산된 상태에서 국민공회는 아직 소집되지 않고 있었던 것이다. 시민들의 반혁명과 전쟁에 대한 공포감은 소요로 이어졌다.

8월 9일, 약 6만 명 이상의 무장한 시민들이 모여 국립 교도소로 바뀐 생 제르맹 수도원을 습격했다. 이곳에는 공화국에 충성을 서약하지 않은 성직자들과 귀족들과 그 가족들이 수감되어 있었다. 284명의 수감자들 중에서 135명이 살해되고 그들의 시체가 심하게 훼손되었으며, 36명은 실종되었다. 9월 3일과 4일에 연이어 다른 감옥들이 습격을 받아 다시 수백 명이 살해되었다.

가장 충격적인 사건은 사보이 왕가의 일원이면서 왕후 마리 앙투아네트의 최측근인 랑발 공주(Princesse de Lamballe, Marie-Louise)의 살해 사건이었다. 그녀는 국왕에 반대하는 서약을 거부하고 대신 인간의 자유와 평등에 대한 연설을 한 혐의로 8월 19일부터 감옥에 수감되어 있었다. 9월 3일 그녀는 감옥을 포위한 시위대에게 넘겨졌다. 시위대는 먼저 그녀를 발가벗기고 수십 명이 달려들어 윤간을 했다. 그들은 그녀의 양쪽 유방을 도려내고 다른 부위를 훼손하면서 사지를 하나씩 절단했다. 그들은 최종적으로 그녀의 목을 자르고, 그 머리를 긴 창에 꽂아 마리 앙투아네트가 연금되어 있는 탕플(Temple) 요새까지 행진을 했다.

이 사건은 가까스로 소집된 공회 내에서 자코뱅 당이 주축이 된 급진파들의 입지를 약화시켰을 뿐만 아니라 반혁명 세력이 결집하는 빌미를 제공했다. 다른 나라로 망명한 프랑스의 귀족들은 프랑스 왕정주의자의 이름으로 결속해서 대프랑스 봉쇄연합에 가세했다.

그러자 의회에서는 사태를 여기까지 악화시킨 주모자로 장 폴 마라를 지목했다. 이 사태에 대해서 마라가 특별히 책임이 있었다기보다는 그가 그동안 저널들을 통해서 국왕은 물론 의회의 주요 인물들을 무차별적으로 공격하여 의회 내에서는 가장 인기가 없는 사람 중 하나였기 때문일 것이다. 9월 25일 의회의 공격에 대해서 마라는 자신의 매체를 이용해서 대중들을 향한 선동으로 대응했다.

"나의 목소리를 따르는 인민들이여, 그대들 자신을 혁명의 배신자들을 제거하는 독재자로 임명하여 조국을 구하라!"

그러자 프랑스 역사에서 '9월의 학살(September Massacres)'이라고 부르는 이 폭력 소요는 파리를 넘어 전국으로 번졌다. 꼭 마라 때문이라고 할 수는 없지만, 그의 글이 대중들을 자극한 것은 분명했다.

코르데는 이 시기에 이미 프랑스의 미래를 위해서는 폭력 시대의 상징적인 인물인 마라를 제거해야 한다고 결심했다.[35] 혼란 속에서 이듬해 1월 국왕 루이 16세가 처형되자 그녀의 결심은 더욱 굳어졌다. 코르데는 공화주의자였지만 루이의 처형은 불필요한 것이라고 생각했고 그를 애도하며 깊은 슬픔에 잠겼다.

순수했던 혁명은 이미 추악한 권력 투쟁으로 변질된 지 오래였다. 마라는 연일 지롱드 당을 반혁명주의자들로 매도하고 있었다. 프랑스에서 공화정을 수립한 주축 세력이자 비폭력적인 노선을 추구했던 지롱드 당소속의 혁명가들은 체포되어 처형되거나 파리를 탈출해서 전국으로 뿔뿔이 흩어졌으며, 로베스피에르가 이끄는 공안위원회는 이들을 집요하

---

35 사실 이 와중에서도 마라와 로베스피에르 같은 혁명가들은 순수성을 지키고 있었다. 마라 자신은 촉망받는 의사이자 과학자로 편안한 생이 예약되어 있었으나, 그런 미래를 뿌리치고 자신의 신념에 따라 혁명의 일선에 선 사람이었다. 그의 천형이라고 할 수 있는 피부병은 박해를 피해 지하실에 숨어 있다 감염된 치명적인 질병이었다. 법률가인 로베스피에르 역시 개인적인 영달을 목표로 하는 사람은 아니었다. 당시 자코뱅 당의 요인들은 뇌물을 받고 반혁명주의자들을 풀어주곤 했지만, 로베스피에르는 공정함으로 인해서 '부패할 수 없는 사람(incorruptible)'이라는 별명을 얻고 있었다. 그들은 혁명의 숭고한 목표가 폭력이라는 수단을 정당화한다고 믿었을 뿐이다.

게 추적하고 있었다.

1793년 7월 9일 샤를로트 코르데는 칸을 출발했다. 그녀는 마치 편안하게 파리 관광을 가는 사람처럼 사촌언니 브레트빌 부인을 비롯한 지인들에게 일일이 작별인사를 나누었다. 그녀의 인사가 너무나 자연스러웠기 때문에 아무도 그녀의 계획을 알지 못하고 즐거운 여행이 되기만을 기원했다. 그녀는 단정한 옷차림과 새로 산 하이힐로 잔뜩 멋을 부린 채 사륜마차를 전세 내어 파리로 향했다. 손에는 그녀가 평소에도 즐겨 읽던《플루타르크 영웅전》이 들려 있었다.

파리에 도착한 코르데는 프로비당스 호텔에 여장을 풀었다. 다음날 그녀는 거리로 나가 팔레 로얄 부근의 주방용품점에 들려 6인치 길이의 날카로운 칼을 사서 돌아왔다. 그리고는 침착하게 자신의 계획과 입장을 밝히는 글을 써내려갔다. 제목은〈법과 평화의 친구인 프랑스인들에게 고함〉이었다. 그녀는 자신의 암살을 이런 식으로 정당화시켰다.

프랑스여, 그대의 평화는 전적으로 법의 유지에 달려 있다. 나는 마라를 살해함으로써 법을 위반하지는 않는다. 그는 모든 세상에 의해서 유죄평결을 받았기 때문이다. 그는 이미 법의 범주 밖에 있는 자이다.

코르데는 자신의 운명에 대해서도 잘 알고 있었다.

나의 조국이여, 그대에 대한 연민으로 내 심장이 찢어진다. 나는 나의 목숨 이외에는 그대에게 바칠 다른 것을 가지지 못했다. 나는 이제 기꺼이 그것을 그대에게 바칠 수 있게 된 데 대하여 하늘에게 감사한다.

원래 코르데의 계획은 사람들이 많이 볼 수 있는 의회의 한가운데에서 마라를 살해하고 자신도 자살하는 것이었다. 그렇지만 마라는 악화된 피부병으로 인해서 의회에 출석하지 않았다. 7월 13일 정오 코르데는 마라의 집을 방문해서 그에게 지롱드 당의 봉기 계획에 대해서 이야기할 것이 있다며 면담을 요구했지만 거절당했다. 그리고 그날 저녁 두 번째 방문에서 마라와의 단독 면담에 성공한 것이다.

마라의 암살에 성공한 후 그녀는 곧바로 체포되어 한때는 수도원이었던 감방에 수감되었다. 그녀는 간수들에게 노르망디의 여자들이 쓰는 노르망디 모자(Normandy Cap)를 만들 수 있는 재료를 요구했다. 다음날부터 그녀는 지인들에게 여러 통의 편지를 썼다. 자신과 가깝다는 이유로 불이익을 받을지 모른다고 염려하며 그들이 암살과는 무관함을 밝히는 진술이 주요 내용이었다. 공판 전날인 7월 16일 저녁 그녀는 공안위원회로 편지를 보내어 자신의 초상화를 그려 줄 것을 요구했다. 그 결과 장 자크 아우어(Jean Jacques Hauer)가 그린 그녀의 초상화가 남게 되었다.

7월 17일, 혁명재판소의 공판은 여덟 시부터 시작되었지만 꽤 오랜 시간이 걸렸다. 검사 측에서는 가냘픈 체격의 그녀가 단독으로 저지른 범행일리 없다고 물고 늘어졌으며, 판사는 판사대로 젊고 아름다운 그녀의 목숨을 구하기 위해서 그녀에게 범행 시 비정상적인 정신 상태였음을 인정하라고 집요하게 설득했기 때문이었다. 이에 대해 코르데는 단호했다.

"나는 수천 명의 인명을 구하기 위해서 한 사람을 죽였다."

결국 판사는 그녀에 대한 설득을 포기하고 마지막 판결을 내렸다.

"이 여인들은 비록 우리를 구제하지는 못하더라도 우리에게 죽는 방법을 가르쳐 줄 수는 있을 것이다."[36]

코르데의 사형집행은 그날 오후에 이루어졌다. 스물다섯 번째 생일을

---

[36] 코르데는 7월 17일 지롱드 당의 여걸인 롤랑 부인(Mdm Roland)과 함께 사형 언도를 받았다.

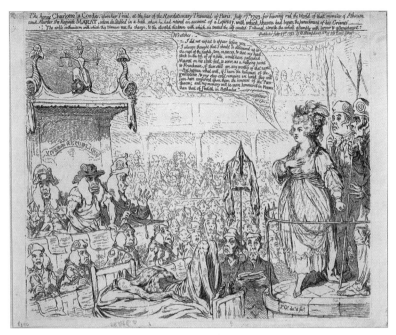

The heroic Charlotte la Corde, upon her Trial, at the bar of the Revolutionary Tribunal of Paris, July 17 1793, for having rid the World of that monster of Atheism and Murder the Regicide MARAT, whom she Stabbed in a bath, which he had retired on account of a Leprosy, with which, Heaven had begun the punishment of his Crimes.

"The noble enthusiasm with which this Woman met the charge, & the devoted firdom with which, she treated the silly created Tribunal, struck the whole assembly with terror & astonishment."

Wretches! I did not expect to appear before you, — I always thought that I should be dispatched in the rage of the disturb, torn in pieces, & that my head, stuck on the top of a pike, would have precluded Marat on his sick bed, to serve as a rallying point to Frenchmen, & them still are guilty of that name; but happen what will, if I leave the conquer of the guillotine & my play cool remains are laid, they will even have conferred upon them the honour of the Pantheon; and my memory will be more honored in France than that of Judith in Bethulia.

Published July 17. 1793 by H. Humphrey N.º 18. Old Bond Street

VIVTOIRE REPUBLIQUE

Iº G.º dra'a fact

1793년 6월 29일 제작된 판화. 코르데의 재판 장면을 묘사했다.

불과 열흘 앞둔 날이었다. 단두대에서 그녀의 목이 떨어지자 마라의 지지자인 레그로(Legros)라는 사람이 그녀의 목을 높이 들고 그녀의 뺨을 후려쳤다. 사람들은 이 행위를 영웅적으로 죽은 사람에 대한 비열한 모욕으로 간주했다. 그는 그 자리에서 체포되어 수감되었다.

코르데는 자신의 목숨을 던져 폭력의 길로 들어선 혁명을 되돌리려고 했지만 완벽하게 실패했다. 코르데 역시 마라의 암살로 공포정치가 즉각적으로 중단될 것이라고는 생각하지 않았지만, 단지 그들이 겁을 먹고 신중하게 행동하기를 기대했다. 그러나 그녀의 기대와는 달리 마라는 혁명의 순교자가 되어 그의 흉상들이 곳곳에 서기 시작했으며, 로베스피에르는 공포정치를 더욱 강화했다.

그렇지만 샤를로트 코르데는 그녀의 의사와는 무관하게 다른 부문에서 상당히 심각한 사회 문제를 야기했다. 공안위원회는 코르데가 처형되자마자 그녀의 시신에 대해 부검을 실시했다. 그녀의 처녀성을 검사하기 위해서였다. 여자에 대한 편견에 가득 찬 그들은 노르망디 출신의 젊은 여자가 혼자서 이 암살을 계획하고 실행할 지적인 능력이 없을 것이라고 확신했던 것이다. 그들은 부검을 통해 그녀가 남자와 동침한 흔적을 찾아내면, 이것을 바탕으로 암살 음모의 진범을 찾을 수 있을 것이라고 기대했다.

부검 결과는 '완벽한 처녀(Virgo Intacta)' 였다. 이 조치로 인해서 프랑스의 여성들이 들고 일어났다. 혁명 주도 세력의 여성들에 대한 반감도 함께 커졌으며, 그 결과 자코뱅의 공포정치는 마리 앙투아네트의 처형으로 그 정점을 찍었다. 그리고 나서는 급격하게 추진동력을 잃어 버렸다. 당연한 반작용도 일어났다. 코르데가 처형되고 나서 일 년 후에 로베스피에르는 자살을 기도했다가 실패한 비참한 모습으로 단두대에 올라 처형되었다. 이번에는 코르데가 혁명의 순교자로 부각되었다.

그녀에 대한 숱한 전기가 출판되고 그녀를 영웅시하는 연극이 제작되었다. 단두대에서 잘린 그녀의 목은 그녀의 몸과 함께 매장되지 못하고 수집가들의 서재를 떠돌다가 후일 프랑스의 권력을 장악하고 황제에까지 오른 나폴레옹에 의해서 수습되었다. 그녀의 머리는 보나파르트 가의 후손들에게 대대로 전해져 20세기 초반까지도 실존했다고 알려졌지만, DNA 분석과 같은 과학적인 접근이 가능한 현대에 들어와서 그녀의 두개골이 의학적으로 확인된 사실은 없다.

샤를로트 코르데는 인간들이 이성과 관용을 바탕으로 서로 화합하면서 순탄하게 사회혁명을 완수할 수 있다고 확신한 이상주의자였다. 냉정하게 생각하면 그녀의 희생은 완전히 헛된 것일 수도 있다. 장 폴 마라는 그녀가 손대지 않아도 생물학적으로 보나 정치적으로 보나 이미 죽어가는 사람이었다. 장기적으로 봐도 프랑스 혁명은 나폴레옹 보나파르트라는 사생아를 낳으면서 완전한 실패로 귀결되었다. 그렇지만 코르데가 인간들의 보편적인 가치인 인간성을 위해서 자기만의 방식으로 신념을 실현했던 여인이라는 사실만은 분명하다.

로자 룩셈부르크

18세기의 프랑스 대혁명만 실패한 것은 아니다. 20세기에 일어난 러시아의 볼셰비키 혁명으로 대표되는 사회주의 운동 역시 인류 역사상 가장 대담한 실험의 하나였지만, 스탈린이라는 잔인한 괴물만 창조한 채 결과적으로 참혹한 실패로 끝나고 말았다. 이 격렬한 혁명 과정에서 신념과 이상을 자신의 목숨과 맞바꾼 또 한 사람의 가녀린 순교자가 있다. 진정한 사회주의자 '붉은 로자', 로자 룩셈부르크(Rosa Luxemburg)가 그 주인공이다.

격동의 20세기에 명멸했던 수많은 사회주의 혁명가 중에서 진정한 의미의 사회주의자는 로자 룩셈부르크 단 한 사람뿐이었다고 해도 지나친 말이 아니다. 로자의 혁명은 권력을 위한 것이 아니라 인간을 위한 것이기 때문이었다. 그렇기 때문에 볼셰비키 혁명의 지도자인 레닌까지도 그녀로부터 호된 비판을 감수해야만 했다.

독수리가 암탉보다 낮게 나는 경우도 있다.
그러나 암탉은 결코 독수리보다 높이 날 수 없다.

그녀는 독수리였으며 독수리로 남을 것이다.

- 블라디미르 레닌

로자 룩셈부르크는 제정 러시아에 병합된 폴란드의 작은 도시 자모시치에서 1871년 3월 5일 태어났다. 그녀는 다섯 형제 중 막내였으며, 원래의 이름은 로잘리아(Rosalia)였다. 로자의 아버지 엘리아스(Eliasz Luxemburg III)는 가업을 계승한 목재 상인으로 순수한 유대인답게 권위주의적이었지만, 폴란드 애국주의의 경향을 가지고 있어서 시오니즘이 태동되고 있던 보수파 유대인 공동체와는 거리가 먼 사람이었다. 어머니 리나(Line)는 랍비의 딸로 문학을 사랑하는 조용한 여인이었다.

로자의 형제자매들 중에서 그녀 자신을 제외하고는 당시를 풍미했던 사회주의 혁명이나 정치적인 운동에 뛰어든 사람은 아무도 없다. 그녀의 가족은 한마디로 폴란드어와 독일어를 사용하는 평범한 부르주아 유대인 가정이었다고 할 수 있다. 그녀가 두 살 때 가족은 바르샤바로 이주했다. 당시 바르샤바는 러시아인, 폴란드인, 유대인이 어울려 살던 대도시였으며, 유대인 인구만 20만 명이 넘었다.

로자는 병약한 아이였다. 위태위태하면서도 그런대로 잘 자라던 작은 아이는 다섯 살 때는 심각한 위기를 맞이했다. 참을 수 없는 통증 때문에 병원을 찾은 결과 골수결핵으로 진단받았다. 그녀는 일 년간이나 병상에서 누워 지내야 했다. 치명적인 질병은 이겨냈지만, 그 기나긴 투병의 결과로 평생 한쪽 다리를 심하게 절게 되었으며, 키도 다른 사람들보다 상당히 작은 편이었다.

병마와 싸우면서 로자는 정신적으로 강인해졌고 일찌감치 지적인 성찰에도 눈을 떴다. 1880년 바르샤바 제2 여자 김나지움에 입학했다. 당시

로자 룩셈부르크는 키가 작고 심하게 다리를 절었다.

이 학교에는 러시아, 폴란드, 유대인 학생이 섞여 있었는데, 지배자인 러시아 소녀들이 특권 계급을, 폴란드 귀족들의 딸들이 주류를 이루고 있었으며, 유대인은 배척당하는 소수였다. 더욱이 로자는 다리를 저는 볼품없는 작은 아이였다. 당연히 다른 학생들과의 단절을 경험해야 했다.

로자는 이러한 상황을 우수한 성적을 통해서 극복했다. 그녀는 학교에서 가장 빛나는 학생이 되었으며, 거의 모든 과목에서 최고의 점수를 받았다. 그녀가 학교에 입학한 지 얼마 지나지 않아서 러시아와 폴란드인들이 함께 결성한 테러리스트 조직에 의해 러시아의 차르 알렉산드르 2세가 암살되었다. 더욱이 이 테러의 주모자는 소피아와 게스야라는 두 명의 여성이었기 때문에 더 큰 충격을 주었다.

이 사건을 계기로 김나지움의 다른 여학생들과 마찬가지로 로자도 사회 운동에 눈을 뜨게 되었다. 당시에는 1848년 파리의 노동자 봉기에서 시작된 사회주의 운동이 폴란드와 러시아에서도 마른 들판에 불길이 번지듯이 급속도로 번져나가고 있었다. 당시의 사회주의는 왕정의 구체제와 독재에 대한 저항과 동의어였다. 1882년 창당된 폴란드 최초의 사회주의 정당인 프롤레타리아 당은 대규모 조직을 가지지는 못했지만 서서히 전 사회를 파고들었으며, 특히 학생들로부터 큰 호응을 얻었다.

로자가 속한 김나지움 역시 예외가 아니었다. 로자는 이미 지적으로 성숙했고 강인한 의지를 가진 아이였다. 그녀는 프롤레타리아 당에 가입했다. 제정 러시아는 프롤레타리아 당이 주도하는 시위와 대규모 파업에 대해서 가혹한 탄압으로 대응했다. 수많은 당원들이 체포되어 교수형에 처해지거나 시베리아로 유배되었다. 당은 1886년 완전히 와해되었지만, 조직이 소멸했다고 저항정신까지 사그라지는 것은 아니다.

프롤레타리아 당의 생존자들은 다시 '폴란드 노동자 연맹'을 결성하여 파업과 시위를 주도하였다. 당의 초기 지도자들이 모두 사라지고 소수의 생존자들만 남아 있는 이 시점에서 로자는 어느덧 폴란드의 사회주의 운동에서 중요한 핵심인사가 되어 있었다. 그녀는 아직도 학생의 신분이었지만 차르의 비밀경찰들의 감시를 받는 주요 인물이었다. 이 와중에서도 로자는 1887년 고등학교 졸업시험이자 대학 입학자격 시험이라고 할 수 있는 알비투르(Albitur)를 통과했다.

로자는 우수한 성적으로 학교를 졸업하기는 했지만 경찰의 감시로 인해 우등생이 받는 금메달을 끝내 탈 수 없었다. 시간이 지나면서 로자가 체포될 가능성이 시시각각 커지자 사회주의 운동의 선배이자 동지 마르틴 카스프자크[37]가 망명을 주선했다. 이제 그녀는 자신뿐 아니라 그녀와는 다른 삶을 살고 있는 가족들까지 위험에 빠뜨릴 수 있는 존재였다. 말이 좋아서 망명이지 실질적으로는 모든 정치범들의 도피처인 스위스를 향해 목숨을 건 탈출을 시도한 셈이었다.

1889년 열여덟 살의 로자는 국경 부근에서 이름이 알려지지 않은 폴란드인 신부의 도움을 받아 건초더미 수레에 숨어 극적으로 스위스 국경을 넘었다. 그녀는 무사히 취리히에 도착해 독일인 사회주의자 카를 뤼베크와 폴란드 출신인 올림피아 뤼베크 부부의 집에 정착했다. 당시 취리히는 독일, 오스트리아, 러시아, 폴란드 등 여러 나라에서 사회주의 운동을 하다 피신해 온 망명객들, 이른바 '뿌리를 뽑힌 사람들'이 집합하는 장소였다. 로자는 독일어로 발행되는 신문사에서 교정 보는 일을 하면서 취리히 대학교에 입학했다.

로자는 취리히에서 러시아와 독일의 사회주의자들과 만나 교감을 갖기 시작했다. 당시 러시아의 사회주의자들은 차르의 폭정에 격렬하게 대항하고 있었고, 독일의 사회주의자들은 카이저 빌헬름 2세가 악명 높았

---

37 그 자신은 1905년에 비밀경찰에 의해 체포되어 처형되었다.

던 반사회주의 법률들을 폐지하
여 독일 내에서는 합법적인 정치
활동을 할 수 있었다. 때문에 이
들은 1889년 파리에서 결성된 제
2차 인터내셔널에서 가장 영향력
이 큰 세력이었다.

취리히 대학에서 로자는 그녀
의 첫 연인 레오 요기헤스(Leo
Jogiches)를 만났다. 레오는 리투
아니아 출신의 부유한 유대인으
로 전설적인 지하운동가였다. 그
는 파업을 주동하다 체포당해 강
제로 징집되었지만, 탈영한 다음

레오 요기헤스

1만 5천 루블이라는 거액의 도피자금을 가지고 로자보다 일 년 늦게 취
리히에 도착했다. 수려한 용모와 음울한 표정, 냉정한 성격을 가진 레오
는 분명히 매력적인 남자였다.

두 사람은 은밀한 연인이 되었다. 레오의 나이는 스물세 살로 열아홉
살의 로자보다 네 살 위였다. 남자에 대해서 전적으로 무지했던 로자는
그에게 몸과 마음을 모두 빼앗겼다. 레오는 화려한 여성 편력을 자랑하
는 남자였지만, 다리를 저는 이 자그마한 여인에게 몰두했다. 후일 그녀
를 추종했던 다른 여러 남자들처럼 식을 줄 모르는 정열과 날카로운 지
성에 빠져든 것이다.

이 시기에 로자는 이미 취리히 대학의 법학부에서 가장 주목받는 학
생이었다. 자신을 가르치는 교수들에게도 정교한 이론을 바탕으로 거침
없이 비판을 퍼부어 대는 이 소녀를 가리켜 율리우스 볼프 교수는 "로자

는 폴란드에서 여기에 도착했을 때 이미 심오한 마르크스주의자였다.” 라고 표현했다.

1892년은 로자가 레오와 함께 정치 일선에 뛰어든 해이다. 폴란드에서는 취리히의 망명객들이 대거 참여하여 ‘폴란드 사회당(PPS, Polska Partia Socjalisty-czna)’ 이 창당되었다. PPS는 사회주의자들의 정당이었지만 폴란드의 독립을 최우선적인 목표로 강령에 명시한 애국주의 혹은 민족주의에 기반을 두고 있었다. 당시 폴란드는 러시아, 오스트리아, 독일, 이 세 나라가 분할하여 점령하고 있었다. 그러나 PPS의 강령은 로자와 같은 정통적인 마르크스주의자들에게는 일종의 범죄 행위였다.

프롤레타리아에게는 조국이 없다.

이 말은 사회주의자에게 영원한 테제이다. 그들의 견해에 의하면 이 세상에는 민족이 아니라 항상 ‘착취자’와 ‘프롤레타리아’만이 존재할 뿐이다. 사회주의자들은 근본적으로 민족주의를 경계한다. 여기에서 파생되는 쇼비니즘이 결국 폭력과 전쟁과 광기로 이어지기 때문이다. 로자와 레오는 PPS에 대항해서 율리안 마르흘레프스키(Julian Balthasar Marchlewski)[38]와 함께 ‘노동의 대의’라는 의미를 가지고 있는 폴란드어 신문 〈스프라바 로보트니차(Sprawa Robotnicza)〉를 발행하고 ‘폴란드 왕국 민주사회당(SDKP, Social Democracy Party of the Kingdom of Poland)’을 창당했다.[39] 로자는 〈스프라바 로보트니차〉를 통해서 PPS에 대해 사회주

[38] 폴란드 사회주의 운동의 지도자이자 경제학자로 러시아 혁명 이후 농업 부문의 개혁을 주도한 인물이다. 혁명 시 적군(Red Army)에서 활동하면서 폴란드 혁명위원회를 이끌었다. 1905년 러시아 혁명에도 참가했으며, 독일로 돌아와 1919년 스파르타쿠스 단의 봉기에 참가했다 체포되어 복역 중 러시아와의 포로교환으로 석방되었다.
[39] 얼마 후에 폴란드 리투아니아 왕국 민주사회당(SDKPiL, Social Democracy Party of the Kingdom of

의 운동의 핵심인 국제주의를 받아들이라고 포문을 열었다.

1893년 8월 6일 취리히에서 개최된 제3차 인터내셔널은 로자가 국제 무대에 데뷔를 한 날이다. 이 회의에서 PPS는 자신들이 폴란드 사회주의자의 유일한 대표임을 주장했지만, 로자에 의해 반박되었다. 그녀는 SDKP의 존재를 세상에 알렸으며, 이들이야말로 진정한 사회주의자들이며 사회주의의 기본 원칙인 국제주의를 구현한다고 주장했다. PPS는 궁색하게도 로자에 대한 인신공격으로 일관했다. 그들은 그녀가 유대인이기 때문에 민족적인 뿌리가 없다는 것이다.

로자는 벌떡 일어나 앉아 있던 의자 위에 올라서서 그들을 준엄하게 반박했다. 논쟁의 승자가 누군지는 확실했지만 정치적으로는 실패했다. 로자와 레오와 율리안의 작은 그룹은 끝내 총회에서 대표권을 얻는 데 실패했다. 그렇지만 이 회의를 계기로 로자 룩셈부르크의 이름은 전 세계의 사회주의자들에게 널리 알려졌다. 그녀는 영리하고 열정적이며 헌신적이었다. 사람들의 뇌리에는 모든 종류의 부패나 타협을 거부하는 순수한 투사로 자리 잡게 되었다. 이제 겨우 스물세 살이 된 한쪽 다리를 저는 자그마한 취리히 대학생의 이름을 모르는 사회주의자는 없게 되었다.

그녀의 이름은 순수한 이상주의자들에게는 혁명의 씨앗을 뿌렸고 반대자들에게는 증오의 씨앗을 뿌렸다. 1895년 로자가 발표한 〈독립 폴란드와 노동 대의〉라는 글은 폴란드 애국주의자들에게는 조국의 죽음을 인정하라는 협박이나 마찬가지였다. PPS는 반유대주의적인 반격으로 논점을 흐렸다. 〈스프라바 로보드니차〉의 한계를 잘 알고 있던 로자는 독일 사민당의 공식적인 견해를 대표하는 〈노이에 차이트(Die Neue Zeit)〉지의 창간인인 카를 카우츠키(Karl Kautsky)와 접촉했다.

Poland and Lituania)으로 이름을 바꿨다.

'신 시대'라는 의미의 〈노이에 차이트〉는 '과학적 사회주의'를 표방하는 권위 있는 월간지였다. 여기에 로자의 글이 실리자 이탈리아 사회주의 잡지에서도 그 글을 실었다. 로자의 평판이 올라가는 만큼 반대자들의 저항도 거세졌다. 그들은 당시 유럽의 시대적 풍조였던 반유대주의에 편승했다. 에두아르트 베른슈타인(Eduard Bernstein)이나 빌헬름 리프크네히트(Wilhelm Liebknecht)와 같은 독일 사회주의의 거물급 지도자들은 로자를 불신했다.

1896년 7월 17일 런던 인터내셔널은 '모든 민족의 자율적인 결정에 동의한다'라는 민족적 애국주의와 타협하는 선언으로 막을 내렸다. 이제 사회주의 운동은 더 이상 마르크스주의가 아니었다. 이 선언은 로자의 정치적인 패배를 의미하기도 했지만, 동시에 사회주의 운동이 수십 년 동안 추구해 왔던 국제주의의 조종을 고하는 소리이기도 했으며, 제1차 세계대전이라고 불리는 사상 유래 없는 대학살의 전주곡이기도 했다.

좋은 일도 있었다. 1897년 로자는 〈폴란드의 산업발전〉이라는 논문으로 법학과 정치학 박사를 동시에 받았고 논문은 독일에서 출판되었다. 그녀는 그리운 가족들에게 이 소식을 전했다. 부모 형제들은 로자를 무척 자랑스러워했다. 그렇지만 얼마 지나지 않아 로자는 어머니 리나가 막내딸을 그리워하다가 세상을 떠났다는 소식을 듣게 된다. 로자는 죄책감에 깊이 빠져 한동안 헤어나지 못했다.

그녀를 더욱 힘들게 한 것은 레오와의 관계였다. 레오는 체질적으로 선동가나 이론가가 아니라 은밀하게 행동하는 지하 운동가였다. 로자와 레오는 죽는 순간까지 이념과 노선을 함께 하는 믿음직스러운 동지로 남겠지만, 두 사람 사이의 연인 관계는 삐걱거리고 있었다. 로자는 공식적인 관계를 원했지만 레오는 두 사람의 관계가 세상에 알려지는 것을 병적으로 싫어했으며, 로자에게 집착하면서도 그녀가 가까이 다가갈수록 마음을 닫았다.

로자에게는 변화가 필요했다. 그녀는 이미 사회주의 이론가로 전 세계에 명성을 높여 가고 있었다. 취리히는 그녀가 활약하기에는 너무나 좁은 무대였다. 그녀가 추구하는 사회주의 혁명의 실현을 위해서는 보다 큰 무대가 필요했다. 그녀가 생각한 곳은 바로 칼 마르크스의 고향인 사회주의의 성지 독일이었다.

로자가 폴란드를 탈출할 때부터 그녀를 도왔던 카를과 올림피아 뤼베크 부부는 자신의 아들인 구스타프를 설득해서 1899년 4월 로자와 위장 결혼을 하게 했다.[40] 독일 시민권을 얻은 로자는 연인이자 동지인 레오 요기헤스를 취리히에 남겨둔 채 베를린으로 향했다.

베를린은 사회주의의 성지였지만 당시는 소위 사회주의 운동의 '대가'라는 이름으로 불린 수정주의자들이 사회민주당의 정점에 자리 잡고 있었다. 에두아르트 베른슈타인이 주도한 수정주의는 민주적인 절차에 따른 점진적인 개혁을 통해 한 사회가 사회주의 체제에 도달할 수 있다는 이론이었다. 로자는 〈라이프치히 폴크스차이퉁(Leipzig Volkszeitung)〉지에 일곱 편의 논문을 발표하고, 이 논문들을 엮어 팸플릿 〈개혁이냐? 혁명이냐?(Social Reform or Revolution?)〉를 발행했다.

1898년 선거에서 사민당은 200만 표가 넘는 득표를 하여 탄탄한 정치적인 기반을 다지고 있었다. 그러한 사회민주당에 〈개혁이냐? 혁명이냐?〉는 어느 날 갑자기 떨어진 핵폭탄이었다. 그것도 당대 최고 권위의 이론가인 베른슈타인에게 직격탄을 날린 것이었다. 로자는 수정주의를 위험한 것으로 매도하지는 않았다. 그러면서 베른슈타인의 개혁론이든

---

40 구스타프는 혼인신고를 마치고 나오는 길로 로자와 이별하고 5년 후에야 법률적인 이혼을 하기 위해서 다시 만나게 된다.

자신의 혁명론이든 그 어느 쪽의 입장도 당의 균형을 위해서는 모두 견지해야 하지만 상반되는 양쪽의 노선을 동시에 따를 수는 없으므로 모든 당원들에게 각자 베른슈타인과의 관계를 명확하게 밝히라고 요구했다.

이 주장은 모든 당원들의 찬사를 받았다. 이로써 로자는 독일 사민당의 좌익을 대표하는 이론가로 부상했다. 그녀는 날카로운 펜을 통한 저술과 함께 대중 연설을 통해 추종자들을 만들어 나갔다. 많은 잡지들이 그녀의 글을 기대하고 있었고, 대중들은 공개된 연단이나 토론장에서 날선 검을 쏟아 부어 상대의 항복을 받아내는 그녀의 모습에 열광했다.

그렇지만 이 시기에 유럽에서는 심상치 않은 흐름이 일어나고 있었다. 당시 독일의 국민총생산은 이미 최대 공업국인 영국을 넘어서고 있었다. 그렇지만 독일 연방 자체는 신생국이었다. 한때 신성로마 제국으로 느슨하게 묶여 있던 독일이 사분오열된 상황에서 철혈재상 오토 폰 비스마르크(Otto von Bismarck)의 활약으로 프로이센의 왕 빌헬름 1세가 1871년에 독일 연방의 카이저가 되었다. 그 이전까지 독일의 35개 주는 대부분 오스트리아의 영향력 아래 있었다.

제2대 카이저 빌헬름 2세는 1890년 비스마르크를 축출하고 모든 권력을 장악했다. 그러나 혼자서 독일의 모든 문제를 해결하기에는 역부족이었다. 카이저는 산업 발전 단계가 상이한 남북의 지역적 갈등이나 신흥 자본가, 세습된 토지를 기반으로 하는 전통적인 귀족들인 융커, 중소 상공업자, 노동자, 농민, 군인 등 다양한 계급 사이의 첨예한 갈등을 해소하지 못한 채 군사력을 크게 강화하면서 제국주의적인 경쟁에 뛰어들었다.

머지않아 제국주의 세력 간의 충돌은 필연적으로 제1차 세계대전으로 이어질 운명이었다. "유럽의 정치에서 더 이상 확장할 장이 없다."라는 로자의 표현대로, 이러한 상황이 대규모 전쟁으로 이어질 것으로 예상한 사람은 당시에는 로자 한 사람뿐이었다.

사회민주당 내에서 그녀와 같은 노선을 선택한 사람들은 소수파로 당의 여성 조직을 이끌고 있는 클라라 체트킨(Clara Zetkin)[41], 기자이자 역사가인 '할아버지' 프란츠 메링(Franz Mehring)[42], 그리고 독일 사회주의의 아버지 빌헬름 리프크네히트의 아들이자 후일 로자와 운명을 같이 하는 카를 리프크네히트(Karl Liebknecht) 등이 전부였다. 로자는 자신을 최초로

로자와 클라라 체트킨

〈노이에 차이트〉 지에 데뷔시켜 준 카를 카우츠키와도 친밀한 관계를 맺었다. 카를 카우츠키는 로자와 같은 좌익이 아니라 중도 진영에 속하는 인물이었다.

1900년의 파리 인터내셔널을 앞두고 로자는 아버지 엘리아스의 건강에 이상이 생겼다는 소식을 들었지만 인터내셔널 참가를 강행한다. 그녀가 파리에서 돌아왔을 때 엘리아스는 이미 세상을 떠나 매장된 후였다. 로자는 큰 충격을 받았으며 정신적으로 침체기에 들어갔다. 그해에 베를린으로 와서 정착한 레오와의 관계도 경직되었다. 아직도 긴밀한 동지이긴 했지만 더 이상 연인 관계는 유지되기 힘든 상황이었다. 당 언론위원회에서는 1901년 로자를 공석이 된 〈라이프치히 폴크스차이퉁〉

---

41 독일 사회민주당의 지도자인 동시에 20세기 초 독일뿐 아니라 전 유럽에서 여성의 권리 신장에 큰 공헌을 한 저명한 사회 운동가이다. 바이마르 공화국 의회에서는 독일 공산당 소속의 의원으로 13년간 활동했다.

42 유력 일간지인 〈프랑크프루터 차이퉁(Frankfruter Zeitung)〉의 민완기자 출신으로 비스마르크의 사회주의 금지 법안을 맹렬히 비난한 후 사회민주당에 입당했다. 철학자 프리드리히 니체를 분석하면서 천박한 자본주의자로 비난한 저술은 큰 논란을 불러일으켰고 후일의 역사가들에게 큰 영향을 미쳤다.

지의 편집장으로 임명했다. 그러나 정신적으로 피폐해진 그녀는 기자들과의 갈등을 견디지 못하고 불과 몇 주 만에 사직한다.

그녀가 활기를 되찾은 계기는 1903년 봄의 독일 선거였다. 사민당은 그녀를 폴란드인들이 밀집한 지역으로 파견했으며, 그녀의 표현에 의하면 '최악의 기회주의자들'이 덕을 보았다. 사민당은 대승을 거두었고 제국의회에 의원 81명이 진출했다.

1904년 암스테르담에서 열린 제4차 인터내셔널은 로자의 국제적인 명성을 확인한 장소였다. 그녀는 정통적인 마르크스주의를 표방하는 인물로 표면적으로는 정통주의에 복귀한 독일 사회민주당의 확고한 지지를 받았다. 상대는 계급 간의 협력과 부르주아 정부로의 입각을 지지하는 프랑스 사회당의 거물 장 조레스(Jean Jaurés)[43]였다. 조레스는 프랑스 사회당 내에서 강경하게 정통적인 국제주의 노선을 걷고 있는 줄 게드(Jules Basile Guesde)[44]와 대립하고 있었다.

먼저 포문을 연 쪽은 로자였다. 그녀는 그동안 조레스가 견지하고 있던 유화적인 입장을 비판하고 국제주의적인 비전을 강조했다. 다음은 조레스의 차례였다. 그는 독일 사민당을 공화정을 정착시키지도 못하면서 카이저가 양보하는 것을 거부만 하고 있다고 공격했다. 훌륭한 내용이긴 했지만, 철학교수 출신인 조레스의 프랑스어 연설이 너무 난해했다는 데 문제가 있었다. 프랑스어—독일어 통역들이 입을 다물었고, 그

---

43 장 레온 조레스는 대학교수 출신으로 프랑스 사회당의 지도자이며, 최초로 온건 개혁노선의 이른바 '사회민주의'를 제창한 인물 중의 하나이다. 그럼에도 불구하고 그는 군국주의와의 타협을 끝내 거부했으며, 그 결과 민족주의자에 의해 암살되었다.

44 칼 마르크스의 사위인 폴 라파르그(Paul Lafargue)와 함께 초기의 사회주의 지도자들 중에서 가장 강경하고 편협한 입장을 취했던 인물이다. 칼 마르크스조차 개혁주의의 가치를 아예 부정하는 그들에게 "만약 그들이 마르크스주의자라면 나는 마르크스주의자가 아니다."라고 했을 정도였다.

의 연설을 독일어로 통역하는 일은 거의 불가능해 보였다.

난감한 상황에서 로자가 연단 위로 서둘러 올라갔다. 조레스의 연설을 완벽하게 해석한 독일어 연설이 로자의 입을 통해서 울려 퍼졌다. 대회장은 환호와 갈채 소리에 파묻혔고 조레스는 로자에게 감사를 표했다. 그것은 칼 마르크스와 프리드리히 엥겔스 시절에 보았던 사회주의자들의 모습이었다. 그들의 연대가 바로 이런 것이었다. 그들은 상반된 의견으로 논쟁하고 대립했지만, 그보다는 상호 간의 이해와 조화를 우선시했던 것이다.

이러한 의미에서 로자는 러시아의 혁명가 블라디미르 레닌이 마르크스주의의 구현에 부적합한 인물이라는 사실을 일찌감치 알고 있었다. 로자가 레닌을 처음 만난 시기는 1901년이었다. 이때 이미 로자는 레닌의 뛰어난 지성과 통찰력 뒤에 숨어 있는 무자비함을 간파했던 것이다. 로자는 〈러시아 사회민주주의자들의 조직 문제〉라는 논문을 통해서 볼셰비키가 추구하는 중앙집권주의의 위험성을 경고한 바 있었다.

암스테르담 인터내셔널의 스타는 분명히 로자 룩셈부르크였다. 그렇지만 그녀는 암스테르담에서 돌아오고 나서 얼마 되지 않아 체포되어 츠비카우 감옥에 수감되었다. 선거 지원유세 중에 황제를 비판하는 연설을 하여 황제 모독죄를 저질렀다는 것이다. 정치범으로서의 대우도 괜찮았고 수감생활도 2개월 정도에 불과했지만, 이것은 앞으로 여러 번 겪게 될 감옥생활 중 첫 번째에 불과했다.

1904년은 러일 전쟁이 발발한 해였다. 이 전쟁은 제국주의 국가 간에 벌어진 첫 전쟁으로 앞으로 유럽과 전 세계를 휩쓸게 될 광기의 서막이었음에도, 당시 사람들은 전쟁과 혁명으로 얼룩지게 될 불길한 기운을 감지하지 못했다. 러일 전쟁에서 패전한 러시아에서는 혁명의 불씨가 넓게 퍼져가고 있었다.

암살된 차르 알렉산드르 2세는 농노를 해방시킨 개명된 군주였다. 그러나 그를 승계한 알렉산드르 3세는 철권통치로 돌아섰고, 1894년 즉위한 차르 니콜라이 2세 역시 언론을 통제하면서 시베리아 유형과 해외 추방을 무기로 강력한 통치체제를 고수하려고 했다. 당시 러시아에서는 상위 5퍼센트의 귀족과 자본가들이 전 국토의 대부분을 소유하고 있었으며, 국민의 85퍼센트는 프롤레타리아 계급에 속했다. 이러한 상황에서 첫 번째 시민혁명이 발발했다.

1905년 1월 22일 일요일 러시아의 상트페테르부르크에서 정교도 신부인 게오르기 가폰(Georgii Apollonovich Gapon)[45] 이 수만 명의 시위대를 이끌고 황제가 있는 동궁(Winter Palace)을 향해 행진을 시작했다. 단순히 황제에게 청원하기 위한 평화적인 시위였다. 차르의 기병대는 이 시위대를 향해 수차례 돌격을 감행했으며, 수천 명의 사상자가 발생했다. 희생자 중에는 여성과 아이들도 끼어 있었다. 이것이 바로 러시아 혁명의 기폭제가 된 '피의 일요일' 사건이었다.

이 사건으로 전 유럽이 들끓기 시작했다. 아우구스트 베벨(August Ferdinand Bebel) 의장이 이끌고 있던 독일 사민당은 즉각적으로 러시아 혁명에 대한 연대를 천명했다. 그러나 당의 지도부는 내심 혁명의 기운이 독일까지 번지는 것을 경계하고 있었다. 로자는 사민당 지도부를 맹렬히 비난했지만, 지도부뿐 아니라 기득권 세력인 노조간부들도 요지부동이었다. 베벨 의장은 로자를 공개적으로 지지하면서도 절묘하게 당의 균형을 유지했다.

---

45 가폰은 피의 일요일 사건에서 생명을 건지고 해외로 도피해 러시아 출신 사회주의자 망명객들과 유럽 사회주의자들에게 환대를 받았으나, 비밀경찰과 연관이 있었음을 고백한 후 목을 매어 죽은 채 발견되었다. 후일 그를 탈출시켰던 루텐베르크는 그가 '동지들의 법정'에서 처형되었음을 고백했다.

이 시기에 로자와 레오는 두 사람의 관계가 완전히 끝났다는 사실을 받아들였다. 레오는 타고난 혁명가답게 혁명의 한가운데로 자신을 던졌다. 그는 폴란드로 숨어들어 갔다. 이때 로자에게는 'W' 라는 익명으로 불리던 새로운 애인이 등장했으나 이 새로운 관계는 그리 오래 가지 못했다. 혁명은 폴란드로 번졌고, 5월 바르샤바에서 수백 명의 노동자들이 파업과 시위를 벌이던 중 희생되었다. 예전에 그녀를 스위스로 탈출시켰던 동지들도 하나씩 체포되어 처형되었다.

그해 12월 로자는 자신의 신분을 '안나 마츠케' 라는 독일 여기자로 위장해서 폴란드로 잠입해 바르샤바에 도착했다. 혁명의 최전선에 선 것이다. 러시아와 폴란드에서 혁명의 물결은 거셌지만 차르의 반격도 마찬가지였다. 1906년 2월 독일 사민당과 노동조합의 대표들은 비밀회합을 가지고 파업을 포기하기로 결정했다. 유럽 각국 사회주의자들의 연대에 실패한 러시아 혁명은 점차 부르주아 혁명으로 변질되어 갔다. 총 파업은 연이어 실패하고 알렉산더 파르부스(Alexander Parvus)[46]와 레온 트로츠키(Leon Trotsky)는 체포되었으며 레닌은 가까스로 핀란드로 탈출했다.

1906년 3월 4일 로자와 레오는 바르샤바에서 체포되었다. 로자는 반국가 음모죄로 수감되었다. 독일 사민당과 로자의 가족들은 그녀의 석방을 위해 총력을 기울였다. 베벨 의장과 카를 카우츠키는 보석금과 의사를 매수할 뇌물로 수천 루블의 자금을 모금했고, 가족들 역시 수천 루블을 들여 차르의 군 법무관들과 담당 장교들을 매수했다. 로자는 5개월 만에 석방되었지만, 레오 요기헤스는 이전의 탈영전과로 인해 계속 투

---

46 알렉산더 파르부스는 러시아 혁명에 깊게 관여한 독일 출신의 사회주의자이다. 그는 제1차 세계대전 중에는 독일 정부의 비밀요원 자격으로 러시아에 침투해 독일의 자금으로 태업이나 파업을 조직했던 특이한 경력의 인물이었다.

옥된 상태였다. 그는 한참 후에야 유형 중에 극적으로 탈출해서 독일로 귀환하게 된다.

로자에게 분명한 정치적인 승리도 있었다. 1906년 4월 스톡홀름에서 개최된 러시아 사회주의 통일대회에서 그녀와 레오, 율리안 마르흘레프스키가 처음 조직했던 소그룹에서 출발했던 폴란드 리투아니아 왕국 사회민주당(SDKPiL)은 당당하게 하나의 혁명 주체로 회의에 참가해서 볼셰비키, 멘셰비키와의 연합을 선언했다. 로자는 회의에 직접 참가할 수는 없었지만 SDKPiL은 프롤레타리아의 정치조직인 모든 소비에트[47]의 평등과 합법성을 강조하면서 통치수단으로서의 테러를 거부했다. 이것은 레닌의 노선에 반기를 든 셈이었다. 로자와 그녀의 동지들이 추구한 것은 의회의 구성과 모든 수준의 소비에트에서의 평등선거, 이른바 민주주의의 원칙이었던 것이다.

레오 요기헤스는 러시아의 법정에서 8년의 유형 후 추방이라는 중형을 선고받았다. 로자 역시 1907년 여름을 감옥에서 보냈다. 이번에는 그녀가 1905년에 한 연설을 문제 삼아 독일 법정에서 내린 판결에 따른 것이었다.

이 와중에 로자에게는 새로운 연인이 생겼다. 레오와의 관계가 끝난 이후 그녀에게는 여러 명의 남자들이 있었지만, 혁명 동지인 클라라 체트킨의 아들 코스티아 체트킨과의 관계는 대단히 심각했다. 코스티아는 로자보다 열다섯 살이나 연하였다.

이 해에는 또 다른 만남이 의미를 갖게 되었다. 로자가 감옥에서 나오

---

47 1905년 상트페테르부르크 소요에서 노동자들의 대표들로 구성된 평의회가 최초의 소비에트(Soviet)였다. 1917년 혁명 이후 각 마을 단위에서부터 노동자와 군인 대표들이 입법, 행정기구를 장악하는 자치기구로 발전한다.

자마자 참석한 슈투트가르트 사회주의 인터내셔널에서 다시 레닌과 조우한 것이다. 그동안 로자는 군국주의와 제국주의의 위험성을 경고하면서 반전 운동을 위한 노동자들의 연대를 대파업을 통해 달성하자고 여러 번 제안했지만, 사민당 지도부에 의해 이 제안은 번번이 거부되었다. 그렇지만 당시는 유럽 각국에서 민족주의 경향이 강해지고 있다는 사실을 실질적으로 체감할 수 있는 시기였다. 사회주의자들은 어떤 식으로든 민족주의와의 관계를 정리해야만 했다.

"전쟁이 일어날 경우 우리가 주장하는 프로파간다는 단지 전쟁의 종지부를 찍는 것일 뿐 아니라 자본주의 지배의 몰락을 앞당기기 위해서 이를 적극적인 기회로 이용하고자 하는 것입니다."

로자는 마침내 군국주의에 반대하는 안건을 상정하면서 자신이 직접 수정안을 제출해서 통과시켰다. 레닌은 로자의 수정안을 전폭적으로 지지했다. 그러나 그녀의 수정안은 사민당 지도부의 의견과는 거리가 먼 것이었다. 레닌은 로자에게 볼셰비키 출판물에 기고해 줄 것을 요청했다. 로자에 대한 그의 불만은 단 두 가지였다. '러시아어로 글을 쓰지 않는 것'과 '가난한 러시아의 사회민주주의보다 부유한 독일의 사회민주주의를 더 좋아하는 것'. 1908년 1월 아내 크루프스카야와 함께 제네바로 돌아가던 레닌은 베를린에 들렀다. 로자의 작은 아파트에서 하루 저녁을 보내기 위해서였다.

1907년 10월부터 로자는 독일 사민당이 베를린에 새로 설립한 당 연수원에서 마르크스주의와 정치경제학에 대한 강의를 맡았다. 프란츠 메링을 비롯한 당 이론가들이 모두 포진한 막강한 교수진이었다. 그녀는 연수원에서 최고의 교수였으며, 당내 온건파들은 연수원이 로자의 방식을 따르는 급진주의의 온상이 되지 않을까 염려하고 있었다. 그러나 실제 상황은 달랐다. 여전히 건재한 온건 노선의 사회당 지도부에서 수정

연설 중인 로자

주의자들이 점차 세력을 얻으면서 로자는 고립되어 가고 있었다. 2년 이상 지속되었던 코스티아와의 연인 관계도 끝났다. 사랑은 끝났지만 두 사람의 우정은 당분간 그대로 지속되었다.

반전을 외치는 로자를 비롯한 일부 사회주의자들의 우려와 경고에도 불구하고 독일을 비롯한 유럽 사회의 전반적인 분위기가 서서히 변화했다. 1911년 알제리의 위기는 독일과 프랑스의 타협으로 일단 수습되었지만, 1912년에 들어서면서 발칸 반도에서 연이어 국지전이 발생했다. 카이저 빌헬름 2세는 군사력을 강화시키면서 실질적으로 전쟁 준비에 박차를 가하고 있었다.

당시 대부분의 독일 국민들은 카이저가 설마 국민들을 전쟁의 구렁텅이로 몰아넣을까 하고 생각하고 있었다. 그러나 그 시기에 이미 제국주의에 대한 그의 야심은 국민들에 대한 연민의 정을 넘어서고 있었다. 카이저는 '위대한 독일' 이라는 가상의 이미지와 민족주의에 열광하는 국민들을 계속 선동했다.

"게르만 민족이여! 단결하여 슬라브 민족에 대항하자!"

이 시기에 독일 사민당의 리더십도 변화했다. 아우구스트 베벨 의장이 타계하자 수정주의자인 프리드리히 에베르트(Fridrich Ebert)[48]가 그 뒤

48 프리드리히 에베르트는 노조 지도자 출신의 정치인이다. 그는 로자와 동갑이지만 당 연수원에서 로자에게 교육을 받은 제자였다. 보수주의자들과 연합하여 바이마르 공화국 초대 대통령이 된 인물이다. 현대에 와서 그에 대한 평가는 극단적으로 양분된다.

를 이었으며, 필리프 샤이데만(Philipp Scheidemann)이나 구스타프 노스케 (Gustav Noske)와 같은 기회주의자들이 권력을 차지했다. 이 사람들은 대부분 노조 출신으로 진정한 사회주의 운동을 해 본 적이 없는 제도권 내의 인물들이었다. 당시 사민당은 1912년 선거에서 대승을 거두어 의회 내에서 제1당의 위치에 올라 있었지만 혁명의 정신은 사그라진 지 오래였다.

1912년에 로자는 런던에서 열린 유럽 사회주의 회의에 참석해 한때 자신과 노선논쟁을 벌였던 프랑스의 장 조레스와 함께 전쟁이 발발하면 각국 노동자들의 연대 파업으로 이를 저지하자는 주장을 하였다. 이후 프랑크푸르트에서 반전시위를 조직한 일을 제외하고는 거의 일 년 내내 저술 작업에 매달렸다.

다음해 초 그녀는 역작 《자본축적론》을 발간했다. 이 놀라울 정도로 과학적인 저술에 대해 찬사와 비난이 동시에 쏟아졌다. 로자는 이 책에 대한 비난에 대해 강렬하게 응수했다.

"불행하게도 마르크스주의는 통풍에 걸린 노인처럼 신선한 공기를 두려워한다."

《자본축적론》은 세상에 나온 지 100년 가까이 되었지만, 아직도 논쟁에 휩싸여 있는 책이다. 이것을 읽기 위해서는 정신적으로 또 사상적으로 단단하게 무장을 하고 시작해야만 하는 대단히 위험한 텍스트이다. 철저한 준비 없이 읽다가는 로자의 수려한 문체와 논리적인 흡인력에 완전히 말려들게 된다.

1914년 7월 29일 오스트리아-헝가리 연합군이 사라예보에 대한 포격을 개시함으로써 제1차 세계대전이 발발했다. 이튿날 러시아의 차르 니콜라이 2세는 러시아군을 동원했다. 당시 모든 유럽 국가들은 군사동맹에 얽혀 있었다. 다음날 카이저 빌헬름 2세는 러시아와 러시아의 동맹국인 프랑스에 최후통첩을 보냈지만 거절당했다. 8월 1일 독일에 동원령이 내려졌다. 그러자 프랑스 역시 동원령을 내렸다. 그날 오후 독일은 러시아에 대해 선전포고를 했고, 사흘 후에는 프랑스에 대해서도 선전포고를 했다.

사회주의자들에게는 청천벽력이었다. 불과 열흘 후인 8월 9일 파리에서 사회주의 인터내셔널이 열릴 예정이었다. 일부 사회주의자들은 민족주의자로 재빨리 돌아섰다. 독일 사민당의 의회그룹은 의회에서 카이저가 요구한 국방예산을 통과시켰다. 8월 1일부터 시위와 공공집회를 금지하는 법안에도 동의했다. 이것은 명백한 배신행위였다. 불과 며칠 전인 7월 25일 사회당 집행위원회의 명의로 낸 성명서를 완전히 뒤집는 파렴치한 행위였다.

휴머니즘의 이름으로, 문명의 이름으로 전쟁 도발자들에 대해서 전율하며 항의한다. 독일 병사 단 한 사람의 피도 …… 제국주의 입맛에 희생되어서는 안 된다.

파리에서는 더욱 비참한 소식이 날아왔다. 로자와 노선을 달리 했지만 끝까지 평화를 고집했던 장 조레스가 민족주의자 청년에게 암살당한 것이다. 로자는 카를 리프크네히트, 클라라 체트킨, 프란츠 메링과 함께 전쟁에 반대하는 엥떼르나시오날(Internationale) 그룹을 결성했다. 이 그룹은 후일 스파르타쿠스 단(Spartakcusbund)[49]으로 발전하게 된다.

로자는 정부의 감시에도 아랑곳하지 않고 연일 맹목적인 쇼비니즘과

---

[49] 로마 시대 노예를 이끌고 반란을 일으킨 스파르타쿠스에서 딴 것이다. 그들은 전쟁 중에 불법적인 간행물을 배포하면서 이 이름을 가명으로 사용했다.

제국주의자들이 일으킨 전쟁을 비난하는 글을 발표했다. 특히 전쟁에 찬성한 사회주의자들의 배신행위에 대해서는 모욕적인 언사를 사용하며 신랄한 비난을 퍼부었다. 그녀와 당시 사민당의 주류인 에베르트나 샤데이만과 같은 사회주의 우파 사이의 골은 점차 깊어만 갔다. 1915년 2월 로자는 당 집회에서 반전을 위해 파업을 선동한 발언이 문제가 되어 체포되었으며 1년 형을 선고받았다.

그녀는 수감 중에도 메링, 레오와 함께 평론지의 발행을 계획했다. 힘든 작업의 결과로 4월에 클라라 체트킨은 〈엥떼르나시오날〉을 창간했다. 그러자 클라라 체트킨도 체포되었다. 남은 사람은 드러나지 않게 인쇄소를 운영하고 있는 레오와 현역의원인 카를 리프크네히트뿐이었다. 카를은 독일 사민당을 창당한 빌헬름 리프크네히트의 아들이었다. 그는 감시를 당하는 가운데에서도 국방 예산안에 반대하는 사회주의 의원들을 규합하고 활발하게 활동하다 사민당 의회그룹에서 축출되었다.

1916년 로자는 일단 석방되지만 몇 달 후에 다시 수감되었다. 카를 리프크네히트는 그녀보다 조금 먼저 체포되어 이미 수감되어 있는 상태였다. 이번에는 위험인물을 대중으로부터 격리시킬 수 있는 전시법에 따른 '관리 구류' 대상이었다. 그녀는 형이 확정된 범죄자가 아니었기 때문에 비교적 자유로운 활동을 할 수 있었다. 로자의 동지들은 불법적인 방법으로 그녀의 글을 감옥으로부터 빼냈다. 이중에는 혁명에 대한 그녀의 확고한 견해를 알 수 있는 〈러시아 혁명〉이 포함되어 있다.

제1차 세계대전 중에 러시아에서는 1917년 3월과 11월에 두 번의 혁명이 일어났다.[50] 2월 혁명에서는 차르 니콜라이 2세가 폐위되고 부르

---

50 2월 혁명과 10월 혁명은 제정 러시아에서 사용하던 러시아력에 의거한 이름이다. 10월 혁명이 실제로 일어난 날짜는 11월 7일이다.

주아와 사회주의자의 연합정권이 탄생하였으며, 10월 혁명에서는 볼셰비키가 임시정부를 타도하고 사회주의 혁명을 완수했다. 혁명 과정에서 레닌과 그의 볼셰비키 동료들은 노선이 다른 사회주의자 수백 명을 처형하면서 공포 분위기를 조성하고 중앙집권적인 체제를 만들었다.

로자는 러시아 혁명의 이러한 면을 지적하면서 레닌을 비판했다. 더욱이 레닌은 10월 혁명을 위해 스위스에서 밀봉열차를 타고 독일을 경유해서 러시아로 잠입하면서 카이저로부터 두둑한 혁명자금까지 받아챙겼었다. 로자 역시 프롤레타리아 계급의 독재를 신봉하는 정통 마르크스주의자였지만, 그것은 어디까지나 의사결정 과정이 민주적인 절차에 따라 투명해야 한다는 기본 전제를 충족해야만 하는 것이었다.

"자유란 항상, 그리고 전적으로, 사람들이 각기 다른 생각을 할 수 있다는 자유이다."

한편 감옥 밖에서는 독일 국민들이 계속되는 전쟁과 생활고에 신음하고 있었으며, 러시아와의 강화에도 불구하고 독일군의 대 프랑스 전투는 별 성과를 거두지 못한 채 엄청난 숫자의 전사자만을 기록하고 있었다. 스파르타쿠스 단은 사민당으로부터 떨어져 나온 반전 중도파 독립사회민주당(USPD)[51]과 제휴했다.

상황은 나아지고 있었지만 주요 인물들이 모두 수감되어 있는 이 시기에 스파르타쿠스 단은 오직 레오 개인의 역량으로 이끌어 가고 있다고 해도 과언이 아니었다. 그는 불법신문인 〈스파르타쿠스브리펜(Spartakus Briefen)〉도 거의 혼자 힘으로 발행했다. 그런 와중에 극적인 반전이 일어났다.

---

51 사민당 중도 진영의 리더인 카를 카우츠키가 주축이 되어 사민당으로부터 떨어져 나온 그룹으로 전후에는 사회당에 이어 제2당으로 부상하기도 한다.

프라이코르프스

　1918년 10월에 들어서자 독일 군부는 더 이상 전쟁을 수행할 수 없다는 사실을 카이저의 내각에 보고했다. 11월 3일, 군항 킬(Kiel)에서는 해군사령부의 무모한 작전을 앞두고 수병들이 반란을 일으켰다. 수많은 노동자들이 즉각 이 반란에 합류했고, 이들의 평의회가 킬 시 전체를 장악하자 혁명은 전국적으로 번져나갔다. 사민당 우파들은 기회주의자들답게 아주 기민하게 움직였다. 그들은 초기에는 에베르트를 수반으로 하는 임시정부를 세워 기존체제를 보존하려는 시도를 했으나, 혁명의 열기가 높아지자 이에 편승해서 공화국 수립을 선포하고 USPD와의 연정을 구성했다.

　휴전 논의가 한창이던 10월 23일에 카를 리프크네히트, 11월 8일에 로자가 석방되었다. 다음날 카이저는 퇴위하고 네덜란드로 망명했다. 독일에서도 러시아와 마찬가지로 혁명이 성공한 것이다. 로자와 카를은 스파르타쿠스 단을 재조직하고 기관지 〈로테 파네(붉은 깃발)〉를 발행하기 시작했다. 그들의 기준으로는 혁명은 아직도 미완성 단계였다. 그들은 베를린에서 '자유 사회주의 공화국'의 탄생을 선언하면서 〈로테 파네〉를 통해서 모든 정치범들의 사면을 촉구했다.

베를린은 혁명의 성과에 환호하고 있었지만, 바로 그 시기에 반혁명의 기운도 싹트고 있었다. 독일군 참모총장 파울 폰 힌덴부르크(Paul von Hindenburg)는 비밀리에 사민당 온건파 에베르트와 연대했다. 러시아에서는 차르의 군대가 해체되고 대부분의 병사들이 트로츠키가 조직한 적군에 가담했지만, 독일 카이저의 군대는 달랐다. 그들의 주축은 전쟁에서 여러 해 동안 사선을 넘나들었던 하사관들이었다. 그들은 패전의 책임을 자신들의 무능함이 아니라 반전의 기치를 높이 들었던 사회주의자들과 유대인들에게 전가하고 있었다. 로자는 양쪽 모두에 해당되었다.

이 사회주의에 적대적인 군인들은 민병대를 조직해서 '프라이코르프스(Freikorps, 자유 군단)'라는 이름을 붙였다. 이 사람들 중에는 오스트리아 출신의 하사관 아돌프 히틀러(Adolf Hitler)도 끼어 있었다.

또한 독일과 러시아의 상황에서 결정적인 차이는 한 가지 더 있었다. 그것은 무력을 포함한 어떤 수단을 동원해서라도 자신들의 권력을 유지하기 위해 더 이상의 혁명을 막을 각오가 되어 있는, 에베르트나 샤데이만 같은 사회주의의 변절자들과 기회주의자들이었다.

그들은 여론 조작을 통해서 스파르타쿠스 단을 독일의 볼셰비키로 매도했다. 러시아에서 전체주의와 공포정치, 내전으로 진행되고 있는 폭력적인 혁명의 과정은 국민 모두가 지켜보고 있었다. 프티 부르주아 진영뿐 아니라 노동자, 농민, 군인들까지 그 격렬함에 겁을 집어 먹고 있었다. 로자와 카를은 격분했다. 에베르트와 샤데이만은 4년 전에 독일을 구해낼 수 있는 힘을 가지고 있었음에도 불구하고 전쟁으로 몰아넣었던 바로 그 사람들이었다.

스파르타쿠스 단에 새로운 젊은 사회주의자들이 합류했고, 카를 리프

잔혹하게 살해된 스파르타쿠스 단원들

크네히트는 베를린에서 제2차 혁명을 선동했다. 로자는 폭력을 통해서 권력을 장악하려는 이러한 시도에 대해서 반대하고 제헌의회의 참가를 종용했지만, 카를은 멈추지 않았다. 1918년 12월 말 스파르타쿠스 단은 독일 공산당(KDP)으로 변신하고 베를린 봉기를 일으켰다. 로자는 현실적으로 때가 이르지 않았다는 사실을 잘 알고 있었지만, 다수결에 의해서 결정된 사항을 존중했다. 그녀는 마지막 절규를 쏟아내었다.

"스파르타쿠스를 십자가에 못 박아라!"

1919년 1월 초에 힌덴부르크는 에베르트를 위해서 8만 명이 넘는 군인들을 베를린으로 보냈다. 곳곳에서 테러가 감행되었고 잔혹하게 살해된 스파르타쿠스 단원들의 시체가 쌓였다. 로자는 서둘러 도피하라는 동료들의 충고를 무시하고 베를린에 남았다. 1월 15일 발데마르 파브스트(Waldemar Pabst) 대위가 지휘하는 가르데카발레리에(Garde Kavallerie) 사단이 로자와 카를을 체포했다. 로자는 사단 사령부로 사용되던 에덴

로자 룩셈부르크

호텔로 끌려갔다.

군인들은 로자를 에워싸고 개머리판으로 후려치기 시작했다. 로자는 땅바닥에 쓰러졌고 질질 끌려 호텔 밖으로 나가다 간신히 일어섰다. 오토 룽게(Otto Runge)라는 병사가 그녀의 머리를 가격하자 로자는 다시 쓰러졌다. 룽게는 그녀의 관자놀이를 다시 한 번 내려쳤다. 치명상이었다. 얼마 후 확인사살을 위한 한 발의 총성이 울려 퍼졌다. 로자는 이런 말을 한 적이 있었다.

"방어할 힘도 없는 가엾은 사람을 뭉개는 인간들은 누구든 범죄를 저지르는 것이다."

카를 리프크네히트 역시 바로 전에 로자와 똑같은 방식으로 살해되었다. 수백 명의 스파르타쿠스 단 동지들도 갖가지 방법으로 살해되었다. 군인들은 로자의 몸에 돌을 매달아 다리 위에서 국립운하(Landwehr Canal)로 던졌다. 그들은 로자를 호송하던 중에 성난 군중들이 습격하여 그녀를 살해했다고 발표했다. 로자의 시신은 넉 달 후 수문 부근에서 떠올랐다. 머리에 입은 총상으로 사건의 전모가 밝혀졌지만, 이 사건으로 오직 룽게 한 사람만이 단 2년의 실형을 선고받았다.

로자가 가장 빛나던 시절 그녀의 연인이자 영원한 동지였던 레오 요기헤스는 1월 15일 로자의 죽음을 확인하고 나서도 그녀의 죽음에 대한 진상을 조사한다는 명분을 세워 고집스럽게 베를린에 머물렀다. 그는 로자보다 단 열흘을 더 살았을 뿐이다. 레오는 탈출을 권유하는 동지들에게 말했다.

"누군가는 남아 로자를 위해 묘비명을 써야 하지 않겠소?"

독일 사민당은 스파르타쿠스 단에 대한 승리를 자축했다. 그들은 이러한 비열한 행위로 궁극적인 승리를 거둔 쪽은 보수주의자들과 맹목적인 애국주의로 무장한 제복을 입은 폭력배라는 사실을 깨닫지 못했다. 히틀러가 이끄는 나치 당은 1920년 초반부터 세력을 규합하기 시작해 1933년 합법적인 선거를 통해 사민당을 누르고 집권한 다음 바이마르 공화국을 끝장냈다.

한편 로자가 죽은 다음에 그녀가 쓴 마지막 글이 발표되었다.

질서가 베를린을 지배한다? 저 멍청한 군인 깡패들! 그러나 당신들의 질서는 모래 위에 세운 것이다.

대다수 독일인들은 그 사실을 깨닫기까지 수십 년의 세월 동안 혹독한 독재와 폭력, 인종 대학살, 그리고 또 한 번의 세계대전을 겪어야만 했다. 사회주의자들의 보이지 않는 손실도 컸다. 로자는 레닌의 카리스마에 대항할 수 있는 유일한 사회주의 이론가였다. 레닌 자신이 공포와 폭력을 통해 혁명을 완수하려는 자신의 노선을 수정하려고 했던 마지막 순간[52]에 그를 지원해 줄 수 있는 이론가는 더 이상 남아 있지 않았다. 레닌이 혁명을 배반한 대가로 혁명은 그를 배반하고 결국 스탈린이라는 괴물을 창조했으며, 그의 아류들이 한때 세계의 절반을 지배하는 참혹한 결과를 빚어냈다.

1962년 독일의 〈슈피겔(Die Schpiegel)〉지는 그때까지 생존해 있던 발데마르 파브스트 대위와 로자의 암살에 관련한 인터뷰를 하면서 바이마르 공화국 대통령인 프리드리히 에베르트와 공화국 국방장관 구스타프 네스케로부터 사전 승인을 얻었다고 증언했다. 그러나 법정에서건 행정부에서건 이에 대한 아무런 조사도 이루어지지 않았다. 독일을 후진국의 모범이 될 수 있는 민주주의의 선진국이라고 믿어 의심치 않는 사람들에게는 대단히 유감스러운 일이지만, 독일 민주공화국, 즉 과거의 서독이 로자의 암살에 대해 1962년 내린 최종적인 결론은 아직도 유효하다.

로자 룩셈부르크의 죽음은 계엄령에 따라 내려진 합법적인 처형이었다.

로자 룩셈부르크는 대단히 영리한 여자였지만, 본질적으로 순진한 이상주의자 혹은 민족적 뿌리가 없는 유대인 혹은 파괴적인 과격주의자였

---

[52] 레닌은 암살당하기 직전에 자신의 과오를 인정했다. 그는 스탈린을 공산당 서기장에서 해임하고 보다 합리적인 레온 트로츠키를 후계자로 임명하려고 했다. 그렇지만 트로츠키 역시 폭력과 공포정치의 과오로부터 완전히 자유로울 수는 없는 인물이었다. 러시아 공산당은 이미 레닌의 통제를 벗어난 것이다.

는지도 모른다. 그녀는 권력욕이나 민족주의로 나타나는 탐욕스럽고 편협한 인간의 본성을 무시했고, 대중의 집단지성을 지나치게 신뢰했으며, 폭력 대신 민주적인 절차에 의해서 사회혁명이 가능할 것이라고 진정으로 믿고 있었다. 그렇지만 그녀가 그토록 신뢰했던 민중들은 결국 그녀에게 등을 돌렸고, 그녀는 실패한 혁명가로서 비참하게 생을 마감했다.

그러나 그녀가 우리에게 남기고 간 것은 단지 《자본축적론》이라는 멋진 사회주의 텍스트와 베를린 중심가에 위치한 '로자 룩셈부르크 광장(Rosa Luxemburg Platz)'만이 아니다. 그녀는 한 세기가 지난 지금에도 우리에게 아주 단순한 질문을 던지고 있다. 정의와 질서가 충돌할 때 우리는 어느 쪽을 선택해야 하는가? 불의에 기초한 질서를 선택해야 할 것인가, 아니면 자기희생과 혼란을 각오하고 정의에 기초한 저항을 선택할 것인가. 로자의 마지막 글은 이렇게 결론을 맺는다.

나는 있었으며, 나는 지금 있고, 그리고 있을 것이다.

불의가 있는 곳에는 언제나 저항이 있게 마련이다. 그것이 미미한 것이든 강렬한 것이든.

3

어머니의 이름으로

어머니

올림피아스 | 엘레오노르 | 여태후
성신황제 측천무후 | 서태후

범세계적으로 약 2천 년 정도 지속된 속박과 시련의 기간 동안 여자들은 바보도 아니었고, 사회체제가 강요하는 대로 무조건 순종하기만 한 것도 아니었다. 억압적인 체제하에서 자신의 이름으로 나서는 것이 원천적으로 봉쇄되자 여자들은 어머니의 이름으로, 그리고 아내의 이름으로 남자들에게 교묘한 방식으로 줄곧 반격을 가하고 있었다. 남자들로서는 제대로 파악할 수도 없고 도저히 저정할 수도 없는 전략이었다.

어머니의 이름으로

남자들에게 "어떠한 여성에게 매력을 느끼는가?"라고 묻는다면 요부 형의 팜므 파탈이든 현대의 알파 걸이든 강인한 아마존이든 다양하게 답할 것이다. 그러나 "어떠한 유형의 여성과 평생 함께 하기를 원하는가?"라고 묻는다면, 거의 대부분의 남자들은 '현모양처(賢母良妻)'라고 대답할 것이다.

이상적인 여인을 표현하는, 아주 오래 사용된 이 단어는 연애할 대상과 결혼할 대상의 여성을 별개로 생각하는 현대남성들의 환상을 표현하는 가장 적절한 단어이기도 하다. 또한 대단히 놀라운 일이지만 현대의 여성들 중에서 스스로 자신의 장래 희망으로 현모양처를 당당하게 선택하는 경우도 있다.

현모양처라는 단어는 언어학적으로는 '훌륭한 사람'이라는 말과 마찬가지로 문자 그대로 해석할 수 있는 가치중립적인 의미의 단어지만, 역사적으로는 사회적인 굴욕과 억압을 전제로 하며 심각한 편견이 내재

되어 있는 단어이다. 그래서 이 단어에는 상대되는 말이 없다. 다시 말하면 '훌륭한 아버지와 멋진 남편' 을 일컫는 단어는 존재하지 않는다. 또한 현모양처가 순종의 미덕을 발휘해야 할 대상도 남편과 자식에게 국한되는 것이 아니라 상당히 광범위하다.

유교의 영향을 받는 동양 문화권에서 이상적으로 생각하는 여성상이 바로 현모양처였다. 그리고 이 문화권에서 오랜 세월 동안 뿌리 깊게 자리 잡고 있는 여성에 대한 왜곡된 시각의 단서를 제공한 사람은 바로 유학의 시조 공자(孔子)였다. 그는 여성들과의 관계에 있어서 그리 원만하지 못했다.

여자와 소인은 다루기 어렵다. 唯女子與小人爲難養也
가까이 하면 불손해지고 멀리하면 원망을 한다. 近之則不孫 遠之則怨

이러한 공자의 여성관은 맹자와 순자 등 후대의 대가들을 거치면서 점차 악화되더니, 주자가 세운 성리학 시대에 이르러서는 생활고 문제로 재혼을 원하는 과부에 대하여 '굶어 죽는 일은 작은 일이지만 절개를 잃는 일은 크다' 라는 폭언이 나올 정도로 최악의 상태가 되고 말았다. 결국 유교 사회는 삼종지도(三從之道)와 칠거지악(七去之惡)이라는 극단적인 기준을 세워 제도화되고 조직화된 여성 탄압의 사회적 시스템을 만들어 내고 말았다.

문명의 초기를 모계 사회라고 부르는 것은 잘못된 서술이다. 단지 그 시기는 남녀가 거의 동등한 권리를 갖는 가운데 역할을 분담하던 사회 체제였을 뿐이다. 여기에 잉여생산과 권력, 그리고 무력에 의한 정복이라는 상황이 추가되면서 수평적이었던 남녀 관계에도 변화가 생겼다. 여성의 권리를 축소시키면서 결국 소유와 착취의 대상으로 전락시켜 가는 과정은 모든 문명의 공통적인 변천 과정으로 유교 문명권에만 국한되지 않는다.

지금 지구상에 존재하는 세계화된 문명권은 기독교권, 불교권, 이슬람권이라고 할 수 있다. 그런데 이 세 개의 문화권에서는 모두 유교 문명권과 거의 유사한 과정이 진행되었으며, 이 과정에서 현존하는 세 개의 국제적인 종교들은 하나같이 여성 탄압에 대한 이론적인 근거를 제공해 왔다. 또한 그러한 억압적인 체제는 각 종교의 창시자들이 의도했던 것과는 전혀 상반되는 결과였다.

인간의 원죄를 인류의 어머니 이브의 유혹으로부터 기인한다고 믿는 기독교의 경우, 주로 구약에서는 여성의 역할을 남성에게 순응하고 성적인 쾌락을 제공하면서 자식들을 올바르게 키우는 것으로만 국한했으며, 여성은 모든 면에서 철저하게 열등한 존재로 표현하고 있다.

구약의 〈레위기〉 27장에는 사람들이 야훼의 신전에서 서원을 원할 때 지불해야 하는 비용이 명시되어 있는데, 성인 여자는 대략 성인 남자의 60퍼센트 선에서 가격이 결정되어 있다. 구약 시대에는 남성과 비교했을 때, 이 정도가 여성이 갖는 사회적인 가치였을 것이다.

신약의 시대로 넘어오게 되면 이야기가 조금 달라진다. 신약의 4대 복음서에 기록되어 있는 여러 정황과 예수의 설교 내용에서 유추해 볼 때 예수께서 페미니스트였다는 사실은 의심할 여지가 없다. 그렇지만 예수께서 "원래 신의 뜻이 그러하지 않았는데 완악(完惡)한 너희들 때문에 그리 되고 말았다."라고 한탄하신 대로 예수의 승천 직후부터 사태는 악화되기 시작했다.

복음서 이외의 성서 중 상당 부분을 저술했던 사도 바울로부터 시작된 왜곡된 여성관은 기독교가 헬레니즘 문화권으로 전파되면서 여성들에게 치명타를 가했다. 여성의 사회적 지위는 그리스와 로마 시대를 거치면서 가뜩이나 악화되어 있었는데 이를 더욱 위축시켰다. 당연한 결과로 기독교는 그 전성기에 마녀 재판이라는 참혹한 사회적 병리 현상을 낳게 되었다.

기독교 세계에서 근대와 현대 사회를 거치면서 괄목할만한 수준으로 여권이 신장되었는데, 이 근거를 기독교, 특히 칼뱅주의의 개신교 교리에서 찾는 주장들이 대두되고 있다. 그렇지만 이것은 완전히 자가당착적인 주장이다. 가톨릭이건 정교건 개신교건 기독교의 모든 교단 자체는 2천 년 동안 이 문제에 대해 아무리 사소한 것이라도 긍정적인 역할을 한 적이 단 한순간도 없었다.

서구의 여성들이 이 정도의 사회적 지위를 누리게 된 것은 19세기에서 20세기까지 급진적인 페미니스트, 무조건적인 평등을 주장하는 사회주의자들과 무정부주의자 등 혁신적인 성향의 사람들이 주축이 되어 기독교 교단과 기득권층에 대해 오랜 기간에 걸쳐 치열한 투쟁을 벌인 결과로 얻어진 것이지 절대로 불평등한 사회에 대한 기독교 정신의 위대한 승리가 아니었다.

더욱이 이 격동의 시기, 서양 사회에서 여권의 신장에 기여한 사회 혁명가들은 대부분 불경스러운 무신론자들이거나 회의론자들이었다. 종파를 초월한 기독교권에서 남녀 관계에 관한 근본적인 교리 자체는 아직까지도 서기 4세기 말엽 콘스탄티누스 시절의 로마 법체계에서 정립된 것과 크게 달라지지 않았으며, 여성에 대한 악의적인 편견 역시 크게 수정되지 않고 있는 상황이다.

불교 문화권에서도 사정은 마찬가지이다. 예수와 마찬가지로 철저한 페미니스트였던 싯다르타는 본질적으로 여성을 남성과 대등한 존재로 파악했다.

싯다르타의 새 어머니인 마하파자파티 고타미와 샤카족의 여인 500명이 먼 길을 찾아와서 싯다르타의 승가로 출가하기를 원했을 때, 싯다르타는 최종적으로 그들의 청원을 받아들이기 전에 세 번이나 거절했던 사실이 있다. 그러자 제자들은 여자들이 출가해서 아무리 수행해도 도를 이룰 수 없기 때문에 받아들이지 않는 것인가 하고 물었다. 이에 대해 싯다르타는 인간에게는 남자건 여자건 누구에게나 불성(佛性)이 있고 누구나 수행을 통해 깨달음에 이를 수 있음을 분명하게 밝혔다.

그가 여성의 출가에 대해 부정적이었던 이유는 엄격한 수행자의 생활을 여성들이 견디기 힘들 것이라는 배려와 함께 당시의 사회적인 요인도 고려한 것이었다. 그 시절에도 인도 사회는 엄격한 카스트 제도에 입각한 계급 사회였으며, 각 계급 내에서 여성이 누리는 지위 역시 현대의 힌두교 사회와 크게 다를 바 없었다.

불교라는 종교 자체가 당시에 만연했던 사회적 불평등에 대한 반발을 전제로 출발했지만, 싯다르타의 제자들과 후계자들은 모두 카스트 체제에 익숙했던 것이며, 싯다르타는 이 사실을 잘 알고 있었다.

싯다르타의 우려는 그의 사후에 현실로 나타났다. 출가자들의 사회인 승가 내에서 싯다르타의 가르침과는 정반대로 일종의 카스트 제도가 만들어지고 말았던 것이다. 사실 이 문제에 관해서는 싯다르타의 제자들만 탓할 일도 아니다. 그 사람들이 태어나서 살아왔던 세계가 바로 그러한 세계였으며, 많은 사람들에게 싯다르타와 같은 지혜를 기대하는 것은 아무래도 무리인 것이다.

현대의 승가에서도 여성 수행자에 대한 차별은 대단히 심각한 수준이다. 한국의 승가를 예로 든다면, 비구니들은 비구에 비해 훨씬 엄격한 계율을 적용받는 것은 물론이고, 수십 년이 넘게 수행한 비구니일지라도 갓 수계를 받은 비구를 만나면 윗사람으로 받들고 예의를 갖추어야 한다. 더욱이 대중포교에 관한 문제나 사찰 관리와 같은 재산권에 관련된 문제에서 비구니들은 철저하게 소외되고 있다.

현대 이슬람 문화권에서의 열악한 여성의 지위는 그 문화권뿐 아니라 범세계적인 이슈 중 하나이다. 그렇지만 아이러니하게도 이슬람은 세계의 주요 종교 중에서 남녀의 평등을 경전에 명시하고 있는 유일한 종교이다. 이 사실로 볼 때 무함마드 역시 예수나 싯다르타와 마찬가지로 진정한 페미니스트였음이 틀림없다. 그의 여성관은 명확했다.

신께서는 너희를 위하여 너희의 몸으로부터 배우자를 창조하셨으니 그와 평온하게 지내라. 신께서 너희 마음에 사랑과 자비심을 심어 놓지 않으셨느냐. (K30:21)

꾸란의 가르침 중에서 다른 문화권의 비난을 집중적으로 받고 있는 부분은 남자들에게 네 번까지 중혼을 허용한 구절인데, 사실 이에 관한 언급은 전쟁으로 인해 수많은 고아와 미망인이 발생한 그 당시의 상황을 타개하기 위한 조치였다. 중혼을 허용하는 꾸란의 가르침은 정확하게 다음과 같다.

너희가 고아들을 잘 돌볼 수 있을까 염려되거든 너희가 선택하는 대로 두 명, 세 명, 네 명의 여자와 결혼하라. 그렇지만 그들(부인들)을 잘 돌볼 수 있을까 염려되거든 단 한 명의 여자만을 선택하라. (K4:3)

예언자 무함마드는 가정 내의 결혼, 교육, 재산권 행사 등의 여러 분야에 대해서 여성의 권한을 극적으로 향상시켰다. 그의 가르침에 따라 7세기에 확립된 이슬람 종교법체계에 따르면 여성은 남편의 것과는 별도로 '자신의 재산'을 소유할 수 있고, 자신의 힘으로 벌어들인 재산에 대해서는 배타적인 권리를 가지고 있다. 기독교 세계에서는 1천 년 이상 지난 다음에야 명문화된 규정들이다.

그렇지만 이런 것들은 경전과 법률에 그렇게 적힌 것뿐이고 실질적인 상황은 다른 문화권과 마찬가지로 예언자의 가르침과는 정반대로 가고 말았다. 중혼과 관련해서도 무슬림 남자들은 마치 예언자로부터 최대한 네 명까지는 마음대로 여자를 얻을 수 있는 특권을 허락받은 것처럼 해석했다. 그러한 결과 현대 사회에서는 아프가니스탄의 탈레반들의 경우에서 볼 수 있듯이 여성에 대한 최악의 인권 유린으로 귀결되었다.

그렇지만 범세계적으로 약 2천 년 정도 지속된 속박과 시련의 기간 동안 여자들은 바보도 아니었고, 사회체제가 강요하는 대로 무조건 순종하기만 한 것도 아니었다. 억압적인 체제하에서 자신의 이름으로 나서는 것이 원천적으로 봉쇄되자 여자들은 어머니의 이름으로, 그리고 아내의 이름으로 남자들에게 교묘한 방식으로 줄곧 반격을 가하고 있었다. 남자들로서는 제대로 파악할 수도 없고 도저히 저항할 수도 없는 전략이었다.

모든 사물에는 항상 밝은 면과 어두운 면이 공존하며 절대적인 가치인 모정도 예외가 아니다. 자신의 몸에서 자신의 분신을 만들어 내는 데 따르는 생물학적인 본능에 기인한 것인지 아니면 사회적인 속박으로 인해 자신이 이룰 수 없는 것을 후세에서 보상하고자 하는 것인지는 알 수 없지만, 역사적으로 여자들은 남자에 비해 훨씬 더 혈통에 집착하는 경향을 보여 왔다.

이러한 경향 자체가 잘못된 것이라고 할 수는 없지만, 때때로 이 집착이 도를 넘어 은밀하고 사악한 음모를 낳고 그 음모는 잔인하고 추악한 범죄를 낳곤 했던 것이 문제였다. 어머니라는 신성한 이름으로 행해진 범죄행위였다. 세계의 역사에서는 그러한 범죄 행위가 강력한 제국의 기초를 크게 흔든 경우도 적지 않게 찾아볼 수 있다.

어머니라는 이름으로 행해진 다른 유형의 범죄 행위도 있었다. 당당하게 자신의 이름으로 권력을 잡을 여건에 놓여 있지 않았던 여성들은 종종 자신이 아니라 자기 아들의 이름으로 권력을 잡았지만 얼마 후에 바로 그 아들과 경쟁자가 되는 경우가 있었다. 모든 어머니가 자식을 위해서 희생하는 것은 아니다. 모정과 권력 중에서 하나만 선택해야 하는 경우에 어떤 어머니들은 과감하게 모정을 버리고 권력을 선택하기도 했다.

그들 중에는 자신이 낳은 자식을 죽인 사람들도 여러 명 있었으며 두눈을 뽑아 장님으로 만든 사람도 있었다. 그렇지만 여성의 이러한 선택이 단순히 여성 전체의 사악함을 반영한다고 생각하지도 않으며, 그 여성 개인의 선량함이나 사악함을 판단하는 기준이 될 수도 없다고 생각한다. 모든 사람이 가지고 있는 권력에 대한 욕구 역시 모정만큼이나 원초적인 본능이기 때문이다. 그러한 것은 단지 선택의 문제일 뿐이다.

정복자를 소유했던 여인

마케도니아의 올림피아스

"어느 정도 정신적인 결함을 가지고 있지 않은 사람은 결코 영웅이 될 수 없다."

당연한 이야기이다. 정신적인 결함이 거의 없는 사람은 상식적으로 생각하고 평범하게 행동하는 '보통 사람'이다. 영웅의 모습과는 거리가 멀어도 한참 멀다.

어머니들이 자식을 키우는 일은 분명히 보통 힘이 드는 일이 아니지만, 자식에게 이렇게 문제가 있을 때는 더욱 그럴 것이다. 이 장의 이야기는 어린 시절부터 소문난 망나니였던 아들을 난폭하기는 해도 그런대로 통제가 가능한 남자이자 대단한 영웅으로 키워냈던 어느 어머니의 이야기이다.

필리포스 2세

유럽의 고대사에서 최고의 영웅은 마케도니아 출신의 정복자 알렉산드로스 대왕이다. 그런데 그는 심각한 수준의 정신적 결함을 가지고 있었다. 현대의 정신과 의사라면 분명히 조울증과 정신 분열증 증세를 경고하고 격리조치를 내렸을 것이다.

알렉산드로스는 열두 살 때 첫 번째 살인을 저지른 것으로 기록되어 있다. 희생자는 그에게 천문학을 가르치던 가정교사였다. 정황을 쉽게 표현하자면, 정서가 불안한 초등학교 6학년 아이에게 선생님이 좀 더 집중해서 공부하라고 다그치자 짜증이 잔뜩 난 아이가 경호원의 창을 빼앗아 내질렀고, 가정교사가 이에 찔려 사망한 것이다. 그는 분명히 정서적인 문제를 상당히 가지고 있는 아이였다. 그리고 그의 정서불안은 부모의 불화와 깊은 관련이 있다.

할리우드의 단순한 개념에 의해서 알렉산드로스의 아버지 필리포스 2세(Pilippos II)는 성격이 불안하고 난폭한 사람으로 알고 있지만, 천만의 말씀이다. 그는 정복욕과 명예욕과 허영심이 남보다 많기는 했어도 알렉산드로스보다 훨씬 정상적인 사람이었고 진정한 투사이자 구국의 영웅이었다.

필리포스는 아민타스 3세(Amyntas III)의 셋째 아들이었다. 그가 어린 시절 마케도니아 왕국은 그리 강력하지 못했고 그리스의 폴리스 테베의

영향력 아래에 있었다. 필리포스는 테베에 인질로 보내져 그곳에서 강력한 군사조직 테베 신성단(Sacred Band of Thebes)을 이끌고 있던 파메네스(Pammenes) 장군의 집에 살면서 군사와 외교에 관한 교육을 받았다. 이 테베 신성단은 동성애를 기반으로 하는 조직이었다.[1] 필리포스와 파메네스 사이의 오랜 우정은 필리포스가 장성한 다음에는 동성애 관계로 발전했다.

필리포스가 열여덟 살이 되던 해 마케도니아는 존망의 위기에 빠졌고 그는 급히 귀국했다. 그의 두 형들은 차례로 왕이 되었는데, 큰형 알렉산드로스 2세를 계승했던 작은형 페르디카스 3세(Perdiccas III)가 동쪽 국경으로

마케도니아를 공격한 홉라이트 군사

침입한 일리아인들과 전투를 벌이다 대패하고 자신은 전사한 것이었다. 필리포스가 귀국했을 때 상황은 더욱 악화되어 있었다. 수도 펠라에 가까운 남쪽 해안에 마케도니아의 배신자 아르게우스(Argeus)의 사주를 받은 아테네 함대가 상륙해서 교두보를 완전히 확보한 것이다. 주로 최정예 보병부대 홉라이트(Hoplite)로 구성된 이들은 수도로의 진격까지 계획

1 그리스 사회에서 동성애는 죄악이 아니었을 뿐 아니라 숨겨야 할 부끄러운 것도 아니었다. 신성단과 같은 체계화된 동성애 조직의 기원은 플라톤의 심포지움(Symposium)까지 거슬러 올라간다. 신성단은 동성애 관계에 있는 전사들로 구성되어 있었기에 일단 전투에 돌입하게 되면 구성원들 사이의 연대감이 강할 뿐 아니라 연인들끼리는 서로를 보호하면서 싸웠기 때문에 실제로 초인적인 전투력을 발휘하곤 했다. 테베 신성단은 300명 정도의 소수였지만, 테베 최고의 정예부대로 인정받고 있었다.

하고 있었다. 필리포스는 막대한 공물 등 굴욕적인 조건을 감수하고 일단 일리아인들과 휴전한 다음 아테네의 침입자들과 상대해서 이들을 격파했다. 아테네는 약 3천 명의 홉라이트를 잃었다. 그는 다음해에 일리아인들과 전투를 벌였다. 이번에는 소극적인 수비전이 아니라 적극적인 기습침공이었다. 그는 무려 7천 명의 일리아인을 사살하면서 마케도니아의 영역을 크게 확장시켰다.

그렇지만 안심할 상황은 아니었다. 양쪽의 침입자들을 모두 물리치고 승리를 이룬 결과 국제 관계는 최악의 상황이 되었다. 그나마 남쪽의 테베와는 우호적인 관계였으나 테베는 마케도니아까지 신경 쓸 여유가 없었고 사방에는 적대적인 세력들뿐이었다.[2] 그가 동맹을 맺을 수 있는 유일한 희망은 험한 산악 지대를 너머 북쪽에 자리 잡고 있던 에피루스(Epirus) 왕국 단 하나였다.

바르바로이 미르탈레

알렉산드로스의 어머니는 에피루스 왕국의 왕녀 올림피아스(Olympias)이다. 원래 그녀의 이름은 미르탈레(Myrtale)였다. 당시의 에피루스는 미르탈레의 숙부인 아림바(Arymbas)가 통치하고 있었으며, 정당한 왕위 상속자인 미르탈레의 남동생 알렉산드로스 1세는 아직 어린아이였다.

필리포스가 에피루스를 처음으로 공식 방문했을 때 미르탈레는 열다

---

2 마케도니아는 그리스인 취급을 받기는 하였으나 남부 그리스의 폴리스로부터는 '야만인'이라는 의미의 바르바로이(Barbaroi)라고 멸시를 당하던 사람들이었다. 그러나 지형적인 영향으로 산악 지대와 해변 지대의 도시 형태 이상으로 발전하는 데 제한이 있었던 주요 폴리스들과는 달리 마케도니아는 자체적으로 넓은 영토를 갖고 있는 국가였기 때문에 자주 침략과 약탈의 대상이 되곤 했다.

섯 살이었다. 두 사람은 정략결혼이 논의되기도 전에 격렬한 사랑에 빠졌고,[3] 2년 후에 정식으로 결혼했다. 그러나 두 사람 모두 불 같은 성격의 소유자였기 때문에 결혼 생활은 그리 순탄하지 않았다. 어느 날 밤에 격렬하게 사랑하고는 다음날 아침에 치열하게 싸웠다가 바로 그날 저녁에 화해하고 다시 사랑하는 식이었다.

미르탈레가 펠라의 왕궁 생활을 견디기 어려워했던 또 다른 이유는 그녀가 그리스인들이 경멸하는 바르바로이(Barbaroi)라는 사실이었다. 미르탈레는 트로이 전쟁의 영웅인 아킬레우스의 직계 후손으로, 당시 그리스인들의 기준으로는 '고대인' 이다. 아킬레우스는 미케네인이었고, 미케네인들은 생긴 모습부터 지중해 종족인 당시의 그리스인들과는 완전히 달랐고 사용하는 말도 달랐다.[4]

미케네인들은 키가 크고 금발이었으며 머리카락을 길게 기르는 풍습을 가지고 있었다. 에피루스인들은 지중해 민족인 헬레네스가 아니라 미케네인의 후손인 몰로시안(Molossian)이었다. 현존하는 올림피아스의 조각상에서 확인할 수 있는 바와 같이 그녀는 미케네인의 특징적인 모습을 뚜렷하게 지니고 있었다. 미르탈레는 아무 옷이나 입고 숨어 있어도 사람들의 눈에 확 띄는 굉장한 미인이었다고 한다. 이 기록 역시 그녀의 조각상으로부터 사실임을 확인할 수 있다.

마케도니아 사람들은 아테네나 스파르타 같은 남쪽 지중해의 그리스

---

3 필리포스와 미르탈레는 함께 북에게 해에 위치한 사모트라키아(Samothracia) 섬에 있는 '위대한 신들의 성소' 를 탐험하다가 사랑에 빠졌다고 한다. 이곳에는 디오니소스가 남긴 수수께끼가 있었다고 하는데, 그것이 호기심 많은 탐험가들을 자극했다. 이후로도 유명한 인물들이 그 수수께끼의 실마리를 찾기 위해 이곳을 탐험했다.

4 호메로스의 서사시 〈일리아드〉의 오디세우스나 아킬레우스 같은 그리스인과 알렉산드로스 시절의 그리스인들은 완전히 다른 종족이다. 그리스에서 미케네 문명이라는 청동기 문명의 꽃을 피운 사람들이 미케네인이며, 이들의 이야기가 바로 〈일리아드〉와 〈오디세이〉이다. 호메로스는 그의 저서에서 이들을 '긴 머리의 아케아인' 이라고 표현했지만 인류학적으로는 그리스인들과 확연하게 구분된다.

인들로부터 바르바로이라고 멸시를 받으면서도 자신들은 순수한 그리스인에 속한다고 믿고 있었다. 즉 마케도니아인들에게 바르바로이는 정복의 대상이며 노예가 될 운명을 가지고 태어난 사람이지 왕비가 될 수 있는 사람은 아니었던 것이다. 사나운 성질로 이야기하자면 필

필리포스

리포스보다 훨씬 더했던 미르탈레가 이러한 마케도니아인들과 좋은 관계를 유지했을 리 만무했다.

그녀는 열아홉 살에 아예 짐을 싸서 에피루스로 돌아갔다. 강력한 군사동맹으로 묶여 있는 두 나라의 관계를 염려한 아림바는 노발대발했지만, 미르탈레는 이에 아랑곳하지 않고 자유분방한 생활을 즐겼다. 그리고 몇 달을 버티다 마케도니아로 돌아왔다. 그녀에게는 돌아올 수밖에 없는 또 다른 이유가 있었는데, 바로 필리포스의 아이를 가진 것이다. 펠라로 돌아온 지 얼마 되지 않아서 그녀는 알렉산드로스를 출산해야 했다. 그 이전에 마케도니아 왕가에는 두 명의 알렉산드로스가 있었기 때문에 태어난 아이는 공식적으로 알렉산드로스 3세였다.

필리포스는 미르탈레가 에피루스에서 벌였던 화려한 애정행각에 대해서 잘 알고 있었다. 두 사람 사이에는 당연히 큰 싸움이 벌어졌다. 일부 역사가들은 이 사실을 근거로 해서 알렉산드로스가 필리포스의 자식이 아닐 것이라는 의혹을 제기하지만 임신에서 출산까지 걸리는 시간을

를 고려하자면 이 주장은 근거가 없다. 또한 필리포스가 미르탈레와 싸우면서 알렉산드로스를 가리켜 '순수한 마케도니아의 혈통'이 아니라고 한 말은 그가 자신의 아들이 아니라는 뜻으로 한 말은 아니었다. 이 비난에 대해 미르탈레는 알렉산드로스가 '제우스의 아들'이라고 응수했지만, 이것 역시 상징적인 의미였다. 미르탈레는 에피루스의 왕녀인 동시에 디오니소스의 신전을 지키는 무녀이기도 했다.[5]

며칠간 격렬하게 싸운 후 두 사람은 언제나 그랬던 것처럼 다시 화해하고 바로 다음해에, 정확하게 열 달 만에 알렉산드로스의 여동생 클레오파트라(Cleopatra)를 연년생으로 낳았다. 이러한 상황이 두 사람의 관계를 단적으로 설명할 수 있는 결정적인 장면이다.

사실 필리포스가 미르탈레에게 큰 소리칠만한 입장은 아니었다. 그는 양성애자이면서도 여성 편력이 대단한 사람이었다. 공식 비공식 여부를 떠나서 순서로만 보자면 미르틸레는 필리포스의 네 번째 부인이었다. 필리포스에게는 이 시기에 이미 '비합법적인 아들'도 여러 명 있었다. 그렇지만 알렉산드로스 남매의 출산을 계기로 미르탈레는 필리포스에게 상당히 순종적이 된 듯하다. 누가 보아도 몰로시안이라는 사실을 알 수 있는 자신의 이름도 필리포스의 올림픽 우승을 기념하여 그리스적인 취향이 물씬 풍기는 올림피아스로 바꿨다.

---

[5] 올림피아스는 역사가들에 의해서 심하게 악녀로 왜곡된 인물 중 한 명이다. 후일 기록된 역사에 의하면 필리포스가 잠자리에 들다가 올림피아스가 커다란 뱀을 몸에 휘감고 있는 모습을 보고 기겁을 했다는 구절이 있다. 이 에피소드가 사실이라고 해도 그런 상황에서 필리포스가 기겁을 할 리 없다. 뱀이 '유혹하는 자'의 이름을 얻어 타락한 시기는 기독교가 도입된 이후였다. 그 이전의 뱀은 영생과 불멸을 상징하는 신성한 동물이었다. 이 에피소드는 사실이라기보다는 한 사람의 무녀로서 수행했던 올림피아스의 종교적인 활동과 연관된 것이라고 할 수 있다. 그렇지만 후일 올림피아스가 알렉산드로스가 '제우스의 아들'이라고 한 언급은 알렉산드로스 자신에 의해 교묘하게 정치적으로 이용된다.

필리포스의 정복욕

알렉산드로스의 출생 이후 올림피아스가 필리포스에 대한 자세를 바꾸면서 다시 단란한 가정으로 돌아왔지만 그 평화도 잠시, 그들 사이에는 또 다른 문제가 발생했다. 필리포스가 남부의 강력한 도시국가들인 테베와 포키스(Phocis) 사이에 벌어진 전쟁[6]에 개입한 것을 신호탄으로 본격적인 정복 전쟁에 뛰어든 것이다. 필리포스는 올림피아스를 어린 남매와 함께 펠라에 놓아둔 채 전장을 누비기 시작했다.

필리포스는 올림피아스와 자주 다투기는 했어도, 열정적으로 그녀를 사랑하고 있었으며 언제나 그녀의 충실한 보호자였다. 그렇지만 이제 올림피아스는 그녀를 제거하기 위해 사방에서 몰려드는 마케도니아 귀족들을 혼자의 힘으로만 상대해야 했다. 그녀는 자신이 가진 모든 것을 쏟아 부으면서 생존을 위한 투쟁을 벌였다. 그녀는 필리포스 대신 아들 알렉산드로스에게 거의 병적인 수준으로 집착했다.

이러한 모습은 누구나 이해할 수 있을 것이다. 어린 아들이 그녀 자신과 어린 남매로 이루어진 작은 가족을 보호하는 유일한 수단이었던 것이다. 이러한 사정을 아는지 모르는지 필리포스는 전장에서 승승장구했다. 테살리아 지방[7]을 장악함으로써 결정적으로 유리한 전략적인 고지를 차지했다. 이 지역에는 광산이 곳곳에 산재해 있을 뿐 아니라 전통적으로 강한 기병들을 징집할 수 있는 지역이었다.

필리포스는 마케도니아를 위협하던 아테네인들의 마지막 거점 메톤

---

6 테베와 포키스 사이의 전쟁은 신성 전쟁(Sacred War)이라고 한다. 델포이 신전의 관할권을 놓고 싸웠기 때문이다. 모두 세 번의 전쟁이 일어났는데 최종적인 승자는 결국 그 어느 쪽도 아닌 마케도니아였다.
7 테살리아는 그리스의 중부 동쪽 지역을 가리킨다. 이 지역 사람들은 아주 오래전부터 말을 방목하면서 자연스럽게 기마술을 다져왔다. 후일 알렉산드로스 원정군의 정예부대인 기병대의 주력이 바로 테살리아 기병들이다.

을 공략할 때 한쪽 눈을 잃어 잠시 집으로 돌아왔지만, 그 부상이 남쪽을 향한 그의 야망을 막지는 못했다. 그의 목표는 분명해졌다. 이제는 테베에 대한 군사지원이 아니라 그리스 반도의 통일이 목표이었다. 반도의 남쪽 끝에는 많이 쇠락했다고 하지만, 최강의 폴리스인 아테네와 스파르타가 건재하고 있었다.

알렉산드로스가 열 살이 넘었을 때야 아테네와의 분쟁이 종료되고 영토를 확정하기 위한 폴리스 간의 협상이 이루어졌다. 아직 스파르타가 남아 있었으나 필리포스는 마케도니아로 돌아왔다.[8] 이때부터 대략 3~4년 정도가 필리포스와 올림피아스가 큰 문제없이 모범적으로 가정을 꾸려갔던 유일한 시기였다.

그러나 이 짧은 가정의 평화는 필리포스의 정복욕 때문에 쉽게 깨지고 말았다. 이번에는 방향을 북쪽으로 잡았다. 트라키아[9]라고 불리던 그곳은 막강한 초원의 전사들인 스키타이인들도 활동하고 있던 위험한 지역이었다. 필리포스는 현재의 이스탄불인 비잔티움에 도착하여 도시를 포위했다. 비잔티움 바로 앞쪽으로는 좁은 바다를 건너 페르시아가 자리 잡고 있었다. 풍요로운 아시아 대륙이 펼쳐져 있었던 것이다. 바로 이 광경이 그가 아시아 원정을 계획하는 계기가 되었을 것이다.

필리포스는 집요한 공격을 퍼부었지만 끝내 비잔티움을 함락시키지 못했고, 패전으로 인해 그의 권위가 손상되면서 그리스 전체가 요동쳤다. 테베와 아테네는 그리스 전역에 대한 주도권을 회복할 기회로 삼았다. 필

---

8 필리포스가 스파르타를 공격하지 않은 이유는 그들을 두려워해서가 아니라 그들을 존중했기 때문이었다. 필리포스는 이때 스파르타에게 최후의 통첩을 보냈다. "더 이상 지체하지 말고 내 충고를 들어라. 만약 나의 군대가 그대들의 땅에 들어가게 되면 그대들의 농장을 불태우고 사람들을 학살하고 도시를 파괴하게 될 것이다." 이에 대한 스파르타의 답신은 너무나 짧았다. "만약." 필리포스는 미련 없이 회군했다. 스파르타인들의 용기와 함께 그의 개성을 잘 보여주는 일화이다.
9 현재의 동부 그리스에서 아드리아 해를 끼고 동진해서 이스탄불까지 이르는 광활한 지역이다.

리포스는 급히 회군해야 했다. 열여덟 살이 된 알렉산드로스가 에피루스로부터 지원받은 병력을 지휘해서 남하, 필리포스에게 합류했다. 마케도니아군은 주로 테베와 아테네의 시민으로 구성된 폴리스 연합군과 그리스 중부에 위치한 카이로네이아에서 정면승부를 벌였다.

이 카이로네이아 전투에서 필리포스는 알렉산드로스와 함께 싸웠으며, 긴 시간의 전투 끝에 최종적으로

어린 시절의 알렉산드로스 대왕

큰 승리를 거두었다. 아테네의 병력 손실도 심각했으나 테베의 경우는 완전 전멸 수준이었다. 특히 한때 필리포스 자신이 몸담았던 최정예 부대 테베 신성단의 경우는 총 300명의 병력 중에서 254명이 전사하고 46명이 중상을 입은 채 포로가 되었다. 이 전투로 마케도니아는 그리스 전체의 주도권을 확보했다.

필리포스는 테베나 아테네에 대해 더 이상 책임을 묻지는 않았다. 그는 그리스의 폴리스 전체가 하나의 동맹체를 이루고 더 이상 폴리스끼리의 전쟁은 벌이지 말자고 호소했다. 이렇게 해서 결성된 것이 바로 '코린토스 동맹' 혹은 '헬레닉 동맹'이라고 부르는 것이다. 스파르타와 스파르타의 영향력 아래에 있는 키프로스 섬을 제외한 모든 그리스 폴리스와 식민지가 이 동맹에 가입했다.

여기에 고무된 필리포스는 한발 더 나아가 폴리스와 왕국들은 모두 단결해서 그리스의 오랜 숙적인 페르시아를 타도하자고 제안했다. 그러자 모든 그리스인들이 열광했다. 필리포스는 갓 마흔이 되었을 때 그가 오를 수 있는 최고의 자리에 오른 듯했다. 그렇지만 이 시기에 그에게는 불운이 서서히 다가오고 있었다. 이 불길한 기운은 그가 가장 사랑하던 사람들로부터 시작되고 있었다.

필리포스와 올림피아스

이 가족의 관계 중에서 먼저 부자 관계를 보자면, 필리포스가 알렉산드로스를 사랑했다는 사실은 분명하다. 거금을 투자해 당대 최고의 석학인 아리스토텔레스를 초청해서 아들의 스승으로 붙여 주었다. 또한 그가 아들을 신뢰했다는 사실도 분명했다. 그는 자신이 원정에 나가 있는 동안에는 알렉산드로스가 국내 문제를 결정할 수 있도록 전권을 위임해 놓고 있었다.

알렉산드로스는 마마보이에다 철없는 망나니였지만 카이로네이아 전투에서 능력을 증명해 보였다. 필리포스는 최종적인 항복 조건을 협의하기 위해 아테네로 보낼 전권대사를 임명할 때 알렉산드로스를 선임했다. 이것은 분명히 아들을 자랑스럽게 생각하는 아버지의 모습이었다. 즉 알렉산드로스를 가운데 두고 그의 사랑을 얻기 위해 필리포스와 올림피아스가 경쟁을 벌이던 상황이었다고 할 수 있다. 그렇다면 쉬지 않고 전장을 누비고 다녔던 필리포스는 이 경쟁에서 절대적으로 불리한 위치에 있었다.

히다스페스 전투의 알렉산드로스와 헤파이스티온

사실 아버지의 입장에서 보자면, 알렉산드로스와 같이 철저하게 어머니에게 의존하는 마마보이이자 술과 여자에 빠져 있는 망나니는 정말 한심했을 것이다. 필리포스는 알렉산드로스의 주변을 감싸고 있던 헤파이스티온(Hephaestion)[10]이나 프톨레마이오스(Ptolemaios)[11]와 같은 절친한 친구들을 멀리 쫓아 보낸 적이 있었다. 이들과 어울려 다니면서 주색잡기에 탐닉하는 알렉산드로스가 못마땅했기 때문이었을 것이다. 이렇게 되면 아버지들은 대부분 그 책임을 아들이 아니라 부인에게 묻게 된다.

필리포스와 올림피아스의 관계를 본다면 이들은 조금 유별나기는 했어도 서로 사랑했던 사이임에는 틀림없다. 현대 심리학에서는 이 부부와 유사한 관계를 '애증이 공존하는 관계'라고 부른다. 하루가 멀다 하고 서로 잡아먹을 듯이 격렬하게 싸우는 것도 열렬히 사랑하는 사이일 때만 일어날 수 있는 현상이다. 사랑하는 사이가 아니라면 증오도 없고 싸울 일도 없다. 사랑이 식게 되면 싸우는 것이 아니라 서로에 대해 무관심해지는 현상이 발생하게 된다. 그런 의미에서 필리포스와 올림피아

---

10 알렉산드로스의 가장 절친한 친구로 그보다 1년 먼저 병사했다.

11 필리포스의 비합법적인 아들이자 알렉산드로스의 이복형제가 거의 확실하다. 뛰어난 장군으로 훗날 이집트에서 자신의 왕조를 열었다.

223

스는 서로 열렬하게 사랑했던 사이가 분명하다.

　그런데 이 애증이 공존하던 부부 관계를 치명적으로 손상시키는 결정적인 사건이 발생했다. 코린트 동맹이 결성된 바로 그해에 당시 마케도니아의 최고 실력자인 아탈루스(Attalus)는 자신의 조카인 클레오파트라와 필리포스의 결혼을 추진했다. 그는 페르시아 원정군의 공동 사령관이기도 했다. 당시의 그리스 문화권에는 클레오파트라라는 이름이 아주 흔했기 때문에, 이 여인은 '클레오파트라 에우리디케(Cleopatra Eurydice)'라고 부른다. 위험한 원정을 위해서는 국내에서의 전폭적인 지지가 필요한 시기니만큼 필리포스도 이를 환영했다.

　과거에 그가 얼마나 열렬히 올림피아스를 사랑했는지는 몰라도 애석하지만 사랑은 영원한 것이 아니다. 그때 필리포스의 나이는 마흔세 살로 세월과 함께 지나간 옛사랑보다는 현실적으로 얻을 수 있는 정치적인 실익을 훨씬 더 중요하게 생각하는 것이 당연한 나이였다. 세상 이치를 알 만큼 아는 올림피아스 역시 그 결혼에 대해 별다른 이의를 제기하지 않았다. 이번에는 '정식' 결혼이라는 사실이 마음에 걸릴 뿐 필리포스에게는 남자 여자를 가리지 않고 항상 연인들이 있었다. 그녀는 이 결혼의 피로연에도 참석했다.

　그런데 정말 심각한 문제는 축하연의 분위기가 상당히 올랐을 때 우발적으로 발생했다. 아탈루스가 신혼부부에게 축하인사를 건네면서 '순수한 마케도니아 혈통'의 '적법한 후계자'를 낳으라고 말한 것이다. 마케도니아 귀족들의 속마음을 솔직하게 털어놓았는지는 몰라도 이 말이 올림피아스를 크게 자극했다.

　올림피아스와 알렉산드로스는 일심동체나 마찬가지였다. 올림피아스 대신 알렉산드로스가 아탈루스를 향해 마시던 술잔을 집어던졌다. 이 광경을 목격한 필리포스가 벌떡 일어나 알렉산드로스를 향해 달려들었다. 그렇지만 술에 너무 취해 있었기 때문에 앞에 있던 탁자에 걸려 방바닥에 넘어졌다. 알렉산드로스는 그런 아버지를 비웃었다.

"이 방에 있는 한 사람은 페르시아를 향해 바다를 건너려고 하는데 다른 한 사람은 탁자조차 건너지 못하는구나!"

화가 난 필리포스는 올림피아스에게 이혼을 선언하고 알렉산드로스와는 의절하겠다고 말한다. 이 말은 올림피아스에게 큰 충격이었다. 사실 말로 하자면 필리포스와 올림피아스는 그때까지 벌써 수백 번은 이혼을 한 사이였다. 그러나 그 관계 단절의 대상에 자랑스러운 아들 알렉산드로스까지 포함된다면 이것은 어머니로서 도저히 용서할 수 없는 범죄 행위였다. 그녀는 알렉산드로스만을 데리고 연회장을 빠져나와 그길로 에피루스로 출발했다.

올림피아스와 알렉산드로스는 일 년 가까이 에피루스에 머물렀다. 당시에는 올림피아스의 남동생 알렉산드로스 1세가 왕위에 올라 있었다. 이 사람은 후일 이탈리아로 원정을 단행해서 큰 성공을 거둔 상당히 유능하고 괜찮은 왕이었는데, 알렉산드로스 대왕과 구분하기 위해서 '에피루스의 알렉산드로스'라고 부른다. 잔뜩 독이 오른 올림피아스는 이 착한 동생을 윽박질러서 마케도니아와의 전쟁을 준비하도록 했다.

그러자 다급해진 쪽은 필리포스였다. 에피루스인들은 하나하나가 강인한 전사들이었고, 에피루스의 알렉산드로스는 북방의 스키타이인들과도 우호적인 관계를 맺고 있었다. 일단 전쟁이 일어나면 마케도니아가 그동안 주로 상대해 왔던 그리스인들과는 비교도 되지 않는 강력한 팔랑크스 군단[12]과 그들이 알고 있는 세계에서는 가장 유능한 경기병[13]

---

[12] 중무장한 보병들이 큰 방패로 사방을 에워싼 직사각형 대형으로 천천히 전진하면서 긴 창으로 전후좌우에 있는 적들을 모두 제거하는 방식으로 전투를 진행하는 강력한 보병부대이다.

들을 동시에 상대해야 할 판이었다.

필리포스는 예쁘게 자라난 자신과 올림피아스의 딸 '마케도니아의 클레오파트라'를 데리고 에피루스에 나타났다. 그가 정치적인 목적으로 올림피아스에게 화해를 청했는지 아니면 진정으로 뉘우치고 용서를 구했는지는 분명하지 않다. 그리고 그 어떤 쪽이든 올림피아스의 마음을 돌이키기에는 이미 늦은 상황이었다. 올림피아스의 기준으로 필리포스는 어떤 경우라 해도 넘어서는 안 되는 선을 이미 넘었던 것이다.

그렇지만 올림피아스는 넉살좋게 용서를 구하는 필리포스와 극적으로 화해했다. 최소한 완전히 화해를 한 것처럼 보였다. 이 화해의 제스처는 에피루스의 왕 알렉산드로스와 마케도니아의 왕녀 클레오파트라와의 성대한 결혼으로 마무리되어 극적인 효과를 추가했다. 필리포스는 올림피아스와 알렉산드로스를 데리고 마케도니아로 귀국했다.

그리고 그는 서둘러 페르시아 원정군의 출정 준비를 시작했다. 그리스인들은 풍요로운 동방에 대한 약탈의 달콤한 꿈에 빠져들었고, 그리스 반도 전체가 들떴다. 대규모의 원정군이 편성되고 각 폴리스에 속한 함대에도 집결명령이 하달되었다.

기원전 336년 마케도니아의 옛날 수도였던 에게(Aegae), 이 고도에서 에피루스의 알렉산드로스와 필리포스의 아름다운 딸 클레오파트라의 결혼을 축하하기 위한 성대한 피로연이 열렸다. 이 피로연은 페르시아 원정을 위한 실질적인 출정식이기도 했다. 마케도니아뿐 아니라 그리스 전역에서 내로라하는 인물들은 모두 모여들었다. 필리포스는 스무 살의 장성한 아들 알렉산드로스와 측근들을 데리고 환호하는 군중들에게 답

13 테살리아 기병들은 투창을 사용하지만 스키타이 기병들은 활을 사용했다. 사정거리가 길고 연사속도가 빠르기 때문에 전투력에서 상대가 되지 않았다.

하면서 연회장으로 입장했다. 일행들은 모두 비무장이었으며 일곱 명의 경호원들만 무장을 하고 있었다.

그때 경호원 중의 한 명인 오레스티스 출신의 파우사니아스(Pausanias)가 갑자기 창으로 필리포스를 깊게 찔렀다. 치명상을 입은 필리포스는 알렉산드로스의 품에서 절명했다. 파우사니아스는 도주를 시도했으나 또 다른 경호원 레오나투스(Leonnatus)가 던진 창이 그의 등으로부터 몸통을 관통했다. 파우사니아스는 필리포스의 동성애 파트너였다가 새로운 왕의 남자인 아탈루스의 조카[14]가 나타나면서 왕으로부터 버림받은 비련의 연인이었다. 파우사니아스도 필리포스와 함께 그 자리에서 절명했다.

암살 사건에 대한 철저한 수사가 이루어지자 미리 치밀하게 계획된 음모임이 밝혀졌다. 파우사니아스가 도주할 수 있도록 미리 준비된 말까지 대기하고 있었다. 암살과 관련되어 두 사람이 더 기소되어 처형되었다. 레오나투스는 암살자를 충분히 생포할 수 있는 상황에서 사살했다는 의심을 받고 관련 여부와 증거인멸 혐의에 대한 조사를 받았지만 무혐의로 풀려나고 계급이 강등되는 징계만 받았다.

그리스 전체가 충격을 받을만한 큰 사건이었지만, 알렉산드로스는 기민하게 사태를 수습했다. 그는 필리포스의 뜻에 따라 즉각적인 페르시아 원정에 나서야 한다고 주장해서 이미 집결해 있는 원정군의 전폭적인 지지를 얻어냈다. 그는 서둘러 아버지의 장례를 치르고 모든 사태의 책임을 아탈루스에게 물어 그를 처형했다. 알렉산드로스는 델포이 신전의 신탁을 청한 다음 원정군을 필리포스가 세워 놓은 일정에 따라 페르

---

14 이 사람의 이름도 파우사니아스이다. 그는 오레스티스의 파우사니아스에게 모욕을 당하자 조그마한 전투에서 자살로 의심될 만큼 무모한 행동을 해서 죽었다. 그 보복으로 아탈루스는 사람들을 시켜 오레스티스의 파우사니아스를 만취하게 만들고 그를 윤간하도록 했다. 필리포스가 이 사건의 주모자 아탈루스를 처벌하지 않자 파우사니아스는 심한 모욕감을 느끼고 있었다.

시아를 향해 출발시켰다.

원정군이 출발하자 올림피아스는 멋진 무덤을 하나 세웠다. 그 무덤은 필리포스를 위한 것이 아니라 암살자 파우사니아스를 위한 것이었다. 가장 비극적인 운명을 맞이한 사람은 공식적으로는 필리포스의 두 번째 부인인 클레오파트라 에우리디케였다. 그녀가 낳은 두 아이가 올림피아스에 의해 살해되자 그녀는 목을 매어 스스로 목숨을 끊었거나 자살을 강요받았다고 한다.[15]

알렉산드로스와 올림피아스

필리포스의 암살 사건으로 가장 수혜를 받은 사람은 알렉산드로스였지만, 대부분의 역사가들은 알렉산드로스에게는 혐의를 두지 않고 올림피아스의 단독범행으로 기술하고 있다. 알렉산드로스는 고대 유럽사의 최대 영웅이며 그 위대함을 훼손하는 역사 서술은 일단 부담스러울 수밖에 없을 것이다. 그들은 올림피아스가 절망에 빠진 암살자를 사주해서 남편을 살해하고 또 다른 자를 매수해서 그 암살자를 다시 살해하는 이중의 음모를 꾸몄다고 결론을 내렸다.

그 기술이 사실이라고 해도 그녀의 행동을 이해하지 못할 바는 아니다. 올림피아스는 자유분방하고 격렬한 성격을 가진 여자였다. 그렇지만 알렉산드로스 남매가 태어난 이후에는 자신의 개성을 최대한 억제하고 모든 것을 포기하면서 자식들을 위해 모든 것을 희생했다. 목적은 단

---

15 이 주장에 대해서는 그녀가 낳은 아이는 하나뿐이라는 설과 갓난아이의 살해는 없었다는 설도 있어 논란의 여지가 있다.

하나, 그들을 보호하기 위해서였다. 자식을 위해서라면 그 어떠한 일이라도 할 수 있는 것이 여자의 본성이 아닌가?

십 년간의 원정기간 동안 올림피아스와 알렉산드로스는 꾸준하게 편지를 주고받으면서 서로에 대한 애정을 확인했다. 올림피아스에게 알렉산드로스는 이 세상의 모든 것이었으며, 알렉산드로스에게 올림피아스는 어머니이자 연인이며 스승이었다.[16] 알렉산드로스의 사생

필리포스의 아내이자 알렉산드로스의 어머니였던 올림피아스

활은 여전히 많은 문제를 가지고 있었지만, 그는 애정이 가득 담긴 편지와 함께 눈부신 승전보를 연이어 전해왔다. 어머니에게는 가장 큰 축복이었을 것이다.

알렉산드로스가 인생의 정점에서 맞이한 급작스러운 죽음은 그녀에게 큰 충격이었다. 알렉산드로스가 죽자마자 마케도니아는 알렉산드로스의 위업을 찬탈하려는 자들의 준동으로 추악한 권력 투쟁의 무대가 되었다. 그렇지만 올림피아스는 이 권력 투쟁에 개입하지 않았다. 그녀는 조용히 자신의 친동생과 딸이 있는 에피루스로 돌아와 은둔했다. 그녀에게 아들의 부재는 커다란 상실이었던 것이다.

올림피아스는 에피루스에 머물며 오직 알렉산드로스만을 추도하며 살았지만 그 추도의 기간은 4년뿐이었다. 갑자기 그녀에게 다시 할 일이 생겼다. 알렉산드로스가 죽은 후 박트리아의 왕녀 록사나(Roxana)가 유

---

16 실제로 올림피아스의 적들과 후대의 악의적인 역사가들은 그녀와 알렉산드로스의 근친상간 의혹을 제기하곤 했다.

복자를 낳았는데, 이 아이는 알렉산드로스 4세로 불렸다. 올림피아스의 자랑인 알렉산드로스가 죽고 나서 4년 후에 며느리 록사나가 손자를 데리고 에피루스로 망명했다. 알렉산드로스의 위업을 찬탈하려는 야심가 카산다(Cassander)[17]와 그와 동맹한 세력들을 피해 그녀에게 온 것이다.

올림피아스는 무거운 몸을 일으켜 일단의 에피루스 병력과 함께 마케도니아로 남하했다. 그녀는 일단 마케도니아의 권력을 장악하는 데 성공했다. 그리고 나서 약 1년 정도 마케도니아를 철권통치로 공포에 떨게 했다. 이번에는 아무런 권력의 기반도 없는 어린 손자의 미래를 위해서 스스로 악역을 자처한 것이지만, 마케도니아 귀족들의 반감은 극에 달했다. 그녀의 통치는 그리 오래 가지 못했다. 카산다에게 군사적인 패배를 당하고 중립적인 독립 도시 피드나로 피신했으나, 그곳에서 카산다에게 사로잡혀 살해되었다.

올림피아스의 무덤은 만들어지지 못했다. 카산다는 올림피아스가 통치하던 시절 자행한 잔혹한 숙청작업을 이유로 그녀의 시체를 수습해서 매장하지 못하도록 했다. 때문에 누구도 나서서 그녀의 장례를 치르지 않았다. 그녀의 시신은 오랫동안 그대로 방치되었다가 어디론가 사라졌다. 위대한 정복자의 어머니에게는 어울리지 않는 최후였다.

정복자를 소유한 여인

올림피아스는 역사에서 대표적인 '악의 축'으로 매도되는 사람이다.

---

17 몇 년 후 알렉산드로스 4세와 록사나를 죽이고 안티파테르(Antipater) 왕조를 세우지만, 이 왕조는 채 10년도 유지하지 못하고 붕괴되었다.

그녀에 관한 기록을 제공하고 있는 역사 텍스트는 마르쿠스 유니아니우스(Marcus Junianius)라는 후기 로마 시대 역사가에 의한 기록이다. 그는 올림피아스가 죽고 나서 최소한 600년 후의 사람으로 정확하게 어떤 인물인지도 알려지지 않았고, 정확한 역사라기보다는 선정적이고 자극적인 내용의 역사 저술을 주로 남긴 사람이다.

그는 다양한 인물들의 전기를 남긴 사티루스(Satyrus)라는 전문적인 연대기 작가의 기록을 주로 인용했는데,[18] 이 사람도 사건 발생 후 수세기가 지난 프톨레마이오스 4세 시절에 저술활동을 하던 사람이고, 그가 평생 머물렀던 지역은 그리스가 아니라 이집트의 알렉산드리아였다. 이들의 초기 기록 자체부터 상당히 부정확하고 왜곡되어 있었으며, 그 뒤를 이은 기록자들은 부담 없이 그녀에 대한 악의를 첨가해 나갔다.

올림피아스는 단순한 선악의 구분에 따르자면 분명히 사악한 그룹에 속하는 인물이었다. 그러나 선과 악 중에서 하나를 선택해야 할 때 그 선택이 자신의 의사와는 무관하게 주어진 상황에 의해 강요되는 경우가 있다. 세계제국을 만든 알렉산드로스의 어머니라는 사실을 제외한다면 그녀의 인생은 그리 축복받은 것이 아니었다.

몹시 사랑하고 있지만 불성실한 남편, 자신의 존재조차 인정하지 않으려는 적의로 가득 찬 환경, 믿을만한 사람이라고는 단 하나도 없는 외로움. 이러한 환경 속에서 자식들을 지켜내야만 했던 여인에게 어떻게 선량해지기를 바랄 수 있겠는가. 강한 개성과 자유로운 영혼을 가지고 있던 여인이 모든 것을 포기하고 헌신적인 어머니로 변모했지만, 역사는 그 모성에 대해서 대단히 가혹한 평가를 내렸다. 자식과 손자를 위한 것이었다고 하지만 지나친 잔인함이 이유였을 것이다.

---

18 사티루스의 원문 기록은 전해지지 않고 후기 역사가들이 그의 저술로부터 인용한 구절들만 전해지고 있을 뿐이다.

지상에서 가장 강력한 여인

아키텐의 엘레오노르

올림피아스보다 무려 천 년 이상 이후에 등장한 당대 최고의 미녀 엘레오노르(Eleanor of Aquitaine)의 이야기 역시 '여인의 괴로운 선택' 이라는 문제를 제기한다. 그렇지만 이번에는 선과 악 중에서 하나를 선택하는 문제가 아니라 아내와 어머니 중에서 어느 하나를 선택해야 했던 여인의 이야기이다. 이 엘레오노르라는 여인 역시 올림피아스와 마찬가지로 악의적인 역사 기록에 의해 상당히 왜곡된 기억을 남긴 인물이다.

그녀는 특히 사실 여부를 책임지지 않는 문학작품에서 여러 인물들과 얽힌 갖가지 스캔들의 주인공으로 그려졌다. 그렇지만 실제의 그녀는 경건한 신앙심과 남다른 용기와 의지, 자부심, 독립심과 같은 여러 가지 미덕을 가졌던 사람이다. 여기에 뛰어난 미모와 시대에 걸맞지 않는 지성을 가지고 있던 여인이며, 그 시대에는 '지상에서 가장 강력한 여인' 이라는 수사가 따라다닐 정도로 엄청난 영지와 재산을 보유하고 있었다.

아키텐 대공녀

1137년 4월 9일, 전 유럽이 열다섯 살 난 소녀로 인해 떠들썩해졌다. 이미 기혼인 영주들은 입맛을 다시고 미혼인 영주들은 눈에 불을 켰다. 현재 수도원에 머물고 있는 이 소녀와 결혼하기 위해 납치까지 불사할 태세였다. 아키텐 공작녀(Duchess of Aquitaine) 겸 가스코뉴 공작녀(Duchess of Gascony) 겸 푸아투 백작녀(Countess of Poitou)[19]인 엘레오노르(Eleanor). 면적은 현재 프랑스 공화국의 3분의 1 이상, 그것도 가장 풍요롭고 부유한 남서부 지역을 상속받은 이 소녀만 손에 넣으면 유럽의 세력판도까지 바뀔 판이었다.

엘레오노르는 서로 인접한 두 개의 공작령과 하나의 백작령을 '성자(The Saint)' 라는 별명을 가지고 있던 아버지 윌리엄 10세(William X)로부터 물려받았다. 그녀의 어머니는 애노아(Aenor)였다.[20] 엘레오노르의 할

---

19 공작(duke)은 중세 봉건 질서에서 왕 다음의 서열을 가지면서, 거의 독자적으로 군사적, 정치적 지배권을 행사하는 실질적인 통치자였다. 반면 백작(count)은 원래 라틴 계열에서 왕에 의해 임명된 행정장관을 의미했다. 프랑크인들에게 받아들여질 때는 거의 차이가 없었지만, 대부분의 공작령은 백작령보다 그 규모가 훨씬 컸다. 앵글로 색슨 계열에서는 공작이나 백작 대신 'earl' 이라는 직위를 사용했는데, 지휘관(chieftain)의 의미이며 대부분 백작으로 번역한다. 그러나 실제 잉글랜드 역사 속의 earl 중에는 공작 이상의 권위를 가진 사람들도 수두룩했다.

아버지인 '음유시인 윌리엄(William IX, the Troubadour)'과 아버지 '성자 윌리엄' 공작은 모두 문학과 예술에 대해 아낌없이 후원을 하던 사람들이었다. 그런 이유로 아키텐 공작령의 수도인 푸아티에[21]는 유럽 문화의 중심지였으며, 엘레오노르는 무식했던 대부분의 영주나 귀족 여인들과는 달리 어릴 적부터 최고의 교육을 받으면서 자랐다.

엘레오노르에게는 두 살 터울로 두 명의 형제가 있었다. 바로 아래는 앨리스(Alith)라는 여동생이었는데 '페트로닐라(Petronilla)'라는 애칭으로 불렸다. 막내가 남동생 애그레트(Aigret)였다. 엘레오노르가 여덟 살 때 어머니 애노아와 남동생 애그레트가 병으로 함께 죽고 엘레오노르와 페트로닐라 자매만 남았다. 이 시기에 엘레오노르가 부각된 것은 아니었다. 십자군의 일원으로 참가한 동방원정에서 이름을 날린 윌리엄은 아직 젊고 건장했으며 깊은 신앙과 전사로서의 명성으로 당대 기사들에게 귀감이 되는 사람이었다.

1137년 봄 윌리엄은 엘레오노르 자매를 보르도 대주교 제프리(Geoffrey de Lauroux)에게 잠시 맡겨두고 다른 순례자들과 함께 성지 순례에 나섰다. 그리 위험해 보이지 않은 여행이었지만, 이것이 화를 불렀다. 윌리엄이 급작스럽게 식중독에 걸려 죽음을 눈앞에 두게 된 것이다. 그런데 당

20 엘레오노르(Eleanor)라는 이름은 라틴어 'alias Aenor'에서 파생되었다. 이 의미는 '또 다른 애노어'라는 뜻으로 엘레오노르는 원래 어머니의 이름을 그대로 이어받았다.

21 푸아티에는 실제로는 아키텐이 아니라 푸아투 백작령에 위치하고 있었다. 이곳은 후일 중세 문학의 주류로 자리 잡고 먼 후일의 낭만주의 문학에까지 영향을 미치게 되는 '궁정풍 연애(courtly love)' 이야기의 발원지가 되는 곳이다. 푸아티에 궁정에서는 열두 명의 남녀이 모여 작가들이 자신의 작품을 직접 낭송하고 모인 사람들이 이에 대한 감상과 비평을 하곤 했는데, 이때 낭송된 작품들이 주로 귀부인과 기사들의 사랑을 노래한 것들이었다. 또한 이 열두 명이 한데 모여 작품을 평가하는 형식은 영국의 재판제도에 도입되어 후일 배심원 제도로 굳어지게 된다. 엘레오노르가 헨리 2세의 사후에 영국을 다스리면서 죄인들을 심문할 때 이러한 방식을 응용해서 피고와 상관없는 열두 명의 인사들이 유죄 여부를 결정하도록 한 것이 발전하여 영구적인 제도로 정착된 것이다.

시는 영주들이 무력으로 다른 영주들을 공격해 영지를 넓혀가던 시대였고, 아직 성인이 되지 않은 연약한 상속녀에게는 대단히 위험한 시대였다.

엘레오노르와 루이의 결혼식

윌리엄은 죽어가면서도 엘레오노르를 위해서 최선을 다했다. 그는 자신의 죽음을 당분간 공개하지 말라는 지시와 함께 당시 프랑스의 국왕인 '뚱보왕 루이(Louis VI, the Fat)'를 엘레오노르의 후견인으로 임명하는 유언장을 만들어 급히 밀사를 출발시킨 다음에야 숨을 거두었다. 밀사는 보르도를 거쳐 파리까지 단숨에 달려갔다. 루이 왕은 윌리엄의 유언장을 받았지만, 그가 할 수 있는 일이 그리 많지 않았다. 자신도 이질로 죽어가고 있었기 때문이었다.

루이 6세는 후계자인 루이 왕자(Louis VII)를 급히 불렀다. 아버지로부터 상황을 전해 들은 젊은 루이는 이 사태를 호박이 넝쿨째 굴러들어온 것으로 생각했다. 그의 생각뿐만 아니라 사실이 그랬다. 그는 거추장스러운 후견인 노릇을 집어치우고 엘레오노르와 아예 결혼하기로 작정했다. 루이가 파견한 500명의 기사들이 바람같이 보르도로 달려가 엘레오노르 자매를 보호했다.

루이와 엘레오노르의 결혼식은 뚱보왕 루이가 죽기 전에 서둘러 이루어진 것이었는데도[22] 아주 성대하게 치러졌다. 천 명이 넘는 축하객이 참가한 가운데 아키텐 공작녀는 제프리 대주교의 주례로 왕위 계승자와 결혼해서 프랑스의 여왕이 되는 절차를 밟았다. 그녀의 아버지 성자 윌리엄이 죽은 지 두 달 만에 이루어진 일이었다.

파리의 엘레오노르

당시의 모든 역사에서는 공통적으로 엘레오노르가 남자들을 사로잡는 대단한 미인이었다고 기록하고 있다. 그래서인지는 몰라도 루이는 이 어린 신부에게 완전히 빠져들었다. 결혼의 조건도 아키텐, 가스코뉴, 푸아투에 대한 엘레오노르의 소유권뿐 아니라 장차 그들이 낳게 될 아이들이 이 영지에 대해 배타적으로 갖는 상속권까지 보장하는 것이었다. 루이는 엘레오노르를 위해 거금을 들여 파리의 왕궁을 화려하게 장식하기 위한 대대적인 공사까지 벌였다.

그러나 파리의 왕궁에 들어간 엘레오노르는 그곳에서 완전히 이질적인 존재가 되었다. 그 시대는 아직 르네상스가 시작도 되지 않은 때였는데, 엘레오노르는 후일 르네상스의 기준으로도 지성인이었다. 점잖은 궁중의 프랑스어가 아니라 이탈리아어의 영향을 받은 남부의 프랑스어를 사용하는 그녀는 당시의 기준으로는 지나치게 자유분방하고, 지나치게 독립적이며, 지나치게 똑똑한데다, 지나치게 유식했다. 루이의 어머니 아델레이드(Adelaide de Maurienne) 왕후는 엘레오노르가 착하디착한 아들 루이에게 나쁜 영향을 끼치고 있다고 확신했다.

그도 그럴 것이 새로 맞은 며느리는 아직 십 대인데도 정치 문제에 적

22 루이 6세는 이들의 결혼식 이후 약 한 달 반 정도 더 병상에 누워 있다 사망했다.

극적으로 개입하는가 하면, 근엄한 성직자들을 물고 늘어져 예민한 신학 문제에 대해서 토론을 벌임으로써 불경스러운 종교적 도발을 자행하는 것이 아닌가. 그것도 유창한 라틴어를 사용해 직접 대화하면서. 아델레이드 왕후의 우려는 곧 현실로 나타났다. 이것은 왕후뿐 아니라 교황을 비롯한 가톨릭 교회 전체의 우려이기도 했다.

　루이는 원래 독실한 신앙심만큼은 인정받던 사람이었다. 그런 그가 공석이 된 부르주 대주교(Archbishop of Bourges)의 주교 임명권 문제로 교황에게 반기를 든 것이다. 당시 교황 이노첸시오 2세(Innocent II)는 몇 년 전의 악몽이 떠올랐다. 엘레오노르의 아버지 성자 윌리엄은 교회의 개혁을 주장하는 대립교황 아나클레토 2세(Anacletus II)를 지지하면서 이노첸시오 2세와 4년 넘게 대립한 적이 있었던 것이다.

　이노첸시오 2세가 임명한 주교 피에르(Pierre de la Chatre)는 상파뉴 백작 테오볼드(Theobald II)에게 신변 보호를 요청했다. 그런데 여기에 엘레오노르의 여동생 페트로닐라가 왕궁 집사장[23]이자 뚱보왕 루이의 사촌동생인 베르망두아 백작 라울(Raoul I, Count of Vermandois)과 사랑에 빠지면서 사태는 걷잡을 수 없이 복잡해졌다.

　라울이 페트로닐라의 아버지뻘 되는 나이의 유부남이었다는 것도 문제였지만, 그의 본부인이 바로 테오볼드 백작의 조카였다는 사실이 더 큰 일이었다. 엘레오노르는 당연히 라울에게 본부인과 이혼하고 페트로닐라와 정식 결혼할 것을 요구했다. 라울이 어정쩡하게 있는 사이에 테오볼드는 엘레오노르와 페트로닐라를 싸잡아 비난했으며, 엘레오노르는 격노했다. 엘레오노르의 분노는 곧 루이의 군사행동으로 이어졌다.

　루이가 피에르 주교의 축출을 요구하면서 직접 정예 부대를 몰아 상

---

23 프랑스 카페 왕조의 집사장은 왕궁의 단순한 업무를 수행하는 것이 아니라 왕을 대신해 정의를 구현하고 지역에 파견되어 절대적인 행정권까지 갖는 막강한 자리였다.

파뉴를 침공한 것이다. 그는 연이어 승리를 거두며 상파뉴 지방 곳곳을 폐허로 만들었지만, 내전은 무려 2년이나 계속됐다. 이 와중에 비트리라는 작은 마을에서 큰 사고가 발생했다. 천 명이 넘는 주민들이 루이의 군대를 피해 교회로 피신했다가 교회가 불타는 바람에 모두 희생된 것이다.

이 소모적인 내전을 수습한 사람은 생 드니 성당의 신부 베르나르(Bernard of Clairvaux)[24]였다. 그는 해결의 열쇠를 엘레오노르가 쥐고 있다는 사실을 간파했다. 경건함으로 이름 높은 베르나르는 엘레오노르가 왕을 움직여 평화를 이루게 하면 고대하던 자식을 얻을 수 있을 것이라고 축복했다. 몇 주 후에 내전이 끝나고 테오볼드의 영지는 회복되었으며, 피에르 주교는 부르주의 대주교로 임명되었다. 시간이 조금 걸리기는 했지만 라울과 페트로닐라의 결혼도 교회의 축복을 받았다. 그리고 다음해에 막 스물세 살이 된 엘레오노르는 첫딸 마리(Marie)를 낳았다.

십자군 원정

내전이 수습된 후에 루이는 비트리의 사건으로 곤경에 몰리게 되었다. 이때 동방에서 흉흉한 소식이 들려왔다. 셀주크 튀르크가 제1차 십자군 원정을 통해 확보한 예루살렘 왕국의 영토 중에서 에데사 백작령(County of Edessa)을 수복한 것이다. 새로운 교황 에우제니오 3세(Eugenius III)는 독일의 콘라트 3세(Conrad III)와 루이에게 십자군 원정을 제의했다.

---

24 성 베르나르는 '흰색의 수도승들(White Monks)'라는 별명을 가지고 있는 시토 수도회(Cistercienses)가 번성하도록 노력한 수도사로, 사후에 '교회의 의사(Doctor of Church)'라는 호칭을 얻은 인물이다.

루이는 자신이 저지른 끔찍한 죄악을 십자군 원정을 통해서 참회하겠다고 선언했다.

그런데 약간의 문제가 생겼다. 엘레오노르가 루이의 원정에 동행하겠다고 나선 것이다. 루이는 물론 모든 사람들이 펄쩍 뛰었지만, 엘레오노르는 아키텐의 병력이 대거 출정하는 만큼 영주인 자신이 원정에 나서는 것이 당연하다는 논리

제2차 십자군 원정을 주도한 콘라트 3세, 루이 7세, 보두앵 3세

로 사람들을 설득시켰다. 그러자 왕궁의 여자들을 포함해서 수백 명이 그녀를 따라 나섰다.[25] 당시 유럽의 기준으로는 대단히 이질적인 행동이었으며 당연히 많은 논란을 불러 일으켰다.

그렇지만 유감스럽게도 루이 7세와 콘라트 3세가 주도한 제2차 십자군 원정은 한마디로 완벽한 실패였다. 3년의 원정 동안 십자군이 이룩한 성과는 아무 것도 없었다. 독일과 프랑스의 원정군은 비잔틴 제국을 거쳐 각각 아시아로 들어갔는데 먼저 들어간 독일군이, 다음에는 프랑스군이 각각 셀주크의 기습을 받아 큰 타격을 입었다. 가까스로 성지에 도착하기는 했지만 엉뚱하게도 예루살렘 왕국에 우호적인 도시 다마스쿠스를 공격했다. 그나마 성과도 없었다. 기습공격이었는데도 불구하고 지리멸렬하면서 패퇴했던 것이다.

이 원정으로 루이와 엘레오노르의 관계는 회복할 수 없는 수준으로

---

[25] 엘레오노르와 여인들이 번쩍이는 갑옷으로 완전무장을 하고 출발했다는 기록이 있는데, 사실 여부는 불분명하다. 역사학자들은 대부분 엘레오노르와 여자들이 무장했다는 사실을 인정하지 않지만, 당시 그리스에서 활약하던 역사가 겸 소설가인 니케타스 코니아테스(Nicetas Choniates)는 당시 엘레오노르 일행의 모습을 목격하고 그들을 고대 아마존의 여왕과 일행으로 묘사했다.

악화되었다. 루이가 보여 준 능력은 거의 절망적인 수준이었다. 프랑스 군에는 군기도 사기도 없었고 오로지 약탈에 대한 탐욕만 남아 있었다. 아시아에 들어오면서 숙영 중에 기습을 당했을 때에도 최종 지휘자인 왕의 명령은 거의 하달되지 않았다. 이렇게 행군대열이 분산되어 야습의 빌미를 제공했지만, 패배에 대한 책임을 뒤쪽에서 나태하게 대응한 루이의 본대가 아니라 선두를 책임졌던 아키텐군에게 돌렸다.

지나치게 멀리 행군해서 숙영했다는 이유로 아키텐군 사령관 제프리(Geoffrey de Rancon)를 해임시켜 귀국하게 하고는, 이 조치에 항의하는 엘레오노르를 구금했다. 이러니 아키텐 출신의 병사들이 원정 내내 제대로 움직일 리 없었다. 또한 막대한 전리품에 대한 유혹을 제외하고는 아무런 전략적인 의미가 없는 다마스쿠스 공격을 주도했다. 이때 안티오크 공작 레이몽(Raymond of Poitiers, Prince of Antioch)이 격렬하게 반대하면서 에데사 백작령의 탈환을 주장하자 그의 의견을 무시하면서 그를 비난하고 조롱했는데, 레이몽 공작은 엘레오노르의 작은 아버지였다.[26]

결국 원정이 실패로 끝나면서 루이와 엘레오노르의 관계도 파국으로 치닫게 되었다. 루이는 어떻게든 버텨보려고 했지만 엘레오노르는 루이에게 강력하게 이혼을 요구했다. 루이와 엘레오노르의 귀국길도 순탄하지 않았다. 서로에게 화가 난 두 사람은 각자의 배를 타고 따로 출발했다. 그런데 이번에는 엘레오노르의 배가 실종되었다. 그녀는 비잔틴 제국 황제의 해상 납치기도를 간신히 피했으나, 악천후를 만나 항로에서 벗어나 두 달 이상 실종상태에 있었다.[27]

---

26 엘레오노르의 원정은 워낙 유명 것이었기 때문에 이를 소재로 여러 개의 픽션이 만들어졌다. 이러한 글들 중에는 레이몽과 엘레오노르를 연인 관계로 설정한 것들이 많은데 이러한 글들은 모두 사실이 아니다. 엘레오노르와 레이몽이 다른 사람들에게 의심을 받을 정도로 유별나게 가까웠다는 사실은 분명하지만 가족 간의 정 이상은 아니었다. 엘레오노르는 숙부인 레이몽에게서 일찍 죽은 아버지 윌리엄의 모습을 발견했던 것이다.

이혼과 재혼

1149년 6월 중순, 실종 두 달여 만에 비교적 건강한 모습으로 시칠리아 왕국의 팔레르모 항에 불쑥 나타난 엘레오노르는 교황 에우제니오 3세를 방문해서 다짜고짜 루이와의 결혼을 무효화해 줄 것을 요구했다. 당시의 교회법에는 동일한 선조를 가진 일가친척 사이의 결혼을 금지하는 조항이 명기되어 있었다. 엘레오노르와 루이는 육촌 형제 사이였다. 물론 모든 왕가나 귀족들이 오래전부터 무시하고 있었으며 교회에서도 이미 사문화된 조항이지만 엄연히 법은 법이었다.

엘레오노르가 루이와의 결혼을 무효화하는 데는 무려 3년이 걸렸다. 루이가 기를 쓰고 버텼고 교황이 적극적으로 두 사람 사이를 중재하려고 했기 때문이었다. 엘레오노르는 교황의 음모로 인해서 둘째 딸 알릭스(Alix)를 낳기까지 했다.[28] 그리고 엘레오노르가 서른 살이 되기 직전에 교황으로부터 권한을 위임받은 네 명의 대주교가 입회한 가운데 프랑스의 국왕 루이 7세와 아키텐 대공녀 엘레오노르의 결혼은 교회법에 따라 원인무효임이 선언됐다.

엘레오노르는 자유의 몸이 되었다. 그녀는 이미 두 딸의 어머니이지만 스물아홉 살의 한창 나이로 여전히 빛나는 미모와 원숙한 매력을 뿜어내고 있었고, 당시의 유럽에서 가장 막강한 권력과 엄청난 부를 가진 여인이었다. 그녀가 루이와 결별하고 푸아티에로 돌아오는 길에만 그

---

27 이 항해에서 엘레오노르는 남쪽으로 밀려가 이슬람이 지배하고 있던 북아프리카 해안에 상륙했던 것으로 추정된다. 후일 그녀는 이 긴 항해 중에 배운 이슬람의 해양법을 토대로 그녀 자신의 영지와 잉글랜드에서 해양법체계를 처음으로 세운다.

28 교황은 부부가 함께 그를 방문했던 시기, 루이에게 엘레오노르가 루이의 '후계자'인 왕자를 낳게 되면 결혼무효소송을 포기할 것이라고 충고하고, 두 사람이 여러 날 같은 방에서 동침할 수밖에 없는 조건을 만들었다. 교황의 뜻대로 엘레오노르는 임신을 했으나 아들이 아닌 딸을 낳았다.

녀와 결혼하기를 원하는 영주들이 두 번이나 납치를 기도했다. 엘레오노르가 그녀의 보호자로 누군가를 선택해야만 하는 상황인 것은 분명했다.

엘레오노르는 젊은 노르망디 공작 헨리(Henry II, Duke of Normandy)에게 도움을 청했다. 루이와 결별하고 6주 만에 엘레오노르와 헨리는 조촐한 결혼식을 올렸다. 헨리는 엘레오노르보다 열한 살이나 연하였다. 엘레오노르의 두 번째 결혼은 첫 결혼보다는 훨씬 더 안정적이었다. 그녀는 루이에게 대하던 것보다 훨씬 더 다정하게 헨리를 대했으며, 헨리 역시 단란한 가정을 위해서 나름대로는 최선을 다했다. 두 사람은 13년 동안 무려 여덟 명의 아이들을 낳았다.[29]

이 세상에는 가정에 헌신적이면서도 성실하지 않은 남편들이 의외로 많다. 이런 남자들은 대부분 가정을 신성한 것으로 생각하지만, 아내 이외의 다른 여자를 탐하는 행위를 일종의 모험이자 유희 정도로 생각하기 때문이다. 헨리가 바로 그런 타입의 남자였다. 그는 수많은 사생아를 여기저기에서 만들었다. 이러한 남자들에 대한 여자들의 반응은 어떠한 것일까. 그 대답은 잘 알지 못하지만 엘레오노르는 상당히 관대한 편이

---

[29] 헨리와 엘레오노르의 후손들은 다음과 같다. 1. 첫째 아들 윌리엄(William)은 세 살을 넘기지 못하고 죽었다. 2. 둘째 아들 헨리(Henry)는 아버지와 구분하기 위해 '젊은 헨리(Young Henry)'라고 불렸으며, 정식 왕위 계승자였다. 3. 첫째 딸 마틸다(Matilda)는 '사자'라는 별명으로 불리던 작센 공작 헨리(Henry the Lion, Duke of Saxony)에게 출가했다. 여러 건의 궁정 연애 이야기의 주인공이다. 4. 셋째 아들 리처드(Richard)는 후일 그 유명한 '사자의 심장' 리처드 1세(Richard, Lionheart)이다. 5. 넷째 아들 제프리(Geoffrey)는 결혼을 통해 브리타니 공작(Duke of Brittany)이 되지만 28살의 나이에 죽었다. 6. 둘째 딸 레오노르는 스페인식으로 레오노라(Leonora)라고 불린다. 카스티야 왕국의 알폰소 8세(Alfonso Ⅷ)에게 출가해 형제 중에서 가장 행복하게 살았지만, 52세에 남편이 죽자 슬픔을 이기지 못하고 며칠 후에 남편의 뒤를 따라 죽었다. 7. 셋째 딸 조안(Joan)은 시칠리아 왕국의 윌리엄 2세에게 출가했다. 젊어서 남편과 사별한 직후 연금되어 리처드 1세가 시칠리아를 침공하는 원인을 제공한다. 8. 막내아들 존(John)은 형 리처드를 계승해서 왕이 된다. 《로빈 후드》나 《흑기사》 같은 낭만주의 소설에서는 못된 악당이지만, 실제의 세계사에서는 〈마그나 카르타(Magna Carta)〉에 서명함으로써 근대 민주주의의 첫걸음을 내디딘 왕이다.

었다.

헨리의 첫 번째 사생아는 술집에서 일하는 창녀가 낳았는데, 맏아들 윌리엄과 몇 달 차이도 나지 않았다. 엘레오노르는 이 아이를 왕궁으로 데려와 제프리(Geoffrey)[30]라는 이름을 붙여 주고 그녀가 낳은 아이들과 함께 키웠다.

그러나 관용이라는 감정은 다른 것들과 마찬가지로 한계가 있다. 더욱이 남편과 남편의 여자의 관계가 단순히 육체적인 쾌락만 추구하는 것이 아니라 정신적인 교감까지 동반하는 것이라면 문제는 대단히 심각해진다. 인생의 절정기를 맞이한 헨리에게 두 번째의 지고지순한 사랑이 찾아왔고, 이것이 단란했던 가정에 그림자를 드리우기 시작했다.

이 시절의 잉글랜드는 현재의 대영제국과는 판이하게 다른 나라였다. 당시 잉글랜드는 노르망디와 브리튼 섬으로 영토가 나누어져 있었고, 브리튼 섬의 경우는 런던을 중심으로 해서 전체의 3분의 1 정도만을 지배하고 있는 상태였다. 스코틀랜드는 여전히 켈트어를 사용하는 사나운 켈트인들이 지배하는 땅이었으며, 웨일스 정복도 아직 완료되지 않고 있던 시점이었다.[31]

헨리 2세는 유능하고 강인한 군주였고 웨일스 정복에 정력적으로 임했다. 잉글랜드는 웨일스의 변경 지역을 공략하여 여러 개의 요새를 건축하고 군사적인 거점으로 활용하고 있었는데, 이 중에 클리포드 성이 있었고, 그곳에는 월터(Walter)라는 지휘관이 주둔하고 있었다. 로자문드(Rosamund)는 클리포드 성의 성주 월터의 세 딸 중 막내이다. 막 서른 살

---

30 후일 브리타니 공작이 되는 헨리와 엘레오노르의 넷째 아들 제프리와 구분하기 위해서 이 사람은 '요크의 제프리(Geoffrey of York)'라고 불린다. 후일 요크 대주교가 되기 때문이다.

31 웨일스는 14세기 말엽에 완전히 정복되지만, 그 이후에도 반란이 끊이지 않았기 때문에 16세기에야 '왕자령'으로 확정된다.

이 된 잉글랜드 국왕 헨리는 웨일스로 출병하던 길에 이 성에 들렀고, 열세 살의 아름다운 소녀 로자문드를 처음 만났다. 곧 '아름다운 로자문드(The Fair Rosamund)' 혹은 '세상의 장미(Rose of the World)'라는 별명으로 불리게 될 소녀였다.

헨리는 엘레오노르가 막내 존을 임신했을 때를 기회로 삼아 열여섯 살이 된 로자문드를 비밀리에 옥스퍼드로 불렀다. 로자문드는 개성이 뚜렷하고 자기주장이 강했던 엘레오노르와는 정반대로 바보 같을 정도로 선량하고 자기희생적인 성품인데다가 헨리를 영웅으로 생각하고 무조건 숭배하는 여자였다. 원래 엘레오노르와 같은 타입의 여자보다는 로자문드 타입의 여자들이 남성들로부터 더 많은 인기를 얻는 것이 현실이다.

로자문드의 등장을 계기로 헨리와 엘레오노르의 관계는 악화되었다. 헨리에게는 여러 명의 숨겨진 여자들이 있었지만, 로자문드는 그녀들과는 전혀 다른 존재였다. 엘레오노르는 존을 낳은 직후에 아키텐으로 돌아왔다. 이 시기만 하더라도 두 사람의 관계가 그리 나쁘지만은 않았으나, 결정적인 사건은 4년 후에 일어났다. 이 사건 역시 헨리와 관련된 것이었는데 엘레오노르뿐 아니라 전 유럽에 충격을 주었다.

아들들의 반란

전 유럽에서 가장 존경받는 인물 중 하나이었던 캔터베리 대주교 토머스 베케트(Thomas Becket, Archbishop of Canterbury) 경이 캔터베리 대성당 현관에서 살해되었다. 토머스 베케트는 헨리 2세가 가장 신임하고 존경하는 인물이었다. 그는 철저한 원칙주의자로 잉글랜드의 실질적인 국정수반이라고 할 수 있는 대법관을 지낸 인물이었으며, 헨리는 자신의 후계자인 젊은 헨리(Henry, the Young King)를 아예 그의 집에 묵게 하면서 교육을 받도록 했을 정도로 신임하던 인물이었다.

캔터베리 대주교 자리가 공석이 되자 헨리는 그 자리에 베케트를 임명했다. 비극이 발생하기 8년 전의 이야기였다. 교황이 잉글랜드 교회에서 행사하고 있던 권력에 대한 견제라는 헨리의 정치적인 목적, 저돌적이고 무자비한 헨리의 개성, 원칙을 위해서는 우정을 희생할 수 있는 베케트 자신의 개성, 이 모든 것들을 너무나 잘 알고 있던 베케트는 몇 번이고 정중하게 사양했다. 그러나 헨리가 끝까지 고집을 세웠다.

결국 베케트는 자신의 우려대로 교회의 문제에 대해서 헨리와 날카롭게 대립하는 관계가 되고 말았다. 양측이 한창 대립각을 세우던 시기의 어느 날 늦은 저녁 헨리는 네 명의 부하들과 함께 술을 마시다 그동안 쌓인 베케트에 대한 불만과 울분을 털어 놓았다. 왕의 부하들은 술자리가 끝나고 바로 캔터베리 대성당을 찾아가 베케트를 참혹하게 살해했다. 헨리가 베케트의 죽음을 의도적으로 사주했는지 아닌지는 아무도 알지 못한다. 그러나 잔혹한 잉글랜드 국왕의 이미지는 전 유럽에, 특히 그의 부인과 아들들에게 선명하게 새겨졌다.

엘레오노르는 극심한 공포심에 사로잡혔고, 아들들은 아버지의 정신 상태를 의심하기 시작했다. 헨리의 아들 중에서 첫 번째 반란은 토머스 베케트가 죽고 나서 3년 후에 공식적으로 이미 잉글랜드 국왕을 계승하고 있던 큰아들 젊은 헨리가 일으켰다. 파리에 있던 젊은 헨리는 당시 아키텐에 머물고 있던 엘레오노르에게 도움을 청했다. 그때 헨리의 두 동생 리처드와 제프리도 엘레오노르와 함께 아키텐에 머물고 있었다.

엘레오노르는 아들들을 병력과 함께 파리로 보내 형과 합류하도록 하고, 자신도 얼마 후에 파리를 향해 출발했다.

엘레오노르의 여정을 미리 알고 있던 헨리 2세는 군대를 보내 그녀를 중도에 체포했고, 다음해에 잉글랜드로 압송했다. 이때 엘레오노르의 나이는 쉰두 살이었다. 이때부터 무려 16년간 엘레오노르는 여러 곳을 전전하며 유폐되는 신세로 지내게 되었다.[32] 헨리가 엘레오노르를 연금한 이유는 잉글랜드 전체를 내전 상황으로 몰아넣을 수도 있는 아들들의 도전에 자신이 아니라 아들들의 편을 들었다는 것이었다.

헨리는 로자문드의 존재를 공개해서 엘레오노르와 이혼하려고 했다. 그는 이혼과 동시에 그녀를 수녀원에 집어넣고, 그녀의 영지를 모두 차지할 속셈이었다. 그렇지만 세상일은 그의 야심대로 되지 않았다. 엘레오노르도 그 정도의 압력에 굴복할 사람이 아니었거니와 그가 전혀 고려하지 못했던 요인이 있었다. 문제는 바로 로자문드였다. 그녀는 헨리와는 전혀 다른 세상에 살고 있던 사람이었던 것이다.

로자문드는 헨리와의 관계가 세상에 드러나자 스스로 고스토우 수녀원에 들어갔다. 그녀는 그곳에서 2년 정도 머물다 스물여섯 살의 나이로 죽었다.[33] 헨리는 크게 상심했지만 정치적인 감각을 잃지는 않았다. 그는 엘레오노르가 로자문드를 독살했다고 소문을 냈다.[34] 로자문드의 죽음에 엘레오노르가 어떤 형태로든지 개입할 수 있는 상황은 아니었지만, 이 소문은 널리 퍼져서 엘레오노르의 평판을 크게 떨어뜨렸다.

---

[32] 16년 내내 계속 유폐되었던 것은 아니다. 특히 젊은 헨리가 죽고 난 다음에는 헨리 2세와 엘레오노르가 함께 다니는 경우가 많았다. 물론 곁에는 항상 감시인들이 붙어 있었다.

[33] 고스토우 수녀원과 로자문드의 무덤은 수백 년 동안 잘 보존되다 훗날 헨리 8세가 바티칸과 결별하고 영국 성공회를 수립하면서 '수도원 폐쇄 칙령'을 내렸을 때 파괴되었다.

[34] 아무 근거 없는 정치적 프로파간다였지만, 의외로 잘 먹혔다. 아마도 엘레오노르의 강한 개성 때문이었을 것이다. 튜더 왕조의 엘리자베스 1세 시절까지도 엘레오노르가 로자문드를 독살했다는 것이 잉글랜드 왕실의 공식입장이었다.

아들들은 어머니의 연금을 인정하지 않았다. 젊은 헨리와 리처드가 돌아가면서 아버지에 대해 반란을 일으키고 여기에 제프리까지 수시로 가세하는 상황이 반복되다가 비극적인 사건이 발생했다. 젊은 헨리가 아버지에 대한 매복 공격에 실패하고 아키텐으로 도주하던 도중에 이질에 걸려 사망한 것이다. 그가 남긴 유언은 "어머니에게 자비를 베풀어 달라."라는 것이었다.

형의 죽음으로 리처드는 당연히 왕위를 계승할 공식적인 후계자가 되었지만 아버지에 대한 반항을 멈추지 않았다. 여기에는 아버지 헨리가 리처드의 약혼녀인 프랑스의 공주 알리스(Alys)와 일으킨 스캔들[35]과 함께 리처드 자신이 평생 극복하지 못했던 오이디푸스 콤플렉스가 결정적인 요인이었다고 할 수 있다. 리처드는 영국사에서 뛰어난 영웅 중 한 사람이지만 사실 그의 생애는 아주 간단하게 요약할 수 있다.

"절반은 아버지에게 반항을 위해서, 나머지 절반은 그것에 대한 참회를 위해서 살았다."

리처드는 어렸을 때부터 엘레오노르의 총애를 받았다. 엘레오노르는 잉글랜드 국왕의 영토와 자신의 영토를 별개의 것으로 생각했다. 바로 이 생각이 헨리의 사이에서 도저히 메울 수 없었던 이른바 '인식의 격차'였다. 헨리와는 상관없이 엘레오노르 자신의 후계자는 어디까지나 리처드였다. 그리고 리처드는 분명히 헨리의 여러 아들들 중에서 가장 뛰어난 재목이었다.

엘레오노르는 리처드를 당시 유럽에서 가장 개명된 푸아티에 왕궁에

---

35 리처드의 약혼녀 알리스는 루이 7세와 그의 둘째 부인 콘스탄체(Contance) 사이에서 난 둘째 딸이었다. 그녀는 일찌감치 리처드와 약혼해서 잉글랜드로 건너와 헨리의 왕궁에 머물고 있었다. 당시 헨리가 그녀와 관계를 맺어 아이를 낳았다는 스캔들이 널리 퍼져 있었다. 리처드는 왕위를 계승한 다음 이 소문을 근거로 그녀와 파혼하고 프랑스로 돌려보냈다. 프랑스의 국왕 필리프는 다시 리처드의 동생 존 왕자에게 결혼을 제안하지만 엘레오노르의 반대로 무산되었다.

머물게 하면서 당시에 가능했던 수준으로는 가장 훌륭한 교육을 받도록 했다. 리처드는 무자비하고 용맹한 전사의 이미지가 강하지만, 실제로는 여러 나라 말로 시를 쓰는 지성인이었고 감수성이 예민한 사람이었다. 그렇지만 엘레오노르가 헨리에 의해 납치되어 연금된 이후에는 난폭하고 잔인한 성격으로 완전히 변모했다.

리처드는 자신의 영지 내에서 아버지의 편을 들어 자신에게 반기를 든 영주들을 응징하는 과정에서 벌어진 여러 건의 살인과 강간 사건의 주범이었다.[36] 리처드가 후계자로 부상하자 당연히 반발이 극심했다. 리처드는 무력으로 다시 이를 진압했고, 그 과정에서 일으킨 또 다른 폭력행위는 본격적인 반란으로 번졌다. 그렇지만 그의 난폭함과는 무관하게 그는 당대의 유럽에서는 그 누구도 따라올 수 없는 군사적 재능을 가진 사람이었다.

리처드는 열여섯 살 때부터 자신의 힘으로 군대를 조직해서 지휘했으며, 남들은 실현이 불가능하다고 생각하는 작전을 여러 번 손쉽게 성공시켰던 사람이었다. 리처드는 모든 전투에서 가장 위험한 장소를 선택해서 싸우는 만용에 가까운 용기로 유명했는데, 그로 인해서 '사자의 심장(Lionheart)'이라는 별명을 얻었다. 리처드는 자신의 영지 안에서 일어난 반란을 모두 진압한 다음 아버지에게 대항하기 위해서 새로이 프랑스의 왕위를 계승한 '존엄왕 필리프(Philippe II Auguste, the Fair)'와 동맹을 맺었다. 이 일은 헨리에게 큰 충격이었다.

헨리는 앙주를 침공한 리처드와 필리프에 대항해서 전투를 벌이다 패배한 후 절망 속에서 죽어갔다. 리처드는 아버지의 시신을 직접 확인하

---

[36] 리처드는 자신을 적대시하는 영주들을 냉혹하게 응징했다. 당사자들의 철저한 살육은 물론이고 이들의 부인, 딸, 친척 여자들까지 억지로 강간한 다음 싫증이 나면 부하들에게 넘겼다. 그의 이러한 행동은 아버지와 약혼자 알리스의 스캔들에 입은 정신적 타격이 여자들 전체에 대한 적개심으로 표출된 것으로 볼 수 있을 것이다.

고 큰 충격을 받았던 것으로 알
려졌다. 헨리가 죽으면서 남긴
"지옥에 가서도 리처드를 절대
용서하지 않겠다."라고 한 말도
그랬다. 그랬기 때문에 십자군
원정이 리처드에게 갖는 의미
는 남다른 것이었다. 그것은 약
탈이나 명예에 대한 야망이 아
니라 심한 죄책감으로 인해 깊
어진 내면의 상처로부터 벗어
나기 위한 처절한 몸부림이었
던 것이다.

사자왕 리처드

리처드는 왕위를 계승하자마
자 동원 가능한 모든 수단을 사용해서 원정자금을 모은 다음 서둘러서
십자군 원정을 떠났다.[37] 섭정으로는 막내 존을 임명했으나 존은 그의
형들과는 달리 양쪽 부모의 강인함을 물려받지 못한 사람이었다.[38]

[37] 리처드는 십자군 원정자금을 모으기 위해서 세금을 올리고 귀족들로부터 억지로 기부금을 받았다.
거액의 몸값을 내는 조건으로 포로로 잡혀 있던 스코틀랜드 왕을 석방하는가 하면, 자신의 개인적인 재
산 중에서 팔 수 있는 것은 모두 팔았다. 이후 리처드의 평판은 십자군 원정을 통해서 극적으로 역전되었
다. 그는 시칠리아를 공격해 쿠데타로 인해 감금되어 있던 자신의 여동생을 구출하고 성지로 가던 중 해
적왕 이삭 콤네노스(Issac Comnenos)에 의해 지배당하고 있던 키프로스를 정복했다. 그리고는 혼자 성
지에 남아 이슬람 세계의 최고 영웅 살라딘(Saladin)과 여러 해 동안 밀고 밀리는 접전을 벌였다. 원정에
서 돌아온 다음에는 프랑스의 필리프를 상대하면서 잉글랜드의 모든 영토에서 프랑스 세력을 완전히 몰
아냈다. 그는 꾸준히 참회하는 모습으로 살다가 한창 나이에 비극적으로 죽었다.

[38] 존의 별명은 '부드러운 칼(Soft Sword)'이었다. 그의 군사적인 무능을 조롱하는 이름이지만, 이것은
걸출한 전사였던 그의 형 리처드와 비교된 탓에 얻은 억울한 별명이었다. 그는 사나운 조카 아서(제프리
의 아들)와 힘겨운 싸움을 벌였지만, 결코 군사적으로 무능했던 사람은 아니었다. 그리고 잉글랜드의 해

이 시기부터 10년 이상 잉글랜드는 실질적으로 엘레오노르의 통치를 받았다고 해도 지나친 말이 아니다. 그리고 소설과 영화에서 익숙한 로빈 후드나 흑기사의 내용과는 달리 잉글랜드 역사에서 이 시기는 대단히 안정적으로 번영을 구가한 시절이었다. 이 시기의 법령이나 포고문은 존 왕의 이름이 아니라 '신의 가호 아래, 잉글랜드의 여왕 엘레오노르(Eleanor, by Grace of God, Queen of England)'라고 서명된 것들이 많다.

엘레오노르는 잉글랜드에 광대한 프랑스의 영지를 남겼으며, 경제적, 정치적, 문화적으로 많은 공헌을 한 인물이었다. 잉글랜드가 동지중해의 도시들과 직접 교역을 시작할 수 있도록 한 조치와 당시 세계에서 가장 진보적이었던 이슬람의 해양법을 기초로 잉글랜드의 해양법을 제정한 일은 다음 세대에 잉글랜드의 해상교역이 획기적으로 발전하게 되는 계기가 되었다. 또한 그녀가 도입한 배심원 제도는 영국 재판제도의 기초가 되었다. 푸아티에의 세련된 문화는 상대적으로 문화적 후진성을 면하지 못하고 있던 런던과 노르망디에 소개되었다. 그녀의 시대에 잉글랜드에 소개된 푸아티에식 기사들의 사랑 이야기는 새로운 앵글로-노르만 영어로 쓰이게 될 풍부한 잉글랜드 중세 문학의 시작을 의미하는 것이었다.[39]

그런데도 영국인들이 엘레오노르에 대해 내리는 평가는 인색하다. 정통적인 역사에서는 비교적 객관적인 평가를 내리고 있지만, 민속 문학에 나타나는 엘레오노르는 언제나 사악한 여인상을 대표한다. 이러한 문학적 관점은 그 시대에 내려졌던 민중의 평가를 반영한다. 헨리 2세는 인기가 많은 왕이었다. 그는 스코틀랜드를 굴복시키고 웨일스로 영토를

군과 무역함대가 획기적으로 강화된 시기가 바로 존 왕 시절이었다.

39 영문학사에서는 11세기를 기준으로 영어를 구영어(Old English) 시대와 중세영어(Middle English) 시대로 나누고 있다. 서게르만어에 속하는 앵글로-색슨어에 프랑스어와 라틴어의 풍부한 어휘가 가미되면서 새로운 언어로 발전되었는데, 이 중세영어를 앵글로-노르만(Anglo-Norman)이라고도 한다.

확장한 강인한 군주이었다. 그렇기 때문에 그와 로자문드의 사랑을 노래한 당시의 작품에서 이 불륜은 지고지순한 로맨스로, 엘레오노르는 그 로맨스를 끝장낸 악녀가 된 것이다.

엘레오노르는 여든두 살까지 살았다. 당시 기준으로는 엄청난 장수였다. 결국 그녀의 말년에는 열 명이나 되었던 자식들 중에서 단 두 명의 아이들만 살아남았다. 스페인으로 시집을 가 레오노라(Leonora)라고 불리던 착하디착한 엘레오노르와 잉글랜드의 왕을 계승한 유약한 성격의 막내 존이 그들이다.

알렉산드로스의 어머니 올림피아스의 경우처럼 역사는 항상 악역을 필요로 한다. 당대의 잉글랜드인들은 자신들의 위대한 두 영웅 헨리와 리처드에 대한 악역으로 엘레오노르를 선택했던 것이다. 단명했던 순수 잉글랜드 혈통의 착한 미녀 로자문드에 대해서 애도했던 많은 소설가들은 여기에 대한 책임을 통감해야 한다. 엘레오노르가 역사의 악역이었던 이유는 남편 헨리와 아들들이 반목했을 때 아들의 편을 들었다는 사실뿐이었다.

엘레오노르는 기회가 있을 때마다 꾸준하게 헨리를 비난하기는 했다. 비록 이 비난이 16년 동안이나 계속되기는 했지만, 그녀가 물리적인 수단을 동원해서 헨리를 공격한 적은 한 번도 없었다. 이것은 현대의 영국인들이 깊게 생각해 보아야 할 문제이다. 그들은 엘레오노르의 통치로부터 많은 자산을 얻었으며, 그것은 영국의 민주주의나 해외무역을 위한 소중한 기초가 된 것들이었다.

엘레오노르에 대한 평가에는 이른바 '잘난 여자' 들에 대한 남성들의 반감이 숨겨져 있다는 사실을 부정할 수 없다. 현대의 잘난 여자들이 그러하듯 엘레오노르는 악역에 걸맞은 강한 개성을 지닌 남부 프랑스 출신의 자유분방한 여자였다. 또한 이런 여성들이 그러하듯이 엘레오노르는 다른 사람들의 평판 따위는 신경 쓰지도 않았으며 충실하게 자신의 할 일만 했다. 그렇지만 그것은 분명히 왕의 부인으로서, 왕의 어머니로서, 나아가 통치자로서 할 일이었다.

엘레오노르의 인생을 보자면, 그녀는 현대 여성들이 추구하는 모든 미덕을 가지고 있었다고 할 수 있다. 뛰어난 미모, 보기 드문 지성, 엄청난 재산, 독립심, 불굴의 의지, 자부심 등등. 그러나 역사적으로 보자면 이러한 미덕들이 꼭 행복을 보장하는 것은 아니다.

엘레오노르는 자신의 이름이 아니라 두 왕의 왕비로 살다 두 왕의 어머니로 죽은 여자이다. 그리고 두 번의 결혼 중 한 번은 자신의 열렬한 숭배자와 했고, 한 번은 천하의 악당과 했다. 말년의 엘레오노르를 만난 교황 첼레스티노 3세(Celestinus III)는 그녀에게 루이와 헨리 중에서 누구와의 결혼이 더 행복했는가 하고 물었다. 그녀는 주저 없이 악당 헨리와의 결혼 생활이 훨씬 더 행복했다고 대답했다.

모정과 권력의 특수한 관계

여태후/ 측천무후/ 서태후

이번에는 권력과 모정 중에서 하나를 선택해야 할 경우에 통상적인 관념과는 달리 모정 대신 권력을 선택했던 어머니들의 이야기를 소개한다. 권력은 마약과 같은 것임이 틀림없다. 우리는 모정이 절대적인 것이라고 믿고 있지만, 애석하게도 동서양의 역사를 통해 권력이 자기 자식에게 넘어가는 과정에서 이를 가로채고 놓지 않으려고 했던 어머니들이 상당히 많이 존재했다.

이 장에서는 중국의 역사에서만 세 사람을 선정했다. 흔히 한(漢) 고조 유방의 왕비인 여후(呂后)와 중국 역사에서 전무후무하게 여자의 몸으로 황제에 올랐던 무측천(武測天), 그리고 마지막 왕조 청(清)을 나락으로 밀어버린 서태후(西太后), 이 세 사람을 한데 묶어서 중국사의 3대 여걸이라고 말하기 때문이다. 여기에서 여걸이라는 말은 꼭 긍정적인 의미가 아니다. 이 세 사람은 순리에 따랐다면 마땅히 자기 자식에게 가야 할 권력을 가로채어 그것을 오랫동안 향유했던 이른바 역천자(逆天者)들이다.

이들은 모두 권력에 몹시 목말라 했으며 잔인한 방식으로 정적들을 제거했다는 공통점을 가지고 있다. 때문에 정권의 정통성을 중요시하는 보수적인 역사가들로부터는 좋은 평가를 받지 못한다. 그렇지만 역사에는 항상 관점의 문제가 따른다. 초점을 왕조의 정통성이 아니라 절대 다수인 민중들에게 맞춘다면, 여후와 측천무후 두 사람은 긍정적인 평가를 받을 수도 있는 사람들이다.

한나라의 여태후

세 여걸 중에서 시대 순으로 가장 앞서는 사람은 유방(劉邦)의 부인인 여태후(呂太后)이다. 그녀의 본명은 '꿩'을 의미하는 '치(雉)'였으며, 기원전 240년 전후에 태어난 사람이다. 그녀의 아버지 여문(呂文)은 산동 출신의 유지였는데, 가족들을 데리고 유방의 고향인 패현(현재의 강소성 서주시)으로 이주했으며 그곳에서 현령의 도움으로 자리를 잡았다. 여치는 이곳에서 마을의 정장(亭長)[40]인 유방을 만나 그와 결혼했으며 두 아이를 낳았다. 첫째가 후일 노원공주(盧元公主)로 불리게 될 딸이고, 둘째

---

40 정장은 수십 호나 수백 호의 마을에서 행정을 책임지는 최하급관리로 중앙에서 임명되는 직책은 아니다. 당시 진나라에서는 이 정도의 관직이라면 돈을 내고 사는 것이 관례였으므로, 유방은 그 마을에서 상당한 재력을 가지고 있던 부농이었다는 사실을 알 수 있다.

가 황제를 계승하게 될 유영(劉盈)이었다.

그들의 결혼과 관련해서 유방이 후일 큰 인물이 되리라는 사실을 알아본 여문의 관상술과 신비한 예언가의 이야기가 등장하지만, 중국 역사의 이러한 신비주의는 새로운 왕조에 대한 필연성과 정당성을 위해 의도적으로 추가되거나 과장된 서술로 보아야 할 것이다. 역사 기술에서 이러한 부분을 제거한다면 유방과 여치는 결혼 이후 평범한 농민들의 삶을 살았으며, 유방은 가정에 그리 헌신적인 남자가 아니라 바람기가 많고 주색잡기에 능한 한량(閑良)풍의 인물이었다는 사실을 알 수 있다.[41]

유방을 후일 황제의 자리에까지 오르게 한 상황은 진나라 말기의 농민 반란이었다. 유방이 이에 가담하게 된 계기는 그의 투철한 정치의식이 아니라 일종의 사고가 원인이었다. 진나라 말기는 진시황이 여러 해에 걸쳐 자신의 능을 축조하던 시기였다. 이때 죄수들은 모두 사역에 동원되었는데, 이 사역은 곧 죽음을 의미했다. 유방은 정장의 직무 중 하나로 죄수들을 호송하는 일을 맡았다. 그런데 이 죄수들 중에서 상당수가 도주하는 바람에 난처한 입장에 처하게 되자 죄수들을 전원 석방하고 자신도 멀리 도망쳤다.

이 석방된 죄수들 중 오갈 데가 없기에 유방을 따라 나선 십수 명이 최초의 부하들이자 혁명동지들이었다. 여기에 소하(蕭何)와 같은 어릴 적 친구들이 가세하고 진시황의 폭정에 신음하던 농민들이 합류하면서 세력이 급격하게 늘어나자, 유방은 졸지에 고향에서 패공(沛公)으로 옹립되면서 이 지역에서 반란군의 지도자가 됐다. 상황이 이에 이르자 여치의 일가도 모두 유방의 반란군에 가담하게 되었다.

---

41 후일 혜제(惠帝)가 되는 유영은 유방의 첫 아들이 아니다. 《사기》에 의하면 노원과 유영 사이에 유비(劉肥)라는 아들이 있었다. 역사에서 이 사람이 그리 큰 비중으로 다루어지지 않는 것으로 봐서 유방이 정식 결혼을 통해서 얻은 아들이 아닌 것으로 생각된다.

유방이 서초패왕 항우(項羽)에 의해 한왕(漢王)으로 세워지면서 그 이름을 천하에 알리게 되었을 때, 그의 나이는 이미 마흔을 넘긴 때였다. 이때부터 4년이 넘는 기간 동안 유방은 항우와 치열한 승부를 벌이게 되는데, 전쟁 초기에 항우의 병사들에게 포로가 되었던 여치는 이 기간 내내 초나라의 군영에 인질로 잡혀 있으면서 온갖 굴욕과 멸시를 받아야 했다.[42] 이때에 받은 심리적인 타격이 훗날의 극단적인 행동으로 표출되었다고도 볼 수 있다.

여치는 항우와 유방이 천하를 나누어 가진다는 내용으로 일시적인 화친을 맺게 되자 비로소 가족들에게 돌아올 수 있었다. 유방이 천하의 주인이 된 계기가 바로 이 화친의 약속을 믿고 군사들을 철수한 초나라를 공격해서 거둔 결정적인 승리로, 항우가 스스로 목숨을 끊어 생을 마감한 해하(垓下) 전투였다. 이때가 기원전 202년으로 유방은 마흔다섯이었고, 여치는 확실하지는 않지만 거의 마흔을 바라보고 있었다.

한나라와 초나라의 전쟁기간 중 항우는 '우(虞)'라는 여인 단 하나만을 사랑해서 그들의 러브스토리는 후일 중국의 경극 중 〈패왕별희(覇王別戱)〉로 사람들이 심금을 울리며 영원히 살아남았다. 그렇지만 승자인 유방에게는 수많은 여인들이 있었다. 이들 중에서도 황후가 된 여치에게 가장 강력한 경쟁자는 유방의 총애를 받고 있던 척희(戚姬)라는 여인이었다. 대단한 미인이었다고 하며 혁명과 전쟁의 온갖 어려움 속에서도 8년간이나 유방과 함께 전선을 누빈 혁명동지이기도 했다.

척희에게는 여의(如意)라는 아들이 있었는데, 태자인 유영이 선량하지

---

42 유방이 서전에서 항우에게 패해 도주하면서 고향에 들러 식구들을 피신시켰으나 때마침 유방의 아버지 태공(太公)과 여치는 유방을 찾아 출타 중이었다. 그 바람에 다른 식구들은 무사히 피신했으나, 태공과 여치는 초나라 군대에 포로로 잡혔다.

만 나약한 성품인데 반해 여의는 제왕으로서 필요한 품성을 모두 타고
난 왕자였다고 한다. 유방은 태자인 영을 폐하고 여의를 대신 후계자로
세우려고 하다가 중신들의 반발로 일단 보류한 적이 있어, 여후(呂后)에
게 척희 모자는 목의 가시와 같은 존재였다. 여후는 이미 정계를 은퇴한
장량(張良)을 찾아가 그의 도움을 받아 간신히 태자의 폐위를 막는 데 성
공했다.

여후의 성품은 유방의 공신들을 처리하는 일에서 잘 나타난다. 원래
공신이라는 사람들은 대업을 이룰 때까지는 없어서는 안 될 소중한 존
재들이지만, 일단 일을 이루고 나면 더없이 성가시고 때로는 위험하기
까지 한 인물들이다. 한나라가 천하를 통일하는 데는 세 사람이 결정적
인 역할을 했다. 고향 친구인 소하는 재상을 맡아 백성들을 편안하게 하
고 나라를 부강하게 만들었으며, 재사 장량은 최종적인 승리의 설계자
였다. 그리고 또 한 사람, 명장 한신(韓信)이 있었다.

한신은 유방이 항우에게 밀릴 때 그를 여러 번 위기에서 구해냈으나
그러한 유방의 처지를 이용해서 억지로 한왕(韓王)의 자리를 차지했던
사람이었다. 천하가 평정되자 장량은 스스로 은퇴하고 소하도 벼슬을 버
리고 고향으로 내려갔으나, 한신은 물러날 때를 알지 못했을 뿐 아니라
불평불만이 많았다. 한신의 군사적인 능력을 두려워했던 유방은 그를 제
왕(濟王)에서 초왕(楚王)으로, 다시 회음후(淮陰侯)로 봉호를 깎은 다음 4
년간이나 수도 장안에 억류시키고 견제했지만 그를 죽이지는 않았다.

유방을 위해 껄끄러운 한신을 제거한 사람은 여황후였다. 그녀는 유
방이 출타한 동안 한신에게 모반죄를 씌워 그의 일가친척, 친구들과 한
께 그를 처형했다. 유방과 한신은 혁명 중에 서로에게 맹세하기를 "하늘
과 땅을 보며 죽게 하지 않고 쇠붙이 무기를 보며 죽게 하지 않겠다." 라
는 서약을 했었다. 어떠한 경우에도 서로 상대방을 죽이는 일은 없을 것

이라는 맹세였지만, 여황후는 이를 자신의 방식대로 해석했다. 한신을 죽일 때 자루를 씌우고 대나무 창으로 찔러 죽인 것이다.

개국공신들에 대한 그녀의 과감한 조치는 한신에서 끝나지 않았다. 다음은 전쟁영웅인 양왕(梁王) 팽월(彭越)의 차례였다. 백성들과 병사들 사이에서 인기가 높았던 팽월은 누명을 쓰고 유배를 가던 길에 우연히 여황후를 만나자 자신의 억울함을 호소하고, 고향으로 은퇴해서 조용히 살수 있도록 배려해달라고 요청했다. 여후는 일단 그를 낙양에 데리고 온다음 유방에게 그의 신병처리에 관한 권한을 위임받았다. 그리고 여후는 팽월의 측근들을 협박해서 그를 반역죄로 모함하도록 한 다음 그를 처형했다. 그녀는 팽월을 하나의 시범 케이스로 삼았다. 그의 뼈와 살로 육젓을 만들어 각 제후들에게 보내어 엄중하게 경고한 것이다.

한신이나 팽월 같은 개국공신들을 처단한 일은 새로운 왕조의 안정을 위해서 필수불가결한 조치라고 하더라도 이 과정에서 그녀는 사악하고 잔인한 성격을 드러낸 것이다.

유방은 정말로 반란을 일으킨 개국공신 영포(英布)와 전투하던 중 화살에 맞아 큰 부상을 입었으며, 이 부상이 악화되어 결국 세상을 떠나게 되었다. 죽음을 앞둔 유방이 가장 경계한 것은 바로 여황후의 권력욕과 냉혹한 성품이었다. 그는 마지막으로 제후와 군신들을 모두 한자리에 모으고 백마를 잡아 하늘에 예를 올린 다음 그들로부터 두 가지 조건에 대한 맹세를 받았다.

첫 번째는 유(劉)씨가 아니면 왕(王)으로 봉해질 수 없다는 것이고, 두 번째는 세운 공이 없으면 후(侯)에 봉해질 수 없다는 것이며,[43] 이 두 가지 사항을 위배하는 자들은 모든 제후와 군신들이 연합해서 응징한다는

[43] 이것은 여후가 자신의 일족들인 여(呂)씨를 중용해서 외척 중심의 정치를 펼칠 것을 경계하기 위한 조치였다.

내용이었다. 그렇지만 유방이 죽은 후 제후와 군신들의 맹세도 한갓 무용지물이 되고 말았다.

유방이 죽고 열여섯 살의 아들 영(盈)이 황제의 자리에 오르자, 여치는 태후의 신분으로 정사에 깊숙이 관여했다. 연적인 척부인에게 오랫동안 칼날을 갈아왔던 그녀는 유방의 장례가 끝나자마자 그녀에 대한 복수를 단행했다. 여태후는 척부인의 머리카락을 모두 자르고 팔다리에 수갑을 채워 죄수복을 입혀 감옥에 가두어 두고 곡식을 빻는 고된 노동을 시켰다. 당시 여의 왕자는 조왕(趙王)으로 봉해져 임지인 하북(河北) 지방에 나가 있었다.

여태후는 아예 후환을 없애기 위해 여의를 죽이기로 결심하고 그를 장안으로 불러들였다. 그러자 심성이 착했던 황제는 자신이 아예 성 밖으로 나가 어린 동생을 맞이하고 항상 그를 곁에 두면서 어머니의 음모로부터 보호했다. 그렇다고 순순히 포기할 태후가 아니었다. 여러 달이 지난 겨울날 새벽, 황제가 잠시 사냥을 나간 틈을 이용해 태후는 여의를 독살하는 데 성공했다. 이때 여의의 나이는 열두 살이었다.

아들의 죽음을 듣고 척부인이 여태후를 원망하자 그녀는 아주 잔인한 방법으로 보복했다. 척부인의 팔과 다리를 자르고 두 눈을 파냈으며 독한 증기를 쐬게 해서 귀를 멀게 하고 약을 먹여 벙어리로 만들었다. 그리고는 척부인을 '인간돼지'라고 부르도록 했다. 척부인의 비참한 모습을 본 어린 황제 영은 큰 충격을 받았다. 그는 그날 이후 정사를 전혀 돌보지 않고 술과 여자에 탐닉하면서 세월을 보내기 시작했다.

여태후는 아들의 방황에는 아랑곳하지 않고 오로지 자신의 권력을 강화하는 일에만 몰두했다. 자신의 일가인 여씨들에게 권력을 집중시키면서 왕족인 유씨들을 철저하게 경계했다. 제거하기 어려운 왕족들에게는 여씨 일가의 딸들을 시집보냈다. 백마를 잡으면서 유방에게 한 맹세는 철저하게 무시되었으며, 천하는 여씨의 수중으로 들어가 왕족들은 숨을 죽이면서 살아가야 하는 세상이 되고 말았다.

여태후는 권력을 위해서라면 천륜을 거슬리는 일도 마다하지 않았다. 황제 영은 자신의 친누나인 노원공주가 낳은 딸 장 씨를 왕후로 맞이해야 했다. 즉 자신의 조카와 결혼한 셈이었다. 또한 황제의 후궁들이 낳은 아들들을 황후가 데려와 키우게 하고 생모들은 모두 죽였다. 이러한 와중에서 어머니로 인해 받은 정신적인 충격을 극복하지 못했던 황제는 스물세 살이라는 젊은 나이로 세상을 떠나고 말았다. 그에게는 혜제(惠帝)라는 이름이 추증되었다.[44]

혜제의 뒤를 이어 그가 후궁으로부터 얻은 두 아들이 차례로 허수아비 황제의 자리에 올랐다. 첫째가 유공(劉恭)이었는데, 4년째 제위하던 어느 날 자신의 친어머니가 태후 장 씨가 아니라 할머니인 여태후에게 죽임을 당한 어느 여인이라는 사실을 알게 되고는 한을 품었다. 이 사실이 여태후의 귀에 들어가자 그녀는 소년 황제를 가두어 놓고 굶겨 죽였다. 그 다음이 유홍(劉弘)이었는데, 이 소년 역시 4년 정도 재위했다. 유공과 유홍은 모두 소제(少帝)[45]라고 부르는데, 학자에 따라서는 이들의 재위 8년을 한나라의 역사에서 제외하기도 한다.

여태후는 유방이 죽은 해부터 약 16년간 권력을 휘둘렀다. 그녀는 자신의 나이가 칠순을 넘기자 여 씨 일족의 무궁한 영화를 위해서 모든 병권을 자신의 형제와 조카들에게 나누어 주었으며, 황후 역시 일가의 아이들 중에서 골랐다. 그녀가 죽으면 자신의 통치를 피로 씻어내고자 하

---

44 대부분의 중국 왕조에서 혜제(惠帝)라는 칭호는 대단히 무능한 황제나 업적이 거의 없는 황제에게 붙여진다. 아무 일도 하지 않았기 때문에 백성들을 전쟁이나 공사에 동원하지 않고 그저 편안하게 살 수 있었으므로, 도리어 큰 은혜를 입었다는 의미이다.

45 소제(少帝)는 어린 나이에 황제로 즉위했다가 어른이 되기 전에 죽거나 폐위된 황제를 의미한다.

는 유씨 일가의 반격이 있을 것이라 예상하고 있었던 것이다.

기원전 180년 어느 날 오랜만에 궁 밖으로 나갔던 여태후에게 개 한 마리가 갑자기 덤벼들어 그녀의 겨드랑이를 물었다. 그 일로 인해서 그녀는 병에 걸렸으며, 여태후는 그녀가 독살했던 유여의의 귀신이 나타났다는 소리를 하며 두려움 속에서 생을 마감했다.

그녀의 희망과는 달리 그녀가 죽은 후 여씨 정권은 오래가지 못했다. 여씨 일가는 모든 병권을 쥐고 있었음에도 불구하고, 모든 왕족들과 제후들과 군신들이 일시에 봉기하자 불과 며칠만에 무너진 것이다.

제후들은 유방의 아들들 중에서 유항(劉恒)을 새로운 황제로 세웠으니, 이 사람이 스스로 검소한 생활을 하면서 세금을 크게 낮추어 백성들을 편안하게 한 문제(文帝)이다. 그의 어머니는 박희(薄姬)라고 불리던 여인이었는데, 원래는 항우와 동맹을 맺어 유방에게 끝까지 대항했던 위왕(魏王)의 애첩이었다. 그녀에게는 내세울 만한 집안 배경도 없었고 황궁에 있을 때에도 크게 주목을 받지 못했다. 여태후에게 질린 제후들은 권력을 쥐어도 보살펴야 할 일가라고는 찾아보기 힘든 그녀를 새로운 태후로 선택했던 것이다.

여태후에 대한 역사의 평가는 이중적이다. 그는 자신의 권력을 위해서 외척정치를 실시하고 피바람을 일으켰지만, 일반 백성들에 대해서는 지속적으로 선정을 베풀었다. 원래 한 고조 유방은 유학을 멸시하고 도교에 호의를 가지고 있던 사람이었다. 후일 "말 위에서 천하를 얻을 수는 있어도 말 위에서 천하를 다스릴 수는 없다."라며 유학자들을 중용하기는 했지만, 도교적인 이념을 바탕으로 무위지치(無爲之治)[46]를 이상적

---

[46] 아무 일을 하지 않아도 천하가 저절로 다스려진다는 의미로 백성들이 누가 황제인지 조정에서는 무엇을 하는지 모르고 자신의 할 일만 하며 편안하게 사는 상태가 가장 이상적인 정치라고 생각하는 사상이다.

인 정치로 생각했던 사람이었다.

여태후는 유방의 이러한 사고방식을 계승하고 그것을 실현하려고 줄 기차게 노력했다. 그녀의 시대에 한(漢)이라는 새로운 왕조는 백성들에 게 튼튼하게 뿌리를 내렸다고 할 수 있다. 사실 백성들 입장에서는 왕족 과 고관대작들이 서로 죽이고 죽는 일은 자신들과는 크게 상관이 없는 것이기는 하다. 여기에 통치자에 대한 평가 기준으로 정통성을 중요시 해야 하는가 아니면 통치의 결과를 우선적으로 생각해야 하는가에 대한 논란의 여지가 생기는 것이다.

성신황제 측천무후

여태후에 대한 엇갈린 평가는 그녀보다 약 900년 후에 태어난 측천무 후(測天武后)와 비교하면 아무것도 아니다. 측천무후에 대해서 '중국 역 사 속에서 가장 걸출한 여성 정치인'이라는 평가도 있지만, 이것은 조금 생각해 봐야 할 문제이다. 그렇지만 그녀가 중국 역사상 가장 크게 출세 했던 여인이라는 사실은 이론의 여지가 없다. 중국 역사 속에는 무려 550명 정도의 황제[47]가 존재하는 데, 이들 중에서 여성은 측천무후 단 한 사람뿐이다.

그녀는 당나라 개국공신 무사확(武士彠)의 둘째 딸로 원래 이름은 조 (照)였다. 무조의 탄생과 관련해서도 어김없이 원천강이라는 신비한 관 상가의 이야기가 등장하지만, 곧이곧대로 믿기는 어렵다. 무사확은 개

---

47 어느 기준으로 황제를 인정하느냐에 따라서 그 숫자는 조금씩 달라질 수 있다.

국공신이라고는 하지만
원래는 목재상이었다가
수 양제 시절에 실시된 대
규모 운하공사로 돈을 많
이 벌어 관직을 샀던 사람
이다. 그는 당 고조(高組)
이연(李淵) 휘하에서 무기
를 보급하고 관리하는 상
당히 중요한 직책을 수행
했다.

무사확은 14인의 개국
공신에 이름을 올렸으나

측천무후

출신이 미천해서 다른 공신들로부터 따돌림을 당했다. 고조 이연은 이
사실을 안타깝게 생각해서 그가 상처를 하자 수나라의 재상을 지냈던
양달(楊達)의 딸을 그의 후처로 중매했다. 무사확은 사천 지역의 절도사
로 있을 때 문제의 둘째 딸 조를 낳았으며, 그녀에게는 언니 이외에도 원
상(元爽)과 원경(元慶)이라는 전처 소생의 두 이복 오빠가 있었다.

무조는 나이가 얼마 되지 않았을 때부터 출중한 미모와 총명함으로
소문이 났다. 아버지 무사확은 그녀에게 다양한 분야에서 많은 공부를
시켜 말 타기와 활쏘기, 춤과 노래에 이르기까지 못하는 것이 없을 정도
였으며, 특히 시를 짓고 글을 쓰는 데 대단히 능했다고 한다. 당시는 당
태종 이세민이 통치하던 정관의 치(貞觀之治) 말엽으로 황제는 진정으로
사랑하던 황후 장손(長孫) 씨를 잃고 그 후유증으로 어린 소녀들을 탐닉
하던 때였다.

아름답고 총명하다는 무조의 소문이 황제의 귀에 들어가지 않을 리

없었다. 그녀는 열네 살의 나이로 황궁에 들어가야 했다. 그것도 비빈이 아니라 아주 품계가 낮은 단순한 재인(才人)의 지위였다. 공신임에도 불구하고 명문귀족에 끼지 못하는 서민 출신이었기 때문일 것이다.

황궁에서 미랑(媚娘)이라고 불리게 된 무조가 다른 소녀들과는 달리 책읽기를 좋아하고 시와 서에 능하다는 사실을 알게 된 황제 이세민은 그녀를 황실의 서가를 관리하는 직책에 임명하였다. 이는 그녀에게 가장 잘 어울리는 직책이었다. 이로써 무미랑은 독서와 학문을 즐길 수는 있었지만 황제의 총애를 얻는 데는 실패했다. 12년 동안이나 곁에서 시중을 들었는데도 아이를 얻지 못했으며, 품계도 궁에 들어올 때의 재인 그대로였다.[48]

이에 관해서는 두 가지 이야기가 전해진다. 하나는 무(武)씨 여인이 이씨 자손을 시해하고 천하를 얻는다는 예언이 있었다고 하는데, 이 예언설에 대한 신빙성은 별로 없다.

다른 하나는 천리마 사자두(獅子頭)에 얽힌 이야기이다. 이세민은 서역에서 이 말을 공물로 받았는데 성질이 하도 사나워서 감히 손을 댈 수가 없었다. 그러자 무미랑이 나섰다.

"이 말을 길들이기 위해서는 세 가지 물건만 있으면 된다. 억센 채찍과 쇠망치와 날카로운 검이 그것이다. 우선 채찍으로 가죽이 벗겨질 때까지 내리친다. 그렇게 해서 굴복하지 않으면 쇠망치로 머리통을 내리친다. 그래도 굴복하지 않으면 검으로 목구멍을 가르면 된다."

이러한 이야기가 사실이라면 이세민이 아니라 그 누구라도 기겁을 했겠지만, 이것 역시 그녀의 사악한 심성을 강조하기 위해서 후일 첨가된

---

48 당시의 후궁제도를 살펴보면, 황제는 부인(夫人)인 비(妃)가 넷, 빈(嬪)이 아홉, 세부(世婦)가 스물일곱, 어처(御妻)가 여든한 명으로 모두 121명의 공식적인 처첩을 두게 되어 있었다. 무미랑은 이 121명에도 들어가지 못했다.

기록일 가능성이 있다. 이러한 서술보다 무미랑이 이세민에게 사랑받지 못한 이유로 가장 그럴듯한 기록은 '대단히 아름답고 총명하기는 했지만 애교가 부족했다'라는 것이다. 자고로 예쁘고 똑똑하지만 뻣뻣한 여성은 그리 큰 매력을 발휘하지 못한다. 특히 당시의 이세민처럼 나이 차이가 많이 나는 남자들에게는 더욱 그러했을 것이다.[49]

황제 이세민의 건강이 악화되자 무미랑은 절망적인 상황에 빠졌다. 황제가 죽으면 아이를 낳지 못한 궁녀들은 모두 출가해서 평생을 수절하며 살아야만 하는 것이 당시 황실의 법이었다. 그런데 절망 속에서 아주 조그만 가능성이 보였다. 그녀에게 두 번째의 남자가 나타난 것이다. 바로 태자인 이치(李治)였다. 당시 이세민은 고구려 원정을 감행했다 처참하게 실패한 후 깊은 병에 들었다. 무미랑은 병석에 누운 이세민을 간호하고 있었는데, 아버지에게 문안을 드리러 온 태자가 무미랑에게 반한 것 같은 태도를 보였다.

태자 이치는 원래 태자감이 아니었다. 그는 몸이 약하고 성격이 유약했으며 애당초 황제가 되어 천하를 얻겠다는 야심도 없는 인물이었다. 다른 유력한 왕자들을 제치고 그가 후계자로 결정된 데는 개성이 강한 군주를 피하고자 했던 혁명동지들에 대한 이세민의 정치적인 배려가 결정적인 요인으로 작용했다. 황제 이세민과 승상이자 처남인 장손무기(長孫無忌)를 중심으로 하는 중신들 사이에 있었던 정치적 타협의 산물로 전혀 황제의 소양을 갖추지 못한 인물이 태자가 되었던 것이다.[50]

심약한 이치는 아버지가 중병에 걸리고 회복 가능성이 거의 없자 몸

---

49 이세민과 무미랑의 나이 차이는 무려 스물여섯 살이었다.
50 이러한 타협은 당연히 왕자들의 불만을 야기했다. 당 태종 이세민의 말년에 이우(李寅), 이승건(李承乾)과 같은 왕자들이 연달아 반란을 일으켰다. 당 태종의 고구려 원정은 이러한 불안한 정국을 타개하려는 목적도 함께 가지고 있었다.

시 불안해하면서 그의 곁에서 떨어지지 않으려고 했다. 황실에서는 침전 바로 옆에 태자의 방을 마련해 그가 머물 수 있도록 조치했다. 이 시기에 태자와 무미랑은 어느 정도 서로 교감을 나누었지만, 상황이 상황인 만큼 더 이상의 진전은 없었다. 이세민은 부상의 후유증으로 인해서 쉰한 살이라는 비교적 젊은 나이로 세상을 떠났다. 무미랑은 법에 따라 비구니가 되어 감업사(感業寺)로 출가했다.

태종(太宗)이라는 이름으로 불리게 된 이세민의 첫 번째 기일이 돌아오자 황제가 된 이치는 예불을 올리기 위해 감업사를 찾았으며, 이곳에서 비구니가 된 무미랑과 일 년 만에 재회했다. 그녀는 이날이 마지막 기회임을 잘 알고 있었다. 그녀는 필사적인 노력으로 마지막 승부수를 던져 이치를 유혹하는 데 성공했으며, 이후 두 사람은 감업사에서 은밀한 관계를 지속했다. 당시 그녀의 나이는 스물일곱 살이었으며, 태자 이치는 그녀보다 세 살 아래였다.

연인과의 밀회를 위한 황제의 감업사 행차가 잦아지자 소문이 나지 않을 수 없었다. 황실에서는 무미랑의 환속과 재입궁을 추진했다. 당시의 황후인 왕(王) 씨는 개국공신 왕인우(王仁佑)의 딸이었는데, 이치의 네 부인 중 하나인 숙비 소(蘇) 씨로 인해서 골치를 썩고 있었기 때문에 그녀의 입궁을 적극적으로 지원했다. 무미랑은 황제와의 밀회 일 년 만에 다시 입궁했다. 이번에는 소의(昭儀)의 직급이었는데, 황제의 공식적인 여인 121명 중에서 여섯 번째 서열이었다.

절망의 끝자락에서 극적으로 살아난 무 소의(武昭儀)는 노련하게 처신했다. 아무것도 모르고 궁에 들어왔던 총명한 열네 살의 소녀는 험난한 황궁 생활 12년과 고독한 산사에서의 2년이라는 인고의 세월을 보내고 나서 처세에 능수능란한 스물여덟 살의 괴물로 바뀌어 있었다. 무 소의는 자신이 다시 입궁하는 데 결정적인 역할을 한 황후를 지극정성으로 모시며, 왕 황후와 소 숙비의 암투에서 황후의 편에 섰다. 다른 한편으로는 환관들과 궁녀들을 자신의 편으로 끌어들였다.

황제 이치는 이미 무 소의에게 완전히 빠져 있었다. 입궁해서 바로 다음해에 아들 이홍(李弘)이 태어나자 숙비는 황제의 총애를 잃고 서민으로 강등되었다. 사실 황후의 입장에서는 늑대를 쫓아내기 위해 호랑이를 불러들인 형상이었지만, 무 소의가 워낙 노련하게 처신했기 때문에 당시에는 그 사실을 아는 사람이 없었다. 무 소의가 얻고자 한 것은 황제의 은총이 아니라 무한한 권력이었으며, 그것을 위해서는 황후의 자리가 꼭 필요했던 것이다.

황제와 황후는 태자 시절 일찌감치 결혼했지만 두 사람 사이에는 오랫동안 아이가 없었다. 무 소의가 황후의 자리를 차지하기 위해서는 작은 희생이 필요했다. 무 소의가 낳은 두 번째 아이는 딸이었다. 이 어린 공주는 매우 예쁘고 귀여워서 황후를 비롯한 사람들의 사랑을 독차지하고 있었다. 그러던 어느 날 황후가 이 아이를 보고 간 다음 갑자기 이 아이가 죽은 채 발견되었다.

황후가 조금 전에 다녀갔음을 알게 된 황제 이치의 분노가 폭발했으며, 황후 폐위에 대한 공식적인 논의가 시작되었다. 정사가 아닌 야사에서는 무 소의가 황후를 모함하기 위해서 자신의 딸을 이불로 덮어 질식해 죽게 했다고 하지만, 사건의 현장에는 무 소의 혼자 있었으니 진위를 판단하기는 어려울 것이다. 그렇지만 후일 그녀가 보여준 잔인함이나 포악함으로 판단할 때 충분히 가능성이 있는 이야기이다.

황제와 중신들이 모여 폐위를 논의하고 있는 왕 황후는 위국공(魏國公)의 딸이었다. 그러한 여인을 폐하고 무 소의를 황후로 봉하겠다는 황제의 의도는 난관에 봉착했다. 무 소의가 황제의 뒤에서 발을 내린 채 논의 과정을 모두 듣고 있다는 사실을 알고 있으면서도 공신들의 반발은 거셌다. 이세민이 수나라를 타도하고 천하를 얻게 만든 장본인인 장손무기와 재상인 저수량(褚遂良)은 목숨을 걸고 반대했다. 특히 저수량은 무 소의가 비천한 출신인데다 한때 선왕인 태종의 여인이었으므로, 그런 여인을 황후로 임명한다는 것은 불가하다며 이마에 피가 흐를 정도로 땅바닥을 머리를 찧으며 읍소했다.

"저런 자를 어찌하여 때려죽이지 않으시는 겁니까!"

분노한 무 소의가 참지 못하고 발 뒤에서 소리쳤다. 저수량은 목숨을 잃을 처지였지만, 다른 공신들이 나서서 그를 변호하여 간신히 호남(湖南) 지방의 장사라는 시골로 좌천되는 선에서 마무리되었다. 황제는 공신 이적(李積)에게 판결을 부탁했다. 그러자 이적은 황후를 폐하거나 다시 봉하는 일은 전적으로 황제의 개인적인 일이며, 그러한 문제는 중신들이 동의하고 말고 할 사안이 아니라고 못을 박았다. 결국 무 소의는 서른네 살의 나이로 황후에 책봉되었다.

황후가 되어 야심을 이룬 무 태후에게 달콤한 복수의 시간이 찾아왔다. 심약하고 우유부단한 황제 이치와는 달리 그녀는 단호하고 엄정한 성격이었다. 황후의 책봉을 반대했던 중신들에 대한 숙청작업이 이루어져, 스무 명이 넘는 원로들이 좌천되었고, 이들의 의장 격이면서 황제에게는 외삼촌이 되는 장손무기는 유배를 당한 후 강요에 의해 목을 매달아 자결했다. 장손무기의 경우는 나약한 황제를 내세워 권력을 장악하려 했으니 인과응보였다고 할 수 있다.

황제 이치는 정신적으로 나약했을 뿐 아니라 몸까지 허약했기 때문에 점차 무후에게 더 많은 권한을 위임하게 되었다. 이러한 와중에도 무후는 아이들을 연이어 낳아, 어려서 죽은 딸을 제외하고도 슬하에 모두 4남 1녀를 두었다.[51]

네 아들은 순서대로 이홍(李弘), 이현(李賢), 이현(李顯), 이단(李旦)이었으며, 딸 하나는 후일 여러 방면에서 이름을 날리게 될 태평공주(太平公主)였다. 무 태후는 태자인 이충(李忠)을 폐하고 자신의 큰아들 이홍을 새로운 태자로 세웠다.

황제 이치는 무후에게 권력이 집중되고 그녀의 전횡이 심해지자 점차 불안해지기 시작했다. 그는 재상인 상관의(上官儀)를 은밀하게 불러 황후를 폐하는 조서를 작성하도록 지시했다. 그렇지만 이러한 큰일이 무 태후의 귀에 들어가지 않을 리 없었다. 무 태후는 황제에게 호소했고, 마음이 약한 황제는 모든 책임을 상관의에게 떠넘겼다. 상관의는 폐위된 태자 이충을 다시 세우기 위해 모반을 도모했다는 모함을 받아 이충과 함께 처형되었으며, 가족들은 모두 노비로 전락했다.[52]

무 황후는 자신의 권력을 공고히 하기 위해서는 두뇌들의 도움이 필요하다는 사실을 잘 알고 있었다. 그녀는 서적을 편찬한다는 명목으로 북문학사(北門學士)를 설립했다. 자신이 뛰어난 시인이었으므로[53] 그녀에게 가장 잘 어울리는 기관이기도 했지만, 무후는 이 기관을 통해 문인과 학자들로 구성된 두뇌집단을 확보했으며 끊임없이 새로운 인재를 양성해서 배출했다. 이 북문학사 출신들은 무 황후의 권력을 공고히 하기 위해서 시행했던 갖가지 정책에 대한 이론적인 기반을 제공했으며, 후일 그녀가 황제로 등극하는 데 결정적인 역할을 수행하게 될 집단이었다.

스스로 황제가 되겠다는 구체적인 계획은 아니라고 할지라도 자신의 아들을 제치고 본인이 모든 권력을 장악하겠다는 무 황후의 야심은 황

---

51 고종 이치에게는 모두 열두 명의 자식이 있었는데, 일곱째부터 막내까지는 모두 무후의 소생이었다.
52 이때 갓난아이였던 상관의 손녀 상관완아(上官婉兒)는 어머니와 함께 궁중의 노비로 들어왔다 후일 측천무후에게 발탁되어 당대 최고의 문인 중 한 사람으로 이름을 날리게 된다.
53 그녀가 지은 시 중에서 58수가 전해지고 있다. 그중 〈여의낭(如意娘)〉이라는 서정시가 가장 유명한데, 남자를 그리워하는 여인의 슬픈 마음을 표현한 시이다.

제 이치가 생존해 있던 시절부터 이미 드러나고 있었다. 그녀는 일찌감치 황제 이치를 천황(天皇)으로 올리면서 자신은 천후(天后)로 승격시키는 조치를 취해 놓고 있었다. 그런데 절대 권력을 향한 가장 큰 장애물은 역설적으로 이충을 대신해서 태자가 된 아들 이홍이었다.

천성이 너그럽고 겸허하면서도 심지가 굳었던 이홍은 황제와 중신들의 큰 기대를 받고 있었다. 몸이 약했던 황제는 그에게 가능한 한 빨리 양위하기 위해 열 살을 갓 넘긴 시절부터 이홍을 조회에 참석시켜 정치적 감각을 키워 주었다. 태자 이홍은 장성하면서 자신의 뚜렷한 주관을 가지고 어머니와 대립하기 시작했다. 무후의 입장에서는 머지않아 권력이 자신의 손에서 떠나 아들에게 가리라는 사실은 불을 보듯 빤했다.

이 상황에서 무후는 잔인한 선택을 했다. 자신의 아들에게 독주를 마시게 한 것이었다. 태자 이홍이 독살됐을 때 그의 나이는 겨우 스물네 살이었다. 이 사건으로 인해 심약한 황제가 받은 충격은 대단했다. 그는 국사를 거의 돌보지 못할 지경이 되자 둘째인 이현(李賢)을 태자로 임명하고 그에게 양위를 하려고 했다. 이현은 영리하고 책읽기를 좋아해 상당한 지식을 쌓았을 뿐 아니라 그의 형만큼이나 탁월한 능력과 함께 강건한 기백까지 가지고 있는 사람이었다.

무후는 이현에게 여러 번 경고를 보냈지만 태자는 귀담아 듣지 않았다. 모자 사이의 대립이 심해지자 무후는 사람들을 사주해서 태자가 사생활이 문란할 뿐 아니라 반역을 도모하고 있다고 모함하도록 했다. 동궁을 수색하자 마구간에 숨겨진 수백 종류의 무기가 발견되었다. 황제에게는 이러한 음모를 막을만한 힘이 없었다. 태자는 서인으로 강등되어 파주에 유폐되었고, 4년 후 황제 이치가 죽자 두 달 만에 살해되었다.

둘째 아들 이현에게는 세 명의 아들이 있었다. 무후에게는 손자들이었지만, 후환을 두려워했던 그녀는 이 세 손자들을 황궁 깊숙이 유폐했다.

권력은 모정에 우선한다. 최소한 무 황후의 경우에는 그랬다. 권력을 독점하기 위해서 두 아들을 살해하고 어린 손자들을 유폐했던 것이다.

주로 병석에서 지내던 황제가 마침내 죽자 절대 권력을 향한 측천무후의 도전은 순풍에 돛을 올린 셈이 되었다. 병약했던 황제 이치였지만, 장장 35년이나 제위에 있었다. 그는 죽고 나서 고종(高宗)이라는 칭호를 얻었으며, 태자인 셋째 아들 이현(李顯)이 황제 직위를 계승하게 되었으니 이 사람이 중종(中宗)이다. 그는 원래 아버지처럼 심약하고 야심도 없는 인물이었으며 어머니에게 순종적이었다.

그렇지만 그가 황제의 자리에 있은 날은 단지 55일이었다. 자신의 장인을 재상으로 삼으려고 한 일이 무후의 비위에 거슬렸던 것이다. 그녀는 셋째 아들을 유폐시키고 막내아들인 이단(李旦)에게 황제의 지위를 넘겼다. 이 사람은 후일의 예종(睿宗)이다. 이런 지경이니 이단은 있으나 없으나 매한가지인 허울뿐인 황제였다. 고종이 죽었을 때 측천무후의 나이는 이미 예순한 살이었는데, 권력에 대한 그녀의 집착은 점차 도가 심해졌다.

무씨 친족들이 득세하면서 황족들과 원로대신들을 밀어내고 조정의 요직을 독차지했다. 황제가 어리거나 무능할 때 태후가 정치에 관여하는 일이야 흔했지만, 스스로 황제를 폐하고 새로운 황제를 세우는 일은 분명히 반역행위였다. 황후가 점차 왕조를 탈취하는 길로 들어서자 당연히 명분을 중시하는 사람들의 반발이 일어났다. 원로들은 물론 근왕병들의 움직임까지 심상치 않은 가운데 드디어 반란이 일어났다.

중종의 폐위를 계기로 측천무후에 의해 좌천되었던 유주사마(柳州司馬) 서경업(徐敬業)과 고종의 신하였으나 측천무후가 부상하자 조정을 떠났던 저명한 문장가 낙빈왕(駱賓王)[54]이 주축이 되어 양주에서 봉기를

---

54 낙빈왕은 정치인이라기보다는 당나라 초기에 이름을 날린 네 사람의 문호(初唐四傑) 중 한 명으로

일으키자 순식간에 사람들이 모여 십만의 병력이 되었다. 승상인 배염(裵炎)은 이 반란을 진압하기보다는 이를 계기로 무후의 퇴진을 강력하게 요구했다.

측천무후에게는 최대의 위기였지만 유능한 장군들 덕분에 무장봉기는 40여 일 만에 진압되었으며[55] 극심한 혼란은 수습되었다. 무후에게는 이 위기가 오히려 권력을 공고히 하는 계기가 되었다. 그녀는 승상 배염을 사형에 처하면서 조정을 자신의 조카인 무승사(武承嗣)를 비롯한 충성스러운 측근들로 채웠다. 일단 위기를 넘긴 무후는 정권 탈취의 과정을 착착 진행시켰다.

그녀가 서적 편찬을 위해 세운 북문학사는 어느새 비공식적이지만 막강한 권력기관이 되어 있었다. 그녀는 이미 이곳에서 《성씨록(姓氏錄)》을 발행해서 보잘 것 없던 자신의 무씨 가문을 최고의 명문가로 조작하였다. 그녀는 무씨 5대조를 왕으로 추증하고 수도를 장안에서 낙양으로 옮길 계획을 세워 낙양의 이름을 신도(新都)로 바꾸었으며, 그곳에 대대적인 건축공사를 벌여 궁궐을 지은 후 명당(明堂)이라는 이름을 붙였다.

이때 환관 한 사람과 공모한 승려 법명(法明)이 〈대운경(大雲經)〉이라는 새로운 경전을 지어 무후에게 바쳤다. 이 경전에는 미륵불이 측천무후로 현신해서 세상을 다스릴 것이라는 예언이 포함되어 있었다.[56] 무후는 불교의 미륵불 신앙을 바탕으로 해서 자신의 이름자를 바꾸었다.

꼽히는 당대의 문인(文人)이었다. 그는 고종 시절 시어사(侍御史)까지 지냈지만 관직을 버리고 천하를 유람하며 세월을 보내다, 서경업의 봉기에 서기(書記)로 참가해 〈토무조격(討武照檄)〉이라는 격문을 썼다. 이 글을 읽고 감탄한 무후는 낙빈왕을 자신의 수하에 두지 못했음을 못내 아쉬워했다고 전한다.

55 서경업이 이끄는 반군과의 전투에서 결정적인 승리를 거둔 장수가 좌응양대장군 흑치상지(黑齒常之)이었다. 백제가 망하고 나서 마지막 백제 부흥군을 이끌며 저항하다 항복을 했던 바로 그 사람이다.

56 정치적인 선동으로 대중의 의지와 판단력을 마비시키고 결국 이들을 조종해서 권력을 장악할 수 있다는 사실을 역사상 최초로 보여준 사람은 독일 제3제국의 '국민계몽 선전상' 요제프 괴벨스(Paul Joseph Goebbels)가 아니었다. 무측천이야말로 이 분야의 선구자였다.

원래 그녀의 이름은 '세상을 비춘다'라는 의미의 '조(照)'였다. 새로운 한자는 그 발음과 뜻은 그대로였지만, 해와 달이 합쳐진 '밝을 명(明)' 아래에 '허공 공(空)'자를 쓰는 것이다. 미륵불이 환생하면서 하늘에 뜬 해와 달처럼 백성들에게 광명을 준다는 의미였던 것이다. 황제의 뒤에 쳐져 있는 발을 들어 올리고 자신이 직접 황제의 자리에 앉겠다는 의사의 표현이었다.

　정권의 탈취가 발등에 떨어진 불이 된 황실에서 가만히 있을 리 없었다. 중종 이현을 다시 황제로 옹립하자는 명분을 세워 당 고조의 열한 번째 아들 이원가(李元嘉)와 이정(李貞), 이충(李沖) 부자 등 황족 일가의 반란이 전국각지에서 산발적으로 터졌다. 그렇지만 지난 서경업의 난으로 단련이 된 무후는 이십여 일 만에 손쉽게 전국의 반란을 제압했다.

　마지막 결정적인 하늘의 뜻은 작은 조약돌을 통해서 전해졌다. 무후가 가장 신임하는 조카 무승상은 옹주 출신의 강동태(剛同泰)라는 인물이 낙수라는 장소에서 신비한 돌을 찾아냈다는 사실을 보고했다. 신기하게도 그 흰색의 돌에는 예언이 선명하게 적혀 있었다.

　　성모께서 사람들 사이로 내려오셔서 聖母臨人
　　영원히 번창할 제업을 이룰 것이다. 永昌帝業

　무후는 이 조약돌을 보도(寶圖)라고 이름 짓고, 발견 장소인 낙수에 커다란 절을 창건했다.

　또한 그녀는 새로 건축한 낙양의 새 궁전 명당의 이름을 만상신궁(萬象神宮)으로 짓고, 신궁의 대전 무성전(武成殿)에서 황제 이단이 '성모신황(聖母神皇)'이라는 존호와 함께 '신황지새(神皇之璽)'라는 새로 만든 옥쇄를 자신에게 바치도록 했다. 이제 황제가 모후에게 양위를 하는 아주

273

이상한 방식으로 진행될 역성혁명(易姓革命)은 시간 문제였다.

이때 부유예(傅游藝)라는 관리가 수백 명의 지방 관리들을 대표해서 태후의 제업을 청하는 상소를 올렸다. 그러자 무후는 그 청을 거절하면서도 부유예를 승진시켰다. 그러자 비슷한 내용의 상소가 빗발치면서 무려 육만 명이 넘는 관리, 귀족, 승려, 일반인 등등 갖가지 사람들이 이에 참여했다.

당의 제3대 황제 고종(高宗) 이치가 죽고 나서 6년 후 드디어 무씨 왕조가 새롭게 탄생했다. 무후는 공자가 이상향으로 생각했던 고대의 주(周)나라를 모범으로 삼아 국호를 당(唐)에서 주(周)로 고치고 주나라의 문왕(周文王)을 시조로 삼았다. 무후의 아버지 무사확은 태조(太祖)로 추존되었다. 반면 황제인 이단은 황제의 아들이라는 의미의 황사(皇嗣)로, 황태자 이성기(李成器)는 황태손으로 강등되었다.

무후가 세운 주나라를 원래의 주나라와 구별하기 위해서 후주(後周)라고 부른다. 이때 무후의 나이는 예순일곱이었으며, 당나라는 고조 이연이 왕조를 창업한 지 72년 만에 일단 공식적으로 종언을 고했다. 이로써 황실인 이씨는 급속히 몰락하고 무씨의 세상이 되었다. 무후의 조카인 무승사와 무삼사(武三思)를 비롯해 열 명이 넘는 일가들이 이씨 일가를 대신해서 군왕 이상의 직위에 봉해졌다.

여인의 몸으로 황제의 자리를 차지한 측천무후는 공포정치를 통해서 정권을 유지했다. 그녀의 가장 기발한 발상은 밀고 제도를 체계화했다는 사실이다. 밀고를 받아 처리하는 전담부서를 만들었으며, 먼 지방에서 오는 밀고자들의 편의를 위해서 각 역에서는 역마를 제공했다. 밀고자는 지위고하를 막론하고 모두 접견했으며, 밀고한 내용이 사실로 밝혀지면 밀고자에게 녹봉을 내리거나 관리로 발탁했다.

밀고와 관련한 심문에 대한 대비도 철저했다. 그녀는 잔혹한 성품을 가진 자들만 발탁해서 이들에게 심문에 관한 업무를 전담토록 했다. 이들 중에서 주흥(周興)과 내준신(來俊臣)이 가장 악명이 높았다.[57] 이들은 가혹한 고문기법을 개발하고 새로운 고문도구를 발명했다. 일단 그들의 손아귀에 잡히면 죄가 있건 없건 빠져나오기는 불가능했다. 밀고 한 번에 수백 명의 목숨이 사라지는 일이 빈번하게 일어나자 이러한 혹리(酷吏)들에 대한 원성이 높아져 갔다.

무후의 목표는 명확했다. 정권을 탈취당해 불만이 많았던 황족들이 자연스럽게 밀고의 주요 대상이 되었다. 일단 반역의 혐의로 감옥에 갇히면 모진 고문이 기다리고 있어 자백을 하지 않을 수 없었다. 무후의 집권 초기에 황족들에 대한 집중적인 숙청이 이루어지자 당의 고조, 태종, 고종, 세 황제가 남긴 수십 명의 아들 중에서 무후의 소생인 중종 이현과 예종 이단만 남게 되었다.

물론 이 밀고 제도로 인해서 황족뿐 아니라 그들과 연관된 중앙과 지방의 관리 수만 명이 목숨을 잃거나 모진 고문을 당한 다음 멀리 유배를 가야 했다. 불과 이삼 년 사이에 측천무후는 확고하게 자리를 잡았으며, 이와 함께 조정에는 인사 적체가 완전히 해소되고 젊은 피가 수혈되는 계기가 되었다.

측천무후가 민심을 잡은 방식도 기가 막힐 정도로 멋진 것이었다. 그녀는 악명 높은 혹리들 중에서 먼저 주흥을 제거했는데, 이 일처리를 혹리의 좌장격인 내준신에게 맡겼다. 주흥은 본격적인 심문을 시작하기도

---

57 대표적인 혹리인 내준신은 《나직경(羅織經)》이라는 책의 저자로도 유명하다. 이 책은 심문 전문가들을 위한 교과서와 같은 책으로, 효과적인 심문방법부터 고문 도구의 제작 및 사용방법까지 고문에 필요한 모든 내용이 일목요연하게 기술되어 있다.

전에 모반의 죄를 자백한 후 처형되었다.[58] 그 다음은 내준신의 차례였다. 주홍이 죽고 나서 얼마 후 측천무후는 내준신에게 폭정의 책임을 물어 그를 처형하면서 그의 일가까지 모두 멸했다.

측천무후는 포퓰리즘의 의미를 정확하게 이해하고 있던 사람이었다. 그녀가 악명 높은 혹리들을 처형하자 민심은 일단 수습되기 시작했다. 그리고 그녀의 인사 정책은 포퓰리즘의 핵심이었다. 그녀는 관직에 뜻이 있는 사람들은 누구라도 스스로를 추천할 수 있다는 파격적인 조칙을 내렸다. 이론적으로는 능력이 있는 사람은 누구나 관리가 되어 녹봉을 받을 수 있다는 말이었다.

이러한 정책은 단지 구호에 그치지 않았고, 무후는 실제로 관리들을 지방에 파견해서 과거에 응시한 경험이 없는 선비들과 현재 아이들을 가르치고 있는 사람들을 추천하도록 했다. 이런 식으로 추천받은 사람들은 정식 관리는 아니었으나 일단 시관(試官)이라는 이름으로 모두 임용했다. 단어의 의미 그대로 시관이 정식 관리로 발령받기 위해서는 자신의 능력을 입증해야 했는데, 현대적인 인턴 제도와 유사한 시스템을 수백 년 전에 이미 시행한 셈이었다.

원래 기득권 세력의 권력 세습은 어제 오늘의 일이 아니라 사람들이 만든 어떠한 사회체제 아래서나 발생하는 문제이다. 과거 제도는 이러한 병폐를 억제하기 위해 만들어진 것이지만, 아무리 과거 제도가 공정하게 운영된다고 해도 교육의 기회가 많은 명문가 출신들이 그 과거를 통해 관직에 진출하고 권력을 독점하는 악순환이 계속된다. 그래서 과거 제도는 결국 기득권 계층을 보호하는 일종의 사회적 장벽으로 작동

---

[58] 여기에서 '청군입옹(請君入甕)'이라는 고사가 생겼다. 내준신이 주홍에게 가장 악랄한 심문방법을 묻자 주홍이 커다란 항아리를 불에 데워 죄인을 집어넣는 것이라고 대답했다. 내준신이 주홍을 그가 말한 방식대로 주홍을 고문하자 즉시 죄를 자백했다는 일화이다.

하기 마련이다.

무후가 관직에 대한 문호를 실질적으로 개방하자 명문가들이 독점하고 있던 조정은 크게 변화하기 시작했다. 출세를 결정하는 요인으로 출신 집안이나 배경이 아니라 철저하게 개인의 능력이 우선시되었다. 측천무후 시절은 적인걸(狄仁杰), 이소덕(李昭德)과 같이 후세에 길이 이름을 남기게 될 명신들이 등용되고 활동하기 시작했던 시기이다.

무후는 많은 사람들에게 관직을 개방해서 인심을 얻었다. 이러한 제도는 왕국에 기초한 봉건체제의 중국 사회가 거대한 관료기구에 의해 움직여지는 체제로 재편되어 간다는 사실을 의미했다. 그렇지만 이것은 양날의 칼과 같은 것이었다. 비대한 관료조직에는 엄청난 유지비용이 소요되며, 능력만 있다면 누구나 관리가 되어 토지로 봉록을 받을 수 있다는 사실을 의미했다. '기회의 균등' 이라는 민주적인 기본적인 원칙이 실현된 것이지만, 먼 후일 대단히 비효율적이고 불건전한 형태로 변모하게 될 중국식 관료체제는 이렇게 시작된 것이다.

측천무후는 철저한 숙청작업과 포퓰리즘을 통해서 정치적으로는 대성공을 거두었지만, 개인적으로는 고독하고 불안한 날이 연속되는 삶을 살아야 했다. 그러한 이유에서였겠지만, 무후는 개인적인 삶의 상당 부분을 남자들에게 의존했다. 그렇기 때문에 역사는 그녀가 음탕한 요부였다고 매도하고 있지만, 이 문제는 호색의 기준을 어디에 두느냐에 따라 결론이 달라질 것이다. 사실 무후를 중국사에서 별로 이름을 남기지 못한 보통 황제들의 호색행각에 비교한다고 해도 대단히 정숙한 편이었다고 말할 수 있다.

측천무후는 말년에 황궁 내에 공학부(控鶴府)라는 기관을 두고 스무 살 안팎의 미소년 일흔두 명을 모아 자신의 잠자리 시중을 들게 하였다.

그러나 이 공학부는 무후가 색을 밝혔다는 증거가 되지는 못한다. 이것은 황실에서 비전되었다고 하는 방중술의 일환으로, 역대 황제들이 어린 여자들과 성 관계를 함으로써 그들의 기운을 빌어 젊음을 유지했다는 채음보양(採陰補陽)의 상대개념인 채양보음(採陽補陰)의 비법이었다.

쉽게 말하면 무후는 늙지 않기 위해서 결사적인 노력을 했던 것이다. 이러한 비법이 실제로 효험이 있었는지는 몰라도 무후는 일흔이 넘었을 때에도 그녀의 나이를 알 수 없을 정도로 싱싱한 외모가 시들지 않았다고 전한다.[59] 특히 피부가 일품이라 일흔이 넘은 나이임에도 십 대 소녀와 같은 탱탱한 피부를 유지하고 있었다고 한다.

말년의 미소년들을 제외한다면 무후가 마음을 열었던 남자들은 몇 사람 되지 않았으며, 모두 순정적인 관계였다. 그리고 남자 복도 그리 좋은 편이 아니었다. 첫 번째 인물은 풍소보(馮小寶)라는 한량이었는데, 이 사람은 고향에서 죄를 짓고 도주해 백마사(白馬寺)라는 절에서 중노릇을 한 적이 있었다. 백마사는 무후가 비구니 자격으로 머물고 있던 감업사와 인근한 절이었다.

무후와 풍소보는 이 시절에 만나 친하게 지낸 적이 있으며, 수십 년 만에 고종의 고모인 천금공주(千金公主)의 소개로 재회했다. 무후는 환속해서 장사를 하고 있던 풍소보에게 설회의(薛懷義)라는 이름을 주고 다시 출가하도록 한 뒤 백마사의 주지로 임명했다. 설회의는 황실의 불교 행사를 주관한다는 명목으로 황궁에 자유롭게 출입했으며 태사(太師)라는 존칭으로 불렸다.

그는 만상신궁의 건축 책임자이기도 했으며, 이 건축사업의 공로를

---

59 무후의 시들지 않은 외모 때문에 그녀의 식단은 역사적으로 항상 화제의 대상이었다. 중국 요리 중에서 가연채(假燕菜)라는 것은 무후를 위해 개발된 요리였다. 야채, 당근, 호박, 과일이 그녀가 즐기던 음식이었으며, 동물성 단백질로는 수산물과 함께 대량의 콜라겐을 섭취했다.

인정받아 양국공(梁國公)에 봉해지기도 했다. 그런데 설회의는 원래 믿을만한 사람이 아니었으며, 오만방자한 성격이었다. 무후의 총애를 받자 기고만장했으며, 무후의 사생활까지 공공연하게 떠들고 다녀 그녀의 수심이 깊어졌다. 그러자 어머니의 근심거리를 알게 된 외동딸 태평공주(太平公主)가 자객을 보내 그를 제거했다.

무후의 다음 남자는 사람 됨됨이는 쓸 만했다. 어전 시의(侍醫)였던 심남료(沈南蓼)라는 인물로, 무후와 비슷한 연배의 신중하고 온화한 사람이었다. 그는 무후의 주치의로 정성을 다해 그녀를 보살폈으며, 그러는 와중 정신적인 교감이 생겼다. 그는 무후의 총애를 업고 권력을 휘두르려고 하지도 않았으며, 무척 친절하고 다정한 사람이어서 무후가 정신적으로 상당히 많이 의존했지만 좋은 친구 사이처럼 어느 정도 거리를 유지하는 관계였다. 그의 신체는 이미 쇠약해서 육체적으로 무후를 만족시키는 일은 불가능했던 것이다.

마지막으로 장역지(張易之)와 장창종(張昌宗) 형제는 명문가 출신으로 스무 살을 갓 넘긴 청년들이었다. 그들은 외모도 준수할 뿐 아니라 풍류를 즐길 줄 아는 사람들로 부와 권세를 가지고 있던 바람기 많은 귀부인들 사이에서는 이미 명성이 자자한 한량들이었다. 화려한 남성 편력을 자랑하던 이 낙양의 유한부인 그룹의 리더가 바로 태평공주였다.[60] 그녀는 상당히 영리했지만 못 말리는 바람둥이로 공식적인 결혼만 세 번을 하면서 무후의 골머리를 썩였는데, 그녀가 이들 형제를 무후에게 추천했다.

장역지와 장창종 형제는 공학부에 소속되어 무후의 총애를 받았다.

---

60 후일 태평공주는 중종의 황후 위(韋) 씨가 무후와 같은 방식으로 제위를 찬탈하려고 했을 때, 이를 저지하고 예종을 세워 당 왕조를 보존하는 중요한 역할을 한 인물이다. 한때 혁명동지였던 현종과의 권력 투쟁으로 인해 처형된다.

바로 이 형제가 무후의 시절 말년을 어지럽히게 되는 원흉들이다. 무후의 나이가 여든을 바라보자 그녀의 판단력이 현저히 흐려졌고, 장씨 형제들이 무후의 총애를 믿고 전횡을 일삼기 시작했다. 그들은 공학부 소속의 미소년들을 중심으로 파당을 만들어 정사에도 깊숙이 관여했다.

한편 측천무후의 말년에 살아남은 두 아들 중에서 셋째인 중종 이현은 유배되어 있었으며, 막내인 예종 이단은 '황제의 아들'이라는 신분으로 전락해 권력의 핵심에서 멀찌감치 밀려나 있었다. 이단 대신 무후를 보좌한 사람들은 두 조카인 무승사와 무삼사였다. 특히 무승사는 차기 황제로 유력시되고 있었으며, 이단이 간신히 유지하고 있던 태자의 자리를 원하고 있었다. 무승사가 후계자로 굳어지는 듯한 분위기에서 무후 자신이 발탁한 두 명신 적인걸과 이소덕이 무후를 찾아와 그녀에게 넌지시 물었다.

"폐하께서는 아들과 조카 중에서 누구와 더 친하십니까?"

이 질문에 무후는 정신이 번쩍 들었다. 그녀는 이현이 유배되어 있던 곳으로 사람을 몰래 보내어 그를 은밀하게 낙양으로 불러들였다. 이 사실을 알게 된 황사 이단은 스스로 태자의 자리에서 물러나기를 청했다. 중종 이현이 다시 황태자로 복귀하자 조카인 무승사는 크게 실망해서 병에 걸려 시름시름 앓다 죽었다. 무후는 자신의 소생인 이현과 이단, 태평공주 삼 남매와 무씨 일가를 한데 모아 천지신명에게 화평을 서약하게 하고 이를 쇠판에 기록해서 사관에게 보관하도록 했다.

측천무후의 후계 문제까지 깔끔하게 마무리되자 정국이 안정되고 천하는 태평했다. 이때가 무후의 나이 일흔다섯 살이었다. 공학부가 설치된 시기는 그 다음해이며, 미소년들이 득세를 한 것은 무후의 나이 여든이 되어 그녀가 병에 걸렸을 때부터 본격적으로 시작된 일이었다. 그 이

전에도 무후가 장씨 형제를 귀여워하면서 그들에게 높은 벼슬을 내리자 그들의 권세에 기대고자 하는 자들이 줄을 섰지만, 무후가 앓아눕자 장씨 형제는 다른 중신들의 접근을 완전히 차단했다.

그 형제 중에서 동생인 장창종은 이 절호의 기회를 이용해서 스스로 천자가 될 생각까지 가지게 되었다. 그는 점술가를 몰래 황궁으로 불러들여 자신이 장차 황제가 될 것이라는 예언을 받아냈다. 이 위기는 무후가 병석에서 일어나 한 달 만에 수습되었지만, 무후는 중신들의 강력한 요구에도 불구하고 장씨 형제를 처벌하지 않았다. 이듬해에 무후가 다시 병석에 눕자 이번에는 중신들이 기민하게 움직였다.

재상 장간지(張柬之)와 최현위(崔玄暐), 환언범(桓彦範)과 같은 중신들은 모두 무후가 발탁한 사람들이었다. 이들은 군사들을 동원해서 장씨 형제가 걸어 잠근 황궁의 문을 부수고 침전까지 들어가 장씨 형제를 살해하고 무후에게 양위를 요구했다. 그리고 황태자였던 중종 이현이 황제로 즉위하면서 측천무후의 20년 정권도 막을 내렸다. 이 사건을 중국사에서는 '오왕의 정변(五王政變)'[61]이라고 부른다.

측천무후는 '오왕의 정변'의 충격으로부터 헤어나지 못하고 무너져 병석에 여러 달 누웠다가 임종을 맞이했다. 그녀는 마지막으로 모든 것을 원점으로 돌리기 위한 시도를 했다. 자신의 존호에서 '황제'를 빼고 '측천대성황후(側天大聖皇后)'로 부를 것과 고종의 무덤인 건릉(乾陵)에 합장할 것을 유언으로 남긴 것이다. 그녀는 이와 함께 자신의 정적이었던 왕 황후와 소 숙비의 일족들, 자신이 처단했던 고종 조의 신하들인 저수량, 한원, 유상 등의 일족들을 모두 사면하라는 유언도 함께 남겼다.

---

61 이 정변을 오왕의 정변(五王政變)으로 부르는 이유는 장간지를 비롯한 다섯 사람 모두 후일 왕까지 승진하기 때문이다.

무자비

측천무후의 유언 중에서 가장 획기적인 것은 자신의 능 앞에 세우라고 했던 무자비(無字碑)이다. 아무것도 적어 넣지 않은 이 거대한 비석만큼 중국의 사학자들을 당혹하게 하는 것은 없다. 자신의 업적과 과실에 대한 평가는 동시대의 사람들이 아니라 후세의 사람들에게 맡긴다는 의미였지만, 그녀에 대한 평가는 지금까지도 명확하게 내려지지 않고 있다.

외교와 군사 측면에서는 잃은 것보다는 얻은 것이 훨씬 많았다. 그녀 이전 세대에 고구려를 정복해서 세웠던 안동도호부 전역을 그녀의 통치 시절에 대조영이 세운 신생국 발해에게 고스란히 내주어야 했지만, 발해와는 선린 관계를 맺는데 성공했다. 그들이 돌궐(突厥)이라고 부르던 튀르크와도 우호 관계를 유지해서, 튀르크가 그동안 당나라 큰 위협이었던 키탄(거란)까지 대신 제압해주는 외교적인 성과를 올렸다. 이로써 당나라 입장에서는 동쪽 지역의 근심거리를 완전히 해소했다고 할 수 있다.

반면에 한자어로 토번(吐蕃)이라고 불리던 서방의 고대 티베트 왕국에 대해서는 강경한 정책을 고수해서 결국 티베트 왕국을 정복했다. 티베트의 정복은 막대한 부가 창출되는 서방 교역로를 독점했다는 의미였다.[62] 이는 곧바로 괄목할만한 경제부흥으로 이어졌다. 경제 문제에 관한 한 측천무후에 대한 평가는 대단히 긍정적이다. 그녀는 기존의 경제 체제를 잘 유지했을 뿐 아니라 경제가 낙후된 각 지방에 대해서 '농업과 양잠업을 중시하고 세금과 부역을 가볍게 한다'라는 단순한 경제 원칙을 세우고 이를 강력하게 밀고 나갔다.

따라서 이러한 지방의 관리들에게는 기회와 위험이 동시에 주어졌다. 농지를 개간해서 경작지가 넓어지면 포상을 받고 파격적인 승진이 가능했으나 호구 수가 줄어들면 엄격한 처벌을 받았다. 또한 부역과 세금 감면 정책을 통해서 유랑민들을 정착시켰다. 그러자 당나라 전체의 호구 수는 65퍼센트 이상 늘어났다. 그 시대의 호구 수는 곧바로 국부(國富)를 의미했다. 일반 백성들의 입장에서는 문자 그대로 태평성대를 구가했던 것이다.

초기에 티베트 정복을 위한 막대한 전비가 재정에 부담되었으나, 동서 교역로의 확보는 장기적으로는 크게 남는 장사였다. 독실한 불교 신자였던 무후는 새로운 황궁인 명당과 함께 대규모 사찰을 건립하면서 재정을 낭비한 과실도 있지만, 호구 수가 증가하면서 경제 규모 자체가 커졌기 때문에 백성들의 세금 부담은 그녀 이전의 태종이나 고종 시절보다 전반적으로 낮은 수준을 유지할 수 있었다.

무후에 대한 평가와 관련된 논쟁의 핵심은 항상 정치적인 측면과 이와 연관된 윤리적인 문제였다. 그녀는 피의 숙청을 통해서 권력을 창출했다. 언제라도 정권에 도전할 수 있는 황실의 직계 손들은 대부분 희생

---

62 동서 교역로를 '비단 길(Silk Road)'이라고 부르지만, 이는 지극히 서구적인 가치관에 따른 용어이다. 당시 당나라가 확보한 교역로는 천산산맥을 중심으로 하는 북로와 남로, 두 개의 루트였다. 이 두 개의 루트 이외에도 북방으로 난 교역로들이 더 존재하고 있었으며, 역사도 비단 길보다 훨씬 더 오래되었다. 비단 길과 상대되는 개념으로 북방의 교역로들을 '초원의 길'이라고 부르기도 하는데, 고고학적으로는 스키타이의 청동기 문명이 이 초원의 길을 통해 유럽에서 극동까지 전파되었다.

되었는데, 그중에는 자신의 몸에서 나온 두 아들도 포함되어 있었다. 비인간적인 잔인한 모정이었다. 자신의 권력을 공고히 하기 위해서 황족뿐 아니라 무고한 사람들 수천 명이 죽고 수만 명이 유배되거나 노비 계급으로 전락해야만 했다.

그렇지만 이러한 희생은 어디까지나 권력층 내부의 일이었지 일반 백성들과는 별 상관이 없는 일이었으며, 오히려 국가 전체로서는 득이 되는 일이기도 했다. 사실 당나라는 분열되었던 중국을 통일한 것도 아니었고, 민중혁명을 통해서 새로운 왕조를 창건한 것도 아니었으며, 단지 어려운 과정을 통해 중국을 통일한 수나라로부터 정권을 탈취해서 세워진 나라였다. 때문에 건국 초기에 개국공신들에 대한 정리가 전혀 이루어지지 않은 상태였다.

그러한 상황에서 무후의 잔인한 숙청은 일반 백성들의 입장에서는 기득권 세력이 와해된 것을 의미했으며, 그것은 결국 자신들의 부담으로 유지되는 계급이 줄어든 것이었다. 또한 무후의 통치 시절은 지배를 받기만 하던 사람들에게도 공정한 기회가 주어진 시대였다. 결국 그녀에 대한 평가는 '선정을 베푼 찬탈자'라는 평가로 요약될 수 있으며, 이것은 우리의 인생에서 '목적이 수단을 정당화할 수 있는가'라는 근본적인 문제로 귀결된다.

측천무후의 '음탕함'을 비난하는 역사가들의 견해는 편협한 것이다. 공정한 입장이라면 역대 중국 황제들의 음탕함을 동시에 비난해야만 한다. 남자 황제들이 자기의 딸이나 손녀 또래의 여자들을 수백 명씩 불러들여 즐기는 것에 대해서는 관대하면서 유독 무후의 남성 편력을 비난하는 것은 성에 대한 이중적인 잣대를 적용하는 것이다. 움직일 수 없는 한 가지 사실은 측천무후는 550명에 달하는 중국의 황제들 중에서 유일무이한 여성이지만, 엄연히 '황제'였다는 점이다.

청나라의 서태후

실질적으로 청나라의 마지막 통치자였던 서태후(西太后)는 여러 가지 면에서 측천무후와 비교되는 인물이다. 그렇지만 측천무후가 '사악한 찬탈자'인 동시에 '훌륭한 통치자'였던 반면, 서태후는 '사악한 찬탈자'라는 점은 마찬가지였지만 국익보다는 자신의 권력과 개인적인 사치에 우선한 '탐욕스러운 통치자'였다는 근본적인 차이점이 있다. 그럼에도 불구하고 서태후에 대한 역사적인 평가는 아직 진행 중이다. 그녀로 인해 청 제국의 붕괴가 가속화되었다는 견해가 지배적이긴 하지만, 반대로 그녀로 인해서 왕조의 몰락이 반세기 정도 늦춰졌다는 견해도 있다.

그녀의 출신배경이나 황궁에 들어오는 과정은 측천무후의 것과 비슷하다. 1835년생인 서태후는 만족(滿族) 출신으로 그녀의 성은 엽혁나랍(葉赫那拉)이며 어릴 적에는 난아(蘭兒)라는 이름으로 불렸다. 그녀의 아버지 혜정(惠征)은 감찰 업무를 수행하던 하급 관리로 여러 지방을 전전하면서 근무하던 사람이었다. 난아가 태어난 시기는 유럽 열강들의 중국 침탈이 본격화되던 시기였다. 그녀가 다섯 살 때인 1839년 제1차 아편 전쟁이 터지고 남경조약을 체결하면서 중국의 굴욕적인 근대사가 시작되었다.

난아는 열여섯 살 때 하위계급의 궁녀인 수녀(秀女)로 선발되어 황궁에 들어가 이때부터는 자희(慈喜)라는 이름으로 불리게 되었다. 당시 청나라의 황제는 함풍제(咸豊帝)였는데, 나이는 자희보다 네 살이 많았으며 이제 막 제위를 이어받은 상태였다. 그는 그리 뛰어나지도 않고 그렇다고 아주 무능하지도 않은 평범한 황제였다. 또한 부지런하고 대단히 선량한 사람이었던 반면에 겁이 많고 나약한 성격의 소유자였다.

서태후

만약 평화로운 시기였다면 선량한 사람이었던 함풍제는 백성들을 위하는 좋은 군주가 될 수도 있었겠지만, 격변의 시기를 맞이해 빅토리아 여왕의 대영제국을 중심으로 한 서구 열강들과 맞서기에 적합한 통치자는 아니었다.

자희는 원래 처세에 능한 사람이라 수녀로 출발해서 의빈(懿嬪)에 이르기까지 고속으로 승진했으나 오랫동안 황제와 잠자리를 같이 하지는 못하고 있었다. 그러나 우연한 기회에 함풍제의 눈에 들어 입궁한 지 4년 만에 처음 황제의 성은을 입은 자희는 대단히 큰 행운을 잡았다. 스물한 살에 아들 재순(載淳)을 낳은 것이다. 재순은 함풍제의 유일한 아들이었다. 자희는 의비(懿妃)를 거쳐 의귀비(懿貴妃)가 되었다. 내명부에서 황후 바로 다음 서열로 올라선 것이다.

자희 개인에게는 행복한 시절이었겠지만 300년 전에 만족의 영웅 누루하치가 세운 청 왕조는 이 시기에 급속한 몰락의 길로 들어서고 있었다. 자희가 입궁했던 시기는 '태평천국(太平天國)의 난'이라는 농민반란이 일어나 전국의 절반 이상이 태평군에 의해 점령되어 있는 상태였다.[63] 한때 무적을 자랑하던 청 왕조의 팔기군(八旗軍)은 제대로 싸워보지도 못하고 무너졌으며, 증국번(曾國藩)과 이홍장(李鴻章), 두 한인 출신 지방총독들이 지휘하는 군대만이 가까스로 이들을 상대하고 있는 실정이었다.

이 와중에 영국 상선 애로우 호 사건을 빌미로 제2차 아편 전쟁이 터졌다. 빅토리아 여왕의 영국과 나폴레옹 3세의 프랑스는 노골적으로 중국에 대한 침략을 본격화한 것이다. 그들의 요구는 자국 공사의 북경 주둔, 교역항 개항, 선교활동 보장과 같이 다분히 제국주의적인 것들이었다. 영국, 프랑스, 미국, 러시아의 연합함대가 천진을 거쳐 북경까지 위협하자 근대식 군대에 대항할 능력이 없는 함풍제는 굴욕적인 천진 조약을 맺어 그들의 요구를 모두 들어줄 수밖에 없었다.

이어서 영국과 프랑스는 북경의 관문이라고 할 수 있는 천진 항을 개방하라는 압력을 가했고 이를 위해 무력 시위를 감행했다. 그런데 이들이 무력 시위를 하던 중에 전근대적인 몽골 기병 2만 기가 맹활약을 하면서 이들을 행동을 저지했다. 그러자 이 작은 승리에 고무된 함풍제는 천진 조약을 폐기한다고 선언하고 영국 영사를 구금했다. 이에 서구 연합군은 북경에 대한 공격을 감행했다.

제국의 수도가 서구의 근대식 군대에 의해 점령당할 위기에 처하자, 함풍제는 이복동생인 공친왕(恭親王) 혁흔(奕訢)에게 수도의 방위를 위임하고 자신은 황후인 자안(慈安), 그리고 자희와 재순 모자만을 데리고 열하(熱河)로 도피했다. 이것이 그의 마지막 여행이었다. 혁흔은 영국, 프

---

63 1850년 홍수전(洪秀全)에 의해 시작된 태평천국의 난은 진압되기까지 무려 14년이 걸렸다. 후일 이홍장이 자신의 군대인 회군(淮軍)과 영국, 프랑스로부터 지원받은 병력으로 태평천국의 수도 남경을 점령함으로써 마무리되었는데, 중국을 침략하려는 열강과 청 왕조에 심각한 타격을 입힌 민중 저항 운동이었다.

랑스와 협상을 벌였으며, 그 결과가 북경 조약이었다. 천진 조약이 유효함을 인정하고 천진 항을 개방하며 막대한 전쟁배상금까지 물어야 하는 조건이었다. 여기에다 홍콩 섬을 마주보고 있는 구룡 반도까지 영국에게 할양해야 했다.

함풍제는 자포자기에 빠져서 한동안 정사를 돌보지 않고 주색잡기에 몰두하다 중병에 걸렸다. 서른한 살의 나이에 죽음을 앞둔 황제가 여섯 살 난 후계자를 위해 상황을 정리할 시간은 그리 많지 않

함풍제

았다. 가장 위험한 인물은 그와 사이가 좋지 않은 동생 공친왕 혁흔이었다. 강력한 카리스마를 가지고 있는 그는 추종자들도 많이 거느리고 있어 제위에 도전할 가능성이 가장 큰 인물이었다.

두 명의 황후도 경계의 대상이었다. 명문가 출신인 자안 황후는 온화하고 다정한 성격이라 주변에 인물이 많이 모이는 스타일이었다. 그녀가 권력을 잡으면 외척들이나 측근들이 득세할 가능성이 높았다. 그렇다고 태자의 생모인 귀비 자희를 믿을 수도 없었다. 그녀는 무척 영리하지만 권력욕이 강했으며 권모술수에 능했다.[64]

두 황후 외에도 선왕 시절부터 정권을 장악해온 팔대신(八大臣)이라는 막강한 세력이 더 있었다. 이 여덟 명의 중신들 중에는 함풍제에게 숙부가 되는 선왕의 형제가 두 명, 사위가 한 명 끼어 있었으며, 이들의 리더

---

[64] 함풍제는 죽기 직전에 자안 황후에게 만약 자희가 제국을 어지럽게 된다면 즉각 죽이라는 밀명을 내렸다.

인 숙순(肅順)은 황실의 종친이었다. 후계자를 위해서 과감한 숙청을 감행할만한 성격이 되지 못하는 함풍제는 세력 간의 견제를 통해서 균형을 유지하도록 조치했다.

함풍제는 팔대신들과 두 황후가 서로 견제하도록 장치를 했다. 팔대신을 고명대신(顧命大臣)[65]으로 삼아 자신의 유지를 집행하도록 하면서 두 황후가 이들을 견제할 수 있도록 조치한 것이다. 함풍제는 어상(御賞)이라는 도장과 동도당(同道堂)이라는 두 개의 도장을 만들어 어상은 자안에게, 동도당은 자희에게 주었다. 팔대신들이 황제의 명령인 조칙(詔勅)을 입안한 뒤에 어상과 동도당 두 개의 도장이 모두 찍혀야 비로소 그 문서가 효력이 발생하도록 한 것이다.

함풍제는 서른 살을 갓 넘긴 나이에 젊은 두 황후와 어린 태자를 남긴 채 열하의 피서산장에서 죽었다. 권력의 균형을 위해서 함풍제가 세심하게 배려했던 장치는 그의 장례식과 더불어 물거품이 되고 말았다. 먼저 언제라도 찬탈자가 될 수 있는 공친왕 혁흔은 함풍제의 사후 권력구도에서 철저하게 배제되어 있었다. 팔대신은 공친왕이 문상을 하려고 하자 이를 제지하려고 했다.

팔대신과 두 황후가 충돌하게 된 데는 자희의 권력욕이 큰 요인으로 작용하기는 했지만 근본적인 시빗거리를 제공한 쪽은 팔대신이었다. 함풍제가 죽었을 때 자희의 나이는 불과 스물일곱 살이었으며 자안 황후는 자희보다도 두 살이 어렸다. 노회한 팔대신은 이 젊은 여인들을 자신들이 정치할 때 존중해야 할 파트너라고 생각하지 않았다. 상황적으로 사실이기도 했다. 당시 관리들이나 군대 내에서 두 황후를 따르는 사람

---

65 황제나 왕이 임종할 때 그 자리를 지키도록 부르는 신하들을 말하며, 중국과 우리나라에서는 선왕의 뜻을 이 고명대신들을 통해서 후계자에게 전달하는 관행을 이어가고 있었다.

자안 황후

은 극소수였다.

특히 숙순은 함풍제에게 권력욕이 강한 자희의 잠재적 위험성을 지적하면서 그녀를 아예 제거해서 후환을 없애자는 청을 올린 사실이 있었다. 그들은 두 황후를 그리 어렵게 생각하지 않았지만 큰 오산이었다. 자희는 물론이고 자안 역시 만만치 않은 상대였다. 자안은 영리하고 단호한 여자였지만, 정치적인 야심을 앞세우지 않고 겉으로 온화한 태도만 유지할 뿐이었다. 노 대신들은 그 사실을 제대로 깨닫지 못하고 있었다.

자희와 자안 두 태후는 권력구도의 개편을 결심했으며, 이를 성사시키기 위해서 북경에 머물고 있던 공친왕을 끌어들였다. 자희가 총애하는 태감이 밀사로 북경에 파견된 후 공친왕은 팔대신의 극력 반대에도 불구하고 문상을 명분으로 북경을 떠나 열하로 왔다.

또한 팔대신이 권력을 오랫동안 독점해 왔기 때문에 불만을 가지고 있는 중신들이 많이 있었다. 이러한 사람들이 앞장서 신하가 황제를 대신해 조칙을 작성하는 것 자체를 문제 삼아 두 황후의 수렴청정을 요구하는 상소를 올렸다.

그러자 공친왕 혁흔은 실제로 병사들을 움직이는 군사책임자들인 병부시랑, 몽골친왕 등 야전군 사령관들을 포섭해서 병권을 완전히 장악한 다음에 두 황후를 지원하고 나섰다. 함풍제가 죽고 며칠 지나지도 않아서 벌어진 실질적인 쿠데타였다. 팔대신은 함풍제의 운구가 북경에 도착하자마자 실각했다.

이 사건을 신유정변(辛酉政變)이라고 한다. 숙청이 그리 큰 규모로 이루어지지는 않았지만 자희보다도 평소에는 온화한 성품이었던 자안 황후가 더 강경했다. 그녀는 팔대신이 황제의 권위에 도전한 것으로 간주한 것이다. 그들의 우두머리였던 종친 숙손은 처형되었으며, 두 명의 황숙은 자살을 강요받았다. 나머지 대신들은 해임되는 선에서 마무리되었다.

신유정변을 계기로 자안과 자희가 수렴청정을 하고, 공친왕이 의정왕(議政王)으로 봉해져 새로이 설립된 기관 총리각국사무아문(總理各國事務衙門)을 책임지며 대외 업무를 총괄하게 되었다. 이로써 세 사람이 권력을 분점해서 서로 균형을 유지하는 상황이 된 것이다. 이 시기부터 자안 태후는 동태후(東太后)로, 자희 태후는 서태후(西太后)로 불리게 된다. 자안이 자금성 내의 동쪽, 자희는 서쪽에 위치한 내궁에 각각 거처를 잡았기 때문이었다.

두 태후의 갈등을 강조하는 갖가지 소설이나 영화에서와는 달리 정사의 기록에 의하면, 자안과 자희 두 사람의 사이는 좋은 편이었다고 한다. 공친왕 혁흔까지 가세한 이 삼두체제의 리더는 서태후가 아니라 동태후 자안이었다. 서태후는 분주하게 갖가지 정사에 직접 관여하고 사람을 모아 파당도 만들었지만, 자안의 경우에는 가만히 있어도 사람을 끌어들이는 마력이 있어 강력한 카리스마를 자랑하는 공친왕조차 그녀를 어려워하고 있었다.

자안은 평소에는 온화하고 자애로운 성격이었고 정사에 적극적으로 관여하려고 하지도 않았지만, 정도를 벗어난 경우에는 가차 없이 처단했다. 그렇기 때문에 어려운 순간에 결정을 내리는 일은 항상 그녀의 몫이었다. 그녀는 전형적인 외유내강한 성격을 가지고 있었다고 할 수 있다. 신유정변의 와중에 황실의 종친인 숙손의 신병을 처리하면서 자희와 공친왕은 그의 신분 때문에 쉽게 결정을 내리지 못하고 있었지만, 자안은 그가 황실의 권위에 도전했다는 이유로 단호하게 참수형으로 다스렸다.

공친왕만 내심 동태후를 무서워했던 것이 아니다. 서태후의 총애를 받았던 대태감 안덕해는 서태후와 정신적인 교감을 가지고 있었을 뿐 아니라 신유정변 때 위험한 밀사 역할을 수행해 나름대로의 공도 있던 사람이었다. 그가 서태후의 비호를 믿고 마음대로 황궁을 벗어나 자신의 신분을 이용해서 재산을 축적하다 멀리 산둥성에서 지방관리에게 체포된 적이 있었다. 그러자 동태후는 환관이 황명을 받지 않으면 도성을 벗어날 수 없다는 내규를 위반했다며 그를 주살했다.

이 일은 서태후의 가슴에 큰 한을 남겼다. 그러나 원래 처세의 달인이었던 그녀인지라 가급적이면 동태후 자안과 충돌하지 않으려고 노력했기 때문에 문제를 삼지 않고 그냥 넘어갔다.

역사적으로 유래가 매우 드문 두 황후의 동시 수렴청정, 실질적으로는 공친왕까지 세 사람이 동시에 국가를 이끌던 시기는 무려 20년간이나 유지되었다. 이 시기를 중국사에서는 동치중흥(同治中興)이라고 부른다. 서태후 자희의 아들 재순이 황제가 되면서 동치제(同治帝)라는 이름을 사용했는데, 그가 여섯 살의 나이에 제위에 올라 열여덟 살에 천연두로 급작스럽게 사망할 때까지 13년의 기간과 그의 뒤를 이어 나이가 세 살밖에 안 된 조카 광서제(光緖帝)가 즉위하면서 두 태후의 수렴청정과 삼두체제의 권력구조는 계속 유지되었다.

이 기간 동안 태평천국의 난을 진압했던 증국번과 이홍장을 필두로 장지동(張之洞), 좌종당(左宗棠)과 같은 개방주의자들이 발탁되어 양무 운동(洋務運動)이라고 하는 개혁 정책을 주도했다. 이 개혁은 절대 왕권 치하에서 위로부터의 개혁이었다는 한계를 갖고 있지만, 수천 년 동안 절대적인 왕조체제에만 순응하던 중국에 역사상 처음으로 근대적인 자본주의의 실험이 시도된 것이었다.

대략 1860년대를 기점으로 광공업, 해운, 조선 등의 분야에서 근대적인 산업이 시작되었으며, 새로운

동치제

교육체제가 도입되고 해외유학생들이 파견되기 시작했다. 서구의 근대적 포함에 놀랐던 중국인들이 가장 관심이 많았던 분야는 해군 함정이었다. 서구 열강들도 양무 운동에 우호적이었으며 특히 영국은 세 사람의 권력자들과 밀접한 관계를 유지했다. 이 시기에 서구 열강의 주선으로 중국 최초의 근대식 함선이 도입되기도 했다.

그렇지만 동치중흥의 번영기는 동태후의 급작스러운 죽음으로 갑자기 방향을 잃고 말았다. 동태후 자안이 급작스럽게 사망한 시기는 광서 7년이었다. 당연히 서태후의 암살 배후설이 제기되었지만, 밝혀진 바는 아무 것도 없다. 정사의 기록이 아닌 당시의 소문에 기초한 기록에서는 서태후가 남몰래 남자를 황궁에 불러들여 즐기다 임신을 하는 바람에 동태후가 예부와 폐후(廢后)를 논의했으며, 이를 눈치 챈 서태후가 독이 든 떡을 보내 독살했다고 한다.

그렇지만 궁궐 깊숙이에서 일어난 일을 세월이 지난 지금 알 도리는 전혀 없다. 사실 동태후와 서태후의 사생활에 대해서는 공식적인 문서나 서한문이 거의 전해지지 않는다. 그리고 독살설이 사실이라고 해도 당시에 이미 동태후가 죽은 이상 홀로 남은 서태후에게 독살 혐의를 두고 조사를 벌일만한 사람은 없었을 것이다.[66]

만약 동태후의 죽음에 서태후가 배후였다고 한다면 그녀의 사생활 때문이 아니라 권력축의 이동 때문이었을 것이다. 당시 동태후와 공친왕은 점점 더 긴밀해져 가고 있었으며, 서태후는 서서히 밀려나고 있었다. 그것은 두 여인의 성격 차이에 기인한 자연스러운 현상이었다고 할 수 있다. 동치제조차 철이 들고 나서는 친어머니인 서태후와는 소원해지면서 동태후와 가까워져 문안인사를 가서도 오래도록 그녀와 함께 머물곤 했다고 한다.

동태후의 죽음을 계기로 권력은 서태후에게로 이동하기 시작했다. 이때부터 권력욕을 노골적으로 드러낸 서태후는 공친왕을 제거할 기회만 노리고 있었다. 당시 청나라는 서구 열강들의 눈치만 보고 있었고, 공친왕은 20년 이상 외교 책임자로 일하면서 영국을 위시한 서구 열강들의 신뢰를 받고 있던 인물이었다.

그러나 동태후가 사망하고 3년 후에 프랑스가 베트남을 침공하면서 그곳에 주둔 중이던 청나라 군대가 쫓겨나자 프랑스와의 전쟁이 발발했는데, 이 전쟁과 관련해서 서태후는 공친왕에게 책임을 물어 그를 해임하고 권력을 독점하는 데 성공했다. 그렇지만 서태후의 권력 독점과 함

---

[66] 서태후는 자신이 동태후의 죽음에 개입되어 있다는 의혹을 의식해서 동태후의 시신에 대한 엄중한 검사를 지시했다. 내무부 소속의 대신이 검사 책임을 맡았는데 공식적으로 독살의 흔적을 찾지는 못했다. 그렇지만 당시 많은 관료들이 서태후와 연관이 있는 사람들이었고, 검사 당사자들 역시 마찬가지였기 때문에 독살설을 잠재우는 데는 실패했다.

께 거대한 제국도 몰락의 길로 들어서기 시작했다.

서태후는 첫 위기부터 제대로 수습하지 못했다. 프랑스와의 전쟁을 전적으로 두 나라의 문제로 간주한 다른 열강들은 중립적인 태도를 취했는데, 이때 청나라의 군사들과 백성들은 단결하여 놀라운 투지를 발휘해서 근대적인 프랑스군을 상대로 연승을 거두며 전쟁을 주도하고 있었다. 이런 와중에 서태후는 갑자기 이홍장에게 서둘러 종전 협상을 벌이도록 지시했다.[67]

비록 이 전쟁에서 청나라의 궁극적인 승리를 원하지 않았던 서구 열강의 입장을 고려한 것이라고 해도, 자신의 안위, 자신과 서구 제국과의 관계만을 생각해 이기고 있는 전쟁에서 굴욕적인 협상을 선택한 것이다. 그녀에게는 자신의 권력이 민족적인 자긍심보다 우선이었던 것이다. 이 전쟁의 여파로 서태후는 민중들로부터의 신망을 잃게 되었지만, 달콤한 권력의 맛에 빠진 그녀는 이 점을 전혀 의식하지 못했다.

민중들은 이제 삼두체제하의 동치중흥 시절과 달라진 점에 대해서 인식하기 시작했다. 서태후가 동태후, 공친왕과 함께 권력을 나누고 있던 시절에는 최소한 황궁 내에서의 호사로 세간의 화제가 된 적이 없을 정도로 권력자들이 모두 자숙했다. 바로 이러한 점이 권력이 분산되어야 하는 이유이다. 그렇지만 서태후는 권력을 독점하고 나서 무너져 가는 제국의 경제에 부담이 될 정도로 호사를 즐겼다.

그녀는 끼니마다 100가지의 요리를 차리도록 했다. 그러니 매일 그녀의 식비로만 은화 200냥이 지출되었는데, 당시 서민들 100명의 월급에 해당하는 금액이 하루의 식비로 책정된 것이다. 또한 프랑스와의 전쟁

---

67 중국-프랑스 전쟁은 군사적으로는 프랑스의 참패였다. 이 전쟁의 결과로 프랑스에서는 내각이 총사퇴를 해야 했다. 그러나 협상의 결과로 프랑스는 베트남을 독점할 수 있었다. 프랑스로서도 전혀 기대하지 않았던 성과였다.

이 클라이맥스에 있을 때, 서태후는 거금을 들여 자신의 거처인 저수궁(儲秀宮)을 신축했다. 또한 자신의 은퇴를 위해 광서제에게 명 왕조부터 조성되어 있던 황실의 휴양지인 서원(西苑)을 대대적으로 확장해 줄 것을 요구했다.

현재 북경의 관광 명소 중 하나인 서원은 거대한 인공호수로 삼해(三海)라는 이름으로 유명한데, 이 호수는 남해, 중해, 북해로 나누어져 있으며 각 주변에는 수많은 누각들이 건설되어 있다. 서태후는 이 삼해에 철로를 건설하고 그녀의 전용기차를 프랑스에 특별 주문해서 제작하기까지 했다.

이러한 대규모의 건설공사야 왕조의 위엄을 과시하고 후세를 위해서도 나쁠 것이 없지만, 공사 시기와 국고의 상태가 문제였다. 황실은 이 공사 대금을 모두 지불하지 못해서 공사를 책임졌던 홍릉목창(興隆木廠)[68]에 거액의 차용증을 써 주어야 했다. 서태후의 은퇴 이후를 대비한 건설공사에 당시 북양대신(北洋大臣) 이홍장이 혼신의 노력으로 확보한 북양함대에 투입된 비용의 네 배 이상을 지출했던 것이다.

이 정도로 끝이 아니었다. 프랑스와의 전쟁이 종결되고 10년 후에 서태후는 환갑을 맞이했다. 그녀의 환갑잔치를 위해서 2년 전부터 거국적으로 행사 준비를 하고 있었다. 그렇지만 바로 이 해에 청일 전쟁이 발발했다. 이홍장의 북양함대가 일본 해군의 기습을 받아 전멸하고, 일본군이 대련 항에 상륙해서 대대적인 민간인 살육과 약탈행위를 벌이고 있는 동안 서태후는 청나라 역사상 가장 호화스러운 축하연을 즐기고 있었다. 그것도 3일 동안이나 계속된 연회였다.

---

68 목창은 현대적인 어휘로는 종합건설회사에 해당한다. 홍릉목창은 청나라의 공부(工部)로부터 관급 공사를 도급하는 세가로 등록되어 있던 열두 개 목창 중 하나였다. 명나라 초기부터 수백 년의 전통을 지켜온 이 목창은 마씨(馬氏) 일가에 의해 운영되었는데, 1949년 중국의 사회주의 혁명 때 모택동 정부에 1,400채의 주택을 기증하고 역사에서 사라졌다.

청일 전쟁에서 청나라가 당한 참패는 전 세계적으로 큰 충격으로 받아들여졌다. 청나라는 거액의 전쟁배상금과 함께 요동 반도까지 일본에 할양하는 조건으로 시모노세키 조약을 체결했다. 비록 요동 반도는 러시아, 독일, 프랑스의 삼국간섭으로 돌려받았지만, 백성들은 분노했다. 이제 민중들은 왕조 자체를 타도의 대상으로 삼기 시작했다. 왕조를 타도하고 제국주의 세력을 몰아내자는 반제멸양(反帝滅洋)의 기치를 내걸고 의화단(義和團) 운동이 번지기 시작한 것이다.

중국의 민중은 이 패전을 계기로 각성하기 시작했지만, 당연히 패전의 책임을 져야 하는 서태후는 각성과는 거리가 멀었다. 광서 11년에 황제는 열다섯 살이 되었다. 청나라 황실의 전통에 따르면, 이 시기가 되면 당연히 수렴청정을 거두어야 했다. 하지만 훈정(訓政)이라는 이름으로 계속 정치에 관여하던 서태후는 광서제가 장성해서 혼례를 치른 이후에도, 또 그 이후에도 계속 중요한 사안에 대해서는 자신이 직접 재가를 하고 있었다.

청일 전쟁 당시 광서제의 나이는 스물네 살이었다. 그는 열혈청년이었다. 황제의 권위에 대한 의식도 뚜렷했고 백성들에 대한 애정도 강했던 이상주의자였다. 다만 그 이상을 실천할만한 실질적인 권력이 없는 것이 문제였다. 그래도 그는 처절하게 행동했다. 광서 24년인 1898년 그는 강유위(康有爲), 양계초(梁啓超), 담사동(譚嗣同)과 같은 개혁주의자들을 중용하면서 자신의 이름으로 변법(變法)에 대한 조서를 발표했다. 스스로 의화단 운동의 중심에 뛰어든 셈이었다.

이 사건이 중국 역사에서 결정적인 계기가 될 수도 있었던 무술변법(戊戌變法)이고, 이 전반적인 개혁 운동을 변법자강 운동(變法自彊運動)이라고 부른다. 그러나 광서제의 개혁은 불과 100일 만에 좌절되고 말았다. 서태후가 야심가인 원세개(遠世凱)를 움직여 쿠데타를 일으켜 개혁파를 모두 숙청하고, 광서제를 삼해의 가운데에 위치한 조그마한 섬 영대(瀛臺)에 감금한 것이다. 그녀는 광서제를 폐하고 새로운 황제를 세우려 했으나 청나라 국민뿐 아니라 외국으로부터의 지지도 얻지 못했다.

이 쿠데타와 황제의 연금에 대해 서구 열강들이 반발하며 황제에게 통치권을 돌려줄 것을 요구하자, 서태후는 이번에는 의화단의 편을 들어 서구 열강 8개국에 대해서 전격적으로 전쟁을 선포했다. 그러나 이것은 일종의 도박이었다. 그녀의 선전포고는 서구 열강의 힘으로 의화단을 분쇄하려는 비열한 노림수였던 것이다. 청나라의 정규군과 의화단은 연합해서 서구의 군대와 전면전을 벌일 것처럼 보였지만, 한편으로 이중의 배신행위를 자행하고 있었다.

그녀는 밀사를 각국 공사관으로 파견하여 영사관을 보호할 것을 확약하면서 화의의 뜻을 은밀하게 전했다. 청나라의 정규군은 북경을 향해 진군하는 서구의 연합군을 막아설 생각조차 하지 않았으며, 북경은 의화단이 무장한 칼이나 창과 같은 전통무기를 제외한다면 서구의 군대에 무방비로 노출된 것이나 마찬가지였다. 연합군이 북경으로 진격해 오자 그녀는 변장을 한 채 광서제만 데리고 서안(西安)으로 피난을 가면서, 이홍장에게 8개국과 강화를 지시했다. 동시에 그녀는 의화단에게 우호적이었던 대신들을 모두 처형했다.

결국 의화단은 청나라의 정규군과 연합군 양쪽의 공격으로 완전히 와해되었다. 그녀가 자신의 권력을 강화하기 위해 벌인 도박에 서구 열강들과 의화단이 모두 걸려들어 마치 장기판의 말처럼 그녀의 뜻대로 움직였던 것이다. 그녀는 자신의 권력 기반이 침략자들이라는 사실을 잘 인식하고 있었다. 광서 26년인 1900년, 서구의 열강들이 12개 조의 요구사항을 제출하자 그녀는 별다른 협상절차도 없이 모두 수용했다.

엄청난 전쟁배상금을 보장하기 위해서 주요 재정 수입원인 관세와 염세(鹽稅)는 모두 차압당했으며, 외국군이 주요 도시에 진주하게 되었다. 또한 청나라는 제국주의에 반대하는 민중운동을 알아서 탄압해야만 했다. 이것이 바로 근대 중국사의 가장 큰 굴욕인 신축조약(辛丑條約)이다. 이 와중에 서안에 머물던 서태후는 북경에서와 같은 호화판 생활을 계속했다. 하루에 200냥씩 지출되는 식사도 그대로 유지되고 있었다.

말년의 서태후

서태후는 신축조약이 체결된 다음해에 북경에 돌아왔으며, 다시 예전의 호사스럽고 안락한 생활로 돌아갔다. 전쟁기간 중에 전면에 내세웠던 광서제는 다시 영대에 감금되었으며, 4년 후에 그곳에서 삶을 마감한다. 이제 서구 열강들은 서태후의 통치를 환영하게 되었다. 토지의 임차, 이권의 확보 등 요구하기만 하면 모두 들어주는 멋진 파트너를 싫어할 사람이 있을 리 없다.

서태후에 대해서 긍정적으로 평가하는 학자들도 다수 존재한다. 인도의 경우와 비교하면서 그녀의 통치로 인해서 거대 제국 청의 멸망이 반세기 정도 늦춰졌다는 주장도 있다. 그러나 이러한 주장은 당시 제국주의 국가들이 가지고 있던 힘을 너무 과대평가한 것이다. 그러한 주장들도 미국과 유럽의 학자들과 저술가들을 통해서 처음 제기되었고, 그들 밑에서 공부한 중국 출신의 유학파들이 뒤를 이었다.

인도와 중국의 역사에는 근본적으로 차이점이 있다. 인도는 중국과 같이 오랜 역사를 가지고 있는 거대한 땅이었지만, 영국의 식민 지배를 받기 이전까지 하나의 국가로 통일된 역사가 없다. 사실 영국의 통치는 역설적으로 인도인들에게 '인도' 라는 단일한 정체성을 가지게 해 주었다고 할 수 있다. 그 이전까지는 그곳에 사는 사람들에게 '인도' 라는 개념은 존재하지 않았다.

제국주의 세력은 인도의 역사 자체라고 할 수 있는 분열과 다양성의 틈새를 파고들면서 대성공을 거두었지만, 중국은 수천 년 이상 통일된 하나의 국가 형태로 존재해 왔으며, 근본적으로 단일한 문화에 기초한 거대한 땅이었다. 단일한 문화에 기초한 거대 제국을 힘으로 정복하는 일은 불가능하다. 후일의 역사가 입증하듯이 청 제국의 몰락이 중국의 멸망으로 이어지는 것도 아니다.

문제는 제국주의 국가들과 마찬가지로 서태후도 이러한 점을 전혀 이해하지 못하고 있었다는 사실이었다. 그녀의 눈에 보이는 것은 오직 권력뿐이었지 그 권력의 뿌리는 항상 민중이라는 사실을 망각하고 있었다. 이러한 점이 측천무후와 그녀의 근본적인 차이점이다.

측천무후에 대한 이미지를 한 단어로 표현한다면 '냉혹함' 일 것이다. 그렇지만 서태후의 그것은 '탐욕' 이었다고 할 수 있다. 서태후는 분명히 측천무후와 같이 냉혹한 사람은 아니다. 그러나 통치자에게는 냉혹함보다 다스리는 사람들에 대한 무지함이 훨씬 더 큰 죄악인 것이다.

중국의 양무 운동과 일본의 메이지 유신은 거의 비슷한 시기에 시작되었다. 그 진행 과정은 메이지 유신 쪽이 훨씬 더 혼란스러웠다. 메이지 유신은 폭력과 광기가 수반된 개혁 운동이었지만, 양무 운동은 현명한 지도체제 아래 온화한 방식으로 진행되었다. 이 양무 운동의 성과를 원점 이하로 돌려놓은 사람이 바로 자신의 탐욕과 허영에 모든 통치력을 쏟아 부은 서태후였다.

서태후의 권력욕은 끝이 없었다. 비운의 황제 광서제가 연금되고, 10년 만에 죽음을 맞이하자 그녀는 세 살 먹은 부의(溥儀)를 선통제(宣統帝)로 세웠다. 세 번째의 수렴청정을 시도하기 위해서였지만, 그녀는 선통제가 즉위하고 바로 다음날 급작스럽게 사망했다. 향년 74세였다. 만약 인생의 목표가 자신이 먹고 싶은 것을 모두 맛보고, 자신이 생각할 수 있는 가장 화려한 곳에 살면서 모든 사치를 다 하고, 수많은 사람들의 아첨을 받는 것이라면 서태후는 최고의 인생을 살았던 사람이라고 할 수 있다.

그것도 아주 오랫동안 그러한 것들을 누렸다. 그녀가 권력을 잡고 있던 기간은 48년이었으며, 권력을 독점했던 기간도 무려 28년이나 되었다. 그녀는 자신의 제국이 무너지는 것을 직접 목격하지는 않았지만, 그녀가 통치했던 시기는 대제국을 300년 가까이 통치했던 청 왕조와 그녀와 같은 시대를 살았던 중국 사람들에게는 너무나 길었던 잃어버린 시간이었다.

4

두드려라, 열릴 것이니

혁명가

히파티아 | 상관완아 | 마르그리트
조르주상드 | 루살로메 | 이사도라던컨

사회는 가정이라는 작은 집단에서 남성을 다스리는 자로, 여성을 다스림 받는 자로 규정하는 권력구조를 만들어 냈다. 그러나 여성들이 이러한 사회 시스템에 무력하게 굴종만 한 것은 아니다. 르네상스 시기부터 의식 있는 여성들은 사회적인 가치에 대한 투쟁을 시작했다. 숱한 좌절과 희생을 치르면서 20세기 초반부에 어느 정도 가시적인 성과를 거두기까지 무려 500년이라는 세월이 흘렀다. 그러므로 역사적으로 이름을 남긴 여성들은 대부분 그 시대의 혁명가들이었다고 해도 무방할 것이다.

두드려라, 열릴 것이니

호메로스의 대서사시 《일리아드》에 의하면, 트로이 전쟁은 불화의 여신 에리스가 던진 '황금사과'에서 비롯되었다. 바다의 요정 테티스가 결혼식을 하는 날 모든 신과 인간의 영웅들이 초대받았지만 유독 자신만 초대 명단에서 빠진 것을 알고 부아가 몹시 치민 이 심술궂은 여신은 신들 사이에 불화를 조장하는 것으로 복수를 하려고 한 것이었다.

에리스는 초대받지 않은 결혼식장에 나타나 '가장 아름다운 여신에게'라고 적힌 황금사과 하나를 던지고는 사라졌다. 그러자 헤라, 아테나, 아프로디테가 가장 아름다운 여신의 자리를 놓고 경합을 벌였다. 그런데 당연히 심사위원직을 맡아야 할 제우스는 슬그머니 빠지고, 그 막중한 직책을 인간인 트로이의 왕자 파리스에게 위임했다. 그러자 세 여신은 모두 심사위원을 매수하려고 시도했다.

헤라는 부와 권력을 약속했고, 아테나는 모든 전쟁에서의 승리와 명예를, 그리고 아프로디테는 이 세상에서 가장 아름다운 여인을 구해 주겠다고 제의했다. 세 가지 조건을 심사숙고한 파리스는 마지막 승자를 아프로디테로 결정했다. 아프로디테는 자신의 약속을 지키기 위해 당시 최고의 미녀인 스파르타의 왕비 헬레나와 파리스를 맺어 주었고, 이 덕에 수십만 명의 인간이 죽는 대대적인 국제전이 벌어지게 되었다.

파리스가 아프로디테가 아닌 다른 여신에게 황금사과를 넘겼으면 사태가 어떻게 진행되었을까. 결론적으로 말하자면 그가 심판관으로 임명되었을 때 이미 그의 운명은 파멸로 결정되어 있었다고 해야 할 것이다. 아프로디테가 아닌 다른 여신에게 사과가 넘어갔다면 파리스는 평생 사랑하는 여자와 만날 생각은 접어야 했을 것이다. 이 분야에서 아프로디테는 그녀의 아들 에로스와 함께 배타적인 권리를 가지고 있다.

가장 아름다운 여신의 영광이 헤라에게 넘어갔을 경우 파리스는 헥토르를 누르고 트로이의 통치자가 되는 것은 물론 자신이 알고 있는 세계는 모두 정복해서 통치하게 되겠지만, 전쟁은 아예 꿈도 꾸지 말아야 할 것이다. 전쟁은 아테나가 오빠인 아레스와 함께 관장하고 있다. 때문에 전쟁을 벌였다 하면 무조건 질 테니, 결국 권모술수와 외교술만으로 세계를 정복하는 피곤한 작업에 평생 매달려야 할 것이다. 헤라는 가정의 신이기도 하니까 어쩌면 결혼은 할 수 있을지도 모른다. 그렇지만 그 부인을 사랑하거나 그 부인에게 사랑받겠다는 기대는 아예 버려야 할 것이다. 사랑에 관련된 문제라면 아프로디테가 잔뜩 벼르고 있을 것임이 분명하다. 사랑이 존재하지 않는 결혼. 아주 흔하지는 않아도 찾기 불가능하지는 않다. 이런 사람들은 분명히 현세에 살면서 지옥을 미리 맛보고 있다.

아테나에게 사과를 넘겼을 경우에는 파리스는 일단 엄청나게 똑똑한 사람이 될 것이다. 아무하고나 대화를 하더라도 현자 소리를 들을 것이고, 전쟁을 벌였다 하면 무조건 승리하겠지만 애석하게도 단 한 뼘의 땅도 다스리지는 못했을 것이다. 통치는 전쟁과 구분되어 헤라의 영역에 속한다. 외로운 인생인 것도 별반 달라지지 않을 것이다. 사랑하는 여인도 얻지 못하고 부인도 없이 평생을 현명한 수도승처럼 자기 잘난 맛에 살던지 혹은 평생을 전장에서 살아야 한다면 그것 역시 끔찍한 인생임이 분명하다.

그렇다면 파리스로서는 현실적으로 최선의 선택을 한 것이라고 할 수 있다. 이리 가나 저리 가나 돌아서 가나 어차피 파멸로 예정되어 있는 인생이라면, 지상에서 가장 아름다운 여자를 얻겠다는 생각을 한 파리스는 정말 용기 있고 괜찮은 남자였다. 사실 사람의 인생에서 가장 불가사의하고 흥미 있는 분야가 바로 남자와 여자의 관계가 아니었던가.

황금사과의 이야기는 남성들이 여성에 대해 가지고 있는 일반적인 개념을 반영한 것이기도 하다. 아무리 신이라고 해도 여자라면 누가 가장 아름다운가 하는 주관적이고 소모적인 논쟁이 벌어졌을 때 이에 몰두하는 것이 당연하다고 생각하는 것이다. 그래서 이 신화를 읽으면서 아무리 위대한 존재라고 해도 여성은 정서적으로 결정적인 약점을 가지고 있다는 관념을 자연스럽게 받아들이게 된다.

이와 같은 고정관념은 그리스 사람들의 것만이 아니다. 인도에서 발생한 불교는 그 시작이 혁명적인 종교였다. 태어나면서부터 인간의 가치가 결정된다는 힌두교의 기본 개념을 부정하면서 출발했던 종교이기 때문에, '인간은 평등하다'라는 가정에서 가르침이 시작된다. 석가모니는 남자건 여자건 그 누구라도 내면적인 투쟁을 통해 자신이 맛보았던 열반의 경지에 이를 수 있다고 가르쳤으며, 바로 그 이유 때문에 후일 그를 믿는 사람들이 자신의 상을 만들어 거기에 경배하는 것조차 금지시

컸다.

그렇지만 이 '평등의 종교' 인 불교에서조차 깨달음의 상한선을 남자와 여자의 경우로 나누어 구분해 놓았다. 열반(Nirvana)의 최종적인 단계는 '붓다(Buddha)' 로 모든 욕망이나 감정, 집착에서 완전히 해방된 자유인을 의미하며 '깨달음을 얻은 사람' 이라는 뜻이다. 그렇지만 여성의 경우 다다를 수 있는 최종적인 단계는 '보리살타(Bodhisattva)' 이다. 이 산스크리트어 단어는 '깨달음을 추구하는 사람' 이라는 의미로, 원래는 싯다르타가 열반에 이르기 전에 머물고 있던 자신의 상태를 의미하는 말이었다.

아무리 현명한 구도자라고 하더라도 여성의 경우에는 아름다운 외모나 모성애와 같이 원천적으로 극복 불가능한 정서적인 장벽이 있다고 생각했기 때문에 완벽한 깨달음을 얻기가 불가능하다는 개념이다. 물론 남녀에 차등을 두어 깨달음의 단계를 구분하자는 아이디어는 석가모니 자신의 것은 아니었지만, 이 가르침은 2000년 이상 불교가 뿌리내린 지역에서 별다른 저항 없이 받아들여졌다.

'여성은 정서적으로 불완전하다' 라는 개념은 전 세계에서 오랫동안 아주 확고하게 자리를 잡고 있었다. 시기, 질투, 허영, 방종과 같은 감정들은 모두 여성의 전유물일까. 그렇다면 과연 남자들은 여성들과 달랐을까. 여성이건 남성이건 보통 사람들을 압도하는 초인이 나타났을 때, 과연 그 시대 남성들의 반응이 어땠을까. 역사적인 사실을 통계자료로 만들어 결론을 내린다면 속 좁은 남자들은 그 꼴을 보지 못했다고 할 수 있다. 특히 뛰어난 여성들은 질투와 시기와 박해의 대상이 되기 쉬웠으며, 때때로 그 정도가 심해서 아주 잔혹한 결과를 초래하기까지 했다.

사실 일반적인 여성들은 오랫동안 문명의 혜택을 제대로 받지 못했다. 남녀평등의 차원에서만 본다면 문명이라는 것이 여성들에게는 오히려 저주였다. 동양에서는 유교가 통치이념으로 자리 잡는 기원전 전후의 시기부터, 인도에서는 아리안들에 의해서 힌두교가 도입된 이후부터, 기독교권에서는 로마 제국에서 기독교가 공인된 다음부터, 이슬람 세계에서는 꾸란이 탄생하기 훨씬 이전부터 여성들에게는 고난과 굴종의 역사가 계속되고 있었다.

우리가 '문명'이라고 부르는 것이 시작된 이래로 수백 년 동안 여성들을 판단하는 기준은 미련스럽게도 오로지 미모와 미덕 단 두 가지뿐이었다. 미모야 인간의 의사와 무관하게 DNA가 결정하는 것이니 어쩔 수 없는 운명으로 받아들인다고 해도, 그 미덕이라는 것들은 대부분 남성들에 의해 강요된 것으로 정절, 순종, 인내와 같이 일방적으로 불공평하게 세워진 기준들이었다.

여성들이라고 이러한 사회 시스템에 무력하게 굴종만 한 것은 아니었다. 그러나 엄격한 사회는 가정이라는 작은 집단에서 남성을 다스리는 자로, 여성을 다스림 받는 자로 규정하는 권력구조를 만들어 냈다. 권력의 본질은 제도화된 폭력이다. 오랜 기간 인간 사회는 그러한 형태의 권력 구조를 유지하기 위해서 여인들의 반항을 '사악한 천성'과 동일한 것으로 해석해서 제어해 왔다. 그렇기 때문에 역사적으로 이름을 남긴 여성들은 대부분 그 시대의 혁명가들이었다고 해도 무방할 것이다.

이러한 권력 구조는 인간들이 자신의 본성에 눈을 뜨기 시작하면서 서서히 바뀌었다. 사회적인 변혁의 시작은 일종의 고전문학 읽기 운동으로 이탈리아에서 시작된 르네상스였다. 그 시기부터 의식 있는 여성들은 사회적인 가치에 대한 투쟁을 시작했다. 숱한 좌절과 희생을 치르면서 20세기 초반에 어느 정도 가시적인 성과를 거두기까지 무려 500년이라는 세월이 흘렀다.

그렇다면 21세기 현재, 과연 남자와 여자의 관계는 새로운 시대에 걸맞은 새로운 관계로 정립되었나 하는 질문이 떠오른다. 아직은 정립하고 있는 과정이라고 보는 것이 옳을 것이다. 그리고 어쩌면 인간들은 사회학적인 측면에서의 이상적인 남녀 관계에 대한 해답을 영원히 찾지 못할 수도 있다. 신이 모든 생물을 창조하면서 굳이 암컷과 수컷으로 분류해 놓은 목적은 양성이 갈등하는 가운데 진정한 삶의 가치를 찾아보라는 신중한 배려일지도 모르기 때문이다.

시대를 앞서 간 여인

히파티아/ 상관완아/ 마르그리트

우리는 역사 속에서 시대를 앞서서 살아갔던 불우한 천재들을 자주 접할 수 있다. 다른 사람들보다 지나치게 앞서 있었기 때문에 결국 시대는 그들을 이해할 수도 받아들일 수도 없었다. 이 장은 그러한 사람들의 이야기로 시작한다.

동양이건 서양이건 모든 문화권에서 문명이 그 모습을 갖춘 이래 20세기 초반까지는 남성 위주의 사회가 유지되면서 여성을 억압하는 갖가지 장치들이 효과적으로 작동하고 있었다.

이 장에 등장하는 여성들은 사회적으로 큰 명성을 얻었던 지성인들로 남성 위주의 권위적인 사회 구조를 잠시 무력화했던 사람들이다. 보기 드문 재능을 가지고 태어났고, 그 재능을 꽃피우면서 진취적으로 인생을 살았던 이들은 기존의 사회와 심각한 마찰을 일으키기도 했다. 이들 중에서 두 사람은 비극적으로 인생을 마감했다. 그들의 비극은 당사자들의 잘못이 아니라 그 시대의 잘못에 기인한 것이었다.

알렉산드리아의 히파티아

대부분의 남자들은 다른 분야라면 몰라도 철학과 수학만큼은 언제나 남성들이 여성을 압도해 왔던 분야라고 생각한다. 그러나 오랜 세월 동안 여성들은 이 분야에서 고도의 교육을 받을 수 있는 기회가 상대적으로 제한되어 왔다는 사실을 감안해야 한다. 이러한 환경적인 요인을 제거한다면, 그 결과가 확연하게 갈라질 수 있다는 실례가 바로 히파티아 (Hypatia of Alexandria)이다. 그녀는 로마에서 기독교가 공인된 직후 알렉산드리아에 살았던 철학자이다.

바티칸 시국에 위치한 교황궁 중에서 가장 유명한 장소가 이른바 '라파엘로의 방'이다. 르네상스의 거장 라파엘로의 작품으로 장식된 이 방의 작품들 중에서도 가장 널리 알려진 것이 〈아테네 학당(School of Athens)〉이다. 이것은 아테네에 있었던 플라톤의 아카데미를 실제로 그린 것이 아니라 그리스 로마 시대를 대표하는 철학자들을 모두 모아서 하나의 그림으로 제작한 거대한 벽화이다.

히파티아는 이 그림에 등장하는 스무 명의 철학자들 중의 한 사람으

아테네 학당 (가장 왼쪽 아래 흰 옷을 입은 사람이 히파티아)

로 그림 속의 인물들 중에서는 유일한 여성이다. 또한 라파엘로는 철학에서 그들이 차지하는 위치에 따라 플라톤과 아리스토텔레스부터 시작해서 중요한 인물부터 중앙에 우선적으로 배치했는데, 그녀는 그림 중앙부 왼쪽에 위치한 소크라테스의 바로 앞쪽에 서 있다.[1] 히파티아는 그리스 로마 철학에서 실제로 그 이상의 위치를 차지할 정도로 뛰어난 철학자였다.

히파티아는 여러 분야에서 업적을 남겼다. 철학 분야에서는 신플라톤주의(Neoplatonism)를 완성했고 수학 분야에서는 디오판투스의 대수학(Diophantus' Arithmetica)을 완성했다. 물리학 분야에서는 비중이 다른 두 액체의 상대 비중을 측정할 때 사용하는 하이드로미터(Hydrometer)와 수

---

1 히파티아는 흰색의 옷을 입고 옆으로 서서 비스듬히 정면을 보고 있는 인물이다. 인물의 배치로 추론할 때 라파엘로는 히파티아를 제논(Zenon)이나 유클리드(Euclid)보다 훨씬 중요하게 평가했다. 이 벽화에는 스무 명보다 훨씬 더 많은 인물들이 등장하지만, 이름이 밝혀진 스무 명을 제외하고 나머지는 모두 학생들로 생각되고 있다.

중 투시경(Hydroscope)을 발명한 사람이다. 또한 그녀의 아버지 이름으로 발표된 천구의(天球宜, Astrolabe)를 실질적으로 제작했던 천문학자이기도 했다. 그녀와 비견할 수 있는 여성 과학자는 1600년 후에 태어나는 마리 퀴리 여사뿐이라고 할 수 있다.

알렉산드로스 대왕에 의해 건설된 이집트의 유서 깊은 항구도시 알렉산드리아가 로마 제국의 통치하에 최고의 전성기를 구가하던 4세기 말엽, 히파티아는 바로 그 도시를 상징하던 인물이었다. 그녀는 철학자이자 수학자인 테온(Theon Alexandricus)의 딸이다. 테온도 그의 딸만큼이나 뛰어난 수학자로, 유클리드 기하학을 체계적으로 해석한 그의 저서는 유럽에서 18세기까지 수학 교과서로 사용될 정도였다.

히파티아가 태어난 정확한 연대는 불분명하지만 서기 370년으로 추정된다. 그녀는 알렉산드로스 대왕의 정복 이후 이집트로 이주했던 그리스인의 후손이었다. 그녀는 어린 시절부터 아버지의 저술 작업에 참가하면서 내일이 기대되는 천재로 명성을 얻었다.[2] 테온은 히파티아가 보다 넓은 세상을 경험할 수 있도록 아테네로 유학을 보냈다. 그녀는 아테네에 잠시 머물다가 로마와 이탈리아의 여러 도시를 여행한 후 알렉산드리아로 돌아왔다.

유학 중에 그녀는 로마에서 약 100년 전에 플로티누스(Plotinus)[3]에 의해서 제창된 신플라톤주의(Neoplatonism)와 접하게 되었다. 신플라톤주

---

2 히파티아의 전기와 그녀의 방대한 저술은 모두 알렉산드리아의 도서관에 잘 보존되어 있었다. 그러나 8세기에 무슬림들이 이집트를 침공하여 도서관이 파괴되면서 모두 사라졌다. 그래서 현재 그녀에 대한 자료는 그녀가 제자들에게 보낸 몇 통의 편지와 다른 철학자들이 그녀의 저술로부터 인용한 내용들을 통해서만 알 수 있다.

3 플로티누스도 이집트 출신의 그리스인으로 철학의 궁극적인 해답을 찾아 적대국인 페르시아까지 갔던 사람이다. 원래 알렉산드리아에서 공부했지만 말년의 주 활동무대는 로마였기 때문에 그곳에 그의 제자들을 많이 남겼다.

의는 그리스 로마 철학의 다양한 갈래 중에서 고도의 형이상학적인 경향을 갖는 새로운 풍조였다. 히파티아의 아버지 테온은 귀국한 그녀를 자신이 운영하던 플라톤 아카데미의 책임자로 임명했다. 그녀가 젊은 나이에 이 아카데미에서 철학과 수학에 대한 강의를 시작하자, 신플라톤주의는 마침내 알렉산드리아를 중심으로 화려하게 꽃을 피우기 시작했다.

그녀는 점차 난해한 이론체계를 앞세우며 신비주의로 치우쳐 가고 있던 기존의 철학 경향을 배격하고 논리와 이성에 의한 이해를 강조했다. 그녀는 대중 앞에서 강의하는 것을 즐겼는데 그녀의 강의는 이해하기가 매우 쉬웠으며, 그녀의 명성은 곧 알렉산드리아를 넘어 전 로마로 퍼져 나갔다. 그러자 그녀의 강의를 수강하기 위해서 다른 도시로부터 철학자 지망생들이 몰려들어 아카데미는 항상 수많은 청중들로 문전성시를 이루었다.

쉬우면서도 심오한 강의뿐 아니라 그녀가 한 인간으로서 갖추고 있는 갖가지 미덕들은 그녀를 그 시대를 상징하는 인물로 만들었다. 그녀와 같은 시대에 콘스탄티노플에서 활동하던 기독교 역사학자 소크라테스 스콜라스티쿠스(Socrates Scholasticus)는 자신의 저서 《교회사(Ecclesiastical History)》에 다음과 같이 기술했다.

알렉산드리아에는 히파티아라는 이름을 가진 여인이 있으니 그녀는 철학자 테온의 딸이다. 문학과 과학 분야에서 남긴 그녀의 업적은 이 시대의 모든 철학자들을 능가한다. 플라톤과 플로티누스의 가르침을 계승한 그녀는 청중들 앞에서 철학의 원리를 강의하곤 했는데 그들 중 상당수는 그녀의 강의를 듣기 위해서 먼 곳에서부터 일부러 찾아온 사람들이다.

마음의 수양을 통해 길러진 침착함과 이해하기 쉬운 강의법을 갖추고 있는 그녀는 고위 관리들이 다수 포함되어 있는 대중 앞에서 강의를 하는데 남자들만 모여 있는 곳이라고 해도 전혀 꺼리지 않는다. 남자들은 그녀의 위엄과 미덕에 압도되어 그녀를 더욱 숭배하게 되곤 한다.

그녀는 올림포스의 신을 섬기는 다신교 신도였지만, 아카데미의 학생들을 선발하면서 그들의 종교를 따지지 않았기 때문에 그녀의 제자들 중에는 기독교 신자들도 다수 끼어 있었다. 먼 후일 키레나이카(현재의 리비아)의 수도인 프톨레마이스의 대주교에 임명되는 저명한 신학자 시네시우스(Synesius)도 그녀의 직계 제자였다. 그는 그리스 출신으로 젊은 시절 히파티아에게 배우기 위해 알렉산드리아의 아카데미로 유학을 왔던 사람이다.

당시 알렉산드리아는 로마 제국을 경제·문화적으로 선도하던 도시였고, 그곳에서 히파티아가 갖고 있는 영향력은 절대적인 것이었다. 알렉산드리아 총독인 오레스테스(Orestes) 역시 그녀의 열렬한 숭배자였다. 바로 이 점이 문제의 발단이었다. 당시 알렉산드리아의 대주교는 키릴루스(Cyrilus)였다. 키릴루스는 기독교사에서는 영웅이다. 그는 에페수스 종교회의에서 이단자 네스토리우스(Nestorius)를 몰아낸 뛰어난 신학자이며 저술가였으며, 후일 '신앙의 기둥(Pillar of Faith)'이라는 호칭을 들으며 성인으로 시성되기까지 한 사람이다.[4]

그렇지만 당시 현실 세계의 키릴루스는 성직자라기보다는 정치가에 더 가까운 사람이었고 위험한 선동가이기도 했다. 그가 주교가 된 다음부터 알렉산드리아에서는 기독교도들이 다신교도들을 몰아내기 위해

---

4 키릴루스는 콘스탄티노플의 대주교 네스토리우스와 정적 관계에 있었다. 그가 에페수스 종교회의에서 네스토리우스에게 거둔 승리는 광범위한 매수에 의한 것이었다. 종교회의의 분위기가 200명 정도의 주교들이 참가하는 표 대결 형태로 결정되자, 소수파였던 키릴루스는 참가자들을 매수하고 회의의 일정을 멋대로 조정해서 네스토리우스의 지지자들이 도착하기 이전에 표결을 진행했다.

폭동 수준의 소요를 지속적으로 일으키고 있었다. 키릴루스는 권력을 원했고, 그래서 오레스테스와의 밀접한 관계를 원했다. 그러나 그가 알렉산드리아에서 가지고 있는 영향력은 히파티아에 비하면 무척 초라한 수준이었다.

서기 414년 가을 키릴루스는 알렉산드리아에서 유대인들을 추방하라고 오레스테스에게 요구했다. 오레스테스가 이 요구를 단호하게 거절하자 그의 사주를 받은 기독교 성직자들은 오레스테스가 올림포스 신들을 위한 제물을 바쳤다고 신도들을 선동하기 시작했다. 심각한 소요와 함께 기독교도들의 습격을 받은 오레스테스는 선동자들을 대대적으로 체포했다.

그러자 교회와 총독부 사이에는 극도의 긴장 관계가 조성되었다. 알렉산드리아에서 여섯 달 내내 기독교도들의 폭력적인 소요와 이에 따른 대대적인 검거가 반복되자 키릴루스는 공격방향을 돌려 선동하기 시작했다. 즉 오레스테스가 아니라 히파티아를 기독교도들의 적으로 규정했다. 그는 자신과 오레스테스의 관계를 방해하고 있는 존재가 히파티아이며 그녀만 제거되면 교회와 총독부의 관계도 회복될 것이라고 생각했던 것이다.

그렇지만 히파티아는 격렬한 소요에도 불구하고 자신이 위험한 상황에 있다고 생각하지 않았다. 사실 기독교인들을 포함한 대부분의 알렉산드리아 시민들에게 그녀는 숭배의 대상이자 자랑거리였다. 히파티아는 원래부터 여성복이 아니라 남자 강사들이 입는 풍성한 튜닉을 입었으며, 남자들처럼 자신이 직접 전차를 몰고 알렉산드리아를 마음대로 돌아다녔다. 그러던 415년 3월 어느 날 오후 끔찍한 사건이 발생했다.

'베드로(Peter the Reader)'라는 세례명을 가진 니트룸 수도원[5]의 수도

---

5 요셉과 마리아가 어린 예수를 데리고 이집트로 도피했을 때 머물렀던 마을로 콥트 교회의 수도원이 있다.

승이 주동이 되어 수도승과 광신도들로 이루어진 폭도들이 아카데미에서 나와 집으로 향하던 히파티아의 마차를 습격했다. 수도승들은 히파티아를 마차에서 끌어내려 그녀의 옷을 모두 찢어 나체로 만든 다음 거리로 그녀를 질질 끌면서 돌아다녔다. 그들은 최종적으로 캐사리온 교회로 그녀를 끌고 들어갔다.

그리고 성모 마리아 상 바로 아래에서 역사상 유래가 없을 정도의 잔인한 의식이 행해졌다. 폭동을 일으킨 자들은 교회 안에서 '오스트라코이스(Ostrakois)'라는 도구를 이용해서 아직 살아 있는 히파티아의 피부를 벗겨내기 시작했다. 오스트라코이스는 굴의 껍질을 의미한다. 히파티아는 이 잔인한 의식 도중에 죽었다. 그러나 그들은 그것만으로는 성이 차지 않았는지 그녀의 살을 뼈로부터 모두 발라낸 다음 조각난 시체들을 거리 곳곳에 뿌리고 일부는 불태웠다.

히파티아의 살해는 기독교 역사상 가장 추악한 사건 중 하나였다. 키릴루스는 히파티아의 죽음에 자신이 연관되었다는 사실을 극구 부인했다. 그러나 약 200년 후에 이집트 콥트 교회의 요한(John of Nikiu) 주교에 의해서 남겨진 기록은 그녀의 죽음에 대한 교회의 공식적인 입장을 반영한다.

당시 히파티아라는 이름을 가진 이교도 여자 철학자가 나타나 공을 들여 마법과 천구의와 악기를 연구해서 사탄의 계략으로 많은 사람들을 홀렸다. …… 이에 신을 사랑하는 많은 사람들이 심판자 베드로의 인도에 따라 그 도시의 사람들과 총독에게 사악한 주문을 걸어놓은 그녀를 찾아 나섰다. …… 그들은 캐사리온이라고 불리던 위대한 교회로 그녀를 질질 끌고 들어갔다. 그때는 마침 단식일 기간이었다. 그들은 그녀의 옷을 모두 찢고 그녀가 죽을 때까지 거리를 따라 도시의 구석구석으로 그녀를 질질 끌고 다녔다. 그리고는 마침내 키나론(Cinaron)이라는 곳에 도달해 그 시신을 불태웠다.

히파티아는 잔인한 방식으로 살해됐고, 키릴루스는 그토록 원하던 권력을 얻었다. 알렉산드리아의 아카데미는 폐쇄되었고, 그녀의 제자들은 모두 아테네로 옮겨 그곳에서 아카데미를 다시 열었다. 철학과 수학의 중심지 그리고 문화의 중심지는 알렉산드리아에서 아테네로 이동했다. 키릴루스는 이날로부터 십 년쯤 후에 소집될 에페수스 공의회에서 숙적인 콘스탄티노플 대주교 네스토리우스를 교회로부터 몰아내고, 그 공로로 '신앙의 기둥'이라는 명성을 얻으며 성인(Saint)으로 불리게 된다.

히파티아는 암흑시대가 시작되기 전에 이미 인간은 개인의 이성과 개명을 통해서 자신의 삶과 사회 전체를 개선시킬 수 있다고 가르쳤다. 이 가르침은 당시 로마 제국 전체에서 큰 호응을 얻고 있었다. 그녀의 죽음은 한 시대의 종말을 상징하는 사건이었다. 유럽에서는 이성과 개명의 시대가 막을 내리고 무지와 야만의 암흑시대가 시작되었지만 유럽인들은 그 사실조차 천 년쯤 지난 다음에야 비로소 깨닫기 시작했다.

당나라의 상관완아

이제 나뭇잎이 깊은 궁궐 정원에 떨어지는데 葉下洞庭初
만 리나 멀리 떨어져 있는 임을 그리워하는 나. 思君萬里余
이슬은 짙어져 향긋하던 이부자리는 차갑고 露濃香被冷
달마저 떨어지니 비단 병풍은 허전하기만 한데 月落錦屛虛
마음으로는 강남의 사랑노래를 부르고 싶건만 欲奏江南曲
멀리 계북 땅으로 보내는 편지를 봉하고 있구나. 貪封薊北書
글 사이사이에 마음을 모두 넣어 보냈더니 書中貢別意

오랫동안 홀로 지낼 빈 장막만 덩그러니 남았구나. 惟帳久離居

　이 시는 당나라 측천무후 시절 천재적인 여류 시인이자 정치인으로
이름을 날렸던 상관완아(上官婉兒)가 지은 〈채서원(彩書怨)〉이라는 시이
다. '편지에 원망을 그려 넣는다' 라는 의미로, 멀리 북방의 임지에 나가
있는 연인을 그리워하는 내용이다. 상관완아는 이러한 주옥같은 서정시
를 수백 편이나 지었지만 거의 모두 실전되었고, 현재는 《전당시(全唐
詩)》[6]에 실려 있는 32편의 작품만 전해지고 있다.

　서기 705년 중국 역사에서 유일한 여성 황제였던 측천무후가 세상을
떠나고, 무후의 셋째 아들 중종(中宗) 이현 (李顯)이 황제의 자리에 올랐
지만, 실질적인 권력은 여전히 여인들의 손에 있었다. 이 시기는 중국
역사에서 명실 공히 '여인의 시대' 라고 부를 수 있을 정도로 강력한 여
성들이 부각되었는데, 대표적인 인물들은 무후의 막내딸 태평공주(太平
公主), 중종의 황후 위(韋) 씨, 그녀의 딸 안락공주(安樂公主), 그리고 상관
완아(上官婉兒)를 꼽을 수 있다. 이 여인들 중에서는 완아만 유일하게 황
실 출신이 아니다.

　상관완아의 첫출발은 그리 좋지 않았다. 그녀는 멸문의 화를 입은 집
안의 유일한 생존자였다. 무후가 황제의 자리를 차지하기 한참 전, 아직
고종(高宗)의 태후로 있을 때인 664년 자신이 죽은 후 무후가 권력을 잡
아 분란을 일으킬 것을 경계한 고종은 당시 재상인 상관의(上官儀)[7]를 시
켜 그녀의 폐위를 도모하다 계획이 드러나자 자신은 발뺌을 했다. 대역

---

6 청나라 강희제(康熙帝)의 명으로 편찬된 당시의 총괄판으로 모두 900권이나 된다.
7 상관의는 그 시대에 유명한 시인이자 시 이론가였다. 전대인 육조 시대의 제(濟)나라와 양(梁)나라의
궁정에서 유행하던 시 형식을 계승해서 상관체(上官體)라는 정교한 시체를 완성했고, 일찌감치 태종 이
세민 시절부터 이름을 날렸다.

죄는 모두 상관의가 뒤집어썼다.

이 일로 인해서 상관의와 그 일가족은 모두 참살을 당했는데, 갓난아기였던 완아와 그의 어머니 정(鄭) 씨만은 죽음을 면하고 궁중의 노비 신분으로 살아남게 되었다. 그녀의 외가가 무후의 측근들이었기 때문이다. 그녀가 언제 복권이 되었는지는 《당서(唐書)》나 《신당서(新唐書)》에 기록이 남지 않아 확실하게 알 수는 없지만, 어릴 적부터 시(詩)와 서(書)를 공부했다는 기록으로 보아 노비 생활은 그리 길지 않았던 것으로 생각된다.

완아의 할아버지 상관의는 일찌감치 정계에 진출한 정치인이었지만 당대 가장 유명한 시인 중 한 사람이기도 했는데, 완아는 어릴 적부터 재능이 출중해서 할아버지를 능가하는 신동이라는 소리를 들었다. 이 소문은 인재를 발탁하는 데 적극적이었던 무후의 귀에 들어갔다. 완아에 대한 역사서의 서술은 그녀가 열네 살의 나이에 처음 입궁해서 무후를 만나는 장면에서 시작한다.

상관완아를 처음 만난 무후는 "아버지를 죽인 자신을 원망하느냐?"라는 지극히 간단하면서도 까다로운 질문을 던졌는데, 이 질문에 대한 맹랑한 대답으로 인해 그녀는 그 자리에서 무후의 측근으로 스카우트되었다.

"원망하면 불충(不忠)이요, 원망하지 않으면 불효(不孝)입니다."

완아가 이 시기부터 정치에 개입한 것은 아니었다. 측천무후는 그녀의 시가 《전당서》에 실릴 정도로 시인의 기질을 가지고 있었고 문학과 예술을 무척 사랑한 사람이었기 때문에 완아가 처음 맡은 일은 문학 분야에 관계되는 것이었다. 무후는 종종 신하들에게 시의 제목을 내리고 그 제목에 맞추어 시를 짓게 했는데, 이 시기 완아의 역할은 이렇게 지은 시들에 대해 심사하는 것이었다.

　그렇지만 십 대 천재 소녀는 곧 순수함을 잃고 권력자의 길로 들어서게 되었다. 이때는 무후가 실질적으로 국가를 통치하고 있던 시기였고, 그녀로부터 개인적인 총애를 받게 된 완아는 점차 무후의 조칙을 쓰는 일까지 맡게 되었다. 완아에 대한 무후의 총애는 부모들의 내리사랑과도 같은 것이었다. 기질적으로 예술가였던 완아는 십 대 시절에는 무후에게 상당히 반항적이었던 것으로 생각된다.

　여기에는 무후가 낳은 여섯 형제 중 막내인 태평공주의 영향도 상당히 컸을 것이다. 완아와 태평 두 사람은 같은 또래라는 점[8] 말고도 몇 가지 공통점을 공유하고 있었다. 그들은 지금도 그 시대의 대표적인 미인들로 꼽힐 정도로 출중한 외모를 가지고 있었다. 용모와 성격이 어머니를 그대로 빼닮은 태평 역시 완아만큼이나 대단히 당차고 영리한 여자였다.

　또한 가장 결정적으로 두 사람 모두 개방적이고 자유분방한 기질을 가지고 있었다. 상관완아와 태평공주가 죽을 때까지 깊은 신뢰와 우정을 나누고 있었다는 사실은 역사적인 기록을 통해서 확인할 수 있다. 일반적으로 이러한 특별한 유형의 여자들은 자기들끼리 강한 연대감을 갖기 마련이고, 그녀들이 십 대 초반이었던 무렵에 황궁에서는 또래의 여인들을 찾기 힘들다는 환경적인 요인도 크게 작용했을 것이다.

　젊은 시절에 보였던 완아의 반항아적 기질은 결국 사고로 이어졌다. 이에 대한 역사의 기록은 그리 상세하지 않지만, 무후와 완아의 관계를 단적으로 보여주는 많은 사실을 내포하고 있다. 정사 역사서인 《신당서》와 이를 인용한 《자치통감(資治通鑑)》의 짧은 기록에 의하면 완아는 자주 '무후의 뜻을 거슬렀다'라고 한다. 그러다 사형을 당할 정도의 중

---

8 태평공주의 정확한 탄생일은 알려지지 않았다. 그렇지만 잠시 도교의 사찰로 출가했다 환속해서 첫 번째 결혼을 한 해가 681년이다. 이 사실과 그녀의 오빠들인 중종과 예종의 나이를 감안할 때 그녀는 664년생인 상관완아와 동갑이거나 한두 살 위 정도였을 것이다.

한 죄를 범했다.

684년 당대의 대문호인 낙빈왕(駱賓王)[9]이 유주사마(柳州司馬) 서경업(徐敬業)이 일으킨 반란에 가담했을 때 완아가 이 반란 모의를 사전에 알고도 낙빈왕에 대한 연민의 정과 존경심 때문에 이를 무후에게 알리지 않았다. 사태가 수습된 이후에 그녀가 사전에 모반을 인지하고 있었다는 사실이 밝혀지면서 난리가 났다고 일부의 역사소설 저술가들은 말한다. 그러나 정사(正史)의 기록들은 사실 여부에 대한 확인을 하지 않고 있다.[10]

측천무후가 상관완아를 끔찍하게 아꼈던 것은 확실한 사실로 생각된다. 무후는 완아를 처형하는 대신 주사(朱砂)와 청사(靑砂)로 그녀의 얼굴에 작은 매화 모양의 문신을 새기는 것으로 처벌을 마무리했으며, 황제의 조서를 작성하는 막중한 일도 계속하도록 했다. 완아는 이 문신 때문에 사람을 만나도 고개를 숙이면서 부끄러움을 많이 탔는데, 이 모습이 더욱 아름다웠기 때문에 당시 여자들 사이에서는 얼굴에 매화 문양을 그려 화장을 하는 것이 크게 유행했다는 이야기도 함께 전해진다.

이러한 사고와는 상관없이 상관완아는 측천무후의 최측근이자 실세였다. 무후는 완아를 친딸만큼이나 아꼈고, 그녀도 무후를 중심으로 보좌했다. 이 시절 황제의 명으로 내려진 조칙(詔勅)은 모두 완아에 의해 작성된 것들이다. 현대와 비교하자면 국민들로부터 절대적인 지지율을 확보하고 있는 막강한 여성 대통령 밑에 막강한 여성 비서실장이 있는

9 초당사걸(初唐四傑) 중 한 사람인 시인 낙빈왕은 상관완아가 황궁에 들어올 무렵에는 시어사(侍御史)로 고종의 측근으로 재직하고 있었다. 그는 무후가 득세하자 관직을 버리고 유랑하다 서경업의 반란에 가담했으며 이 반란이 실패한 후 행방불명되었다.

10 당나라에 대한 최초의 정사인 《구당서(舊唐書)》는 편찬된 시기부터 지나치게 간결한 기록으로 인해서 악명이 높았다. 그래서 11세기에 역사적 사실을 풍부하게 집어넣어 다시 편찬된 책이 《신당서(新唐書)》이다. 상관완아에 대한 기록도 이 책이 원본이다. 그런데 《신당서》에서는 그녀가 이때에 어떠한 죄를 저질렀는지에 대해서 밝히지 않고 있다.

셈이었다. 그렇지만 완아에 대한 논란은 황실 내외에서 끊이지 않았는데 바로 그녀의 남성 편력 때문이었다.

완아는 자유연애주의자였으며, 그녀의 화려한 남성 편력은 막강한 무후조차 제어하지 못하는 것이었다. 그녀에게는 여러 명의 연인들이 있었다. 당시 조정의 대신들을 포함해서 많은 선비들이 그녀에게 시문을 배우고자 했기 때문에 괜찮은 남자를 찾을 수 있는 기회는 얼마든지 있었을 것이다.

《신당서》는 완아가 측천무후의 조카인 무삼사(武三思)와 사통했다는 사실을 비난하고 있다.[11] 한때 황제가 될 야심까지 가졌던 무삼사는 역사적으로 그리 좋은 평가를 받는 인물이 아니며 더욱이 애가 줄줄이 딸린 유부남이었다. 그렇지만 이것은 굳이 비난받을만한 사실이 아니다. 그것은 그녀에게는 어쩔 수 없는 정치적인 선택이었기 때문이다. 완아는 권력의 중심에 있었지만 그녀의 유일한 보호자는 측천무후뿐이었고, 그 무후는 늙어가고 있었다. 완아의 일가는 모두 그녀가 어렸을 때 처형되었으며, 그녀가 정식으로 결혼을 한 적도 없었다. 그녀가 698년 황태자로 복귀한 중종 이현을 유혹해서 육체 관계를 맺은 이유도 같은 맥락에서 해석해야 한다.

즉 의지할만한 인물이라고는 전혀 없었던 완아는 무후가 죽은 다음을 대비해야만 했던 것이다. 무삼사도 마찬가지지만 이현도 완아가 매력을 느낄만한 인물은 아니었다. 황태자로 복귀하기 전에 멀리 귀양을 가 있던 이현은 무후로부터 황태자에 복귀하라는 조서가 도착하자 어머니가 자신을 죽이려는 줄 지레 짐작하고 그 조서를 읽어 보기도 전에 자살을 하려고 했던 심약한 인물이었다.

---

11 〈채서원〉의 주인공은 무삼사가 아니었다. 시의 주인공이 누군지 확실하지는 않지만, 무삼사는 계북 지방으로 발령을 받아 나간 적이 없다.

완아는 무삼사와 이현을 유혹해 연인으로 삼는 사전조치를 통해서 705년 장간지(張柬之) 등이 주동이 되어 일으킨 이른바 '오왕의 난(五王之亂)'으로 무후가 퇴위하고 이현이 황제에 복위했을 때에도 자신의 안전을 도모할 수 있었다. 이현뿐 아니라 황후 위 씨로부터도 신임을 얻게 된 완아는 오히려 더욱더 권력의 핵심에 자리 잡게 되었다. 그녀는 계속 황제의 조칙을 기초하는 업무를 맡고 있었으며, 이현의 후궁으로 들어가 최종적으로 여섯 번째 서열인 소용(昭容)의 자리까지 차지했다.

그렇지만 그녀가 가졌던 소용의 직위는 명목적인 것이었다. 그녀는 황궁 바깥에 자신의 집을 따로 가지고 있었으며, 여전히 자유분방한 삶의 방식을 고수하고 있었다. 완아는 이미 사십 대에 접어든 나이였는데도 뛰어난 미모는 시들지 않았고 오히려 원숙함을 더해 주었다. 그녀는 남자들을 계속 갈아치우면서 극히 현대적인 스타일의 인생을 즐기고 있었지만 이를 막을 수 있는 사람은 없었다. 절대적인 권력자였던 측천무후도 결국 못 본 척하고 말았던 것이라 아무리 이현이 황제라도 이 문제에 관한 한 그녀를 제어할 힘은 없었다.

완아는 천부적인 시인의 재능 못지않게 뛰어난 정치적인 감각도 가지고 있었다. 무후가 죽은 다음에 무씨 일가는 당연히 숙청대상 제1호였다. 그렇지만 완아는 황후 위 씨를 설득해서 오히려 황실과 무씨 일가와의 정치적인 연합을 성사시켰다. 무후를 축출한 혁명의 주체 세력이었던 장간지의 권력이 지나치게 커졌다고 판단한 것이다. 그녀는 이현의 복위로 실각했던 무후의 중신들까지 복귀시켰다. 결국 장간지는 위 황후와 무삼사의 협공을 받아 실각했다.

중종 이현의 황후 위 씨는 명문가 출신으로 상당히 부덕했다고 알려진 여인이었다. 이현이 황제가 된 지 두 달 만에 무후에 의해 쫓겨나 귀양을 간 후 의기소침해져서 번거로운 삶까지 벗어던지려고 하자, 위 씨는 그를 잘 다독여서 용기를 잃지 않도록 했다. 그녀는 이현이 복위된 다음에도 무후가 생존해 있을 때에는 말과 행동으로 궁궐 여인들에게 모범을 보였던 사람이었다.

그렇지만 무후가 죽고 나자 그녀의 태도는 완전히 돌변했다. 권력의 달콤한 맛에 눈을 뜬 것이다. 여기에 그녀의 딸인 안락공주(安樂公主)가 가세했다. 안락공주는 무삼사의 아들인 숭훈(崇訓)과 결혼한 사이였다. 그녀는 이현이 가장 총애하던 자녀였으며, 이를 믿고 자신이 황태녀(皇太女)가 되려는 야심을 키우기 시작했다. 당시 황태자는 이중준(李重俊)이었는데 이현의 큰아들이었지만 그의 어머니는 위 황후가 아니라 지체가 아주 낮은 여인이었기 때문에 황후와 안락은 그를 '노예'라고 부르며 경멸하고 있었다.

이 음모를 알게 된 황태자 이중준이 반격을 시도했다. 그는 황궁에 들어와 있던 말갈인 장군 이다조(李多祚)의 도움을 받아 쿠데타를 일으켰다. 그는 먼저 당시의 최고 실력자들인 무삼사와 숭훈 부자를 죽이고 그 다음에 황궁을 공격했다. 위 황후와 안락공주를 제거하는 것이 최종적인 목적이었지만, 그의 살생부에는 상관완아의 이름이 가장 위에 올라가 있었다. 그녀만이 유일하게 자신을 제거하고 안락공주를 후계자로 만들 수 있는 정치적인 능력을 가지고 있다고 판단했던 것이다.

이중준의 쿠데타는 아슬아슬하게 불발로 끝났다. 황궁에서 벌어진 결정적인 전투에서 패배한 것이다.[12] 완아는 다행히 이 쿠데타가 일어났을 때 황궁에 머물고 있었기 때문에 화를 피할 수는 있었지만, 그 과정 자체가 그녀에게 커다란 충격을 주었다. 이것은 오랫동안 권력에 취해 있던 그녀에게 자신을 돌아볼 수 있는 계기가 되었다. 그녀는 위 황후와

---

12 이중준은 사후에 황태자로 복권되어 절민태자(節愍太子)로 추증되었다.

안락공주와는 거리를 두면서 원래부터 밀접했던 태평공주와 더욱 긴밀한 관계를 유지했다.

완아는 중종 이현을 가까이 모시면서 충심을 다해서 그를 보좌하기 시작했다. 대략 3년 정도가 그녀가 헌신적인 정치인으로서 혼신의 힘을 다했던 기간이었다. 그동안 위 황후는 측천무후의 전례를 따라 자신이 황제가 되면서 안락을 황태녀로 삼으려는 생각을 굳혔다. 그녀가 선택한 방식은 무후보다 훨씬 더 악랄한 것이었다. 황제 이현을 독살한 것이다. 그녀는 당분간 이현의 죽음을 비밀로 하면서 자신의 세력을 규합했다.

사태가 여기에 이르자 완아는 태평공주와 연합해서 일단 위 황후의 계획을 저지했다. 열두 살 먹은 이현의 막내아들 이중무(李重茂)가 황위를 계승하면서 위 황후와 함께 예종(睿宗) 이단(李旦)을 섭정으로 하는 것이 황제 이현의 유지였다고 발표한 것이다. 예종 이단은 독살된 이현의 동생으로 무후 시절 중종이 퇴위한 후 꼭두각시 황제 노릇을 했던 인물이다. 황후의 격렬한 반대로 인해 이단은 일단 섭정에서 제외되었지만, 완아가 창작한 중종의 유지는 그대로 집행되었다.

이단의 셋째 아들 이융기(李隆基)는 영리하고 야심만만한 인물이었다. 그가 바로 오십 년 가까이 황제의 자리에 있으면서 '개원의 치(開元之治)'라는 태평성대를 이룬 명군이자 말년에 양귀비로 인해서 망가지게 될 현종(玄宗)이다. 그렇지만 양귀비를 만나기 한참 전인 젊은 시절의 이융기는 문무를 고루 갖춘 젊은 영재로 당시의 황실에서 가장 걸출한 인물이었다.

황제가 되려는 야심이 상관완아에 의해 저지되자 위 황후는 폭력을 통한 사태 해결을 모색하기 시작했다. 그러자 조정은 친황후파와 반황후파로 완전히 갈라지게 되었다. 반황후파의 핵심 세력은 이융기와 태평공주였다. 중종 이현이 죽은 지 한 달이 채 되지 않았을 때 이 두 사람은 연합전선을 구축해 먼저 쿠데타를 일으켰다. 황후와 안락공주는 일가와 함께 살해되었으며 예종 이단이 황제로 복위했다.

이 쿠데타 와중에 상관완아가 이융기에 의해서 살해되었다. 쿠데타 당시 이융기가 완아를 살해한 것은 의외의 행동이었다. 당시 완아는 위황후와 첨예하게 대립하고 있었고 이융기의 쿠데타가 일어날 수 있도록 정치적인 상황을 만들어낸 장본인이었다. 당시 완아는 황궁에 머물다 쿠데타군이 진입하자 이들을 맞이하기 위해 밖으로 나왔다. 그녀를 보자 이융기는 주변의 만류에도 불구하고 가차없이 그녀의 목을 베었다.

이융기가 완아를 제거한 이유는 3년 전에 이중준이 그녀를 제거하려고 했던 이유와 같다. 이 시절의 이융기는 대단한 야심가였다. 그는 차기 황제가 바로 자신이라고 확신하고 있었다. 쿠데타를 일으킨 시점에 이미 그의 머릿속에는 머지않은 장래에 고모인 태평공주와의 대결이 불가피하다는 계산이 서 있었으며, 태평공주의 사람들 중에서 가장 상대하기 어려운 인물이 바로 완아였던 것이다.[13]

상관완아에 대한 이융기의 태도는 그녀의 죽음을 계기로 극적으로 반전되었다. 완아는 쿠데타가 성공한 직후 곧바로 복권되었고, '혜문(惠文)'이라는 시호까지 얻었다. 그녀가 문학의 발전에 크게 기여했다는 칭송이었다. 또한 그는 황제에 오르고 나서 곧바로 완아의 시와 사(詞)와 문(文)을 모두 모아서 스무 권의 문집으로 편찬했다.[14] 문인의 한 사람으로서 그녀에게 최대의 경의를 표한 것이다.

13 현종 이융기는 쿠데타 성공 직후에 형인 이성기(李成器)로부터 황태자 자리를 양위 받고, 2년 후에는 아버지 이단으로부터 황제 자리를 양위 받아 권력을 장악했다. 그는 태평공주와 두 차례 충돌했으며, 712년에는 판정패당해서 상당수의 측근들을 잃지만 다음해에 최종적인 승자가 되었다. 이때 태평공주에게는 자살을 강요하고 그녀의 측근들을 모두 처형하거나 추방했다. 혁명동지였던 태평의 아들 설숭간(薛崇簡)만은 화를 면하게 해서 이(李)씨의 성을 내리고 계속 중용했다.

14 이 문집은 전해지지 않으며 다른 책에 수록되어 있던 일부 작품만 18세기 청나라 강희제의 명령으로 발행된 《전당시》에 실렸다.

상관완아가 천재였다는 사실은 이론의 여지가 없다. 측천무후 시절에는 황궁을 중심으로 응제시(應制詩)가 유행했다. 응제시는 아무것도 없는 상태에서 단지 제목만 주고, 그 다음 다수의 사람들이 일정한 시간 내에 제목에 맞는 시를 짓는 것이다. 그중에서 제목과 가장 잘 어울리는 작품을 선정하는 방식으로 참가자들 사이에 경쟁을 한다. 완아는 바로 이 응제시의 대가였다.

또한 당시(唐詩)는 대구에 대해 형식적인 엄격함을 요구하기 때문에 짓기가 대단히 까다로운 것으로 알려져 있다. 그녀의 할아버지인 상관의에 의해 처음 제시된 당시의 일반적인 형식은 상관완아가 최종적으로 완성했다고 할 수 있으며, 그녀가 정립한 시 이론은 다음 세대에 이태백(李太白), 두보(杜甫), 백거이(白居易)와 같은 위대한 시인들이 등장하는 데 토대가 되었다.

그녀가 문학 발전에 행정적으로 기여한 바도 대단히 크다. 그녀가 중종을 적극적으로 보좌했던 707년부터 710년까지 3년의 기간 동안 황실의 서관이 크게 확장되고 재능 있는 문사들이 대거 등용되면서 전국적으로 시문을 대대적으로 수집하고 평가하는 작업이 진행되었다. 황실에서 주도한 이 문화 사업은 현종의 시대에 그대로 이어졌고, 이태백과 두보가 등장하면서 당 문화의 황금기를 맞이하게 되었다.

분명히 상관완아는 완벽한 인물은 아니었다. 자유분방한 삶의 방식이야 개인적인 문제이니 논외로 하더라도, 정신 차리고 바른 정치에 몰두했던 말년의 몇 년을 제외한다면, 그녀는 뇌물수수, 매관매직과 같은 수법으로 부를 축적하고 호사스러운 생활을 즐겼던 '권력형 부조리'의 화신이었다. 두 손만 가지고는 모두 꼽을 수 없는 다수의 남자 친구들을 정부의 요직에 천거했으며, 그들 중에는 재상에 오른 사람들도 있었다.

그렇기 때문에 그녀에게서는 한밤중에 일어나 머릿속에 떠오른 시상을 미친 듯이 써내려가는 천재 시인의 모습, 삶의 시작과 끝을 권력 투쟁에 희생당했던 불우한 정치인의 모습, 평생을 방종과 탐욕으로 일관했던 여인의 모습을 동시에 찾을 수 있다. 그리고 어쩌면 이것은 그녀 자신의 잘못이 아니라 반항적이기까지 했던 순수한 문학 소녀에게 권력을 쥐어 준 여걸 측천무후의 잘못인지도 모른다.

나바르의 마르그리트

초기 이탈리아의 르네상스는 단순히 라틴어로 쓰인 로마의 고전들을 해석하고 가르치는 움직임으로 시작되었다. 여기에 참여했던 지식인들이 이 고전들에서 '인간의 존엄성'에 관한 가치를 발견하고 자신들이 살고 있는 시대를 '야만적인 시대'이자 '암흑시대'라고 공격하면서, 현대적인 의미의 '휴머니즘(Humanism)'이 태동했다. 피렌체에서 시작한 이 새로운 사조는 점차 로마와 밀라노와 베네치아를 비롯한 이탈리아 반도 전역으로 퍼져나갔다.

르네상스가 당시 유럽의 양대 강대국인 스페인과 프랑스로 퍼져나간 데는 아이러니하게도 전쟁의 영향이 컸다. 토스카나를 중심으로 하는 이탈리아 반도의 중서부 지역은 12세기 초 '가톨릭의 수호자'라는 이름으로 전 유럽에 명성을 날렸던 대공녀 마틸다(Gran Contessa Matilda)가 자신의 영지를 모두 교황에게 상속하고 죽는 바람에 실질적으로는 주인이 없는 땅이 되었다.

이 덕분에 피렌체와 루카가 속해 있는 이 지역은 르네상스가 싹틀 수 있는 기름진 토양이 되었지만, 동시에 이탈리아 반도 한가운데 교황령이 자리 잡음으로써 나폴리 왕국, 밀라노 공작령, 시칠리아 왕국, 베네치아 동맹, 피렌체 공화국, 제노바 공화국 등 수십 개로 나누어진 이탈리아 반도는 하나의 강력한 왕국으로 통일될 조건을 가질 수 없었으며, 반도 전체가 야심만만한 강력한 제후들의 각축장이 될 수밖에 없는 운명에 처하게 되었다.

유럽사에서 이탈리아 대전쟁(Great Italian War)이라고 부르는 국제전은 프랑스의 샤를 8세가 1494년에 2만 5천 명의 병력을 동원해 나폴리 왕국을 공격하면서 시작되어 반세기 이상 지속되었다. 주로 이탈리아의 주도권을 놓고 스페인과 프랑스가 전력을 다해 벌인 대결이었지만, 여기에 교황령, 신성로마 제국, 잉글랜드, 그리고 후기에는 모든 유럽 국가와 오스만 튀르크 제국까지 개입하면서 대단히 혼란스러운 시기가 지속되었다.

이탈리아 전쟁 이전에도 르네상스는 이미 왕실과 귀족 사회에서는 널리 받아들여지고 있던 새로운 사조였으며, 전쟁을 계기로 더욱 확산되었다. 전쟁은 종군했던 하층 귀족들과 하위 성직자, 그리고 일반인들이 이 새로운 예술적, 문학적 사조에 접할 수 있는 기회를 제공했고, 르네상스의 휴머니즘은 새로운 예술 경향과 함께 본국으로 귀환하는 사람들을 통해서 전 유럽으로 빠르게 확산되었던 것이다.

나바르의 마르그리트(Marguerite d' Navarre)는 발루아 왕가의 대표적인 르네상스 군주인 프랑수아 1세의 누나이다. 그녀는 20세기 초 미국의 저명한 언어학자인 사무엘 푸트먼(Samuel Putman)[15]에 의해서 역사상 '최초의 현대여성'이라는 이름을 얻었다. 19세기 프랑스의 역사학계에

---

15 사무엘 푸트먼은 20세기 중반에 활약한 언어학자로 고대 라틴어를 근원으로 하는 로망어 전문가였다. 그는 로망어로 쓰인 작품들을 정확한 영어로 번역을 했는데, 대표적인 작품은 1949년 출판된 세르반테스의 《돈키호테》였다. 20세기 미국을 대표하는 철학자 힐러리 푸트먼(Hilary W. Putman)의 아버지이다.

서 독보적인 위치를 차지하
고 있는 미슐레(Jules Michelet)
는 그녀에게 '프랑스 르네상
스의 어머니'라는 칭호를 붙
였다.

마르그리트는 1492년생으
로 발루아 왕가에서 왕위 계
승자 중 두 번째 서열에 있었
던 앙굴렘 백작 샤를(Charles
d' Orléans, Comte d' Angoulême)
의 맏딸이다. 그녀의 어머니
는 샤를과 마찬가지로 발루
아 왕가의 혈통인 사보이 가

마르그리트의 어머니 루이즈

문 출신의 루이즈(Louise de Savoie)이다. 루이즈는 정치적인 감각과 수완
이 뛰어나고 결단력과 의지도 남달라서 당시 유럽 왕가의 여인들 중에서
최고의 여걸로 꼽히는 사람이었다. 그녀는 열한 살의 나이에 샤를과 결
혼해서 열다섯 살에 마르그리트를 낳고, 2년 후에 후일 프랑스 왕위를 계
승하게 될 프랑수아를 낳은 후 열아홉 살에 과부가 되었다.

자기 자신과 어린 남매의 안전을 염려한 루이즈는 이 작은 가족들을
모두 데리고 파리의 왕궁으로 이사했다. 당시 프랑스 국왕은 죽은 남편
샤를의 사촌형제인 샤를 7세(Charles VII)였다. 샤를 7세는 '국민의 아버
지(Le Pere du Peuple)'라는 호칭을 얻은 사람으로, 17년의 재위기간 동안
프랑스의 법률체제를 정비하고 재정 개혁을 통해서 국민들에게 부과되
는 세율을 낮추는 동시에 국가 세수를 증대시키는 마법을 부린 유능한
군주였다.

샤를 7세의 슬하에는 〈살리카 법(Lex Salica)〉[16]에 명시된 '남성' 후계자가 없었으며 두 명의 딸 클로드(Claude)와 르네(Renee)만이 있었다. 따라서 샤를 7세의 왕궁에서 차기 왕위 계승자인 프랑수아는 왕가 사람들의 지극한 관심과 애정을 받았으며, 후일 국왕의 큰딸 클로드와 결혼해서 프랑스 국왕으로 나라를 다스릴 운명으로 결정되었다. 루이즈 자신도 발루아 왕가에 큰 공헌을 했다.

루이즈는 백년 전쟁 중에 잦은 침략을 받아 거의 유명무실해진 오베르뉴 공작령(Duchy d' Auvergne)[17]을 회복해서 발루아 왕가에 귀속시켰는데, 이는 발루아 왕가의 숙적이라고 할 수 있는 부르봉 공작(Duke de Bourbon)과 치열한 투쟁을 벌여서 이룬 결과였다. 이 투쟁 중에 보여 준그녀의 강인한 의지와 뛰어난 정치력은 찬탄의 대상이었으며 이를 통해서 유럽 왕가의 수많은 여인들 중에서 최고의 인물이라는 명성을 얻게되었던 것이다.

루이즈는 어린 마르그리트와 프랑수아를 르네상스의 기준에 따라 철저하게 교육시켰다. 그 시대에 이미 이탈리아 르네상스의 예술과 문학은유럽의 왕궁들에서 크게 유행하고 있었지만, 그들 중에서 이탈리아 르네상스의 본질인 휴머니즘을 이해하고 있던 사람들은 소수에 불과했다. 루이즈가 바로 그 소수에 속했다. 여기에는 그녀의 고해성사를 담당했던

---

16 살리카 법은 6세기 프랑크 왕국의 통치자였던 클로비스 1세(Clivis I) 시절 제정된 고대 법체계이다. 이 법은 다민족 국가였던 당시 프랑스에서 상속, 범죄의 규정과 처벌 등에 관련한 상이한 관습을 통일하기 위해서 만들어졌으며, 샤를마뉴의 통치도 이 법에 근거한 것이었다. 이 법체계 중에 후대 프랑스 왕국에서 가장 많이 인용된 조항이 여성을 왕위 계승권 서열에서 배제하는 것이었다.

17 오베르뉴 공작령은 프랑수아 1세의 며느리인 카트린느 드 메디치(Catherine de Medici)의 어머니인마들렌느에게 상속되었다가 카트린느가 프랑스로 시집오기 전에 그녀에게 상속되었다. 따라서 카트린느는 메디치 가의 직계 상속녀이기도 했지만 동시에 오베르뉴 공작부인으로 프랑스 왕족의 일원이기도했다. 결혼 후에 그녀는 프랑스로 귀화했다.

누메(Cristoforo Nu mai)[18]라는 이탈리아 출신 사제의 영향이 컸다.

마르그리트는 어린 시절부터 라틴어로 시를 쓸 수 있을 정도로 어학에 천부적인 재능을 가지고 있었다. 그녀는 이탈리아와 독일어, 스페인어를 자유자재로 구사했으며 고대 그리스어와 히브리어까지 이해할 수 있었다. 그녀는 고대 그리스와 로마의 저술을 당시의 프랑스어로 번역한 것이 아

마르그리트

닌 원문 그대로를 접할 수 있었기 때문에 일찌감치 고대의 명망 있는 철학자들이 추구했던 휴머니즘의 정신에 눈을 뜨고 있었다.

유럽인들 사이에서도 아주 드물게 신비한 자주색의 눈동자를 가지고 있었다고 하는 마르그리트는 샤를 7세의 왕궁에서 보석과 같은 존재였다. 그녀는 십 대 초반에 첫사랑에 눈을 떴다. 상대는 샤를 7세의 외종질인 가스통 공작(Gaston de Foix, Duc de Nemours)으로, 마르그리트보다 세 살 위의 용감하고 영리한 사람이었다. 그렇지만 샤를 7세의 정치적인 선택으로 인해 두 사람의 사랑은 이루어질 수 없었다.

비록 인간의 본질에 대해서 눈을 뜬 르네상스 시대라고 해도 정략결

---

18 프란체스코 수도회 소속의 신부로 많은 학식과 깊은 신앙심을 가진 사람이었다. 후일 교황 레오 10세에 의해서 추기경으로 임명되었으며, 바티칸의 건축 책임까지 맡았던 인물이다.

혼은 가문 간의 결속을 다지는 가장 효과적인 수단이었으며, 여성들, 특히 왕가나 귀족 가문의 여성들은 여전히 정치적인 거래에 대한 유력한 지급수단이었던 것이다. 샤를 7세와 마르그리트의 어머니 루이즈는 둘 다 발루아 왕가에 속하는 이 멋진 커플의 사랑을 이루어 주는 것보다는 페르쉐, 아르마냑, 페장삭, 로데즈 등 광대한 지역의 영주를 겸하고 있던 알랑송 공작 샤를(Charle IV, Duc d' Alençon)의 변함없는 충성을 확보하는 일이 프랑스의 번영을 위해서는 더욱 가치 있다고 판단했다.

더욱이 발루아 왕가의 입장에서 카페 왕조의 근원지인 아르마냑 백작령을 확보하는 일은 왕가의 자존심과 관련된 문제였다. 국왕 샤를 7세는 마르그리트가 열일곱 살이 되었을 때 그녀와 알랑송 공작 샤를을 결혼시키고, 그녀의 동생 프랑수아는 열 살에 불과한 자신의 딸 클로드와 결혼시켜 다음 세대를 위한 후계구도를 완성했다.

알랑송 공작은 국왕에게 충성스럽고 심성이 선량한 사람이었으며 마르그리트에게 무척 친절한 사람이었지만, 이 결혼은 근본적으로 잘 조화될 수 없는 남녀의 결합이었다. 마르그리트는 열일곱이라는 나이에 이미 총명함과 뛰어난 지성으로 이름을 날린 데 반해서 알랑송 공작 샤를은 정치적인 감각이라고는 전혀 갖추지 못한 인물이었다. 더구나 그 아둔함으로 인해서 멍청이로 취급당하던 사람이었다. 결혼하고 얼마 지나지 않아 마르그리트는 비극적인 소식을 접하게 되었다. 그녀의 첫사랑이자 아마도 생애의 유일한 사랑이었을 가스통 공작이 이탈리아 전장에서 장렬하게 전사했던 것이다.[19]

19 어린 연인을 잃은 젊은 공작의 말없는 반항은 아주 강렬하게, 그렇지만 엉뚱한 방향으로 표현되었다. 마르그리트가 결혼하고 난 바로 다음해에 가스통은 거의 1만 명에 이르는 독일 용병을 고용해서 스페인군과 치열한 접전을 벌이고 있던 이탈리아 전선으로 향했다. 그는 볼로냐에서 스페인과 교황령의 연합군인 신성 동맹군(Holy League)에게 포위되어 있던 프랑스군과 합류해서 스페인군을 격파한 다음 곧장 북상해서 북동부의 전략 요충지인 브레시아를 노렸다.

마르그리트와 프랑수아 1세

마르그리트는 사랑하지도 않고 공유할 것도 별로 없는 남편 샤를 공작보다는 그녀의 남동생 프랑수아와 훨씬 더 친밀한 사이였지만, 몇 년 동안은 얌전하게 남편의 곁을 지켰다. 1515년 프랑수아가 스물한 살의 나이로 왕위를 계승하자 그녀의 파리 체류가 잦아지기 시작했다. 프랑수아는 그가 태어난 해부터 시작된 이탈리아 전쟁을 계속 이어가야 했으며, 마르그리트의 남편 샤를은 충직하게 이탈리아로 원정을 떠나 모험심에 가득 찬 프랑스 국왕의 곁을 지켰다.

프랑수아가 프랑스군이 점령한 이탈리아 북부 지방에 머무는 동안 파리에서의 정치적인 결정은 대부분 루이즈 태후에 의해 이루어졌으며, 마르그리트 역시 정치에 깊숙이 개입하게 되었다. 특히 외교 문제에 관해서 그녀의 영향력은 절대적이었다. 그렇기 때문에 그녀는 종종 고대 로마 시대에서 공화정체제를 종식시키고 옥타비아누스가 첫 번째 황제로 오르는 데 결정적인 역할을 한 매케나스(Gaius Cilnius Maecenas)[20]와 비교되곤 했다.

국왕이 된 프랑수아 1세는 그의 전 세대가 시작한 이탈리아 전쟁을 계

그는 북상하는 프랑스군을 저지하려는 베네치아군을 격파한 후 이 도시에 맹공을 퍼부어 다음해인 1513년 2월에 도시를 완전히 점령하는 데 성공했다. 여기에서 그치지 않고 다음 달에 해안선을 따라 다시 남하해서 이탈리아의 가장 중요한 도시 중 하나인 라벤나를 압박해 들어갔다. 신성 동맹의 입장에서 보면 이번의 공격은 도저히 양보할 수 없는 도발이었다. 스페인군은 라벤나의 수비대와 연합해서 강력한 방어선을 구축했다. 양측에서 각기 2만 명 이상의 병력을 동원하여 벌어진 하루 동안의 격렬한 전투에서 프랑스군은 병력을 절반 가까이 잃었으며, 스페인군은 완전히 궤멸되었다. 가스통은 이 라벤나 전투에서 대승을 거둔 직후 기병들을 지휘해서 전장으로부터 도주하는 소수의 스페인군 패잔병들을 추격하다 역습을 받아 전사했다.

젊은 공작의 모험은 자신을 영웅적인 전사로 만들어 주었지만, 그의 어린 첫사랑은 치유할 수 없는 마음의 상처를 얻었고, 그의 조국은 차세대 군사 지휘관 중에서 가장 유능한 인재를 잃었다.

20 옥타비아누스의 정치고문이었던 가이우스 매케나스는 명장 아그리파(Marcus Vipsanius Agrippa)와 함께 옥타비아누스를 로마 제국의 권력 투쟁에서 최종적인 승자로 만든 중요한 역사적 인물이다. 그는 정치적인 능력뿐 아니라 예술과 문학의 적극적인 후원자였다는 면에서도 마르그리트와 일맥상통하는 사람이다.

속 수행해야만 하는 입장이었지만, 상황은 그리 좋지 않았다. 그의 상대는 최전성기에 도달해 있던 합스부르크 왕가의 카를 5세였다. 당시 합스부르크 왕가의 영역은 오스트리아를 넘어 주변의 헝가리, 보헤미아, 네덜란드, 남부 독일의 여러 지역에 이르고 있었으며, 결정적으로 신세계 개척을 통해서 당시 유럽에서 가장 부유하고 강력한 왕국으로 성장해 있던 스페인과 나폴리, 시칠리아, 사르데냐의 여러 왕국이 포함되어 있었다.

군사적인 면에 국한하자면, 프랑스는 이탈리아에서 병력과 무장이 우세한 스페인군을 상대로 상당히 선전하고 있었다. 프랑수아 자신도 즉위 첫해인 1515년에 카를 5세가 고용한 스위스 용병들을 격파하고 밀라노를 장악했다. 그렇지만 스페인은 막대한 부를 바탕으로 군사적인 패배를 당하더라도 우수한 용병들을 고용해서 즉각적으로 전력을 회복할수 있었지만, 프랑스는 그럴 형편이 되지 못했다.

프랑스는 외교 역량을 총동원하여 카를 5세에 대항해서 교황, 베네치아 공화국, 밀라노 공국, 피렌체 공화국, 잉글랜드와 함께 군사동맹을 결성하는 데 성공했다.[21] 그렇지만 어려운 상황에서 힘겨운 전쟁을 지속하던 프랑스는 1525년에 파비아에서 결정적인 패배를 당했다. 파비아 전투에서 프랑수아 1세는 포로가 되었으며 수많은 프랑스의 귀족들이 전사했던 것이다. 마르그리트의 남편 샤를 공작도 이 전투에서 중상을 입은 후에 회복하지 못하고 사망했다.

프랑스는 다음해에 스페인과 마드리드 조약을 체결하여 이탈리아에서 합스부르크 왕가의 주도권을 인정해야만 했다. 1529년에는 캉브레 조약(Treaty of Cambrai)[22]을 체결해서 합스부르크 왕가에게 북부 프로방

---

21 코냑 동맹(Cognac League)이라고 불리는 이 군사동맹에 잉글랜드의 헨리 8세는 서명을 했지만, 실질적인 군사행동에는 참가하지 않았다.

스 지역의 권리를 인정하는 대신 카를 5세 측에 가담했다 사망한 부르봉 공작의 권리를 소멸시켜 남부 프로방스 지역을 프랑스가 확보하는 조건으로 합의하고 이탈리아 전선에서 철수했다.

프랑수아 1세의 통치가 군사적으로 성공을 거두었다고 하기는 힘들지만, 문화적으로는 프랑스를 유럽의 최정상에 올려놓았다고 할 수 있다. 그는 이탈리아 전선에서 대량의 예술품을 구입해서 프랑스로 수송했을 뿐 아니라 아예 르네상스의 대가들을 파리로 초청했는데, 이들 중에는 레오나르도 다 빈치(Leonardo da Vinci)도 포함되어 있었다.[23] 세계 최고의 박물관 중 하나인 루브르의 컬렉션은 바로 이 시대부터 시작되었다.

이 시절 프랑스 르네상스에 결정적인 역할을 한 것이 바로 마르그리트가 파리에 세운 그녀의 살롱이었다. 이곳에서 라블레(François Rabelais), 마로(Clément Marot), 롱사르(Pierre de Ronsard)와 같이 프랑스의 르네상스를 대표하는 작가들이 활동했으며, 프랑스 인문주의의 산실이기도 했다. 또한 당시에 부패할 대로 부패해 있던 프랑스 가톨릭 교회에 대한 개혁 운동이 처음 시작된 곳 역시 그녀의 살롱이었다.

마르그리트는 마르틴 루터와 같은 시대의 인물이지만 그의 영향을 받지 않은 자생적인 종교 개혁가로, 얀 후스(Jan Hus)[24]와 마찬가지로 시대를 앞선 선각자였다고 할 수 있다. 마르그리트는 종교 개혁론자들을 적

---

22 프랑스를 대표해서 루이즈 태후가, 신성로마 제국을 대표해서 카를 5세의 후견인이자 숙모인 마가레트(Margaret of Austria)가 협상을 벌였다. 자신들의 이름으로 조약을 체결해서 '귀부인들의 평화조약(Paix des Dames)'이라는 이름으로도 불린다.

23 현재 루브르 박물관에 전시되어 있는 다 빈치의 대표작 〈모나리자〉는 그가 파리로 오면서 함께 가지고 온 작품들 중에 포함되어 있었다.

24 마르틴 루터보다 1세기 전에 가톨릭 교회의 개혁 운동을 주도했던 보헤미아의 신학자로 결국 터무니없는 죄목으로 화형을 당했다.

극적으로 보호했으며, 그녀 자신이 가톨릭 사제들과 신교도들 사이의 중재 역할을 하기도 했다. 그렇지만 그녀가 죽고 난 다음 세대 유럽의 역사는 그녀가 몹시 사랑했던 세 명의 여인들에 의해서 거센 소용돌이에 빠져들게 된다.

특히 프랑스는 위그노 전쟁[25] 혹은 '가톨릭 전쟁'이라고 하는 여섯 차례의 참혹한 내전을 겪게 되는데, 내전의 두 주역인 나바르 왕국의 잔느(Jeanne d' Albert de Navarre)와 '검은 황후' 카트린느 드 메디치(Caterine de Madici)는 모두 그녀로부터 직접적인 영향을 받은 사람들이다. 마르그리트의 유일한 혈육인 잔느는 다른 개혁주의자들의 사상으로부터 자유로웠던 어머니와는 달리 칼뱅의 가르침을 무조건 따르는 철저한 위그노였으며 프랑스 신교도들의 정신적인 지주였다.

잔느의 상대역인 카트린느 왕후는 마르그리트의 조카며느리이다. 그녀가 열다섯 살에 피렌체로부터 시집왔을 때부터 마르그리트는 외톨이였던 카트린느를 철저하게 보호했던 후견인이었다. 훗날 잉글랜드의 국왕 헨리 8세의 두 번째 부인이 되는 앤 불린(Anne Boleyn)도 마르그리트의 총애를 받았던 인물이다. 그녀는 외교관인 아버지를 따라 파리에 와서 프랑수아의 왕궁에서 성장했는데, 국적은 달랐어도 마르그리트의 직계 제자라고 할 수 있을 정도로 가까운 사이였으며, 영국 성공회의 성립으로 이어지는 헨리 8세의 종교 개혁은 실질적으로 앤 불린에 의해서 주도되었다고 할 수 있다.[26]

마르그리트는 파비아 전투로 인해 첫 남편을 잃고 2년 후 삼십 대 중

---

25 위그노는 프랑스 신교도 중에서 칼뱅주의자를 말한다. 존 칼뱅은 신학자 출신이 아니라 법률가였다. 그는 종교 개혁 운동을 주도했을 뿐 아니라 제네바에 정교 일체의 커뮤니티를 세우고 제네바를 실질적으로 통치했다. 그는 제네바의 통치를 위해서 종교 재판과 화형대를 동원하는 폭력적인 방법을 사용했다.
26 앤 불린은 외교관인 아버지를 따라 프랑스에 유학하면서 바로 마르그리트의 시종녀(Lady of waiting)로 일했다. 그녀의 딸 엘리자베스 여왕은 열두 살 때 마르그리트 여왕의 작품 《사랑 뉴시꾼의 거울》을 영

반의 나이로 나바르의 왕 앙리(Henry II of Navarre)와 재혼했다. 지성을 별로 중요하게 생각하지 않는 철저한 전사였던 앙리는 그녀보다 열 살이나 아래였고 전 남편 샤를과 마찬가지로 공유할만한 점이 거의 없었다. 그렇지만 그와 한 가지 다른 점은 그녀의 열렬한 숭배자였다는 사실이었다. 마르그리트 역시 첫 남편보다는 훨씬 더 다정하게 그를 대했다.

당시 나바르 왕국은 스페인의 침공을 받아 영토의 절반 정도를 빼앗긴 상태였다. 마르그리트는 나바르를 바닥부터 변화시켰다. 그녀는 스스로를 '가난한 사람들의 수상' 이라고 칭하고, 경호원도 대동하지 않고 거리로 나가 마음대로 돌아다니면서 가난하고 소외된 사람들로부터 그들의 이야기를 직접 듣고 고통을 함께 나누었다. 앙리는 마르그리트가 하는 일이라면 무조건 찬성했다.

그녀가 자신의 남편 앙리를 움직여 만들어낸 각종 혁신적인 공공사업에는 당시의 통치자들은 상상도 하지 못했던 평민들에 대한 일반 교육 시스템도 포함되어 있다. 수세기 후에나 유럽 각국에서 이를 모방해서 일반화될 사회적 모델이었다.

마르그리트는 인문주의적인 사고를 가진 사상가의 한 사람이었으며, 사회 문제에 대한 비판의식과 적극적인 참여의식을 가지고 있던 개혁가이기도 했다. 그리고 그 바탕이 된 것은 자비심과 용기와 같은 천성적인 미덕이었다.

마르그리트는 문학과 예술에 대한 후원자였을 뿐 아니라 그 자신이 프랑스 르네상스의 대표적인 작가이기도 했다. 그녀는 젊어서부터 작품을 쓰기 시작했지만 중년이 넘을 때까지 자신의 작품에 대한 출판을 결

어로 완벽하게 번역해서 출간했다. 이 작품의 원본은 앤 불린이 가지고 있었는데, 그녀가 귀국할 때 마르그리트가 선물로 준 것이었다. 그녀는 철저한 종교 개혁론자였으며, 헨리 8세는 실제로는 죽는 순간까지도 가톨릭 신자였다.

소작농을 만나는 마르그리트

코 허락하지 않았다. 그러다가 1531년 시집 《사랑 낚시꾼의 거울(Miroir de l' Ame Pércheresse)》이 최초로 출판되었다. 이 책은 그녀가 앙리와의 사이에 첫 딸 잔느를 낳고 이어서 서른여덟 살인 1530년에 어렵게 낳은 첫아들 장을 바로 그해 크리스마스 이브에 잃고 나서 쓴 책이었다.

이 책에서 그녀는 신과 인간의 관계에 대한 근본적인 질문을 제기하고 있다. 그녀의 신학적인 질문에 대해서 소르본 대학으로 대표되는 가톨릭 교회는 분노와 저주로 대응했다. 얼마 후 이 논쟁은 소르본 측의 공개사과로 마무리되긴 했지만, 그동안 신성시되었던 종교문제에 대해 프랑스의 지성이 적극적으로 접근하기 시작하는 계기가 된 시대의 문제작이었다.

마르그리트의 작품 중에서 《헵타메론(L' Heptaméron)》은 프랑스 르네상스를 대표하는 문학작품 중 하나이다. '헵타메론'은 이 책의 원래 제목이 아니었다. 그녀는 보카치오(Boccaccio)가 쓴 《데카메론(Décaméron)》에 영감을 받아 그것과 같은 구성으로 백 개의 짧은 이야기들을 모두 열 사람의 작가들이 열흘 동안 서술하는 형식으로 쓸 작정이었으나 일흔두 개의 이야기만을 완성한 후 책의 제목도 붙이지 않은 상태에서 세상을 떠났다.

이 책이 미완성인 채 출판되면서 붙여진 제목이 '헵타메론' 이었다.[27] 이 책에 수록된 이야기들의 주제 역시 신과 인간의 본질적인 관계에 관한 것으로 어리석은 신학적인 논쟁이나 우매한 신앙심에 대한 통렬한 비판을 바탕에 깔고 있다.

마르그리트는 삼십 대 중반의 나이에 앙리와 결혼하여 나바르 왕국에 살면서 20년 넘게 나바르 사람들의 사랑과 존경을 한몸에 받았다. 그녀는 1549년 겨울 쉰일곱 살의 나이에 세상을 떠났다. 당시 기준으로는 그리 짧은 생은 아니었지만, 그녀의 지성이 최전성기였던 것을 감안한다면 대단히 아까운 손실이었다. 나바르 왕국의 왕좌는 그녀의 딸 잔느를 거쳐 후일 프랑스의 국왕이 되는 외손자 앙리 4세에게 이어졌다.

마르그리트는 워낙 독특한 인물이었기 때문에 당시의 사람들에게 상반되는 평가를 받았다. 프랑스의 가톨릭 사제들은 그녀를 "자루에 집어넣어 센 강에 던져야 한다."라고 했지만, 그녀와 같은 시대를 살았던 네덜란드의 인문주의자 에라스무스(Erasmus)[28]는 그녀에게 최고의 찬사를 보냈다.

27 《헵타메론》은 모두 역사적인 사실에 근거를 둔 이야기들로 구성되어 있는데, 그중 가장 유명한 것이 가문에서 허락받지 않은 사랑에 빠졌다는 이유로 연인과 함께 캐나다 퀘벡 부근의 무인도에 버려졌다가 몇 년 후 극적으로 구출되어 생환한 '마르그리트 로케(Lady Marguerite de la Rocquet)' 의 이야기이다.
28 《우신예찬(Encomium Morinae)》의 저자인 에라스무스는 종교 개혁론자였지만, 마르그리트와 마찬가지로 가톨릭 교회 자체의 개혁을 추구한 인물이었다. 그래서 그는 마르틴 루터를 심정적으로 지지하면서도 그와는 다른 길을 걸었다.

철학자에게 걸맞은 분별력, 정숙함, 절제, 경건함, 감히 범접하지 못할 강인한 영혼, 이 세상의 모든 덧없는 것들에 대한 경이로울 정도의 경멸 ……성직자나 수도승에게서조차 찾아보기 힘든 이러한 것들을 모두 갖추고 있는 당신을 어찌 숭배하지 않을 수 있겠습니까?

그녀에 대한 프랑스 지성인들의 찬사와 감사는 18세기의 계몽주의자들에게까지 이어졌다. 그녀는 비록 자신과 전혀 다른 견해를 가지고 있는 사람들이라고 해도 그들의 견해를 존중하고, 그들이 위기에 빠졌을 때 적극적으로 그들을 보호했던 위대한 정신의 소유자였다. 그녀의 공헌으로 인해서 프랑스는 다음 세기에 이탈리아를 추월해서 유럽 르네상스의 중심지로 자리 잡았으며, 이러한 휴머니즘의 전통은 후일의 프랑스 백과전서파와 먼 후일 볼테르와 루소를 대표로 하는 계몽주의자들로 이어졌다.

현대여성의 계보

조르주 상드/ 루 살로메/ 이사도라 던컨

많은 사람들이 아직도 부족하다고 생각하기는 하지만, 이론적으로 현대의 여성들은 남녀의 권한이 거의 동일한 환경에서 살고 있다. 그렇지만 여성들이 당연한 것으로 누리고 있는 이 환경은 쉽게 얻어진 것이 아니다. 수백 년의 역사 속에서 수많은 여성들이 벌였던 격렬한 투쟁의 결과 쟁취한 승리이며, 이 투쟁의 과정에서 상당한 희생을 동반하기도 했다. 르네상스가 시작되면서 여성들은 사회적 평등이라는 개념에 대해서 눈을 뜨기 시작했지만, 이것이 실현되기까지는 다시 수백 년이라는 긴 시간이 소요되었다.

이러한 면에서 현대를 사는 여성들은 소수의 선구적 현대여성들에 대해 감사하는 마음을 잊지 말아야 한다. 여기에서 사용하는 현대여성이라는 용어가 단지 20세기에 과격한 페미니즘 운동을 이끌었던 운동가들을 의미하는 것이 아니다. 정작 감사를 받아야 할 사람들은 그들이 아니라 19세기에 유럽과 미국에서 태어난 여성들이다. 이들은 집회나 언론에서의 선동을 통해서가 아니라 그들의 지성과 예술적인 성취, 그리고 자신의 삶 자체를 통해서 그 시대 여성들의 의식을 깨우쳤다.

조르주 상드

언젠가 이 세상은 나를 알게 되고 이해하게 될 것이다.
그렇지만 그런 날이 오지 않는다고 해도 크게 상관할 일은 아니다.
나는 다른 여성들을 위해 길을 열어 줄 뿐이다.

조르주 상드(George Sand)는 19세기를 풍미했던 여류 소설가이자 극작가, 수필가였다. 조르주 상드는 그녀의 본명이 아니라 필명이다. 1804년 파리에서 태어난 그녀의 원래 이름은 오로르 뒤팽(Amantine Aurore Lucile Dupin)으로, 폴란드 왕족의 피를 이어받은 삭스 백작(Comte de Saxe) 가문의 후예이면서 프랑스 육군 장교였던 모리스 뒤팽(Maurice Dupin)의 외동딸이다. 상드의 어머니는 서민 출신으로 센 강변에서 새를 파는 상인의 딸이었다고 하지만 그녀에 대한 기록은 거의 남아 있지 않다.

그녀는 네 살 때 아버지를 낙마 사고로 잃고, 뒤팽 가의 장원이 있는 노앙이라는 프랑스 중부의 작은 마을로 옮겨 와 할머니 마리 오로르(Marie

조르주 상드

Aurore de Saxe)의 손에서 자랐다. 마리는 대단히 지적인 여자였고 오로르에게 가정교사를 붙여 많은 교육을 시켰다. 후일 조르주 상드가 되는 오로르가 가졌던 폭넓은 지성의 근원은 대부분 할머니 마리에게서 받은 것이었다. 할머니와 손녀 이 두 사람은 서로 사랑했지만, 그들 사이에는 심각한 긴장 관계가 존재했다. 오로르는 기질적으로 반항심과 모험심이 충만한 자유분방한 아이였으며, 마리는 엄격한 가치 기준을 가지고 있던 전형적인 귀족 여인이었던 것이다.

마리는 말괄량이 손녀를 파리에 소재한 앙글레스 수녀원의 기숙학교에 보내어 그녀의 행동을 고치려고 시도했다. 오로르는 그런대로, 최소한 겉보기에는 학교에 잘 적응하면서 자신의 정신세계를 완성해 갔다. 그렇지만 비극은 갑자기 찾아왔다. 오로르가 열여섯 살 때 마리가 쓰러져 반신불수가 된 것이다. 오로르는 3년 만에 파리 수녀원의 생활을 청산하고 노앙으로 돌아왔다. 바로 그 다음해에 마리는 죽고 장원과 거대한 저택은 이제 막 열일곱 살이 된 오로르에게 상속되었다.[29]

---

29 이 저택은 1952년 프랑스 정부에 의해 '국가 역사 기념물' 로 지정되었으며, 1961년 저택을 소유하고 있던 조르주 상드의 손녀 오로르 뒤드방(Aurore Dudevant)이 사망하자 정부에서 매입한 후 일반에게 공개하였다. 이 저택에는 프랑스 문화성이 지정한 '프랑스의 유명 정원' 중 하나가 있다.

이러한 어수선한 상황에서 그녀의 결혼이 이루어졌다. 할머니를 잃고 나서 1년 남짓 지난 1822년, 오로르는 아홉 살 연상인 뒤드방(François Casimir Dudevant) 남작과 결혼했다. 그는 자존심 강한 귀족이라는 사실만 제외한다면 무미건조한 보통 사람으로 개성이 강한 오로르를 어떤 면에서든 도저히 감당할 수 없는 남자였다. 그렇지만 결혼 생활은 8년

상드의 남편 뒤드방 남작

이나 지속되었고, 5년 터울로 아들 모리스(Maurice)와 딸 솔랑주(Solange)도 얻었다.

불행하고 지루한 결혼 생활에 싫증 난 오로르에게 뒤드방 남작이 하녀와 바람을 피운 사건은 결정적인 계기를 마련해 주었다. 그녀는 1831년 초 혼자 파리로 갔다. 이때 오로르는 예전에 할머니와 함께 파리를 여행하면서 만났던 같은 마을 출신의 작가 지망생 쥘 상도(Jules Sandeau)[30]와 만나 정신적, 육체적인 관계를 맺었다. 그렇지만 그들의 관계는 그리 오래가지 못했다. 후일 프랑스를 대표하는 극작가로 크게 성공할 쥘 상도였지만, 나이가 오로르보다 일곱 살이나 아래였으며 아직은 지적으로 미성숙한 상태였기 때문에 오로르의 사랑을 독차지하기에는 역량이 많이 부족했던 것이다.

오로르는 상도와 관계를 하는 짧은 기간 동안 작가로 데뷔했다. 그녀의 첫 번째 소설 《장미와 백색(Rose et Blanche)》은 쥘 상도와 공동으로 집

---

30 상도는 소설보다는 희곡 부문에서 더 유명한 작품들을 남긴 프랑스의 작가로 후일 아카데미 프랑세즈(Académie Française)의 회원이 되었다.

필한 것으로, 이들은 '쥘 상드(Jules Sand)'라는 필명을 사용했다. 바로 그 다음해에 오로르는 자신의 독자적인 소설 《앵디아나(Indiana)》를 발표하면서부터 '조르주 상드'라는 필명을 사용했는데, 이후로는 줄곧 이 이름으로 세상에 알려지게 되었다. 재치가 넘치는 이 소설이 처음 출판되었을 때 독자들은 작가가 여자라고는 꿈에도 생각하지 않았다.

여성들의 자유로운 연애를 묘사한 낭만주의 소설 《앵디아나》는 상업적으로 대성공을 거두었고, 그녀는 다음해에 자전적인 연애소설 《렐리아(Iélia)》를 발표해서 다시 한 번 상업적인 성공을 거두었다. 조르주 상드는 이 시기에 1년에 여러 권씩 소설을 써내는 초인적인 일정으로 집필을 하면서[31] 동시에 유력한 일간지에도 수시로 기고했는데, 아주 짧은 기간 동안 그 시대에 가장 인기 있는 작가로 자리를 잡았다.

이러는 와중에 그녀는 남편 뒤드방 남작과의 이혼 소송에 들어가 1835년에 완전히 이혼했으며, 두 아이들의 양육권도 얻었다. 그녀는 이혼 이후 할머니 마리로부터 물려받은 뒤팽 가의 대저택을 점유하고 있던 남작에게 다시 소송을 걸어, 2년 후에는 그를 그녀의 집에서 쫓아내는 데 성공했다. 이때부터 노앙에 위치한 조르주 상드의 대저택은 프랑스와 다른 나라 출신의 수많은 예술가들이 거쳐 간 명소로 자리 잡게 된다.

이들 중에는 19세기의 유럽을 대표하는 예술가들이 수두룩하다. 프랑스의 소설가 발자크(Honoré de Balzac), 러시아의 소설가 투르게네프(Ivan Sergeevich Turgenev), 프랑스의 미술가 들라크루아(Fedinand Victor Eugéne Delacroix), 프랑스의 전설적인 여배우 마리 도르발(Marie Dorval), 헝가리 출신의 작곡가 리스트(Franz Liszt), 그리고 그녀의 불멸의 연인 쇼팽(Frédéric Chopin)도 포함되어 있다. 상드는 자유연애를 신봉했던 바람둥이였지만, 이 사람들이 모두 그녀의 연인들은 아니었으며 대부분 절친

---

31 조르주 상드는 1833년에 가장 활동적이었는데, 그녀는 이 해에만 무려 여섯 편의 소설을 발표했다.

한 친구이자 공통적인 가치를 추구하는
예술적인 동료들이었다.

질 상도

상드가 성적인 욕구의 노예였다든가
혹은 수백 명의 남성을 섭렵했다는 주장
은 별로 근거가 없다. 그녀는 대부분의
경우 자신의 연인을 공개했기 때문에 그
들의 명단이 대단히 길긴 하지만 연대기
는 비교적 명확한 편이다. 물론 시기적
으로 겹치거나 중간에 다른 남자들과의 불장난으로 인해 원래의 연인들
에게 성실하지 않았던 경우도 있었지만, 이러한 경우도 "연인 관계가 훼
손될 만큼 심각한 것은 아니었다."라고 상드 자신은 표현했다.

그녀는 질 상도와의 짧은 인연이 끝나고 나서 곧바로 소설《카르멘
(Carmen)》[32]의 저자이자 역사학자인 프로스페 메리메(Prosper Mérimée)를
거쳐 시인이자 극작가인 알프레드 드 뮈세(Louis Charles Alfred de Musset-
Pathay)[33]와 2년 가까이 관계를 지속했다. 연애가 끝난 후 뮈세는《이 시
대의 총아가 하는 고백(La Confession d'un enfant du Siécle)》이라는 소설을
통해 자신의 입장에서 상드와의 관계를 묘사했고, 상드는《그녀와 그
(Elle et lui)》라는 소설에서 이 관계에 대한 자신의 견해를 밝혔다.

상드의 연인 중에서 가장 말도 많고 탈도 많았던 관계가 바로 폴란드
출신의 천재 음악가 쇼팽과의 인연이었다. 1836년 서른두 살의 상드는

---

32 비제(Georges Bizet)의 오페라 〈카르멘〉은 비록 그 구성요소들이 많이 차이가 나긴 하지만 바로 이
소설을 극화한 것이다. 메리메 역시 스페인 여행 중에 그곳에서 실제로 있었던 사건을 듣고 실화를 바탕
으로 이 소설을 썼다.

33 그는 스무 살 이전에 이미 시인으로 명성을 얻은 천재적인 작가였다. 후일 프랑스 최고의 훈장인 레
종 도뇌르(Legion d'honneur)를 받았으며, 아카데미 프랑세즈의 회원이 되었다.

그녀의 친구인 리스트와 연인 관계에 있던 다구 백작부인(Marie, Comtesse d' Agoult)이 개최한 파티에서 여섯 살 연하의 쇼팽을 처음 만났다. 쇼팽은 이 시기에 이미 천재적인 작곡가이자 피아노 연주자로 큰 명성을 얻고 있었다.[34]

첫눈에 쇼팽에게 빠진 상드와는 달리 쇼팽이 그녀에게 받은 첫인상은 그리 좋지 못했다. 그는 친구에게 쓴 편지에서 '그녀가 여자 맞긴 맞아?'라고 했을 정도였다. 당시 쇼팽은 예술적 재능이 넘치는 폴란드 출신의 미녀 마리아 우진스카(Maria Wodzinska)와 비밀리에 약혼을 한 상태였다. 그렇지만 이때 마리아의 나이가 겨우 열여섯 살이었고 쇼팽의 건강이 악화되었다는 소문이 돌고 있었다. 때문에 그들의 관계는 지지부진한 상태에서 더 이상 진전되지 않았고, 쇼팽은 이에 심적으로 상당히 괴로워하고 있던 상황이었다.[35]

상드는 바로 이 작은 틈으로 파고들었다. 그녀는 당시 연인이었던 뮈세를 차고 쇼팽을 유혹하는 데 성공했으며, 두 사람의 사이는 곧 공공연한 것이 되었다. 상드는 이 관계로 인해서 이미 가지고 있던 악녀의 이미지가 훨씬 강해졌지만 두 사람의 관계는 실질적으로는 플라토닉한 관계였다는 것이 정설이다. 당시 쇼팽은 지병이 악화되어 육체적으로 성관계가 불가능한 상태였던 것이다.[36]

---

34 타고난 천재성만을 기준으로 한다면 쇼팽은 모차르트나 베토벤을 훨씬 능가하는 작곡가이다. 쇼팽은 이미 십 대 중반의 나이에 대단히 독창적인 작품을 발표했으며 그중에는 그의 대표작들도 포함되어 있다. 이 나이의 모차르트나 베토벤은 아직 '장래가 촉망되는 유망주' 정도의 수준이었다.

35 쇼팽은 마리아를 위해서 여러 개의 곡을 만들었다. 그중에서 가장 유명한 곡이 '이별의 왈츠'라는 부제가 붙은 〈왈츠 Op. 69-1〉이다. 쇼팽이 약혼한 후 마리아가 살고 있던 카를스바트 시에 그녀를 남겨두고 떠나면서 쓴 곡이다.

36 쇼팽은 어릴 적부터 결핵을 앓아왔으며 결국 이 병으로 인해서 사망한 것으로 알려져 있다. 하지만 현대 의학은 그가 결핵을 앓았던 것이 아니라 낭포성 섬유종이라는 유전적인 질병을 가지고 있었다는 결론에 접근하고 있다. 결핵은 전염성이 매우 강하지만 유전되지는 않는다. 그렇지만 쇼팽의 가족 중에서

들라크루아가 그린 쇼팽과 상드

아직까지 정확한 병명이 밝혀진 것은 아니지만 쇼팽의 지병은 상드를 만났을 때 이미 상당히 진행된 상태였다. 그러한 상태에서 상드는 쇼팽과의 관계를 십 년이나 지속했다. 이들의 관계에서 가장 유명한 사건은 마요르카 여행이다. 상드는 1838년 겨울에 악화된 쇼팽의 건강이 회복되기를 기대하면서 두 아이들과 함께 지중해의 마요르카 섬으로 떠났다. 그렇지만 이들의 여행은 끔찍한 악몽으로 변했다.

그들은 적당한 숙소를 찾지 못해서 예전에 수도원으로 사용되던 건물에 머물러야 했으며, 쇼팽의 피아노는 세관에 묶였다. 상드가 거금을 들여 이 피아노를 통관시켰고 가까스로 다음해에야 쇼팽은 작곡을 시작할 수 있었다. 그러나 그 겨울 마요르카 섬의 기후는 예년과는 다르게 아주

는 아버지와 여동생만이 쇼팽과 똑같은 질병으로 사망했으며, 다른 사람들은 결핵과 유사한 아무런 증상도 보이지 않았다. 낭포성 섬유종은 결핵과 거의 같은 증상을 보이지만 훨씬 더 치명적이다. 당시의 의사들은 유전성 질환인 낭포성 섬유종과 전염성 질환인 결핵을 구분하지 못했고, 두 질병이 구분되기 시작한 시기는 1930년대이다. 쇼팽의 정확한 사인을 규명하기 위해서 유럽 의학계는 현재 폴란드 정부의 책임하에 보존되고 있는 쇼팽의 일부 장기에 대한 DNA 검사를 요청했으나, 폴란드 정부는 이를 거부했다.

혹독했다. 이러한 환경은 쇼팽의 건강에 심각한 타격을 가했다. 그러한 와중에도 쇼팽은 마요르카에서 주옥 같은 작품들을 작곡했으며, 그중에는 일생의 걸작 중 하나로 '빗방울'이라는 별명을 얻은 〈전주곡 Op. 28-15〉가 포함되어 있다.

쇼팽의 건강이 악화되자 그들은 급히 마요르카 섬을 떠나 마르세유에서 몇 달 동안 머물면서 그의 회복을 기다렸다. 그 이후로 쇼팽은 주로 노앙에 있는 상드의 저택과 파리를 오가며 머물렀다.[37] 10년이라는 긴 연애 기간 동안 이들이 서로에게 영감을 주는 원천이었다는 사실은 의심의 여지가 없다. 쇼팽의 대표작들은 대부분 이 시기에 작곡되었으며, 조르주 상드 역시 이 시기에 자신의 대표작들을 발표했다.

그렇지만 이들의 관계는 결국 파국을 맞이했다. 쇼팽과 상드의 관계가 끝난 이유는 상드가 1847년에 발표한 소설 《루크레치아 플로리아니 (Lucrezia Floriani)》 때문이었다. 이 소설은 부유한 여배우와 병약한 왕자의 사랑을 그린 러브 스토리였지만, 쇼팽은 이 소설을 상드가 자신과의 관계를 묘사한 것으로 해석하고 불같이 분노했다. 그들의 친구들은 두 사람을 화해시키려고 했지만 워낙 개성이 강한 사람들이라 요지부동이었다.

그해 쇼팽이 노앙의 저택을 방문하지 않으면서 그것으로 두 사람의 관계는 끝이 났다. 쇼팽은 상드를 다시 만나기를 원하지 않았지만, 그녀의 아이들과는 그로부터 2년 후 자신이 죽을 때까지 친밀한 관계를 계속 유지했다.[38]

---

[37] 노앙의 저택을 자주 찾아와 머물던 프랑스 낭만주의 미술의 대가 들라크루아는 이 시기에 '피아노 치는 쇼팽'과 '뜨개질 하는 상드'를 그린 유명한 작품을 남겼다. 이 그림은 후일 두 개로 나누어졌으며, 현재 파리와 코펜하겐에서 각각 전시되고 있다.

[38] 쇼팽의 임종을 지켰던 사람들은 불과 예닐곱 명뿐이었다. 상드의 딸 솔랑주는 그 사람들 중 하나였다. 쇼팽의 유언에 따라 그가 사망한 직후 그의 심장은 추출되어 폴란드로 보내져 성 십자가 교회(Holy Cross Church)의 기둥 안에 봉인되었으며, 현재도 그곳에 보존되어 있다.

상드는 근본적으로 정치와는 무관한 낭만주의 작가 군에 속한다. 그렇지만 그녀는 정치에도 깊이 개입한 적이 있었다. 그녀가 활발하게 활동하던 그 시기에 프랑스는 정치적으로 대단히 혼란스러운 격변기를 맞이하고 있었다. 때문에 시대를 대표하는 지성의 한 사람이었던 그녀 역시 그러한 상황으로부터 자유로울 수 없었다. 1789년의 대혁명으로 왕정이 붕괴되고 혁명정부의 공포정치와 나폴레옹의 시대를 거쳤던 프랑스에서는 이 시기까지도 정치적인 혼란이 계속되고 있었다.

나폴레옹이 워털루 전투에서 패배한 해는 1815년이었으며, 이때 상드는 열한 살이 되기 직전이었다. 나폴레옹의 몰락 후 프랑스에서는 왕정복고가 이루어져 부르봉 왕가의 루이 18세와 샤를 10세가 프랑스의 왕으로 통치했다. 그러나 분열된 여론을 극복하지 못하고 국민들의 신망도 얻지 못하다가 1830년 7월 혁명을 통해서 왕정체제가 무너지면서 입헌군주정이 시작되었다. 새로운 국왕은 루이 18세의 사촌동생이면서 볼테르의 사상을 신봉하는 개혁주의자로 국민들의 인기를 얻고 있던 루이 필리프(Louis-Philippe)[39]였다. 이 체제가 18년이나 유지되자 점차 보수적인 색채를 띠게 되면서 경제가 정체되고 대량의 실업자가 발생했으며 국민들의 신뢰도 잃어갔다. 민들의 인기를 잃었다. 바로 이 체제의 후반기가 상드가 정치적으로 활발하게 활동하던 시기였다. 사실 그녀는 작가로 데뷔하던 무렵에 정치에 대한 혐오감을 토로한 적이 있다.

"나는 천성적으로 시인이고 열렬한 법치주의자(Legislative)이다. 필요한 경우에는 법도 무시하는 대단히 호전적인 사람이 될 수도 있지만 단연코 의회주의자(Parliamentary)는 되지 않을 것이다."[40]

---

39 루이 필리프도 국왕이었지만, 스스로 '프랑스인들의 왕'이라는 명칭을 사용했다. 그는 부르봉 왕가의 방계인 오를레앙 가계에 속하는 인물로 젊은 시절에는 군인으로 명성을 날렸으나 루이16세가 처형당하자 해외로 망명해서 유럽을 유랑하다 왕정복고 후에 귀국한 인물이다.

40 'legislative'와 'parliamentary'는 동의어지만 라틴어의 '법'과 '민회'라는 다른 단어를 어원으로 하

그렇지만 그 시대의 프랑스 지성들에게 정치란 피할 수 없는 숙명과도 같은 것이었다. 그녀는 루이 필리프의 통치가 막바지에 달하던 시기에 다수의 정치 팸플릿을 제작해서 개혁주의자들을 대변했다. 1848년 초 루이 필리프의 군주정이 무너지면서 잠정적으로 제2 공화정이 수립되었으나 혼란은 계속되었다. 대중들은 일할 권리와 평등한 선거권을 (남자들에게만 해당되는 것이지만) 보장하라는 두 가지 혁신적인 요구를 내세우며 정치인들을 압박했으며, 6월에는 대대적인 소요까지 일어났다.

그렇지만 6월 혁명의 결과는 전혀 예상하지 못한 방향으로 나타났다. 프랑스 역사상 최초로 치러진 보통 선거에 의해 75퍼센트의 압도적인 지지율로 초대 대통령으로 당선된 사람은 루이 나폴레옹 보나파르트(Louis Napoléon Bonaparte)였다.[41] 그는 얼마 지나지 않은 1851년 겨울 쿠데타를 통해서 종신 대통령이 되었고, 1년 후에는 제2공화국을 종식시키고 새로운 황제 나폴레옹 3세가 되어 제2 제정 시대를 열 사람이었다.

조르주 상드는 이러한 혼란기 동안에 페미니스트 그룹에 의해 의원직에 출마하라는 압력을 줄기차게 받았다. 그녀는 이에 응하지 않았지만, 팸플릿 제작을 통해서 줄곧 개혁적인 공화주의자들을 대변해 왔다. 최종적으로 제정으로 마무리된 정치 현실은 그녀에게 큰 좌절감만을 안겨주었다. 그녀는 루이 나폴레옹에게 6월 혁명과 그의 집권과정에서 체포된 인사들에 대한 선처를 청원하는 것으로 정치적인 활동을 모두 마감하고, 그 이후에는 창작에만 전념했다.[42]

기 때문에 미묘한 뉘앙스의 차이가 있다. 상드는 이 뉘앙스의 차이를 이용해서 말한 것이다. 법에 의한 통치는 절대적으로 지지하지만 의회는 법치를 실현할 수 없다고 비꼬고 있는 것이다. 아마도 당시 프랑스의 정치상황은 현재 한국의 상황과 비슷했던 모양이다.

41 나폴레옹 3세는 나폴레옹 보나파르트의 조카인 루이의 아들이다. 그가 민주적인 선거에 의해 당선된 때는 1848년 12월이고, 쿠데타로 종신대통령에 취임한 때는 1851년 12월이며, 최종적으로 황제로 등극한 때는 1852년 12월이기 때문에 '12월의 사나이(l' homme de décembre)' 라는 별명을 얻었다.

42 나폴레옹 3세는 실제로 그녀가 청원한 인사들 중에서 일부를 석방하거나 처형을 중지시켰다.

의심할 여지없이 조르주 상드는 당대 가장 많은 비난을 받는 사람이었다. 이러한 비난 중에는 '창녀'나 '걸레'의 의미에 해당하는 원색적인 것도 있으나, 최소한 지성인들의 사회에서는 그녀의 화려한 남성 편력에 관한 비난이 주류를 이루지는 않았다. 사실 프랑스 사회는 아주 오래 전부터 이러한 문제에 대해서는 상당히 관대한 편이었다. 문제의 핵심은 조르주 상드가 남성들이 세운 사회적 권위에 말이나 글이 아니라 행동으로 도전하고 있다는 사실이었다.

그녀는 1년 중 파리에서 머무는 절반의 기간 동안 외출할 때 주로 남성복을 입었으며, 여성들의 출입이 금지되어 있는 장소에도 이러한 복장으로 버젓이 출입했다. 그녀는 자신이 남장을 하는 이유에 대해서 공식적으로 백작 가문의 상속인이자 남작부인의 지위에 맞는 여성복보다는 남성복이 훨씬 저렴하기 때문이라고 둘러댔지만, 이 말을 곧이곧대로 믿거나 그녀가 남성복을 입는 의미를 모르는 사람은 거의 없었다.

더욱이 그녀는 공공장소에서도 내놓고 흡연을 했다. 당시 상류층 여자들은 거의 담배를 피웠지만 어디까지나 혼자 있을 때나 살롱과 같은 장소로 국한된 이야기이지 공개적으로 담배를 피우는 것은 금기시되어 있었다. 그렇지만 상드는 공공연히 줄담배를 피웠으며 그것도 주로 굵은 시가를 애용했다. 이 행동 또한 남성들의 권위에 대한 명백한 도전행위로 받아들여졌다. 그러자 그 시대 프랑스의 지성은 그녀에 대해 격렬하게 비난하는 그룹과 그녀를 무조건 지지하는 그룹, 단 두 개의 집단으로 나누어지고 말았다.[43]

시대의 스캔들 메이커로 남장을 하고 시가를 연신 피워대는 겉모습과

---

43 〈악의 꽃〉으로 유명한 프랑스의 시인 보들레르(Charles Pierre Baudelaire)는 조르주 상드에 대한 원색적인 비난을 퍼부었지만, 상드는 그에 대응하지 않았다. 그는 여자에 대해서 병적인 적개심을 가지고 있었는데, 원인은 그의 어머니였다. 아이러니하게도 그는 매독으로 사망했다.

뮈세

는 달리 조르주 상드는 대단히 여성적인 성격을 가지고 있었다고 전해진다. 여러 작품들을 통해서 그녀는 자신의 욕정이나 성적 충동을 숨긴 적이 없으며 이 문제에 관한 한 자신에 대한 비난에 대응한 적도 거의 없다. 그렇지만 실제 삶에서 그녀와 남자들과의 관계는 육체적인 관계라기보다는 진한 모성애가 바탕이 된 정신적인 것이 대부분이었다.

조르주 상드는 자신의 연인에게 모든 것을 쏟아 붓는 스타일이었다. 그래서 그녀와 연인 관계였던 사람들은 그 관계가 끝나도 오랫동안 그녀를 잊지 못하는 경우가 많았다. 그녀가 쇼팽과 사귀기 직전에 버림받았던 천재 시인 뮈세는 죽으면서 "도대체 내가 무슨 잘못을 그리 많이 했는지 상드에게 좀 물어봐 주겠소?"라는 유명한 유언을 남겼다.

상드가 일반적인 편견이나 예상과는 전혀 다른 개성을 가지고 있었다는 점은 남자들과의 우정 관계에서도 마찬가지였다. 프랑스의 가장 위대한 작가로 칭송받는 플로베르(Gustave Flaubert)[44]는 타고난 성격과 가치관, 문학적인 성향, 문학을 통해 추구하는 목표 등 거의 모든 측면에서 상드와 도저히 어울릴 수 없는 사람이었지만, 두 사람은 평생 아주 진한

44 플로베르는 《보바리 부인(Madame Bovary)》의 작가이며 '정확한 언어'의 구사를 문학의 최종적인 목표로 삼아 줄기차게 추구했던 인물이었다. 나이는 상드보다는 열여섯 살 연하이다. 이들의 관계는 두 사람이 모두 죽은 후에야 세상에 알려졌다.

우정을 유지했다.

상드는 나이가 들면서 노앙의 저택과 파리나 베르사유 부근의 아파트를 오가면서 저술에 몰두했다. 또 부지런히 여행을 하면서도 많은 후배 작가들과 그녀 특유의 끈끈한 우정을 나누면서 그 시대에 비약적으로 이루어졌던 프랑스 문학의 발전에 크게 기여했다. 그 와중에도 그녀의 남성 편력도 여전히 건재했다. 그녀는 열 살 이상 연하인 애인들에게 지극한 사랑을 받으면서 일흔두 살까지 장수했다.

그녀는 당대 프랑스뿐 아니라 유럽 전체에서 영향력이 가장 큰 작가였지만, 죽은 후에 급격하게 독자층을 잃었다. 그녀는 100편이 넘는 소설과 수십 편의 희곡을 남겼는데, 현재까지 살아남은 것은 한국에서는 《사랑의 요정》이라는 제목으로 번역된 《소녀 파데트(La Petite Fadette)》[45]와 프랑스에서 영화로 만들어진 《모프라(Mauprat)》 정도이다.

현대에 들어와서 조르주 상드는 뛰어난 작가로서보다는 쇼팽의 마지막 연인이나 대단한 남성 편력의 바람둥이로 더욱 유명하지만, 이것은 그녀의 피상적인 모습만으로 평가하는 것이다. 상드가 그 시대의 인물들, 특히 여성들에게 끼친 영향은 엄청난 것이었다. 그녀는 일생을 통해서 '여성이 남성을 지적으로 압도한다면 지배할 수도 있다'라는 교훈을 가르쳐 주었다. 그렇지만 그녀가 남긴 명문장을 보면 이것을 특별히 의식했던 것은 아니다.

나는 덤불 속에 가시가 숨어 있다는 것을 안다.
그렇지만 원하는 꽃을 꺾기 위해서라면 내 손을 거두지는 않는다.
나는 원하는 사랑을 얻기 위해서라면 내 영혼의 상처를 감내한다.

[45] 한국에서는 재미있게도 이 작품이 청소년들을 위한 성장소설로 간주되고 있다.

덤불 속의 꽃이 모두 아름답지는 않겠지만
그렇게라도 해야 그 꽃의 향기를 맡을 수 있는 법.
상처받기 위해 사랑하는 것이 아니라
사랑하기 때문에 상처받는 것이므로 사랑하라.
이 세상에 이보다 더 좋은 것은 없으니.

루 살로메

내 눈을 감기세요. 그래도 나는 당신을 볼 수 있습니다.
내 귀를 막으세요. 그래도 나는 당신 말을 들을 수 있습니다.
발이 없어도 당신에게 갈 수 있고
입이 없어도 당신을 부를 수 있습니다.
내 팔을 꺾으세요. 나는 당신을 내 마음으로 잡을 것입니다.
내 심장이 멈추게 하세요. 그러면 내 머리가 고동칠 것입니다.
당신이 내 머리에 불을 지르면 그때는 내 핏속에 당신을 실어 나를 것입니다.

이 처절한 시는 천재 시인 라이너 마리아 릴케(Rainer Maria Rilke)가 지은 〈내 눈을 감기세요(Lösch mir die Augen aus)〉라는 작품이다. 이 시에서 릴케가 애절하게 찾는 '당신' 이 바로 루 살로메(Lou Andreas-Salomé)이다. 루 살로메는 나름대로 인정받은 작가이자 평론가였으며 프로이트 정신분석학의 개척자 중 한 사람이다. 하지만 저술이나 학문적인 업적보다는 '신은 죽었다' 라고 선언한 철학자 니체(Friedrich Neitzsche)와 〈말테의 수기〉, 〈비가(悲歌)〉와 같은 명작을 남긴 시인 릴케를 절망의 구렁텅이에 몰아넣은 여인으로 훨씬 더 유명하다.

그녀는 결과적으로 조르주 상드와 유사한 길을 걸었지만, 어떤 면에서는 상드와 상반되는 여인이었다. 한마디로 그녀는 그 시대의 뛰어난 남성들로부터 일방적으로 사랑받는 입장이었다.

그녀의 본명은 루이자 살로메(Luíza Gustavona Salomé)로 1861년 2월 러시아의 상트페테르부르크에서 태어났다. 나치 독일에서는 그녀를 핀란드 출신의 유대인이라고 공격했지만, 그녀의 혈통은 유대인과는 별로 연관이 없으며 굳이 따지자면 프랑스의 종교 전쟁 때 해외로 망명했던 위그노의 후예였다.[46]

루 살로메는 뛰어난 군인으로 차르의 측근이었던 구스타프 폰 살로메(Gustav von Salomé) 장군[47]의 막내이자 외동딸이다. 그녀의 위로는 오빠만 다섯 명 있었기 때문에 귀여움을 독차지하면서 자라 아주 고집이 센 아이가 되었다. 그녀의 스승이자 친구였던 프로이트(Sigfmund Freud)는 그녀를 유심히 관찰한 후 이 시기에 다섯 오빠들이 지나친 관심과 애정으로 이 어린 소녀를 '공유'했기 때문에 후일 루가 남성들과의 일대일 관계에서 어려움을 겪게 되었다고 분석했다.

루 살로메의 전기에 등장하는 인물들은 대부분 보통 사람들이 이해하기 힘든 특이한 정신세계를 가지고 있던 사람들이지만, 그녀 자신이 이들 중에서도 가장 특이하고 복잡한 정신세계를 가지고 있었다.

그녀의 인생에서 아버지와 오빠들을 제외하고 가장 처음 등장하는 남성은 네덜란드 출신의 루터교 목사인 길로트(Heinrich Gillot)였다. 그녀를

---

46 나치 정권은 니체의 여동생 엘리자베트가 각색한 거짓 정보에 속아 그녀를 유대인으로 오해했다. 엘리자베트는 루를 극단적으로 혐오하던 사람이었다. 루 살로메의 가계에서 유대인 조상을 찾기 위해서는 대략 405년 정도 거슬러 올라가야 한다.

47 구스타프의 실제 계급은 대령이었지만 군대에서의 공로로 귀족의 작위까지 받았고, 건강상의 이유로 군에서 일찌감치 은퇴하고 차르의 참모로 일했기 때문에 장군 대우를 받았다.

루 살로메

'루이자'라는 이름 대신 '루'라는 애칭으로 부르기 시작한 사람도 바로 이 사람이다.

루는 열일곱 살 때 무려 스물다섯 살이나 연상인 길로트 목사를 만났다. 당시 루는 지적으로 이미 성숙한 여인이었다. 그녀는 신의 존재를 부정하는 회의론자였으며[48] 당연히 그녀가 길로트를 찾아간 것은 종교적인 이유 때문은 아니었다. 당시 길로트는 유부남이었고, 황실에도 드나드는 대단히 유명한 목회자로 상트페테르부르크 사교계의 총아였다. 표면적으로 루는 종교에 대한 교육을 받으러 그를 매일 방문한 것이지만, 그녀는 그를 존경하고 사랑했다. 길로트는 그녀의 연인이자 스승이었던 것이다.

루는 맑고 푸른 눈과 오뚝한 콧날, 육감적인 두터운 입술, 조그마한 얼굴, 날씬한 몸매, 가는 허리, 긴 다리를 가지고 있어 절세가인은 아니라고 해도 기묘한 중성적인 매력을 뿜어내는 여인이었다. 아주 납작한 가슴만이 그녀의 유일한 단점이었다고 할 수 있다. 길로트는 그녀에게 매료되었으며, 그녀가 원하는 대로 자신이 가지고 있는 모든 것을 그녀에게 쏟아 부었다. 신학, 철학, 논리학, 비교종교학, 불문학, 독문학에 대한 해박한 지식이 길로트로부터 루에게 전수되었다.

[48] 신의 존재와 신과 인간의 관계에 대한 의문은 그녀를 평생 괴롭혔던 문제였다.

루는 길로트의 무릎에 앉아서 그 깊고 푸른 눈을 반짝이며 쉴 새 없이 질문을 퍼부었고, 길로트는 싫증내지 않고 충실하게 그녀의 질문에 대답했다. 이러한 순수하면서도 부도덕한 관계는 무려 2년이나 지속되었다. 길로트의 비극은 루를 성숙한 여인으로 오해했다는 사실이었다. 길로트는 자신의 무릎에 앉아 있는 루를 자주 애무했고 세게 껴안기도 했으며, 루는 그의 손길을 거부하지 않고 자연스럽게 받아들였다. 그러나 그것이 루가 그에게 육체를 허용하겠다는 의사표현은 아니었다.

루는 육체적으로 아직도 어린아이와 마찬가지인 상태였으며 그러한 행위에 대한 의미를 전혀 알지 못했다.[49] 어느 날 길로트는 루에게 진한 키스를 했다. 그녀는 대단히 혼란스러워했다. 그날 루는 길로트가 부인과 이혼하고 그녀와 재혼할 준비를 오랫동안 해 왔다는 사실을 알았다. 그녀는 단호하게 결별을 선언했다.

"나는 영원히 당신의 아이로 남아 있을 것입니다."

루는 상트페테르부르크를 떠나 스위스에 가기로 결심했다. 당시 스위스의 취리히 대학은 여자에게 입학을 허용하는 몇 개 되지 않는 대학 중 하나였다. 그녀는 이 대학에 입학해서 철학부의 알로이스 비더만(Alois Biedermann) 교수에게 수학했다. 그 시대의 가장 뛰어난 신학자였던 비더만은 루의 어머니에게 보낸 편지에서 그녀를 다이아몬드와 같은 존재라고 극찬했다. 그런데 이 보기 드문 천재가 중병에 걸리고 말았다. 기침을 심하게 하다가 피를 토하고 만 것이다.[50]

루가 스물한 살이 되기 직전에 그녀의 어머니는 죽어가는 그녀를 데

---

49 루 살로메의 육체적인 성숙은 매우 느렸다. 그녀는 기이하게도 삼십 대에 들어서야 육체적인 접촉에 대한 반응을 하게 되었다. 프로이트는 그 원인이 어린 시절의 경험에 있다고 했지만, 다른 사람들은 거의 거식증 수준이었던 그녀의 식습관에 기인한 영양부족에서 그 이유를 찾기도 한다.

50 당시 그녀의 병명이 무엇이었는지 알려 주는 단서는 전혀 남아 있지 않다.

리고 이탈리아의 로마에 도착했다. 이탈리아의 따뜻한 기후가 루의 건강 회복을 위한 마지막 희망이었던 것이다. 취리히 대학의 교수들은 유럽의 지성인들 사이에서 명성이 높았던 말비다 폰 마이젠부르크(Malwida von Meysenbug) 남작부인[51]에게 루를 부탁했다. 말비다는 루 모녀를 따뜻하게 맞이했다.

루는 건강 문제로 이탈리아에 머무는 동안 니체와 만나게 된다. 이 만남에는 말비다가 개입되어 있었다. 말비다는 전 유럽의 지성인들과 폭넓게 교류하고 있었는데, 그들 중에는 프리드리히 니체가 있었다. 워낙 까다롭고 괴팍한 성격의 소유자였던 니체에게는 친구가 그리 많지 않아 작곡가 바그너(Wilhelm Richard Wagner) 부부와 파울 레, 말비다를 포함해도 대여섯 명 정도가 전부였다.

루와 먼저 만난 사람은 니체가 아니라 그의 친구였던 철학자 파울 레(Paul Ludwig Carl Heinrich Rée)였다. 당시 그는 스물두 살의 나이에 《도덕적 감각의 근원(Origin of the Moral Sensations)》이라는 철학서를 출판한 꽤 잘 나가던 사람이었지만, 현대에 들어와서는 독보적인 철학체계를 구축한 학자라기보다는 니체의 주변 인물로 그의 철학에 영향을 끼친 인물 정도로 기억된다.

파울 레는 독일계 유대인으로 대단히 부유한 기업가의 아들이었는데 상습적인 도박중독자였다. 루가 말비다와 함께 있을 때 파울 레는 몬테카를로에서 도박을 하다 가지고 있던 돈을 몽땅 털리고 마침 가까이에 있던 말비다에게 도움을 청하기 위해서 그녀를 찾아왔다가 루를 만났던 것이다. 서른두 살이었던 파울 레는 루를 처음 만나는 순간 그녀에게 빠져들었다.

---

51 독일 출신의 작가이자 초기 사회주의 운동가로, 세습귀족인 자신의 일가와 인연을 끊고 영국과 이탈리아에서 활동했던 이상주의자였다.

루 역시 그를 몹시 좋아했지만, 문제는 두 사람이 이성을 좋아하는 방식이 전혀 달랐다는 사실이었다. 당시 스물한 살이었던 루는 아직도 어린아이와 같은 존재였다. 그녀는 파울 레에게 자신에게 이성에 대한 사랑은 완전히 닫혀 있다고 말했지만 파울 레는 그녀에 대한 사랑으로 인해서 괴로워했다. 루는 그에게 남녀의 관계보다는 '학문적인 공동체'로 지내자고 제안했다. 파울 레는 어떤 방식으로든 루와의 관계를 지속하고 싶었다. 곧 그는 오랜 친구인 니체가 고독 속에서 살고 있다는 사실을 기억해 냈다.

두 달 후에 니체가 로마에 나타났다. 니체는 천재적인 철학자였다. 그는 스물네 살에 바젤 대학교의 철학과 주임 교수로 임용되었는데, 역사상 어느 누구도 그 나이에 철학 부문에서 이러한 위치까지 올랐던 적은 없었다. 그렇다고 니체가 그 시기에 사회적인 명성까지 얻은 것은 아니었다. 니체는 20세기의 철학사에서 가장 중요한 인물이지만 그의 정신병이 발병하기 전까지는 제대로 평가받지 못했다.

니체가 루를 처음 만났을 당시 니체는 젊은 시절 그에게 결정적인 영향을 미쳤던 쇼펜하우어의 '미학적 염세주의'의 그늘에서 막 벗어나 고유의 철학체계를 구축하던 시기였다. 당시 그의 저술은 지나치게 난해했고, 대부분의 사람들은 제대로 이해하지 못했으며 유럽을 통틀어 수천 명 정도의 마니아만이 그에게 매료되어 있었다. 니체에게는 건강도 항상 골칫거리였다. 그는 평생을 심한 편두통에 시달렸는데, 바젤 대학교에서도 교수로 재직한 지 10년이 조금 지났을 때 편두통 때문에 교수직을 사임해야 했다.

루 역시 철학자 니체와의 만남을 크게 기대하고 있었다. 드디어 니체가 도착하고 루와 니체와 파울 레, 세 사람의 기묘한 동거가 시작되었다. 나이로 보자면 니체는 파울 레보다는 다섯 살 위였고, 루보다는 열

루, 파울 레, 니체

여섯 살 위였다. 이 세 사람은 루의 어머니와 함께 여러 달 동안 이탈리아 전역을 여행했다. 그들은 겨울을 함께 나기 위해 '겨울 계획'을 세웠다. 그러나 독일의 라이프치히에 도착해서 자리를 잡은 것은 루와 파울 레 두 사람뿐이었다. 니체는 루에게 끔찍한 저주의 말을 퍼붓고 그들과 결별했다.

"조그맣고 나약하고 더럽고 교활한 여자, 가짜 가슴이나 달고 다니는 구역질 나는 운명."

무슨 일이 있었을까. 루와 함께 지내는 다섯 달 동안 니체의 정신은 심각한 타격을 입었다. 그는 그녀에게 완전히 빠져들어 실질적으로 경쟁 관계에 있던 파울 레에게 도움을 청할 정도로 처절하게 그녀에게 매달렸으나, 루는 육체적으로 남자와 사랑을 할 준비가 전혀 되어 있지 않았다. 여기에 니체의 여동생 엘리자베트(Elisabeth Förster-Nietzsche)가 두 사람 사이에 개입하면서 사태는 더욱 악화되었다.[52]

52 엘리자베트는 그의 오빠 니체를 몹시 사랑했지만 비정상적인 사람이었다. 그녀는 거의 마흔이 될 때까지 독신으로 지내며 니체를 보살피다 반유대주의자인 푀르스터(Bernhard Förster)와 결혼했다. 이 부부는 순수한 아리안의 사회를 만들 목적으로 열여섯 가구의 독일인들과 함께 파라과이에 정착했으나, 이 프로젝트가 실패한 후 푀르스터는 음독자살하고 그녀만 귀국했다. 그녀는 니체가 남긴 유고를 나치 정권

엘리자베트는 나이가 니체보다 두 살 아래이고 루보다 열네 살이나 많았다. 그녀는 루를 병적으로 증오했으며 루 역시 그녀에게 지려고 하지 않았기 때문에 두 사람은 자주 심한 언쟁을 벌이곤 했다. 두 사람의 관계를 파탄에 이르게 한 데는 파울 레도 한 몫을 했다. 니체는 루가 결별을 선언한 이후에도 계속 그녀에게 편지를 보내 화해를 시도했지만 레가 그 편지들을 대부분 가로챘다. 때문에 루는 내막도 거의 알지 못하는 상태에서 절망에 빠진 니체로부터 끔찍한 저주의 말을 듣게 된 것이다. 루 역시 강렬하게 대응했다.

"당신이 내게 준 행복은 어느덧 사라지고 없어요. 그래도 당신은 값진 고통을 여전히 가지고 있지 않나요?"

니체의 과도한 집착에도 불구하고 당시 루가 철학자 니체에게 내린 평가는 매우 긍정적이었고 정확하게 미래를 예측하는 것이기도 했다. 그녀는 니체와 결별할 무렵 자신의 일기장에 그에 대해 이렇게 썼다.

우리는 니체가 새로운 종교의 예언자로 등장하는 것을 보게 될 것이고 그는 많은 영웅들을 제자로 두게 될 것이다.

루가 니체와 레, 두 사람과 함께 기묘한 삼각 관계를 맺고 있는 동안 그녀의 이름도 점차 지성인들의 사회에서 알려지기 시작했다. 니체의 경우는 마음의 상처가 뜻밖의 성과로 이어졌다. 루와 이별한 상처를 안은 채 절망 속에서 그는 자신의 대표적인 저작인 《차라투스트라는 이렇게 말했다(Thus spoke Zarathustra)》의 제1부를 불과 열흘 만에 완성하는 초인

의 입맛에 맞게 변조하여 그들에게 철학적 근거를 제공해 일약 나치 정권의 총아가 되었다. 그녀의 장례식에는 히틀러까지 참석했다. 그녀의 행위 때문에 니체는 제2차 세계대전 후 수십 년이 지나서야 재평가 받을 수 있었다.

적인 능력을 발휘했다. 얼마 후에는 제2부도 비슷한 속도로 썼다.

루는 니체의 절망을 아는지 모르는지 파울 레와 함께 베를린으로 이사해 기묘한 동거를 계속했다. 레의 가족들은 이들의 관계를 이해하지 못했지만, 그가 루에게 빠져 고질적인 도박 중독에서 벗어났다는 사실에 고무되었기 때문에 가족들 사이에 의견충돌이 생겼다. 레는 자신의 저서를 출판함으로써 가족들을 안심시켰고, 루 역시 소설《어디에서 와서 어디로 가는가(Im Kampf um Gott)》를 발표해 상당히 좋은 반응을 얻었다.

루와 파울 레의 동거는 여러 해 지속되었지만, 두 사람을 포함한 그 누구도 예상하지 못한 사건이 발생했다. 그동안 루는 '헨리 루'라는 남자 이름으로 소설을 발표해서 성공을 거두고 있던 반면 레의 경우는 불운이 연속되고 있었다. 그는 대학교수가 되기 위해 논문을 여러 대학에 제출했지만 돌아오는 반응은 모두 시큰둥했다.[53] 이러한 와중에 레는 루의 결혼이라는 의외의 사태를 맞이하게 되었다.

루의 남편 안드레아스(Carl Friedrich Andreas)는 루를 둘러싼 여러 인물들 중에서 상식적으로는 가장 이해하기 힘든 사람이다. 그는 페르시아 문화에 정통한 베를린 대학교 언어학과 교수였다. 그는 자연에 대한 동경의 표현으로 채식만을 고집했고 맨발로 풀밭을 걸어다니곤 했다. 또한 감수성이 매우 예민한 사람으로 정서가 불안했고 가끔 발작적으로 분노를 폭발시키는 경우도 있었으며 항상 칼을 지니고 다녔다.

루가 안드레아스를 만나고 얼마 지나지 않았을 때 의사와 베를린 경찰은 루로부터 다급한 비상호출을 받았다. 그들은 루의 식탁에서 가슴 한복판에 칼을 꽂은 채 쓰러져 있는 안드레아스를 발견했다. 그는 루에

---

53 레는 인간의 윤리기준이 사회적인 학습을 통해서 후천적으로 얻어진 본능이 대를 이어 내려가면서 체계화되어 본능으로 확정되었다고 주장했다. 그의 주장은 '획득형질은 유전되지 않는다'라는 생물학의 기본 전제를 완전히 무시한 것이었다.

게 청혼했고 그녀가 다른 남자들에게 제시했던 이유를 들어 거절하자 그 자리에서 칼을 꺼내 자신의 가슴을 찌른 것이었다. 아무리 당돌한 루라고 하더라도 당시 그녀의 나이는 스물여섯 살에 불과했다.

안드레아스의 자살 시도에 어지간히 놀랐던지 그녀는 '독신결혼'이라는 조건으로 그의 청혼을 받아들였다. 섹스를 하지 않고 루와 다른 남자들과의 관계도 용인한다는 조건이었다. 안드레아스는 이 조건을 받아들였다. 사실 그는 루가 육체적으로 미성숙 상태라는 사실도 모르고 그녀가 제시한 조건을 쉽게 극복할 수 있는 것으로 생각했는지도 모른다.

그렇지만 루가 잠들었을 때 안드레아스가 그녀와 육체 관계를 시도하자 루가 그를 거의 죽일 뻔했던 사건이 발생하면서 루가 제시한 조건이 무척 진지한 것이었다는 사실이 확인되었다. 이 사건 이후 두 사람의 기묘한 결혼 생활은 무려 43년 동안이나 처음의 조건 그대로 유지되었다. 안드레아스와 루의 결혼으로 파울 레와 루의 관계는 끝장이 났다. 파울 레 역시 니체와 마찬가지로 절망의 나락으로 굴러 떨어졌다.

한때 루와 함께 삼위일체를 이루었던 니체와 레의 인생은 절망과 고통으로 얼룩지고 말았다. 니체는 루와 헤어지고 나서 저술에 몰두해 《차라투스트라는 이렇게 말했다》, 《선악의 피안(Jenseits von Gut und Böse)》, 《도덕의 계보(Zur Genealogie der Moral)》와 같은 불후의 명저들을 잇달아 출간했다. 그렇지만 그는 결국 자신을 극복해 차라투스트라와 같은 완전히 자유롭고 창의적인 '초인(Übermensch)'에 도달하지 못했다.

이 시절까지도 그의 독자는 소수의 마니아로 한정되어 있었고, 그는 가난과 편두통에 시달리다 루가 안드레아스와 결혼한 다음해에 발작을 일으키고 쓰러졌다. 마부가 말에게 채찍질하는 것을 보고 달려들어 그 말의 목을 잡고 보호하는 제스처를 하다가 쓰러진 것이다. 그는 정신병원에 입원해야 했다. 그의 병은 간헐적으로 발작을 일으키면서 인격이 수시로 바뀌고 뇌의 기능이 서서히 마비되어 가는 치명적인 것이었다.[54] 아이러니하게도 니체가 정신병으로 쓰러진 이후에 유럽에서 그의 명성이 서서히 높아지기 시작했다.

루는 니체가 정신병원에 입원한 이후 그에 대한 평론집《작품으로 본 니체(Friedrich Nietzsche in seinen Werken)》를 발표했다. 니체의 연구가들의 입장에서는 그와 동시대 인물이 쓴 니체에 관한 저술 중에서는 가장 중요한 것 중 하나이다.

니체는 죽을 때까지 무려 11년 동안이나 고통을 받았다. 마지막 수년 동안은 뇌경색이 언어중추까지 번져서 말도 전혀 하지 못했다. 이즈음에 그의 명성은 최고조에 달했고, 그가 고통 속에서 출판한 책들로부터 들어오는 수입은 고스란히 여동생 엘리자베트의 몫이 되었다. 그녀는 인종차별주의자인 남편을 따라 남미로 이주했다 과부가 되어 혼자 귀국한 참이었다. 그녀는 이 정도의 행운에 만족하지 않았다.

엘리자베트는 철학을 이해조차 하지 못하는 여자였지만, 니체가 남긴 유고 중에서 니체가 폐기한 것들을 집어넣고 '반그리스도(Der Antichrist)' 와 같은 핵심적인 부분은 삭제하는가 하면, 원고의 순서를 바꾸어 제멋 대로 편집하고 일부는 조작까지 해서《권력의 의지(Der Wille zur Macht)》라는 제목으로 책을 출판했다.[55] 후일 이 책은 독일 나치 정권에 이론적인 기반을 제공하게 되며, 엘리자베트는 나치 정권하에서 최고의 대우를 받게 된다.[56]

---

54 니체는 젊은 시절부터 편두통과 발작적인 분노의 폭발과 같은 증상을 보였다. 현대 의학은 그가 뇌종양을 앓고 있었거나 아니면 다른 원인으로 인해서 전두엽이나 측두엽에 치명적인 손상을 입어 뇌세포가 서서히 파괴되었던 것으로 결론을 내리고 있다.

55 책의 제목인 '권력의 의지' 자체는 니체가 쓰러지기 전에 다른 원고에서 이미 예고한 것이었다. 이 책 중에서 미리 썼던 '반그리스도' 는 반기독교적인 내용이라기보다는 '선과 악' 의 관계와 '옳고 그름' 과의 관계를 통치자와 비통치자 간의 권력 관계로 파악하면서 종교를 초월하는 절대적 '가치(value)' 에 대해 통찰한 것이다.

파울 레의 마지막 모습은 니체만큼 비참하지는 않았지만 훨씬 더 극적이었다. 그는 루가 안드레아스와 결혼하자 루의 사진 한 장만 달랑 챙겨서 그녀의 곁을 떠났다. 대부호의 아들이었던 그는 자신에게 막대한 토지와 재산이 상속되자 이를 모두 처분해서 굶주리고 외로운 사람들을 위해 선행을 베풀며 살았다. 그는 니체가 죽은 바로 다음해에 스위스 남동부에 위치한 첼레리나 부근의 산위에서 까맣게 내려다보이는 깊은 골짜기를 향해 몸을 던졌다. 그때는 루와 헤어지고 15년이나 지났을 때였으며, 그곳은 그가 루와 함께 가장 행복한 시절을 보냈던 장소가 바라보이는 곳이었다.

루는 그런 여자였다. 그녀는 남자를 사랑하는 방법을 몰랐으며, 그녀를 사랑했던 남자들은 그녀에게 집착하다가 그 사랑을 잃고 나서는 심각한 정신적 타격을 입었다. 이러한 상황은 결혼 후에도 계속되었다.

작가 게오르크 레데부어(Georg Ledebour)는 후일 정치가로도 크게 성공할 사람이었다. 루는 뛰어난 재능을 가진 그에게 사랑을 느꼈다. 물론 루의 입장에서는 플라토닉한 사랑이었다. 게오르크는 루에게 기만적인 결혼 생활을 청산하고 자신과 결혼하자고 정식으로 청혼했다.[57]

안드레아스는 루와 다른 남자들과의 플라토닉한 관계에 대해서 무척 관대했지만 결혼 자체를 부인하는 일은 용납하지 않았다. 친구의 집에서 모임이 있을 때 안드레아스는 자신의 칼을 꺼내 사람들에게 현란한 손놀림을 보여 주다 갑자기 그 칼을 게오르크의 가슴을 향해 겨누었다.

---

56 엄격히 말하자면 니체에게는 독일에 대한 충성심이 전무했다. 그는 근본적으로 자신을 독일인이 아니라 통일된 독일 이전의 프로이센인이자 몰락한 폴란드 귀족의 후예라고 인식하고 있었다.
57 루와 안드레아스의 이상한 관계는 철저한 비밀이었으며, 두 사람은 대외적으로는 아주 자연스럽게 행동했다. 그 결혼의 비밀을 간파해 낸 것만 보아도 게오르크가 작가로서 가지고 있던 관찰력이 얼마나 뛰어났는지 알 수 있다.

게오르크는 루에게 당장 이 미치광이와 이혼하라고 처절하게 애원했지만, 루는 게오르크가 아니라 안드레아스를 선택했다. 게오르크는 루를 떠났으며 평생 그녀를 용서하지 않았다.

루는 작고 볼품없는 몸매에 쉽게 부러질 것 같은 아주 가느다란 목을 가지고 있었지만, 남자들을 열광하게 하는 강한 마력도 있었다. 천재 시인 라이너 마리아 릴케 역시 그녀의 덫에 걸려들었다. 루가 라이너 마리아 릴케를 처음 만났을 때 그녀의 나이는 서른여섯 살이었고 릴케는 열네 살 아래였다. 원래 그의 본명은 르네(Renee Maria Rilke)였는데, 루의 충고에 따라 '라이너'라는 이름을 사용하기 시작했다.

그런데 이 시기에 루에게는 아주 중대한 변화가 나타났다. 그동안 소녀의 몸에 갇혀 있던 루의 육체가 눈을 떠서 비로소 진정한 여인이 된 것이다. 루와 라이너 마리아 릴케의 관계는 바로 그 시기에 시작되었다. 환희에 찬 시인은 노래했다.

> 그 길은 어떤 사람도 나보다는 먼저 밟지 못했으리.
> 나는 그대 안에 있노라.

서른여섯 살의 숫처녀. 감격한 릴케는 정열적인 시 수십 편을 써서 루에게 보냈고, 릴케의 편지를 안드레아스가 볼까 봐 기겁한 루는 그 주옥 같은 시들을 찢었다. 그렇지만 자신이 쓴 글은 항상 복사본을 남겨놓는 것이 릴케의 버릇이었다. 그가 루를 위해서 쓴 시들은 후일 릴케의 시집에 고스란히 실렸다. 루와 릴케의 관계는 대략 3년 정도 지속되었으며, 그들의 러시아 여행에는 안드레아스가 동행하기도 했다.[58]

---

[58] 그들의 주목적은 러시아의 문호 톨스토이를 만나는 것이었는데, 실제로 그를 만나고 나서 그들은 크게 실망했다. 톨스토이의 일상생활은 존경할 여지가 거의 없는 것이었고, 릴케에게는 시인 말고 좀 더 실

그렇지만 릴케의 확신에도 불구하고 루의 첫 남자가 릴케였는지 아니면 그보다 1년 전쯤에 만나 11년간이나 관계를 지속했던 신경정신과 의사 프리드리히 피넬리스(Friedrich Fineless)였는지 확실하지 않다. 피넬리스는 당시 프로이트에 의해 막 개화된 정신분석학에 깊이 빠져 있었고, 루가 육체적으로 완벽한 여인으로 성장하지 못했던 심리적인 요인을 찾아내어 치료했을 수도 있다. 그

1900년 모스크바를 여행한 루와 릴케

렇지만 반론도 만만치 않다. 무엇보다도 피넬리스는 루의 취향이 아니었다. 그는 루가 중요시하는 철학에 대해 냉소적이었으며, 루가 평생 고민했던 문제인 신과 인간의 관계에 대해 어떠한 의견도 가지고 있지 않은 사람이었다.

루와 릴케의 관계는 후일 《닥터 지바고》를 쓰게 될 보리스 파스테르나크(Boris Pasternak)의 아버지이자 저명한 화가인 레오니드 파스테르나크(Leonid Pasternak), 그리고 보리스의 어머니인 뛰어난 피아니스트 로자(Rosa)를 만났던 두 번째 러시아 여행에서부터 틀어지기 시작했다. 이 여행에 안드레아스는 동행하지 않았다.[59] 릴케는 뛰어난 감수성을 가지고 있었고 그의 작품을 통해서 본다면 고귀한 영혼의 소유자였지만, 인간적으로는 아주 심약하고 신경질적인 사람이었다.

용적인 다른 직업을 찾아보라고 충고했을 정도였다.

[59] 안드레아스와 릴케의 공통점이라고는 두 사람 모두 정서불안이었다는 사실뿐이지만 놀랍게도 이 두 사람은 아주 절친한 사이였다고 한다. 아마도 서로를 이해했기 때문이었을 것이다.

릴케

그는 주변의 사소한 소리나 냄새에도 극도로 민감하게 반응하는 정신적인 불안감을 안고 하루하루를 위험하게 살아가고 있었다.[60] 루는 릴케의 이러한 면을 더 이상 감당할 수 없게 된 것이었다. 더욱이 그녀에게는 그녀를 숭배하는 다른 젊은 이들이 몰려들고 있었다.

"지난 몇 년 동안 내가 당신의 아내였던 이유는 나에게는 당신이야말로 유일하게 실존하는 현실이었기 때문입니다."[61]

단호한 이별 통보를 릴케는 아무 저항 없이 받아들였다. 그는 곧바로 젊은 여류 조각가 클라라 베스트호프(Clara Westhoff)와 결혼했으며, 외동딸 루스(Ruth)를 낳았다. 릴케가 가정을 가지면서 안정되자 루와 릴케의 관계는 회복되었고, 그 이후 평생 동안 절친한 친구로 지내게 된다. 릴케는 간간이 정신착란 증상을 보이다 1926년 스위스에서 만성 백혈병과 종양의 합병증으로 사망했다.

임종 직전 그는 루에게 편지를 보내어 애절하게 그녀의 방문을 청했다. 루는 답장을 보냈지만 연인으로서가 아니라 정신분석 의사로서의 것이었다. 그녀는 그의 병이 육체적인 것이 아니라 정신적인 것이라고 오해했던 것이다.

"어쩌면 그녀가 위안을 줄 수 있지 않을까요?"

---

60 라이너 마리아 릴케의 지나친 감수성은 후일 정신착란 증세로 발전하게 된다.
61 루 살로메는 많은 남자들과 관계를 맺었고 그들과 수많은 편지를 교환했지만, 스스로 '아내' 라는 표현을 사용했던 사람은 오직 릴케뿐이다.

극심한 고통 속에서 죽어가면서 오지 않는 루를 애타게 기다리던 릴케. 그의 사망 소식이 전해지자 루는 그의 마지막을 지켜 주지 못했다는 뼈저린 회한을 가지게 되었다. 그녀는 2년 후에 릴케의 독자들이 그를 보다 잘 이해할 수 있도록 그를 회고하는 짧은 책을 출판했다. 한국에서는 《하얀 길 위의 릴케》라는 제목으로 출판되었지만, 원래 루가 붙인 제목은 무미건조하게도 《라이너 마리아 릴케》였다. 이 책이 영문판으로 번역되면서 붙여진 제목은 《오직 당신만이 나에게는 현실이었습니다. 라이너 마리아 릴케를 그리며(You alone are real to me. Remembering Rainer Maria Rilke)》였다.

루의 성격은 대단히 낙천적이었다. 니체의 사망 소식에 이어 파울 레가 자살했다는 소식을 들었을 때 루는 자신이 다른 사람들에게 절망만을 안겨 주는 저주받은 존재가 아닌가 하고 심각하게 고민하기 시작했으며, 이로 인해 한동안 슬럼프에 빠지기도 했다. 안드레아스가 게오르크 레데부어를 질투해서 발작을 일으켰을 때에 두 사람은 동반자살을 계획하기까지 했지만, 타고난 낙천적인 성격 덕분에 빠른 시간 내에 극복할 수 있었다.

그녀는 릴케와 헤어진 이후에 대부분 연하인 연인들과 자유로이 교제하면서 그동안 그녀가 치중한 정신적인 교감을 통한 쾌락이 아니라 새롭게 체득한 육체적인 쾌락을 추구하기 시작했다. 루는 여러 명의 애인을 갈아치웠지만, 대부분의 사람들이 알고 있듯이 성적 쾌락이란 그녀가 평생 추구해 왔던 궁극적인 질문에 대한 답을 줄 수 있는 것은 아니었다. 그녀는 항상 정체를 알 수 없는 불안과 고뇌를 가지고 있었는데, 그것은 근본적으로 자신의 내면에서 기인하는 것이라는 사실을 깨달았다.

그렇기 때문에 루가 최종적으로 관심을 갖게 된 분야가 당시로는 새

프로이트

로운 개척지였던 정신분석학이었다는 것은 당연한 것이었을지도 모른다. 대략 1870년대부터 독일과 프랑스 의학계에서는 정신역학(psychodynamics)이라는 이름으로 인간의 정신에 대해 과학적으로 접근하려는 시도가 이루어지긴 했다.[62] 그러나 이 분야의 실질적인 선구자는 오스트리아 출신의 의사 지그문트 프로이트였다고 단정적으로 말할 수 있다.

지그문트 프로이트는 루보다 다섯 살 위였다. 삼십 대였던 1880년대 말부터 잠재의식이 인간의 행동에 미치는 영향을 분석하기 시작해서 명성을 얻기 시작했으며, 몇 년 지나지 않아 이 분야의 독보적인 존재가 되었다. 정신분석과 관련된 그의 첫 번째 논문 〈히스테리에 관한 연구(Studien über Hysterie)〉가 1895년에 발표되고, 이어서 유럽 사회에 다윈의 《종의 기원》만큼이나 충격을 주었던 《꿈의 해석》이 1899년에 출판되면서 그는 유럽에서 가장 유명한 사람 중 하나가 되었다.

프로이트의 저서 《꿈의 해석》은 긍정적이든 부정적이든 당시 유럽에서 대단한 반향을 일으켰다. 그의 문하에는 당대의 뛰어난 인재들이 몰

---

62 이 시기에는 프로이트처럼 환자의 꿈에 대한 분석이나 환자와의 대화를 통해 접근하기보다는 최면술과 같이 과학적인 근거가 빈약한 방식의 접근을 시도했다.

려들었다. 이들 중 가장 초기 멤버에는 후일 프로이트만큼이나 명성을 얻게 될 칼 융(Carl Gustav Jung)이 있었으며, 아버지의 천재성을 그대로 이어받아 후일 그를 계승하게 될 막내딸 안나(Anna Freud)도 스무 살 전후에 이 연구 그룹에 합류했다.[63]

언제부터 루가 프로이트에게 정신분석학을 배우려고 작정했는지는 명확하지 않다. 그녀는 의사이자 정신분석학의 선구자 중 하나인 프리드리히 피넬리스와 10년 이상 친구이자 연인인 관계를 유지했기 때문에 프로이트와 만나기 전에 이미 이 분야에 대해서 상당한 지식을 가지고 있었을 것이다. 루는 당시 대단히 영향력 있는 작가였음에도 쉰 살을 바라보는 나이에 과감하게 프로이트의 문하생으로 들어갔다.

루가 프로이트의 문하에서 정신분석학의 발전에 기여한 바는 거의 없다. 그렇지만 프로이트는 그녀에게 항상 친절했으며 그녀에 대한 호감을 숨기지 않았다.[64] 이러한 행동은 엄격한 프로이트에게는 대단히 어색한 것이었고, 두 사람 모두 남녀 관계에 대해서는 의심을 받을 만한 인물들이었기 때문에[65] 갖가지 소문이 무성했지만, 그들의 관계는 성적인 것과는 거리가 멀었다.

루는 그동안 많은 연인들을 만들고 버렸지만, 프로이트에 대해서만은 30년 전 니체에게 대하듯이 접근했다. 지적인 교감의 대상으로 삼은 것

---

63 안나는 프로이트의 여섯 번째이자 마지막 자녀로 1895년생이다. 그녀는 열다섯 살 정도에 아버지의 까다로운 논문을 이해할 정도로 뛰어난 두뇌를 가졌지만, 청소년기와 젊은 시절에는 심한 열등감에 시달리는 우울증 환자였다. 그녀는 아버지로부터 정신분석 치료를 받았는데, 프로이트의 저서에서 'Anna O'라는 이름으로 인용되는 케이스가 바로 그녀이다. 그녀는 1938년에 영국에 정착해서 소아심리학 분야를 개척하는 업적을 남겼으며, 학계의 주목을 크게 받았던 소아심리 분석 시리즈 여덟 권을 '안나 프로이트'라는 이름으로 출간했다.

64 프로이트는 대단히 엄격한 사람으로 동년배인 제자들에게조차 길드 내에서의 도제 관계와 같은 철저한 복종과 규율을 강요했던 권위주의적인 인물이었다.

65 루야 말할 것도 없고 프로이트 역시 만만치 않은 전력의 소유자였다. 그는 처제인 민나 베르네스(Minna Bernays)와 열렬한 사랑에 빠져 임신과 낙태를 하게 한 전력이 있었다.

이다. 프로이트 역시 마찬가지였다. 그러자 루와 프로이트의 지성은 그들만의 방식으로 충돌했다. 그들은 만나자마자 서로에 대해서 아주 빠르게 분석을 완료했다. 이 분야의 전문가인 프로이트조차 혀를 내두를 정도로 루는 프로이트를 완벽하게 분석했다. 말년에 프로이트는 루를 회상하며 이렇게 말했다.

"나는 그토록 빨리, 그토록 훌륭하게, 그토록 완벽하게 나를 파악한 사람은 만나 보지 못했다. …… 니체는 그녀가 악마 같다고 했는데 나는 그 말에 전적으로 동의한다."

루가 프로이트의 문하로 들어갔을 때 정신분석에 대해서 이미 상당한 수준의 지식을 가지고 있었고, 프로이트가 '두려워할 정도의' 뛰어난 지성을 가지고 있었다. 그러나 루는 프로이트에게 충실했다. 프로이트의 수제자 칼 융이 스승에게 반발하고 그와 결별하면서[66] 개척된 지 얼마 되지 않아 대단히 취약했던 정신분석학 연구 그룹 자체가 해체의 위기를 맞았을 때에도 그녀는 굳건하게 프로이트의 곁을 지켰다. 루는 프로이트와 그의 가족들, 특히 막내딸 안나와 긴밀한 관계를 맺었으며 이 관계는 마지막 순간까지 굳건하게 이어졌다.

유럽 사회는 1910년대에 제1차 세계대전이라는 참혹한 과정을 겪었다. 이것은 지성인들에게도 파멸적인 결과를 초래했다. 루도 예외는 아니었다. 그녀는 전쟁의 와중에 러시아에서 발생한 볼셰비키 혁명으로 심각한 타격을 입었다. 가족들은 위기에 빠지고 오빠 한 사람은 자살했다. 경제적으로도 큰 타격을 받았다. 그간 장군의 딸로서 러시아의 차르

---

66 프로이트와 융의 반목은 표면적으로는 학술적인 대립에 의한 것이었지만 내막은 훨씬 더 복잡하다. 두 사람이 화해할 수 없었던 가장 근본적인 문제는 엉뚱하게도 종교적인 문제였다. 융은 지독할 정도로 경건한 신앙인이었고 후일 이 때문에 종교적 신비주의에 빠지기도 한 반면 프로이트는 철저한 유물론자이자 무신론자였다. 프로이트는 루의 신앙에 대해서는 별로 지적하지 않았다.

에게 받던 연금이 1914년에 끊긴 것이다. 그녀는 이전까지 최소한 생계에 관한 문제만은 걱정을 하지 않고 살았었다.

루는 다작형의 작가였지만 글 쓰는 일을 생계를 위한 직업이라고 생각해 본 적이 없었는데 난생 처음 '직업' 이라는 것을 갖게 되었다. 그녀는 자신이 살고 있는 괴팅겐[67]에서 정신분석 전문의로 일하기 시작했다. 이러한 와중에 전쟁은 유럽의 모든 것을 파괴했으며 수천만 명이 죽고 살아남은 사람들은 고통을 받았다. 당시의 유럽인들이 모두 그랬듯이 루는 꽤 여러 해에 걸쳐서 전쟁의 후유증으로부터 서서히 벗어났다. 그녀는 프로이트로부터 재정적인 후원을 받기도 했었고, 하루에 열 명이 넘는 환자를 상대하는 무리한 일정으로 자신을 혹사시키는 생활을 계속했다.

지성인들은 삶과 투쟁하면서 동시에 절망과 투쟁해야 했다. 그들은 인간의 본성에 대해서 환멸을 느꼈고 무력한 신에 대해서 회의하기 시작했다. 또한 이 시기는 화해와 관용의 시기이기도 했다. 루는 프로이트와 가족처럼 친밀해졌고, 한때는 격정적인 사랑을 나눈 연인이었던 라이너 마리아 릴케와의 애틋한 우정도 깊어져 갔다. 루는 정신분석의의 입장에서 릴케의 불안정한 정신세계를 붙잡아 주려고 노력했다.

한편 루의 남편 안드레아스는 오로지 인내와 관용이라는 미덕으로 루와의 결혼 생활을 유지했다. 영원히 소녀로만 살 것 같던 루가 삼십 대 중반의 나이에 육체적인 사랑에 눈을 뜨고 그 이후 갑자기 대책 없는 바람둥이로 바뀌었지만, 안드레아스는 전혀 그 기회를 살리지 못했다. 그는 루가 화려한 남성 편력을 자랑하던 시기에도 굳건하게 그녀의 주변

---

[67] 안드레아스는 괴팅겐 대학교의 교수로 재직하고 있었다. 그는 대학에서 봉급을 받았겠지만, 루는 그의 수입에 대해서는 알려고 하지도 않았다.

만 맴돌았을 뿐이다.

사실 자유분방한 루에 대해서 안드레아스 역시 반격을 가했다고 할 수 있지만, 그의 복수는 상당히 치졸했다. 그는 하녀인 마리 슈테판(Marie Stephane)과 바람을 피웠고, 그녀와의 사이에서 아이를 낳았다. 루는 마리 슈테판에게는 크게 분노를 터뜨렸으나 그녀가 낳은 아이 마리센(Marisen)은 끔찍하게 사랑했다. 후일 안드레아스가 죽고 나서 루는 마리센을 정식으로 입양해 자신의 딸로 삼았다.

안드레아스는 루의 인생에서 대부분의 기간을 철저한 아웃사이더로 일관했다. 그런데 놀랍게도 인생의 황혼기에 접어든 무렵 루는 안드레아스의 곁으로 돌아왔다. 루는 자신의 회고록에서 예순 살쯤 되었을 때 성적 욕구에서 벗어났다고 했다. 대략 이 시기부터 루와 안드레아스 부부는 서로를 이해하는 충실한 동반자가 되었다. 그렇지만 시간이 너무 많이 흐른 뒤였다. 안드레아스는 이미 귀가 먹어가는 노인이 되어 있었다. 루는 그와 이야기하기 위해서 악을 쓰다가 점차 편지로 의사소통을 해야만 하는 처지가 되었다.

루의 건강도 그리 좋지 않아서 여러 곳에서 이상신호를 보내기 시작했고, 1929년에는 사소한 수술을 받기 위해 괴팅겐 병원에 입원했다. 그녀가 입원한 지 얼마 되지 않아서 안드레아스도 같은 병원에 입원했다. 여러 가지 증세가 뒤섞인 노인성 질환의 합병증이었다. 그는 걸어서 병원 문을 나서지 못했고, 여러 달 입원해 있다가 다음해 초 여든다섯의 나이로 세상을 떠났다.

루는 그 마지막 몇 달 동안 자신이 어떤 남자와 함께 살아왔는가를 비로소 알게 되었다. 그녀가 기억하는 안드레아스는 날카로운 칼과 불안한 정신을 가지고 있던 위험한 남자였지만, 진정한 안드레아스는 넘치는 기품과 고결한 인격의 소유자였으며 동료들과 제자들로부터 깊은 존경과 사랑을 받고 있던 사람이었다. 루는 안드레아스가 죽기 전 몇 달 동안 남편을 사랑하고 존경하는 진정한 아내였다.

루 살로메는 수많은 소설을 발표하고 꽤 많은 독자를 가졌지만, 그녀의 중요한 업적은 대부분 평론 분야에서 이루어진 것이었다. 그녀는 서른 살이 되기 전에 《인형의 집》으로 유명한 노르웨이 출신의 극작가 입센(Henrik Johan Ibsen)[68]의 작품에 등장하는 여성 캐릭터들을 분석하여 주목을 받기 시작했다. 그녀가 출간한 니체와 라이너 마리아 릴케에 대한 비평서도 그들을 이해하는 데 필수적인 상당히 중요한 자료들이다.

그렇지만 이러한 문학적인 업적에도 불구하고 루에게는 니체와 릴케와 프로이트를 매료시켰던 인물이었다는 이미지가 훨씬 더 강렬하게 남아 있다. 루는 말년에 자신의 회고록인 《회상(Lebensrückblick)》을 통해 이 대가들과의 관계를 상세하게 밝혔고, 이들과 주고받은 수많은 편지들을 고스란히 남겨 놓았다. 때문에 그녀의 일생은 지금도 완벽하게 재구성할 수 있을 정도이다.

당시의 루 살로메는 뛰어난 지성과 신비한 미모로 사람들을 매혹했고 많은 사람들에게 '뮤즈(muse)' 그 자체였다.[69] 특히 니체와 릴케라는 두 천재에게는 더욱 그랬다. 비록 15년 정도의 시간 차이가 있지만, 이들에게는 기이하게도 루에게 차이고 나서 정확하게 아홉 달 후에 각자 일생일대의 최고 걸작들을 완성했다는 공통점이 있다. 그녀는 그들에게 영

---

68 한국에서 입센은 《인형의 집》에 등장하는 '로라'로 대표되는 페미니즘의 선구자 정도로만 알려져 있다. 그러나 세계 문학사에서는 이보다 훨씬 더 중요한 작가로 '현대 연극의 아버지'라고도 불릴 수 있는 사람이다. 그는 언제나 사악한 힘에 대한 정의의 승리로 귀결되던 빅토리아 시대 연극의 전통을 깨고 현실주의(realism) 연극을 처음으로 시도했던 선구자였으며, 그렇기 때문에 당대의 비평가들과 치열한 투쟁을 벌여야 했다. 루 살로메는 항상 균형을 잃지 않는 냉정한 비평가였지만, 엄격하게 구분하자면 그 시대에는 소수였던 입센의 옹호자 그룹에 속했다.

69 사실 루 살로메는 저명인사였다. 라이너 마리아 릴케는 루와 처음 만난 후 다른 사람에게 쓴 편지에서 '내가 그 유명한 루 살로메를 만났어요'라고 했을 정도였다.

감을 주었을 뿐 아니라 그들을 절망으로 몰아넣었다.

그렇지만 루의 마력은 영원하지 않았다. 시간은 그녀에게도 공평하게 작용했다. 안드레아스를 잃고 나서 루는 급격히 쇠약해져 갔다. 골절상과 허리의 통증, 그리고 유방암이 이어졌다. 그렇지만 그녀의 터무니없는 낙관주의는 여전했다. 유방절제수술을 받고 나서 그녀는 태연하게 말했다.

"니체가 옳았어. 지금 이렇게 가짜 가슴을 달고 있잖아."

히틀러가 집권하고 니체의 여동생 엘리자베트는 니체의 유작들을 나치의 입맛에 맞게 교묘하게 변조하면서 사회적인 명사가 되었다. 그러자 그녀는 루에 대해 지니고 있던 열등감을 폭발시켰다. 그녀를 유대인이라고 모함하고 갖가지 형태로 그녀를 공격했지만, 루는 철저하게 그녀를 무시했다. 당시 독일은 광기에 휩싸여 있었다. 프로이트, 토마스 만, 슈니츨러의 걸작들이 단지 유대인들에 의해서 쓰였다는 이유로 불태워졌다. 오스트리아가 병합되자 프로이트는 영국으로 망명해야 했다. 다시 한 번 루가 그토록 두려워하는 전쟁이 다가오고 있다는 사실이 점차 명확해졌다.

그렇지만 루는 전쟁의 공포에서 쉽게 벗어났다. 유럽에 불길한 그림자가 짙게 드리워지던 1937년 1월 5일 그녀는 괴팅겐의 자택에서 요독증으로 사망했다. 잠을 자다 맞이한 편안한 죽음이었다. 집안에는 마리센과 그녀의 남편, 그리고 태어난 지 얼마 되지 않은 그들의 아이만 있었다. 집 밖에는 게슈타포들이 대기하고 있었다. 그녀의 서재에서 유대인들, 특히 프로이트와 관련된 자료들을 수거하여 불태우기 위해서였다. 루의 유해는 화장되었고, 재는 안드레아스의 곁에 묻혔다.

루 살로메는 그 시대의 기준으로 보나 현대의 기준으로 보나 대단히 이질적인 존재였다. 그녀는 분명히 페미니스트였고 '능력을 가진 여성의 행복'을 강조했다. 그렇지만 그 시대를 풍미하던 여성 해방론자는 아니었다. 이른바 '여성의 해방'을 주장하는 페미니스트들의 집요한 질문에 대해서 그녀는 극히 이단적인 대답으로 그들의 기대를 무산시켰다.

"나는 여자로 태어난 것에 대해 대단히 감사한다."

루 살로메는 '여성'으로 생을 산 인간이 아니라 '인간'으로 생을 살았던 여성이었다. 남성들을 압도하는 지성과 순수한 소녀와 같은 모습으로 나타나 그녀를 사랑하는 사람들에게 천국과 지옥을 차례로 선사해 주는 절망의 뮤즈. 이것이 당시의 사람들이 본 루 살로메의 모습이었다.

그렇지만 겉으로 보이는 천진무구한 낙천주의와는 달리 루는 치열한 내면적인 투쟁을 지속했던 사람이다. 그녀는 평생 '인간을 저버린 잔인한 신'을 그리워하며 그와의 대화를 모색하던 진지한 철학자이었으며, 동시에 오직 자신만이 자신을 통제할 수 있는 '자유로운 영혼'을 가진 인간이었던 것이다. 그녀는 자서전 《회상》에서 자신이 최종적으로 신과 화해했는지의 여부를 밝히지는 않았다.

이사도라 던컨

자유로운 영혼을 소유했던 또 한 사람의 여인 이사도라 던컨은 '현대무용의 어머니'라는 이름으로 불린다. 그러나 그녀는 그 영광스러운 이름보다도 훨씬 더 거대한 존재였다. 그녀는 본질적으로 혁명가였다. 20세기 전 기간 동안 세계의 무용계는 단 두 개의 화두에서 벗어나지 못했다. 어떻게 이사도라 던컨을 계승할 것인가 하는 문제와 어떻게 그녀를 극복할 것이냐 하는 문제였다. 이사도라가 던진 화두는 우리 인류가 20세기 내내 자본주의와 사회주의 진영으로 나뉘어 칼 마르크스를 계승하거나 혹은 극복하는 문제로 큰 혼란을 겪었던 사실과 같은 유형의 것이었다.

그녀는 자신이 속한 세계에서는 지그문트 프로이트나 프리드리히 니체나 칼 마르크스와 같은 혁명가에 속하며 '창조성'을 기준으로 한다면 그들보다 훨씬 더 위대한 존재였다. 예수가 태어나기 이전에 세례 요한이 먼저 나타나 예언을 전해 유대인들을 깨우치고자 한 것처럼 니체에게는 쇼펜하우어, 마르크스에게는 헤겔이라는 정신적인 스승들이 있었다. 그렇지만 이사도라는 마치 UFO를 타고 지구에 도착한 것처럼 어느 날 갑자기 나타나 사람들을 매혹시키기 시작했다.

당시 서양의 무용계는 발레라는 정형화된 형식에 갇혀 있었다.[70] 원래 발레의 원형은 15세기경 이탈리아 르네상스의 일환으로 생겨난 것으로 인간 감성을 자유롭게 표현하기 위해 만들어진 혁신적인 것이었지만, 이것이 프랑스의 왕궁과 러시아의 왕궁을 거치면서 오히려 자유로운 표현을 제한하는 엄격한 형식을 갖추게 된 것이다. 이러한 형식이 최고의 경지에 다다른 때가 19세기 후반으로 이사도라가 태어난 시기와 맞물린다.

발레가 전성기를 구가하던 상황에서 이사도라는 춤의 형식을 철저하게 부정하며 인간의 감정을 느끼는 그대로 아름다운 동작으로 자연스럽게 표현하는 방식을 보여 주었다. 이사도라는 보수적이었던 당시의 무용계에 떨어진 거대한 유성이었다. 특히 발레의 중심지인 러시아에서는

---

70 발레(ballet)라는 단어의 기원은 라틴어의 'ballere'이다. 이 단어는 단순히 '춤을 춘다'라는 의미이다. 이 단어가 이탈리아어의 'balletto'로 변화하고, 다시 여기에서 프랑스어와 영어의 'ballet'가 파생된 것이므로 현재의 까다로운 발레 형식과 이 단어의 어원과는 아무런 상관이 없다.

문제가 심각했다. 이사도라의 옹호자와 발레의 옹호자 사이에 벌어진 논쟁이 목숨을 건 결투로 이어지는 사태까지 발생했다.

이사도라 던컨은 무용계에만 충격을 준 것이 아니었다. 그녀의 춤은 당시의 예술가들에게는 아름다운 환상이었고 대담한 모험이었다. 그녀는 모든 예술 분야에서 모험심에 가득 찬 젊은 예술가들에게 이 세상에 존재하는 모든 것은 항상 새로운 가치관에 의한 새로운 해석이 가능하다는 사실을 일깨워 주었다. 그리고 그녀는 그 시대의 여성들에게도 예술계와 마찬가지로 새로운 흐름을 상징하는 인물이었다.

안젤라 이사도라 던컨(Angela Isadora Duncan)은 1877년 5월 미국 캘리포니아의 샌프란시스코에서 태어났다. 그녀의 아버지 조셉 던컨(Joseph Charles Duncan)은 은행가였고, 어머니 메리 도라(Mary Dora Grey Duncan)는 재능 있는 피아니스트였다. 이사도라는 네 형제 중 막내로 큰 언니 엘리자베스, 두 오빠 오거스틴과 레이몬드가 있었다. 이사도라의 가족은 아일랜드계였고 가톨릭 신자였다.

이사도라의 어린 시절은 그리 순탄하지 않았다. 그녀가 세 살 때 아버지 조셉의 은행은 파산했고 그 여파로 조셉과 도라는 이혼했다.[71] 도라는 어린 네 남매를 데리고 오클랜드로 이사했으며, 그곳에서 어린 아이들에게 피아노를 가르치면서 생계를 꾸려나갔다.

이사도라가 1920년에 완성한 자서전《나의 생애(My Life)》에 의하면, 그녀는 어린 시절의 가난을 크게 의식하지 않은 정도가 아니라 일종의 축복으로 받아들였다. 가정교사들에 의해서 엄격하게 통제받던 부유한

---

71 이사도라 던컨의 부모가 이혼한 이유는 경제적인 문제에 기인한 것이 아니라 몽상가이자 시인이기도 했던 조셉이 도라 이외의 다른 여인을 사랑했기 때문이었다. 이사도라를 포함한 던컨 가의 네 형제는 모두 예술 분야에서 활약하여 나름대로의 성공을 거두었으며, 특히 바로 위의 오빠인 레이몬드 던컨은 92살까지 장수하면서 무용가이자 시인이자 행동주의 철학자로 활약했고 상당한 사회적 명성을 얻었다.

가정의 아이들을 오히려 불쌍하다고 생각했던 것이다.

그녀는 다섯 살이라는 상당히 이른 나이에 공립 학교에 입학했다. 어머니 도라는 가족을 부양하기 위해 많은 시간을 일하면서 어딘가에는 어린 그녀를 맡겨야 했기 때문이다. 자유로운 생활방식에 익숙했던 이사도라는 학교에 잘 적응하지 못했다. 그래서 그녀의 정규교육은 열네 살 때 마감되었다. 사실 그녀가 가지고 있던 놀라운 지성의 대부분은 학교가 아니라 오클랜드 시의 공립 도서관에서 얻은 것이었다.[72] 그녀는 어렸을 적부터 도서관에 드나들면서 그곳에서 일하는 사서의 도움으로 체계적인 독서를 했고, 이를 통해서 지식을 축적했던 것이다. 후일 그녀는 미국의 공립 학교는 성당에 있는 고해소와 같이 굴욕적인 장소라고 회상했다.

'천재는 1퍼센트의 영감과 99퍼센트의 노력으로 이루어진다'라는 말은 천재들이 보통 사람들을 위로하기 위해서 만들어낸 말인지도 모른다. 천재들이 가지고 있는 재능은 노력만으로는 도저히 얻어질 수 없는 경우가 많은데, 이사도라가 바로 그런 부류의 천재에 속한다. 그녀는 여섯 살 때부터 자기보다 어린 동네 아이들을 모아 놓고 그들에게 바다의 파도를 묘사하는 춤 동작을 가르쳤다. 그녀는 이것을 '나의 무용 학교'라고 불렀고, 어머니 도라는 이사도라와 그녀의 제자들을 위해서 피아노를 연주해 주었다.

이사도라의 무용 학교는 인기가 좋아서 이웃의 소녀들이 몰려들었고 일부 부모들은 수강료 명목으로 도라에게 약간의 돈을 내놓았는데, 이 수입은 경제적으로 어려운 던컨 가족에게 상당한 도움이 되었다. 무용 학교는 이사도라의 언니 엘리자베스가 합류하면서 그 규모가 더욱 커졌고, 이후 이사도라가 어머니와 함께 시카고로 떠날 때까지 유지되었다.

---

[72] 이사도라는 그리스 시대의 고전들에 대한 이해가 깊었고, 불어와 독어를 능숙하게 구사했다.

이사도라는 대도시에서 무용으로 이름을 날리겠다는 꿈을 안고 열 살 때 어머니와 함께 시카고로 갔다. 그렇지만 당시의 미국은 문화적으로 그리 성숙하지 못한 곳이었다. 시카고는 그녀의 춤을 이해하지 못했다. 그녀는 일주일에 몇십 달러를 벌기 위해서 클럽에서 그녀가 원하지 않는 춤을 추어야만 했다. 그녀는 실망했지만 좌절하지는 않았다. 그리고 인생을 뒤바꿀 수 있는 작은 기회가 왔을 때 이사도라는 용기 있게 그 기회에 매달렸다.

그 시절 미국에서 가장 유명한 극작가이자 연출가인 오거스틴 달리 (Augustin Daly)[73]가 시카고를 방문했을 때 이사도라는 그에게 면담을 청했다. 여러 번 거절당한 후에 어렵게 면담이 성사되었으며, 예술에 대한 순수한 열정을 가진 깡마른 소녀에게 감동한 달리는 전격적으로 그녀를 스카우트했다. 달리는 뉴욕에서 자신의 극장을 운영하고 있었다. 이사도라는 달리의 극단에 정식으로 입단했으며, 꿈에 그리던 뉴욕 생활이 시작되었다.

처음 이사도라의 배역은 셰익스피어의 연극 〈한여름 밤의 꿈〉 중에 등장하는 요정의 여왕 티타니아와 함께 등장하는 요정 역이었다. 비록 이사도라가 후일 발레의 엄격한 형식에 대해 "추악하고(ugly) 인간의 본성에 위배된다(against nature)."라고 비판했지만, 그녀는 달리의 극단에 몸담고 있는 동안에 정통 발레를 배웠다. 그것도 아주 엄격하게 제대로 배웠다.

이사도라는 극단의 순회 공연에 참가했고, 달리의 역사적인 런던 공연에도 동행했다. 그렇다고 그녀의 생활이 풍족한 것은 아니었다. 입단

---

73 오거스틴 달리는 비평가 출신의 작가이자 연극인으로 미국의 문화 수준을 여러 단계 끌어올린 인물이다. 그는 이사도라뿐 아니라 클라라 모리스(Clara Morris), 파니 데이븐포트(Fanny Davenport), 아다 디아스(Ada Dyas)와 같은 당시 미국 문화의 아이콘들을 발굴해서 훈련시켜 무대에 세운 인물이다.

한 지 1년이 지난 후에도 그녀는 여전히 자신의 주급 25달러로 자신과 어머니의 생계를 꾸려가야 하는 상황이었지만, 그래도 전반적으로 생활이 안정되었고 미래도 점차 보장되어 가고 있었다. 이 시절의 이사도라는 미국 최고의 극단에서 미래의 스타로 키우고 있는, 장래가 촉망되는 발레리나 겸 연기자였다.

이사도라가 달리와 결별하게 된 요인은 경제적인 문제는 아니었다. 그녀는 자신이 원하는 방식으로 춤을 추고 싶어 했지만, 그러한 기회는 전혀 주어지지 않았다. 연출자의 입장에서 보자면 이사도라는 발레리나 이전에 극단 소속의 연기자였다. 달리는 연극 〈게이샤〉를 공연하면서 그녀를 무용이 아닌 여성 사중창의 멤버로 기용했는데, 바로 이 사건이 결별의 결정적인 계기가 되었다.

달리의 극단을 뛰쳐나온 이사도라는 생활고에 시달리면서도 계속 뉴욕에 머물렀는데, 그러다 우연히 미국을 대표하는 작곡가이자 피아니스트였던 에델버트 네빈(Edelbert Woodbridge Nevin)을 만났다.[74] 두 사람은 의기투합해서 카네기 홀에서 콘서트를 열었다. 네빈의 피아노 연주에 맞춰 이사도라가 춤을 추었던 이 콘서트는 뉴욕의 비평가들로부터 크게 주목을 받았으며 관중들의 호응도 상당했다. 그렇지만 예술적인 재능이 뛰어났던 두 사람 모두 돈을 버는 일에 재능을 가진 사람들은 아니었다. 여러 도시에서 성황리에 공연을 했지만 수입은 그리 많지 않았다.

이때 이사도라에게 마치 큰 불운처럼 보이는 인생의 전환점이 찾아왔다. 그녀가 묵고 있던 호텔에 불이 나는 바람에 그나마 가진 것마저 모두 잃고 만 것이다. 빈털터리가 된 그녀는 유럽으로 갈 결심을 했다.

---

74 네빈은 이사도라가 자신의 작품을 멋대로 해석하여 사용한다고 화가 나서 그녀의 스튜디오를 찾아갔다. 그곳에서 이사도라의 춤을 본 네빈은 완전히 넋을 잃었고, 그 자리에서 카네기 홀 공연을 구상했다고 한다.

1899년 스물두 살이 된 이사도라는 어머니 도라, 언니 엘리자베스, 오빠 레이몬드와 함께 조그마한 가축운반선을 타고 영국으로 향했다. 런던에 도착한 이후에도 계속 빈털터리였던 던컨 일가는 하숙집에서 쫓겨나 며칠씩 굶거나 호텔에서 무전취식을 해야 하는 신세가 되었다. 이사도라는 뉴욕에서 만난 적이 있는 귀부인을 찾아가 도움을 청했다. 그녀는 이사도라에게 상류층 인사들을 위한 만찬에서 춤을 출 것을 권유했다.

뉴욕 콘서트의 레퍼토리였던 에델버트 네빈의 대표작 〈나르시스〉와 〈오필리아〉, 그리고 멘델스존의 음악에 맞춰 고대 그리스풍의 튜닉을 입고 맨발로 자연스럽게 춤을 춘 이 작은 공연이 계기가 되어 이사도라는 점차 런던의 상류층 인사들에게 이름을 알리게 되었다. 영국의 황태자 에드워드 7세는 그녀의 무용에 매혹되어 그녀에게 '게인즈버러의 미녀'라는 별명을 붙여 주었다.

상류층과 지성인들의 찬사에도 불구하고, 이사도라의 런던 생활은 그리 길지 못했다. 그녀 자신의 표현에 의하면 명성과 극장 운영자들의 관심은 별개의 문제였기 때문이었다. 던컨 가족은 보다 많은 수입을 기대하면서 파리로 근거지를 옮겼다. 그렇지만 파리에서의 생활도 런던과 크게 다르지 않았다. 무용가로서 지성인들 사이에서 큰 명성을 얻었고 이 명성은 전 유럽으로 퍼져나갔지만, 수입은 여전히 신통치 않았다. 그녀는 물론 명성에 비례하는 정도로 비난도 받았지만, 이는 그녀에게 언제나 자연스러운 것이었다.

파리에서 이사도라가 가장 크게 흥분한 사건은 조각가 오귀스트 로댕(François Auguste René Rodin)과의 만남이었다. 육순의 나이에 들어선 이 위대한 조각가는 춤추는 이사도라의 모습을 바로 현장에서 그린 여러 장의 스케치를 남겼다.[75]

---

75 이사도라는 명성에 비해 자료를 많이 남기지 않았다. 원숙한 나이에 스튜디오에서 연출해서 찍은 사

로댕이 그린 이사도라 던컨

이사도라에게 열광한 사람은 단지 로댕뿐만이 아니었다. 그 시대의 수많은 화가, 시인, 사진작가, 조각가, 소설가들이 그녀로부터 영감을 얻었다. 당시 파리에 새로 지어지는 건물들의 벽면은 온통 고대 그리스풍의 튜닉을 입고 춤을 추는 여성들의 모습으로 장식되었다. 그들은 그녀의 춤이 프랑스 대혁명과 같은 부류의 것이라는 사실을 이해했다.

현대에도 무용이나 리듬체조나 피겨 스케이팅과 같이 아름다움이라는 가치를 추구하는 예술이나 스포츠를 천박한 시각으로 보는 사람들이 있다. 마찬가지로 당시에도 그녀를 단지 헐렁한 그리스 튜닉을 입고 멋진 맨다리를 드러내는 섹시한 여성으로만 생각하는 사람들이 있었다. 그들은 거액의 공연료를 조건으로 그녀에게 클럽이나 뮤직홀과 같은 장소에서 공연하라고 유혹했지만, 이사도라는 타협하지 않고 예술적인 자존심을 지켜나갔다. 그녀는 술과 음악의 힘으로 잠시 현실을 떠나고자 하는 자들의 여흥을 위해서가 아니라 진지한 관객들의 감동을 위해서 춤을 추었고, 그래서 그녀의 공연장은 클럽이 아니라 극장이 되어야 했던 것이다.

이사도라의 상업적 성공은 파리에서가 아니라 헝가리의 부다페스트에서 시작되었다. 이사도라는 그동안 주로 좁은 장소에서 소수의 엘리

진들을 제외한다면, 자연스러운 공연 모습을 기록한 자료 자체가 흔하지 않다. 영화 필름으로 남아 있는 분량은 모두 합쳐도 2~3분 정도이다. 특히 이사도라가 이십 대의 풋풋한 시절에 공연하는 모습을 담은 자료는 거의 남아 있지 않은데, 이 귀한 자료 중 하나가 〈로댕의 정원에서 춤추는 이사도라〉이다.

트들을 위해 춤을 추었다. 그런데 부다페스트의 공연기획자인 알렉산더 그로스는 이사도라에게 오페라 극장에서 정규 오케스트라의 연주에 맞춰 많은 관중들을 위해 공연을 해달라고 요청했던 것이다.

일반 대중이 자신의 춤을 이해할 수 있을까 우려했던 이사도라의 생각은 분명히 기우였다. 부다페스트 오페라 극장에 모였던 일반 관객들은 이사도라의 춤을 완벽하게 이해했다. 첫 공연이 끝나고 앙코르 무대에서 그녀가 요한 스트라우스의 〈아름답고 푸른 도나우〉에 맞춰 왈츠를 추자 광란 상태의 관객들이 지르는 환호성으로 극장 지붕이 터져나갈 듯했다. 이사도라는 그 환호가 가라앉을 때까지 아주 오랫동안 맨발로 왈츠를 추어야만 했다.

이사도라는 사실상 처음으로 상업적인 성공을 맛보았다. 그녀는 부다페스트뿐 아니라 헝가리의 여러 도시를 순회하면서 공연을 가져 대성공을 거두었다. 부다페스트는 이사도라에게 특별한 도시였다. 그녀는 그곳에서 사랑의 열병도 앓았다. 이사도라의 자서전 《나의 인생》에서 '로미오(Romeo)'라는 별명으로만 불린 그는 헝가리 출신의 연극배우였다. 그녀가 철없던 십 대 시절에 품었던 일방적인 연정과 몇 번의 어설픈 사랑 흉내를 제외한다면 로미오는 그녀의 첫 번째 남자였다.

당시 이사도라의 나이가 스물다섯 살이었으니, 이 방면에는 대단히 늦게 눈을 뜬 셈이었다. 사실 이 시절만 해도 이사도라는 대단히 보수적인 사고방식을 가진 전형적인 아일랜드계 여성이었다.

그녀는 무용을 계속할 것인가 무용을 포기하고 로미오와 결혼할 것인가 하는 문제로 한동안 심각하게 고민했다. 그녀는 오랜 갈등 끝에 죄종적으로 무용을 선택해서 로미오와 결별했으며, 이 충격으로 한동안 심하게 앓아누웠다. 이별의 아픔을 털고 일어난 이사도라는 살인적인 공연일정을 잡았다.

맨발로 춤을 추는 이사도라

알렉산더 그로스는 과감하게 자신의 전 재산을 모두 투자해서 유럽에서 가장 큰 시장인 독일을 겨냥해서 순회공연을 기획했다. 이사도라의 독일 데뷔는 뮌헨에서 이루어졌다. 당시 독일은 카이저가 통치하는 연방 형태의 제국으로 통일된 지 겨우 한 세대 남짓 지난 상태였다. 당연히 독일 각 지역마다 분위기가 각기 달랐다. 그중에서도 뮌헨은 여성에게도 고등교육을 허용하는 개방적인 분위기를 가진 도시였고 예술 활동이 활기찬 도시였기 때문에 이사도라가 독일 투어를 시작하기에는 최적의 장소였다.

뮌헨에서 성공을 거둔 이사도라는 최종적인 목적지라고 할 수 있는 수도 베를린에 입성했다. 낙천적인 성격의 이사도라도 이번만큼은 긴장하지 않을 수 없었다. 베를린의 상징인 크롤 오페라하우스의 무대는 수백 명의 배우가 동시에 설 수 있는 거대한 공간이었다. 음악 연주를 위해서 베를린 필하모니 오케스트라 전체가 동원되었다. 이러한 조건에서 이사도라 단 한 사람만 등장해 여러 시간 독무를 해야 했다.

이사도라의 베를린 공연은 성공 정도가 아니라 역사상 전무후무한 대소동으로 마무리되었다. 그녀는 관객들의 환호에 따라 여러 번 앙코르 곡을 추어야 했으며, 마지막에는 젊은 학생들이 무대로 뛰어올라 기진맥진한 그녀를 떠메고 극장을 나섰다. 그들은 이사도라의 마차에서 말을 모두 풀었고 말 대신 수백 명의 사람들이 마차를 끌어서 그녀를 호텔로 모셨다. 베를린의 젊은이들이 독특한 방식으로 그녀에게 보낸 찬사였다. 이날 밤을 계기로 이사도라는 독일 젊은이들에게 거의 여신과 같이 숭배받는 존재가 되었다.

이사도라는 이제 독일뿐만 아니라 전 유럽에서 최고의 스타로 떠올랐다. 어느 정도의 성공이 약속되어 있었던 오거스틴 달리의 극단에서 단지 자신이 원하는 방식으로 춤을 추고 싶다는 이유만으로 뛰쳐나와 대모험을 감행했던 십 대 소녀가 10년이 채 되기 전에 이루어낸 성취였다. 이사도라는 인기와 명성의 단계를 훌쩍 뛰어넘어 숭배와 찬미의 대상이 되었으며, 이는 수백 년 발레의 역사 속에서 그 어떤 발레리나도 누리지 못했던 영광이었다.

1905년은 이사도라에게 여러 가지로 의미가 있는 한 해였다. 발레의 형식을 완성했다는 자부심을 숨기지 않고 있던 러시아 무용계가 드디어 이사도라를 초청했다. 그녀의 러시아 방문은 1905년 연초에 이루어졌다. 그런데 그녀가 상트페테르부르크에 도착한 날짜가 하필이면 1월 6일이었다. 바로 그 전날 수만 명의 시민들은 단순히 차르에게 청원하기 위해 광장에 모였다. 그런데 차르의 대리인은 이 집회를 반체제 소요로 해석했고, 러시아 정예 기병대에게 돌격명령을 내렸다.

이사도라가 도착한 날에는 전날의 희생자들을 위한 장례식이 진행되고 있었다. 군인들이 도로 양쪽을 삼엄하게 지키고 있는 가운데 기나긴 장례행렬이 지나갔다. 이때의 강렬한 기억은 후일 이사도라에게 큰 영향을 미치게 된다. 역사적으로는 보자면 이때가 러시아 혁명의 신호탄이 발사된 순간이었지만, 상트페테르부르크의 오페라 극장에 모인 러시아의 귀족들과 신흥 갑부들은 아무런 동요도 없이 호화스러운 옷차림으로 모여 발레 공연을 즐겼다.

이사도라는 정식 공연을 위해 초청된 것은 아니었다. 사실 이사도라는 발레의 공적이었다. 그녀는 그동안 발레가 가식적인 동작들로 이루어진 터무니없는 예술이라고 비난해 왔다. 러시아 무용계는 그러한 이사도라 앞에서 최고의 무용수들을 동원해 최고의 공연을 했다. 그들과 이사도라의 첫 만남은 서로 간에 이해의 계기가 되었다는 사실은 분명했다.[76] 이사도라는 러시아의 무용계와 다른 예술계의 인사들과 친분을

---

[76] 러시아 첫 방문에서 이사도라는 정식으로 공연을 하지는 않았다. 그녀의 러시아 순회 공연은 1908년

쌓았다.

1905년에는 러시아의 무용계와 화해를 했다는 사실 말고도 이사도라에게 더욱 의미가 큰 사건이 있었다. 그녀에게는 무용가로서의 명성보다도 훨씬 더 중요하게 생각하는 목표가 있었다. 그녀는 자신이 시작한 이 새로운 형태의 무용이 널리 확산되기를 원했으며, 이를 위해서는 학교가 필요했다. 무용수들은 어렸을 때 몸에 익은 동작을 평생 가지고 가기 마련이다. 그녀는 오래전에 학교 설립허가를 신청했는데 바로 이해에 허가가 떨어진 것이다. 이사도라는 베를린 인근의 그루네발트[77]에 무용 학교를 세웠다.

"춤은 생명이다. 내가 원하는 것은 생명의 학교이다."

주로 독일과 프랑스에서 선발된 마흔 명의 어린아이들이 학교에서 먹고 자고 생활하면서 춤을 배우기 시작했다. 이사도라는 학교에 열성적으로 매달렸다. 그녀는 공연일정이 없는 날에는 직접 아이들을 가르쳤으며, 그들을 데리고 러시아 발레 학교에 견학을 가기도 했다. 러시아 출신의 소녀들도 학교에 입학했다. 그녀는 이 아이들의 교육에 돈을 쏟아 붓다시피 했다.

그루네발트의 학교를 세운 1905년, 바로 그해에 이사도라는 유럽 연극계의 거물인 고든 크레이그(Edward Gordon Craig)[78]와 만나 사랑에 빠

부터 1909년까지 이루어졌으며, 발레에 익숙해 있던 러시아 사람들도 그녀에게 열광적인 환호와 갈채를 보냈다.

77 그루네발트는 19세기 말부터 최상류층 사람들이 모여 살던 고급주택가이다. 이사도라는 평생 세 개의 무용 학교를 세웠는데, 그루네발트의 학교는 그녀의 언니 엘리자베스가 인계받았다가 후일 그녀의 독일인 남편이 운영하는 철학 학교로 바뀌었다. 두 번째 학교는 파리에 세웠으나 제1차 세계대전으로 단기간에 폐쇄되었다. 마지막 학교는 볼셰비키 혁명 이후 소비에트 정부의 후원을 받아 모스크바에 세워졌다.

78 에드워드 고든 크레이그는 당시 영국을 대표하던 여배우 엘렌 테리(Ellen Terry)의 아들이었다. 셰익스피어 연극의 대가였던 엘렌 테리는 이사도라가 가장 존경하던 여성 중 한 사람이었으며, 그녀의 아들이라는 이유로 무조건 베풀었던 호의가 사랑으로 이어진 것이다.

졌다. 영국 출신의 고든은 이사도라보다 다섯 살 위였으며 다양한 분야에서 이름을 날리고 있었다. 그는 배우이자 감독이자 제작자였으며 무엇보다도 천재적인 무대 예술가였다. 그는 이전까지 목수들의 단순한 작업이었던 무대장치를 예술의 경지로 끌어올린 장본인이었다.

하지만 이들의 사랑은 영원히 지속될 수 있는 유형의 것은 아니었다. 두 사람 모두 자의식이 아주 강한데다 자신의 예술 세계로부터 한발자국도 밖으로 나오려고 하지 않는 사람들이어서 의견 충돌도 일상사였다. 이사도라와 고든은 결말을 미리 잘 알고 있으면서도 격정적인 사랑에 인생을 맡겼다. 맹목적인 사랑의 결과로 이사도라는 임신을 했다. 그렇지만 이사도라의 머릿속에 결혼 계획은 아예 없었다. 이사도라 자신의 표현에 의하면, 만약 고든이 그녀의 남편이 된다면 분명히 "항상 일만 하고 글만 쓰는 나쁜 남편"이 됐을 것이다.

또 다른 요인도 있었다. 고든은 외모나 천재성이나 열정이나 모든 면에서 뛰어난 사람이었지만 한 가지 심각한 결함을 가지고 있었다. 바로 여자 문제였다. 그는 스물한 살에 처음 결혼해서 이미 네 명의 자녀를 두고 있는 상태였다. 이 결혼 경력만이 문제가 아니라 그는 자신의 바람기를 잘 다스리지 못하는 유형의 남자였으며, 이사도라와 사귀는 동안에도 그녀에게 전적으로 헌신적이지는 않았다.

이사도라는 결혼 서약이란 여자를 남자에게 예속시킨다고 생각했던 사람이었다. 그녀는 결혼을 하지 않고 한 아이의 어머니가 되는 운명을 자연스럽게 받아들였다. 싱글 맘으로 살기로 결정한 이사도라는 1906년에 딸을 낳아 디드르(Deidre)[79]라는 이름을 붙였다. 그녀는 아이를 낳고 나서 곧바로 활동을 재개했다. 이듬해에는 미국 공연을, 그리고 그 다음해인 1908년에는 장기간의 러시아 전국 순회 공연을 계획했다.

79 아일랜드 언어인 게일어(Gaeilge)로 '사랑하는 조국'이라는 의미이다.

이사도라 던컨

이사도라가 뉴욕을 떠난 지 8년 만에 뉴욕으로 돌아와 가졌던 미국 공연은 그리 신통치 않았다. 초라할 정도로 작은 규모의 오케스트라가 관객들을 휘어잡지 못한 것이 문제였지만, 그보다 더욱 근본적인 문제는 일반 미국인들이 아직 그녀의 공연을 받아들일 만큼 문화적으로 성숙하지 못했다는 사실이었다. 그렇지만 대중들의 반응과는 달리 뉴욕의 그리니치 빌리지와 소호의 조그마한 임대주택들에 모여 살고 있던 예술가들은 그녀에게 열광했다.

미국에서 돌아온 이사도라는 파리에서 유럽 일정을 재개했으나 곧 경제적인 곤경에 빠졌다. 이사도라는 당시 세계에서 가장 수입이 많은 여성 중 하나였다. 그런데도 항상 경제적으로는 어려움을 겪었던 이유 중에서 가장 큰 것은 그루네발트의 무용 학교였다. 그녀는 혼자서 사십 명의 아이들을 키우고 있는 것이나 마찬가지였다. 이 아이들 중 일부는 학교가 아니면 마땅히 갈 데가 없는 아이들이었다.

그런데 정말로 백마를 탄 기사가 그녀 앞에 나타났다. 영화의 한 장면처럼 공연이 끝난 후 스테이지 뒤의 분장실로 찾아온 금발의 열혈 팬은 키가 훤칠한 사람이었다. 그녀는 그 기사에게 '로엔그린(Lohengrin)'[80] 이라는 별명을 붙여 주었다. 로엔그린은 부유한 사업가로 이름은 파리스 싱어(Paris Singer)였다. 그의 아버지 이삭 싱어(Isaac Meritt Singer)는 재봉틀을 발명하고 싱어 재봉틀(Singer Sawing Machine Co.)을 설립하여 거대기업으로 키워 일약 세계적인 부자가 된 인물이다.

당시는 20세기 초엽이었다. 그 시대는 지금의 기준으로는 대단히 보수적인 시대였다. 예술 분야에서 숭배의 대상인 이사도라의 사생활은 떠들썩한 스캔들이 되기에 충분했다. 사실 타고난 백만장자와 대중들로

---

80 로엔그린은 바그너의 오페라로 유명하지만, 원래는 전설 속의 인물로 중세에 쓰인 로망스 소설에 '성배의 기사(Knight of Grail)'로 등장하는 이름이다.

부터 사랑을 받는 예술가의 조합이라면 사람들이 보기에 그리 좋은 것만은 아니었다. 더욱이 이 커플은 탈도 많았다. 초기에는 파리스의 전 애인 때문에 갈등과 충돌이 있었으며, 자유분방하고 충동적인 성격의 이사도라가 종종 파리스가 이해하는 선을 넘는 바람에 결별했다가 재회하기를 여러 차례 반복했다.

다른 사람들이야 어찌 생각했던 파리스 싱어는 이사도라의 생애에서 가장 중요한 자리를 차지하는 남자였으며 관계도 가장 오래 지속되었다. 1910년에 이사도라는 아들 패트릭(Patrick)을 낳았다. 이 시기의 그녀는 이 세상에서 받을 수 있는 모든 축복을 독차지하고 있는 듯했다. 그렇지만 완벽한 것들은 절대로 오래 지속되지 않는 것이 진리이다.

인생에서 끔찍한 불행은 예고 없이 찾아오고 그 상처는 아주 오래 가는 법이다. 한창 최고의 날들을 보내고 있던 1913년 4월 19일의 이사도라가 바로 그러한 경우였다. 그녀는 바로 그날 이집트 여행에서 돌아온 파리스와 두 아이들, 그리고 아이들의 보모와 함께 즐겁게 점심을 했다. 식사를 마치고 파리스를 먼저 보낸 그녀는 연습장으로 향했다. 아이들에게 저녁 때 만나자는 짤막한 인사를 하고 연습장에 들어가 춤 연습을 시작한 지 몇 시간 지나지 않아 파리스가 그녀를 찾아왔다. 그가 그녀 앞에 쓰러지면서 말했다.

"아이들이 죽었어."

이사도라의 운전 기사는 그녀를 연습장에 내려주고 디드르와 패트릭, 보모, 그리고 두 사람을 더 태우고 집으로 향했다. 센 강변을 달리던 자동차에 이상이 생긴 듯하자 기사는 차를 세우고 내렸다. 그가 자동차를 살펴보고 있는 사이에 갑자기 자동차가 앞으로 나아가기 시작했다. 사이드 브레이크를 잡아놓지 않았던 것이다. 언덕길에서 가속을 받은 자동차

는 눈 깜박할 사이에 둑으로 굴러내려 강으로 돌진했다. 많은 사람들이
이 사고를 목격했지만, 워낙 짧은 시간에 일어난 일이라 손을 쓸 틈도 없
었다.

일곱 살 난 딸과 세 살 난 아들을 동시에 잃은 이사도라는 정신적으로
나 육체적으로나 힘없이 무너져 내렸다. 그녀의 형제자매들이 그녀와 함
께 이오니아 해에 위치한 코르푸 섬에 모여 그녀를 위로했으나, 충격으로
부터 회복하는 과정은 더디기만 했다. 그녀를 붙잡아 세워준 사람은 이
탈리아를 대표하는 여배우 엘레오노라 두세(Eleonora Duse)[81]였다. 두세
는 이탈리아 토스카나 지방의 아름다운 도시 비아레조로 이사도라를 불
렀다. 두세는 젊은 시절에 아이를 사산하고 괴로워했던 경험이 있었다.

이사도라는 두세와 함께 보낸 몇 주 동안 서서히 회복되는 듯 보였다.
그러던 와중에 그녀와 두세의 관계에 대한 스캔들이 다시 터졌다. 두세
가 이사도라와 지내기 얼마 전 자신이 레즈비언이라는 사실을 공개했던
것이다. 물론 두세가 이사도라를 부른 것은 순수하게 위로하고 북돋아
주기 위한 목적이었고, 두 사람 사이에는 동성애적인 관계도 존재하지
않았다. 그렇지만 이때의 경험이 이사도라가 후일 양성애적인 경향으로
빠지는 데 어느 정도 영향을 미치기는 했을 것이다.

파리스 싱어는 비정한 사업가였지만, 이사도라에게만은 진정한 백마
의 기사였고 진정한 로엔그린이었는지도 모른다. 그는 그녀가 슬픔을
극복할 수 있는 길을 잘 알고 있었다. 싱어는 파리의 벨뷰에 위치한 낡
은 호텔을 사들여 무용 학교로 개조했다. 벨뷰의 학교는 몇 달 지나지
않아서 예술가들 사이에서 명소로 자리를 잡았다. 매일 예술가들을 위

---

81 엘레오노라 두세는 이사도라보다 스무 살 정도 연상으로, 당시에도 이미 전설적인 배우였다. 그녀의
할아버지와 아버지도 배우였고 자신은 네 살에 데뷔해 40년 이상을 줄곧 무대에 섰던 위대한 배우 중 한
사람이었다. 1896년 미국 공연을 마친 두세는 클리블랜드 대통령으로부터 백악관에서 열리는 티파티에
초청을 받았는데, 이로써 백악관에 초대된 첫 번째 여배우로 이름을 남겼다.

한 공개수업이 이루어졌고, 특히 학교 바로 코앞에 살고 있는 오귀스트 로댕은 시도 때도 없이 학교를 방문해서 춤추는 아이들을 스케치했다. 이 아이들은 '이사도라의 아이들(Isadorables)'이라는 이름으로 불리기 시작했다.

불행은 한번 시작되면 연달아 이어지는 속성을 가지고 있다. 유럽 역사상 가장 이상적인 예술 학교였다고 할 수 있는 벨뷰의 무용 학교는 1년을 넘기지 못하고 문을 닫았다. 제1차 세계대전이 유럽을 강타한 것이다. 부모들은 아이들을 데려갔고, 학교는 군대를 위한 병원으로 개조되었다. 그동안 그녀는 일단 겉보기에는 활기를 되찾은 듯 보였다. 그렇지만 그녀의 내면세계는 이미 복구될 수 없을 정도로 손상되어 있었다.

이사도라는 이탈리아에 머무는 동안 다시 아이를 가지고 싶다는 충동으로 낯선 이탈리아 청년과 동침해서 임신을 했다. 그녀의 간절한 바람대로 사내아이가 태어났지만, 이 아이는 태어나서 몇 시간 살지도 못하고 죽었다. 이름을 붙여줄 겨를조차 없었다. 이사도라는 정신적인 타격을 다시 한 번 입었다. 그녀의 내면은 이 시기부터 서서히 파괴되어 갔지만, 이 사실을 주목하는 사람은 아무도 없었다.

전쟁이란 많은 것을 파괴하고 특히 인간성을 잃게 만든다. 그녀의 주변에서조차 많은 사람들이 아들과 형제를 무의미하게 잃고 있었다. 이 와중에 오직 로엔그린만이 비교적 제정신을 차리고 있었다. 파리스는 아이들을 일단 영국으로 피신시켰다가 영국이 참전을 결정하자 다시 미국으로 보냈다. 이사도라 역시 뉴욕으로 돌아왔다.

절망으로 인해서 육체까지 쇠약해진 상태였지만 그곳에서 기다리고 있던 '피난민치고는 행복해 보이는' 아이들은 그녀에게 희망이 되었다. 그녀는 뉴욕에 커다란 스튜디오를 마련했으며, 극장을 빌려 공연을 시작했다. 그러나 시인이나 예술가와 같은 사람들을 제외하면 일반적인 미국인들은 그 시기까지도 이사도라의 무용을 이해할 수준에 도달하지 못한 상태였다. 그들은 재즈가 최고의 음악인 줄 알고 있었고, 춤이라면 당시 유행하던 폭스 트로트를 연상하던 사람들이었다.

더욱이 유럽인들은 엄청난 피를 흘리고 있었지만 미국인들은 전쟁에 아예 무관심했다.[82] 이사도라는 이 사실에 격분했다. 당시 대부분의 유럽인들과 마찬가지로 프랑스가 정의의 편이고 독일이 악당이라고 생각했던 이사도라는 메트로폴리탄 오페라하우스에서 공연을 하던 중 막바지에 어깨에 붉은 숄을 두르고 프랑스 국가 〈라 마르세예즈〉에 맞춰 춤을 추었다. 이 일은 언론의 주목은 받았지만, 심각하게 받아들여지지는 않았다.

미국의 분위기에 실망한 이사도라는 학생들을 데리고 다시 유럽으로 돌아와 전쟁으로부터 비교적 안전한 이탈리아와 스위스, 그리스를 전전했다. 전쟁 통에 대식구를 데리고 다니며 부양하는 일이 쉬울 리 없었다. 그녀는 남미까지 가서 공연을 했지만 고전의 연속이었다.

그러자 이미 연인 사이라고 할 수 없는 관계가 된 로엔그린이 경제적 위기에 빠진 그녀를 다시 한 번 구원했다. 먼저 뉴욕에 도착한 그녀는 아이들을 불러들였다.

러시아와 프랑스 출신의 아이들은 모두 집으로 돌아가고 여섯 명만 뉴욕에 도착했다. 그루네발트 시절부터 함께 해 온 이들은 어느덧 당당

---

82 제1차 세계대전은 1914년 발발했다. 황태자의 암살을 계기로 오스트리아가 세르비아를 침공하자 러시아가 오스트리아에게 전쟁을 선포했고, 오스트리아의 동맹국인 독일이 러시아에게, 러시아의 동맹국인 프랑스가 독일에게 선포했으며, 여기에 프랑스와의 관계를 중요시한 영국이 다시 개입함으로써 세계대전으로 번지게 된 것이다. 미국은 전쟁 물자를 독일과 영국에 동시에 수출하면서 경제적인 이익을 챙기다가 1917년 독일이 무제한 잠수함전을 선포하고 영국으로 물자를 실어 나르던 미국의 선박을 격침시키고 나서야 참전을 결정했다.

이사도라와 무용 학교의 아이들

한 숙녀로 성장해 있었다. 그들은 모두 이사도라와 함께 혹은 이사도라 없이도 많은 관객들 앞에서 수백 회의 무용을 공연한 베테랑들이었다. 이사도라는 이 아이들을 모두 입양해서 던컨이라는 성을 주었다.[83] 이 사도라 던컨의 무용은 이들에 의해서 계승되었으며, 오늘날에도 처음 만들어진 안무 그대로 전 레퍼토리 공연이 가능하다.

　제1차 세계대전은 끝났지만 어디에나 큰 상처를 남겼다. 예술계도 마 찬가지였고 예술가 개인들도 마찬가지였다. 이사도라는 경제적으로도 계속 곤란을 겪고 있었지만, 내면세계가 무너진 그녀는 이 시기에 알코 올에 크게 의존하고 있었다. 전쟁이 끝난 후에 이사도라는 다시 한 번

[83] 여섯 명의 'Isadorables'는 마리아 테레사(Maria-Theressa), 안나(Anna), 이르마(Irma), 리사(Lisa), 마 고트(Magot), 에리카(Erica)이다. 이들 중에서 리사는 나이트클럽에서 춤을 췄다는 이유로 제명되었다. 또한 마고트는 젊은 나이에 죽고, 에리카는 일찌감치 은퇴했으며, 나머지 세 명은 모두 미국에 정착해 무 용가로서 자신들의 경력을 계속 쌓아나갔다.

무용 학교를 세우기 위해 필사적으로 노력했다. 그녀는 특히 미국에 학교를 세우기를 희망했지만 좌절되었고, 다른 나라에도 유사한 시도를 했으나 크게 기대할만한 상황은 아니었다.

이때에 그녀에게 손을 내민 유일한 나라가 소비에트 연방이었다. 이사도라 던컨이 심정적으로 사회주의자였다는 사실은 분명하다. 그렇지만 그 사실을 비난한다면 당시의 예술가들 거의 모두를 비난해야 할 것이다. 굳이 분류하자면 그녀는 이상적 사회주의자였다고 할 수 있다. 그녀는 러시아 체류 중에 소비에트의 이른바 '동무' 들을 향해 '부르주아를 몰아내고 그 자리를 차지하고 있을 뿐' 이라고 비난해서 이 기사가 모스크바 신문에까지 실린 적이 있었다.

소비에트 연방의 동무들은 그녀에게 1천 명의 학생들을 수용할 수 있는 학교와 정기적으로 민중들을 위한 무료 공연이 가능할 것이라고 장담했다. 그렇지만 당시의 그곳은 바로 그해 수천 명이 기아로 사망하는 상황에 처해 있었다. 친구들의 만류에도 불구하고 이사도라는 희망을 가지고 1921년에 모스크바로 출발했다. 그녀의 아이들 중에서 이르마(Irma Duncan)[84] 한 사람만이 그녀와 동행했다.

무용 학교는 40명으로 규모가 축소되었고 이사도라와 이르마는 궁핍한 환경에 처했지만, 그녀들은 오디션을 거쳐 아이들을 선발하고 가르치기 시작했다. 러시아의 상황은 모든 면에서 이사도라를 실망시키는 것이었다. 학교의 상황은 러시아 전체가 겪는 어려움의 일부라고 이해한다 해도 이사도라와 학생들의 무료 공연을 보러 온 관객들은 대중들이 아니

---

[84] 원래 이름은 이르마 에리히 그림(Irma Dorette Henriette Ehrich-Grimme)이며, 1897년생이다. 이사도라와 함께 러시아의 무용 학교를 운영하다 이사도라가 러시아를 떠난 후에는 혼자 학교를 운영했다. 이르마는 1932년 열 명의 러시아 소녀들과 함께 미국으로 돌아와 뉴욕에 던컨 학교를 세웠다. 미국에 세워진 첫 번째 던컨 댄스의 교육기관이었다. 그렇지만 이사도라의 사회주의적 성향은 후일 그녀의 아이들까지 상당히 힘들게 만들었다. 이르마는 1937년에 뉴욕을 떠나 다시는 돌아오지 않았다.

라 당 지도부와 고급 관료들, 붉은 군대의 장군들과 외국인들이었다.

그녀의 무용에 대한 비평 논조도 20년 전과는 완전히 바뀌어 있었다. 무용의 기초도 없이 신비주의로 일관한다는 비판은 러시아 발레계가 1905년에 그녀를 공식적으로 초청하기 전에 써먹던 것들의 재탕이었다. 이사도라는 대부분의 비판에는 무대응으로 일관했지만, 그녀가 경제적으로 어려움에 빠진 러시아에 일확천금을 꿈꾸며 온 미국인이라는 비평은 그녀를 격분시키기에 충분했다. 사실 그녀는 이 학교를 위해서 파리와 지중해에서의 안락한 생활을 포기했다. 더욱이 이사도라는 경제적인 수입을 위해 학생들과 함께 유료로 공연을 하라는 달콤한 유혹을 힘들게 뿌리치고 있는 중이었다.

반면 '살찐 중년의 여인이 관중들에게 들릴 정도로 숨을 헐떡인다'라는 공연의 질과 관련한 이사도라 개인에 대한 공격에는 그녀의 책임도 있었다. 당시 그녀는 자기 관리에 철저하지 못해서 체중이 많이 불어난 상태였고, 몸의 움직임이 과거와는 완연하게 차이가 났다.

이사도라는 이러한 상태에서도 계속 알코올을 탐닉하며 살고 있었다. 분명히 그녀가 은퇴해야만 하는 시기였다. 그런데 그녀는 여기에서 또 한 가지 결정적인 실수를 범하고 말았다. 그녀는 1922년에 생애 처음이자 마지막으로 결혼을 했다. 상대는 '천재적인 혁명 시인'으로 칭송받고 있던 세르게이 예세닌(Sergei Yesenin)이었다. 불가사의한 결혼이었다. 이사도라의 러시아어 실력은 겨우 수십 개의 단어를 조합하는 수준이었고, 세르게이는 러시아어 이외의 언어는 전혀 구사하지 못했다.

그는 나이가 이사도라보다 열여덟 살이나 아래였고, 그녀보다 훨씬 심한 알코올 중독자였다. 더욱이 그는 때때로 여자에게 폭력까지 휘두르는 성격파탄자였다. 세르게이가 이사도라와 결혼한 이유로는 오랫동안 사권 여자 친구에게 차인 보복으로 명성이 있는 여자를 소유하여 그녀를 학대하려는 잠재의식이 발동했기 때문이라는 것이 가장 설득력 있다.

세르게이는 그녀에게 저주를 퍼붓고 이사도라는 그에게 굴욕적인 태도로 일관했다. 세르게이가 술에 취해 그녀를 때리려고 손을 들자 그 손을 잡고 키스를 할 정도였다. 그녀는 세르게이와 결혼하고 그에게 집착했던 이유에 대해서 친구인 마리 데스티에게 털어놓은 적이 있었다.

"예세닌은 패트릭을 닮았어. 패트릭이 자랐다면 그런 모습이었을거야."

이사도라는 무용 학교의 기금을 모으기 위해서 유럽과 미국 순회 공연을 감행했다. 학교를 위해서는 돈이 필요했고, 자신의 구좌는 이미 채권자들이 차압한 상태였기 때문이었다. 아들 패트릭을 닮은 남편도 순회 공연에 동반했다. 그렇지만 그는 상습적으로 술에 취해 호텔 기물을 부쉈고, 미국 뉴욕에서는 호텔 창문에 붉은 깃발을 걸고 "볼셰비즘 만세!"를 외쳐댔다.

보스턴에서는 이사도라도 사고를 쳤다. 공연 도중에 젖가슴이 노출되는 사고가 발생했던 것이다.[85] 또한 바로 그 공연을 마친 다음 그녀는 붉은 스카프를 두르고 나타나 관객들에게 짧은 연설을 했다.

"이 스카프는 붉은 색이다. 나도 붉은 색이다(I am Red). 당신들도 한때는 거친 야생 그 자체였다. 길들여지지 말라."

비록 이사도라는 붉은 색이 공산주의를 의미하는 것이 아니라 자연 상태의 순수함을 의미한다고 해명했지만, 이 말을 이념적인 측면에서 해석한다면 분명히 오해의 소지가 상당히 많은 말이었다. 어찌 되었거나 미국 순회 공연 자체는 성황리에 끝났지만 경제적으로는 완전히 파

---

85 여기에 대해서는 단순한 사고였을 확률이 크지만, 이사도라가 일부러 가슴을 풀어헤치며 "이것이 진정한 아름다움이다!"라고 외쳤다는 설도 있다. 고의로 노출했다는 설은 공연이 끝난 후의 복잡한 상황과 맞물려 상당히 과장된 것이다.

이사도라와 예세닌

탄상태가 되었다. 최고의 공연을 위해 장소와 오케스트라에 막대한 지출을 한데다, 여러 달간 여러 도시를 돌며 고급 호텔에서 호사스러운 생활을 유지한 대가였다.

　미국은 이사도라가 마지막 희망을 가지고 찾은 땅이었다. 그렇지만 천박한 미국 문화는 그녀를 따뜻하게 받아들지 못했다. 그녀가 여러 도시를 순회하는 동안 비평가들은 날을 세워 그녀를 난도질했다. 그녀는 다시 한 번 미국인들에게 상처를 입었다. 이사도라는 유럽으로 돌아갈 여비도 남지 않았다. 다시 한 번 로엔그린이 그녀의 귀국비용을 댔다. 미국을 떠나며 그녀는 절규했다.

　"미국이여, 안녕. 내 다시는 너를 보지 않을 것이다."

파리를 거쳐 러시아로 돌아온 이사도라는 이제 학교는 자신이 아니라 이르마의 것임을 알았다. 이르마도 시대를 대표하는 훌륭한 무용가로 성장해 있었고, 학교 운영에 있어서는 이사도라보다 훨씬 뛰어났다. 이사도라가 우크라이나 공연을 마치고 학교로 돌아왔을 때 이르마는 500명의 학생들과 함께 붉은 튜닉을 입고 그녀를 맞이했다. 이사도라는 감격하면서도 이제는 무대에서 내려갈 때가 되었다는 사실을 깨달았다.

또한 그녀에게는 세르게이와 결별해야 하는 순간도 다가오고 있었다. 그녀가 러시아로 돌아오고 나서 일 년 동안 세르게이와 함께 한 기간은 일주일 정도가 전부였다. 1924년 여름 그로부터 서신으로 잔인한 결별 통보를 받았다.

그해 9월 볼쇼이 극장에서 이사도라의 고별 공연이 있었다. 4천 명의 관객들은 대부분 공산당 간부들과 당원들이었다. 이사도라는 공연이 끝나고 극장 밖으로 나와 이 공연의 수입금을 모두 지나가는 사람들에게 나누어 주었다.

파리로 돌아온 이사도라는 추락에 추락을 거듭했다. 경제적으로는 이미 러시아로 출발할 때부터 파산 상태나 다름없었다. 그녀는 파리와 지중해를 오가면서 생활했는데, 고급 호텔이나 단기 임대 방갈로에 밀린 방값을 해결하지 못했다. 그녀는 완전히 술에 취한 모습으로 자주 나났으며, 저명한 여류 시인이자 극작가인 메르세데스 데 아코스타(Mercedes de Acosta), 파리에서 살롱을 열고 있던 미국 출신의 여류 시인 나탈리 바니(Natalie Clifford Barney)와의 동성애도 불거졌다.

아직도 그녀에 대한 열렬한 숭배자들이 건재한 상황에서 이러한 모든 것들이 스캔들을 쫓는 언론의 주목을 받았다. 이러한 와중에 1925년 12월 28일, 공식적으로 이혼하지 않아 아직 남편이었던 세르게이 예세닌이 서른 살의 나이에 자살로 생을 마감했다. 얼마 후 소비에트 정부는 세르게이 예세닌의 유산이라며 30만 프랑의 거액을 보내겠다고 연락했다. 이사도라와 세르게이는 아직 공식적으로 이혼하지 않은 상태였다. 이사도라는 유산의 수령을 거부하고 그것을 세르게이의 어머니와 누이에게 지급하라고 답신했다.

이미 정신적으로 피폐해진 이사도라는 세르게이의 자살을 계기로 완벽하게 추락했다. 그녀가 호텔이나 레스토랑에 남긴 빚을 아코스타나 다른 절친한 친구들, 그녀를 아끼는 예술가들이 간간이 갚아 주었지만, 이사도라는 약간의 수입만 생기면 호화판 파티를 벌여 금방 탕진했다. 파리와 베를린의 집, 가구, 모피, 보석 등 가지고 있던 모든 것을 팔고 나서도 무일푼이었다.

이사도라의 자서전인 《나의 인생》은 그녀가 경제적인 곤경에서 벗어나기 위해 미국의 〈시카고 트리뷴〉지와 계약해서 선금을 받고 쓰기 시작한 것이다. 〈시카고 트리뷴〉은 이사도라를 예술가가 아니라 스캔들 메이커로 간주했다. 그래서 그동안 그녀가 연인들이나 다른 예술가들과 주고받았던 천여 통의 편지를 모두 포함한다는 조건으로 거금을 투자했다.

1927년 9월 13일 이사도라는 그녀를 만나기 위해 남부 프랑스의 니스까지 찾아온 그녀의 로엔그린 파리스 싱어를 만났다. 파리스는 오랜 친구로서 다시 한 번 그녀를 경제적인 곤경에서 구해낼 생각이었다. 다음 날 저녁 이사도라는 친구인 메리 데스티(Mary Desti)와 함께 그녀의 춤을 영화로 기록하기 위해 니스에 온 이반 니콜렌코(Ivan Nickolenko)를 만나 촬영에 관한 이야기를 했다. 촬영은 다음날 시작할 계획이었다.

저녁 아홉 시가 조금 넘었을 때 잘 생긴 이탈리아 청년 베노아 팔체토(Benôit Falchetto)가 프랑스제 신형 스포츠카 아밀카르(Amilcar)를 몰고 나타났다. 그녀가 며칠 전에 사귀기 시작한 새 남자친구였다. 9시 30분, 이사도라는 메리와 이반에게 작별을 고하며 일어섰다. 그녀는 2미터가 넘는 붉은 색의 긴 스카프를 목에 둘렀다. 그 스카프는 메리가 선물한 것으로 러시아 출신의 공예가인 로만 차토프(Roman Chatov)의 수제품이었다. 이사도라는 이 스카프를 아주 좋아했다. 차에 올라탄 이사도라가 메리를 돌아보며 외쳤다.

"안녕, 친구들. 나는 영광을 위해 간다! (Adieu, mes amis. Je vais à la gloire!)"[86]

차가 출발하려고 할 때 메리는 이사도라의 긴 스카프 끝자락이 뒷바퀴의 살에 낀 것을 보았다. 메리가 다급하게 소리를 지르는 순간 아밀카르는 힘차게 앞으로 나갔다. 붉은 스카프가 바퀴에 감기면서 이사도라는 목이 부러져 현장에서 즉사했다. 그 죽음도 삶만큼이나 극적이었다.

이사도라의 언니 엘리자베스는 장례식장에서 이사도라는 인생과 예술에서 극단적인 모순을 보인 사람이었다고 평가했다. 예술에서는 숭고한 경지에 올랐지만, 삶에서는 어린아이에 계속 머물고 있던 사람이었다고 말했다. 그녀에 대한 평가가 어찌되었건 그녀의 삶과 죽음에서 20세기의 전설이 하나 만들어졌다.

이사도라가 극적으로 죽은 직후 〈시카고 트리뷴〉은 《나의 인생》을 출판했다. 《나의 인생》은 사실상 미완성작으로 그녀가 희망을 안고 러시아로 출발하는 시점에서 끝이 난다. 그녀가 러시아 시절의 이야기를 자서전에 포함시키지 않은 이유는 이 자서전을 쓰고 있던 당시 모스크바에서 계속 무용 학교를 운영하고 있던 이르마에 대한 배려였을 것으로 추측하고 있다.[87]

---

[86] 미국의 소설가 웨스코트(Glenway Wescott)는 이사도라의 마지막 말은 '영광(la gloire)'이 아니라 '사랑(l'amour)'이었고, 단순히 팔체토와 사랑을 나누러 간다는 의미였는데 메리가 고인의 명예를 위해서 사실을 왜곡했다고 주장했다. 아무런 의미가 없는 문제 제기였다.

[87] 이르마 던컨은 《이사도라 던컨의 러시아 시절(Isadora Duncan's Russian Days)》을 1929년에 출판했다.

이사도라의 조국인 미국이 그녀의 춤을 이해하고 받아들인 시기는 1970년대 후반이다. 20세기 초반에는 그 춤이 가지고 있는 철학적인 의미 자체를 이해하지 못했고, 제2차 세계대전 이후에는 50년대에 불어 닥친 매카시 선풍의 여파로 이념 문제에 얽매여 있었다. 1977년 이사도라 던컨 탄생 100주년을 맞이해서 이르마 던컨의 제자인 실비아 골드(Sylvia Gold)가 주축이 된 던컨 댄서(Duncan Dancers) 그룹이 이사도라의 안무를 그대로 재현하는 합동 공연을 가진 것이 계기가 되었다.

이 해에 '이사도라의 아이들' 중에서 유일한 생존자였던 마리아 테레사가 참여한 이사도라 던컨 국제기구(Isadora Duncan International Institute)가 설립되었고, 현재는 주로 이사도라의 제3대 제자들과 제4대 제자들이 주축이 되어 전 세계에서 활발하게 활동하고 있다. 이것은 이사도라가 일찌감치 예견한 일이었다. 그녀는 자신의 무용이 자신으로만 끝나지 않을 것이라는 확신을 가지고 있었다.

인고의 세월이었던 러시아 시절의 어느 날, 이사도라와 세르게이가 예술에 대한 논쟁을 하던 도중 세르게이가 말했다.

"시는 기록되어 남는 것이고 오래 기억되기 때문에 영원히 살지만 무용은 공연하는 순간으로 끝나는 것이고 그 감동은 언젠가는 잊히기 때문에 결국 죽어버리는 것이다."

이사도라는 즉시 서툰 러시아어로 응수했다고 한다.

"진정한 아름다움은 절대로 죽지 않아."

5

불멸의 여인

구원자

메리 1세 | 엘리자베스 1세 | 이사벨라 여왕
예카테리나 1세 | 엘리자베타
예카테리나 대제 | 에바 페론

16세기 이후 뛰어난 여왕들이 연이어 등장하면서 그 시대의 남성 경쟁자들을 압도하는 경이로운 통치 능력을 실증적으로 과시했다. 그러자 자신들의 여왕에게 열광했던 시대의 문학가들은 그들의 여왕을 베아트리체나 피아메타나 라우라와 같이 '구원자'로서 숭배하기 시작했다. 이런 불멸의 여인들은 르네상스 시대에만 만들어진 존재들이 아니다. 사람들은 시대를 불문하고 항상 신화에 열광하며, 오늘도 많은 사람들이 꾸준히 구원자에 대한 신화와 전설을 만들어 내고 있다.

불멸의 여인

그녀는 나에게 지고의 행복이다. 모든 악덕의
파괴자이며 모든 미덕의 여왕이다. 그녀는 나의 구원(salvation)이다.

《신곡(Divina Comedia)》의 저자 단테 알리기에리(Dante Alighieri)가 불멸
의 연인 베아트리체를 '구원의 여인'으로 정의한 문장이다. 단테는 피
렌체의 유서 깊은 명문가 출신이다. 단테가 아홉 살이었을 때 그는 에메
랄드 빛 눈동자를 가진 한 살 아래의 소녀 베아트리체 포르티나리
(Beatrice Portinari)를 처음 보는 순간 사랑에 빠졌다. 그는 30년 후에 저술
한 자전적인 작품 《새로운 삶(La Vita Nuova)》에서 그때 천사와 같은 모습
의 그녀가 심홍색 옷을 입고 멋진 허리띠를 매고 있었다고 회상했다.

두 번째 결정적인 만남은 베아트리체가 열여덟 살이었을 때였다. 순
백색의 옷을 입고 두 명의 다른 여인과 함께 길을 가다 단테와 마주친 그
녀는 몸을 돌려 그에게 상냥하고 예의바르게 인사를 건넸다. 기대하지

않았던 그녀의 상냥한 태도로 인해 환희에 충만했던 단테는 그 길로 곧장 집으로 돌아왔다. 그리고 잠이 든 사이 단테의 꿈속에 절대자가 나타났다. 그는 베아트리체를 자신의 품에 안고 나타나서는 단테의 불타는 심장을 꺼내어 그녀에게 먹도록 했다.

단테는 말년의 역작인 《신곡》을 통해서 스물네 살의 나이로 요절한 베아트리체를 영원불멸한 구원의 여인으로 되살렸다. 원래 '구원의 여인(La salvatrice)'은 기독교 문화권의 독특한 신학적 개념이었다.

구원의 여인이 신학으로부터 해방되어 세속적인 의미를 갖게 된 데에는 단테, 페트라르카, 보카치오라는 세 명의 이탈리아 작가들이 지대한 공헌을 했다. 이들은 문학 분야에서 인류 역사상 처음으로 인본주의를 열었다고 해도 지나친 말이 아닐 정도로 세계의 문화사에 지대한 공헌을 한 사람들이다. 14세기에서 15세기까지 이탈리아의 지성을 대표했던 이 세 사람을 한데 일컬어 '마르지 않는 세 개의 샘'이라는 영광스러운 이름으로 부르기도 한다. 또한 이들은 모두 영원불멸한 '구원의 여인'을 한 사람씩 가지고 있었고, 그들의 작품 속에서 이들에게 영원한 생명을 불어 넣었다.

마르지 않는 세 개의 샘 중에서 가장 막내인 《데카메론(Decameron)》의 저자 지오반니 보카치오(Giovanni Boccaccio)는 청년 시절을 나폴리에서 보냈다. 당시 나폴리의 통치자는 프랑스 아비뇽 왕조의 '현명한 로베르토(Roberto il Saggio)'라는 사람이었다. 현명하고 온화한 통치자로 르네상스 문학과 미술의 강력한 후원자이기도 했던 그에게는 아름다운 딸이 하나 있었다. 보카치오는 자신의 또래였던 로베르토의 딸과 이루어질 수 없는 사랑에 빠졌다.

감수성이 예민한 시인과 아름다운 공주의 사랑이었지만, 애석하게도 공주는 유부녀였다. 보카치오는 데카메론만이 아니라 이탈리아어와 라틴어로 쓴 수많은 시와 모험과 사랑으로 가득 찬 로망스 소설들도 다수 저술했는데, 그의 작품 대부분에는 '피아메타(Fiammeta)'라는 불멸의 여성 캐릭터가 등장한다. 이 사람이 바로 문제의 그 유부녀 공주이다.

프란체스코 페트라르카(Francesco Petrarca)는 지금까지도 서양인들이 가장 애용하는 시의 형식인 소네트를 완성시킨 시인으로도 유명하지만, 르네상스의 시대 정신이라고 할 수 있는 인본주의를 제창한 시대의 선구자이기도 했다. 그는 중세를 '암흑시대'라고 명명한 최초의 인물이다. 페트라르카도 보카치오와 마찬가지로 유부녀를 사랑했는데, 상황은 조금 더 심각했다. 그의 경우에는 일방적인 짝사랑이었던 것이다.

페트라르카가 성직자가 되려는 꿈을 막 접었던 이십 대 초반 무렵, 그는 라우라 데 노베스(Laura de Noves) 백작부인을 본 순간 사랑의 열병에 걸렸으며, 이 열병은 상당히 오래 계속되었다. 말년에 스스로 정리한 《비망록(Secretum)》에 따르면, 페트라르카의 구애에 대해 라우라는 자신은 이미 다른 남자와 결혼한 몸이라는 합리적인 이유를 들어 거절했다.

페트라르카는 평생에 걸쳐 불멸의 여인 라우라를 향한 애절한 연애시를 수백 편 적었다. '단순한 노래집'이라는 의미의 《칸초니에레(Canzoniere)》 단 한 권에만 불타는 사랑을 노래한 애절한 시가 366편이나 수록되어 있다. 페트라르카의 애절한 짝사랑은 라우라가 예기치 못한 죽음을 맞이할 때까지 약 20년 정도 지속되었다. 그는 그동안 라우라에 대한 욕정 때문에 자신과 격렬하게 투쟁해 왔고, 그녀의 때 이른 죽음이 아니었다면 그 투쟁은 더욱 오래 지속되었을 것이라고 고백했다.

라우라의 죽음은 비통한 것이었지만 또 한편으로는 안식이기도 했다. 나는 내가 육체적인 욕정으로부터는 항상 자유로웠다고 말하고 싶다. 그러나 만약 내가 그렇게 말한다면 그것은 분명히 거짓말이다.

　유럽에서 여왕들의 존재가 자연스럽게 받아들여지게 된 데는 현실적인 근거와 함께 위대한 작가들이 창조한 환상들이 큰 작용을 했다. 12세기 후반 그루지야 왕국의 황금시대를 이끌었던 타마라 여왕 이후, 유럽에 여왕들이 본격적으로 등장한 시기는 16세기 이후라고 할 수 있다. 이시대에 스페인의 이사벨라, 스웨덴의 크리스티나, 잉글랜드의 엘리자베스 1세와 같은 뛰어난 여왕들이 연이어 등장하면서 당대의 남성 경쟁자들을 압도하는 경이로운 통치 능력을 실증적으로 과시했다. 그러자 자신들의 여왕에게 열광했던 같은 시대의 문학가들은 그들의 여왕을 베아트리체나 피아메타나 라우라와 같이 '구원자'로서 숭배하기 시작했다.

　문화적인 측면에서 16세기는 수세기 전 이탈리아에서 시작된 르네상스가 다른 나라에서도 토착화되어 주류의 문화로 완전히 자리를 잡은 시기이며, 금속활자가 일반화되면서 작가들이 라틴어가 아닌 자국어로 글을 써서 작품을 발표하던 시기였다. 문학은 환상의 세계를 다루지만, 작가들은 현실적인 존재들이다. 여왕의 치하에서 여왕의 총애를 기대하는 작가들은 당연히 여왕에 대한 찬가를 늘어놓기 시작했다.

　엘리자베스 여왕 시절 윌리엄 셰익스피어는 페트라르카의 소네트 형식을 영문학에 도입했다. 셰익스피어의 작품들은 당대의 시인들인 월터 롤리(Walter Raleigh)나 에드먼드 스펜서(Edmund Spencer)에게 영향을 미쳤으며, 이들은 자신들을 구원하는 불멸의 여인으로 자신들의 연인이 아니라 그들의 여왕을 선택했다.

　　오래도록 이어지리니,
　　오! 천상의 빛으로 찬란한 여신이여,

신성한 우아함과 장엄함의 거울이여,

가장 위대한 섬의 위대한 여인,

그 광휘는 태양신의 광명처럼 온 누리에 비추리라.

그대의 밝은 빛을 내 침침한 눈에도 비추소서.

그리하여 비천하고 경박한 내 생각을 깨우치소서.

그대의 진정한 영광의 모습을 그릴 수 있도록,

고통스러운 나의 한계를 뛰어넘을 수 있도록,

나에게 깨우침을 허용하소서.

오! 진정으로 친애하는 경외여. 잠시만이라도.

위의 구절은 엘리자베스 시대를 대표하는 시인 에드문드 스펜서가 1590년에 출판한 연작 시집 《페어리의 여왕(The Faerie Queene)》의 서문으로, 엘리자베스 여왕에게 헌정된 시 〈여왕에게 바침(Dedication to Queen Elizabeth)〉의 마지막 부분이다. 모두 여섯 권으로 구성된 이 책에서 엘리자베스 여왕은 페어리의 여전사인 '벨포이베(Belphoebe)'라는 캐릭터로 작품 속에 직접 등장한다. 벨포이베는 '아름다운 다이애나(Bel Diana)'라는 의미로, 모든 미덕을 갖춘 존재였다. 다이애나는 달의 여신이면서 사냥의 신이자 풍요의 신이다.

당시 스펜서를 비롯한 잉글랜드의 재능 있는 작가들은 페트라르카의 《칸초니에레》에 등장하는 영원불멸의 여인 라우라의 이미지를 엘리자베스 여왕에게 투영해 여왕을 신화적인 존재로 만드는 작업에 몰두했다. '페어리의 여왕'은 당시 엘리자베스 여왕에게 붙여진 여러 개의 별명 중 하나였다.

여왕에 대한 찬미는 대영제국의 국력이 최고의 위치에 올라 있던 빅토리아 시대에 다시 한 번 재현되었다. 이 시기의 대표적인 작가는 알프레드 테니슨 경(Sir Alfred L. Tennyson)이었다. 그는 《왕의 목가(Idyll of King)》를 통해 대영제국 왕실의 혈통이 전설적인 아서 왕으로부터 유래했다는 것을 영국인에게 다시 한 번 주지시키고자 했다. 《왕의 목가》의 마지막 장도 〈여왕에게 바치는 시(To the Queen)〉로 마무리된다.

'불멸의 여인' 들은 르네상스 시대에만 만들어진 존재들이 아니다. 사람들은 시대를 불문하고 항상 신화에 열광하며, 오늘도 많은 사람들이 신화와 전설을 만드는 작업에 관여하고 있다. 1978년 런던에서 초연된 앤드류 로이드 웨버(Andrew Lloyd Webber)의 뮤지컬 〈에비타(Evita)〉는 1996년 알란 파커(Alan Parker) 감독이 마돈나를 기용해 영화로도 만들었다. 아르헨티나인들에게는 영원불멸한 구원자인 에바 페론을 다룬 이 뮤지컬에서 가장 유명한 노래인 〈나를 위해 울지 말아요, 아르헨티나여(Don't cry for me, Argentina)〉의 한 구절이다.

> 그 모든 것은 부를 위해서? 그리고 명성을 위해서?
> 나는 그런 것들을 기대한 적이 없어요.
> 비록 이 세상은 그런 것들이 내가 원했던 모든 것이라고 말하지만.
> 그런 것들은 그것 환상일 뿐이에요.
> 그런 것들은 그들이 약속하는 해결방안이 될 수 없어요.
> 대답은 항상 여기에 있었어요.
> 나는 여러분들을 사랑했고 여러분들에게 사랑받기를 원했다는 것,
> 그것뿐이지요.
> 나를 위해 울지 말아요, 아르헨티나여.

제국을 준비한 여왕

메리 1세

메리, 메리, 거꾸로쟁이 Mary, Mary, quite contrary,

너희 집 정원은 어떻게 자라니? How does your garden grow?

은종들로, 새조개들로 With silver bells, and cockle shells,

그리고 줄지어 서 있는 예쁜 처녀들로. And pretty maids all in a row.

이것은 여러 번 영화로도 만들어졌던 유명한 아동소설《비밀의 정원
(The Secret Garden)》에 삽입되었던 노래 가사로 영국인들이 수백 년 동안
불러 왔던 〈거꾸로쟁이 메리(Mary, quite Contrary)〉라는 자장가이다. 이 자

장가와 관련이 있을 수 있는 역사적인 인물 '메리'의 후보로는 두 사람이 있는데, 튜더 왕조의 제4대 혹은 제5대 통치자인 메리 1세(Mary I)와 그녀보다 반 세대 정도 늦게 태어난 스코틀랜드의 여왕 메리 스튜어트이다.

거꾸로쟁이 메리를 메리 1세로 해석하는 경우 '너희 집 정원'은 임신을 하지 못하는 그녀의 자궁을 암시하며 은종과 새조개는 모두 가톨릭 교회를 상징하는 것들이다.[1] 줄지어 서 있는 예쁜 처녀들은 당연히 그녀를 수행하는 시종녀들로 볼 수 있는데, 이런 식으로 해석한다면 이 자장가는 역사의 도도한 흐름을 뒤집으려고 헛된 노력만 하다가 끝내 좌절하고 말았던 여왕을 조롱하고 있는 것이 된다.

또한 메리 1세에게는 '피의 메리(Bloody Mary)'라는 유명한 별명이 붙어 있다. 아버지 헨리 8세와 동생인 에드워드 6세(Edward VI)가 세운 잉글랜드 성공회를 해체하고 교회를 다시 로마 가톨릭 교회 조직으로 복귀시키려는 과정에서 수백 명의 프로테스탄트를 처형했다는 이유로 붙여진 별명이다. 그렇지만 그러한 섬뜩한 별명이나 그녀를 풍자한 자장가는 실제의 역사적인 인물 메리 1세에게는 전혀 어울리지 않는 것일 수도 있다.

메리 1세를 비판하다

메리 1세에 대한 비판은 전적으로 그녀와 동시대 인물인 존 폭스(John Foxe)가 쓴 《순교자의 책(Foxe's Book of Martyrs)》이라는 역사서에 기인한

---

[1] 은종과 새조개가 당시 유럽에서 사용하던 고문기구들의 은어였다고 해석하기도 한다. 이 해석에 따르면 '줄지어 서 있는 처녀들'은 유명한 고문도구인 '철의 처녀(Iron Maiden)'가 된다. 또한 제2행의 '정원(garden)'을 메리 1세의 대법관이었던 윈체스터 대주교 스테판 가디너(Stephen Gardiner)로 해석하기도 한다.

레이디 메리

것이다. 엘리자베스 여왕 시절에 발행되었던 이 책에서 폭스는 메리 1세
에 의해 처형된 약 270명의 순교자 명단을 수록해 놓았다. 이 책은 수세
기 동안 잉글랜드의 프로테스탄트들에게 필독서나 마찬가지였으며, 후
일 미국으로 이주한 개신교 계열의 신자들에게도 마찬가지였다.

그렇지만 존 폭스는 역사학자도 아니었고 정확한 기록자도 아니었다. 그는 옥스퍼드의 브래세노즈 대학에서 논리학을 전공했으며 고대 히브리어, 그리스어, 라틴어를 공부했기 때문에 초기 기독교에 대한 접근이 가능했다. 그는 진정한 신앙을 찾는 사람이었고 자신의 신념에 따라 평생을 종교 개혁에 헌신한 사람이었지만, 지나치게 극단적인 견해를 가지고 있던 것이 문제였다. 그의 저술은 편견과 과장으로 일관되어 있다. 그렇지만 그 내용과 문체가 비장한 아름다움을 가지고 있기 때문에 독자들에게 강하게 어필하는 것이기도 했다.

《순교자의 책》은 아주 오랫동안 베스트셀러의 자리에 있었다. 그러나 사실 이런 부류의 글은 역사의 기술보다는 소설에 훨씬 더 적합하다. 존 폭스는 역사가 가져야 하는 객관성을 잃었다. 따라서 그는 후일 신교도들이 가톨릭의 역사와 그 신앙을 가진 사람들에 대해서 왜곡된 시각을 가지게 만든 장본인이라고 할 수 있다.

그의 증오심은 가톨릭 교도들 중에서도 유독 메리 1세에게 집중되어 있다. 그녀의 통치 시절, 폭스는 자신의 이름으로 발표한 몇 편의 급진적인 논문 때문에 만삭의 아내를 데리고 망명길에 올라야 했던 쓰라린 경험을 가지고 있었던 것이다. 현대의 역사가들 사이에서는 존 폭스가 그의 책에서 제시했던 순교자의 숫자는 그 자체도 과장되어 있고, 그중에는 순교로 보기 힘든 사람들도 다수 포함되어 있으며, 또한 그들에 대한 재판과 처형의 과정에 메리가 개입한 정도도 미미하다는 의견이 제기되고 있다.

메리 1세가 새롭게 성립된 프로테스탄트 교회의 중요한 인사들을 처형한 것은 사실이지만, 그녀뿐 아니라 튜더 왕조의 모든 통치자들은 이른바 '순교자'들을 만들어 냈다. 이것은 잉글랜드뿐 아니라 전 유럽의 공통적인 현상이기도 했다. 더욱이 이때 처형된 사람들 중의 상당수는 메리가 여왕에 즉위하려는 것을 저지하려고 했던 인물들이었다. 종교 문제라기보다는 정치적인 문제였던 것이다. 순수한 종교적인 문제로 희생된 인사들에 대해서라면 메리보다는 당시 런던의 주교였던 에드문드 보너(Edmund Bonner)에게 책임을 물어야 할 부분이 훨씬 더 많았다.[2]

메리 1세의 즉위

메리 1세는 1516년생으로 헨리 8세와 아라곤의 캐서린 사이에 태어난 다섯 명의 아이들 중에서 유아기를 무사히 넘긴 유일한 생존자였다. 메리 역시 대단히 몸이 허약한 아이였다. 그녀는 유아기에 시야에 장애가 있어서 부모들의 애를 태웠으며, 그만큼 사랑을 많이 받고 자랐다. 어머니 캐서린과 훌륭한 교사들로부터 외국어와 과학 등 다양한 분야의 교육을 받았던 메리가 특히 재능을 보인 분야는 음악이었다.

그녀는 다섯 살에 버지널(Virginal, 하프시코드를 소형으로 축소한 것)을 훌륭하게 연주해서 사람들을 놀라게 했는데, 특히 헨리에게는 음악에 대단한 재능이 있는 그녀가 항상 자랑거리였다. 그는 메리를 무척 사랑해서 그녀가 아홉 살 때 웨일스의 루들로우 성에 독립적인 궁정을 꾸며주었는데, 이는 통상적으로 잉글랜드의 왕위 계승자인 '웨일스의 왕자(Prince of Wales)'만이 누리던 특권이었다. 그 다음해에 메리는 공식적으로 웨일스에서 거주하면서 상징적으로 통치권을 행사하게 되었다.

메리는 당시 유럽에서 가장 주목받고 있는 공주로, 어릴 적부터 약혼

---

2 원래 에드문드 보너 주교의 별명이 바로 '피의 보너(Bloody Bonner)'였으며, 메리의 별명인 ' Bloody Mary'는 훨씬 후대에 보너의 것으로부터 파생되어 붙여진 것이다.

제의를 많이 받았다. 그녀와 혼
담이 오갔던 사람들은 프랑스의
황태자 프랑수아, 요절한 프랑
수아를 대신해 황태자가 된 오
를레앙 공작 앙리,[3] 사촌 형제
사이인 신성로마 제국의 황제
카를 5세, 그리고 첫 번째 부인
클로드를 잃고 난 후의 프랑스
국왕 프랑수아 1세 등이다. 그렇
지만 헨리가 캐서린과의 결혼무
효를 추진하기 시작하면서 메리

아라곤의 캐서린

의 지위도 함께 흔들리기 시작했다.

　1533년 헨리와 캐서린의 결혼이 무효화되자 이른바 '레이디 메리'는
왕위 계승자의 서열에서 제외되었을 뿐 아니라 하지 말았어야 할 근친
결혼 관계에서 태어난 사생아가 되었다. 따라서 공주의 직위에 따라 거
느리던 식솔들은 모두 해임되었고, 헨리와 앤 불린 사이에서 갓 태어난
엘리자베스 공주의 시종녀 신세가 되었다. 더욱이 헨리는 메리가 자신
의 어머니인 캐서린을 만나지 못하게 하고 장례식에 참석하는 것조차
허락하지 않았다. 이 때문에 후일 메리는 엘리자베스에게 줄곧 냉랭하
게 대했고, 자매 사이에는 언제나 긴장이 감돌았다.

　1536년에 앤 불린이 처형되자 그 다음날 헨리는 제인 시모어와 약혼
했고, 열흘 후에는 결혼식을 올렸다. 헨리는 그동안 캐서린과 앤 불린,
두 사람의 지적인 여자들에게 질렸던지 새로이 선택한 부인 제인은 뜨

---

3 후일 앙리 2세가 되는 인물로 이탈리아 피렌체를 지배하던 메디치 가문의 카타리나와 결혼했다. 이 여
인이 후일 '검은 왕비'로 알려지게 될 카트린느 드 메디치이다.

개질에서는 신기에 가까운 솜씨를 가지고 있던 반면 교육수준은 낮아서 읽고 쓰기만 가까스로 깨우친 정도였다. 또한 그녀는 대단히 보수적인 가치관을 가지고 있어서 정치에는 절대로 간섭하지 않았다.[4]

제인 시모어와의 결혼식 직후 헨리는 메리가 자신을 잉글랜드 교회의 수장으로 인정하고 자신과 캐서린의 결혼을 원인 무효로 인정한다는 것을 조건으로 내세워 메리의 지위를 복구했다. 이에 따라 메리에게 거처가 확보되고 다시 연금이 지급되었지만, 바로 그해에 헨리는 제1차 왕위계승령(Act of Succession)을 의회에 제출해서 메리와 엘리자베스를 후계자 서열에서 제외시켰다.

1537년 제인 시모어는 헨리가 그토록 기대하던 왕자를 낳았다. 헨리는 이 아이에게 전통적으로 장남에게 붙이는 이름인 에드워드(Edward)라는 이름을 주었으며, 유아세례를 받을 때 나이 차이가 많이 나는 누나인 메리가 대모(God Mother)가 되었다. 그러나 왕가의 행복은 며칠 가지 못했다. 에드워드의 탄생이 워낙 난산이었기 때문에 제인은 아이를 낳고 12일 만에 죽었다.

헨리는 역시 세 번의 결혼 생활이 계속 파탄에 이르자 심한 스트레스에 시달렸다. 폭식을 하면서 점차 뚱뚱해졌으며 난폭하고 불안한 성격으로 변모해 갔다. 그는 3년간 홀아비로 지내다 정략적인 목적으로 독일의 제후들 중 실력자인 클로비스 공작의 여동생 앤(Anne of Cleves)과 결혼했으나 금방 싫증을 내고 이혼했다.[5] 국내외의 극심한 반발을 무시하고 이

---

4 단 한 번의 예외는 헨리가 교황청과의 관계를 완전히 단절하자 이에 항의하는 국민들이 모여 평화적인 행진을 했던 1536년의 '존엄한 순례(Pilgrimage of Grace)' 사건이 일어났을 때이다. 제인은 이 행진에 참가한 사람들을 용서해 달라고 헨리에게 애걸했지만, 그는 앤 불린의 예를 들면서 그녀에게 경고했다고 한다.
5 헨리는 앤의 초상화를 보고 그녀가 대단한 미인인 줄 착각하고 결혼을 결정했으나, 그녀가 배에서 내리는 순간 실물을 보고는 곧바로 이혼을 궁리하기 시작했다.

결혼을 추진했던 토머스 크롬웰은 결국 실각했고 얼마 후 처형되었다.

헨리는 그해에 당시 스무 살에 불과하던 앤 불린의 사촌동생인 캐서린 하워드(Catherine Howard)와 다섯 번째 결혼식을 올렸다. 그는 잠시 동안 젊은 시절의 활기와 통제력을 되찾은 듯했다. 그렇지만 캐서린은 헨리를 속이면서 실제로 간통을 저질렀다. 그녀 역시 앤 불린과 마찬가지로 참수형을 당했으며, 이 사건이 헨리에게 결정적인 타격을 가했다. 그는 아무도 신뢰하지 않는 사람이 되었다. 그러자 측근들은 떠나고 의회와 국민들은 등을 돌렸다.

1543년 이제는 편협한 늙은이가 된 헨리는 캐서린 파(Catherine Parr)와 여섯 번째이자 생애 마지막 결혼식을 올리면서 가까스로 안정을 되찾았다. 캐서린은 메리보다 불과 네 살 위인 서른한 살이었는데, 두 번 결혼해서 두 번 모두 과부가 되었으며 그 결혼의 결과로 잉글랜드에서 가장 부유한 여인이 된 사람이었다. 그녀는 제인 시모어의 오빠인 토머스 시모어 남작(Thomas Seymour, 1st Baron Seymour of Sudeley)과 막 교제를 시작하려다 헨리의 눈에 띄어 그의 청혼을 받아들였다.

헨리는 나이가 들면서 더욱 고집스러워지고 편협해진 듯했지만 캐서린은 늙은 절대 권력자의 외롭고 지쳐 있는 내면세계를 잘 파악했다. 그녀는 헨리 가족의 화해를 중재했다. 헨리가 세 자녀 메리, 엘리자베스, 에드워드를 모두 모으자 처음으로 '가족'의 모양이 갖춰졌다. 헨리는 1544년에 자신이 세 번째 입안한 〈왕위 계승령(The 3rd Act of Succession)〉을 하원에 제출했다. 이번의 것은 여러 가지 경우의 수를 감안해서 제대로 체계를 갖춘 것이었으며, 메리와 엘리자베스의 후계권도 회복되었다.[6]

6 이때 헨리 8세가 잉글랜드와 후일의 대영제국, 그리고 오늘날까지 왕위 계승 서열에 대한 엄격한 원칙을 세웠다고 할 수 있다. 국왕의 혈통이 대를 잇지 못하는 경우는 형제들의 혈통에서 남자, 여자의 순으로 내려가게 되어 있었는데, 에드워드, 메리, 엘리자베스 이후 헨리의 누나인 마가렛과 메리의 혈통으로 넘어가는 이 원칙이 잉글랜드와 스코틀랜드가 합병해서 대영제국을 결성하는 결정적인 요인이 되었다.

에드워드 왕자(후일의 에드워드 6세), 헨리 8세, 제인 시모어

　헨리와 캐서린은 전반적으로 조화와 평화 속에서 결혼 생활을 했다. 다만 종교 문제에 관해서는 두 사람이 자주 치열한 논쟁을 벌이곤 했다. 캐서린이 종교 개혁가들의 주장을 '새로운 믿음(New Faith)'이라고 표현한 대단히 진보적인 사람이었는 데 반해, 원래 보수적이었던 헨리는 이 시기에는 더욱 철저한 골수 보수주의자가 되어 실질적으로 교회의 개혁을 저지하는 입장에 있었다. 사실 그는 평생을 가톨릭 교도로 살다가 가톨릭 교도로 죽은 사람이었다고 할 수 있다.

　헨리는 캐서린 파와 결혼한 지 4년 만에 세상을 떠났다. 왕위는 아홉 살 난 에드워드에게 계승되었다. 이때 메리의 나이는 서른을 막 넘기고 있었다. 헨리는 앤 불린이 사망한 후 캐서린의 지위를 다시 복원하고 메리의 결혼을 주선하려고 애를 썼지만, 자신이 메리에게 성서에서 금지하고 있는 '근친결혼'을 통해 낳은 사생아라는 굴레를 씌운 셈이었다. 메리는 어릴 때와 마찬가지로 연주와 노래로 사람들을 즐겁게 했지만, 결혼이라는 것은 아예 포기한 듯했다.

그동안 메리는 헨리의 왕궁과 자신의 소유인 볼리유 궁을 오가며 생활했다. 원래의 이름보다는 '신궁(New Hall)'이라는 이름으로 불렸던 이 왕궁은 헨리가 사들여 1만 7천 파운드라는 거금을 들여 대대적으로 개조한 것이다. 헨리는 줄곧 자신의 별궁으로 사용하다 메리가 성인이 되자 그녀에게 이 성을 하사했다. 헨리는 메리와 곧잘 지내다가도 그녀에게서 죽은 캐서린 왕비의 모습을 보게 되면 갑자기 변덕을 부려 그녀를 볼리유 궁으로 보내곤 했다.

마크 트웨인(Mark Twain)의 소설 《왕자와 거지》의 주인공이기도 한 에드워드 6세는 만약 오래 살았다면 잉글랜드 역사상 가장 뛰어난 명군이 되었든지 아니면 가장 악랄한 폭군이 되었든지 둘 중의 하나였을 것이라는 평가를 듣는 인물이다. 그는 병약한 소년이었지만 정신력은 강인했다. 천성이 선량하고 경건한 신앙심을 가지고 있었으나 그만큼 아집도 강했으며 놀라울 정도로 냉정하고 단호한 일면도 가지고 있었다.[7]

에드워드 시대에 잉글랜드에서는 유럽 최초의 프로테스탄트 교회체제인 성공회가 성립되어 가톨릭 미사가 금지되고 성직자들의 결혼이 허용되었으며, 라틴어 대신 영어로 예배가 진행되었다. 또한 토머스 크랜머 대주교가 쓴 《일반인들을 위한 기도서》가 널리 보급되면서 성경을

---

7 에드워드는 자신의 외삼촌 시모어 공작이 처형되었을 때에도 일기에다 '아침 8시에서 9시 사이에 서머싯 공작이 타워 힐에서 참수되었다'라고 정확하게 사실만 기록해 놓았던 사람이다.

에드워드 6세

성직자들이 독점하던 시대가 막을 내리게 되었다.

정치면에서는 외삼촌인 서머싯 공작 에드워드 시모어(Edward Seymour, Duke of Somerset)와 그가 실각한 후 권력을 장악한 존 더들리(John Dudley, Earl of Warwick, Duke of Northumberland) 등의 실권자들이 잉글랜드의 정책을 좌지우지했다. 그러나 교회의 개혁은 토머스 크랜머 대주교의 직접적인 영향을 받은 에드워드 6세의 종교적 신념이 바탕이 되지 않았

다면 이루어질 수 없는 성과였다. 그는 무슨 일이 있어도 매일같이 성서를 12개 장씩 꼬박꼬박 읽던 사람이었다.

그러나 튜더 가의 고집은 에드워드는 물론 메리에게도 그대로 적용되었다. 통일교회령(Act of Uniformity)이 선포되면서 가톨릭 세력의 거물들인 노포크 공작 토머스 하워드(Thomas Howard, Duke of Norfolk), 윈체스터 주교 스테판 가디너(Stephen Gardiner), 런던 주교 에드문드 보너(Edmund Bonner)와 같은 가톨릭 신부들이 투옥되던 시기에도 메리는 굳건하게 자신의 신앙을 지켰다. 가톨릭 미사가 금지되자 자신의 기도실에서 개인 미사를 올렸다. 에드워드가 메리를 적극적으로 보호했기 때문에 무사히 넘어가기는 했지만, 이러한 사태는 결국 왕실에서 메리의 개인적인 입장을 악화시키고 있었다.

1552년 겨울, 에드워드가 갑자기 병에 걸렸다. 당연히 에드워드에게

변고가 발생한 비상시국에 대비해서 계승자 제1순위인 메리를 국왕의 섭정으로 임명해야 한다는 논의가 제기되었다. 그러자 추밀원을 지배하고 있던 프로테스탄트들은 메리를 현실적인 위협으로 인식하게 되었으며, 당시의 실력자였던 워릭 백작 존 더들리는 메리를 후계자 서열에서 제외할 음모를 꾸미기 시작했다.

레이디 제인 그레이(Lady Jane Grey)는 중요한 왕실 구성원이었다. 그녀는 헨리 8세의 여동생으로 프랑스 왕과 사별한 후 서포크 공작부인 (Duchess of Suffolk)이 된 메리 튜더의 손녀였으며, 엘리자베스보다 세 살 아래였고 에드워드보다는 한 살 위였다. 헨리 8세가 확립한 원칙에 따라 에드워드와 메리와 엘리자베스에게 후계자가 없을 경우 그녀의 '남성 후손'이 승계권을 가지고 있었다.[8] 제인은 열 살 때 당시 왕비인 캐서린 파에 의해 왕궁에 들어와서 사촌 형제지간인 엘리자베스, 에드워드와 줄곧 함께 생활했다.

존 더들리는 바로 이 제인 그레이를 이용하기로 작정했다. 제인은 에드워드의 배우자로 유력한 후보 중 하나였는데, 존 더들리는 1553년 5월에 제인의 어머니와 은밀한 협상을 벌여 국왕 대신 자신의 아들인 기포드(Guieford Dudley)와 제인을 결혼시키는 데 성공했다. 며칠 후인 6월 6일 에드워드 6세가 사망했다. 곧바로 에드워드가 친필로 적은 '후계자 의향서(Device of Succession)'가 공개되었는데, 다음 왕위는 헨리 8세가 미리 정해놓은 것과는 달리 메리가 아니라 제인 그레이에게 승계된다는 내용이었다.[9]

[8] 헨리가 정한 후계 순서에서 그의 누나인 마가렛의 가계는 제외되어 있었다. 그녀의 남편은 당시에는 적대국이었던 스코틀랜드의 제임스 4세, 아들은 제임스 5세였기 때문이다.
[9] 이 문서는 처음부터 말이 많았다. 문제의 조항에서 '레이디 제인의 후예(L Janes' heirs)'라는 문구에 줄을 긋고 나서 그 위 여백에 '레이디 제인과 그녀의 후예(L Jane and her heirs)'라고 고쳐 적었기 때문이다.

에드워드가 사망하고 나서 나흘 후인 6월 10일 존 더들리 공작은 자신의 며느리인 제인 그레이가 잉글랜드의 국왕임을 선언했으며, 제인은 자신의 이름으로 의회에 문서를 보냈다. 이 사태가 에드워드 자신의 의사였는지 아니면 전적으로 존 더들리 공작의 음모였는지는 알 수 없다. 여기에 관련한 의견은 현재에도 다양한데 당시에는 에드워드의 독살설까지 대두되고 있었다. 독살의 배후로는 당연히 더들리 공작이 지목되었지만, 반대로 메리를 지지하는 가톨릭 세력의 음모라는 설도 있다.

당시 메리는 2월에 에드워드를 문병하고 나서 존 더들리의 방해로 거의 넉 달간이나 그를 만나지 못하고 있었다. 에드워드가 사망했을 때 메리는 런던에 소재한 자신의 볼리유 궁이 아니라 서포크의 한적한 전원 지역에 위치한 프랭링험 성에 머물고 있었다. 이 성은 에드워드가 메리에게 선물한 것이었다. 에드워드의 사망 소식과 함께 급히 런던으로 돌아오라는 전령이 메리에게 당도했으나 그녀는 무시했다. 그녀도 더들리 공작의 음모에 대해서 잘 알고 있었으며 상황을 예의 주시하고 있었던 것이다.

제인 그레이는 새로운 국왕으로 선포되었지만 국민들의 지지는 전혀 얻지 못했다. 그녀의 통치기간은 단 9일뿐이고, 즉위식도 거행하지 못했기 때문에 영국의 공식적인 연대기에서는 그녀를 제외하고 있다.

6월 19일에 메리는 프랭링험 성에서 말을 타고 런던으로 출발했다. 그녀를 지지하는 잉글랜드 국민들이 하나둘 모여 그녀를 호위하기 시작하더니, 런던에 들어설 때는 수만 명의 인파에 둘러싸여 있었다. 존 더들리 공작과 제인 그레이 부부는 런던 탑에 감금되었다.

제인 그레이 건에 관련해서 즉각적으로 처형된 사람은 존 더들리 공작 한 사람뿐이었다. 메리는 제인을 처형할 의사도 없는 듯했으며 이 사태에 적극적이든 소극적이든 관련되었을 것이 분명한 추밀원의 멤버들에게도 더 이상 책임을 묻지 않았다. 다만 가톨릭 신앙을 포기하지 않았다는 이유로 억울하게 수감되어 있던 노포크 공작 토머스 하워드와 윈체스터 주교 스테판 가디너의 석방을 명령했을 뿐이다.

추락하는 인기

영국사에서는 메리 1세를 종교 개혁을 역행해서 로마 가톨릭으로 복원시키려 했던 인물로만 부각하는 경향이 있다. 분명한 역사적 사실에 기인한 것이지만, 모든 문제를 종교에 결부시킨 존 폭스의 편향된 시각도 반영되어 있다는 사실을 부인할 수 없다. 메리를 평가할 때 그녀는 근본적으로 종교 지도자가 아니라 잉글랜드를 통치하는 정치가였다는 점을 우선적으로 고려해야만 한다.[10]

1553년 당시의 잉글랜드는 국력이 그리 강한 나라가 아니었다. 인구는 프랑스의 3분의 1 수준인 350만 명 정도에 불과했으며, 농업 국가에서 교역 국가로 한창 이전하고 있는 과정에 있었기 때문에 경제 기반도 대단히 취약했다. 에드워드의 통치 시기는 제1차 인클로저(Enclosure) 운동이 본격적으로 진행되던 시기와 겹친다. 잉글랜드의 농업이 경쟁력을 잃은 상태에서 이를 대체할 새로운 산업은 모직물 산업뿐이었다.

잉글랜드는 이 새로운 산업을 위해서 왕실의 주도로 전국적인 사회운동을 전개하면서 농지를 목초지로 급격하게 바꿔나가고 있었다. 이른바 '양이 사람을 먹는' 상황이 된 것이다. 농토를 잃은 농민들이 가만히

---

10 당시 잉글랜드의 하원은 프로테스탄트들이 장악하고 있었으며 실질적인 최고의 정책결정기구라고 할 수 있던 추밀원 멤버 중 다수는 가톨릭 신자가 아니라 프로테스탄트였다.

있을 리 없었다. 그들의 저항이 조직적인 폭동으로 번져나가 에드워드의 시절은 내내 어수선했을 뿐 아니라 사회가 불안해지자 세수가 격감되어 재정적인 위기까지 맞이하게 되었던 것이다.

이러한 시기에 메리는 국민들의 전폭적인 지지를 기반으로 국왕이 되었다. 잉글랜드 국민들은 메리가 어린 시절에 겪었던 아픔을 이해하고 있어서, 그 시절부터 줄곧 동정적인 시각으로 그녀를 보고 있었으며, 그녀에게 거는 기대도 상당히 컸다. 그녀는 비록 신앙 면에서는 소수파인 가톨릭 신자였지만, 서른일곱 살이 되도록 조그마한 스캔들 한 번 일으킨 적 없이 줄곧 고고한 이미지를 지키고 있었던 것이다. 또한 메리는 미인이라고 할 수는 없지만 아름다운 목소리를 가지고 있었고 말도 조리 있게 아주 잘하는 사람이었다.

그녀가 런던 탑에서 석방시키면서 곧바로 수석 법무관에 임명한 스테판 가디너[11] 역시 기대를 걸 만한 사람이었다. 그는 엄격한 보수주의자로 메리에게는 가장 잘 어울리는 인물이었다. 보수적인 종교 신념을 공유해서가 아니라 강직함과 충성심, 해박한 법률 지식과 풍부한 외교 경험까지 필요한 것들을 골고루 갖추고 있던 보기 드문 인재였던 것이다.

그렇지만 메리는 잉글랜드 국민들의 성원을 불과 1년 만에 모두 잃고 말았다. 그녀는 즉위하고 난 다음해에 나이가 열한 살이나 아래인 조카이자 스페인의 왕위 계승자인 펠리페(Felipe II)와의 결혼을 추진했다. 이 결혼이 이루어진 데는 여러 가지 배경이 존재하지만, 종교적인 측면을 배제한다면 메리는 이 결혼을 통해서 심각한 상황에 처해 있던 잉글랜드 경제의 돌파구를 찾을 수 있을 것으로 기대했음이 분명했다.

---

11 가디너는 영화나 드라마에서는 원래의 인격과는 상관없이 대부분 악역으로 그려진다. 이것은 대단히 억울한 대접이다. 그는 잉글랜드 종교 개혁의 상징적 인물인 토머스 크랜머와 대립하는 노선을 걸었고, 당연히 헨리 8세와도 자주 충돌하여 공개적으로 헨리와 격렬한 논쟁까지 벌였다. 그러나 헨리는 잠시 동안의 냉각기를 빼고는 그를 줄곧 중용했다. 그의 성실함과 인격과 능력을 모두 존중했기 때문이다.

그녀는 왕위에 오르고 나서 '유럽 이외의 지역에 존재하는 상업항'을 줄기차게 모색해 왔다. 그렇지만 바다는 강력한 스페인 함대가 지배하고 있었으며, 신세계에는 스페인 국왕이 임명한 총독들이 파견되어 자신들의 독점권을 확고하게 지키고 있었다. 사실 당시 잉글랜드의 신세계 교역은 스페인에 의해 대부분 '불법'으로 규정된 것들이었다. 잉글랜드가 신세계와 직접 교역할 수 있는 길이 열린다면, 경제는 일시에 회복될 수 있을 것이었다.

잉글랜드의 경제적 상황을 고려한다면 이해하지 못할 결혼도 아니었지만 이러한 정치적 의도와는 무관하게 국민들의 정서를 고려해야 하는 여왕의 입장으로서는 경솔한 처신이 아닐 수 없었다. 잉글랜드 사람들은 자신들의 나라에 '탐욕스러운 스페인'[12]의 영향력이 증대되는 것을 원치 않았다. 의회는 물론 법무관인 스테판 가디너까지 나서서 여왕을 만류하자 악명 높은 튜더 왕가의 고집이 또 한 번 발동했다.

메리의 말대로 아무리 여왕이라고 해도 결혼이라는 것은 개인적인 문제이며, 여왕이 자신이 사랑하는 사람과 결혼하겠다는데 어찌할 도리가 없었다. 당시 스페인은 이탈리아에서 프랑스와 수십 년째 전쟁을 하고 있던 와중이라 잉글랜드와의 동맹을 열망하고 있었으므로 이 결혼을 대환영했다. 그러나 잉글랜드인들은 다시 한 번 동맹에 묶여 있는 프랑스와 스코틀랜드를 상대해야 하는 입장이 되었다. 국민들이 메리에게 걸었던 기대가 컸던 만큼 일순간에 그녀에 대한 지지는 사라졌다.

잉글랜드 남동부의 켄트 지역에서 알링턴 성의 성주 토머스 와이어트 경(Sir Thomas Wyatt the Younger)이 주도한 반란이 일어났다. 와이어트는 헨

---

12 당시 스페인 사람들은 다른 유럽 국가의 사람들에게 진지한 의미에서 질시의 대상이었다. 신대륙으로부터 들어오는 막대한 부를 독점하고 있으면서도 조금도 양보하려고 하지 않았기 때문이었다.

리 8세의 말년에 플랑드르 전투에 참가해 대활약했으며, 그 공을 인정받아 기사 작위까지 수여받은 사람이었다. 그는 자신의 고향에서 오합지졸들을 모아 부대를 편성하고 런던까지 파죽지세로 밀고 올라왔다. 그러나 런던 다리에서 벌어진 마지막 전투에서 패배하고, 자신은 포로가 되었다.

이 반란은 당시 잉글랜드 국민들이 가지고 있던 정서를 대변했다. 사실 반란군이 기세를 올렸던 이유는 전투를 잘 해서라기보다는 진압군으로 파견된 병사들조차 그의 반란 명분에 동조해 전투를 기피했기 때문이었다. 그러나 4천 명에 육박하던 그의 병력은 런던 다리에서 정예군과 대치하게 되자 전투에 돌입하기도 전에 대부분 도망쳤다. 와이어트의 반란 자체는 규모도 크지 않았고 기간도 짧아 사회적인 충격은 그리 크지 않았지만, 왕실에는 팽팽한 긴장감이 감돌았다.

그동안 런던 탑에 감금된 상태로 처형이 미루어지고 있던 제인 그레이 부부와 그녀의 아버지인 헨리 그레이 경(Henry Grey, Marquess of Dorset)이 처형되었다. 그리고 메리의 동생 엘리자베스는 반란의 배후라는 혐의를 받고 런던 탑에 감금되었다. 그녀는 자신이 무관함을 주장했지만 상황적으로 프로테스탄트들의 구심점이 되어 있었던 것이다. 카를 5세는 특사를 파견해 메리에게 엘리자베스를 처형하지 않으면 언제라도 왕위가 위험해질 것이라고 압력을 행사했다.

스테판 가디너 역시 토머스 와이어트에 대한 처형을 늦춰가면서 엘리자베스를 재판에 회부할 수 있는 증거, 다시 말하면 와이어트의 자백을 받아내려고 했다. 그러나 와이어트는 완강하게 엘리자베스와 아무 연관이 없다는 주장으로 일관했으며[13] 메리 본인도 국민적 저항을 각오하면서까지 엘리자베스를 처형할 의사는 없었던 듯하다. 엘리자베스는 두 달 만에 석방되었으나 우드스톡의 왕실 소유지에 위치한 조그마한 가옥

---

13 토머스 와이어트는 처형대 위에서까지 "엘리자베스 공주는 무죄"라고 외치면서 참수되었다.

에 가택 연금되었다.

메리는 펠리페와 결혼
하면서 스페인이 잉글랜
드에 영향력을 행사하지
못하도록 스테판 가디너
를 스페인에 파견해 결혼
조약을 세심하게 기초하
도록 했다. 이 조약에 따라
비록 펠리페가 '잉글랜드
의 국왕(King of England)'의
직위를 가지고 의회로부
터 보고도 받지만 그의 실
질적인 권한은 극히 제한
되었으며, 스페인과 잉글

펠리페 2세

랜드 양국은 동맹국의 지위를 갖으면서도 일방의 전쟁에 대한 자동 개입
의무를 지지 않도록 조정되었다.

말도 많았던 결혼식은 1554년 6월 윈체스터 성당에서 거행되었다. 메
리는 열한 살이나 아래인 남편 펠리페를 움직여서 당시에는 초강대국이
었던 스페인의 지원을 얻어내려고 했지만, 그녀의 의도는 결혼 초기부
터 어긋나기 시작했다. 훗날 왕위를 계승한 이후 확연하게 드러나게 되
지만 펠리페는 음흉하다고까지 표현할 수 있을 정도로 상당히 어두운
성격을 가지고 있었으며 속내를 좀처럼 드러내지 않는 사람이었다.

펠리페는 메리의 굳건한 신앙심을 존경하기는 했지만 여성으로서 그
녀를 받아들이는 데는 상당히 부담을 가지고 있었다. 더욱이 그는 메리
보다도 처제인 엘리자베스에게 더욱 관심이 많았다. 결혼 내내 펠리페는

자신의 영지를 돌본다는 이유로 메리를 런던에 남겨둔 채 주로 외국으로
만 떠돌았다. 많은 위험을 감수하고 많은 것을 희생하면서 한 결혼이었
지만, 메리도 잉글랜드도 결혼으로 별로 이득을 얻지 못했다.

　스페인은 계속 바다와 식민지를 독점적으로 지배했으며 잉글랜드에
게 양보할 의사가 전혀 없었다. 무역 불균형이라는 근본적인 문제가 해
결되지 않자 메리는 급격한 파운드화의 평가절하를 단행했다. 헨리 8세
시절부터 에드워드 시절의 혼란기까지 경제적인 현실을 제대로 반영한
조치였지만, 그 결과가 가시적으로 나타나지 않았기 때문에 경제적인
불안과 혼란을 가중시켰다.

　한동안 외국에 머물던 펠리페는 1557년 초 잉글랜드로 돌아와 메리에
게 대 프랑스 전투에 참전해 달라고 석 달 동안이나 졸랐다. 그 결과
1558년에 잉글랜드는 칼레를 잃었다. 한때 프랑스 영토의 3분의 1 이상
을 지배하던 잉글랜드였지만, 백년 전쟁으로 거의 모든 영토를 잃고 마
지막으로 확보하고 있던 대륙의 유일한 근거지가 칼레였다. 그런데 이
곳이 프랑스군에게 함락되었던 것이다.

가톨릭과 프로테스탄트 사이

　메리의 통치 중에서 가장 비판을 받고 있는 부분은 종교와 관련된 부
분이다. 그녀는 헨리 8세 시절부터 종교 개혁에 찬성한 적이 없었다. 메
리는 왕위에 오르자마자 일단 바티칸과의 관계를 복원했다. 바티칸과의
관계를 회복하는 조치 자체는 개혁의 상징적인 인물인 캔터베리 대주교
토머스 크랜머까지 서명할 정도로 그리 큰 반발을 불러일으키지는 않았

다. 또한 그동안 하원을 통과했던 종교 개혁에 관해 법률을 무효화하고 에드워드 시절에 성립해 놓은 성공회의 해체를 추진했지만, 이 작업에는 여러 해가 걸렸으며 실질적으로는 완전히 마무리하지도 못했다.

문제는 사람들의 반응이었다. 메리의 종교 정책은 펠리페와의 결혼과 함께 어우러져 민심이 그녀로부터 멀어지는 요인이 되었다. 가톨릭 미사에 참가하는 일이 의무화되자 점차 반발이 일기 시작하더니, 결정적으로 한 세기 훨씬 전에 집행되었던 세 개의 이단령(Heresy Act)을 부활시키고 이 법을 근거로 여러 명의 프로테스탄트 지도자들을 이단으로 몰아 처형하면서 민심은 메리로부터 완전히 돌아섰다.

이 시기에 토머스 크랜머, 런던 주교 니콜라스 리들리(Nicolas Ridley, Bishop of London), 글로스터 주교 존 후퍼(John Hooper, Boshop of Gloucester), 헨리 8세 시절의 순교자였던 윌리엄 틴데일의 동료로 성서를 영어로 완역한 인물 중 한 사람인 존 로저스(John Rogers)와 같이 존경받는 종교계의 지도자들이 종교 재판에서 이단 판정을 받아 화형대에서 사라졌다.[14]

메리의 종교 정책은 역설적으로 잉글랜드에서의 가톨릭의 몰락으로 귀결되었다. 존 폭스가 《순교자의 책》을 처음으로 발행한 시기는 메리가 죽고 5년 후였다. 이 책 한 권이 미친 영향은 대단히 컸고 지속기간도 길었다. 개혁주의자가 아닌 사람들도 가톨릭을 혐오하게 되었으며, 이 여파로 가톨릭은 엘리자베스 시대에 불법화되어 19세기까지 그대로 유지되었다. 그녀 자신은 이러한 조치들로 인해서 후대의 영국 역사에

---

[14] 메리 본인은 보수주의자가 아니었다. 메리가 종교적인 문제에서 철저하게 의존했던 인물은 레지날드 폴(Reginald Pole) 추기경이었는데, 그는 튜더 가의 전 왕조인 플랜태저넷 가의 마지막 인물로 헨리 8세와 첨예하게 대립하다 망명했으며, 헨리는 그의 가족을 모두 반역죄로 처형해서 보복했다. 폴은 유력한 교황 후보로 거론될 만큼 종교계에 영향력이 강한 사람이었으며, 가톨릭 교회 내의 개혁주의자에 속했다. 그는 그 이유로 인해서 루터주의자라는 혐의를 받아 교황에 의해 바티칸의 산 안젤로 요새에 투옥되기도 했던 인물이었다.

서 '메리의 박해(Marian Persecutions)'라는 불명예스러운 이름을 얻게 되었다.

현대의 역사학이 종교적인 영향력에서 완전히 벗어나면서 메리와 그녀의 통치에 대한 재평가가 이루어지기 시작했다. 메리의 입장에서 보자면 토머스 크랜머를 중심으로 한 개혁주의 주교들은 캐서린과 헨리의 억지 이혼을 성사시키고 자신을 사생아로 전락시킨 장본인들이었으며, 그녀 대신 제인 그레이를 에드워드의 후계자로 내세웠던 인물들이었다. 그녀의 아버지 헨리 8세라면 불문곡직하고 참수형으로 다스렸을 반역자들이었던 것이다.

이러한 역사적인 평가는 제쳐두고[15] 경제적인 측면에서 보자면 메리의 종교 정책에는 득과 실이 동시에 있었다고 할 수 있다. 종교적인 갈등으로 불안이 가중되자 잉글랜드의 경제에서 핵심적인 역할을 하던 프로테스탄트 기업인 800명 정도가 해외로 도피했다. 반면에 메리는 바티칸과의 협상에서 상당히 중요한 현안에 대한 양보를 얻어냈다. 헨리 8세 시절 수도원이 폐쇄되면서 국유화되었던 수도원 소유의 토지를 반환하지 않는다는 조건을 관철시켰던 것이다.

메리는 종교 정책을 통해서 정치적으로도 적지 않은 개가를 올렸다. 공식적으로 잉글랜드 국왕이 아일랜드 국왕을 겸하게 된 시기는 1542년, 헨리 8세의 말년이었다. 그렇지만 당시는 그 지위를 국제적으로 인정을 받을 만한 상황이 아니었다. 당시 신교 국가는 네덜란드의 북부와 독일의 35퍼센트, 스위스의 절반 정도가 전부였다. 나머지 국가들은 교황의

---

15 다른 순교자들도 종교 이외적인 요인이 작용했다고 할 수 있다. 사실 존 로저스는 가톨릭뿐만 아니라 루터주의자나 칼뱅주의자들의 입장에서도 이단으로 간주될 수 있는 위험을 안고 있는 인물이었으며, 처형된 사람들 중에는 설교 도중에 공공연히 메리를 '교황의 앞잡이'로 비난한 로렌스 손더(Laurence Saunder)와 같은 급진적인 개혁주의자들이 많았다.

칙령을 통해서 부여된 공식 명칭으로만 인정을 받던 시기였다.

메리는 1555년 교황의 칙령으로 잉글랜드의 여왕 겸 아일랜드의 여왕으로 선언되었다. 그녀는 이를 기반으로 아일랜드에 대한 본격적인 경영에 착수해서 페일[16]이라고 불리던 더블린과 주변의 아일랜드 중부 지역으로 잉글랜드인들의 이주가 시작되었다. 이로써 역사에서 '튜더 가의 아일랜드 수복(Tudor Reconquest of Ireland)'[17]이라는 과정에 돌입하게 된 것이다.

메리와 엘리자베스

한쪽의 이익이 필연적으로 다른 쪽의 불이익을 초래하거나 그 정반대의 경우를 제로섬 게임이라고 하는데, 차례로 잉글랜드를 지배했던 헨리 8세의 두 딸 메리와 엘리자베스의 관계가 바로 제로섬 게임에 속한다. 그것도 일방적인 제로섬 게임이었다. '시간'이라는 요소가 작용해서 메리에게 불리하게 작용했던 모든 요인들이 엘리자베스에게는 유리한 조건으로 반전됐던 것이다.

엘리자베스 자신의 종교적인 성향은 그녀의 아버지와 마찬가지로 외교적인 상황에 따라 자주 바뀌었기 때문에 사실은 대단히 불투명했다. 그렇지만 그녀의 어머니 앤 불린에 대한 기억과 프로테스탄트들에게 둘

16 페일은 아일랜드 내에 있던 영국 왕실의 직할령을 의미한다. 이곳과 잉글랜드의 영주들이 지배하는 지역이 전체 아일랜드의 약 40퍼센트 정도였고, 나머지 지역은 켈트인들의 지역으로 여러 부족들이 족장들을 중심으로 하는 독립적인 체제를 유지하고 있었다.
17 1542년 헨리 8세의 선언을 시작으로 1604년 잉글랜드가 잉글랜드-스페인 전쟁(Anglo-Spanish War)에서 승리함으로써 아일랜드에 대한 독점적인 지배권을 확보할 때까지의 과정을 의미한다.

메리 1세

러싸여 어린 시절을 보낸 덕분에 그녀는 프로테스탄트들의 구심점처럼 받아들여졌다. 거기에 메리의 정책에 대한 반사이익을 얻어 엘리자베스는 역사상 유래가 없을 정도로 국민들의 열렬한 성원을 얻고 있는 상황에서 국왕이 되었다.

경제적으로는 메리가 엄청난 위험을 안고 단행했던 파운드화의 평가절하 조치가 엘리자베스 시대에 들어가서야 가시적으로 결과가 나타나 엘리자베스의 즉위와 동시에 잉글랜드 경제는 호황 국면으로 넘어갔다.

더욱이 메리는 불황 시대에 맞춰 줄어든 재정수입을 확보하기 위해 상당히 근대적인 관세 시스템을 도입했는데, 이 시스템은 18세기 초엽까지 큰 수정 없이 사용할 정도로 정교한 것이었다.

메리가 칼레를 잃은 것까지 엘리자베스에게는 축복으로 작용했다. 칼레는 잉글랜드의 마지막 자존심이었지만, 사실은 아주 협소하고 경제적인 수익도 거의 기대할 수 없는 지역이었다. 역대 잉글랜드의 국왕들은 이곳을 실질적으로 부양해야 했으며 좁은 지역에 항상 수만 명의 방어 병력을 주둔시키고 있어야 했다. 또한 잉글랜드의 함대는 그동안 칼레에 대한 보급선을 확보하기 위해서 우선적으로 도버 해협을 지배하려고 노력해 왔다.

칼레를 잃었다는 것은 더 이상 대규모의 상비군을 유지할 이유가 없다는 사실과 잉글랜드의 함대를 도버 해협보다는 훨씬 더 넓은 바다에 투입할 수 있게 되었다는 사실을 의미했다. 이러한 상황에 기인하여 엘리자베스는 메리보다는 훨씬 더 유리한 패를 가지고 게임을 시작할 수 있었던 것이다.

　메리와 엘리자베스의 관계에는 항상 긴장감이 존재했다고 한다. 엘리자베스가 어렸을 적에 메리는 엘리자베스의 어머니 앤 불린이 원래 '마녀(Witch)' 였기 때문에 참수형을 당했다고 엘리자베스를 놀리곤 했으며, 항상 상당히 차갑게 대했던 것으로 알려져 있다. 메리는 자신이 후계자를 낳아 엘리자베스가 아니라 그 후계자가 대를 잇기를 간절히 원하고 있었다. 그렇지만 현실적으로 자신의 나이, 그리고 몸의 상태와 관련해서 엘리자베스에게 왕위를 승계하는 문제를 항상 의식하고 있었음이 분명했다.

　1555년 봄, 와이어트 반란의 여파로 우드스톡에서 가택 연금 상태에 있던 엘리자베스는 런던으로부터 급한 호출을 받았다. 메리 여왕의 출산이 임박했으므로 입회하라는 명령이었다. 당시 메리는 마흔 살을 바라보고 있었는데, 그 시대에는 그 나이에 출산하는 일 자체가 목숨을 건 모험으로 받아들여지고 있었다. 만약 메리가 출산 중에 사망하게 되면 그 자리에서 그대로 왕위를 승계하기 위해 이루어진 조치였다.

　그런데 어처구니없게도 메리의 임신은 상상임신으로 밝혀졌다.[18] 이 때부터 메리 자신을 포함해서 그 누구도 엘리자베스가 다음 왕위를 잇게 될 것이라는 사실을 의심하지 않았다. 1558년 여름에 메리는 자신이 회복 불가능한 암에 걸렸다는 사실을 알게 되었다. 그러자 그녀는 원활한 왕위 계승을 위해서 엘리자베스에게 미리 정권인수에 대한 준비를 하도록 지시했다. 그 덕분에 엘리자베스는 메리가 죽기 훨씬 전에 이미

18 메리는 2년 후에도 한 번 더 상상임신을 했다.

자신의 내각을 구성할 수 있었다.

1558년 11월 6일 메리는 엘리자베스가 자신의 후계자임을 선언했다. 엘리자베스는 줄곧 자신이 여왕이 되리라고는 기대하지 않았던 것 같다. 메리가 자신을 후계자로 선언하자 그녀가 말했다.

"이것은 주님께서 하신 일입니다. 제 눈에는 마치 기적처럼 보이는군요."

그로부터 7일 후 메리는 사망했다. 그녀는 훌륭한 왕비의 이미지를 가진 어머니 캐서린과 자신이 수십 년간 착실하게 쌓아올린 이미지로 국민들의 기대를 크게 모았던 국왕이었지만, 단 1년 만에 이를 모두 잃은 채 쓸쓸하게 퇴장했다. 생전에는 영국 역사상 가장 인기 없는 국왕 중 하나였지만, 그녀의 통치가 다음 차례인 엘리자베스의 통치에 크게 기여했다는 점은 분명하다.

개인적으로도 비록 외골수로 자신의 길만을 고집했지만, 신념과 자부심을 가지고 있던 사람이라는 사실도 부인할 수 없다. 메리가 죽으면서 웅얼거렸던 소리 중 '필립'과 '칼레'라는 단어는 확실하게 알아들을 수 있었다고 한다. 그녀는 평생 자신이 했던 일 중에서 펠리페와 결혼한 것과 명분 없는 전쟁에 참여하며 칼레를 잃은 것, 이 두 가지를 가장 크게 후회했던 것이다.

대영제국의 심장

엘리자베스 1세

　잉글랜드 역사상 가장 뛰어났던 국왕, 유럽 변방의 조그마한 섬나라 잉글랜드가 '해가 지지 않는' 대영제국으로 성장하는 데 기초를 다진 통치자 엘리자베스 1세(Elizabeth I)는 비정상적인 수준의 천재였다. 특히 어학과 문학 부문에서는 보통 사람들은 상상도 하지 못할 정도의 재능을 가지고 있었다. 그녀는 모두 일곱 개의 언어를 구사했는데, 모두 열 살 전후에 마스터한 것들이다. 엘리자베스는 만약에 통치자가 되지 않았더라면 시인이나 저술가로도 이름을 날렸을만한 사람이었다.

　나는 애통해하지만 감히 불평을 드러내지는 못합니다.
　I grieve and dare not show my discontent,

나는 사랑하지만 아직도 미워하는 척하려고 합니다.

I love, and yet am forced to seem to hate,

나는 아직도 내 마음을 감히 말하지 못합니다.

I do, yet dare not say I ever meant,

나는 입을 굳게 다물고 있지만 속으로는 끝없이 재잘거립니다.

I seem stark mute but inwardly do prate.

나는 나면서도 아니고, 얼어붙었으면서도 아직 불타오르고 있습니다.

I am and not, I freeze and yet am burned,

내 자신으로부터 또 다른 자신에게로 돌아서기 때문입니다.

Since from myself another self I turned.

이 시는 엘리자베스가 남긴 작품 가운데 가장 널리 알려진 〈임은 떠나는데(On Monsieur' s Departure)〉라는 시의 첫 번째 연이다. 그녀의 문학계 데뷔작은 프랑스 르네상스의 어머니인 나바르의 마르그리트가 지은 시집 《사랑 낚시꾼의 거울(Miroir de l' Ame Percheresse)》을 영문으로 번역한 것이었는데, 이 책을 '엘리자베스 튜더'라는 이름으로 출판했을 때 그녀의 나이는 열두 살이었다.

이러한 문학적인 소양은 후일 그녀의 통치에 상당한 기여를 했다. 그녀는 자신의 연설문을 직접 작성하거나 사전에 미리 작성하지 않고 즉흥적으로 연설하는 경우가 많았는데, 대단히 감동적인 연설로 듣는 사람들의 심금을 울렸다. 그중에서 가장 유명한 것이 스페인 무적함대와의 결전을 앞두고 해군 장병들에게 한 연설이다. 이것은 먼 후일 제2차 세계대전 중에 열여덟 살의 '웨일스의 공주(Princess of Wales)' 신분이었던 엘리자베스 2세가 인용함으로써 더욱 유명해진 구절이 포함되어 있다.

나는 내가 연약하고 가냘픈 여인의 몸을 가지고 있다는 사실을 잘 알고 있습니다. 그렇지만 동시에 나는 왕의 심장을 가지고 있습니다. 잉글랜드 국왕의 심장 말입니다.

엘리자베스의 유년기

여자들 중에는 어릴 적에 눈부시게 아름다웠다가 성장하면서 그 모습을 완전히 잃는 사람들이 종종 있는데, 엘리자베스 여왕이 바로 이 케이스에 속했다. 여왕 시절에 그려진 초상화를 보면 눈에 띄는 미인이라고 할 수는 없지만, 열두 살 때 그려진 초상화 〈엘리자베스 튜더(Elizabeth Tudor)〉에서는 양쪽 볼에 젖살이 통통하게 붙어 후일과는 전혀 다른 모습을 하고 있다. 그녀는 어릴 적에 총명함과 함께 대단히 귀여운 용모로도 널리 알려져 있었다.[19]

엘리자베스가 세 살이 되기 전에 어머니인 앤 불린이 처형되었으며, 그 이후 그녀의 삶은 순탄할 리 없었다. 그녀는 열 살 무렵부터 헨리 8세의 여섯 번째 왕비인 캐서린 파가 자신의 친딸처럼 돌보기 시작하면서 처음으로 가정의 행복을 맛보게 되었다. 열세 살 때 아버지 헨리가 죽자 캐서린 파는 엘리자베스를 계속 돌보기로 했다. 캐서린 파는 곧바로 토머스 시모어와 재혼해 엘리자베스, 제인 그레이와 함께 첼시에서 살기 시작했다.

이때 엘리자베스는 무척 행복했지만, 첼시에서 곧 평생 잊지 못할 쓰디쓴 경험을 하게 되었다. 캐서린 파의 새 남편 토머스 시모어는 해군에서

---

[19] 엘리자베스 여왕은 스물아홉 살에 천연두로 추정되는 열병에 걸려 얼굴이 망가지고 머리카락의 절반 정도가 빠졌다. 그 이후로는 뛰어난 화장술과 정교한 가발에 의존했다. 그녀는 열병에 걸리기 이전에는 스코틀랜드의 메리 스튜어트와 함께 당시 유럽 왕가의 여인들 중에서 최고 미인으로 꼽혔다.

레이디 엘리자베스

출세를 한 사람으로 헨리 8세의 세 번째 부인 제인 시모어의 남동생이자 소년 왕 에드워드의 후견인인 서머싯 공작 에드워드 시모어의 친동생이기도 했다. 토머스는 마흔 나이의 독신이었는데, 여자들을 농락하는 데에는 일가견을 가지고 있었고 성적인 취향도 아주 특이했던 사람이었다.

더욱이 그는 아주 위험하고 음흉한 야심가이기도 했다. 결혼한 캐서린 파는 잉글랜드에서 가장 부유한 여인이었지만, 음흉한 야심가였던 토머스는 이 정도에서 만족하지 않았다. 귀엽고 똑똑한 열세 살의 소녀 엘리자베스를 노리고 있었던 것이다. 사실 이 시기의 엘리자베스는 그녀의 성장 과정상 당연하지만 정서적으로는 그리 안정되지 못한 상태였다. 토머스는 이러한 틈새를 파고들어 엘리자베스를 성적으로 농락하는 데 성공했다.

토머스와 엘리자베스의 육체적인 관계가 어느 선까지 진척되었는지는 확실하게 알려지지 않았다. 토머스는 한밤중이나 새벽에 잠옷 차림으로 엘리자베스의 침실에 들락거렸으며, 후일 사람들은 그가 유희삼아 엘리자베스를 무릎에 엎어 놓고 엉덩이를 때렸다고 증언했다. 엘리자베스를 껴안은 채 성 행위와 유사한 동작을 하도록 명령하는 장면도 증언했다. 이 사실을 알게 된 캐서린 파는 엘리자베스를 믿을만한 추밀원 의원의 집으로 보냈다.

캐서린 파는 엘리자베스의 명예에 손상이 끼칠까 우려해서 성적인 관계가 없었다는 토머스의 변명을 인정하고 더 이상의 조치를 취하지 않고 넘어갔다. 다음해에 캐서린 파가 그녀의 유일한 혈육인 딸 메리를 낳고 그 후유증으로 사망하자, 토머스는 다시 한 번 엘리자베스에 대한 욕정과 허무맹랑한 야심을 키우기 시작했다. 엘리자베스와 결혼하고 나서 에드워드를 제거하고 그녀를 국왕으로 만든다는 원대한 계획을 세웠던 것이다. 그렇지만 이 정보는 에드워드의 추밀원에 포착되었으며, 공범자가 먼저 체포되자 그의 무모한 계획이 백일하에 드러났다.

토머스 시모어는 반역죄에 관련되어 서른세 개의 항목에서 유죄판결을 받고 참수되었다. 당시 엘리자베스도 조사를 받았지만 토머스와 떨어져 살고 있었기 때문에 그의 계획에 관련될만한 소지는 전혀 없었다. 그녀는 토머스와의 관계에 대한 질문에는 굳게 입을 다물었으며, 토머스가 처형되는 날에도 별다른 감흥 없이 자신의 일기장에다 냉정하게 단 한 줄만 기록해 놓았을 뿐이었다.

오늘 상당히 재치는 많았지만 판단력은 많지 않았던 사람이 죽었다.

Today died a man with much wit and not much judgment.

에드워드의 통치 시절은 냉랭한 관계였던 메리와 엘리자베스를 포함한 왕실 가족들이 그런대로 화목하게 어울리던 시기였다. 메리는 자신이 소유하고 있던 런던의 볼리유 궁과 에드워드가 선물한 서포크의 프랭링험 성을 오가면서 가끔 하프시코드 연주와 노래로 형제들을 즐겁게 했으며, 엘리자베스는 시를 쓰고 이탈리아의 르네상스 서적들을 영어로 번역하면서 바쁜 나날을 보냈다.

제인 그레이가 메리 대신 국왕으로 추대되었을 때에도 엘리자베스는 메리를 적극적으로 지지했다. 메리와 엘리자베스의 관계가 다시 긴장 관계로 전환된 계기는 와이어트의 반란이었다. 이때 엘리자베스는 런던 탑에 감금되었으며, 엘리자베스의 생사는 오직 메리에게 달려 있었다. 그곳은 그녀의 어머니 앤 불린과 앤 하워드, 그리고 한 달 전에는 십 대 시절에 친자매처럼 지내던 제인 그레이가 참수형을 당한 곳이었다.

충분히 공포에 질릴 만도 한 상황이었는데 엘리자베스는 대단히 침착하고 의연하게 대처했다고 한다. 가택연금을 당했던 시기에 그녀는 우드스톡의 왕실 사유지에 있는 다락집 창문 유리에 반지에 박힌 다이아몬드를 이용해서 유명한 낙서를 새겨 놓았다.

의심이야 많이 하겠지. 아무것도 입증할 수 없을 걸.

— 죄수 엘리자베스가 씀.

이 시기부터 이미 엘리자베스는 국민들의 주목을 받고 있었다. 그녀가 런던 탑에서 석방되어 연금장소인 우드스톡으로 향할 때 많은 군중들이 길가로 나와서 그녀를 격려했다고 한다.

엘리자베스 1세의 스캔들

그녀가 1558년 11월 17일 잉글랜드의 여왕이자 아일랜드의 여왕으로 즉위했을 때 나이가 스물다섯 살이었다. 잉글랜드를 통치하게 될 젊은 여왕이었으니 정식으로 즉위하기 이전부터 그녀의 결혼 문제는 국내외에서 핫이슈였던 것이 당연했다.

그녀에게 가장 먼저 관심을 보인 사람은 메리의 남편인 펠리페 2세였다. 엘리자베스는 거절했다. 문제는 펠리페만 거절한 것이 아니라 엘리자베스의 머릿속에는 결혼에 대한 생각이 아예 없었다는 점이었다.

결혼한 여왕으로 사느니 차라리 독신인 거지로 살겠다.

이 말은 물론 엘리자베스의 개인적인 기록이고, 공식적인 입장은 이 솔직한 심정과는 조금 달랐다.

"나는 이미 남편에게 봉사하고 있으니 그분은 잉글랜드 왕국입니다(I am already bound unto a husband, which is the kingdom of England)." [20]

[20] 사실 이 말은 공식적인 기록으로 남은 것이 아니라서 출처가 불분명하다. 가장 유사한 어휘로 볼 수 있는 공식기록은 1601년에 죽음을 앞둔 그녀가 의회에서 마지막으로 한 고별 연설로 '황금 연설(Golden Speech)'이라는 이름으로 알려져 있다. 이 연설에서 인용된 말이라면 널리 알려진 바와는 달리 엘리자베스는 젊은 시절에 "짐은 잉글랜드와 결혼했다."라는 요지의 말을 한 적이 없다.

그녀의 재위기간 중 잉글랜드 의회는 국왕에게 하는 청원 형식으로 그녀의 결혼을 요구하는 결의문을 통과시켰다. 그때 그녀의 답변이 역사에 남은 유명한 명언이 되었다.

엘리자베스는 근본적으로 독신주의자였다. 그렇다고 남자를 멀리 했던 것은 아니었다. 그녀가 독신을 고집했던 이유는 아직까지 명확하게 밝혀지지 않고 있다. 철없던 시절에 토머스 시모어에게 육체적으로 농락당했던 경험이 요인이 되었을 것이라는 주장도 있고, 원래 불임이었고 그 사실을 스스로 알고 있었을 것이라는 주장도 있다.

엘리자베스가 결혼 의사를 암시했던 경우는 오로지 외교적인 목적을 달성하기 위한 카드로 활용했던 몇 번의 전략적인 선택뿐이었다. 이 카드는 상당히 효과적이어서 오랜 기간에 걸쳐서 여러 번 사용했는데, 가장 마지막에 걸려든 인물은 프랑스의 국왕 앙리 2세(Henri II)와 '검은 왕비' 카트린느 드 메디치(Catherina de Medici)의 막내아들인 앙주 공작 프랑수아(Hercule François, Duke of Anjou and Alençon)였다.

당시 엘리자베스는 마흔여섯 살이었고 프랑수아 공작은 스물두 살이나 연하였다. 1579년에 이들의 로맨스가 시작되자 잉글랜드와 프랑스두 나라에서 모두 벌집을 쑤신 듯 아우성이 터져 나왔지만, 엘리자베스는 들은 척도 하지 않고 약혼식을 올리겠다며 프랑수아를 석 달이나 붙잡고 있었다. 그렇지만 이 소동은 엘리자베스가 각본을 짠 고도의 정치적인 연극으로, 스페인의 펠리페 2세에게 보내는 강력한 경고였다. 잉글랜드에 대한 적대적인 정책이 지속된다면 수단과 방법을 가리지 않고 프랑스와의 동맹을 모색하겠다는 의사표시였던 것이다.[21]

---

21 앙주 공작 프랑수아는 그에게 자신의 침실까지 보여준 엘리자베스에게 완전히 걸려들어 그녀를 숭배하게 되었다. 엘리자베스는 결국 그가 형인 앙리 3세와 반목하면서 네덜란드에서 무모한 군사 모험까지 감행하게 만든 요인 중 하나가 되었다. 낭만적인 이야기를 좋아하는 사람들은 이 로맨스가 진정이었

결혼을 혐오하거나 기피한다고 해서 이성을 멀리하는 것은 아니다. 사실 엘리자베스는 남자들의 유혹에 잘 넘어가는 편이었다. 그녀의 첫 사랑은 소꿉친구였던 로버트 더들리(Robert Dudley)였다. 로버트는 제인 그레이 사건을 일으켰던 노섬벌랜드 공작의 둘째 아들이자 제인 그레이의 남편인 기포드(Guilford Dudley)의 형이다. 비슷한 또래인 엘리자베스와 로버트는 어릴 적에 무척 친하게 지내다 헨리가 죽으면서 헤어진 후 오랫동안 만나지 못했다.

이들이 재회한 장소는 런던 탑이었다. 메리 1세가 즉위하면서 로버트와 그의 형제들은 모두 제인 그레이와 함께 런던 탑에 수감되었는데, 로버트가 수감되고 1년쯤 되었을 때 엘리자베스도 와이어트의 반란으로 인해서 이곳에 갇히게 되었던 것이다. 로버트는 이미 이웃한 영주의 딸인 에이미(Amy Robsart)와 열일곱 살에 결혼한 몸이었다. 런던 탑이라는 장소와 각자가 처한 상황이 로맨스에 어울리지는 않았겠지만 어린 시절의 친밀감을 되살리기에는 충분했을 것이다.[22]

두 사람 모두 무사히 런던 탑을 빠져나간 다음부터 친구로 만나 우정을 쌓기 시작하다 이것이 점차 본격적인 사랑으로 발전했다. 이들의 사랑은 엘리자베스가 여왕이 된 다음에도 계속 이어졌다. 두 사람의 긴밀한 관계가 점차 드러나면서 여왕의 스캔들로 비화되었을 때 충격적인

으며 엘리자베스의 시 〈임은 떠나는데〉가 프랑수아 공작을 위해 쓴 것이라고 믿고 있지만, 그렇지 않았을 확률이 압도적으로 높다. 엘리자베스는 키가 작은 프랑수아를 '개구리'라는 별명으로 불렀으며, 병에 걸려 죽어가는 프랑수아에게 네덜란드에서의 명분 없는 살육을 이유로 냉정하게 결별 통보를 보냈다.

22 엘리자베스가 런던 탑에 수감되고 가택연금으로 이어지는 1년여의 기간을 그녀의 감시책임자로 일했던 헨리 베딩필드 경(Sir Henry Bedingfield)은 그녀를 억압적으로 속박하지 않았기 때문에 로버트 더들리와의 접촉이 가능했을 것이다. 베딩필드 경은 원래 메리를 열렬히 지지했고 메리에 의해서 출세를 한 인물이지만, 품위 있는 신사로 마치 엘리자베스를 수행하는 기사처럼 점잖게 행동하면서 그녀를 세심하게 보살폈다. 후일 여왕이 된 다음에 큰 감사의 선물을 받았으며 왕궁에서의 봉사도 계속했다. 엘리자베스는 베딩필드를 '나의 문지기(Goaler)'라고 놀리곤 했었는데 나쁜 의미로 한 말은 아니었다고 한다.

로버트 더들리

사건이 일어났다.

1560년에 로버트의 아내 에이미가 시골의 집에서 죽은 채 발견된 것이다. 그녀는 이층으로 가는 계단 아래에서 목이 부러진 채 발견되었다.

그녀의 죽음에 대해서는 여러 가지 의견이 있었다. 계단에서 실족해서 아래로 구른 사고사였을 가능성이 가장 높지만, 당시 그녀는 현대의학에서 유방암으로 추정하는 병에 걸려 있었고, 여기에 남편과 여왕의 관계가 불거지자 처지를 비관해서 자살했을 가능성도 있다. 그녀는 자신이 죽던 날 이상하게도 하녀들을 한 사람도 남기지 않고 모두 시장에 보냈다고 한다. 또한 음모론자들은 로버트나 엘리자베스가 청부살해했다고 주장하기도 했다. 어찌 되었건 이 사고로 엘리자베스와 로버트 더들리의 연인 관계는 끝장이 났다.

그렇지만 두 사람의 돈독한 우정은 로버트가 1588년에 사망할 때까지 30년 넘게 지속되었다. 로버트 더들리는 얼마 후 추밀원의 멤버로 들어가면서 레스터 백작(1st Earl of Leicester)에 봉해졌다.[23] 그 이후로 엘리자

---

23 레스터 백작령은 튜더 가의 뿌리인 랭커스터 공작 소유의 영지였다. 때문에 영주의 임명권은 랭커스터 공작 작위를 상속받은 엘리자베스 여왕의 사적인 권한에 속했다.

베스는 정치 · 외교적인 목적 이외에는 자신의 결혼 문제를 일체 거론하지 않았다. 1566년 잉글랜드 하원은 여왕이 결혼을 하거나 후계자를 지정하지 않으면 그녀가 제출한 예산안을 통과시키지 않겠다고 협박까지 했지만, 돌아온 반응은 분노에 가득 찬 조롱뿐이었다.

온화하고 재치 있는 독단

헨리 8세뿐 아니라 메리나 소년 왕 에드워드에 이르기까지 튜더 가의 통치자들은 자의식이 굉장히 강했다. 때문에 어떤 정책을 추진하건 항상 반대의견과 정면으로 대립하는 경향이 있었다. 헨리 8세의 세 자녀 중에서 엘리자베스만이 아버지의 맑고 옅은 푸른색의 눈동자를 그대로 물려받았으며, 모든 일의 결과를 놓고 평가하자면 기질적으로도 아버지를 그대로 빼닮은 전형적인 튜더였다. 그렇지만 그녀가 튜더 가의 다른 통치자들과 확연히 구분되는 점은 인내심과 상냥한 태도였다.

엘리자베스는 사람들에게 항상 다정하고 상냥하게 대했다. 그녀는 유쾌하고 유머를 즐기는 사람이라 엘리자베스 시대의 왕궁은 그녀의 어머니 앤 불린의 시절처럼 왁자지껄한 분위기가 재현되었다. 엘리자베스는 자신의 정책을 이해하지 못하거나 거세게 반발하는 의회나 추밀원 멤버들을 상대하면서 호통을 치거나 분노를 터뜨리기보다는 재치로 상대방을 골리는 방식을 선호했는데 몹시 화가 났을 때의 표현도 그녀다웠다.

"나는 당신의 머리만큼 당신의 키를 줄여 줄 수도 있습니다."

엘리자베스가 의심할 여지없이 절대군주였으며 독단적으로 일처리를 했다는 사실은 전임자들과 다를 바 없었지만, 그녀는 자신의 의사를 따르도록 강요한 것이 아니라 교묘한 술수로 그렇게 행동할 수밖에 없도록 상황을 만드는 놀라운 재능을 가지고 있었다.

그녀가 즉위했을 때 가장 크게 대두되었던 문제는 메리 1세 시절에 시대를 역행했던 조치들이었다. 잉글랜드가 가톨릭과 프로테스탄트 두 진영으로 나뉘어 첨예하게 대립하고 있는 가운데 새로운 통치자 엘리자베스가 천명한 입장은 애매모호하기만 했다.

"이 세상에 주님은 예수 그리스도 단 한 분뿐이며, 믿음도 단 하나뿐이며 그 외의 것들은 모두 하찮은 것에 대한 부질없는 논쟁이다."

그녀는 상황을 이용하는 데 남다른 재주가 있었다. 오랫동안 양 진영이 첨예하게 대립했기 때문에 그동안 주교직에 공석이 많이 생겼는데, 엘리자베스는 가톨릭과 프로테스탄트 어느 쪽도 명확하게 선택하지 않은 가운데 주교 선출작업에 들어갔다. 엘리자베스가 주교는 선거에 의해 결정되어야 한다고 규정한 헨리 8세 시절의 교회령을 충실하게 지키자, 당연히 다수파인 프로테스탄트들이 압도적인 승리를 거두었다.

1560년 잉글랜드 교회는 엘리자베스에게 교회의 수장을 맡아달라는 공식 요청을 했다. 그러자 엘리자베스는 수장(Supreme Head) 대신 수석 관리자(Supreme Governor) 직을 수락해 핵심적인 교리 논란을 살짝 피해 갔다. 또한 그동안 비난의 대상이기만 했던 이단령이 폐기되어 종교 재판이 사라졌고, 잉글랜드 교회가 토머스 크랜머의 《일반 신도를 위한 기도서》의 개정판을 공식적인 기도서로 채택한 데 이어 의회를 통과한 교회통합령(Act of Unity)에 따라 성공회로 통일된 교회 참석이 의무화되었다. 그렇지만 이때에도 불참에 대한 처벌은 거의 집행되지 않았다.

"나는 인간의 영혼을 들여다보기 위해 창문을 열지는 않겠습니다."

이 말은 그녀의 측근들 중에서 은밀하게 가톨릭 신앙을 지키는 인사들을 조사해서 처벌하라는 급진적인 개혁론자들의 청원을 거절하면서 그

녀가 한 말이었다. 가
톨릭 교도들에 대한 온
건한 입장은 엘리자베
스를 지속적으로 그들
이 꾸미는 쿠데타 음모
에 시달리게 하는 후유
증을 낳기는 했지만,
잉글랜드의 종교 개혁
은 비록 느린 페이스이
긴 하지만 확실하게 방
향을 잡고 나아가 결국
은 가톨릭 신앙을 불법
화하는 최종단계까지
이르렀다.

이런 식으로 목표는
확실하게 잡지만 그 과
정은 무리 없이 단계별

화려한 옷차림의 엘리자베스 1세

로 진행하는 방식이 엘리자베스의 통치스타일이었다. 그래서 엘리자베스 여왕은 권모술수의 대가, 마키아벨리즘의 화신이었다는 부정적인 평가도 함께 받는 사람이다. 이 비난에는 당연히 일리가 있다. 그녀는 사실 현대적인 홍보 전략의 개척자였다. 그녀는 당시에는 첨단기술이었던 금속활자 인쇄술을 이용해서 자신의 정책을 일반인들에게까지 널리 알렸으며,[24] 필요한 경우에는 인쇄매체를 통해서 정치적인 선동도 마다하지 않았다.

24 인쇄물을 이용한 정책 홍보는 엘리자베스의 아버지 헨리 8세가 처음 시작했다. 그렇지만 이것을 정

또한 그녀는 일반 민중들이 여왕의 모습을 직접 보는 것만으로도 열광한다는 사실을 최대로 이용했다. 보석을 줄줄이 박은 화려한 옷차림으로 전국을 돌아다니면서 민초들의 열망에 부응했다. 힘 있는 젊은 시절에는 자신의 모습을 보여 주기 위해서 마차가 아니라 말을 타고 다녔다. 자기자랑에도 열심이어서 지금까지 불리는 그녀의 애칭 '처녀 여왕(Virgin Queen)'이나 '착한 여왕 베스(Good Queen Bess)', 영광스러운 여인이라는 의미인 '글로리아나(Gloriana)' 등은 모두 스스로가 직접 붙인 별명들이다.

약간은 엉뚱하면서도 유쾌한 성품은 엘리자베스의 빛나는 통치를 이루는 데 밑바탕이 되었다. 그녀는 능력만 있다면 그 사람의 신앙이나 과거 경력 따위는 신경 쓰지도 않았다. 더욱이 한번 신임하면 권한을 대폭 위임하면서 아주 오랫동안 중용하는 스타일이었다. 그녀는 측근들에게 버릇처럼 라틴어로 "video et taceo."라고 말하곤 했다. 영어로는 "See and not say."가 되는데, 우리말로 직역하면 뉘앙스가 많이 달라진다. 내막은 모두 알고 있지만 하는 일에 간섭하지는 않겠다는 의미로 이해해야 할 것이다.

엘리자베스의 독특한 개성에 걸맞게 경력은 기묘하지만 능력은 뛰어났던 인물들이 그녀의 신하로 활약했다. 가장 대표적인 인물인 윌리엄 세실 경(William Cecil, 1st Baron of Burghley)은 평민 출신의 부잣집 외동아들로 뛰어난 처세술 덕분에 험난한 시절에 살아남은 그 시대의 거의 유일한 '생존자'였다.[25] 1543년 하원의원으로 정치생활을 시작했던 그가 이

치적인 수단으로 적극 활용하기 시작한 사람은 엘리자베스 여왕이다.
25 세실의 남작 작위는 그의 딸이 옥스퍼드 백작과 결혼하게 되었을 때 엘리자베스 여왕이 양쪽 가문의 균형을 맞춰주기 위해서 급하게 수여한 것이다.

름을 알리게 된 계기는 에
드워드 시절의 실력자였
던 서머싯 공작 시모어의
휘하에서 핑키 클루 전투
(Battle of Pinkie Cleugh)[26] 에
참가하면서부터였다.

윌리엄 세실

그는 서머싯 공작과 에
드워드 6세에 의해서 중용
되었으나 공작이 몰락하
면서 그도 런던 탑에 감금
되었다. 그렇지만 재빨리
다음 차례의 실력자인 더
들리 백작의 휘하로 옮겨

타서 서머싯 공작이 처형되었을 때에 무사할 수 있었다. 더들리 백작은
곧바로 권력을 장악해서 노섬벌랜드 공작이 되었으며, 세실은 단 두 명
만 임명되는 에드워드 국왕의 고문(Secretaries of State)으로 출세했다.

더들리는 제인 그레이 사건을 일으킨 장본인이었다. 세실 역시 메리 1
세가 아닌 제인 그레이를 후계자로 지정한 에드워드의 문서에 서명한
사람들 중 하나였다. 메리가 즉위했을 때 세실은 더들리 공작에 대한 취
조에 참여하면서 다시 한 번 위기에서 벗어났다. 젊은 시절 메리와 그녀
의 어머니 아라곤의 캐서린에게 동정적인 입장을 취했던 사실을 메리가
잊지 않고 있었기 때문이었다. 메리는 그에게 망명 중이던 레지날드 폴

---

26 잉글랜드와 스코틀랜드의 왕립군이 맞붙은 전투로 영국 역사상 최초의 근대전이라는 별명이 붙어
있다. 잉글랜드는 이 전투에서 해군 함대의 함포사격을 활용해서 대승리를 거두었기 때문이다. 스코틀
랜드에서는 이 재앙에 가까운 핑키 클루에서의 패전을 '검은 토요일(Black Saturday)' 이라고 부른다.

프랜시스 월싱엄

추기경을 모셔 오라는 임무를 부여해 이탈리아로 보냄으로써 그를 처벌에 대한 논란에서 벗어날 수 있도록 조치해 주었다.

윌리엄 세실은 메리가 후계자를 생산할 수 없다는 사실이 밝혀지자 재빨리 엘리자베스에게 접근했다. 그는 24년간 엘리자베스의 정치고문으로, 그 이후 26년간 재무상으로 봉사했으며, 그의 아들 로버트 세실(Robert Cecil, 1st Earl of Salisbury)도 대를 이어 여왕의 측근으로 봉사했다. 그는 젊은 여왕에게 어느 편으로도 치우치지 말고 항상 '중도적인 입장(via Media)'을 유지하도록 충고했는데, 결과는 대단히 효과적이어서 엘리자베스의 통치 스타일이 자리 잡는 데 크게 기여했다.

프랜시스 월싱엄 경(Sir francis Walsingham)은 근대적인 첩보전의 창안자로 알려진 사람이다. 그는 케임브리지 대학생 시절 급진적인 프로테스탄트가 되어 당시 칼뱅주의의 중심지인 스위스를 여행하면서 자신의 신념을 다졌다. 메리 1세 시절에는 외국으로 망명해 이탈리아에서 법학을 공부하다 윌리엄 세실의 부름을 받고 귀국하여 그의 지원을 받아 하원의원에 당선되면서 정치계에 입문했다.

그리고 1569년부터 71년까지 예수회 교단의 군사조직인 '그리스도의 병사들(Soldiers for Christ, Order of Jesus/Jesuit)'을 중심으로 한 가톨릭 세력의 엘리자베스 여왕 암살 음모를 사전에 탐지해서 분쇄한 것으로 명성을 날리기 시작했다. 바티칸과 스페인을 포함한 전 유럽에 놀라울 정도로 정교한 첩보망을 구축했기 때문에, 후일 잉글랜드는 스페인과의 전쟁 때 스페인 아르마다의 움직임을 스페인 해군 지휘관들보다도 먼저 알고 있을 정도였다.

이 두 사람 이외에도 명성이 높았던 많은 전문가들이 엘리자베스를 위해서 일했으며, 그녀의 말년에는 근대 철학의 기원으로 꼽히는 철학자 프랜시스 베이컨 경(Sir Francis Bacon, 1st Viscount St. Alban)도 수석법관으로 그녀에게 봉사했다.

아르마다 대회전

엘리자베스의 업적을 이야기할 때 가장 우선적으로 거론되는 것이 스페인의 무적함대를 격파한 군사적인 승리이다. 그렇지만 사실은 뛰어난 통치자였던 엘리자베스가 유독 재능을 보이지 못했던 분야가 바로 군사 분야였다. 그녀 전후 한 세기 동안 유럽 역사를 모두 뒤져 봐도 당시의 잉글랜드군만큼 자주 패배를 당했던 군대는 찾아보기 어렵다. 몇 번의 예외적인 승리를 제외하고는 네덜란드, 아일랜드, 프랑스의 전쟁에 개입할 때마다 지리멸렬하면서 치욕적인 패퇴를 거듭했다.

잉글랜드의 왕립해군과 스페인의 아르마다가 충돌한 대규모 해전은 역사에서 잉글랜드—스페인 전쟁(Anglo-Spanish War) 혹은 영서 전쟁이라고 부르는 일련의 전투 중 일부이다. 잉글랜드와 스페인은 싸움이 일어난 곳이라면 언제 어디서나 충돌했는데, 주 무대는 프랑스와 네덜란드, 그리고 후기에는 아일랜드였다. 그런데 무려 20년간 지속된 이 전쟁은 이상하게도 잉글랜드나 스페인에서는 공식적으로 선언된 적이 없는 전쟁이었다.

잉글랜드가 패전을 거듭하면서도 해외의 전쟁에 지속적으로 개입할 수밖에 없던 이유는 표면적으로는 바티칸과의 긴장 관계에 기인한 종교적인 요인 때문이었다. 당시 독일의 루터파 영주들은 가톨릭 세력과 타협한 상태였고, 바티칸과 대립하고 있는 프로테스탄트의 세력은 잉글랜드를 제외한다면 네덜란드와 스위스의 일부뿐이었다. 프랑스에서도 위그노 전쟁이 시작되고 있었지만 위그노[27]들은 통상 전체 프랑스 인구의 5퍼센트를 넘지 않았다.

네덜란드의 일곱 개 주가 공화국(Republic of Seven United Province)을 결성하고 본격적으로 합스부르크 가에 대한 투쟁을 시작한 해가 1579년이다. 귀족 출신으로 '침묵하는 윌리엄(William, the Silent)'이라는 별명을 가지고 있던 오라녜 공 윌리엄(William I, Prince of Orange)[28]은 새로이 탄생한 공화국에 가담해 막강한 스페인군을 상대로 승리를 거두어 기선을 제압하면서 저항 운동에 불을 붙였다. 이 시기부터 네덜란드는 독립을 쟁취하기 위해 약 80년간의 무력투쟁에 들어가게 된다.

엘리자베스는 적극적으로 네덜란드에 대한 지원에 나섰으며, 잉글랜드는 신생 공화국인 네덜란드에게 있어 유일한 동맹국이었다. 그러자

27 프랑스의 모든 개혁주의자나 프로테스탄트들을 위그노라고 하는 것이 아니라 프로테스탄트 중에서 급진적인 칼뱅주의자를 일컫는 말이다. 이들은 성당을 습격해 성모 마리아 상을 불태우고 가톨릭 성직자들을 폭행하거나 추방했다.

28 윌리엄은 독일의 명문귀족 가문인 낫소 가(House of Nassau) 출신임에도 불구하고 공화국 측에 가담했기 때문에 정치적으로 민감한 이슈에 대해서는 극도로 말을 아꼈다. 그래서 '침묵하는 윌리엄'이라는 별명이 붙었다. 네덜란드에서는 그를 '아버지 나라의 아버지(Father of Fatherland)'라고 부른다. 1580년 스페인에 의해 범죄자로 수배되었으며, 1584년 암살당했다.

1585년에 새로 교황으로 선출된 식스토 5세(Sixtus V)가 잉글랜드에 대한 공격을 십자군 원정으로 선언했다. 엘리자베스는 1570년에 이미 당시의 교황 비오 5세(Pius V)로부터 파문을 당한 상태였다. 잉글랜드-스페인 전쟁은 교황 식스토 5세의 선언으로부터 시작되어 1604년에 펠리페 2세와 갓 출범한 대영제국의 제임스 6세가 체결한 런던 조약으로 마무리됐다고 정의한다.

그렇지만 이 전쟁은 명분만 종교를 앞세웠을 뿐이며 실제로는 경제적 요인에서 발발한 것이다. 제국주의 국가들 사이에 벌어진 최초의 국제전으로, 아프리카와 아메리카 양 대륙에 대한 교역로에서 주도권을 확보하기 위한 것이었다. 엘리자베스도 언니인 메리와 마찬가지로 잉글랜드의 미래가 새롭게 열릴 바다에 있다는 사실을 잘 알고 있었다. 그렇지만 두 자매의 접근방법은 전혀 달랐다.

정책의 차이는 두 사람의 개성을 그대로 반영한다. 메리 1세는 엄격한 윤리 기준을 지키는 모범생 스타일이었지만, 엘리자베스는 정당한 목적은 모든 수단을 정당화할 수 있다고 믿는 사람이었다. 메리는 어떤 식으로든 스페인과 협력해서 잉글랜드의 교역량을 증대시키려고 했지만, 자신의 사촌과 조카이자 남편이기도 한 탐욕스러운 스페인의 두 통치자를 상대로 한 실험은 완전한 실패로 끝났다. 엘리자베스는 좌절만 안겨준 메리의 정책으로부터 많은 교훈을 얻었을 것이다.

엘리자베스는 언니와는 다른 사람이었다. 그녀는 국가의 번영을 위해서라면 통상적인 윤리 기준쯤은 쉽게 내던질 각오가 되어 있었다. 엘리자베스는 즉위 초기부터 사략함대를 지원하기 시작했다. 위험하기는 하지만 이것이 스페인의 독점을 뚫을 수 있는 유일한 수단이라고 판단했던 것이다. 그녀는 공공연한 약탈행위를 사업으로 승화시킨 인물이었다.

탐욕과 모험심에 가득 찬 사략함대의 선장들은 처음에는 스페인이 개척한 아메리카의 정착지에서 밀수로 수익을 올렸지만, 스페인 함대와 접전을 벌이면서 점차 담대해져 전문적인 약탈함대로 변모하고 나아가 조직적인 형태로 발전했다. 런던의 투자가들은 이 사략함대에 투자를 하기 시작했으며, 유능한 선장들은 목숨을 걸고 스페인의 교역선을 요 격하면서 높은 위험에 따른 높은 수익을 보장했다.

이에 따라 엘리자베스의 시대에 후일 낭만적인 해적 이야기의 주인공 이 되는 전설적인 인물들이 등장했다.

존 호킨스 경(Sir John Hawkins)은 엘리자베스와 동갑 아니면 한두 살 정 도 위인 인물로 아버지의 대를 이어 항해사가 된 사람이다. 그는 독립한 후 첫 항해에서 포르투갈의 노예선을 나포해서 그 노예들을 서인도 제 도에 팔아 큰 수익을 올렸다. 그러자 엘리자베스는 그의 두 번째 항해에 700톤 급의 대형선박을 임대해 주는 형식으로 투자를 했다.

사실 즉위 초기의 엘리자베스는 상비군조차 운영하기 어려울 정도로 재정이 빈약했다. 잉글랜드는 아직도 불황에서 벗어나지 못하고 있었으 며, 어떤 방식으로든 재원을 확보해야 하는 상황인지라 엘리자베스로서 는 현금 대신 배를 투자하는 형식으로 지분을 확보했던 것이다. 존 호킨 스는 약 1년 반 정도 걸린 노예 무역으로 투자자들에게 60퍼센트 이상의 수익을 돌려주었다.

그는 아프리카-서인도 제도의 스페인 식민지-플로리다의 프랑스 식민지를 잇는 삼각 무역을 창안해서 후배 노예 무역상들에게 본보기를 보였다. 아프리카에서 전문 사냥꾼들에게 잡힌 흑인 노예들을 선적하여 서인도 제도의 사탕수수 농장에 공급했고, 그곳에서는 설탕을 선적해서 플로리다에 수송하면, 플로리다에서는 그 설탕으로 럼주를 생산했다. 호 킨스는 자신의 설탕으로 생산한 럼주를 싣고 다시 아프리카로 항해했다.

그는 구입한 노예들에 대한 대금을 현금 대신 플로리다산 럼주로 지급하고 다시 노예를 실어 서인도 제도에 공급했다. 그러면서 세 군데 어디에서나 이익을 남겼다. 그는 잉글랜드 최초, 그리고 최대의 노예 무역상이라는 악명을 얻었지만 이것은 그의 기발한 아이디어에 기인한 것이지[29] 실질적인 실적이 그리 많은 편은 아니

존 호킨스

다. 그가 항해사나 선장으로서 무능해서가 아니라 마흔 전후에 잉글랜드 왕립해군에 스카우트되었기 때문이다.

그 이후로는 사략선의 선장이 아니라 조선 전문가로 활약했으며, 그 시대에 군용 선박의 혁신을 주도했다. 그가 해군의 조선 책임자로 일하면서 잉글랜드 해군은 크고 육중한 스페인의 갤리온 선 스타일을 벗어나 작지만 훨씬 빠르고 기동성이 뛰어난 프리기트 함과 같은 전투용 선박들을 보유하기 시작했다.[30] 이러한 선박들의 전투력이 훨씬 뛰어나다는 사실은 그리 머지않아 입증되었다.

---

29 잉글랜드가 노예 무역에 처음 뛰어든 시기는 메리 1세 시절이었다. 1555년에 런던에서 아프리카 출신 노예가 거래되었던 기록이 남아 있다.

30 스페인의 주력 군함인 갤리온은 화물선에서 포함으로 진화한 선박이었다. 스페인은 대서양의 항로를 거의 독점하고 있는 상황이었으므로 전투보다는 화물 운송에 중점을 두었던 것이다. 프리기트 함은 군사용으로는 불필요한 공간을 줄여서 훨씬 선폭이 좁았기 때문에 항해 속도가 빠르고 회전반경이 작았다.

존 호킨스는 보수적인 신앙인이어서 예수회 소속의 극단주의자들과 도 친분이 깊었다. 그들은 엘리자베스의 암살 음모를 계획하면서 존 호킨스가 당연히 찬성할 것으로 생각하고 그를 음모에 끌어들였다. 그렇지만 그들은 호킨스가 바티칸에 대한 그것보다 여왕에 대한 충성심이 훨씬 깊은 사람이라는 사실을 알지 못했다. 그는 암살 음모에 가담하는 척하면서 추밀원에 모든 정보를 넘겨 사전에 음모를 차단할 수 있도록 기여하기도 했다.

엘리자베스의 해적 혹은 사략선장들 중에서 존 호킨스보다 더 유명한 인물이 프랜시스 드레이크 경(Sir Francis Drake)이다. 존 호킨스가 기발한 삼각 무역으로 부와 명성을 쌓았다면, 프랜시스 드레이크는 순수한 전투와 모험으로 이름을 날려 일찌감치 신화와 같은 존재가 되었다. 프랜시스 드레이크는 엘리자베스보다 일곱 살 아래로 엘리자베스의 '황금시대' [31]를 대표하는 인물 중 하나이다.

그는 존 호킨스의 함대에서 경력을 쌓기 시작했는데, 스물세 살 때 스페인의 함정에 빠져 선원들을 대부분 잃고 자신만 구사일생으로 목숨을 부지했다. 그는 그 이후로 스페인에 대해서는 적대감을 숨기지 않았다. 당시 스페인 사람들은 드레이크를 '엘 드라크(El Draque)'라는 별명으로 부르며 두려워했다. '드라크'는 용(dragon)을 의미하는 라틴어 'Draco'에서 파생된 말이었다. 펠리페 2세는 그의 목에 현재의 화폐로 환산해서 약 800만 달러에 달하는 거액의 현상금을 걸었다. 엘리자베스는 그를 '나의 해적(My Pirate)'이라고 부르며 총애했다.

그는 해적행위뿐 아니라 거창한 모험을 통해서 국민적 영웅으로 떠올

---

31 빅토리아 여왕 시대부터 엘리자베스의 통치시기를 말할 때 황금시대(Golden Age)라는 과장된 표현을 사용하기 시작했다. 그렇지만 당대의 잉글랜드인들에게는 상당히 어려운 시기였을 것이다.

랐다. 1577년 엘리자베스는 드레이크 선장에게 아메리카 대륙의 반대편인 태평양 연안을 개척하라는 명령을 내렸다. 드레이크는 기함인 펠리컨 호를 포함해서 모두 다섯 척의 배로 함대를 구성한 다음 현재의 아르헨티나에 해당하는 지역으로 출발했다. 그는 다음해 봄에 아메리카 대륙 남단의 마젤란 해협을 통과하여 북상하면서 스페인의 선박들

프랜시스 드레이크

을 약탈했다. 그중에는 페루에서 약탈한 황금을 가득 실은 배도 한 척 있었다. 현재의 가치로 약 700만 달러에 해당하는 노다지였다. 그렇지만 드레이크는 여기에 만족하지 않았다.

그는 스페인의 보물선 카가푸에고 호[32]가 항해에 나섰다는 정보를 접하자 '황금 사슴(Golden Hind)'으로 개명한 자신의 기함만으로 이 배를 추적하기 시작했다. 그는 태평양에서 카가푸에고를 따라잡아 나포하는 데 성공했다. 이 포물선에는 36킬로그램의 금, 26톤의 은, 갖가지 보석류 등 모두 합쳐서 현재 시가로 1,700만 달러 상당의 화물을 싣고 있었

---

32 카가푸에고는 페루에서 약탈한 잉카의 금과 은, 보석을 파나마로 운반하던 갤리온 급 대형 선박이었다. 원래의 배 이름은 '이상 속 우리의 여인(Nuestra Señora de Concepción, Our Lady of Concep-tion)'이었지만, 카가푸에고라는 별명으로 더 유명했다.

다. 그는 마닐라와 희망봉을 거쳐 세계일주 항해를 완료하고, 1580년에 의기양양하게 귀환했다.

드레이크는 투자자들에게 1파운드 당 47파운드의 배당을 했다. 3년 만에 4,700퍼센트의 고수익을 올린 셈이다. 투자자들 중에서 지분이 가장 컸던 사람은 엘리자베스 여왕이었다. 프랜시스 드레이크는 이 전설적인 항해로 인해서 사략함대 역사상 가장 성공한 약탈행위를 했던 인물로 기록되었다. 그는 이 공로를 인정받아 다음해인 1581년에 엘리자베스 여왕으로부터 기사 작위를 수여받았다.

엘리자베스는 사략함대의 눈부신 활약에 고무되어 1583년에 시인이자 군인이었던 월터 롤리 경(Sir Walter Raleigh)[33]에게 프랑스가 이미 자리 잡은 플로리다 위쪽으로 잉글랜드의 식민지를 건설하라는 지시를 내렸다. 그는 현재의 사우스캐롤라이나 주에서 메인 주에 이르는 북아메리카의 대서양 연안을 탐험하고, 이 지역에 '처녀 여왕 엘리자베스의 땅'을 의미하는 '버지니아(Virginia)'라는 이름을 붙였다. 그러자 스페인의 속이 편할 리 없었다.

"바다와 하늘을 사용할 수 있는 권리는 누구에라도 있는 것입니다. 대양이 한 민족이나 개인에게 속할 수 없는 것은 그 누구도 대자연이나 유구한 전통에 대한 소유권을 주장할 수 없다는 이치를 따르는 것입니다."

엘리자베스는 잉글랜드가 '스페인 국왕의 권리'를 침해했다고 항의 방문한 스페인 대사에게 시인다운 말로 멋지게 답변했다.

---

33 월터 롤리 경은 탐험기 《엘도라도(El Dorado)》의 저자로 이름을 남겼으며, 실제로 이 황금 땅을 찾아 나섰던 모험가였다. 그는 북미 탐험의 공로로 1585년 기사 작위를 수여받았으나 얼마 후 대단한 미인이었던 여왕의 시종녀 엘리자베스 트록모턴(Elizabeth Throckmorton)을 건드리는 바람에 그녀와 함께 런던탑에 수감되었다. 여왕에게 사전에 양해를 구하지 않은 데 대해 끝까지 사과하지 않았기 때문이었다. 석방된 후에는 엘도라도를 찾아 남아메리카를 탐험했다.

그동안 스페인이 지배하던 대서양 항로에 거세게 도전하던 프랑스는 위그노 전쟁이 터지면서 일단 경쟁에서 밀려난 상태였고, 포르투갈까지 병합하는 데 성공한 펠리페 2세는 교황 식스토 5세가 잉글랜드에 대한 전쟁을 십자군으로 선언하자, 마지막 경쟁자인 잉글랜드를 타도하고 대양과 신세계를 독점할 수 있는 최적의 기회로 판단했다.

월터 롤리

펠리페는 그동안 반역자들의 근거지였던 네덜란드와 신세계의 스페인 영토에서 계속 신경을 거슬리게 하고 있던 잉글랜드에 대한 대대적인 침공 계획을 세웠다. 그렇지만 스페인의 계획은 엄청난 정보망을 구축하고 있던 잉글랜드에서도 훤히 알고 있었다. 이 거창한 계획을 추진하고 있는 동안 펠리페 2세에게는 불길한 조짐이 연달아 일어났다.

스페인 함대의 사령관으로 내정된 사람은 산타크루즈 후작 알바로 데 바잔(Álvaro de Bazán, Marqués de Santa Cruz de Mudela)으로 유럽 최고의 해군 사령관이었다. 그런데 산타크루즈 후작이 침공 준비를 하던 도중 급작스럽게 사망했다. 새로운 함대 사령관에 메디나 시도니아 공작 알롱소 데 구즈만(Alonso de Guzmán el Bueno, Duque de Medina Sidonia)이 임명되었다. 메디나 시도니아 공작은 유럽 전체에서 존경받고 있던 뛰어난 군인이었지만, 그의 명성은 모두 육지에서 얻은 것으로 해군을 지휘해본 경험이 거의 없었다.

또한 1587년에는 잉글랜드의 선제공격으로 침공이 1년이나 미루어지기도 했다. 엘리자베스는 스페인군의 침공을 저지하기 위해서 프랜시스

드레이크 경을 출동시켰다. 그는 스페인 남부에 위치한 신대륙 교역의 중심 항구 카디스 항을 기습해서, 침공을 위해 항구에 대기 중이던 선박 서른일곱 척을 불태웠다. 침공을 완전히 저지하지는 못했지만 잉글랜드에게 가장 소중했던 시간을 벌 수 있었다.

잉글랜드—스페인 전쟁의 최고 하이라이트인 '아르마다 대회전 (Armada Encounter)'[34]은 1588년 4월 25일 스페인 아르마다의 함대에 교황 식스토 5세가 축성을 하면서 시작되었다. 펠리페 2세는 22척의 갤리온 급 전함과 대형 무장상선 108척을 동원했는데, 이 함대를 움직이기 위한 선원들만 8천 명이 필요했다. 함대가 무장한 함포의 숫자는 모두 2,500문이었으며, 스페인에서 탑승한 전투 병력은 1만 8천 명이었다.

이 병력과는 별도로 당시 합스부르크 가가 지배하고 있던 플랑드르의 덩케르크에는 파르마 공작 알레한드로 파르네시오(Alejandro Farnesio, Duque de Parma)가 지휘하는 1만 6천 명 최정예 스페인군이 대기하고 있었다. 스페인 함대는 좁은 도버 해협을 통과해 플랑드르에 도착해 그곳에 대기 중이던 침공군을 호위할 계획이었다. 당연히 그 항로에는 잉글랜드 해군의 요격이 예상되고 있었다.

잉글랜드가 동원한 아르마다도 그 규모가 대단했다. 선박의 숫자는 200척에 육박했다. 잉글랜드로서는 동원할 수 있는 모든 선박을 전부 동원한 것이나 마찬가지였다. 왕립해군 소속의 전함만 34척, 징발된 무장상선이 163척이었다. 여기에 동맹국인 네덜란드의 경전투함 30척이 가세했다. 그렇지만 전반적인 전력은 스페인 아르마다와 비슷했다. 스페인 함대는 주로 대양을 항해하는 대형선박들로 구성되어 있던 반면 잉글

---

34 전쟁 당시 잉글랜드 함대 전체의 명칭도 아르마다였다. '플리트(Fleet)'는 잉글랜드 아르마다를 구성하고 있는 네 개의 독립선단을 지칭하는 말이었다. 우리말로는 모두 '함대'로 번역된다.

스페인 아르마다

랜드 함대에서 200톤이 넘는 전함은 30척 정도에 불과했기 때문이다.

잉글랜드 함대의 제독은 노팅엄 백작 찰스 하워드(Charles Howard, Earl of Nottingham)로 엘리자베스의 어머니 앤 불린의 사촌 동생이었으며, 이 전투 전까지 해전에 대한 경험이 거의 없기로는 스페인의 아르마다와 사정이 마찬가지였다. 그렇지만 엘리자베스는 함대 부사령관(Vice Admiral)으로 프랜시스 드레이크를 임명해 실질적인 야전사령관직을 수행하도록 했으며, 존 호킨스에게도 부제독(Rear Admiral)이라는 직책으로 함대에 대한 지원을 맡겼다. 해전 경험이 풍부한 선원들을 보유한 드레이크와 호킨스의 사략함대도 모두 전투에 동원되었다.

5월 28일 포르투갈의 리스본 항에서 출정한 스페인 아르마다는 6월 19일 잉글랜드 해역에 도착했다. 그 다음날부터 일주일간 산발적으로 포격전이 벌어졌지만 우열을 가리기는 힘들었다. 스페인은 두 척의 선박을 포기했으며 잉글랜드 역시 상당한 사상자를 기록했다. 일주일간의 서전을 통해 스페인의 대형선박들은 잉글랜드의 포격에는 잘 견디지만 도버 해협의 얕은 바다에서는 기동성에 크게 제한을 받는다는 사실이 밝혀졌다.

스페인 아르마다는 수심이 깊은 칼레 항으로 물러나 배들을 서로 묶어 단단한 밀집대형을 형성한 채 닻을 내리고 별 모양의 방어대형을 형성했다. 파르마 공작의 침공군이 대기하고 있는 덩케르크와는 그리 멀지 않은 위치였다. 그런데 바로 이곳 칼레에서 스페인 아르마다의 비극이 시작되었다. 잉글랜드는 그날 밤 바람을 이용해서 네 척의 화공선을 띄워 밀집대형으로 모여 있는 스페인 선박들을 향해 돌진시켰다.

일반적으로 화공선은 쓸모없는 배에 화약과 인화물질을 가득 실어 흘려보내는 것이지만, 잉글랜드에서는 대담하게 멀쩡한 대형전함을 화공선으로 희생시켰다. 화공선 중 두 척은 중간에서 요격되었으나 두 척은 화약을 가득 실은 채 밀집되어 있던 선박들에 접근해 폭발했다. 이 화공으로 불에 탄 선박은 없었다. 그렇지만 큰 문제는 방어대형이 완전히 무너졌다는 사실이었다. 주력 부대인 스페인 해군 소속의 선박들은 그런대로 대형을 잘 유지했지만, 화물선을 개조한 무장상선들은 화공선을 피하느라고 뿔뿔이 흩어졌다.

결정적인 전투는 다음날 플랑드르의 작은 항구 그레블린에서 벌어졌다. 스페인 아르마다는 일단 이곳까지는 후퇴했지만, 아직 대형을 갖추지 못하고 있는 상태에서 네 방향에서 달려드는 잉글랜드의 아르마다와 얽히며 곳곳에서 치열한 전투가 벌어졌다. 스페인 해군의 특기는 배를 붙이고 상대의 배에 뛰어들어 백병전을 벌이는 갑판전이었다. 그렇지만 잉글랜드 아르마다는 뛰어난 기동성을 바탕으로 포격전으로 일관하면서 좀처럼 갑판전의 기회를 주지 않았다.

두꺼운 오크나무로 만들어진 스페인의 갤리온은 잉글랜드 함포의 포격에 놀라울 정도로 잘 견뎠지만, 한 척이 여러 척의 잉글랜드 선박을 상대하면서 점차 타격을 입기 시작했다. 스페인의 거의 모든 선박은 깊은 상처를 입었으며 최소한 다섯 척의 선박을 포기했다. 메디나 시도니아 공작은 후퇴명령을 내릴 수밖에 없었다. 스페인의 선박들은 황급히 뱃머리를 북으로 돌려 스코틀랜드 방향으로 패퇴했다. 이 전투로 파르마 공작의 부대를 잉글랜드에 상륙시키려던 펠리페 2세의 계획[35]은 수포로 돌아갔다.

잉글랜드의 선박들은 패퇴하는 스페인 아르마다를 멀리까지 추격했다. 사실 당시 잉글랜드 포함들의 화약은 거의 바닥이 나 있던 상태였다. 그렇지만 이 사실을 알 리 없는 메디나 시도니아 공작은 일단 스페인으로 귀환하기로 결정하고 스코틀랜드 북단으로 올라갔다 아일랜드를 우회해서 남하하는 항로를 택했다. 그러나 그의 악몽은 아직 끝나지 않았다. 스페인 아르마다는 아일랜드 동쪽 바다에서 거센 폭풍을 만나 잉글랜드에게 당한 피해보다 훨씬 더 큰 피해를 입었다. 스페인으로 귀환했을 때 아르마다에는 30척이 조금 넘는 선박과 일만 명이 채 되지 않는 병력만 남아 있었다.

영광과 상처

엘리자베스는 아르마다 대회전의 승리로 큰 영광을 얻었다. 그러나 그 승리는 실질적인 성과보다는 심리적인 성과를 가져다 준 데 의의가

---

35 잉글랜드 측에서도 파르마 공작의 상륙에 대비해서 한때 엘리자베스의 연인이었던 로버트 더들리 백작이 지휘하는 전투 부대가 템스 강에 방어선을 구축하고 있었다.

있다. 이 전투의 승리는 잉글랜드에게 대서양의 지배권을 보장해 주지는 못했으며, 오히려 본격적인 투쟁이 시작되었다는 사실을 의미했다. 스페인을 포르투갈에서 축출하기 위해 그 다음해에 잉글랜드와 네덜란드가 합동으로 벌인 일련의 해전에서는 거센 폭풍이 프랜시스 드레이크가 지휘하는 잉글랜드 함대를 덮쳐 막대한 인명과 엄청난 국고의 손실만 초래했다.

잉글랜드가 대서양에서 지배권을 확보하는 데에는 그로부터 여러 세기가 걸렸다. 스페인은 잉글랜드 해군의 선박들을 참고로 개량된 신형 갤리온 선을 건조하기 시작했으며, 아르마다도 훨씬 효율적인 호위체제를 갖추어 운영되기 시작했다. 비로소 바다에서 공정한 경쟁이 시작된 것이다. 잉글랜드와 스페인의 경쟁은 모든 부문으로 확대되었다. 엘리자베스가 열망했던 북아메리카 식민지 건설 계획도 좌절되어 결국 그녀의 시대에는 결실을 맺지 못하였다.

양국의 막강한 해상 무력은 서로의 무역을 견제하는 데 힘을 낭비했으며, 이 때문에 두 나라의 무역은 실질적으로 심각한 타격을 입고 재정 수입은 수직으로 급감했다. 펠리페 2세는 두 번이나 스페인 정부의 부채에 대한 지급유예(Moratorium)를 선언해야 했다. 잉글랜드의 상황도 이와 유사했다. 엘리자베스의 말년에 잉글랜드 정부는 일 년 예산의 열두 배가 넘는 규모의 국채를 발행하였다.

아르마다 회전의 참패는 펠리페를 크게 자극했다. 그는 가톨릭 세력이 절대 다수인 아일랜드 사람들이 무장 투쟁을 시작하자 여기에 막대한 자금을 대면서 적극적으로 지원하기 시작했다. 스페인의 든든한 자금을 배경으로 싸우는 아일랜드의 고집스럽고 강인한 투사들 때문에 잉글랜드는 1595년부터 거의 10년 동안 지겨운 전쟁에서 헤어나지 못했으며, 전쟁에 투입된 막대한 비용은 엘리자베스 통치의 마지막 기간을 더욱 어렵

게 만들었다. 더 이상의 국
채 발행이 어려워지자 그녀
는 갖가지 산업 독점권을 팔
았으며, 이 때문에 국민들로
부터 원성을 들었다.

엘리자베스 여왕의 마지
막 10년은 잉글랜드인에게
힘든 만큼 여왕 개인에게도
무척 어려운 시기였다. 그녀
의 영원한 연인이자 좋은 친
구이며 훌륭한 신하였던 로
버트 더들리 백작은 아르마

로버트 데브루

다 회전을 치른 다음해에 위암으로 사망했다. 또 다른 친구이자 충실한
신하이며 항상 조언자 역할을 했던 윌리엄 세실 경은 더들리 백작보다
10년 정도 더 살았지만 일찌감치 왕궁에서의 업무를 접고 재무성 업무
에 치중하고 있었다.

그들의 빈자리는 세실 경의 둘째 아들 로버드 세실(Robert Cecil)과 미주
대륙의 개척자 월터 롤리(Walter Raleigh)와 같은 젊은 귀족 청년들이 채웠
는데, 이들과 여왕의 스캔들이 끊이지 않았다.

그들 중 더들리의 의붓아들 로버트 데브루(Robert Devereux)는 말년의
엘리자베스에게 큰 상처를 주었다. 그는 스페인의 카디스 항을 점령해
서 당시 잉글랜드에게 그리 흔하지 않은 승리를 안겨 준 전쟁 영웅으로
엘리자베스의 총애를 받았다.

그렇지만 여왕의 총애를 빌미로 오만불손해지자 점차 왕궁에서 따돌

림을 당하기 시작했는데, 그는 이를 만회하기 위해서 군사적으로 고전을 면치 못하고 있었던 아일랜드로의 원정을 자청했다. 데브루 백작은 1588년에 기세 좋게 대병력을 지휘해서 아일랜드에 상륙했다. 그러나 본격적인 전투도 아니고 서전에서 아일랜드의 켈트 부족들이 연합한 부대에게 대패하자 자신의 부대를 내팽개친 채 도망쳤다. 그는 1599년 9월에는 아예 런던으로 귀국했다.

그는 엘리자베스에게 해명할 기회를 애타게 요청했지만 엘리자베스는 그를 만나려고 하지도 않았다. 그러자 그는 한밤중에 무단으로 여왕의 침실로 난입하는 사고를 일으켰다. 엘리자베스는 그를 잘 타일러서 돌려보냈지만, 아무리 여왕과 은밀한 관계에 있었다고 해도 한계를 넘어선 행동이었다. 그는 이 사건으로 여왕의 총애를 완전히 잃었을 뿐 아니라 그동안 에식스 백작의 특권이었던 수입 포도주의 독점권도 잃었다.

로버트 세실이 득세하면서 여왕과의 접근을 차단당한 데브루 백작은 요크에 있는 자신의 집에 칩거하고 있다 다음해에 갑자기 소수의 지지자들과 함께 런던에 나타났다. 그는 군중들 앞에 나서서 반정부 선동을 기도했다. 그의 목표는 여왕이 아니라 로버트 세실이었고, 총애를 잃은 젊은이의 처절한 몸부림으로 이해할 수도 있겠지만, 반역죄라는 사실은 명백했다. 1601년 2월에 엘리자베스는 마지막 연인이었던 제2대 에식스 백작 로버트 데브루를 처형했다.

영국 문화의 황금기를 열다

원래 엘리자베스 여왕의 성품은 상당히 좋은 편이었지만, 그보다는 즉위 초기부터 꾸준히 가꾸어 왔던 '착한 여왕 베스' 라는 이미지가 그녀의 의도대로 형성되어 그 명성을 얻게 된 것이다. 엘리자베스 여왕의 후반기에는 어려워진 국가 재정과 경제난으로 인해서 그녀에 대한 불만이 고조되고 있었고 아일랜드에서의 전쟁도 진행 중이었기 때문에 이러한 이미지를 만드는 작업은 더욱 교묘하게 진행되었다. 우리가 알고 있는 위대한 통치자 엘리자베스는 이 시기에 조작된 이미지를 바탕에 깔고 있는 것이다.[36]

이 시기부터 벌써 엘리자베스는 신화적인 존재에 비유되곤 했는데, 가장 적절하게 사용된 이미지는 그리스 신화에서 정의를 담당하는 여신 아스트라이아(Astraea)[37]였다. 그녀는 유토피아적인 '황금시대' 부터 인간이 완전히 타락한 지금의 '철의 시대' 에 이르기까지 가장 오래도록 인간과 함께 생활했던 여신이었다. 엘리자베스 시대의 서사 시인 에드먼드 스펜서(Edmund Spenser)는 여왕을 시집 《페어리 여왕(The Faerie Queene)》에서 영원히 늙지 않는 요정 여전사로 묘사했다.[38]

비록 엘리자베스의 시대가 먼 훗날 빅토리아 여왕의 시대에 그려지듯이 황금시대가 아니었고, 스페인에 대한 승리나 신대륙 진출에 관한 업적이 과장되었다고 해도 엘리자베스가 영국 역사의 그 어떤 통치자보다 높게 평가되어야 할 이유가 있다. 그녀는 영국 문화의 황금기를 연 통치자였다. 그녀의 시대는 바로 윌리엄 셰익스피어와 프란시스 베이컨의

---

36 엘리자베스 여왕의 초상화도 이러한 이미지 만들기 작업과 맥을 같이 하면서 변천했다. 대략 사십 대 중반까지는 사실적으로 묘사되다 그 이후부터는 터무니없이 젊어지거나 신화적인 존재들과 함께 등장하면서 현실감을 잃기 시작했다.

37 제우스와 올림포스의 신들 이전의 타이탄인 테미스(Themis) 사이에 태어난 아스트라이아는 '별의 여인(Lady of Star)' 라는 의미로 복수의 신 네메시스(Nemesis)와는 상대되는 개념이다. 정의 중에서도 엄격한 처단이 아니라 관용과 선의에 가치를 두는 동정심 많은 따뜻한 신이다.

38 《페어리 여왕》은 1590년에는 세 권으로, 9년 후에는 여섯 권으로 발행되었는데, 각 권마다 하나씩 모두 여섯 개의 미덕에 대한 찬양을 담고 있다. 그 미덕들은 신성함, 인내심, 동정심, 우정, 정의, 그리고 예의이다.

시대였다. 엘리자베스의 즉위부터 올리버 크롬웰의 반동 정치까지의 기간을 역사에서는 '영국 르네상스 연극(English Renaissance Theatre)'의 시대라고도 부른다.

우리가 현대에 볼 수 있는 것과 유사한 극장들이 영국 전역에 세워졌고, 이곳에서 셰익스피어를 포함한 당대 빛나는 극작가들의 작품이 공연되었다. 당시 영국 사람들은 우리가 다양한 영화나 연극 중 좋은 프로그램을 선택해서 즐기는 것과 똑같은 방식으로 많은 대가들의 연극 중에서 마음에 드는 것을 골라 감상할 수 있었다. 그리스와 로마 시대 이후 떠돌이 음유시인들에 의해 가까스로 명맥이 이어지던 대중문화가 유럽에서 다시 부활하는 효시가 된 셈이다.

1602년 가을 엘리자베스의 건강이 갑자기 악화되기 시작했다. 친한 친구들이 연이어 세상을 떠나면서 그녀는 정신적으로 타격을 입고 심한 우울증에 걸렸다. 여왕의 나이는 일흔 살로 접어들고 있었다. 마지막으로 엘리자베스의 곁을 지킨 사람은 로버트 세실 경이었다. 1603년 2월 엘리자베스는 잠을 자는 도중에 조용히 숨을 거두었다. 엘리자베스를 처단하는 일을 일생 최대의 과업으로 삼았던 교황 식스토 5세는 그녀에 대해서 이러한 평가를 남겼다.

그녀는 일개 아녀자이고 작은 섬의 겨우 절반만을 소유하고 있을 뿐이지만 스페인을 공포에 떨게 하고 프랑스를 공포에 떨게 했으며 이 (신성로마) 제국과 모든 사람들을 공포에 떨게 만들었다.

스페인의 설계자

이사벨라 여왕

1486년 5월 1일 이탈리아 제노바 출신의 항해사 크리스토퍼 콜럼버스는 에스파냐의 공동 통치자인 페르난도 2세(Fernando II)와 이사벨라(Isabella I) 여왕을 접견했다. 그는 여러 해 전부터 대서양을 횡단해서 인도에 도달하겠다는 계획을 세웠다. 이에 필요한 선박 세 척과 항해 비용을 조달하기 위해 에스파냐에 제출한 것과 동일한 내용의 기획안을 포르투갈의 주앙 2세(João II)에게 먼저 보냈으나 1년 전에 거절 통보를 받았다.[39] 그는 잉글랜드의 헨리 7세(Henry VII)에게도 같은 내용의 기획안

---

[39] 당시 주앙 2세는 콜럼버스가 지구의 둘레를 너무 작게 계산했다고 판단했다. 이것은 사실이었다. 기

이사벨라 여왕을 알현하는 콜럼버스

을 제출했지만, 잉글랜드로부터는 아예 연락도 없었다. 페르난도와 이사벨라도 당장 그의 제의를 수락하지는 않았다. 콜럼버스가 매우 까다로운 조건을 제시했기 때문이었다. 그 조건들 중에는 자신을 에스파냐의 대서양 함대 제독으로 임명할 것, 그가 새로운 영토를 발견하게 되면 그곳의 총독으로 임명할 것, 그리고 새로운 영토에서 올리게 될 수입의 10퍼센트를 보장할 것 등의 조항이 포함되어 있었다.

이사벨라 여왕은 콜럼버스의 제의를 거절하면서도 그에게 호의를 보여서 상당한 액수의 연금을 제공했다. 그의 계획을 계속 긍정적으로 검토해 보겠다는 뜻이었다. 3년 후에 두 번째 알현을 마치고는 콜럼버스가 에스파냐 내의 어느 도시를 방문하든 그의 숙박료는 왕실에서 부담한다

원전 그리스의 수학자들은 지구의 둘레가 약 4만 킬로미터 정도 된다고 계산했지만, 콜럼버스는 서쪽으로 3,800킬로미터만 항해하면 인도에 닿는다고 주장했다. 만약 콜럼버스 당시의 선박이나 항해술로 태평양을 횡단하려고 시도했었다면 중도에 굶어죽을 수밖에 없었다.

는 호의도 추가했다.[40] 사실 당시 이사벨라 여왕은 이베리아 반도의 남쪽을 장악하고 있는 무슬림들과 전쟁을 벌이느라 콜럼버스의 제안을 면밀하게 검토할만한 여유가 없었으며, 이 점은 콜럼버스도 수긍했다.

1492년 이사벨라 여왕이 무슬림들의 마지막 거점인 코르도바를 함락하자 콜럼버스는 그곳으로 부리나케 쫓아가 여왕을 다시 알현했다. 그것이 네 번째 알현이었다. 그리고 그해 8월 3일 대형선인 캐럭 급의 산타 마리아 호와 중형선인 캐러벨 급 핀타 호, 산타 클라라 호 등 세 척이 미지의 항로로 항해를 시작했다.[41]

이 초라한 항해가 전 세계의 바다를 제패하게 될 초강대국 에스파냐가 탄생하는 첫걸음이었으며, 동시에 소수의 유럽인들을 위해서 그들의 스무 배가 넘는 다른 대륙의 사람들이 고통을 받았던 제국주의 500년 역사가 시작되는 순간이기도 했다.[42]

카스티야 왕국의 혼란

에스파냐는 콜럼버스가 이사벨라 여왕을 처음 만나기 7년 전에 카스

---

40 천성이 친절했던 이사벨라는 멀리 제노바에서 그녀를 만나러 찾아온 콜럼버스에게 작은 호의를 베푼 것뿐이지만 이 작은 호의가 역사를 크게 바꿨다. 콜럼버스가 이사벨라로부터 첫 연금을 받고 얼마 후에 잉글랜드의 헨리 7세가 그의 제안을 수락하겠다는 서신을 보냈던 것이다.

41 캐럭은 사각돛(Square Sail)을 3개 혹은 4개 장착한 대양 항해용 선박으로 나우(Nau)라고도 부른다. 유럽인들이 대양을 항해하기 위해 개발한 최초의 선형이었다. 캐러벨은 2개, 혹은 3개의 삼각돛(Lateen Sail)을 장착한 장거리 항해용 선박으로 당시에는 최신형 선박이었다. 원래 삼각돛은 인도양의 뱃사람들이 오래 전부터 사용한 것이지만, 당시 유럽에서는 신기술이었다.

42 제국주의의 조짐은 콜럼버스부터 시작되었다. 그는 수십 명의 쿠바 원주민을 납치해서 데리고 돌아왔는데, 그들 중 일곱 명만 긴 항해에서 살아남았다. 콜럼버스는 아직 초기 철기 시대에 머물고 있던 이들을 공개하면서 "나에게 50명의 병사만 주면 인도 전체를 정복하겠다."라고 큰소리쳤다.

티야 왕국과 아라곤 왕국이 합병해서 탄생한 신생국이었다. 이베리아 반도는 7세기에서 8세기에 걸쳐 무슬림에게 전체가 정복을 당한 지역으로, 남부는 완전한 이슬람 문화권이었다. 중부와 북부의 기독교도들은 타이파(Taifa)라는 무슬림과 기독교도 영주들이 통치하는 작은 왕국으로 쪼개져 코르도바에 자리 잡은 칼리프의 종주권을 인정하면서도 서로 치열하게 다투면서 긴 세월을 보냈다.

코르도바의 칼리프가 약화되자 '엘 시드(El Cid)'라는 별명으로 유명한 로드리고 디아스(Rodrigo Díaz de Vivar)와 같은 영웅들이 등장해서 기독교권이 조금씩 영토를 회복해 갔으나 하나의 왕국으로 통일되는 길은 멀고도 험했다. 이사벨라가 태어날 당시, 이베리아 반도에서 동쪽 대서양에 면한 포르투갈은 완벽한 하나의 왕국으로 자리 잡고 있었던 반면 에스파냐는 크게 카스티야(Castilla), 아라곤(Aragón), 그라나다(Granada), 세 개의 왕국으로 분열되어 있었다.

세 개의 왕국 중에서 남부의 그라나다 왕국은 유럽인들이 무어인(Moors)이라는 이름으로 부르던 베르베르인(Berbers)이 세운 이슬람 왕국이었다.[43] 카스티야와 아라곤 왕국이 갈라져 병립한 지는 거의 500년 정도 지난 상태였으므로, 실질적으로는 사용하는 언어까지 차이가 있는 완벽히 다른 나라였다. 그러나 두 왕국의 왕실 사이에 통혼이 잦았고, 양국의 일반 백성들도 내심 재통일을 바라고 있었다.

이러한 상태가 지속되었으니 왕국 사이에, 그리고 지방 영주들 사이에 크고 작은 전쟁이 끊일 날이 없었다. 이 틈새를 유대인들이 파고들어와 영주들에게 전쟁 비용을 빌려주기도 하면서 경제를 완전히 장악하고

---

43 무어는 그저 피부가 검다는 의미이지 종족명이 아니다. 베르베르인들은 아랍인이나 이집트인들과는 전혀 다른 아시아 계통의 언어를 사용하며, 현재는 모로코와 알제리에 가장 많이 거주하고 있다. 무어라는 말과는 달리 그들의 피부색은 그리 진한 편이 아니다. 로마 시대에는 누미디아인(Numedian)이라는 이름으로 불렸으며, 뛰어난 기마술을 가지고 있어서 고대부터 최고의 용병으로 알려져 있었다.

있던 상태였다. 세 개의 왕국 중에서 카스티야는 가장 넓은 영토와 가장 많은 인구를 가지고 있었지만, 정치적으로 또 경제적으로는 세 왕국 중에서 가장 후진국이었다.

그 결정적인 요인이 바로 이사벨라의 아버지인 후안 2세(Juan II)였다. 그는 나이가 한 살하고 십 개월일 때 왕위에 올랐던 사람이었다. 반세기 전 치열한 골육상잔을 벌였던 두 형제 페드로 1세(Pedro I, the Cruel)와 엔리케 2세(Enrique II)의 혈통이 그에게서 만났기 때문에 이루어진 정치적인 타협의 결과였다. 어린 왕에 대한 섭정도 페드로와 엔리케의 혈통을 가진 친가와 외가 양쪽에서 공동으로 맡았다.

이 상태에서 국왕에 대한 교육이 제대로 이루어질 리 없었다. 무려 20년간 아무 결정도 내리지 않고 국왕의 자리에 있기만 했던 사람이 섭정 기간이 끝나고 스스로 통치를 해야 하는 상황에 처했다. 전혀 준비가 되어 있지 않았던 후안 2세는 국가의 통치를 전적으로 귀족들에게 의존했다. 이에 왕권은 급격히 약해졌고, 국민들은 왕실에 대해 무관심해졌다. 귀족들은 세금도 거의 내지 않으면서 국민들을 착취하고 국왕을 좌지우지했다.

후안의 재위기간이 무려 49년이나 되었던 사실은 카스티야 왕국에게 치명적인 결과를 초래했다. 다른 유럽 국가들이 이탈리아에서 시작된 르네상스로부터 알찬 수확을 거둬들이고 있던 바로 이 반세기 동안 유독 카스티야만 퇴보에 퇴보를 거듭했다. 후안의 수상은 알바로 데 루나(Álvaro de Luna)라는 귀족이었는데, 이 사람이 바로 왕국을 엉망으로 만들고 있는 원흉이었다. 그러나 후안은 전적으로 알바로만을 신뢰하고 있었다.

이사벨라의 어머니 이름도 이사벨라였다. 그녀는 포르투갈의 왕녀였

이사벨라 여왕의 어머니 포르투갈의 이사벨라

으므로, 이사벨라 여왕과 구분하기 위해서 '포르투갈의 이사벨라(Isabella of Portugal)'라고 부른다. **44** 그녀는 후안이 첫 번째 부인을 잃고 한참 후 맞아들인 두 번째 부인이라 나이 차이가 많이 났고, 후안의 외아들인 엔리케(Enrique IV)보다도 세 살이 어렸다. 어머니 이사벨라는 품위와 용기를 갖춘 영리한 여인이었다. 그녀는 왕국을 정상화시키기로 작정했다.

엔리케 왕자는 아버지만큼이나 무능했지만 최소한 권력에 대한 탐욕은 아버지보다 훨씬 강했던 사람이었다. 그도 수상이 못마땅했으나 감히 그에게 대적할 엄두를 내지 못하고 있었다. 어머니 이사벨라는 엔리케와 힘을 합쳐 알바로와 대립했다. 그동안 주어진 권한보다 훨씬 더 많은 권력을 행사했던 알바로 수상은 점차 궁지에 몰리게 되었다. 바로 이 시기에 이사벨라가 태어난 것이다.

44 이사벨라는 그녀의 이름을 현대 스페인어로 읽은 것이다. 원래 그녀의 라틴어 이름은 '헬리자베트(Helizabeth)'였고, 당시 카스티야어로 '이자벨(Ysabel)'이었다. 이 이름이 현대에 들어와 변형된 형태가 이사벨라이다. 당시 유럽에는 큰딸은 어머니의 이름을 따르는 관행이 있었다. 그래서 이사벨라 여왕의 큰딸 이름도 역시 이사벨라이다. 이 손녀 이사벨라는 후일 포르투갈로 두 번이나 시집을 가는데, '아스투리아스의 공주 이사벨라(Isabella, Princess of Asturias)'라고 부른다. '포르투갈의 이사벨라 여왕(Queen Isabella of Portugal)'은 이 손녀 이사벨라의 손녀이다.

이사벨라가 두 살 때 어머니 이사벨라와 엔리케는 알바로 수상을 실 각시키는 데 성공했다. 격분한 그는 자신의 후임자를 살해했고, 이로 인 해 체포되어 처형당했다. 이 사건으로 국왕 후안이 받은 정신적인 충격 은 대단히 컸다. 그 다음해에 이사벨라의 동생인 알폰소(Alfonso) 왕자가 태어났다. 그렇지만 후안은 쿠데타 때 받은 충격을 극복하지 못하고 알 폰소가 여덟 달이 되었을 때 세상을 떠났다.

뒤를 이어 엔리케 왕자가 엔리케 4세라는 이름으로 국왕에 등극하면 서, 그는 이사벨라 태후를 두려워하기 시작했다. 그녀의 능력이라면 언 제라도 자신을 왕위에서 축출하고 대신 알폰소를 그 자리에 앉힐 수 있 다고 생각했던 것이다. 그는 이사벨라 태후와 어린 두 남매를 세고비아 로 추방하고 다시 이사벨라 태후를 그 부근의 아레발로라는 황량한 성 에 유폐시켰다. 당시의 아레발로는 카스티야에서 가장 척박하고 가난한 마을이었다.

이 작은 가족은 아레발로에서 평민과 같은 삶을 살아야 했다. 이사벨 라 태후는 영리한 여인이었지만 강한 정신력을 가지고 있던 사람은 아니 었다. 그녀는 급작스러운 환경변화를 견디지 못했고, 아레발로에 도착하 고 얼마 지나지 않아 정신병이 발병하고 말았다. 이사벨라 태후는 자신 에게 죽은 알바로 수상의 귀신이 씌었다며 그의 이름을 부르면서 며칠씩 이나 성 주변을 배회하곤 했다. 그는 주변에 사람이 있으면 누구에게나 싸움을 걸었고 자신이 누군지 알지 못하는 경우까지 있었다.

그러자 모든 생활은 어린 이사벨라에게 떠넘겨졌다. 성 주변에 사는 선량한 농부들이 가족을 돌봐주기는 했지만, 그녀는 어린 시절부터 자 신의 가정을 책임져야 했다. 가족을 위해 매일 음식을 만들고 남동생을 씻기고 완전히 정신을 놓은 어머니를 간호했다. 이러한 상황에서도 이사벨라는 밝고 명랑한 소녀로 자라났다. 그녀의 피난처는 가톨릭 신앙이었다. 그녀는 이 모든 고난이 신께서 자신을 시험하는 것이라고 생각하고 점점 더 신앙에 깊이 빠져들었다.

태후가 실성했다는 소식이 전해지자 엔리케는 안심했다. 또한 왕가의 공주는 대단한 가치를 지닌 존재라는 데 생각이 미쳤다. 이사벨라는 아직 어리지만 조금만 기다리면 좋은 조건으로 다른 왕국과 거래할 수 있을 것 같았다. 그는 안나(Anna)라는 여인을 이사벨라의 가정교사 자격으로 아레발로에 파견했다. 살라망카 대학[45]에 근무하던 안나는 여러 개의 언어를 자유자재로 구사했으며, 고대 그리스 철학에서 동시대의 이탈리아 미술까지 섭렵하던 당대 최고의 지성인 중 한 사람이었다.

안나 역시 독실한 가톨릭 신자였다. 만약 이사벨라의 유별난 신앙심이 후일 광기에 가득 찬 종교 재판과 수천 개의 화형대라는 형태로 나타날 것이라는 사실을 알았더라면, 안나는 신앙 문제에 관해 조금 더 신중하게 접근했을 것이다. 이사벨라는 안나와 함께 지내는 8년 동안 그녀의 방대한 지식과 깊은 신앙심을 마치 스펀지처럼 자신의 내면으로 빨아들였다.

그런데 아레발로에서의 고달픈 생활이 이사벨라 자신과 카스티야 국민들에게는 오히려 큰 축복이 되었다. 그녀는 최하층인 가난한 농민들 속에서 그들과 스스럼없이 어울리면서 살았고 그들과 소통하는 방법을 잘 터득하게 되었다. 귀족들이 일으키는 갖가지 문제들도 잘 파악하게 되었으며, 진정한 권력의 기반은 오만한 귀족들에게 있는 것이 아니라 바로 그들에게 착취당하고 기만당하는 사람들에게 있다는 사실도 깨달았다.

그동안 카스티야 국왕인 엔리케 4세는 그의 아버지보다 더욱 심하게

---

45 마드리드 서쪽의 살라망카 시에 위치한 유서 깊은 종합대학으로 1218년에 개교했으며, 현재에도 명문대학이다. 스페인에서는 가장 역사가 길며, 유럽 전체에서도 가장 오래된 대학교 중 하나이다.

귀족들에게 휘둘리고 있었다. 각 지방의 조세 징수권뿐만 아니라 화폐를 주조하는 권리까지 영주들에게 양도한 상태였다. 왕실은 국민들의 무관심 속에 재정적인 파탄으로 치닫고 있었으나, 귀족들은 국왕보다 훨씬 더 부유해져 있었다.

국왕의 개인적인 사생활까지 조롱거리였다. 엔리케는 이미 성 불능자로 소문이 나 있었다. 그는 열다섯 살에 나바르 왕국의 왕녀 블랑카(Blanca)와 결혼했지만, 13년 만에 이혼당했다. 블랑카가 그때까지도 처녀로 남아 있다는 사실이 입증되었기 때문이었다. 그렇지만 그는 그 사실을 부인했고, 포르투갈 아폰수 5세(Afonso V)의 누이동생 후아나(Infanta Juana)와 재혼했다. 후아나는 결혼 6년 만에 딸을 낳았다.

이 아이는 어머니의 이름을 따라 후아나(Juana)라는 이름을 얻었는데, 다른 사람들은 '벨트란의 아이'라는 의미의 벨트라네자(Beltraneja)라고 불렀다. 그녀가 국왕의 딸이 아니라 왕비의 연인이었던 벨트란 쿠에바(Beltrán de la Cueva) 공작의 딸이라는 의미였다. 엔리케가 왕비의 맹세를 근거로 이 작은 후아나를 자신의 소생이라고 주장하며 후계자로 결정하려고 하자 일부 귀족들이 크게 반발하고 나섰다. 왕비가 새로운 연인인 폰세카(Fonseca) 추기경의 조카와의 사이에서 두 사생아를 연이어 낳자 엔리케의 입장은 더욱 궁색해졌다.

결국 후계자 논쟁은 결국 내전으로 번졌다. 반란을 일으킨 귀족들은 엔리케의 퇴위를 요구하면서 이사벨라의 동생인 알폰소 왕자를 새로운 왕으로 옹립했다. 이 내전은 겉으로는 왕위 계승권을 위한 투쟁이었지만 실제로는 귀족들 사이에 벌어진 주도권 다툼이었으며, 이사벨라는 문제의 핵심을 꿰뚫고 있었다. 그녀는 스스로 엔리케의 왕궁으로 찾아가 인질이 되었으며, 알폰소에게도 엔리케와 대립하지 말라는 서신을 보냈다.

그런데도 내전은 3년이나 줄기차게 계속되었고, 그동안 이사벨라는

왕궁에 감금되어 있었다. 이 와중에 열다섯 살이 된 이사벨라는 왕궁을
탈출해서 알폰소에게 갔다. 내전을 종식시킬 목적이었지만 반란을 일으
킨 귀족들이 그녀의 뜻대로 움직이지는 않았다. 그러다 다음해에 알폰
소 왕자가 급작스러운 죽음을 맞이하면서 내란은 새로운 국면에 접어들
었다.[46] 반란자들이 이번에는 이사벨라를 옹립한 것이다. 그러자 이사
벨라는 누구보다도 자신이 엔리케를 국왕으로 보호할 것임을 천명하면
서 묘한 발언을 했다.

"엔리케가 국왕의 자리를 지키는 한 저는 물론이거니와 그 누구도 신
성한 왕의 권리를 빼앗을 수 없습니다."

엔리케는 국왕으로 인정하지만 그의 후계자는 인정하지 않는다는 선
언이었다. 엔리케는 그녀의 이 선언에 대단히 만족했다. 나이 차이가 많
이 나는 이 남매는 귀산도(Guisando) 산 정상에서 만나 이사벨라를 엔리
케의 후계자로 확정하는 귀산도 협약(Tratato de los Toros de Guisando)에
서명했다.[47] 이로써 장장 4년에 걸친 내전이 종식되었다.

이사벨라와 페르난도의 결혼

엔리케는 나약하고 겁이 많고 우유부단하기는 했지만 사악한 인물은
아니었다. 그는 왕궁으로 돌아온 이사벨라를 아주 극진하게 보살폈다.
그런데 이사벨라가 나이를 먹으면서 그녀의 결혼 문제가 대두되자 두 사

---

[46] 알폰소의 죽음에 그 당시부터 엔리케의 독살설이 제기되었지만 밝혀지지는 않았다. 대부분의 학자
들은 엔리케가 독살을 지시할 만큼 과감한 인물이 아니라는 의견에 동의한다.
[47] 귀산도 산에는 고대의 켈트인들이 수천 년 전에 만든 갖가지 동물 조각들이 있어서 이사벨라의 시대
에도 관광 명소였다. 이 조약의 이름도 '귀산도 산의 황소의 조약'이라는 뜻이다.

람 사이에 의견이 충돌하
기 시작했다. 카스티야 왕
국의 후계자라는 지위와
그녀의 뛰어난 미모로 인
해 여러 나라의 왕실로부
터 혼인 제의가 쇄도한 것
이다. 가장 적극적인 나라
는 카스티야와 국경을 접
하고 있던 포르투갈과 프
랑스였다.

이사벨라의 초상화를
보면 마치 현대적인 미인
을 보는 듯하다. 사실 이
사벨라는 그 당시 미인의

이사벨라

기준이었던 커다란 가슴과 풍만한 육체를 가진 금발 미인은 아니었다.
그녀는 호리호리한 몸매를 가지고 있었기 때문에 당시 사람들은 지나치
게 말랐다고 생각했을 것이다. 그렇지만 그녀를 유명하게 만든 것은 독
특한 분위기였다. 에메랄드 빛 눈동자와 거의 투명하게 보이는 하얀 피
부, 듣기 좋은 맑은 목소리가 조화를 이루어 마치 고대 켈트인의 신화로
부터 페이(Fei)[48]가 막 걸어 나온 듯한 신비한 매력을 풍겼다고 한다.

구혼자들 중에서 이사벨라를 가장 탐내고 있었던 포르투갈의 국왕 아
폰수 5세는 무슬림들과의 전투를 위해서 북아프리카 원정까지 단행한

---

48 영원히 늙지 않고 눈부시게 아름다운 여인의 모습을 한 초자연적인 존재들로 후일의 로망스에서는
점차 페어리(Fairy)와 엘프(Elf)라는 존재로 변화해서 오늘날까지 이르렀다. 페이는 강력한 마법을 사용
하면서 자연의 신성한 힘을 지키는 존재들이다.

대담한 사람으로 당시 전 유럽에서 전사로 한창 이름을 날리고 있는데다 개인적으로도 좋은 평판을 얻고 있었다. 문제는 이사벨라보다 스무 살쯤 위인 홀아비라는 사실이었다. 당사자인 이사벨라는 이 결혼에 응할 의사가 전혀 없었다.

이사벨라는 아폰수의 정략결혼 제의가 후일 카스티야에 대한 병합까지 염두에 둔 노림수라는 사실을 잘 알고 있었다. 그러나 멍청한 엔리케는 아폰수의 달콤한 제의에 넘어갔다. 당시 포르투갈은 카스티야에 비해 훨씬 강력한 강대국이었고, 엔리케는 나름대로 이사벨라를 이용한 거래에서 많은 이득을 기대하고 있었던 것이다. 이것이 사이가 그럭저럭 괜찮았던 남매를 충돌하게 만든 원인이었다.

당돌한 이사벨라는 엔리케와 같은 인물은 도저히 이해할 수 없는 원대한 포부를 가지고 있었다. 그녀는 500년 전에 분열된 에스파냐를 다시 하나의 왕국으로 통일하겠다는 의지를 마음속 깊이 감추고 있었는데, 이베리아 반도를 통일하고 이곳에서 사악한 이교도들을 완전히 축출하는 일이 신이 그녀에게 맡긴 임무라고 믿고 있었다. 그래서 그녀는 자신의 결혼 상대자로 또래인 아라곤 왕국의 페르난도(Fernando II de Aragón) 왕자를 예전부터 의식하고 있었다.

그러나 이사벨라에게 예상보다 훨씬 다급하게 위기가 다가왔다. 그녀가 열여덟 살이 되었을 때 모로코 원정을 대승으로 장식한 아폰수는 결혼 문제를 결정하기 위해 전격적으로 사절단을 파견했다. 이사벨라는 아폰수 국왕과 자신이 인척 관계에 있다는 사실을 지적하면서 교회법상 근친혼에 해당된다고 주장했으나, 엔리케는 이 문제에 관련해서 교황을 설득하기 위해 로마로 특사를 파견했다. 아폰수 국왕과 이사벨라가 그녀의 어머니 쪽으로 일가인 것은 사실이지만 결혼에 장애가 될 만큼 가

까운 인척 관계는 아니라는 주장
이었다.

다급해진 이사벨라는 아라곤
의 페르난도에게 밀사를 보냈다.
페르난도 역시 이사벨라의 미모
와 성품에 대해서 익히 알고 있었
으며, 단 한 번도 만나보지 못했
지만 그녀를 흠모하고 있었다. 그
는 자신이 서명한 혼인서약서를
값비싼 목걸이와 함께 이사벨라
에게 보냈다. 그런데 아라곤 왕국
자체에 심각한 문제가 있었기 때
문에 페르난도가 쉽게 움직일 수

페르난도

있는 상황이 아니었다. 당시 아라곤의 국왕은 후일의 역사가들에 의해
'대왕(el grande)'의 칭호를 듣게 되는 후안 2세(Juan II)인데,[49] 그는 이때
백내장이 악화되어 두 눈이 모두 실명한 상태였던 것이다.

아폰수와의 결혼이 가시화되자 이사벨라는 자신의 방식대로 문제를
해결했다. 다시 한 번 왕궁에서의 탈출을 시도한 것이다. 그녀는 어머니
이사벨라 태후를 방문하기 위해 아레발로로 간다는 핑계를 대고 세고비
아로 올라갔다. 이 지역은 그녀 스스로 자신의 고향이라고 생각하는 곳
이었고, 이때 카스티야 국민들은 수십 년 동안 견지해 왔던 왕실에 대한
무관심에서 완전히 벗어나 있었다. 이사벨라의 평판 때문이었다. 그녀

---

49 카스티야의 후안 2세와 이름은 같으나 그와는 정반대로 현명한 군주였다. 그는 40년 동안 아라곤을
통치하면서 재위기간 내내 강대국 프랑스와 힘겨운 싸움을 벌여야 했다. 백내장으로 실명했으나 당시로
서는 목숨을 걸어야 할 정도로 위험한 수술을 과감하게 선택해서 시력을 회복했다.

는 카스티야 국민들의 희망이었고, 그녀의 일거수일투족은 그들에게 최대의 관심사였다.

이사벨라 공주가 아라곤의 왕자와 결혼하고자 한다는 소문이 퍼져나가자 국민들은 열광했다. 카스티야 국민들에게 아라곤과의 재통일은 아주 오래된 숙원이었던 것이다. 이사벨라는 세고비아 대주교의 도움을 받아 자신을 보호하기 위한 작은 부

이사벨라 여왕

대를 창설했다. 무장도 제대로 하지 못한 기백여 명의 병사들이 모인 초라한 부대였지만 머지않아 유럽 최강의 부대로 불리게 될 카스티야 상비군이 창설된 것이다.

그녀는 그곳에서 페르난도에게 다급하게 구원을 요청했다. 아라곤의 후안 국왕은 마침 시력을 기적적으로 회복한 직후였고, 페르난도는 아버지에게 사실을 모두 털어놓았다. 후안 국왕은 이사벨라와의 결혼을 크게 기뻐했지만, 그간의 국내사정으로 인해 페르난도의 결혼에 대해서는 전혀 준비가 되어 있지 않은 상태였다. 그에게는 별다른 작위도 없었기 때문에 그저 '페르난도 왕자(Infante Fernando)'라고 불리고 있었다.

후안 국왕은 부랴부랴 페르난도를 시칠리아의 왕으로 임명해서[50] 이

---

50 당시 아라곤 국왕은 이탈리아의 시칠리아까지 통치하고 있었다.

사벨라의 공식 작위인 '아스투리아스의 공주(Princess of Asturias)'[51]와 걸맞게 균형을 잡아 주었다. 페르난도는 시종을 단 두 명만 거느리고 마부로 변장해서 아라곤 왕국을 오가는 카스티야 상인들을 태우고 국경을 넘어 이사벨라가 기다리고 있는 세고비아로 들어왔다.

이사벨라와 페르난도는 1469년 10월에 세고비아에서 멀지 않은 바야돌리드에서 결혼했다. 이사벨라의 나이가 열여덟 살, 페르난도는 그녀보다 한 살 아래였다. 그들의 결혼식은 그 시절에는 대단히 이례적으로 카스티야 국민들이 성의를 모아 열어 준 것이었다. 그런데도 결혼식 자체가 대단히 성대했고, 많은 서민들이 참가해서 북새통을 이룬 피로연도 이틀간이나 흥겹게 계속되었다. 이 젊은 커플은 결혼식을 끝내고 아라곤으로 신혼여행을 떠났다.

격분한 엔리케는 귀산도 협약을 파기하고 아버지가 불분명한 후아나를 자신의 후계자로 선언했다. 당연히 귀족들과 국민들이 동시에 거세게 반발했다. 그렇지만 후아나는 강대국 포르투갈의 지원을 받고 있었다. 아폰수 국왕의 입장에서는 아버지가 누구이건 분명히 후아나는 자신의 조카였으며, 이사벨라와의 결혼이 완전히 무산된 이 시점에서 후아나의 왕위 계승권은 카스티야까지 통치하려는 자신의 야심을 실현할 수 있는 유일한 수단이었다.

후계 문제와 관련해서 국민적인 저항에 직면하고 이사벨라가 정면으로 대응하겠다는 의사를 피력하자 엔리케는 슬그머니 한걸음 물러나 중립적인 입장으로 돌아섰다. 상황은 형식적으로는 이사벨라 대 후아나, 실질적으로는 이사벨라 대 아폰수 국왕의 대결이 되었다.

한편 이사벨라는 허니문 베이비로 딸을 낳았다. 그녀는 이 아이에게 다시 이사벨라(Isabella)라는 이름을 붙여 후세 사람들을 헷갈리게 했다.

---

[51] 아스투리아스는 카스티야에 병합된 고대 왕국의 이름이다.

카스티야 계승 전쟁

일단 내전의 위기를 넘기자 이사벨라는 페르난도와 함께 세고비아를 근거지로 삼아서 카스티야 전역을 바쁘게 순회했다. 엔리케와의 충돌을 피하고자 하는 목적도 있었지만, 그보다는 항상 국민들 특히 일반 평민들과 가까이 있으려고 노력했기 때문에 이사벨라는 고달픈 여정을 감수했다. 이 젊은 커플은 카스티야 어디에나 따뜻한 환영을 받았다. 당시 카스티야의 왕궁은 톨레도[52]에 있었으며, 세고비아는 하나의 고도(古都)로 성에는 왕실 창고만이 남아 있었다.

1474년 12월초 이사벨라는 아라곤 왕국에서 반란의 조짐이 보여 일시적으로 귀국하는 페르난도를 전송하고 세고비아로 돌아왔다. 그런데 바로 그달 12일에 말도 많고 탈도 많았던 엔리케 4세가 급작스러운 죽음을 맞이했다. 이사벨라는 왕위 계승권을 주장하는 후아나에게는 별로 신경을 쓰지 않았지만 아라곤에 있는 페르난도가 돌아온 이후에 대관식을 하려고 했다.

그런데 그리 크지 않은 세고비아 성에 세고비아 인근의 주민들이 계속 몰려들기 시작했다. 그들은 이사벨라의 즉각적인 즉위를 요구했으며 일부는 대성당에서 농성에 들어갔다. 이사벨라는 한 달 남짓 버티다가 결국 다음해 1월 20일 세고비아 대주교가 주관한 조촐한 대관식에서 카스티야의 국왕으로 등극했다. 페르난도는 아직 아라곤에 있었으며, 왕실에서도 참가하지 않았기 때문에 하객은 대부분 평민들이었다.

대부분의 국민들과 귀족들은 이사벨라를 지지했으며, 의회는 그녀를 카스티야의 국왕으로 선언했다. 그러자 졸지에 반역자가 된 후아나는

---

[52] 스페인의 거의 정중앙에 위치한 도시이다. 원래는 이베리아의 무슬림들이 꾸민 도시였지만, 11세기경에 기독교도들에 의해 점령되었다.

다급히 포르투갈의 아폰수 국왕에게 도움을 요청했다. 아폰수는 자신의 야심을 노골적으로 드러냈다. 이제 막 열두 살이 된 조카 후아나에게 청혼한 것이다. 후아나가 이 청혼을 받아들임으로써 이른바 '카스티야 계승 전쟁'이 시작되었다.

먼저 모로코에서 무슬림을 상대로 대승을 거두었던 포르투갈의 정예 병들이 카스티야를 침공해 유린하기 시작했다. 전쟁이 발발했을 때 이사벨라는 궁지에 몰려 있던 페르난도를 지원하기 위해 아라곤에 있었다.

이사벨라는 페르난도와 결혼하면서 그 유명한 '평등 계약'을 체결했다. 이 계약에 따라 페르난도는 카스티야의 공동 통치자이지만 그것은 명목상이었고, 실질적인 통치권은 모두 이사벨라에게 있었다.

아라곤의 국왕 후안은 이 부부의 계약 내용을 충분히 이해하고 이사벨라의 의사를 존중했지만, 의회와 중신들은 이사벨라가 그저 페르난도의 왕후 역할만 할 것을 요구했다. 페르난도는 어차피 자신은 아라곤의 국왕이 될 사람이고 그렇게 되면 자신이 가진 모든 역량을 동원해서 아라곤을 통치해야 할 것이라고 강변하고 있었다. 이 와중에 계승 전쟁이 발발하자 이사벨라는 급히 귀국했다.

군사적인 측면에서만 보자면 아폰수 5세는 대단한 사람이었다. 이사벨라는 초기에 북서쪽에서 남하하는 포르투갈군에 정면으로 대응해 이를 저지하려고 했지만 연패를 당했다. 포르투갈군은 무슬림들과의 전투로 단련된 노련한 백전노장들이었기 때문이다. 그녀는 별 수 없이 지구전으로 양상을 바꾸어 나갔다. 이것은 효과가 있었고, 페르난도가 아라곤 군대를 지휘해서 합류하자 전반적인 양상은 균형을 이루기 시작했다.

사실 당시 카스티야군은 같은 시대의 그 어떤 군대도 따라올 수 없는 장점을 가지고 있었다. 이것은 이사벨라 자신도 깨닫지 못하고 있던 것으로 바로 보급의 문제였다.

당시 유럽의 군사 전략은 대략 10세기 초반부터 활약한 노르만 출신의 워로드(Warlord)들로부터 시작되었다고 할 수 있다. 이들은 근본적으로 약탈자들이었고, 보급 문제를 그리 중요한 것으로 생각하지 않았다. 보급은 당연히 전장 부근에서의 약탈을 통해서 해결했다. 이러한 전통 속에서 이 시대까지도 병사들을 언제라도 보충할 수 있는 소모품 정도로 생각했고, 그들을 위해서 물자를 낭비하지는 않는다는 개념이 답습되고 있었다.

이사벨라는 당대의 일반적인 지휘관들과는 본질적으로 다른 생각을 가지고 있었다. 그녀의 군대는 시민군으로 구성되어 있었고, 그녀에게 한 명의 병사는 자신이 책임져야 할 한 사람의 국민을 의미했다.[53] 이사벨라는 전장의 한복판에서도 병사들을 모아 놓고 그들과 함께 기도를 올렸던 사람이었다.

그러한 이유로 인해서 그녀에게 병사들에 대한 보급은 대단히 중요한 문제였으며, 카스티야군은 대부분의 경우 상대보다 훨씬 풍요로운 상태에서 전쟁을 했다. 이사벨라의 선량한 천성이 만들어낸 카스티야군의 이러한 장점은 서서히 위력을 발휘하면서 포르투갈군을 국경 방면으로 밀어내기 시작했다.

아폰수는 당대 유럽에서 최고의 전사로 널리 알려진 사람이었지만, 이사벨라의 남편 페르난도 역시 카스티야 계승 전쟁을 통해서 자신이 만만치 않은 전사라는 사실을 입증했다. 수십 번의 크고 작은 전투를 거치면서 전쟁이 1년 넘게 계속되자 점차 이사벨라와 후아나의 대결이라기보다는 페르난도와 아폰수 두 남자의 자존심 대결로 변질되었다.

1476년 봄, 아폰수와 페르난도는 카스티야와 포르투갈 국경 지대에 위

---

53 이사벨라가 병사들에게 쏟은 애정이 만들어낸 작품이 현재 스페인 남부에 위치한 '산타페(Santa Fe)'이다. 원래는 카스티야군이 임시로 건설한 목조 건물이었다. 그런데 이 요새에서 불이 나 희생자가 발생하자 이사벨라는 요새를 아예 돌로 다시 지으라고 명령했다. 그녀는 십자가를 본떠 건설된 이 흰색 요새의 이름을 산타페로 지었는데, '신성한 믿음(Holy Faith)'이라는 의미이다.

치한 토로(Toro) 시 부근에서 마지막 전투를 벌였다. 1박 2일 동안 격렬하게 벌어진 전투의 승자는 페르난도였다. 아폰수 5세는 조카이자 부인인 후아나를 데리고 포르투갈로 철수했다.[54] 그의 명성은 이 전투를 계기로 기울어졌으며, 당대 최고의 전사라는 명예는 페르난도가 차지했다.

에스파냐 내정 개혁과 레콘키스타

카스티야 계승 전쟁에서 승리를 거두기 직전 아라곤의 후안 왕이 세상을 떠나자 페르난도는 전쟁이 끝나고 곧바로 아라곤의 국왕을 계승했다. 이사벨라 자신이 카스티야 계승 전쟁에서 뛰어난 위기관리 능력을 만천하에 입증했기 때문에 그녀의 직접 통치에 대한 논란은 카스티야에서건 아라곤에서건 더는 제기되지 않았다. 페르난도는 이사벨라를 아라곤의 공동 통치자로 임명했다. 두 사람의 이름만 서로 바뀌었을 뿐 카스티야와 동일한 조건이었다.

이 시기부터 카스티야와 아라곤 사람들은 자신들의 왕국을 에스파냐(Espagña)로, 자신들을 에스파뇰(Espagnol)이라고 부르기 시작했다.[55] 고대 로마인들이 이베리아 반도를 지칭하던 이스파니아(Hispania)에서 유래된 말이었다.

계승 전쟁을 통해서 이사벨라에 대한 국민들과 병사들의 지지는 확고해졌다. 그녀는 숨 돌릴 틈도 없이 내정 개혁에 착수했다. 대상은 수십

54 아폰수와 후안나의 결혼은 명백한 근친혼이었으므로 교황에 의해 무효화되었다.
55 이때 실질적으로 두 왕국의 통합이 이루어졌지만, 공식적으로 합병이 선언된 시기는 두 사람의 외손자인 카를 5세 시절이었다.

년 동안 왕국을 도탄에 빠뜨렸던 봉건 영주들이었다.

이사벨라는 그들로부터 조세 징수권, 화폐 주조권, 행정 책임자 임명권과 같이 왕의 고유한 권한을 되찾아왔다. 필요한 경우에는 자신의 병사들과 아라곤군까지 동원해서 무력 시위도 불사했다. 봉건 영주들의 요새들을 점령하면서 그들을 무장해제시키고, 각 지역마다 자신의 병사들을 치안책임자로 파견했다. 의회 역시 개혁의 대상이었다. 이사벨라의 병사들이 의원들의 활동을 감시했고, 문제가 드러나면 과감히 처단했다.

이사벨라 자신은 계속 전국을 순회하면서 일반 평민들의 '삶의 문제'를 해결했다. 그녀는 분명히 의회까지 완전히 무력화시킨 독재자였지만, 국민들은 그녀에게 열광했다. 그녀의 소박한 생활방식도 국민들을 감동시켰다. 지방을 순회할 때 이사벨라는 봉건 영주들의 화려한 성이 아니라 수녀원에 묶으면서 수녀들과 똑같이 거친 음식을 먹고 그들과 똑같이 엄격한 생활을 했다. 이러한 국왕에게 열광하지 않는 국민들은 없을 것이다. 국민이 절대적인 지지를 보내는 상황에서 귀족들이 이사벨라에게 반항할 수단은 거의 없었다.

이런 식으로 대략 10년이 지나자 유럽에서 가장 낙후되었던 봉건 국가 카스티야는 부유하면서도 가장 중앙집권적인 절대왕정 국가로 탈바꿈해 있었다. 이사벨라 식의 개혁은 카스티야뿐 아니라 아라곤에서도 비슷한 형태로 진행되었다. 두 왕국의 경제적인 기반이 확고해졌다고 판단한 이사벨라와 페르난도는 양국 의회에 상비군의 확대 개편을 요구했다. 그것도 최신형의 대포로 무장한 포병대를 포함한 엄청난 규모였다.

이것은 국가에 엄청난 재정 부담을 의미했다. 당시 유럽에서 일반적인 전쟁의 형태는 왕이나 영주들이 거대 상인들에게 돈을 빌려 용병을 고용하고, 전쟁에서 그들이 약탈한 재물을 처분하여 채무를 갚는 형식이었다. 따라서 이론적으로 왕이나 영주들은 하고자 하는 확고한 의사만 있으면 국가에 재정적인 부담을 주지 않고 언제라도 전쟁을 시작할 수 있는 상황이었다. 그러나 상비군이라면 병사들의 모집에서부터 전투 시의 보급은 물론 병사가 전사할 경우 보상과 은퇴 후의 연금까지 모두 국가의 부담이었다. 그동안 두 사람에게 완전히 장악당했던 양국의 의회였지만 이 요구에는 크게 반발했다.

그러자 이사벨라와 페르난도는 레콘키스타(Reconquista)[56]를 선언했다. 이베리아 반도 남단을 장악하고 있는 이슬람의 마지막 보루 그라나다 왕국을 침공해서 이교도들을 완전히 축출하겠다는 것이다. 레콘키스타는 무려 700년 동안이나 이베리아의 모든 통치자들이 꿈꾸어 오던 궁극적인 목표였다. 의회가 이 성스러운 전쟁을 반대할 수는 없었다. 레콘키스타가 선언되자 카스티야와 아라곤 왕국뿐 아니라 유럽의 모든 나라로부터 지원병들이 몰려들었다.

그러나 그라나다 왕국이 비록 과거 코르도바의 칼리프 시대와 비교되지도 않을 정도로 쇠락했다고는 하지만 만만한 상대는 아니었다. 한창 경제적인 번영을 구가하고 있어 전반적인 전쟁 수행능력은 오히려 카스티야와 아라곤을 압도하고 있었으며, 종교적인 열정에서도 에스파냐에 뒤지지 않았다. 그렇지만 당시 그라나다를 통치하고 있던 나시리드(Nasirid) 왕조의 마지막 술탄 아부 압둘라 무함마드 7세(Abu Abdullea Muhammad VII)가 자신의 아버지와 삼촌을 상대로 벌이고 있던 권력 투쟁이 절호의 기회를 제공했다.

1485년 카스티야 상비군이 산꼭대기에 위치한 요새 론다를 포위하고 포병대가 포격을 개시함으로써 레콘키스타의 긴 여정이 시작되었다. 이

---

56 원래는 '재정복'의 의미인 영어 명사 'Recoquest'에 해당하는 일반 명사이지만, 역사적으로는 이베리아 반도에서 무슬림을 완전히 축출한 일련의 과정을 의미한다. 이슬람권에서는 '알 이스티르다드(Al Istirdad)'라고 부르는데 '철수' 혹은 '패퇴'라는 의미이다.

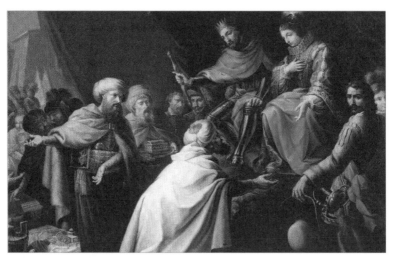

그라나다의 항복을 받아낸 이사벨라 여왕

때부터 무려 7년간 이베리아 반도의 남부는 줄곧 전쟁터였다. 론다에 이어 전략적 요충지인 로하, 북아프리카와의 무역항으로 무한한 경제적 가치를 지닌 말라가를 함락함으로써 그라나다의 서부 지역을 완전히 장악한 에스파냐군은 전선을 동쪽으로 이동시켰다.

이쪽 방면에서는 레콘키스타가 그리 쉽게 진행되지 못했다. 그렇지만 여러 해 동안 피 말리는 전투를 치른 끝에 1491년 이사벨라는 드디어 무슬림들에게는 찬란한 영광의 도시인 그라나다를 마주보며 십자가 모양의 아름다운 흰색 요새 산타페(Santa Fe)를 건설하는 데 성공했다. 다시 여러 달의 지루한 공방전 끝에 다음해 1월 2일 이사벨라와 페르난도는 술탄의 항복을 받아냄으로써 무려 7년이 소요되었던 레콘키스타의 대장정이 막을 내렸다.

가톨릭의 수호자

그녀와 페르난도는 교황 알렉산데르 6세(Alexander VI)로부터 '가톨릭의 수호자(Reina Católica)' 라는 칭호를 받았다. 그들에게는 충분히 이 영예로운 이름을 받을 자격이 있었지만, 이사벨라의 독실한 신앙이 비극을 부르기 시작했다. 그라나다를 점령해서 지리적인 정복을 끝낸 이사벨라는 정신적인 통일을 위한 조치들을 취하기 시작했고, 그것은 가톨릭 신앙으로의 통합을 의미했다.

이사벨라는 1478년에 이미 종교 재판소를 설치하였다. 책임자는 도미니크 수도회 출신의 토르케마다(Thomás de Torquemada) 신부였다. 그는 유대인들을 모두 천주교로 강제 개종시켜야 한다고 주장하며, 그동안 악랄한 방식으로 카스티야의 유대인들을 다루고 있었다. 이사벨라는 그라나다가 함락되자 종교 재판소의 요구에 따라 알함브라 칙령을 발표했다.

이 칙령에 따라 유대인들 중에서 개종하지 않은 사람들은 모든 재산을 포기하고 4개월 이내에 카스티야나 아라곤을 떠나야 했다. 이사벨라는 종교 재판소의 방식에 불만을 가지고 있었고, 경제를 장악하고 있던 유대인들이 떠남으로써 입을 손실도 충분히 예상하고 있었지만, 토르케마다 신부의 의견을 따랐다. 모두 20만 명이 넘는 유대인들이 개종보다는 추방을 선택했으며, 카스티야와 아라곤은 회복하는 데 여러 해가 걸릴 정도로 심각한 경제적인 타격을 입었다.

그라나다의 무슬림들도 유대인들과 같은 운명을 맞이했다. 그라나다가 항복할 때 이사벨라는 '종교의 자유를 보장한다' 라는 조건을 수락했었다. 그렇지만 1498년, 죽은 토르케마다 신부의 뒤를 이어 종교 재판소를 장악한 키스네로스(Ximenes de Cisneros) 추기경은 이 조항을 준수할 의사가 전혀 없었다. 그의 강경한 태도로 인해 작은 봉기가 발생하자,

1502년부터 무슬림에 대해서도 개종과 추방 둘 중에 하나를 선택해야 하는 본격적인 탄압이 시작되었다.

에스파냐의 종교 재판은 이사벨라가 죽은 후에도 약 한 세기 정도 더 지속되었는데, 시간이 지날수록 점점 더 광기에 빠져들었다. 거짓으로 개종했다는 이유로 수천 명의 유대인들과 무슬림들이 종교 재판에 회부되어 고문을 받고 죄를 자백하거나 고문 중에 사망했다. 죄를 자백한 자들을 기다리고 있는 것은 화형대였다. 어찌 되었거나 에스파냐는 이 과정을 통해서 가톨릭 국가로 통일되었다.

이사벨라는 독실한 가톨릭 신자였지만 종교 재판에 열광할 정도로 잔혹한 사람은 아니었다. 사실 그녀의 선량한 천성은 여러 가지 역사적 사실로 입증되고 있다. 그 시절에 이미 에스파냐는 '근대적'이라고 부를 만큼 잘 발달된 의료체계를 구축했는데, 그 시초는 그녀가 레콘키스타 기간 중 부상병 치료를 위해 설립한 야전병원과 종합병원 시스템이었다.

콜럼버스의 실각 과정에서도 그녀의 천성이 드러난다. 콜럼버스는 계약대로 에스파냐 식민지의 총독이 되었다. 그가 실각한 이유는 이사벨라 여왕의 영향을 강하게 받았기 때문이었다. 원래 회의론자였던 그는 이 시기에는 독실한 가톨릭 신자가 되어 있었다. 신앙심이란 항상 좋은 것이지만, 지나친 열정과 방법론이 문제가 되었다. 아메리카의 원주민들을 모두 가톨릭으로 개종시키겠다는 열정과 의지를 가진 그는 원주민들을 협박하고 협박이 먹히지 않을 경우 고문하고 처형하는 극단적인 방법을 선택했다.

그 결과 콜럼버스는 1500년 수갑과 족쇄를 찬 채 죄인 신분으로 에스파냐로 소환되었다. 원주민들에게 잔학행위를 행한 혐의였다. 그는 페르난도에 의해 석방되어 우여곡절 끝에 2년 뒤 네 번째 항해를 떠났지만,

이사벨라가 죽을 때까지 복권되지 못했다. 이러한 성품을 가진 이사벨라가 종교 재판소를 묵인했던 이유는 전혀 다른 곳에 있었는데, 오히려 그것이 그녀의 또 다른 면을 여실히 보여 준다.

무서운 사실은 이사벨라가 교황 알렉산데르 6세를 포함해서 가톨릭교회 자체를 불신하고 있었다는 점이다. 그녀는 신앙과 교회를 동일시하지 않았고, 그녀에게 교회는 봉건 귀족들과 마찬가지로 개혁의 대상이었다. 어린 시절을 평민들 틈에서 보낸 그녀는 귀족들의 횡포뿐만 아니라 일부 성직자들의 부패와 부도덕에 대해서도 아주 잘 알고 있었다. 더욱이 당시의 교황 알렉산데르 6세는 매우 세속적인 사람이었다.

주교 임명권은 교황에게 있지만 종교 재판소는 그녀의 관할이었다. 부패했거나, 그렇지 않더라도 여왕보다 교황에게 충성하는 성직자들, 그녀의 잠재적인 적들은 모두 종교 재판에 회부되어 고문을 받다 사망하거나 화형을 당했다. 그녀는 에스파냐가 자신과 자신이 다스리는 사람들에게 속한 것이라고 생각했지 가톨릭 신앙을 전면에 내세운 교황에게 속한 것이라고 생각하지는 않았던 것이다.

알렉산데르 6세는 그녀와 페르난도에게 가톨릭의 수호자라는 영예를 선사해서 에스파냐에 대한 영향력을 확대하려고 했지만, 이사벨라는 반대로 종교 재판이라는 무기를 가지고 에스파냐의 교회까지 장악했다. 그녀가 굳이 자신의 의사를 드러낼 필요조차 없었다. 그녀에게는 속마음까지 헤아려 그녀 대신 기꺼이 손에 피를 묻혔던 키스네로스 추기경이라는 충성스러운 인물이 있었기 때문이다.

1504년 이사벨라는 갑자기 건강이 나빠졌다가 11월 26일에 쉰세 살의 나이로 세상을 떠났다. 신대륙으로부터 한창 약탈품이 들어오면서 에스파냐가 흥청거리던 때였다. 카스티야와 아라곤 왕국은 깊은 슬픔에 빠겨들었다. 이사벨라는 1남 4녀를 낳았는데, 첫째인 이사벨라와 둘째이 자 유일한 아들이었던 후안(Juan, Prince of Asturias)은 어머니보다 먼저 세 상을 떠났다. 그녀의 임종은 남편 페르난도와 둘째 딸 후안나(Juanna, the Mad), 그리고 키스네로스 추기경이 지켰다. 카스티야는 둘째 딸인 후안 나와 그녀의 남편인 펠리페 1세에게 상속되었다가 외손인 카를 5세에 게 아라곤 왕국과 함께 상속되어 합스부르크 왕가에 귀속되었다.

그녀는 분명히 경건하고 선량한 사람이었지만, 동시에 교묘한 독재자 였으며 자신의 적은 절대로 용납하지 않는 철저한 비정함을 그 아름다 운 얼굴 뒤에 숨기고 있던 냉혹한 권력자이기도 했다.

그녀의 독실한 신앙이 그녀의 후손들을 통해서 에스파냐와 유럽 전반 에 미친 악영향은 대단히 컸다. 유럽에서 종교 개혁의 바람이 불었을 때 에스파냐를 통치하던 그녀의 후손들은 언제나 가톨릭의 마지막 보루였 으며, 새로운 형태의 믿음과 종교의 자유를 전쟁과 종교 재판이라는 극 단적인 수단으로 제어하려고 했다.

1974년에 교황 바오로 6세는 이사벨라에 대한 시성 절차에 들어갔으 나, 종교 재판소의 설립과 유대인과 무슬림에 대한 박해를 이유로 남아 메리카 등 제3세계의 신학자들이 거세게 반발하고 있다. 그녀가 성인의 반열에 오를 수 있을지 여부는 현재 판단할 수 없다. 그러나 그녀가 바 로 초강대국 스페인 그리고 현재의 스페인을 최초로 설계한 사람이라는 사실은 어느 누구도 부정할 수 없을 것이다.

로마노프 최초의 여황제

예카테리나 1세

　표트르 대제의 두 번째 부인이자 그를 계승해서 로마노프 왕조 최초의 여황제가 되는 예카테리나(Yekaterina I Alexeyevna)는 극적인 인생을 살았던 사람이다. 일단 부모의 이름 이외에는 그녀의 가계에 대해서 알려진 바가 전혀 없다. 그녀는 발트 해 연안에서 태어났으며, 현재의 기준에 따르면 러시아인이 아니라 라트비아인이나 에스토니아인이었다. 그녀가 태어날 즈음 이 지역은 신교국인 스웨덴에게 점령당해 있었으며, 종교적으로는 러시아 정교가 아니라 가톨릭이 지배적이었다.

　그녀의 이름도 러시아의 전통적인 이름인 예카테리나(Yekaterina)[57] 와는 거리가 먼 '마르타 엘레나 스코브론스카(Martha Elena Scowronska)'라 는 라트비아식 이름이었다.[58] 그녀가 한 살이 되기 전인 1684년부터 다 음해까지 발트 해 연안을 휩쓸었던 무시무시한 전염병으로 부모가 사망 하면서 마르타의 형제는 뿔뿔이 흩어지게 되었다. 그녀는 다섯 형제 중 에서 막내인 것으로 알려져 있지만, 형제들은 이때 헤어졌다가 수십 년 후에야 다시 만나게 된다.

마르타의 부모는 러시아에서 도망친 농노였다는 설도 있고, 아버지가 묘지에서 무덤을 파는 직업으로 가족들을 부양했다는 설도 있지만, 어 느 것도 사실로 확인된 바는 없다. 사실 그녀의 아버지가 어떤 사람이었 건 그녀에게는 크게 달라질 것도 없었다. 한 살 때 부모를 모두 잃은 다 음 고모가 마르타를 맡았지만 부양할 능력이 되지 못하자 그녀를 요한 에른스트 글뤼크(Johann Ernst Gluck)에게 맡겼다.

글뤼크는 성서를 처음 라트비아어로 번역한 저명한 루터파 프로테스 탄트 신학자였다. 그는 어린 마르타를 입양했으나, 자식으로 대우한 것 은 아니었다. 그에게는 1남 4녀의 대가족이 있었으며, 마르타에게는 교 육도 거의 시키지 않았다. 마르타는 스웨덴어와 독일어를 비교적 유창 하게 구사했던 것으로 알려져 있으나, 말만 할 수 있었으며 평생 글을 읽 거나 쓰는 데는 어려움을 겪었다. 글뤼크는 그녀를 양녀로서가 아니라 하녀로 대우했던 것이다.

마르타는 미모를 타고난 아이였다. 비천한 처지에 있었지만 남자들의 눈길을 끄는 대단히 아름다운 여인으로 자랐다. 마르타가 열일곱 살이

---

57 예카테리나는 영어의 캐서린(Catherine)이나 불어의 카트린느(Catherine)에 해당하는 세례명으로 4 세기 초 알렉산드리아에서 순교한 그리스 여인이 성인으로 시성되면서 세례명으로 사용되었다.
58 라트비아는 러시아보다는 독일의 영향을 많이 받았다. 이 지역은 유럽에서 가장 늦게 기독교가 전파 된 지역이다. 라트비아인들은 13세기까지도 자신들의 고유한 신앙을 유지하고 있었다. 독일의 십자군은 이곳에서 수년간 상당히 잔인한 정복사업을 펼쳐 기독교화하는 데 성공했다.

되었을 때 자신의 외아들과 그녀가 가까워질 것을 우려한 글뤼크는 그녀를 마리엔부르크에 주둔하고 있던 스웨덴 군인과 결혼시켰다. 그러나 그녀의 결혼 생활은 며칠 지속되지 못했다. 마리엔부르크가 러시아군에게 점령당하면서 스웨덴군이 이 지역에서 철수했던 것이다. 마르타의 첫 번째 남편이었던 이 스웨덴 군인의 신원이나 이후의 운명 역시 확실하게 밝혀진 바가 없다.

쓸모 있는 전리품

당시는 유럽 역사에서 '대북방 전쟁(Great Nothern War)'이라고 부르는 전쟁이 막 발발한 시기였다. 이 전쟁은 러시아가 덴마크-노르웨이 왕국, 폴란드-리투아니아 연방 등과 동맹을 맺고, 초강대국이었던 스웨덴을 상대로 벌였던 힘에 부치는 긴 전쟁이었다. 이 전쟁에 발트 해의 지배권과 연안에 있는 작은 왕국들의 운명이 걸려 있었기 때문에 러시아와 스웨덴은 총력전을 벌여 서로 밀고 밀리는 승부를 펼치고 있었다.

마르타는 적대국인 스웨덴 군인의 부인 신분이었으므로 마리엔부르크를 점령한 러시아군에게 포로로 잡혔다. 이 시기부터는 마르타에 대한 자료가 비교적 많이 남아 있는 편이지만, 기록들의 일부는 후일 그녀가 급격하게 신분이 상승하고 나서 상당 부분 감춰지거나 조작되어 서로 상충되는 것들이 뒤섞여 있다. 이 당시 마르타의 신분에 대해서는 논란이 많다.[59] 이는 후일 차르가 된 고귀한 여인에 대해서 기록을 남겨야 하는 사람들의 노력이 상당히 반영된 결과라고 할 수 있다.

[59] 마르타에 대한 또 하나의 가설은 요한 글뤼크가 모스크바에서 활동할 기회를 마련하기 위해서 그녀를

마르타는 어리고 아름다운 여인이었으므로 점령군의 고급 장교들을 위해서 빨래나 청소와 같은 허드렛일만 했던 것이 아니라 또 다른 용도를 위해서 상당히 쓸모 있는 전리품으로 취급되었다. 후일의 공식기록이야 어찌되었건 바꿀 수 없는 역사적인 사실은 1702년에 막 열여덟 살이 된 마르타가 속옷만 입은 상태에서 러시아군 여단장이었던 독일인 아돌프 바우어(Adolf Rudolf Bauer) 장군에게 보내졌다는 것이다.

얼마 후에 바우어 장군은 마르타를 자신의 상관이자 대스웨덴 전의 총사령관인 보리스 쉐르메테프(Boris Petovich Sheremetev)[60] 장군에게 보냈다. 이러한 절망적인 상황에 있던 그녀에게 극적인 반전의 순간이 찾아왔다. 쉐르메테프의 거처에 머물고 있던 마르타는 야전에서 한창 주가를 올리고 있는 젊은 지휘관 알렉산드르 멘쉬코프(Aleksandr Danilovich Menshikov)의 눈에 띄었다. 그는 쉐르메테프에게 대금을 지불하고 그에게서 마르타를 '사들였다'.

당시 쉐르메테프 장군은 막강한 전력을 보유한 스웨덴군을 상대하면서 신중한 전략을 고수하고 있었다. 그의 전략이 대단히 효과적이기는 했으나 가시적인 성과도 없어서 인기는 별로 얻지 못하고 있었는데, 그의 지휘하에서 러시아군의 이 약점을 보완해 주고 있던 사람이 바로 알렉산드르 멘쉬코프였다. 그리고 바로 그가 그동안 전쟁포로로 잡혀 전리품으로 상납되거나 노예처럼 팔리던 마르타의 운명을 완전히 바꾸어 놓은 사람이었다.

러시아군 고급장교들에게 상납했다는 것이다. 글뤼크는 실제로 러시아군 사령관이었던 보리스 쉐르메테프의 통역사 자격으로 모스크바에 진출했으며 프로테스탄트 신앙이 전파되는 데 상당한 기여를 했다.

60 보리스 쉐르메테프는 표트르 대제의 아버지인 알렉세이 1세의 시종에서부터 출발해서 군사와 외교 분야에서 큰 업적을 쌓으며 섭정의 자리에까지 올랐던 입지전적인 인물로, 러시아에서는 최초로 백작(Count)의 작위를 받았다. 실질적으로 대북방 전쟁을 지휘한 인물이었으며, 최종적인 승리는 보지 못하고 종전 1년 전에 죽었다. 심정적으로는 표트르 대제의 서구화 정책을 적극적으로 지지했지만, 정치적으로는 항상 보수파들과 표트르 대제 사이에서 중립의 입장을 고수했다.

표트르의 차르 등극

마르타가 어린 시절에 부모를 잃고 나서 모진 시련을 겪고 있는 동안 장차 그의 남편이 될 표트르 역시 그리 순탄하지만은 않은 시절을 보냈다. 표트르가 결혼하던 바로 그해, 당시 최고 권력자였던 그의 누나 소피아는 자신이 권력을 잃고 있다는 사실을 깨닫고 러시아에서 가장 강력한 군대라고 할 수 있는 스트렐치[61]를 동원해서 쿠데타를 시도했다. 소피아는 이미 한 번 쿠데타에 성공해서 병약한 이반과 표트르를 동시에 차르로 세우고 자신이 직접 정권을 장악했던 전력을 가지고 있었다.

그렇지만 이번에는 스트렐치도 그녀를 전적으로 지지하지 않아 수백 명 정도만 쿠데타에 가담했을 뿐이며, 특히 스트렐치 내부에 표트르를 지지하는 사람들이 있어 이들이 은밀하게 쿠데타 계획을 표트르에게 알려 주었다. 표트르는 수도원으로 피해 위기를 넘겼고, 쿠데타가 실패하면서 소피아는 실각했다. 그녀는 수녀원에 갇히게 되었으며, 그곳에서 신분이 노출되지 않도록 엄중한 감시를 받으며 남은 평생을 베일을 쓰고 살게 되었다.

1689년에 일어난 이 불발 쿠데타는 표트르의 입지를 강화시켜 주기는 했지만, 그의 손에 권력이 주어지지는 않았다. 열일곱 살의 표트르 대신 권력을 장악한 사람은 그의 어머니인 나탈리야(Natalia Naryshkina)였다. 표트르는 여전히 정치에 무관심한 채 아이들을 모아 군대를 조직해서 병정놀이를 하거나, 그가 큰 관심을 가지고 있던 유럽의 문화를 접하기

---

61 스트렐치는 러시아에 남아 있던 중세의 잔재 중에서 대표적인 것이다. 원래는 각 지방의 방어를 담당하는 차르의 직할 부대로 누구나 선발될 수 있는 군대였지만 세습적인 특권으로 정착되었으며, 봉급 대신 땅으로 급여를 받았다. 5만에 육박하는 병력 중에서 절반 가까이가 모스크바에 주둔하면서 정치 문제에 깊게 개입하는 경우가 많았다. 표트르 대제가 반역을 일으킨 수백 명을 처형하고 해산시킨 후 정규군에 흡수되었다.

스트렐치가 사형을 집행하는 모습

위해 외국인 거주 지역을 들락거리느라 분주한 일과를 보냈다. 그가 어쩔 수 없이 정치 전면에 나서게 된 시기는 어머니 나탈리야가 사망한 1696년 1월이었다.

어린 시절 차르가 된 이후 이 시기까지 일반인들 사이에서 생활했던 표트르는 러시아 민중들의 고통과 러시아 사회 자체의 후진성에 대해서 잘 이해하고 있었으며, 이를 위해서는 유럽 국가를 모방하는 것이 최선의 방법이라고 판단했다. 그가 특히 관심을 가졌던 분야는 바다를 이용한 교역의 확대였으며, 이를 위해서는 발트 해와 흑해로의 진출이 우선적인 과제였다. 그런데 양쪽 방향은 스웨덴과 오스만 튀르크에 의해 모두 봉쇄되어 있었다.

표트르는 1695년에 처음으로 실제의 전투에 참가했다. 오스만 튀르크와 벌어진 전쟁에 차르가 아닌 포병 장교의 신분으로 종군한 것이다. 러시아는 흑해로 진출하기 위한 발판을 마련하고자 돈 강 하구의 튀르크 요새 아조프를 포위하고 거센 공세를 가했다. 이 전투에서 러시아군은 대규모 병력을 동원하여 엄청난 포격을 퍼부었지만, 요새는 끄덕도 하지 않고 버텨냈으며 러시아군은 상당한 피해를 입은 채 퇴각했다.

튀르크군이 선전했던 가장 결정적인 요인은 그들이 러시아군보다 특별히 우수하기 때문이 아니라 튀르크의 해군이 흑해를 통해 풍부한 군수물자는 물론 보충 병력까지 수송했기 때문이었다. 해군을 보유하지 못한 러시아군으로서는 이 광경을 뻔히 보면서도 어찌할 방법이 없었던 것이다. 표트르는 이 전투를 통해서 해군과 함대의 중요성을 깨닫게 되었다. 그가 추진한 개혁 중에서 첫 번째 과제는 바로 이 부분이었다.

1696년에 그동안 실질적인 권력자였던 표트르의 어머니 나탈리야가 사망하고 얼마 지나지 않아 그와 함께 명목상의 차르에 공동으로 제위하던 이복 형 이반도 사망하자 그는 명실 공히 러시아의 절대 통치자인 차르가 되었다. 그렇지만 그의 관심사는 차르로서 군림하는 것이 아니라 아조프 요새를 함락시키는 것이었다. 그는 아조프에서 철군한 다음 곧바로 함대를 만들기 시작해 우격다짐으로 서른 척의 어설픈 전함을 만들었다.

표트르는 다시 아조프 요새를 공격하면서 이 전함들을 이용해서 튀르크 해군에 대항하게 했다. 러시아 역사상 처음으로 조직된 이 함대는 시대에 한참 뒤떨어진 선박들로 이루어졌지만 규모면에서는 만만치 않았기 때문에 아조프 요새를 지원하기 위해 올라오는 튀르크의 수송선단을 저지하는 데는 성공했다. 표트르는 1696년 7월에 아조프 요새를 함락시켰다. 이것은 커다란 의미가 있는 군사적 승리였다. 러시아의 해군이 2년 후인 1698년 9월에 바로 흑해의 아조프 만에 위치한 타간로크를 모항으로 창설되기 때문이다.

젊은 시절의 **표트르**

표트르는 아조프 요새를 함락하고 나서 유럽으로 파견할 사절단을 조직했다. 러시아가 아조프 요새를 점령하면서 흑해로 진출할 수 있는 교두보를 확보하기는 했지만, 사실 오스만 튀르크 제국은 러시아 혼자 상대하기에는 힘에 벅찬 상대였다. 그는 전 세기에 오스만 튀르크의 서방 진출을 효과적으로 저지했던 유럽 국가들의 대튀르크 동맹을 다시 한 번 결성하려고 했다. 수백 명으로 구성된 사절단은 18개월에 걸쳐 인접한 국가 폴란드와 튀르크와 대치 중인 오스트리아, 그리고 네덜란드와 영국 등 여러 나라를 순방할 계획으로 출발했다.

사절단의 순방 계획에 네덜란드와 영국까지 포함시킨 이유는 러시아의 후진성을 탈피하기 위해서 대귀족들이 유럽의 앞선 문물을 접하는 것이 필수라고 생각했기 때문이다. 그는 사절단에 조선과 건축 분야 길드의 핵심적인 인물들과 함께 군부와 귀족 사회에서 다음 세대를 책임질 인물들을 모두 포함시켰으며, 자신도 포병 하사관 표트르 미하일로프(Pyotr Mikhailov)라는 신분으로 위장해 이들과 함께 장기간의 해외 순방에 나섰다.

사절단은 스웨덴이 점령하고 있는 발트 해 연안을 따라 네덜란드로 들어갔다. 이들은 각자의 목적에 따라 여러 개 팀으로 나누어져 활동했는데, 표트르는 당시 세계에서 가장 큰 조선소였던 암스테르담의 동인도 회사 조선소에서 직접 선박을 건조하는 작업에 기술자로 일하기도 했다. 그렇지만 차르의 신분을 계속 위장하는 데는 아무래도 무리가 있었다. 일단 그는 키가 2미터에 육박하는 장신인데다 커다란 눈이 대단히 인상적이었기 때문에 쉽게 눈에 띄고 오래 기억되는 사람이었다.

사절단은 유럽 최고의 산업현장을 돌면서 필요한 기술을 흡수하고 뛰어난 외국인 기술고문들을 여러 명 고용하는 성과는 올렸지만, 대튀르크 동맹을 결성하려는 원래의 목적을 달성하는 데는 실패했다. 당시 유럽 국가들은 후계자가 없는 상태가 된 스페인의 왕위를 놓고 벌인 '스페인 계승 전쟁'에 열을 올리고 있었기 때문이었다. 표트르는 폴란드와만 대스웨덴 군사동맹을 맺는 데 성공하고, 영국에서는 국왕 윌리엄 3세(William III)로부터 러시아의 유럽화 정책에 대한 지원 약속을 얻어냈다.

그러나 큰 성과를 기대했던 오스트리아와는 제대로 협상을 해 보지도 못하고 급히 러시아로 돌아와야 했다. 본국에서 스트렐치가 또다시 쿠데타를 일으킨 것이다. 이 쿠데타는 손쉽게 분쇄되었으나[62] 14개월 만에 모스크바로 돌아온 표트르는 반란에 가담한 1,200명을 모두 처형하고 그 시체들을 한동안 매달아 두도록 했다. 스트렐치는 러시아의 안보에 상당히 중요한 정예 부대이기는 했으나 표트르 훨씬 이전의 시대부터 수십 년 동안 정치 문제에 간섭해 왔기 때문이다. 표트르는 스트렐치를 해산하는 절차에 들어갔다.

표트르는 1699년 그동안 러시아가 사용하던 그들만의 달력을 폐지하고 율리우스력을 채택함으로써 자신의 정책방향을 상징적으로 선언했다. 이 정책의 목표는 그동안 러시아가 고수해 오던 폐쇄적인 전통주의를 포기하고 유럽 사회의 일원이 되는 것이었다. 이를 위해서 양방향의

---

62 사건 자체는 스트렐치를 제압한 차르의 친위대에서 단 한 명의 전사자만 기록될 정도로 싱거운 쿠데타 시도였으나 표트르의 보복은 악랄했다. 그 이전까지 스트렐치는 이런 식의 무력 시위만으로도 큰 정치적인 영향력을 행사하곤 했었다.

바다 흑해와 발트 해를 확보해야 하는데, 표트르는 튀르크와의 전쟁이 불가피한 흑해로의 진출을 뒤로 미루고 스웨덴이 지배하고 있는 발트 해에 초점을 맞췄다.

당시 스웨덴은 그때 나이가 열여덟 살이던 카를 12세(Karl XII)[63]가 통치하고 있었다. 표트르의 나이도 스물여섯 살밖에 되지 않았지만 어린 카를 12세를 우습게 생각했던 것이 틀림없다. 표트르는 오스만 튀르크와 러시아의 아조프 점거를 인정하는 평화협정을 타결한 다음, 4만 명의 병력을 동원해서 당시는 '잉그리아(Ingria)'라고 불리던 발트 해 연안의 스웨덴 영토로 자신만만하게 진군했다.

그렇지만 카를 12세는 군사적으로는 상당히 유능한 인물이었다. 더욱이 스웨덴군의 전투력은 유럽 최고였기 때문에 이제 막 근대화가 시작된 허약한 러시아군에게는 벅찬 상대였다. 러시아군은 1700년에 최초로 대회전을 벌인 나르바에서 불과 일만 명 규모의 스웨덴군에게 격파당하면서 거의 절반에 이르는 병력이 전사했다. 이 승리 이후 카를이 표트르를 계속 추격했다면, 후일의 역사는 완전히 달라졌을 것이다.

다행히 카를은 공격방향을 돌려 폴란드를 침공했다. 카를이 폴란드를 상대로 일련의 전투에서 승리를 거두며 폴란드에 입성한 후 그들 사이에 벌어진 내분에 말려들어 붙잡혀 있는 동안 표트르는 잃었던 전력을 회복할 수 있는 귀중한 시간을 벌었다. 그는 교회의 종들을 녹여 대포를 만들고, 러시아군에는 부족했던 장교를 보충하기 위해서 외국인들을 불러들였으며, 군의 장비도 대폭 개선했다.

이 새로운 러시아군이 1702년에 잉그리아 일부를 점령하면서 얼마 후

---

63 카를 12세는 열다섯 살에 왕위를 계승해 스웨덴을 통치하면서 노르웨이 – 덴마크, 폴란드 – 리투아니아, 러시아와 발트 해의 소국들을 상대로 지속적인 전쟁을 벌였으며, 터키로 망명한 적도 있었다. 서른여섯 살이던 1718년 노르웨이를 침공해 전투를 벌이던 중 머리에 관통상을 입고 사망했다.

나르바 전투

장차 러시아의 황후가 될 마르타 스코브론스카는 성 노예 신세로 러시
아군 고급 장교들 사이에서 소유권이 이리저리 옮겨다니는 신세가 되었
다. 마르타와 알렉산드르 멘쉬코프와의 관계에 대해서는 기록자들 사이
에서도 의견의 일치가 이루어지지 않고 있다. 멘쉬코프가 다른 장군들
과 마찬가지로 마르타를 성적 쾌락의 대상으로 삼아 거금을 지불하고
쉐르메테프 사령관으로부터 소유권을 넘겨받았다는 견해와 멘쉬코프
가 마르타를 표트르에게 '선물' 하기 위해서 사들였다는 견해가 대립하
고 있다.

알렉산드르 멘쉬코프는 사적으로 표트르 대제의 절친한 친구였으며,
이 일이 일어나던 시기에는 아름답고 헌신적이지만 상당히 극성스러워
서 전투 현장까지 그를 따라다니던 연인 다리야(Darya Arsenyeva)와 약혼
한 상태였다. 그렇기 때문에 그가 약혼자의 감시를 피해서 모험을 시도
했을 리는 없고, 표트르의 여성 취향을 너무나 잘 알고 있던 그가 마르타

를 처음 본 순간 그녀를 표트르에게 보낼 생각을 했다는 주장이 좀 더 설득력 있다.

표트르와의 만남

마르타와 표트르는 1703년 초에 멘쉬코프의 집에서 처음 만났으며, 그 이후부터 줄곧 표트르를 위해서 봉사하게 되었다. 그렇다고 이때 마르타가 표트르의 연인이나 정부가 된 것은 아니었다. 당시 표트르는 첫 번째 부인 에우도키아와는 이혼한 상태였지만, 동갑내기인 안나 몬스(Anna Mons)라고 하는 여인과 긴밀한 관계를 유지하고 있었다. 안나는 널리 공개된 차르의 연인이었으며, 당시 사람들은 대부분 표트르와 안나가 곧 결혼할 것으로 알고 있었다.

안나 몬스는 모스크바 내에 있는 외국인들의 전용 거주 지역인 독일 구역(German Quater)에 살고 있던 네덜란드 상인의 딸이었는데, 십 대 후반이던 1692년에 이곳을 자주 찾았던 표트르와 처음 만나 사랑에 빠졌고, 두 아들까지 낳은 상태였다. 표트르는 궁전을 사들여 안나에게 주었으며, 그녀와 결혼할 계획을 공개한 적도 있었다. 그렇지만 안나는 1704년 궁전에 들이닥친 근위대에게 같이 있던 수십 명의 사람들과 함께 체포되었다.

이 사건의 정확한 경위에 대해서는 알려진 바가 없으나 가장 신빙성이 높은 설명은 당시 안나가 고의든 아니든 프로이센이 러시아에서 벌였던 공작 활동에 연관되었다는 것이다.[64] 유력한 황후 후보였던 안나

---

[64] 안나 몬스는 얼마 후에 모스크바 주재 프로이센 대사인 케이설링(Keyserling)과 결혼했으며, 결혼 후

몬스가 탈락했으나 마르타의 처지에는 전혀 영향을 미치지 않았다. 그녀의 존재가 일반인들에게 아예 알려지지 않도록 표트르 자신이 상당히 조심하고 있었다.

1704년에 마르타는 첫 아이 파벨(Pavel Petrovich)을 낳았다. 첫 아이를 낳고 나서 그녀는 루터파 프로테스탄트에서 러시아 정교로 개종했으며, 예카테리나 알렉세예브나(Yekaterina Alexeyevna)라는 러시아 이름으로 개명했다. 그녀는 둘째 아들 표트르(Pyotr Petrovich)를 연년생으로 낳고, 2년 후에는 첫 딸 예카테리나(Yekaterina)를 낳았다. 그러나 이 세 아이들은 모두 1707년과 1708년 사이에 사망했다.

연이어 아이들을 잃는 비극이 결혼하지 않고 아이를 낳았던 자신들의 잘못에 기인한다고 믿은 예카테리나와 표트르는 교회에서 정식으로 결혼식을 올렸다. 결혼식은 철저한 개인적인 행사로 치러졌으며, 두 사람의 관계는 여전히 일반인들에게는 비밀로 취급되었다. 그렇지만 이러한 일은 영원히 비밀에 부쳐질 수 없는 법이다. 그녀가 알렉산드르 멘쉬코프의 부인이 된 다리야와 함께 전투 현장이나 건설 현장에 따라다니자, 점차 그 존재가 세상에 드러나게 된 것이다.

특히 표트르 대제의 최대 업적으로 꼽히는 상트페테르부르크 건설 현장에서는 표트르가 일반인들과 어울려 함께 살았기 때문에 눈에 띄지 않을 수 없었다. 이 도시가 들어선 네바 강의 하구는 원래는 대단히 척박한 지역이었다. 황량한 습지는 파도가 높은 날이면 바닷물이 들이쳤으며 겨울이면 차가운 북풍을 정면으로 맞는 지역이었다. 스웨덴군이 건설한 요새 니엔스칸스(Nyenskans)만 외롭게 서 있었던 이곳이 표트르

3년 만에 결핵으로 사망했다. 안나의 오빠 빌렘(Willem Mons)은 러시아군에 입대해서 몇 번의 전투에서 크게 활약했으며, 제대 후에는 왕궁에서 일하면서 표트르와 후일 차르를 계승하게 될 마르타, 예카테리나 1세의 신임을 받았다. 그렇지만 그들의 신임을 등에 업고 부패 사건에 연루되면서 표트르에 의해 처형되었다.

에게는 미래의 러시아에게 걸맞은 새로운 수도를 건설하기 위한 최적의 지역으로 보였다.

그는 1703년 이 지역을 확보하자마자 도시 건설에 착수했다. 그 이전의 표트르는 다혈질이기는 했어도 뚜렷한 목적이 있지 않는 한 다른 사람에게 두려움을 주거나 폭력을 행사하는 존재는 아니었다. 그러나 이곳에서는 그의 강인함과 함께 잔혹한 일면이 드러났다. 그는 상트페테르부르크[65] 이외의 지역에서는 석조 건물의 건축을 금지하고 동원할 수 있는 모든 자원을 여기에 퍼부었는데, 그 자원에는 스웨덴 출신의 전쟁 포로들과 러시아 각지에서 강제로 동원된 농노 수만 명도 포함되어 있었다.

그는 이 사람들을 무기로 위협하면서 강제로 고된 노동을 시켰으며, 그들 중 수천 명이 질병과 과로와 추위 등의 요인으로 사망했다. 표트르 자신도 예카테리나와 함께 임시로 지은 평범한 목조 삼층집에서 일반인들과 전혀 다를 바 없는 모습으로 살면서 현장에서 직접 힘든 노동을 했다. 두 사람은 그곳에서 마치 평범한 부부와 같았다고 한다.

예카테리나는 표트르에게 그리 중요하지 않은 존재로 시작해서 점차 평생의 반려자로 변했다. 여기에는 그녀의 미모가 아니라 뛰어난 품성이 크게 작용했다. 그녀는 쾌활하고 활기에 넘쳤으며 남다른 인내심과 겸손함도 갖추고 있었다. 전하는 일화에 의하면, 표트르의 성격이 워낙 다혈질이어서 그가 화를 내면 사람들이 모두 일단 피하거나 움츠러들었지만, 예카테리나만은 그에게 맞서며 그를 진정시키기 위해 애를 썼고

---

[65] 표트르가 상트페테르부르크를 자신의 이름을 따서 명명했다는 지식은 오류가 사실로 널리 받아들여진 대표적인 예이다. 독실한 정교도였던 표트르는 이 도시가 성인과 순교자들의 힘으로 지켜지기를 원했다. 때문에 처음 지은 성곽 요새를 '베드로와 바울의 요새'라고 이름 짓고 시가지는 예수의 제자 베드로에게 봉헌하면서 네덜란드 식으로 '성 베드로의 도시'라는 의미의 이름을 붙인 것이다.

표트르 1세

이것은 언제나 효과가 있었다고 한다.

　또한 표트르는 그녀에게 주인이자 우상이었으며 가치 기준도 표트르의 것을 고스란히 나누어 가지고 있었다. '정의'와 '공정함'이라는 가치를 우선했던 표트르를 따라 후일의 예카테리나도 엄격한 통치를 시행했지만, 표트르와는 달리 부드러운 방식으로 추구했다는 점에서 차이가 있다. 두 사람이 분노를 표현하는 방식도 정반대였다. 표트르가 직설적으로 퍼붓는 반면 예카테리나는 단지 말을 하지 않을 뿐이었는데, 경우에 따라서는 이 침묵 시위가 여러 달을 갈 때도 있었기 때문에 최종적인 승자는 항상 예카테리나였다고 한다.

정복 전쟁과 개혁

예카테리나와 정식으로 결혼식을 올린 후 표트르는 스웨덴과의 전쟁에 매달려야 했다. 폴란드 문제에서 가까스로 벗어난 스웨덴의 카를 12세가 4만 4천 명이라는 대군을 몰아 침공한 것이다. 이번에는 그의 공격 진로가 곧바로 모스크바를 향하고 있었다. 그가 직접 지휘하는 스웨덴군은 서전을 승리로 장식하면서 기세를 올렸지만, 표트르는 손실을 보충하기 위해 남하하던 스웨덴군 병력을 도중에 요격해서 격파했다.

그러자 카를은 퇴각하는 대신 방향을 돌려 우크라이나를 침공하는 모험을 선택했다. 그곳의 코사크인(Cossacks)[66]이 러시아로부터 독립을 하는 문제에 관심을 가질 것으로 판단했기 때문이었다. 그의 판단은 정확했으나 보급선으로부터 너무 멀리 떨어져 나온 것이 문제였다. 표트르는 스웨덴군이 진군하는 전면에 청야작전(清野作戰)을 펼쳐 스웨덴군의 현지 보급을 불가능하게 만들고 그들을 고통 속에 몰아넣었다. 보급도 거의 없이 1708년 겨울을 우크라이나의 대평원에서 보낸 스웨덴군은 심각한 타격을 입었다.

그럼에도 카를은 다음해 여름 우크라이나의 키에프 남쪽에 있는 폴타바 요새를 포위했다. 스웨덴군은 절반으로 줄어 있었으며, 그들의 유일한 동맹인 코사크 기병대는 러시아 기병대의 교란 작전에 말려 자신들의 근거지까지 내주고 멀찌감치 후퇴했다. 표트르는 이미 폴타바에 4만

---

[66] 헝가리에서 우랄 산맥에 이르는 광대한 스텝 지역을 장악하고 있던 코사크는 특정한 종족을 가리키는 명칭이 아니다. 이들은 수십 개의 다양한 인종으로 구성되어 있었으며, 이 위험한 지역에서의 생존을 위해 군사 조직으로 편제되어 집단적으로 움직이던 사람들을 총체적으로 일컫던 말로 '자유로운 사람들'의 의미를 가지고 있었다. 현지의 유목민 출신들도 있었지만 가톨릭과 프로테스탄트 사이에 벌어진 종교 분쟁 시기에 유럽의 여러 나라로부터 박해를 피해 유입된 사람들이나 러시아의 가혹한 봉건체제에서 도주한 농노들도 많았다. 때문에 다양한 관습과 종교가 자연스럽게 융화된 공동체였다.

5천 명의 병력을 파견해 전투 준비를 완료해 놓고 있었다. 병력의 열세와 기병대를 보유하지 못했다는 결정적인 약점에도 불구하고 러시아군보다 훨씬 훈련이 잘 되어 있던 스웨덴군은 꼬박 이틀 동안 눈부신 선전을 했다. 그렇지만 6월 28일 정오 무렵 결국 와해되었으며, 카를은 가까스로 1,500명의 병력만 수습해서 오스만 튀르크 제국으로 탈출했다.[67]

표트르가 막강한 스웨덴군을 상대로 대승을 거두자 그때까지 표트르에 대해서 우호적이던 유럽 각국들은 그를 경계하기 시작했다. 1710년에 오스만 튀르크의 술탄 아흐메드 3세(Ahmed III)는 러시아에게 선전포고를 했다. 러시아의 도약에 불안을 느낀 프랑스가 꾸준히 그를 부추긴 결과였다.

1711년 표트르는 병력을 이끌고 튀르크를 상대하기 위해서 발칸으로 남하했다. 그는 강적 스웨덴을 격파한 기분에 들떠서 사태를 낙관하고 있었다. 스웨덴에 비해 몇 배의 잠재력을 가지고 있던 대제국 오스만 튀르크의 역사에서 이 시기는 이른바 '백합의 시대(Tulip Era)'라고 불리는 평화로운 시기에 해당한다. 당시 튀르크인들은 유럽의 기독교 국가들과 평화를 유지하기 위해서 스스로 전쟁을 시작하지 않고 있었을 뿐이지 그들의 투지나 전력까지 약화된 것은 아니었다. 더욱이 표트르는 그들에게서 흑해의 보물인 아조프 요새를 탈취한 장본인이었기 때문에, 전쟁 명분에도 설득력이 있었다.

표트르는 튀르크의 지배를 받고 있던 그리스 정교도들의 지원을 기대하고 있었지만, 정작 도착하고 나서는 그들로부터 아무런 지원도 기대할 수 없다는 사실을 깨달았다. 그는 튀르크의 대군에게 포위되자 인명의 손실을 줄이기 위해서 항복을 선택했다. 아흐메드 3세는 러시아가 점

[67] 폴타바 전투는 스웨덴 제국이 몰락하고 러시아 제국이 떠오르는 계기가 되었다.

령하고 있는 아조프 요새를 돌려받고 쓸모가 없어진 흑해 함대를 인수한다는 조건으로 항복을 받아들였다. 덕분에 스웨덴의 카를 12세도 고국을 떠난 지 5년 만에 귀국할 수 있었다.

　이 튀르크 전쟁에서 예카테리나는 항복 직전의 위험한 상황에서 표트르와 많은 사람들의 생명을 구한 일로 칭송을 받았다. 예카테리나는 거의 모든 전쟁터에 표트르를 따라 종군했는데, 러시아군이 그들을 몇 배 압도하는 튀르크군에게 포위당했다. 그러자 그녀는 자신이 가지고 있던 보석에 다른 여자들의 것까지 모두 합쳐서 술탄을 대신해 튀르크군을 지휘하던 총리대신 발타지(Grand Vazier Baltaji)에게 뇌물로 주며, 러시아군의 퇴로를 열어 달라고 부탁했다. 그러자 얼마 후 튀르크군은 정말로 퇴로를 열어 주었다.

　물론 예카테리나의 뇌물보다는 러시아와의 전쟁이 확대되는 것을 피하려는 술탄의 정치적인 판단이었을 가능성이 훨씬 더 높다. 그러나 그녀의 행동을 목격한 러시아 병사들은 예카테리나를 구원자로 떠받들었다.

　튀르크 전선에서 돌아온 표트르는 대중들에게 오랫동안 감춰오던 예카테리나를 공개했다. 당시 그들 사이에는 일찍 죽은 세 명의 아이들 이후에도 두 딸 안나(Anna Petrovna)와 엘리자베타(Yelizaveta)가 연년생으로 태어나 네 살과 세 살이 되어 있었다.

　예카테리나와 표트르는 1712년 2월에 상트페테르부르크에서는 가장 초기에 세워진 건물들 중 하나인 성 이삭 성당[68]에서 공식적인 결혼식을 올렸다. 5년 전 알렉산드르 멘쉬코프 부부만 증인으로 참석했던 초라

---

68 상트페테르부르크의 명물 중 하나인 현재의 성 이삭 성당과는 다른 건물이다. 현재의 건물은 알렉산드르 1세가 1818년에 낡은 건물을 헐고, 그 자리에 초기 그리스 정교의 십자가형 건물로 다시 지을 것을 명령해서 40년 만에 완공한 것이다.

한 비밀 결혼식과 극명하게 대비되는 제대로 격식을 차린 화려한 공식 행사였다. 예카테리나의 존재야 당시 모든 러시아 사람들이 알고 있던 것이지만, 예카테리나의 입장에서는 그녀의 일생에서 최고의 순간이었을 것이다.

표트르는 결혼식 직후 상트페테르부르크를 러시아의 새로운 수도로 선언했다. 당시는 건설이 한창 진행 중인 상태였으며 스웨덴과의 전쟁도 마무리되지 않아 영토의 소유권을 주장하기에는 무리가 있는 시점이었지만 표트르는 다음해에 수도 이전을 강행했다. 역사적으로 잉그리아는 한때 러시아의 패자였던 노브고로드 공국(Novgorodaskaya)이 8세기경 원주민인 핀(Finn) 계열의 사람들을 정복하면서 처음 도시를 건설한 곳이다. 때문에 가장 먼저 주권을 확보했다고 할 수 있지만, 그동안 주인이 여러 번 바뀌었던 민감한 지역이었다.

스웨덴의 카를 12세는 폴타바에서의 패배를 잊지 않고 있었다. 그는 이미 러시아와 전력 차가 벌어졌는데도 그 사실을 인정하지 않고 줄기차게 전쟁을 지속했으며, 그 결과 핀란드의 대부분을 내주고 말았다. 스웨덴 국내에서도 노르웨이, 덴마크, 러시아, 폴란드, 리투아니아 등 사방으로 적만 만드는 그의 군사적 모험에 불만이 팽배하고 있었다. 대북방 전쟁은 폴라바 전투 이후에도 10년 가까이 계속되다 카를 12세가 1718년 겨울 노르웨이 원정 중에 전사함으로써 비로소 막을 내렸다.

1721년 표트르는 스웨덴과 종전 협상을 벌이면서 대단히 조심스러운 태도를 취했다. 그는 새로운 수도가 들어선 지역에 대해 앞으로 스웨덴이 소유권 논란을 제기하지 못하도록 잉그리아와 현재의 에스토니아 일대를 사들이는 형식을 취했으며, 핀란드의 점령 지역은 스웨덴에게 모두 돌려주었다. 다만 상트페테르부르크에 대해 전략적으로 위협이 될 수 있는 핀란드의 인접 지역만 러시아 제국이 아니라 러시아의 차르가 개인적으로 토지를 소유하는 형식으로 협상을 타결했다.

1721년 스웨덴과의 평화 협정이 체결되고 나서 표트르는 '모든 러시아의 황제'라는 칭호를 사용하기 시작했다. 처음에는 '동방의 황제'라는 칭호를 제의받았지만, 이 칭호는 거절했다. 그에게 붙는 '대제(The Great, Le Grand)'라는 칭호에는 절차가 수반된다. 어느 나라든 먼저 국내에서 국민들에 의해 선출된 대의기관의 의원들이 먼저 의결하고 다른 국가에서 외교적으로 인정하는 절차를 거쳐야 하는 것이다.

표트르의 경우는 스웨덴과 폴란드가 즉시 이 칭호를 승인했고 점차 유럽 각국이 따랐으며, 마지막까지 승인을 보류하고 있던 프랑스는 그가 죽은 지 25년 만에 외교문서를 통해서 공식적으로 이 칭호를 사용하기 시작했다. 이로써 국제적으로 공인절차를 마친 것이다. 표트르는 러시아를 근본부터 바꿔 놓은 사람이기 때문에 충분히 '대제'로 불릴만한 자격이 있지만, 정작 그 자신은 대단히 힘들게 고난을 극복하고 이룩한 업적이었다.

표트르는 초기에 그의 권력 승계를 반대하는 세력들의 반란을 겪으며 차르의 자리를 지켰으며, 후기에는 분리주의자들과 함께 강압정치를 펴면서 크게 자극한 민중들의 거센 도전에 직면했다. 여러 번의 반란 중에서도 가장 큰 고비는 민중봉기의 성격이 강한 '불라빈의 반란'이었다. 대북방 전쟁이 한창 진행 중이던 1707년에 발생한 이 거센 봉기의 원인은 표트르였으며, 목표도 표트르였다.

표트르의 강압정치는 그의 강력한 개혁 정책과 맞물려서 고대의 노예나 다름없었던 농노들의 삶을 위협했으며, 지방은 물론이고 모스크바나 상트페테르부르크 근교에서조차 도망치는 농노들이 속출했다. 표트르가 도망친 농노들을 추격하기 위해 현상금 사냥꾼 부대를 파견하자 농

노들의 처지에 동정적이
었던 코사크의 지도자 콘
드라티 불라빈(Kondratii
Bulavin)이 현상금 사냥꾼
부대를 기습해 전멸시키
면서 반란이 시작되었다.
이 반란은 비참한 상황에
있던 러시아 농민들의 호
응을 얻어 격렬하게 번져
나갔으며, 2년 넘게 지속
되었다.

표트르 1세

　개혁에 대한 저항도 만
만하지 않았다. 표트르의
개혁은 러시아 남자들이 전통적으로 기르던 수염을 밀어버리는 일에서
부터 권위주의와 부패의 온상이 된 러시아 정교회의 개혁에 이르기까지
모든 부분에 걸쳐서 급진적으로 시도되었다. 방법론에서도 힘으로 강하
게 밀어붙이는 방식으로 진행되었다. 그의 개혁은 광범위한 분야로 확대
되었는데, 보통 사람들은 자신들이 살아가는 방식이 급격하게 변하는 것
을 원하지 않는다. 당연히 거의 모든 분야에서 적을 만들 수밖에 없었다.

　이러한 반란이나 개혁에 대한 저항보다 그를 더욱 힘들게 한 것은 러
시아에서 관습화된 권력형 부패에 대한 승산 없는 싸움이었다. 수많은
인사들이 부패혐의로 처형되거나 추방당했지만, 그 자리는 쫓겨난 사람
들만큼이나 부패한 인물들이 메워 나갔다. 표트르의 측근들도 마찬가지
였다. 그를 가장 가슴 아프게 했던 사람은 오랜 친구이자 개혁의 동지였
던 알렉산드르 멘쉬코프였다.

멘쉬코프는 야전에서도 이름을 날려 최종적으로 군사령관까지 오른 인물이고, 상트페테르부르크의 건설 책임자이기도 했다. 그는 점령 지역에 새로 만들어진 이조라 공작령(Izhora, Dukedom of Ingria)의 초대 공작이 되는 영예를 안았다. 그렇지만 그는 과거부터 이어져 내려오던 권력형 부패의 고리를 끊지 못했으며, 자신의 영지 안에서 가혹한 착취로 원성을 샀다. 1711년에 표트르는 그에게 마지막으로 엄중한 경고를 보냈다. 표트르로서는 이러한 경고 자체도 대단히 이례적인 조치였다.

그러나 멘쉬코프 공작은 2년 후에 다시 10만 루블의 공금을 횡령해 대형 부패 스캔들의 주인공이 되었다. 이때 멘쉬코프가 중병에 걸려 쓰러져서 사경을 헤매지 않았더라면 표트르는 그를 처형하거나 투옥했을 것이다. 그가 극적으로 회복을 한 후 용서를 받은 데에는 예카테리나의 적극적인 만류도 크게 작용했다. 그는 이제 갓 마흔을 넘긴 표트르에게 남아 있는 유일한 친구였던 것이다.

예카테리나 1세의 즉위

표트르는 실질적인 차르가 되었던 스물네 살 이후로 혼자서 거대한 러시아를 상대로 치열하게 투쟁하고 있는 것이나 마찬가지였다. 이 힘겨운 싸움에서 그의 곁을 지킨 유일한 사람은 오직 예카테리나 한 사람뿐이었다. 아무리 강철 같은 신경을 가지고 있는 인간이라도 지속적으로 스트레스를 받게 되면 견디지 못하는 법이다. 표트르의 심신은 젊은 시절부터 서서히 무너져가고 있었다. 그는 술에 의존하면서 현실에서 벗어나려고 했으며, 알코올은 야금야금 그의 정신과 육체를 먹어 들어

가고 있었다.

중독 증상이 나타나면서 표트르는 점차 분노를 제대로 통제하지 못했고, 의심이 많아지면서 잔인하고 괴팍한 사람이 되어 갔다. 명석했던 판단력도 급속도로 빛을 잃어갔다. 정신적인 결함은 육체적 이상 증상으로 나타나기 시작했다. 안면 신경통에 시달리는가 하면 뚜렷한 이유도 없이 수시로 간질과 유사한 발작을 했다.

황태자 알렉세이 페트로비치

위험한 상태로 간신히 버텨오던 상황은 결국 비극적인 사건으로 귀결되고 말았다.

표트르를 계승하기로 일찌감치 결정되어 있던 황태자(Tzarovich)인 알렉세이(Alexei Pertovich Romanov)는 첫 번째 부인 에우도키아가 낳은 아들로, 표트르의 자녀들 열다섯 명 중에서 유아기를 무사히 넘긴 세 명 중 하나였으며 그들 중에서 유일한 아들이었다. 강제로 왕궁에서 쫓겨난 어머니와 얼굴도 보기 힘든 아버지 밑에서 반동주의적인 성직자들에게 교육받은 알렉세이는 아버지에 대한 적개심을 가슴에 담고 살았다.

이러한 아들에게 표트르는 가혹하게 황태자 수업을 강요했다. 그는 열세 살에 사병으로 군에 입대해서 그 다음해에 전투에 직접 참가해야 했다. 열여덟 살에는 모스크바 성곽공사를 맡기도 했다. 그 이후 표트르는 알렉세이에게 수행하기 쉽지 않은 임무를 계속 맡겼으며, 알렉세이는 번번이 실패했다. 그러면 표트르는 열정이 부족하다며 아들을 비난했고, 알렉세이는 아버지에게 반발해 개혁에 반대하는 전통주의자들과 어울리는가 하면 아예 국사에는 개입하지 않으려고 했다.

내재하던 부자의 갈등이 밖으로 드러나게 된 계기는 알렉세이의 결혼이었다. 1710년 표트르는 스무 살의 알렉세이를 그보다 네 살 연하인 독일의 명문 브런즈윅 공작의 둘째 딸 샤를로테(Charlotte Christine Sofie of Brunswick-Wolfenbüttel)와 결혼시켰다. 알렉세이는 자신의 의사는 전혀 반영되지 않은 이 결혼에 크게 반발했으며, 결혼 생활은 당연히 초기부터 삐걱거렸다.

샤를로테가 1715년 둘째 아이인 후일의 표트르 2세(Pyotr Alekseyevich)를 낳고 며칠 만에 그 후유증으로 세상을 뜨자, 그녀의 장례식 날 표트르는 아들에게 호되게 질책하는 편지를 보냈다. 편지를 받은 알렉세이의 반응은 해외 도피였다. 그는 핀란드 출신의 정부와 함께 자신의 동서인 오스트리아의 카를 6세에게로 피신했다. 카를 6세는 알렉세이의 말만 듣고 표트르가 아들을 암살하려 한다고 굳게 믿어 그를 나폴리로 빼돌리기까지 했다.

부자의 오랜 갈등은 결국 파국을 맞이했다. 1718년 알렉세이의 측근이나 친구들은 모두 기소되어 유죄판결을 받고 반역자에 대한 러시아의 전통적인 처형방식에 따라 긴 창으로 꿰어 매달아 놓는 페일(Pale) 형이나 바퀴에 묶어 온 몸을 부수는 잔인한 방식으로 처형되었다. 알렉세이의 어머니 에우도키아는 근거 없는 간통죄로 기소되었으며, 알렉세이도 법정에서 반역죄로 사형을 선고받았다. 그가 자신의 정부에게 보낸 편지 중에 있던 '나는 기필코 옛사람들을 다시 불러 모을 것이요' 라는 구절이 문제가 된 것이다.

알렉세이는 끝이 갈라진 채찍으로 등을 맞는 나우트(knout) 형[69]을 당했는데, 두 번에 걸쳐 마흔 대를 맞고 나서 이틀 만에 사망했다. 알렉세이에 대한 잔인한 처형은 망가진 표트르의 정신 상태를 반영한 것이지만, 그에게도 회복이 불가능한 정신적 상처를 남겼다. 1721년 대북방 전쟁이 끝나고 평화가 도래하면서 표트르가 대제의 칭호를 받을 무렵, 그는 이미 세상사에 지칠 대로 지친 중증의 알코올 중독자였던 것이다.

예카테리나는 보잘 것 없는 위치에서 시작해서 시간이 지날수록 표트르에게 또 러시아에게도 점점 더 중요한 사람이 되었다. 그녀는 정신적으로 피폐해진 표트르에게 유일한 안식처였으며, 차르의 감정을 통제할 수 있는 사람은 본인이 아니라 예카테리나가 되고 말았던 것이다. 표트르는 모두 열다섯 명의 합법적인 자녀들을 낳았지만, 그들 중에서 아버지보다 오래 산 아이들은 예카테리나가 낳은 연년생 두 딸 안나(Anna Petrovna)와 옐리자베타(Yelizabveta)뿐이었다.

1722년에 표트르는 다음 세대에 왕위 계승을 둘러싸고 혼란이 생길 것을 염려해 차르가 스스로 후계자를 결정하도록 하는 왕위 계승법을 제정했다. 표트르의 건강은 1723년 겨울부터 악화되기 시작했다. 그러자 그는 다음해 여름 예카테리나를 공동 통치자로 내세우고 자신은 뒤로 물러났다. 표트르는 그때 방광에 이상이 생겨서 몹시 고통스러워했으며 대수술을 받고 간신히 위기를 넘겼다.

---

69 페일 형은 고대 오리엔트 지역에서 시작한 처형방식으로 유럽에서 광범위하게 사용되었다. 이 방식을 가장 많이 사용한 사람은 '드라큘라'라는 별명으로 유명한 루마니아의 블라드 3세였다. 나우트 형은 러시아의 고유한 고문 혹은 처형 방식으로 알려져 있지만, 실제로는 고대 게르만 민족에서 유래되었다. 일반적으로는 전문가들이 집행해서 죽음에까지 이르지는 않도록 세심하게 조치한다. 이반 뇌제가 애용했으며, 다른 국가에 비해서 상당히 늦은 1845년 니콜라스 1세에 의해서 폐지되었기 때문에 수백 년 동안 러시아의 후진성과 잔인성을 상징하는 것처럼 여겨진 형벌이다.

안나 페트로브나와 엘리자베타

그렇지만 그로부터 불과 여섯 달 후에 닥친 두 번째의 위기는 극복하지 못했다. 그해 가을 핀란드 만 부근을 시찰하던 도중 물에 빠진 병사를 보고 그를 구출하기 위해 차가운 물에 뛰어든 것이 병세를 악화시킨 것이다.[70] 표트르는 1725년 2월 사망했다. 그렇지만 그는 명확하게 후계자를 지정하지 못했다. 새벽에 맞이한 마지막 순간에 그는 이 문제를 문서로 남기기 위해서 애를 쓰다 결국 마무리하지 못하고, 큰딸 안나를 불러달라는 부탁을 했으나 그녀가 도착하기 전에 숨을 거두었다.

표트르 대제가 쉰두 살의 나이로 사망하자 당연히 후계자 문제가 대두되었다. 1718년에 사망한 황태자 알렉세이가 낳은 유일한 아들 표트르 2세는 아홉 살이었고, 표트르의 장녀 안나는 열일곱 살로, 그가 죽기 석 달 전에 스웨덴의 카를 12세의 조카이기도 한 홀슈타인-고토로프 공작 카를 프리드리히(Karl Friedrich, Duke of Holstein-Gottorop)와 결혼한 상태였다.

표트르는 40년의 재위기간 내내 러시아의 전통과 싸워 왔다. 그가 폐지한 러시아의 달력은 그 연도가 7200년이 넘은 것이었다. 이것은 표트르가 아무리 강인한 사람이었다 해도 한 세대의 투쟁만으로는 근본적인 변화가 불가능하다는 사실을 상징한다. 중세 러시아를 지배했던 각 지

---

70 이 일화는 그 시대에 이미 다양하게 출판되었던 표트르의 전기 중에서 독일 사람이 쓴 단 한 권의 책에만 기록되어 있기 때문에 역사가들 사이에서 그 진실성 여부가 논란이 되고 있다.

역 대공들의 후계자들인 보수 귀족들에게 표트르 시절의 개혁은 이질적인 것이었고, 그들은 그의 죽음이 잘못을 바로잡을 수 있는 기회라고 생각했다. 표트르는 평민들의 전폭적인 지지를 받고 있었지만, 원래 평민들이란 왕궁으로부터 먼 곳에 사는 사람들이다.

예카테리나는 보수적인 귀족들이 알렉세이의 아들 표트르 2세를 차르로 세우려는 움직임을 보이자, 권력의 제2인자였던 알렉산드르 멘쉬코프를 움직였다. 멘쉬코프 부부와 예카테리나는 줄곧 긴밀한 관계를 유지하고 있었다. 그들은 전쟁터와 개혁의 현장을 함께 누볐던 동지이기도 했다. 스웨덴 전쟁의 영웅으로 군부에 대해 절대적인 영향력을 가지고 있던 멘쉬코프는 표트르에게 충성하는 친위대를 움직여 예카테리나가 단독으로 차르의 위치를 유지하도록 하는 데 성공했다.

사실 그녀에게 측근이라고 부를만한 다른 인사들이 있을 리 없었다. 그녀의 두 언니와 두 오빠들도 표트르의 병세가 중해진 1724년 가을에야 모두 찾아서 러시아로 데리고 올 수 있었다. 그들은 모두 러시아식으로 이름을 바꾸고 정교로 개종한 다음 백작의 작위까지 수여받았지만, 표트르나 예카테리나는 이들에게 러시아 정치에 개입할 여지는 전혀 주지 않았다.[71]

예카테리나 1세의 업적

예카테리나는 표트르의 개혁을 굳건하게 지속하는 것을 자신의 정책

---

71 그녀의 큰 오빠인 카를(Karl, Karel)만 1727년에 궁정의 시종장으로 임명되었다. 예카테리나 형제의 후손들은 명문가와의 혼인을 통해서 사회적 지위가 상승되었지만 이는 후일의 이야기이다.

방향으로 잡았다. 그녀의 통치는 러시아의 일반인들에게는 상당히 긍정적인 효과로 작용했다. 개혁이 급진적이고 강압적이었던 표트르의 방식에서 벗어나 부드럽고 온화한 모습으로 변화하게 됨으로써 개혁에 대한 반발이나 부작용을 상당히 줄일 수 있게 된 것이다. 그녀는 보수적인 귀족들과 직접 대결하는 것보다 우회적이지만 훨씬 효과적인 방식을 사용했다.

예카테리나는 러시아 남성들을 변화시키기 위해서는 여성들을 먼저 움직여야 한다는 사실을 알고 있었다. 그녀는 여성들에게만 입단이 허용되는 기사단인 '성 캐서린 기사단(Order of St. Catherine)'을 활용했다. 이 기사단은 1712년 예카테리나가 두 번째 결혼식을 통해 러시아 국민들에게 인정을 받았을 때 예카테리나뿐 아니라 다른 왕실의 여성들에게도 명예를 주기 위해서 조직된 배타적인 기사단으로, 원래는 왕실 여성들만 세례식이나 18세 생일에 자동으로 가입되는 일종의 명예 기사단이었다.

예카테리나는 이 기사단을 확대해서 명문귀족 가문의 여인들 108명을 '기사'로 받아들였다.[72] 왕실과 귀족 가문의 여성들 사이의 연대감을 형성하기 위한 조치였다. 이 기사단은 그녀의 치하에서는 아주 짧은 기간 동안 활동했지만, 후일 그의 딸 엘리자베타와 그녀의 이름을 따른 예카테리나 2세가 강력한 권력을 유지하는 데 하나의 축을 이루었으며, 먼 후일에는 로마노프 왕조의 외교에 효과적인 카드로 활용되기도 했다.

예카테리나는 비록 읽고 쓰는 데에는 어려움을 겪었으나 전반적으로 현명하고 공정하며 정의로운 통치자였던 것으로 평가된다. 알렉산드르 멘쉬코프와 표트르 톨스토이 백작(Count Pyotr Andreyevich Tolstoy)이 실세

---

72 그리스의 순교자 캐서린을 수호성인으로 하는 이 기사단은 왕실의 여인들 이외에 12명의 대회원 (Grand Cross)과 96명의 소회원(Small Cross)의 규모로 확대되었는데, 그 이후에도 108명의 규모 그대로 유지되면서 로마노프 왕조의 마지막까지 이어졌다.

예카테리나 1세

로 부각되기는 했지만, 실질적으로는 여러 사람이 권력을 분점했기 때문에 균형이 잘 유지되는 상태였다. 당시 긴 전쟁과 표트르의 강압적인 통치방식에서 벗어난 러시아는 개혁의 성과가 나타나면서 평화와 번영의 시기로 접어들고 있었다. 이러한 가운데 러시아의 개혁은 남자들의 긴 수염과 육·해군의 군사 분야, 교회 그리고 중앙과 지방의 행정 조직에 이르기까지 광범위한 분야에서 계속 진행되었다.

상트페테르부르크의 건축도 계속 진행되었다. 표트르가 20년의 시간과 온갖 정성을 쏟아 부었던 페테르고프 궁전[73]이 그가 세상을 떠난 직후에 완공되어 '러시아의 베르사유' 라는 별명을 얻었다. 예카테리나는 상트페테르부르크 시가지의 운하를 가로지르는 다리를 건설했으며, 표트르처럼 화려하지는 않지만 자신의 이름으로 소박한 건축 사업을 시작했다.

표트르는 비밀결혼식을 올릴 무렵인 1708년 예카테리나에게 상트페테르부르크에서 그리 멀지 않은 지역에 위치한 땅을 선물했다. 당시 핀란드어로 '높은 언덕' 이라는 의미의 이름을 가진 삭막한 곳이었다. 그녀는 이 땅에 조그마한 교회를 지은 다음 왕실 가족들의 별장을 건축하기 시작했는데, 그것이 현재 '황제의 마을' 이라는 의미의 차르스코예 셀로(Tsarskoye Selo)라고 불리는 유네스코 세계문화유산 중 하나인 곳이다.

그의 딸 엘리자베타가 자그마한 별장 자리에 거대한 별궁을 완공시킨 다음 예카테리나 궁전(Catherine Palace)으로 명명하고, 여기에 예카테리나 2세가 다시 다섯 개의 돔을 가진 성당과 세계적으로 유명한 '카메론 회랑' 을 추가로 건축해서 현재의 모습으로 완성되었다. 예카테리나 궁전은 차르 가족들의 거처로 사용되면서 동시에 귀족들이나 외국의 중요한 손님들이 머무는 장소로도 활용되었다.

또한 세계적인 권위를 자랑하는 러시아 과학원(Russian Academy of

[73] 20년에 걸쳐 공사가 지속된 이 궁전은 유네스코 세계문화유산으로 지정되어 있다. 표트르가 사망한 후 여러 명의 차르들이 확장 공사를 해온 결과 지금은 이 지역 전체가 페테르고프라는 이름으로 불리지만, 기본적인 왕궁 건물(Grand Palace)은 표트르 때에 완성된 것이다.

Sciences)도 그녀의 칙령으로 설립되었다. 예카테리나의 궁전이나 성 캐서린 기사단, 과학원처럼 예카테리나는 시작만 하고 본인은 정작 큰 혜택을 보지 못한 사업이 많은데, 그녀의 재위기간이 워낙 짧았기 때문이다. 그녀는 표트르가 죽은 지 2년 후인 1727년 5월에 가벼운 병에 걸렸다 며칠 만에 후계자를 지정할 여유도 없이 급작스럽게 사망했다. 그녀의 사후 러시아는 다시 한 번 후계 문제를 놓고 커다란 내분이 일어날 뻔했지만, 알렉세이의 아들 표트르 2세가 등극하는 것으로 타협되었다.

예카테리나는 오랫동안 역사 속에 묻혀 있던 인물이다. 기록이나 자료도 거의 남아 있지 않거나 왜곡된 것들이 대부분이다. 비천한 출신이라는 이유로 러시아 역사가 의도적으로 외면했기 때문이다. 예카테리나의 후손들이 차르를 계승하던 시대에는 그녀를 논의의 주제로 삼는 것조차 금기시되었다.

그렇지만 러시아인들은 그녀에게 감사해야 한다. 모든 역사에서 공통적으로 나타나는 현상이 개혁이나 혁명 다음에는 반드시 반동이라는 반작용의 시대가 뒤따른다는 것인데, 러시아의 경우에는 그녀가 표트르의 개혁을 완화하면서 그 반작용을 최소화했다고 할 수 있다. 러시아에서 중세를 벗어던지는 작업은 표트르와 그녀의 딸인 옐리자베타에게 넘어가게 되지만, 그 승계 과정이 쉽지만은 않았다.

역사상 가장 인기 있던 차리나

옐리자베타

옐리자베타(Yelizaveta Petrovna Romanov)는 러시아 역사뿐 아니라 유럽의 역사에서도 외모가 가장 아름다웠던 여왕으로 꼽히는 미인이다. 그녀의 눈부신 미모에 대해서는 유럽의 왕가에 어릴 적부터 널리 알려져 있었지만, 인생의 황금시절에 권력으로부터 소외되어 있었기 때문에 단한 번의 실패한 약혼 이외에는 청혼을 받지 못하고 평생 독신으로 살았다. 옐리자베타는 가장 믿었던 사람으로부터 뼈아픈 배신을 경험하면서 권력의 어두운 이면을 경험하게 된다.

동서양을 막론하고 왕과 귀족들은 권력을 놓고 항상 경쟁하는 관계에 있었다. 귀족들이 권력을 장악하는 가장 쉬운 상황은 통치자의 나이가 어려서 판단력을 제대로 발휘하지 못하는 것이다. 따라서 그들은 나이가 어린 통치자들을 선호하며 그렇지 않을 경우에는 역량이 모자라는 통치자를 세우려고 한다. 예카테리나 1세가 후계자를 지정하지 못하고 죽은 다음 러시아의 상황이 이에 해당한다.

예카테리나 1세의 사후 권력 구도

이때 가장 유력한 후계자는 옐리자베타의 언니인 안나 페트로브나(Anna Petrovna)였다. 안나는 아름답고 총명하며 지적인 여인으로 이름이 높았으며, 1727년 5월 어머니 예카테리나가 급사했을 때 열아홉 살이었다. 그녀는 홀슈타인-고토로프 왕가의 젊은 공작 카를 프리드리히(Karl Friedrich, Duke of Holstein-Gottorop)와 2년여 전에 결혼한 상태였으며, 카를 프리드리히는 당시 왕궁 수비대의 사령관 직을 맡고 있었다.

프랑스의 석학 볼테르의 표현대로 당시 러시아 차르의 자리는 '선출 제도 아니고 세습 제도 아닌 점령제'였으므로 안나는 절대적으로 유리한 위치에 있었다. 그렇지만 결정적으로 표트르 일가의 진영에서 배신자가 발생했다. 권력의 실세였던 알렉산드르 멘쉬코프 공작이 보수파들과 협상을 벌여 알렉세이의 유일한 아들 표트르 2세를 새로운 차르로 옹립한 것이다. 멘쉬코프는 예카테리나가 표트르 2세를 후계자로 지명했다고 유지를 조작했다.

표트르는 당시 열한 살이었는데, 멘쉬코프는 표트르를 상트페테르부르크에 있는 자신의 궁[74]에 머물게 하면서 자신의 딸 마리아와 결혼시

안나 페트로브나

켜 미래에는 지금보다 더욱 큰 권력을 누릴 야심을 키웠던 것이다. 그렇지만 멘쉬코프의 천하는 오래 가지 못했다. 보수파들이 차르를 모스크바로 빼돌리면서 그의 계획을 좌절시켰다. 멘쉬코프는 모든 직위와 재산을 박탈당하고 그의 일가와 함께 시베리아로 추방되었다.

멘쉬코프를 축출하면서 권력을 잡은 사람은 표트르 시절에 외교관으로 활약했던 바실리 돌고루코프 대공(Prince Vasily Lukich Dolgorukov)이었다. 그 역시 멘쉬코프와 비슷한 야심을 가지고 있었다. 그에게는 표트르와 어울리는 딸이 없었으나 그의 삼형제가 모두 추밀원의 멤버라는 유리한 조건을 가지고 있었다. 그는 동생 이반의 딸 예카테리나를 내세웠다. 이런 식이었으니 정치가 제대로 이루어질 리 없었다. 보수적인 대귀족들과 표트르 시절 출세한 개혁주의자들의 충돌로 혼란이 계속되었다.

이 와중에 옐리자베타의 언니 안나가 독일 홀슈타인에서 첫 아이를 낳고 건강을 회복하지 못하고 사망하는 일이 발생했다. 안나의 남편 카

---

74 알렉산드르 멘쉬코프가 왕궁과는 별도로 건설한 자신의 궁을 예카테리나 2세가 헐고 그 자리에 지은 건물이 바로 현재의 에르미타주 박물관(Hermitage Museum)이다.

를 프리드리히 공작이 그 전해 멘쉬코프와 충돌하였고, 이들 부부는 그들의 영지인 홀슈타인으로 떠나 줄곧 그곳에 머물고 있었다.[75] 개혁파들은 구심점을 잃고 분열되었으며, 표트르의 측근들 중에서 외톨이가 된 옐리자베타와 계속 긴밀한 관계를 유지한 사람은 연로한 표트르 톨스토이 백작(Count Pyotr Andreyevich Tolstoy)[76] 한 사람뿐이었다.

바실리 돌고루코프 대공은 표트르 2세의 통치기간에 최고의 권력자로 군림했지만, 그의 운도 멘쉬코프와 마찬가지로 그리 오래 가지 못했다. 차르가 그의 조카 에카테리나와 결혼을 앞두고 천연두에 걸려 사망한 것이다. 돌고루코프 대공 역시 표트르의 유지를 조작해서 그가 약혼녀인 에카테리나 돌고루코프를 후계자로 정했다는 황당한 발표를 했으나, 곧 현실성이 없다는 사실을 깨닫고는 이를 철회했다.

표트르의 후계자가 결정된 상황은 당시 러시아 귀족들의 생태가 그대로 드러나는 것이었다. 그들은 표트르의 유일한 직계이자 군부와 민중들의 지지를 받고 있는 옐리자베타를 피해 엉뚱하게 그동안 후계자 서열에서 배제되어 있던 표트르 대제의 이복형 이반 5세의 혈육 중에서 후계자를 선정하기로 했다. 이반 5세에게는 아들이 없었고 딸만 다섯 명 있었는데, 그들 중에서 넷째인 안나 이바노브나(Anna Ivanovna)가 기회를 잡았다.

당시 서른일곱이었던 안나 이바노브나는 20년 전 쿠를란드 공작[77] 프

---

75 홀슈타인-고토로프 왕가의 영지는 현재 독일 북부와 덴마크의 접경 지대에 위치한다. 스웨덴의 국왕도 여러 명 배출한 명문가이다. 카를과 안나 부부는 정략 결혼을 한 사이인데도 불구하고 사이가 대단히 좋았다. 일찍 죽은 안나를 잊지 못하던 카를 프리드리히 공작은 1735년 그곳에서 전원 기병들로 구성된 성 안나 기사단(Order of St. Anna)을 창설했다. 이 막강한 기사단은 후일 옐리자베타 시절에 러시아에 복속되었다.

76 표트르 톨스토이 백작은 러시아의 문호 레오 톨스토이의 선조이다. 그는 대공(Prince) 바로 아래 계급인 보야르(Boyar) 출신이다. 표도르 3세(Feodor III) 시절부터 네 명의 차르에게 봉사했던 인물이었으며, 표트르 2세의 말년에 사망했다.

안나 이바노브나

리드리히 빌헬름(Friedrich Wilhelm, Duke of Courland)과 결혼했으나 1년 만에 과부가 되었으며, 자신의 공작령을 직접 통치하고 있었는데 통치자로서 그리 좋은 평판을 얻고 있지 못했다. 개인적으로도 독일계 하층 귀족 출신인 에른스트 비론(Ernst Johann von Biron)과 부적절한 관계를 맺고 있었다. 비론은 아카데미에서 퇴학당해 정규교육도 제대로 마치지 못한 자로, 실제 통치권을 행사하고 있는 공작녀에게는 어울리지 않는 인물이었다.

돌고루코프 대공과 드미트리 갈리친(Dmitri Galitzin) 대공을 중심으로 하는 러시아 최고 추밀원은 이번 기회에 아예 차르를 무력화시키고, 러시아의 정치체제를 군주제에서 추밀원이 주도하는 일종의 입헌 군주제도로 바꾸려는 시도를 했다. 그들은 안나 이바노브나가 차르의 권한을 제한하는 아홉 개 항목의 합의서에 서명하는 조건으로 차르로 옹립했다. 그 항목 중에는 후계자 지명, 전쟁 수행, 결혼 조약, 과세 등이 포함

77 쿠를란드 공작령은 현재의 서부 라트비아에 해당한다. 독일의 튜튼 기사단이 발트 연안을 정복한 후 창설되어 독일계의 지배자들이 약 200년 이상 리투아니아 대공 휘하의 영주 자격으로 이 지역을 지배하다 예카테리나 2세 시절 러시아에 합병되었다.

되어 있었다. 정치적인 발전이라고 평가할 수도 있겠지만 그 동기가 불순한 것이 문제였다.

그러나 그들은 안나 이바노브나라는 인물 자체를 잘못 판단했다. 비록 정치적인 역량이 떨어진다고 해도 권모술수와 야심까지 없는 것은 아니었다. 그녀는 비밀경찰을 강화하면서 공포정치를 시작했다. 아홉 개 항목의 합의는 전혀 효력을 발휘하지 못했으며, 돌고루코프 대공은 표트르 2세의 유지를 위조한 혐의로 체포되었다. 그는 10년 가까이 갖가지 고문으로 시달리다 안나의 통치 말년에 참수형을 당했다.

안나 이바노브나는 정치에서 러시아인들을 배제하고 그 자리를 발트해 연안 출신의 독일인들로 채웠다. 그녀의 연인인 비론을 비롯해서 외교 분야의 안드레이 오스터만(Andrei Ivnovich Osterman), 군사 분야의 부크하르트 뮈니히(Burkhard Christoph von Münnich) 같은 독일인들이 최고의 위치를 차지했으며, 그녀 자신은 수도 상트페테르부르크가 아니라 모스크바에 머물면서 무지한 자신의 시녀들과 시시덕거리며 허송세월을 보냈다.

하는 일이 별로 없으니 비론의 통치 자체는 그리 문제될 것도 없었으나, 드러나는 그의 인격이 문제였다. 비론은 정치 감각이 결여되어 있을 뿐만 아니라 탐욕스럽기까지 한 인물이었다. 안나 이바노브나가 그저 자신의 애인으로만 삼았으면 별로 문제도 되지 않았을 인물이었지만, 그녀는 그에게 통치를 위임했을 뿐 아니라 자신의 쿠를란드 공작령을 계승시키기까지 했다. 대귀족뿐 아니라 표트르 대제 시절 형성된 개혁주의 성향의 관료들과 군부, 개혁의 혜택을 입은 중산층, 그리고 일반 평민들까지 점차 그녀의 통치에 반발하게 된 것은 당연했다.

옐리자베타의 등극

옐리자베타는 표트르 2세와 안나 이바노브나의 통치기간 내내 권력으로부터 소외되어 있었다. 그녀는 사람들에게 표트르 대제에 대한 기억을 일깨워 주는 존재였다. 표트르가 생전에 가장 귀여워했던 딸인데다 외모도 어머니보다는 아버지를 많이 닮았다. 성격마저 아버지와 마찬가지로 급하고 격정적이었으며 긍정적인 면으로는 밝고 활달했다. 더욱이 비정상적으로 뛰어난 외모와 몸매를 가지고 있어 러시아 왕실에서 최고의 미인으로 꼽혔다. 때문에 외모에 대한 콤플렉스를 가지고 있던 차르 안나 이바노브나로부터 경계심과 질투심을 유발할 모든 조건을 갖추고 있었다.[78]

옐리자베타는 어려서부터 언니인 안나 페트로브나와 여러 가지 면에서 대비되었다. 안나는 대단히 총명하고 학문에 관심이 많은 모범적인 아이였지만, 옐리자베타는 엉뚱한 면이 많고 통제가 아예 불가능한 말괄량이였다. 옐리자베타는 천성이 게으른데다가 도통 공부를 하려고 하지 않았다. 어머니 예카테리나는 그녀를 전혀 통제하지 못했으며, 아버지 표트르는 얼굴 한 번 붉힌 적이 없을 정도로 항상 그녀의 편이었다. 그녀가 재능을 보인 분야는 춤과 스포츠였다.

그렇지만 옐리자베타는 근본적으로 영리한 아이였다. 따분한 공부 대신 춤과 음악, 검술과 승마에 열중하면서도 자신이 좋아하는 외국어만은 관심을 쏟아 어릴 적에 일찌감치 프랑스어와 독일어, 이탈리아어를 마스터했다. 그녀는 후일 외교석상에서 이러한 언어들을 자유자재로 구사했다. 옐리자베타가 성장하면서 그녀의 미모에 대한 찬사는 러시아를 넘어 전 유럽에 널리 퍼지게 되었다.

---

[78] 안나 이바노브나는 양쪽의 볼살이 유난히 튀어나와 '베스트팔렌 햄'이라는 별명을 듣고 있었다.

그녀는 열여덟 살 때 로마노프 가와 전략적 제휴 관계에 있는 홀슈타인-고토로프 가의 카를 아우구스투스(Karl Augustus)와 약혼했다. 그렇지만 약혼자가 결혼을 앞두고 천연두로 사망하여 결혼에는 이르지 못했다. 엘리자베타는 한때 프랑스의 국왕 루이 15세와 혼담이 오갈 정도로 유럽 왕실에서 주목받는 공주였지만, 아버지와 어머니가 죽은 후 상황은 급변했다. 바실리 돌고루코프 대공을 중심으로 하는 보수파들은 표트르에 대한 반감 때문에 그녀를 증오하여 왕실에서 아예 축출하려고 했으며, 안나 이바노브나의 시절에는 엘리자베타에게 청혼하는 일 자체가 차르에게 불경죄를 범하는 것이었다.

청혼을 전혀 받지 못했던 엘리자베타가 결혼할 수 있는 유일한 방법은 왕실 사람이나 귀족이 아닌 평민을 배우자로 선택하는 것이었지만, 이 경우에 그녀는 왕가의 모든 특권을 박탈당하는 것이 당시의 법체계였다. 그녀는 왕가의 특권보다도 차르의 후계자 명단에서 제외되는 것을 원하지 않았다. 그래서 그녀가 결혼 대신 선택한 것은 자유분방한 연애였다.[79] 사실 그러한 방식이 그녀의 개성에 가장 걸맞은 것이기도 했다.

안나 이바노브나의 엉망진창이었던 치세는 그녀의 후계자 지정에 비하면 그래도 애교 있는 수준이었다고 할 수 있다. 그녀가 차르가 된 지 10년이 되었을 때 콩팥에 심각한 이상이 생겼다. 이 시기에 그녀의 조카 딸인 안나 레오폴도브나(Anna Leopoldovna)가 남자 아이 이반(Ivan)을 낳았다. 그러자 안나 이바노브나는 태어난 지 8주된 이 아이를 자신이 입양하여 후계자로 지명했다. 그리고 나서 20여 일 만에 사망했다. 이 갓

---

[79] 엘리자베타에게는 알렉세이 슈빈이라는 애인이 있었다. 그는 친위대 소속의 미남 하사관이었다. 안나 이바노브나가 이 사실을 알고 나서 슈빈을 시베리아로 추방했다. 그의 뒤를 이은 애인은 알렉세이 라주모프스키로 그와는 비밀리에 결혼식을 올리고 평생 해로했다.

난아이가 이반 6세(Ivan VI Antonovich)로 차르에 등극했다.

권력은 섭정을 맡은 이반의 어머니 안나 레오폴도브나와 독일계인 안드레이 오스터만 백작의 손에 넘어갔다. 그동안 안나 이바노브나가 그나마 정권을 유지할 수 있었던 원동력은 경제 성장이었다. 표트르 대제 시절에 시행된 개혁 정책이 결실을 맺어 무역이 확대되고 경제적 호황이 계속되면서 줄곧 낮은 세율이 유지되었던 것이다. 그렇지만 어린 이반 6세 시절에는 전 정권의 권력자인 비론이 저지른 실정과 러시아가 치른 두 번의 전쟁, 그리고 주요 교역 대상국인 스웨덴과의 관계 악화로 인해서 러시아 경제가 급속히 침체되었다.

정치에 별로 감각이 없었던 안나 레오폴도브나는 줄어든 재정 수입을 보충하기 위해서 가장 쉽고 빠른 방법을 선택했다. 세율의 전반적인 인상을 단행한 것이다. 이 조치는 여론을 들끓게 했으며, 그동안 숨을 죽이고 있던 옐리자베타에게 좋은 기회를 만들어 주었다. 사실 그녀는 10년 내내 비밀리에 자신의 후원자들을 모으면서 힘을 비축하고 있었다. 그녀는 먼저 안나 이바노브나 시절의 외교적인 실책으로 적대 관계로 돌아선 프랑스, 스웨덴의 대사들과 접촉해 쿠데타에 필요한 자금을 확보했다.

옐리자베타는 그동안 군이 쿠데타 준비라고 하지는 않더라도 나름대로의 방식으로 자신의 불안한 위상에 대한 대처를 하고 있었는데, 그녀가 공을 들였던 대상은 과거에 표트르 대제를 무조건 추종하던 근위대 병사들이었다. 그녀는 공식적인 행사뿐 아니라 사적으로도 근위대 병사들과 자주 어울렸는데, 덕분에 결혼을 하지 않고도 수많은 아이들의 대모(God Mother)가 되어 있었다. 근위대 병사들이 그들의 아이가 세례를 받을 때 대모가 되어 달라고 요청하면 마다하지 않고 꼬박꼬박 세례식에 참가해서 대모의 자격으로 축복해 주었기 때문이었다.

1741년 11월 25일 자정의 엘리자베타와 프레오브라젠스키 연대

이반 6세가 차르로 등극한 지 열세 달이 되던 1741년 11월 25일 자정, 엘리자베타는 은색 갑옷을 입고 무장한 상태로 근위대에 소속되어 있는 최정예 여단인 프레오브라젠스키(Preobrazhensky) 연대[80] 사령부에 나타 났다. 이 여단은 표트르 대제가 십 대의 차르였던 시절에 아이들과 병정 놀이를 하면서 창설했던 바로 그 부대였다. 간단하게 프레오브라젠스키 연대의 지휘권을 장악한 엘리자베타는 병사들의 선두에 서서 이반 6세 와 그의 어머니 안나 레오폴도브나가 머물고 있던 겨울 궁전(Winter Palace)으로 행진했다.

평소에는 항상 게으른 모습만 보여 왔기에 전혀 경계의 대상이 아니 었던 엘리자베타였다. 다른 독일인 관료들과는 달리 싱딩히 능력이 있

---

80 프레오브라젠스키는 표트르 대제가 어린이들과 함께 병정놀이를 했던 모스크바 근교의 마을 이름이 다. 이 연대는 표트르의 북방 전쟁과 그 다음 세기의 튀르크 전투 등에서 이름을 크게 떨쳐 러시아군에서 줄곧 최고의 영예를 누렸던 부대 중 하나이다. 제정 러시아의 최정예 부대로 유지되다 볼셰비키 혁명이 일어난 후에 해체되었다.

던 군사령관 부크하르트 뮈니히 백작이었지만, 전혀 예상하지 못한 신속하고 과감한 쿠데타였기 때문에 손을 쓸 여지가 전혀 없었다. 그가 성공적으로 대응 병력을 출동시켰다고 해도 결과는 마찬가지였을 것이다. 근위대에는 나이 어린 차르와 무능한 섭정들에게 충성하려는 병사들이 아예 없었기 때문이었다.

쿠데타는 유혈충돌 없이 마무리되어 이반 6세와 안나 레오폴도브나, 뮈니히 백작이 체포되었으며, 옐리자베타는 다음 달 18일 대관식을 거행하고 차르의 자리에 올랐다. 향후 문제의 소지가 될 수 있는 이반 6세는 가족들과 격리되어 비밀리에 감금되었으며, 안나 레오폴도브나와 그녀의 가족들은 모두 멀리 북방의 백해 부근으로 유형을 떠나는 처지가 되었다.

국민의 지지를 받은 차리나

옐리자베타는 러시아 역사상 국민들에게 가장 사랑을 많이 받았던 차리나였다. 비록 어릴 적에 제왕들에게 필요한 공부를 열심히 하지 않아 통치에 필요한 지식은 많이 모자랐지만 타고난 직관력으로 이것을 보완했다. 그녀는 표트르 대제를 연상하게 하는 고집스럽고 다혈질인 성격을 가지고 있었다. 당연히 아버지와 같은 잔인하고 난폭한 면도 있었지만 어두운 일면은 철저하게 숨겨 겉으로 드러나지는 않도록 하는 연기력도 함께 가지고 있었다.

일반적으로 러시아 역사에서는 예카테리나 2세와 그녀의 손자 알렉산드르 1세를 개명군주로 꼽지만, 차르로서 남긴 업적만을 냉정하게 평가하자면 엘리자베타가 러시아 역사상 최초의 개명군주였으며, 더 냉정하게 평가하자면 '유일한' 개명군주였다고 할 수 있다.

그녀는 20년의 재위기간 내내 단 한 사람도 처형하지 않은 것으로 유명하다. 그녀가 특별히 생명을 존중하는 사람이어서가 아니라 한 번 입 밖으로 내뱉은 말은 끝까지 지키려 했던 고집이 있었기 때문이다. 그녀는 쿠데타가 일어나는 날 유혈충돌을 피하기 위해서 병사들 앞에서 이러한 맹세를 했던 것이다. 그녀의 이러한 고집 덕분에 두 명의 안나 치하에서 군부의 최고 실세였던 부크하르트 뮈니히 백작은 사형을 선고받고 처형대까지 올라갔다가 극적으로 풀려났다. 그에 대한 처벌은 시베리아의 펠림으로 추방하는 것으로 마무리되었다.[81]

에른스트 비론과 함께 국민들의 원성을 들었던 안드레이 오스터만은 엘리자베타의 입장에서 보자면 용서하기가 힘든 비열한 배신자였지만, 그 역시 목숨은 부지했다. 오스터만은 원래 '표트르의 사람'이었다. 그는 발트 연안 출신의 독일계이지만, 안나 이바노브나가 아니라 표트르 대제에 의해서 발탁되었던 인물이다. 1721년에 러시아의 전권대사로 스웨덴과의 종전 협상을 성공적으로 마무리함으로써 외교적인 능력을 인정받았으며, 이 공로로 남작(Baron)에 봉해졌다가 최종적으로 백작으로 승격한 인물이었다.

오스터만은 후계 문제가 불거져 나왔을 때 알렉산드르 멘쉬코프와 함께 표트르 일가를 배신했다. 또한 그는 추밀원이 안나 이바노브나를 내세우면서 제한적인 입헌 군주제를 실시하고자 할 때 추밀원 멤버 중에서 유일하게 동료들을 배신하고 안나의 편에 섰던 사람이기도 했다. 엘리자베타가 쿠데타를 일으킨 그 시기에 오스터만은 인생의 최정점에 있

---

81 이 감형 덕분에 유능한 군지휘관이었던 뮈니히 백작은 20년 후에 유형에서 풀려나 예카테리나 2세에게 생애 마지막 봉사를 할 수 있었다.

엘리자베타

었다. 이반 6세가 차르로 등극하면서 그동안 전횡을 일삼았던 비론 공작[82]이 실각하자 오스터만이 권력의 핵심으로 부상했던 것이다.

이러한 오스터만의 배신행위나 전횡보다 훨씬 심각한 문제는 엘리자베타가 정권을 잡았을 무렵 오스터만이 범한 외교적인 실책으로 인해 1721년 이후 20년간 줄곧 선린 관계를 유지해온 스웨덴과

전쟁에 돌입했다는 사실이었다. 그런데 엘리자베타에게 운이 따랐는지 아니면 병사들이 그녀의 집권으로 사기가 오른 때문인지 전쟁에서 극적인 반전이 일어나 러시아군은 핀란드의 거의 전역을 장악했다.

약 1년 반 후 엘리자베타는 유리한 입장에서 스웨덴 국왕과 직접 만나 담판을 벌일 수 있었으며, 스웨덴이 홀슈타인 왕가의 프리드리크(Adolf Frederick)를 차기 국왕으로 내정하고 현재의 핀란드 남부 지방만 할양받는 조건으로 핀란드에서 철군하면서 종전에 합의했다. 엘리자베타는 통치기간 동안 러시아의 영토를 크게 확장시켰는데[83] 이 협상이 영토 확

---

82 쿠를란드 공작 에른스트 비론은 1740년 4월에 체포되어 사형을 선고받았다. 그러나 안나 레오폴도브나가 시베리아 펠림으로 유형을 보내는 것으로 감형했다. 이때에 압수된 비론의 재산은 엄청난 규모였는데, 후일 러시아 왕실을 화려하게 장식하게 될 당시 시가 60만 파운드 상당의 다이아몬드도 포함되어 있었다.

장의 시작이었다.

엘리자베타는 그동안 책임 소재가 불분명하게 운영되던 차르의 은밀한 내각을 폐지하고 안나 이바노브나 시절 해산되었던 상원(Senate)을 부활시켰다. 또한 각 부처의 대신들에게 실질적인 권한을 모두 위임하고 그 권한만큼 책임을 지도록 했으며, 행정부에서 독일인들을 모두 축출했다. 그녀는 차르가 되면서 자신의 행정부에는 단 한 사람의 독일인도 등용하지 않겠다고 선언했는데, 그녀답게 그 약속도 끝까지 지켰다.

엘리자베타의 새로운 체제는 한 사람의 스타를 탄생시켰다. 새로 발탁된 외무대신 알렉세이 베추체프(Aleksei Petrovich Bestuzhev)가 바로 그 주인공이다. 베추체프는 프랑스와 프로이센을 러시아의 잠재적 적국으로 평가했다. 프랑스는 러시아와 인접해 있는 튀르크, 폴란드, 스웨덴을 지원하고 있었으며, 프로이센은 야심만만한 군주 프리드리히 2세(Friedrich II)가 강력한 확장 정책을 펴고 있었기 때문이다. 프리드리히 2세는 후일 프리드리히 대왕으로 알려진 바로 그 인물이다.

베추체프는 전 유럽을 통틀어서 당대 최고의 외교관임이 입증되었다. 당시는 이른바 '오스트리아 계승 전쟁'이 진행되던 시기였다. 이 전쟁은 합스부르크 왕가의 마리아 테레지아가 신성로마 제국의 황제를 계승하자, 프로이센의 프리드리히 2세가 여자의 황제 계승은 불법이라며 반발하면서 시작된 전쟁이다. 여기에는 슐레지엔 지역의 영유권을 두고 두 나라가 빚은 갈등이 저변에 깔려 있었다.

베추체프는 러시아와 영국, 오스트리아 등의 강대국과 바이에른 왕국, 작센 공작령 등 여러 나라의 복합적인 동맹을 성사시키는 데 성공했

---

83 엘리자베타의 통치기간 중 확장된 러시아의 영토는 약 1,600만 평방킬로미터로 한반도 면적의 75배에 달했다.

다. 그의 활약은 서로 껄끄러운 관계인 프랑스와 프로이센의 동맹을 강요하는 결과를 낳았는데, 이는 실질적으로는 프랑스와 프로이센을 따로따로 고립시킨 것이나 마찬가지였다. 러시아는 표트르 대제 시절부터 프로이센과 좋은 관계를 유지했기 때문에 엘리자베타의 측근들이나 친구들 중에도 프로이센과 가까운 사람들이 많았다.

프리드리히 2세와 프랑스의 루이 15세는 베추체프를 실각시키기 위해서 집요하게 비밀스러운 공작을 벌였다.[84] 그러나 측근들의 모함과 외국 첩보기관의 공작에도 불구하고 베추체프에 대한 엘리자베타의 신임은 굳건했다. 그녀는 베추체프의 외교에 힘을 실어 주기 위해서 약 3만 명의 병력을 라인 강 유역까지 진격시켜 무력 시위를 했다. 그의 외교는 대성공을 거두었으며, 베추체프의 역량을 높이 평가한 엘리자베타는 1744년에 그를 총리대신으로 임명했다.

엘리자베타는 공식적으로는 독신이었지만 비밀리에 결혼을 했으며, 이 사실을 굳이 감추지도 않았다. 그녀의 남편은 우크라이나 코사크 출신인 음악가 알렉세이 라주모프스키(Alexey Razumovsky) 백작이었다. 믿을 수 없을 정도로 아름다운 목소리를 가지고 있었다고 하는 알렉세이는 엘리자베타와 동갑이었으며, 안나 이바노브나 시절에 근위대 소속으로 활동하던 우크라이나 성가대의 일원으로 왕궁에 데뷔해 귀부인들을

---

84 대표적인 사건이 로푸키나 사건이었다. 표트르 대제의 연인이었던 안나 몬스의 조카인 나탈리아 로푸키나와 베추체프의 형수 안나, 두 사람이 오스트리아와 협력해서 이반 6세를 복위시키려는 계획을 꾸몄다고 조작한 것이다. 이 사건으로 로푸키나와 안나 두 사람만 처벌받고 알렉세이 베추체프는 건재했다. 할 일 없는 여자 두 사람이 엘리자베타에 대해 심한 욕을 한 것 말고는 별로 근거가 없는 모함이었지만, 엘리자베타는 이 사건을 통해 두 사람에게 복수를 단행했다. 로푸키나는 엘리자베타가 소외당하던 시절 그녀에게 오만방자하게 행동했으며, 안나는 그녀를 아예 왕궁에서 축출하려 했던 골로프킨(Gavriil Golovkin) 백작의 딸이었던 것이다. 로푸키나와 안나는 광장에서 혀가 잘리고 나체로 서서 등에 채찍질을 당하는 수모를 겪었다.

사로잡았다. 라주모프스
키는 대략 1731년경부터
옐리자베타와 연인 관계
가 되었다.

알렉세이는 삼십 대 중
반에 아름다운 목소리를
잃었는데, 그 이후에는 반
주자 겸 근위대의 병참 장
교로 활동했다. 그는 옐리
자베타가 일으킨 1741년
의 궁정 쿠데타에서 몇 사
람 되지 않는 주역 중 한
사람이었다. 그는 그 공로
로 백작의 작위를 받았으

라주모프스키

며, 두 사람은 1742년 가을에 모스크바 교외의 조그마한 교회에서 비밀
결혼식을 올렸다. 아는 사람들은 모두 알고 있는 사실이었지만 공식적으
로는 비밀이었기 때문에 알렉세이는 '밤의 황제'라는 별명으로 불렸다.

그렇지만 그는 자신의 출신지인 우크라이나가 관련된 문제가 아니라
면 정치에는 가급적이면 관여하지 않으려고 했으며, 그녀에 대해서 영
향력을 행사하더라도 귀족들의 이익보다는 러시아 자체의 국익을 우선
시하고 일반 민중들의 이익을 대변해서 옐리자베타에게는 항상 긍정적
인 방향으로 작용했다. 옐리자베타가 측근들의 모함에도 불구하고 베추
체프를 끝까지 신임한 데는 알렉세이의 꾸준한 격려도 적지 않게 작용
했다.

알렉세이는 계속 왕궁에 머물면서 정치 일선에 나서지 않고 친위대

소속으로 엘리자베타의 경호 책임자로 일했다. 엘리자베타는 자유로운 정신을 타고난 사람이었다. 그녀는 알렉세이 이외에도 여러 명의 남자들과 염문을 뿌렸다. 그러나 그들과의 관계는 오래 지속되지 못해 마지막에는 항상 알렉세이에게로 돌아갔으며, 그럴 때마다 그는 아무 일도 없었다는 듯 그녀를 다시 받아들였다.

엘리자베타가 러시아 역사에 가장 크게 공헌한 업적으로는 무엇보다도 문화 부문의 개혁에 착수한 것을 꼽고 있는데, 이것 역시 알렉세이의 영향이 크게 작용했을 개연성이 크다. 그녀는 여러 분야의 러시아 예술가들을 적극적으로 후원한 것은 물론이고, 상트페테르부르크에 대중을 상대로 하는 국립극장을 처음 건립하고 이탈리아 출신의 음악가와 무용가들을 다수 초청했다. 자연스럽게 러시아어로 쓰인 민족시가 유행하고 대중들을 상대로 한 연극과 음악회가 공연되면서 러시아의 평민들도 고급 문화에 눈을 뜨게 되었다.

그녀가 가장 결정적으로 향후 러시아의 발전에 기여한 프로젝트는 1755년에 모스크바에 설립한 러시아 최초의 대학교였다. 이 대학은 처음부터 평민들에게도 입학이 개방된 교육기관으로 설립되었으며, 현재 러시아의 최고 명문인 로모노소프 모스크바 국립대학(Lomonosov Moscow State University)[85]으로 발전하였다. 이보다 2년 후인 1757년에는 러시아 예술원(Russian Academy of Arts)을 창설했다.

건축 분야에서 엘리자베타는 유명한 건축가 프란체스코 바르톨로미오 라스트렐리(Francesco Bartolomeo Rastrelli)[86]를 고용해서 여러 개의 걸작을 남겼다. 이 중에는 차르스코예 셀로의 예카테리나 궁전과 상트페

---

85 미하일 로모노소프(Mikhail Vasilyevich Lomosonov)는 엘리자베타와 동년배로 금성에 지구보다 밀도가 더 높은 대기가 존재한다는 사실을 밝혀낸 과학자이면서, 문학과 예술 분야에서도 활동했던 다재다능한 사람이었다. 모스크바 대학의 설립을 엘리자베타에게 최초로 청원한 사람이기도 하다.
86 원래 이탈리아 출신이지만 열다섯 살에 러시아로 귀화해서 줄곧 러시아에서 활동한 건축가이다.

테르부르크의 스몰니 성당, 새로 지은 겨울 궁전 등이 포함되어 있다. 라스트렐리는 러시아 고유의 건축 양식에 후기 바로크 양식을 접목시켜 탄생한 이른바 '모스크바식 바로크(Muscovite Baroque)' 양식을 완성한 사람이다.

엘리자베타는 결점이 많은 사람이었다. 그녀가 후대의 역사가들로부터 가장 비난을 많이 받았던 점은 한계를 모르는 사치였다. 그녀 시대의 건축은 그녀의 후계자인 예카테리나 2세의 표현에 의하면, '커피의 거품 크림'처럼 현란하게 외장을 장식하고 인테리어 역시 갖가지 정교한 조각과 회화로 복잡하고 화려하게 치장한 것들이었다. 이러한 건축물들은 조각가의 성향이 아니라 그녀의 사치스러운 성격을 그대로 반영한다.

그녀의 왕궁에서 열리는 파티나 가면무도회는 동시대의 유럽인들이 놀랄 정도로 화려한 것이었는데, 그녀는 이러한 장소에서 어릴 적부터 갈고 닦은 춤 실력을 과시하며 밤늦도록 즐겼다. 그녀는 왕궁의 행사에 참가하는 사람들의 의상과 장식품을 규정하는 칙령까지 내렸을 정도로 신경을 썼는데, 1,500벌의 파티복과 수천 켤레의 구두를 가지고 있었다고 전해진다. 그녀는 아집도 대단히 강해서 다른 사람들은 그녀와 같은 것을 절대 착용하지 못하도록 했다. 헤어스타일도 마찬가지였다.

또한 그녀의 사치와 비슷한 정도로 비난받는 부분은 나태하고 무지하다는 점이었다. 그녀는 국정의 모든 분야에 대해서 아는 것이 별로 없었으며 모르는 것을 아예 배우려고 하지도 않았다. 그런데도 불구하고 엘리자베타의 통치는 경이로울 정도로 효율적으로 이루어졌는데, 그녀가 사람을 관리하는 데 초인적인 능력을 가지고 있었기 때문이다. 어떤 자리건 그 자리에 가장 적합한 적임자를 찾아내고 그 사람에게 모든 권한을 위임하면서 자신은 가장 기본적인 정책 방향만 결정하는 스타일이었

던 것이다.[87]

표트르 대제의 근본적인 목표가 '러시아의 유럽화'였다고 하면, 이 목표에 가장 크게 기여한 인물이 바로 옐리자베타였다. 러시아 지도층의 사고방식을 고쳐놓은 사람은 표트르가 아니라 바로 그녀였기 때문이었다. 말도 많고 스캔들도 끊이지 않았던 차리나였지만 대부분의 국민들은 그녀를 사랑했다. 그녀의 치하에서는 귀족들이건 농민들이건 단 한 번의 반란도 일으키지 않았는데, 이 점은 러시아 역사에서 대단히 이례적인 케이스였다.

말년의 국제전

전쟁은 물론이고 폭력 자체를 극도로 싫어했다고 하는 옐리자베타였지만, 통치 말년에 그녀는 적극적으로 러시아를 국제전에 밀어 넣었다. 거의 모든 국정 분야에서 무관심한 것 같은 태도로 일관하던 옐리자베타는 1757년에 프로이센과 오스트리아가 다시 한 번 전쟁을 시작하면서 이른바 7년 전쟁이 발발하자 여기에 적극적으로 관여했다. 야심가인 프로이센의 프리드리히 2세를 러시아에 대한 위험요소로 판단했기 때문이다.

이 전쟁은 후일 영국의 수상 윈스턴 처칠이 '최초의 세계대전'이라고

---

87 현대 경영학의 조직행동론에서는 옐리자베타와 같은 유형의 리더를 디시전 메이커(Decision Maker)로 분류한다. 이러한 유형의 리더들은 자신의 역할을 스스로 철저하게 제한한다. 단지 필요한 시기에 필요한 결정을 내려 주는 것만으로 책임을 다하고 실무에는 관여하지 않는 것이 특징이다. 일반적으로 디시전 메이커의 유형은 대단히 강력한 리더십을 발휘한다. 냉철한 판단력과 자제력을 겸비하지 않으면 디시전 메이커 유형의 리더가 될 수 없다.

표현했을 정도로 대규모로 벌어진 국제전이었다. 여기에는 당시 유럽의 거의 모든 국가들이 관여했으며, 전쟁의 무대가 유럽 대륙만이 아니라 대서양과 인도와 아메리카 신대륙의 식민지에도 번졌고, 백만 명이 넘는 희생자를 기록했다. 이 전쟁에서는 프로이센과 영국이 한 축을 형성해 포르투갈과 다른 작은 국가들을 끌어들였으며, 반대 축으로 오스트리아와 프랑스, 러시아가 동맹을 맺어 역시 다른 국가들을 끌어들여 대항했다.

먼저 동맹을 맺은 쪽은 영국과 프로이센이었다. 국가의 크기로 볼 때는 불리해 보이지만 당시 프로이센은 유럽 최고의 육군을 보유하고 있었고 영국은 유럽 최고의 해군을 보유하고 있었기 때문에 러시아가 중립만 지켜 준다면 오히려 우세한 쪽이었을 것이다. 그렇지만 옐리자베타는 초강경 노선을 택했다. 러시아는 15년 전의 오스트리아 계승 전쟁에서는 총 한 방 쏘지 않고 실리를 챙길 수 있었지만, 이번 전쟁에서는 동맹국들을 주도하는 입장이 되었다.

참전한 러시아군은 영국이나 프로이센이 예상한 것보다 훨씬 강했다. 총 8만 명의 병력을 지휘한 러시아의 표트르 살티코프(Pyotr Semyonovich Saltykov) 백작은 유럽 최강의 육군이라는 프로이센군의 완강한 방어선을 분쇄하며 한 걸음씩 차분히 진격해서 1758년 말에 프로이센의 동부 지역을 장악하는 데 성공했다. 놀랍게도 현재는 폴란드의 영토인 이 지역의 주민들은 러시아군의 진격을 환영하는 분위기였다. 그동안 프리드리히 2세의 군사적 모험주의와 이에 수반되는 철권통치에 시달렸기 때문이다.

1759년 여름에 카이, 쿠네르스도르프[88]에서는 전쟁의 향배를 결정하

---

88 카이(Kay)와 쿠네르스도르프(Kunersdorf) 모두 제2차 세계대전 이후 폴란드의 영토로 편입되었으며, 카이는 키에(Kije)라는 이름으로 쿠네르스도르프는 쿠노비체(Kunowice)라는 이름으로 불린다.

는 대회전이 일주일 간격으로 연이어 벌어졌다. 러시아군은 오스트리아 군과 합류하기 위해 이동하다 기습을 받았으나 이를 성공적으로 격퇴했으며, 오스트리아 기병대 1만 8천 명이 합세한 두 번째 전투에서는 프리드리히 2세가 직접 참전한 프로이센군에게 심각한 타격을 가했다. 이 전투를 계기로 팽팽하던 균형이 무너지면서 프로이센이 밀리기 시작했다.

엘리자베타는 전혀 그녀답지 않게 매일같이 전황을 보고받으면서 부지런히 러시아 원정군에 대한 갖가지 지원 정책을 추진했다. 사실은 이것이 그동안 감춰왔던 그녀의 본래 모습이었는지도 모른다. 러시아군은 그 이후에도 승승장구했다. 1760년에는 혼전을 벌이던 와중 살티코프 백작이 러시아와 오스트리아의 혼성군을 전격적으로 프로이센의 수도 베를린으로 진격시켰다. 러시아-오스트리아군은 쉽게 베를린을 점령하여 프리드리히 2세를 충격에 몰아넣었다.

프리드리히 2세에게 다음해인 1761년은 더욱 끔찍한 악몽이었다. 완전히 수비로 돌아서서 간신히 버티고 있는 가운데, 크리스마스에 프로이센군의 마지막 전략거점이라고 할 수 있는 콜베르크 요새가 함락되었다. 사기가 한껏 올라 있는 러시아군이 과감하게 단독으로 벌인 작전에 의해 무너진 것이다. 프리드리히 2세는 옥쇄 아니면 항복을 선택해야 하는 절박한 처지에 몰렸다.

절망적인 상황에서 맞은 1761년 크리스마스, 콜베르크 요새가 함락된 바로 그날 프리드리히 2세에게 기적이 찾아왔다. 숙적인 러시아의 차리나 엘리자베타가 죽은 것이다. 다음해 1월 프로이센의 절반 이상을 장악했던 러시아군이 썰물처럼 빠져나가면서 전세는 극적으로 역전되었다. 일부 역사학자들은 이 전쟁의 뒤바뀐 결과가 유럽 역사의 흐름 자체를 뒤바꿨다고 주장한다.[89]

---

[89] 이 전쟁을 통해서 가장 타격을 입은 나라는 프랑스였다. 식민지에서 일어난 전투에서 패배하여 인도

양면성을 가진 군주

7년 전쟁에 개입하기 전부터 엘리자베타는 이미 심각한 저혈압 증세를 보이고 있었으며, 자신이 죽어가고 있다는 사실을 잘 알고 있었다. 엘리자베타가 유독 이 전쟁에 적극적이었던 이유는 명확하게 밝혀지지 않았지만[90], 친프로이센 노선을 선택할 것이 분명한 후계자 표트르 3세가 집권하기 이전에 러시아에 대한 잠재적인 위협을 완전히 제거하려고 했던 것으로 생각된다. 그녀의 병세는 철저히 비밀에 부쳐졌으며 의사의 진료마저 거부했는데, 프리드리히 2세에게 희망을 주지 않고 일찌감치 항복을 유도하려는 계산이었을 것이다.

1761년 가을이 넘어가면서 자신의 죽음이 임박했다는 사실을 인정한 엘리자베타는 주변을 정리하기 시작했다. 그녀는 자신의 자유분방한 남자 관계에도 불구하고 줄곧 곁을 지켜준 알렉세이 라주모프스키에게 자신과 그의 개인적인 기록을 모두 파기해 달라고 부탁했다. 이 때문에 그녀의 일기와 편지들이 모두 사라져 엘리자베타의 전기 작가들은 큰 어려움을 겪고 있다.

또한 엘리자베타는 러시아 역사상 큰 불가사의의 하나인 타라카노바(Tarakanova) 공주의 전설을 남겼다. 당시 목격자들의 증언에 의하면 알렉세이와 엘리자베타 사이에는 타라카노바라고 불리는 딸이 있었다고

와 아메리카가 영국에게 넘어갔으며, 대륙에서 벌어진 전투에서도 지리멸렬했다. 이 전쟁의 여파로 모든 나라들이 어려움을 겪었지만, 마리아 테레지아의 리더십이 굳건해진 오스트리아는 별로 타격을 입지 않았던 반면 프랑스는 재정이 악화되고 왕권이 약화되어 결국 프랑스 대혁명의 원인이 되었다. 최종적인 승리를 거둔 프로이센도 유럽의 열강 중 하나로 자리 잡았지만, 영토 자체가 전쟁터가 되었던 바람에 한동안 힘을 회복하지 못했다.

90 엘리자베타를 폄하하는 기록자들은 그녀가 단순히 프리드리히 대제를 개인적으로 싫어했기 때문에 전쟁에 뛰어들었다고 기술하지만, 이보다는 정치적인 판단이 크게 작용했을 것이라는 주장이 설득력이 있다.

한다. 그녀는 옐리자베타의 유일한 혈육이었는데, 어머니의 죽음과 함께 관련된 모든 기록이 파기되고 그녀의 행방 자체도 완전히 묘연해졌다는 것이 이 이야기의 요점이다.[91]

옐리자베타는 극단적인 양면성을 동시에 가진 사람이었다. 사람들은 그녀의 친절하고 상냥한 성격을 칭송했지만, 옐리자베타는 동시에 잔인하고 냉혹한 면을 보여주기도 했다. 그녀의 관대한 성격으로 인해 왕궁은 여러 나라의 공작원들이 꾸미는 음모로 바람 잘 날이 없었다. 그럼에도 정작 본인과 중요한 결정권자들은 그러한 음모에 휘말리지 않았다.

또한 당시 유럽을 풍미하던 프랑스의 계몽주의자들과 전혀 교류가 없었는데도 그들과 마찬가지로 인간 중심의 사고방식을 가지고 있었다. 그렇지만 그와 동시에 철저한 러시아 전통주의자이자 독실한 기독교인이었다. 그녀는 교회의 개혁이 필요하다는 사실을 잘 알고 있으면서도 정작 교회에 대한 개혁안에는 서명하기를 거부했다. 그녀의 대답은 "내가 죽은 다음에 집행하라."였다. 그녀는 책의 출판을 독려하면서도 러시아에서 발행되는 모든 서적은 러시아 정교회의 사전 검열을 받도록 지시했다.

그녀의 이중적인 태도는 당시 러시아에서 가장 큰 이슈였던 중세식 장원 제도에서도 나타났다. 그녀는 러시아 역사상 처음으로 영주들이 자신의 영지에 거주하는 일반인들에 대한 개별적인 처벌을 금지하는 칙령을 발표한 군주였다. 그러면서도 농민들을 토지에 예속시키는 법안을 강화해서 결국 후일 자유민이었던 농민들이 농노화되는 단서를 제공했

---

[91] 후일 자신이 타라카노바 공주라고 주장하는 여인들이 꽤 많이 나타났다고 전해진다. 그중 두 사람은 실존인물로 확인이 되고 있는데, 한 사람은 수녀였으며 다른 한 사람은 예카테리나 2세 시절인 1777년에 나타나 상트페테르부르크의 '베드로와 바울의 요새'에서 조사를 받던 중에 결핵 혹은 당시 그곳을 덮친 대홍수로 인해 사망했다.

다. 그녀는 영주들의 특권을 강화하고 그들을 위한 국책은행까지 설립하였다.[92]

엘리자베타의 치하에서 러시아는 경제적인 번영을 구가했다. 그 번영은 광활한 농토를 보유하고 있는 러시아가 매년 곡물을 수출해서 벌어들이는 엄청난 부를 바탕으로 하고 있었다. 그렇지만 부의 근원인 농촌은 근본적인 개혁이 미루어진 채 중세식의 생산체제에 의존하고 있었다. 그녀의 치세하에서는 워낙 빠른 속도로 경제성장이 이루어졌기 때문에 그 모순이 드러나지 않았지만, 후일의 러시아는 미진한 개혁의 대가를 톡톡히 치르게 될 것이었다.

1761년 크리스마스에 엘리자베타는 자신의 후계자인 조카 표트르 3세 부부와 영원한 연인 알렉세이와 그의 동생 키릴 라주모프스키(Kirill Razumovsky)[93] 백작을 자신의 병상으로 불러들였다. 그녀는 표트르 3세에게 자신이 죽은 후에도 알렉세이와 키릴을 보호해 줄 것만을 부탁하고는 조용히 눈을 감았다. 무엇보다도 러시아의 이익을 가장 중요시했던 친절하고 영리했으며 경건했지만 유난히 바람기가 많았던 매력적인 차리나의 시대가 막을 내린 것이다.

---

92 이 은행은 18세기 말부터 19세기 초까지 영주들과 대지주들이 파산하는 원인이 된다. 원래는 농지 자체에 투자해야 했지만, 이들은 돈을 낮은 이율로 쉽게 빌려 다른 곳에 낭비했기 때문이다.

93 형과는 달리 그는 정계 진출에 적극적이었다. 우크라이나 코사크의 일인자인 군장(Hetman)이었던 그는 바투린 시를 재건해서 우크라이나의 수도로 정하고, 그곳에 우크라이나 대학교를 설립한 인물이다.

34년간 러시아를 통치한 게르만 여성

예카테리나 대제

러시아의 역사에서 '대제'의 칭호를 얻은 사람은 표트르 1세와 예카테리나 2세(Yekaterina II Velikaya) 단 두 사람뿐이다. 그리고 여자로서 '대제'나 '대왕'의 칭호를 받는 사람도 전 세계에서 예카테리나 2세 단 한 사람뿐이다. 영국 출신의 미녀 캐서린 제타 존스가 예카테리나 역을 맡은 1995년 작 TV 영화 〈캐서린 대제(Catherine the Great)〉의 마지막 장면은 캐서린의 독백으로 끝낸다.

"그들(프랑스인)은 나를 '카트린느 르 그랑(Catherine le Grand)'으로 부른다. 여성형이 아니라 남성형 'le Grand'이다."[94]

더욱이 예카테리나는 러시아인의 피는 거의 섞이지 않은 순수한 게르만이다. 그녀의 원래 이름도 그리스의 성인 카테리나와는 전혀 상관없는 소피아 아우구스테(Sophia Auguste)였다. 그녀의 아버지는 강대국 프로이센의 영향 아래에 있었던 작은 공국 안할트-체르브스트의 국왕 크리스티안 아우구스트 대공(Christian August, Prince of Anhalt-Zerbst)으로, 프로이센의 프리드리히 2세 휘하에서 능력을 인정받은 장군이었다.

로마노프 후계자와의 결혼

그녀의 결혼은 정략적으로 결정된 것이었다. 옐리자베타는 자신이 정식 결혼을 해서 후계자를 낳을 생각이 아예 없었기 때문에 즉위식 다음 해에 일찌감치 후계자를 결정했다. 그 후계자는 요절한 한 살 위의 언니 안나 페트로브나가 남긴 유일한 혈육인 홀슈타인-고토로프 공작 카를 페테르 울리히(Karl Peter Ulrich)였다. 그는 표트르 대제의 공식 혈통 중에서 남아 있는 유일한 후손이었다.

그는 갓난아기일 때 어머니를 잃은 데 이어 열 살 때 아버지까지 잃어 공작의 지위를 계승하고 있었는데, 옐리자베타가 그를 러시아의 차기 차르로 지명하면서 러시아 황태자의 공식 명칭으로 표트르 페테로비치 대공(Grand Duke)이라고 불리게 되었다. 후계자가 결정되자 옐리자베타는 황가의 후계 문제를 확실히 하기 위해서 당시 열네 살이었던 표트르

---

94 명사나 형용사의 성 구별이 없는 영어에서는 남자건 여자건 모두 'the Great'이지만 성의 구별이 확실한 프랑스어 문법을 엄격하게 적용하자면 예카테리나 2세는 여성형 'Catherine la Grande'가 되어야 한다. 한국에서 이 영화는 〈캐서린 제타 존스의 더 그레이트〉라는 제목으로 DVD로 출시되었다. 이 영화의 결말은 사실이 아니다. 예카테리나는 죽은 다음에 '대제'의 칭호를 추존받았다.

3세의 배우자감을 물색하기 시작했는데, 여기에 반프로이센 정책을 공공연히 천명하는 러시아 총리대신 베추체프의 영향력이 약화되기를 갈망하고 있던 프로이센의 프리드리히 2세가 관여했다.

엘리자베타 역시 소피아의 집안을 잘 알고 있었다. 소피아 아우구스테의 어머니 요한나 엘리자베트(Johanna Elisabeth)[95]는 엘리자베타가 젊은 시절에 약혼했다가 결혼을 앞두고 천연두에 걸려 사망한 홀슈타인-고토로프 가의 카를 아우구스테의 여동생이었기 때문이다. 또한 소피아는 당시 결혼 적령기를 앞둔 유럽 왕가의 여인들 중에서 상당히 좋은 평판을 듣고 있었기 때문에 합의는 원활하게 이루어졌다.

1729년생으로 표트르보다 한 살 아래인 소피아는 약혼이 결정되자, 1744년 1월에 어머니 요한나 엘리자베트와 함께 러시아로 들어와 엘리자베타의 왕궁에서 생활했다. 그녀는 열성적으로 러시아어를 공부하고 러시아 문화에 대해서 배웠으며, 엘리자베타와 표트르에게 순종적으로 행동했다. 때문에 차리나와 귀족들, 그리고 일반인들까지 그녀에 대해서 호의적인 감정을 가지게 되었다.

소피아가 남긴 당시의 일기에 의하면, 그녀는 러시아로 오면서 러시아의 황후로서 필요한 모든 것을 배우고 필요한 모든 행동을 할 것이라고 굳게 결심하고 있었다. 그녀는 아버지의 격렬한 반대에도 불구하고 루터교에서 러시아 정교로 개종하면서 '예카테리나 알렉세예브나'라는 이름을 받았으며[96] 1745년에 표트르 페테로비치 대공과 상트페테르부르크에서 성대한 결혼식을 올렸다. 표트르는 열일곱 살, 예카테리나는

---

95 요한나 엘리자베트는 소피아에게 육체적인 체벌을 자주 가했던 냉정하고 야심 많은 여인이었다. 차리나 엘리자베타는 처음에는 그녀를 따뜻하게 맞아들였다. 그렇지만 그녀가 왕궁에 계속 거주하면서 문제를 일으키고 프로이센의 영향력을 확대하려고 하자 엘리자베타는 그녀를 왕궁에서 추방했다.
96 이 개종이 문제가 되어 예카테리나는 아버지 크리스티안과 사이가 크게 벌어졌다. 크리스티안은 결국 예카테리나의 결혼식에 불참했다.

열여섯 살이었다.

임종을 앞두고 자신의 일기장과 주고받은 편지를 모두 모아 폐기하여 연대기 작가들의 애를 태웠던 차리나 옐리자베타와는 반대로 에카테리나는 자신의 기록을 하나도 빠짐없이 잘 보존했을 뿐 아니라, 말년에 자신의 인생을 비교적 솔직하게 정리한 《회상록》까지 남겨 후

표트르 3세

대의 작가들을 위해서 풍부한 자료를 제공해 주고 있다.

이 《회상록》에 의하면, 표트르와 에카테리나는 애당초 잘 어울리지 않는 사람들이었다. 일단 러시아에 대한 근본적인 태도가 완전히 상반되었다. 에카테리나가 러시아의 문화와 전통을 존중하고 그곳 사람들의 사고 방식을 이해하려고 혼신의 노력을 기울였던 반면 표트르는 자신이 그 이름을 따른 위대한 할아버지 표트르 대제의 유일한 후손이었는데도 좀처럼 어릴 적에 받았던 프로이센식 교육의 영향에서 벗어나지 못했다. 그는 향수병을 앓고 있었으며, 자신이 통치해야 하는 러시아를 후진국이라며 경멸했다. 특히 그는 차리나 옐리자베타가 러시아에게 가장 큰 위협으로 정의한 프로이센의 야심가 프리드리히 2세를 가장 존경해서 손가락에 프리드리히가 조각된 반지를 항상 끼고 다녔다.

어릴 적에 부모를 모두 잃은 표트르는 정신적인 성장이 무척 더딘 편

이었다. 유아적인 성향이 강해서 하루 종일 장난감 병정을 가지고 놀았으며, 십 대인데도 음주벽이 있었다. 특히 결혼을 앞두고 천연두를 앓고 나서 얼굴에 심한 마마 자국이 남게 되었는데, 그 이후에는 정도가 더욱 심해졌다.

결혼을 한 다음에는 표트르에게 한 가지 문제가 추가되었다. 그의 성기에 결함이 있어서 육체적인 관계를 할 때 심각한 장애가 발생한다는 사실이 밝혀진 것이다. 신혼부부는 결혼 첫날부터 갈등을 빚게 되었다. 그녀는 《회상록》에서 이때의 심경을 간단하게 적고 있다.

> 만약 그에게 나를 사랑하고자 하는 의사가 조금이라도 있었다거나 최소한의 사랑이라도 받아들일 줄 알았다면 나는 그를 사랑했을 것이다. 나는 결혼 첫날 남편에게 잔인할 정도로 심한 비난을 퍼부었다. 나는 스스로 다짐했다. '만약 네가 이 남자와 사랑을 나누게 된다면 너는 이 세상에서 가장 비참한 존재가 될 거야. 조심해, 예카테리나. 이 남자와의 애정 문제에 관한 한 항상 자신을 먼저 생각해야 해'라고.

결혼 후 예카테리나는 남편 대신 책에 몰두하기 시작했다. 그리스의 플라톤에서 당대의 볼테르에 이르기까지 유명한 철학자들의 저술을 거의 모두 독파했다. 그녀는 이 시기에 볼테르의 저술에 감동해서 그에게 처음으로 편지를 보냈으며, 이들의 교류는 볼테르가 죽을 때까지 계속되었다. 표트르와 성 관계를 전혀 갖지 못하고 있던 예카테리나는 스물두 살 무렵에 처음으로 남자 경험을 했다. 명문가 출신의 미남 청년인 세르게이 살티코프(Sergei Vasilievich Saltykov)였다. 살티코프는 대략 열두 명 정도로 집계되는 예카테리나의 진지한 애인 중에서 첫 번째 남자였다.

예카테리나는 스물다섯 살인 1754년에 첫 아이 파벨 페트로비치(Pavel

Petrovich)를 낳았다. 이러한 이유로 후일 파벨이 표트르의 아들이 아니라 세르게이 살티코프 백작의 아들이라는 주장이 대두되었지만, 이것은 근거가 희박하다. 예카테리나는 세르게이와 평생 우정을 나누며 살았으나, 두 사람의 육체적인 관계는 파벨이 태어나기 2년 전쯤에 잠시 동안 지속되었을 뿐이었다. 이 시기에는 표트르가 성기 수술을 통해서 성 기능을 회복했으며, 예카테리나의 《회상록》에 의하면, 그녀는 결혼 초기의 결심을 철회하고 약간의 양보를 하고 있었다.

우리처럼 두 인간의 마음이 일치되지 않는 예는 찾기 힘들 것이다. 공통점은 아무것도 없고, 사고방식도 전혀 달랐다. 우리의 의견은 항상 너무나 달라서 그 무엇에 대해서도 일치하는 적이 한 번도 없었다. 나는 너무 그를 모욕하지 않기 위해서 자주는 아니었지만 그에게 몸을 맡겼다.

파벨이 태어나 로마노프 왕가의 혈통이 이어지자 이번에는 표트르가 애인들을 연이어 갈아치우고 있는 예카테리나에 대한 반격에 나섰다. 그가 선택한 여인은 옐리자베타 보론초바(Yelizaveta Vorontsova)[97]였다. 보론초프 가는 러시아 최고의 명문 귀족 가문 중 하나로 11세기에 성립된 노브고로드 대공을 계승한 집안이다. 당시 보론초프 가에는 세간의 주목을 받던 두 자매가 있었는데, 언니인 옐리자베타와 동생인 예카테리나였다.

옐리자베타 보론초바가 표트르와 공공연하게 연인 관계를 유지하고

---

97 러시아식 이름은 어떤 가문 소속인 누구의 아들 누구라는 형식이다. 예를 들어 표트르 알렉세예비치 로마노프(Pyotr Alexeyevich Romanov)의 경우 '표트르' 가 세례명이고 '알렉세예비치' 는 '알렉세이의 아들' 이라는 뜻이며, 마지막 '로마노프' 는 가문의 이름, 즉 성이다. 여자의 경우에는 중간 이름이 여성형으로 바뀌어 '알렉세예비치' 가 '알렉세예브나(Alexeyevna)' 가 되는데 '알렉세이의 딸' 이라는 의미이다. 여자의 경우에는 가문의 이름까지 여성형으로, 이를테면 '로마노프' 에서 '로마노바(Romanova)' 로 바뀌는 것이 일반적이다.

있는 데 반해서 동생인 에카테리나 보론초바는 황태자비인 에카테리나와 긴밀한 친구 관계였다. 에카테리나 보론초바는 열다섯 살의 나이에 다른 명문가 출신인 미하일 다쉬코프 대공(Prince Mikhail Dashkov)과 결혼해 에카테리나 다쉬코바 대공녀로 불리고 있었다. 그녀는 후일 러시아 과학 아카데미의 원장을 지내고 러시아의 대표적인 계몽주의자로 이름을 남기게 될 사람이다.

　에카테리나가 파벨을 낳자마자 차리나 엘리자베타는 파벨을 빼앗아 자신이 직접 키웠다. 에카테리나는 파벨을 한 달 후에 세례식에서 볼 수 있었으며, 여섯 달 후에야 재회할 수 있었다. 엘리자베타가 이런 식으로 잔인하게 행동한 이유는 에카테리나에게 차르는 개인의 것이 아니라 국가의 소유임을 인식시키기 위한 목적이었으며, 동시에 실망스러운 표트르 3세를 거울삼아 파벨을 표트르 대제의 진정한 후손답게 키우려고 했던 것이다.

　에카테리나는 이 시기에 그녀의 생애에서 대단히 소중한 남자를 만났다. 그리고리 오를로프(Grigory Grigoryevich Orlov)는 노브고로드 시의 행정관 그리고리 오를로프의 아들로 나이는 에카테리나보다 다섯 살 아래였다. 애국주의자이며 개혁주의자였던 그는 7년 전쟁이 발발하자 군대에 입문했으며, 조른도르프 전투[98]에서 부상당해 후송되었다가 부상이 회복된 후에는 동생 알렉세이(Alexey Grigoryevich Orlov)와 함께 근위대에 배속되어 중위로 근무하고 있었다.

---

98 7년 전쟁에서 러시아와 프로이센군이 최초로 벌인 대규모 전투였다. 1758년 여름에 프로이센의 동쪽 끝에서 벌어진 이 격렬한 전투의 결과 양측 모두 참전한 병사들 중에서 3분의 1 이상이 전사했으며, 프리드리히는 이 전투에서 "러시아군에게 이기는 것보다 그들을 죽이는 것이 더 쉽다."라는 말을 남겼다. 당시 프리드리히가 승리를 주장했던 이유는 러시아군이 프로이센군보다 먼저 전장에서 후퇴를 결정했기 때문이었지만, 실질적으로 전투의 승패는 가려지지 않았다.

이 시절에 표트르와 예카테리나의 관계가 더욱 심각하게 꼬여 가면서 표트르는 점차 주변이나 일반인들로부터 지지를 잃은 반면 예카테리나는 동정을 받게 되었다. 표트르는 그리 영리하지 못한 인물이었다. 그는 공개석상에서 예카테리나를 모욕하거나 무시했다. 예카테리나 역시 표트르를 모욕한 것은 마찬가지였지만, 가급적이면 공개석상은 피했다. 또한 표트르는 공식적으로는 부적절한

예카테리나의 연인 오를로프

관계임이 분명한 옐리자베타 보론초바와도 보란 듯이 동행하곤 했다.

예카테리나 2세의 즉위

1762년 1월, 차리나 옐리자베타의 장례식에서 표트르는 시종 시무룩한 모습을 보이려고 했지만, 행복에 겨워하는 표정을 감추지 못했다. 그러나 예카테리나는 사람들의 눈에 진정으로 옐리자베타의 죽음을 애도하고 슬퍼하는 것으로 보였다. 서른네 살에 차르가 된 표트르는 자신에게 주어진 막강한 권력을 즐기면서, 그 자리가 쉽게 목숨을 잃을 수 있는 대단히 위험한 자리라는 사실을 잊고 있었다.

표트르는 즉위하면서부터 군부의 지지를 잃었다. 그는 연이은 승전을 기록하면서 프로이센의 절반을 장악하고 있던 러시아군에 대해 즉각적

인 철수를 명령했다. 자신이 가장 존경하는 인물인 프리드리히 2세가 자살까지 생각할 정도로 궁지에 몰려 있다는 사실을 받아들일 수 없었기 때문이었다. 그는 거기에 한 술 더 떠서 군을 개혁한다는 명분으로 군복을 프로이센식으로 바꾸고, 프로이센의 장교 출신 인사들을 영입했다. 또한 홀슈타인 출신 인물들과 정부 엘리자베타의 가문인 보론초프 가문에게 권력을 안겨줬다.

그러자 표트르는 다른 귀족들의 불만이 팽배한 가운데 어설프게 개혁 군주의 흉내를 내어 '농민의 러시아'를 선언하고 '하층민 생활 개선을 위한 대책'을 발표했다. 이 계획은 러시아의 상황을 무시한 비현실적인 것인데다 아주 예민한 문제인 농노들의 신분 문제를 건드리는 것이었다. 이는 광대한 토지를 보유한 대귀족들까지도 그에 대한 반감을 갖게 하는 계기가 되었다.

그리고 무엇보다도 그가 범한 가장 결정적인 실책은 예카테리나와 이혼하고 정부인 엘리자베타 보론초바와 정식으로 결혼하려고 한 것이었다. 이것이 1762년 여름에 발발한 친위 쿠데타의 결정적인 요인이 되었다. 오를로프 형제와 예카테리나 다쉬코바가 주도한 이 쿠데타로 인해서 표트르 3세의 치세는 불과 6개월 만에 종말을 맞이하게 되었다.

1762년에 발생한 쿠데타의 공식적인 상황 기록은 석연치 않은 점이 많다. 차르의 정부인 엘리자베타 보론초바의 친동생인 예카테리나 다쉬코바는 표트르 3세의 정책에 불만을 갖고 그리고리와 알렉세이 오를로프 형제, 그리고리 포템킨(Grigori Alexandrovich Potyomkin Tavricheski)과 같은 라이브 가르드(Leib Guard)[99]의 초급 장교들과 1만 명 정도의 병력을 동원

---

[99] 라이브 가르드는 표트르 대제가 정치적인 색채가 강했던 스트렐치를 폐지하면서 창설한 부대로 근위대 내에서도 최정예 부대로 꼽힌다. 엘리자베타가 1741년의 쿠데타에 동원했던 프레오브라젠스키와

한 대형 쿠데타를 사전에 치밀하게 모의해서 실행에 옮겼다는 것이다.

그러나 사건의 실제 진행에서 치밀한 사전 계획을 찾아보기는 어렵다. 당시 열여덟 살이었던 예카테리나 다쉬코바는 원래의 근거지가 모스크바였지만 상트페테르부르크의 왕궁에 눌러앉아 황태자비 예카테리나와 붙어살다시피 했다. 두 사람의 예카테리나 모두 볼테르 등 프랑스의 계몽주의자들에게 심취해 있었기 때문이다. 어린 예카테리나(다쉬코바)는 나이 든 예카테리나에게 표트르가 그녀와 이혼하고 자신의 언니와 결혼할 계획을 세웠다는 사실을 귀띔해 주었다.

여기에서 두 사람과 그들과 자주 어울렸던 라이브 가르드의 젊은 장교들 사이에서 표트르에 대한 쿠데타가 모의되었을 수도 있지만, 그 후의 진행 상황을 보면 그저 어울려서 표트르를 심하게 성토한 정도였을 것이다. 그런데 이 멤버 중 중위 한 사람이 술집에서 술을 마시면서 표트르에 대한 욕을 심하게 하다가 비밀경찰에게 체포되는 불상사가 발생했다. 이 사고는 이혼할 기회만 노리고 있는 표트르에게 좋은 구실을 제공할 것이 분명했다.

동료가 체포되는 현장에 함께 있었던 알렉세이 오를로프는 1762년 6월 28일 새벽에 상트페테르부르크에 위치한 차르의 여름 별장 담을 뛰어넘어 예카테리나의 침실에 침입했다. 당시 예카테리나는 표트르의 명명식에 참석하기 위해서 그보다 먼저 별장에 도착해 머물고 있었다. 알렉세이는 곤하게 잠자고 있던 예카테리나를 다급하게 깨워 심각한 상황을 설명했다. 이즈음에 예카테리나의 연인인 그리고리 오를로프가 급하게 임대한 낡은 마차를 몰고 별장의 정문에 도착했다.

차리나 엘리자베타의 상중이라 검은 상복을 입고 나타난 예카테리나를 태운 오를로프 형제는 마차를 전속력으로 몰아 라이브 가르드의 두

예카테리나가 1762년 쿠데타에 동원했던 이즈마일로프스키 두 개의 여단도 라이브 가르드 소속이다.

개 보병 여단 중 하나인 이즈마일로프스키 연대(Izailovskiy Regiment)로 향했다. 그들이 이 여단을 선택한 이유는 여단장이 바로 키릴 라주모프스키 백작이었기 때문이다. 우크라이나 코사크의 군장 출신인 키릴은 차리나 옐리자베타의 영원한 연인 알렉세이 라주모프스키의 친동생으로, 예카테리나와 성향이 비슷한 개혁주의자라 그동안 줄곧 좋은 관계를 유지하고 있었다.

예카테리나 일행이 여단 사령부에 도착한 것은 이른 아침이라 키릴은 아직 출근하기 전이었다. 병사들은 검은 상복에 누런 먼지를 뒤집어쓴 채 창백하고 겁먹은 표정으로 나타난 예카테리나를 보고 깜짝 놀랐다.

"나는 여러분들에게 보호를 받고자 여기에 왔습니다. 차르는 나를 체포하라고 명령했습니다. 그가 나를 죽일까 두렵습니다."

남자의 보호본능이 작동되기 위한 모든 조건이 갖춰지자 병사들이 그녀에게 달려들어 손이건 옷이건 닥치는 대로 키스를 퍼부었으며, 여단의 종군 신부가 맹세를 서약하는 절차에 들어갔다. 오전 8시 정각에 나타난 키릴 라주모프스키 여단장이 예카테리나 앞에 무릎을 꿇고 충성을 서약하면서 이 쿠데타에서 가장 어려웠던 절차는 모두 마무리되었다.

키릴 라주모프스키 백작이 지휘하는 보병 여단은 예카테리나가 타고 있는 낡고 초라한 임대 마차를 호위하고 행진하기 시작했다. 그들이 카잔 대성당을 향해 행진해 가는 동안 다른 근위대 병력이 합류하면서 점차 쿠데타가 당연히 갖춰야 할 비장한 분위기는 사라졌다. 군악대까지 합류하자 완전히 축제 분위기로 바뀌었고, 병사들은 음악에 맞춰 노래를 부르거나 "예카테리나 만세"를 외쳐댔다.

카잔 대성당에 도착했을 때 이미 많은 성직자들이 모여 예카테리나와 그녀의 혁명에 동참한 병사들을 축복할 만반의 준비를 하고 있었다. 신부들이 그녀를 축복하는 동안 이번에는 일반 군중들이 성당으로 모여들

었다. 예식이 끝나고 성당
의 종소리가 울릴 때에는
엄청난 인파가 모여들어
그들의 환호성이 함께 울
려 퍼졌다. 예카테리나의
임대 마차가 다시 움직이
기 시작하자 근위대 병사
들과 일반인들이 뒤섞여
함께 움직였다.

초라한 마차는 파벨이
살고 있던 동궁 앞에 멈췄
다. 파벨은 상원의원들과
함께 나와 있었는데, 잠옷

예카테리나 대제

차림이었으며 아직 잠이 덜 깨어 인상을 찡그리고 있었다. 상복 차림의
예카테리나가 파벨과 나란히 서서 상원의원들의 충성서약을 듣는 동안
이 쿠데타를 주도면밀하게 계획했다는 다쉬코바는 열광하는 군중들의
틈새를 비집고 예카테리나와 합류하느라고 고생하고 있었다.

그날 오후 예카테리나 다쉬코바는 오늘의 상황이 분명히 혁명이고,
혁명에는 반드시 성명서가 필요하다는 사실을 깨달았다. 다행히 그녀는
문장력이 뛰어났기 때문에 성명서는 불과 수시간 만에 작성되었으며,
그날 밤부터 인쇄에 들어가 다음날 아침 배포되기 시작했다. 이 쿠데타
가 사전에 주도면밀하게 계획된 것이었다고 해도 그 계획과는 많이 다
르게 진행되었던 것이 분명하다.

상트페테르부르크에서 떠들썩한 혁명이 진행되고 있을 때, 표트르는

정부인 옐리자베타 보론초바, 그녀의 큰아버지이며 부총리대신으로 권력의 실세였던 미하일 보론초프(Mikhail Illarionovich Vorontsov), 프로이센 대사 등과 함께 여름 별장으로 향하던 중 쿠데타 소식을 들었다. 당시 그에게는 그의 아버지가 창설한 홀슈타인-고토로프 공국의 막강한 정예 기병대 성 안나 기사단이 붙어 있어 쿠데타군에 대해 충분히 반격이 가능했다.

그의 측근들은 병력을 모아 상트페테르부르크로 진격하자고 주장했다. 그러나 겁을 먹은 표트르는 반대 방향으로 도망갔다. 그는 핀란드 만의 코틀린 섬에 위치한 크론슈타트의 요새로 향했다. 그는 그곳에 덴마크와의 전쟁을 위해서 병력을 집결해 놓고 있었다.[100] 그러나 그에게 큰 불만을 가지고 있던 군부는 표트르가 코틀린 섬에 상륙하는 것 자체를 허용하지 않았다.

예카테리나의 행동은 표트르와는 극명하게 대비되었다. 그녀는 근위대의 기병 여단을 소집해서 표트르를 추적하기 시작했다. 자신이 근위대의 군복 차림으로 백마를 타고 직접 선두에 섰다. 그들은 한밤중에 크린스키 카박이라는 작은 마을에 도착해 허름한 여인숙에서 휴식을 취했다. 그 다음날 새벽에 미하일 보론초프 백작이 나타나 표트르의 항복 의사를 전달했다. 표트르는 순순히 양위 각서에 서명했고, 예카테리나는 표트르를 일단 상트페테르부르크 부근의 롭샤 성에 연금했다.

이날 예카테리나를 수행했던 예카테리나 보론초바(다쉬코바)는 자신의 회고록[101]에서 당시 표트르는 차르의 자리에서 물러나는 것을 오히려

---

100 상트페테르부르크에서 서쪽으로 30킬로미터 정도 떨어진 코틀린 섬은 표트르 대제가 대북방 전쟁 중에 점령해서 종전 시 스웨덴으로부터 할양받은 섬이다. 그는 이곳의 작은 도시 크론슈타트를 요새화해서 전략적인 거점으로 삼았다. 겨울에는 얼어붙은 바다를 통해 들어갈 수 있으나 다른 계절에는 좁은 해로를 통해서만 접근이 가능하다. 표트르는 홀슈타인-고토로프 왕가가 덴마크에 빼앗긴 영토를 회복하기 위해 덴마크와의 전쟁을 계획했기 때문에 군부의 큰 불만을 사고 있었다.

홀가분하게 여겼으며, 양위의 조건으로 작은 영지에서 연인인 옐리자베타와 함께 조용히 은퇴 생활을 하게 해 줄 것만 요구했다고 한다. 그러나 그의 요구는 공허한 것이었다. 표트르는 이로부터 6일 후에 살해되었으며, 알렉세이 오를로프가 예카테리나에게 자신의 범죄 행위를 고백했다.

표트르의 살해에 예카테리나가 직접 관여했는지의 여부에 대해서는 아직도 논란이 종식되지 않고 있다. 그렇지만 이 사건을 일으킨 알렉세이와 네 명의 근위대 장교들에 대한 처벌은 이루어지지 않았다. 예카테리나가 대부분의 귀족들과 평민들로부터 지지를 받고 있는 것과는 별개로 그녀의 즉위는 법률적으로 전혀 정당성을 갖지 못하는 것이었다. 이와 관련해서 차르의 계승권을 가지고 있는 로마노프 가 남자들의 비극적인 종말은 표트르 한 사람으로 끝나지 않았다.

태어난 지 석 달 만에 차르가 되었다가 그 다음해 퇴위당해 줄곧 수감되어 있던 이반 6세는 표트르가 차르에 즉위했을 때 스물한 살이었다. 그는 16살에 상트페테르부르크 부근에 있는 라도가 호수 한가운데 위치한 작은 섬 슐리셀부르크 요새의 독방으로 옮겨져 이름도 없이 '죄수 제1호'로 불리고 있었는데, 표트르 3세가 그를 방문해 동정심을 보이자 석방될지도 모른다는 희망을 안고 있었다.

차리나 옐리자베타가 이반 6세에 대해 내린 명령은 철저하게 세상과 격리하고 교육을 금해서 글을 전혀 읽지 못하도록 하라는 것이었다. 그러나 이반 6세는 스스로 글을 깨우쳐 매일 성경을 읽었으며, 자신을 '짐(Gosudar)'이라고 불렀다. 예카테리나는 감옥의 간수들에게 한 가지 명령을 더 추가해 만약의 사태를 대비했다. 누구라도 죄수 제1호의 석방을

101 예카테리나 시대에 대해 가장 풍부한 자료를 제공해 주는 다쉬코바의 회고록은 그녀가 죽고 나서 30년 후인 1840년에 런던에서 출판되었다.

요구하면 설사 그것이 자신이 직접 서명한 문서에 의해 내려진 명령일지라도 그 명령을 무시하고 즉각 그를 살해하라는 것이었다.

요새 수비대에 소속되어 있던 바실리 미로비치(Vasily Mirovich) 중위는 우연히 죄수 제1호의 신원을 알게 되었다. 이반 6세에 대한 처사가 부당하다고 생각한 그는 병사들을 지휘해서 요새를 장악하고, 감옥의 간수들에게 이반 6세의 석방을 요구했다. 그러자 간수들은 예카테리나의 명령을 즉각 집행했다. 미로비치 중위는 난도질 당해 참혹한 시신이 된 이반 6세를 발견했다. 표트르 3세와 이반 6세가 살해되면서 로마노프 가의 남자 계승자는 예카테리나의 아들 파벨 단 한 사람만 남게 되었다.

인본주의적 개혁과 푸가초프의 반란

예카테리나의 통치 초기에는 그녀가 젊었을 때부터 심취해 있던 프랑스 계몽주의의 이념에 따라 모든 분야에서 인본주의적인 개혁이 급속도로 이루어졌다. 1765년에는 상트페테르부르크에서 그리고리 오를로프 백작을 중심으로 부유한 지주와 기업인들이 자유경제사회(Free Economic Society)를 조직했다. 이것은 전 유럽에서도 거의 최초로 결성된 순수한 민간 경제 협의체로, 러시아 개혁의 상징이었다.

다음해인 1766년에는 역시 인본주의에 입각해서 법률체계에 대한 대대적인 개혁에 들어갔다. 이를 위해 군인, 귀족, 상공인, 농민 등 모든 계급에서 선출된 대표자 652명이 이른바 대위원회(Grand Commission)에 참가하기 위해 모스크바에 모였다. 러시아 역사상 처음으로 실질적인 제헌의회가 소집된 것이다. 예카테리나는 이 의회를 위해서 '법률 앞에는 만민이 평등하다'라는 선언이 담겨 있는 〈의회 진행을 위한 지침서(Nakaz)〉를 스스로 발표했다.[102]

유럽 계몽주의적인 법 원칙의 종합판이라고 할 수 있는 예카테리나의 〈나카즈〉에는 당시로서는 지나치게 급진적인 내용이 담겨 있었기 때문에 각료들은 그녀에게 즉시 실행을 중단할 것을 요구했으며, 인쇄물의 배포도 상트페테르부르크와 모스크바 지역에서만 제한적으로 이루어졌다. 또한 기대를 모았던 대위원회 역시 법률 제정에 대한 방향을 결정하지 못하고 탁상공론만 하다가 2년 만에 해산되었다.

그렇지만 총 22장 655개의 조항으로 구성되어 있는 〈나카즈〉는 당시 러시아의 지성인들을 크게 자극했으며, 엘리자베타 시대에 시작되어 예카테리나 시대에 정점에 올랐던 이른바 '러시아 계몽 시대(Russian Enlightenment)'[103]에 지대한 영향을 미쳤다. 이렇게 통치 초기의 예카테리나는 러시아 민중의 희망이었을 뿐 아니라 유럽 계몽주의 사상가들의 총아이기도 했다. 그렇지만 그들의 환상은 곧 무너졌다.

러시아가 해결해야 하는 가장 근본적인 문제가 바로 중세식 농노제라는 사실은 표트르 대제 이후 모든 차르들이 잘 알고 있었지만, 농노제는 러시아의 경제뿐 아니라 모든 사회 구조의 기반이었다. 따라서 농노의

---

102 〈나카즈〉는 예카테리나의 순수한 창작이 아니라 그녀 자신이 언급한 바와 같이 프랑스의 몽테스키외나 이탈리아의 법학자 케사레 베카리아(Cesare Beccaria) 등 당대 계몽주의자들의 저술에서 발췌한 부분이 400항 정도가 된다. 러시아에서는 이 〈나카즈〉에 기초한 입법 작업이 수십 년에 걸쳐 불완전하게 진행되었다. 그러나 여러 나라의 언어로 번역되어 배포되었기 때문에 후일 미국의 독립선언문이나 프랑스 대혁명 시기의 여러 선언문들에 적지 않은 영향을 미쳤다.

103 러시아 계몽 시대에 대해서 의견이 일치되는 것은 아니지만, 다수는 엘리자베타를 '계몽주의적인 전제군주'의 효시로 간주한다. 그녀 자신이 계몽주의자는 아니었지만 러시아 계몽주의의 선구자 이반 슈발로프(Ivan Ivanovich Shuvalov)를 교육상으로 임명해서 과학과 문화의 개혁을 주도하게 했기 때문이다. 엘리자베타 시절 전성기를 구가하다 프랑스 대혁명의 여파로 탄압받으면서 크게 위축되었지만, 18세기 초 푸슈킨을 필두로 문학과 철학의 대가들이 연이어 등장하는 밑거름이 되었다.

폐지는 곧바로 사회적인 혼란을 의미하는 것이었기 때문에 손을 대지 못했던 문제였다.

표트르 대제는 농노들의 해방이나 신분 향상이 아니라 이들에 대한 귀족들의 특권을 제한하는 정책을 취했지만, 대북방 전쟁에서의 승전에 대한 논공행상으로 귀족들의 영지를 확대시키고 말았다. 표트르의 딸인 옐리자베타도 대담한 통치자였지만, 이 문제만큼은 가급적이면 건드리지 않고 우회하는 정책을 고수했다. 그녀는 영주들이 관행적으로 농노들에 대해 가지고 있던 재판권을 국가에 귀속시키는 한편 농민들을 토지에 예속시켜 영주들의 특권을 강화하는 양면적인 정책을 취했다. 그러면서 그녀는 대부분의 농민들을 귀족들의 영지가 아니라 차르의 직영지에 예속시키는 방법으로 농민들을 간접적으로 보호하려고 했다.

그랬기 때문에 옐리자베타 시절부터 귀족들은 국영지에 소속되어 있는 농민들을 영주들의 영지로 양도해 달라고 집요하게 요구하고 있었다. 그렇게 되면 국영지에서 자유민으로 살던 농민들의 신분이 하루아침에 농노로 바뀔 것이 뻔하므로 옐리자베타는 귀족들의 요구를 아예 묵살하면서 고집스럽게 버텼다. 문제는 예카테리나였다. 그녀는 이 현안에 대해서는 시대의 흐름을 역행하고 말았다.

차리나로서 예카테리나는 옐리자베타와는 입장이 전혀 달랐다. 옐리자베타는 러시아의 영웅인 표트르 대제의 딸이었지만, 예카테리나는 자신이 근본적으로 이질적인 존재라는 사실을 잘 인식하고 있었던 것이다. 1766년 대위원회가 개최되었을 때 예카테리나는 귀족들의 특권을 제한하면서 농노 문제에 대한 근본적인 개선을 시도한 적이 있었다. 그러나 그 결과 이 문제만큼은 귀족들이 양보할 수 있는 사안이 아니라는 사실을 깨달았을 뿐이었다.

또한 바로 그 탐욕스러운 귀족들이 모래 위에 세워진 성일지도 모르는 자신의 권력을 받치고 있는 기반이라는 사실도 인정하지 않을 수 없었다. 예카테리나는 귀족들과 특권과 충성심을 주고받는 거래를 하기로 결정했다. 최초로 그들의 요구를 받아들여 농민 12만 명을 양도했는데, 이런 거래의 특성은 한 번 물러나면 계속 밀릴 수밖에 없다는 것이다. 결국 러시아 농민 인구의 절반 이상이 농노로 전락했다.

농민들은 절망했으며, 절망은 환상을 낳기 마련이다. 표트르 3세는 즉위 직후 이 문제에 대해 '농민의 시대'를 약속하면서 시원한 해답을 제시한 적이 있었다. 그러나 예카테리나의 정책으로 농민들이 영주들의 착취와 정부의 중과세에 노출되면서 암살당한 차르와 관련된 흉흉한 소문이 떠돌기 시작했다. 표트르 3세는 원래 무능한 차르가 아니라 평민들을 위해 애썼던 유능하고 훌륭한 차르였는데 귀족들과 예카테리나가 합작해서 그를 쫓아냈으며, 1762년 쿠데타 직후 죽은 것이 아니라 극적으로 위기를 탈출해 잠적했다는 소문이었다.

1773년 초에 스스로 차르 표트르 3세라고 하는 사람이 나타나자 절망에 빠져 있던 러시아 농민들은 열광했다. 러시아 역사상 가장 규모가 큰 농민 반란인 '푸가초프의 반란'이 터진 것이다. 이 반란은 예카테리나의 치세 중 이 반란 이전까지 무려 50회나 터진 산발적인 농민 봉기의 연장선상에 있었다. 예멜리안 푸가초프(Yemelyan Pugachev)는 우랄 강을 근거지로 하는 야이크 코사크(Yaik Cossacks) 출신의 전사였다.

푸가초프가 농민들을 대영주의 압제로부터 해방하고 토지를 소유하도록 하겠다고 선언하자 농민들뿐 아니라 다양한 인종의 코사크와 성직자들까지 대거 반란에 합세했다. 그는 문맹이었지만 그에게 합세한 성직자들의 도움으로 황제의 칙령인 〈우카지(Ukazy)〉를 발행했으며, 이 칙령들을 성직자들이 성당에 모인 대중들을 위해 읽어 주었다. 자신이 표트르 3세로 행세했을 뿐 아니라 그의 측근들도 모두 공작이나 백작 등으

푸가초프의 처형

로 위장했으며, 군사력을 강화하기 위해서 군사 학교까지 세웠다.

그는 볼가 강에서 우랄 산맥에 이르는 광대한 지역을 완전히 장악했으며, 점차 하나의 왕국으로 모습을 갖춰 갔다. 진압을 위해 파견된 러시아 정부군은 농민들의 비협조로 주둔지에서 보급도 제대로 받지 못하는 가운데 고전을 면치 못했으며 사령관이 병사하는 불상사까지 발생했다. 반란은 농촌을 벗어나 도시로 번졌으며, 이 지역에서 가장 중요한 대도시인 카잔[104]까지 점령당했다.

반란군은 무장이 빈약한데다 잡다한 코사크 부족이 뒤섞여 주력을 이루고 있어 전투력 자체는 보잘 것 없었다. 그러나 농민들과 성직자들이 반란군에게 자발적으로 협조하는 것이 문제였다. 반란은 1774년 말에야 가까스로 진압되기 시작했으며, 푸가초프는 그해 말에 동지들의 배신으

---

104 카잔 러시아 연방의 소공화국인 타타르스탄의 수도이며 두 개의 강이 만나는 곳이라 고대에서부터 상공업의 중심지였다.

로 체포되어 다음해 초에 처형되었다. 그렇지만 그가 죽은 다음에도 1775년 한 해 동안은 잔존 세력의 산발적인 저항과 주민들에 대한 잔인한 보복의 악순환이 계속되었다.

푸가초프의 반란은 예카테리나에게 큰 충격을 주었으며, 그 충격이 긍정적인 영향을 미치지는 않았다. 민중들을 위험한 요소라고 판단한 그녀는 더욱 소수의 대귀족들과 군부, 그리고 자신과 내연 관계에 있는 남자들에게 의존하게 되었으며, 권력에 대한 집착이 강해졌다. 그녀는 아들 파벨이 장성해 가자 그를 자신의 권력에 대한 잠재적인 경쟁자로 의식하기 시작했고, 모자 사이는 점점 소원해졌다.[105]

예카테리나 대제의 업적

그렇다고 예카테리나가 대제의 칭호가 부끄러울 정도의 통치자는 아니었다. 러시아 사회에 대한 전반적인 공헌도에서는 오히려 표트르 대제를 능가하는 업적을 남겼다. 표트르 대제의 시절부터 러시아의 외채 문제는 국가가 감당하기 힘들 정도의 규모로 커졌고, 언제 지불불능의 상태가 닥칠지 모르는 대단히 심각한 상황이었다. 비록 중과세에 따르는 농민들의 희생으로 이루어진 것이기는 하지만 예카테리나가 즉위한 지 15년 만에 외채의 75퍼센트를 청산해 국가부도의 위기에서 완전히 벗어났다.

자본주의적인 산업체제가 자리를 잡으면서 상공업이 경쟁력을 갖추

105 파벨 1세는 어머니의 뒤를 이어 차르를 계승했으나 인기를 별로 얻지 못했다. 그는 아버지인 표트르 3세를 복권시켰으며, 이때 예카테리나 다쉬코바를 1762년 사태의 주역으로 지목하여 그녀는 상당히 힘든 시기를 보내야 했다.

게 되었으며 교역량이 급증했다. 더욱이 미국 독립 전쟁 중에는 해군 함대를 동원하여 미국과의 교역로를 방어함으로써 막대한 이득을 얻었다. 예카테리나는 상공업과 무역을 통해 축적한 경제력을 기반으로 '강력한 러시아군'을 육성해 영토의 확장에 나섰다. 현재 러시아가 가지고 있는 세계에서 가장 넓은 영토는 그녀의 시대에 확장한 영토보다 오히려 상당히 줄어든 것이다.

동방으로의 확장은 순조로워서 작은 부족들을 복속시키면서 육로로 얼어붙은 베링 해를 건너 알래스카[106]에 도착했다. 1784년에는 알래스카에 최초의 정착지를 건설했고 러시아—아메리카 회사(Russian-America Company)를 설립해서 본격적인 개척에 나섰다. 이에 반해서 튀르크와 폴란드가 막고 있는 서방의 진출은 상당한 출혈을 각오한 것이었다.

러시아는 예카테리나 시절 튀르크와 두 차례의 격렬한 전쟁을 치렀다. 1768년에 발발한 제1차 러시아—튀르크 전쟁은 폴란드 사태와 밀접한 연관이 있었다. 폴란드—리투아니아 연방(Polish-Lituania Commonwealth)의 마지막 국왕이었던 스타니슬라브 2세(Stanisɫaw II August Poniatowski)는 예카테리나 2세와 관계를 가졌던 열두 명의 애인 중 한 사람이었다. 그는 대사 신분으로 러시아 왕궁에 머물렀던 30대 초반에 세 살 위인 예카테리나에게 완전히 빠져들었다.

예카테리나는 1764년에 러시아군을 동원해 폴란드 왕궁에서 쿠데타를 일으키고 애인인 스타니슬라브를 국왕으로 세웠다. 당시 폴란드는 여러 정파가 대립하고 있어서 제대로 대응할 수 없었다. 이 쿠데타는 1768년에 프로이센의 프리드리히 2세와 모의해서 두 나라가 폴란드 영

---

106 알래스카에 유럽인으로 처음 발을 밟았던 사람은 덴마크 태생의 비투스 베링(Vitus Bering)이었다. 1741년에 베링 선장이 지휘하는 러시아 해군 탐험대가 알래스카를 탐험했으며, 그 이후로 이 지역에 모피 사냥이나 교역을 위한 탐험가들이 드나들고 있었다.

토의 3분의 1을 차지하는 제1차 폴란드 분할로 이어지게 되지만, 그 이전에 러시아와 튀르크의 첫 번째 전면전의 원인이 되었다.

쿠데타에는 당연히 저항이 뒤따랐고, 이 저항 세력을 러시아군이 튀르크의 국경 지역까지 추격하자 오스만 튀르크의 술탄 무스타파 3세(Mustafa III)는 러시아군이 국경을 침범했다는 이유로 선전포고를 했다. 이 첫 번째 전쟁은 러시아 역사상 최고의 장군 중 한 사람인 알렉산드르 수보로프(Aleksandr Vasilyevich Suvorov) 장군이 그 이름을 알린 무대가 되었다. 또한 이보다 더욱 러시아에게 고무적인 것은 알렉세이 오를로프가 지휘하는 흑해 함대가 지중해에서 튀르크의 해군을 사실상 궤멸시켰다는 사실이었다.

이 전쟁의 승리로 러시아는 흑해로 통하는 두 개의 항구와 크림 반도에서의 우선적인 권리를 확보하였으며, 이와 동시에 예카테리나의 군사적인 모험주의를 자극하는 계기가 되었다. 이제 러시아는 상당히 위험한 제국주의의 길로 들어서게 된 것이다. 전쟁 직후의 제1차 폴란드 분할에 이어 러시아는 프로이센과 오스트리아의 전쟁을 중재하면서 실익을 챙겼다. 또한 미국 독립 전쟁이 발발하자 1780년에는 대영제국의 막강한 해군을 상대로 스웨덴, 덴마크와 연합해서 무장중립연합(League of Armed Neutrality)을 결성해 교역로를 방어했다.

예카테리나의 영토 확장은 1780년대에 클라이맥스에 오르는데, 여기에는 러시아 역사에서 전설적인 인물 중의 한 사람인 그리고리 포템킨(Grigori Alexandrovich Potyomkin Tavricheski)이 크게 공헌했다. 포템킨은 1762년의 쿠데타에서 초기부터 오를로프 형제를 도왔던 근위대 소속의 청년 장교였다. 예카테리나에게 영원한 연인일 것 같았던 그리고리 오를로프가 다른 여자와 사랑에 빠지면서 그녀의 신뢰를 저버리자 포템킨이 1770년대 중반부터 오를로프를 대신하기 시작했다.

포템킨

그리고리 포템킨은 성향이 예카테리나와 똑같았다. 내면적으로는 급진적인 계몽주의자였지만, 그보다는 자신의 권력과 러시아의 영광을 더 중요하게 생각했다. 예카테리나와 포템킨은 러시아를 고대의 로마 제국과 같은 모습으로 만들겠다는 야심을 함께 키워갔다. 그들은 파벨이 첫 손자를 낳자 알렉산드르(Aleksandr Pavlovich)라는 이름을 붙였다. 마케도니아의 알렉산드로스 대왕에서 따온 것이다. 둘째 아이의 이름은 콘스탄틴(Konstantin Pavlovich)이다. 이것도 로마의 콘스탄티누스 대제를 의식한 것이었다.

예카테리나와 그리고리 포템킨의 의도는 명확했다. 그들은 알렉산드로스 대왕이나 콘스탄티누스 대제와 마찬가지로 오리엔트의 정복을 목표로 하고 있었던 것이다. 과거의 오리엔트는 현재의 오스만 튀르크였으며, 마지막 목표는 콘스탄티노플의 탈환이었다. 포템킨은 흑해 연안을 확보하고 그곳에 도시를 건설했으며, 1783년에는 크림 반도를 합병했다. 포템킨에게는 타우리스 대공(Prince of Tauris)이라는 칭호가 붙었다. 타우리스는 고대에 크림 지역을 부르던 이름이었다.

다시 한 번 전쟁이 불가피하다는 사실은 러시아와 튀르크 모두 알게 되었다. 1788년에 제2차 러시아−튀르크 전쟁 역시 튀르크의 선전포고로 시작되었지만, 러시아는 완벽하게 전쟁 준비를 하고 시기만 기다리고 있던 상태였다. 외교적인 준비도 철저해서 오스트리아가 러시아와 공동보조를 취했다. 오스만 튀르크는 양쪽 방향에서 러시아와 오스트리아의 협공을 받으며 급속히 무너졌다.

그리고리 포템킨 대공이 우크라이나의 중심지인 오차코프를 점령하자 무스타파 술탄은 그 충격으로 사망했다. 명장 알렉산드르 수보로프는 난공불락의 이즈마일 요새를 함락시켰고, 흑해 함대는 다시 한 번 튀르크 해군을 궤멸시켰다. 1792년 러시아와 튀르크의 국경이 현재의 모습으로 바뀌면서 긴 전쟁은 막을 내렸다. 러시아가 우크라이나 전역을 장악한 것이다.

그리고 1795년에는 폴란드가 지도상에서 사라졌다. 약 20년 동안 러시아, 프로이센, 오스트리아가 세 번에 걸쳐 영토를 분할해 합병한 것이다. 역사가 오랜 이 왕국의 주민들은 거세게 저항했으나 이에 대한 잔인한 탄압이 뒤따랐으며, 저항과 탄압이 반복되다 결국 나라가 사라지는 비극적인 종말을 맞이했다.[107]

예카테리나는 문화 측면에서도 러시아에 크게 기여했다. 가장 대표적인 것은 에르미타주 박물관이다. 현재는 상트페테르부르크의 겨울 궁전 전체를 차지하고 있지만, 처음에는 그녀가 개인적으로 전시품을 수집하면서 시작된 것이다. 러시아 과학원이 세계적인 권위를 갖게 된 것도 그녀의 공헌이었다. 남편을 잃고 프랑스와 영국에서 15년을 보낸 예카테리나 다쉬코바를 1782년에 과학원장에 임명하고 외국의 석학들을 초빙해서 과학원을 최고의 권위를 가진 기관으로 변모시켰다.

예카테리나는 개인적으로는 분명히 문화인이었고 계몽주의자였다. 그녀는 외국의 계몽주의자들과 꾸준히 서신을 주고받았을 뿐 아니라 스스로 분명히 계몽주의 계열에 속하는 희곡과 소설을 쓰기도 했다. 입법을 위해 소집한 1776년의 회의는 실패로 끝났지만, 1785년에 그녀가 기

---

[107] 현재의 폴란드는 1918년 제1차 세계대전 후에 폴란드 공화국으로 새롭게 탄생한 나라이다.

초한 〈귀족 헌장(Charter to the Nobles)〉과 같은 수십 개의 법률이나 선언문은 분명히 '인간'을 중심으로 하는 사상에 입각한 것들이었다.

그렇지만 그녀는 본질적으로 절대군주였으며, 그러한 군주들 중에서도 권력에 대한 욕구가 가장 강했던 사람들 중 하나였다. 예카테리나는 말년에 점차 권력욕의 화신으로 변모했다. 사람이 나이를 먹으면 젊은 시절의 열정과 이상은 사라지고 그 빈자리에 탐욕과 집착이 채워지는 것은 당연한 일인지도 모른다. 프랑스 혁명이 일어나고 국왕인 루이 16세가 처형되자 계몽주의자 예카테리나는 완전히 사라지고 권모술수에 통달한 늙은 여우만 남았다.

그녀는 대제국 러시아의 여왕벌과 같은 존재였다. 그녀에게는 남녀의 사랑조차 권력을 유지하기 위한 수단이었다. 그녀와 잠자리를 같이 하는 영광은 신분의 수직 상승을 의미했다. 그녀는 숱한 애인들을 만들고, 그들과 그 가족들에게 작위와 영지를 선물했다. 다음은 잠시 예카테리나의 총애를 받았다 버림받은 한 사나이가 차리나에게 받은 작별의 선물 목록이다.

> 백작의 작위
> 5만 루블의 현금
> 매년 5천 루블의 연금
> 우크라이나의 농노 4천 명

그 시대의 러시아를 대표하는 인물들이 그녀의 사랑을 얻기 위해서, 혹은 여러 달이나 여러 해 만에 다시 그녀를 기쁘게 하기 위해서 치열한 충성 경쟁을 벌였다. 혈통으로는 도저히 차르가 될 수 없었던 외국 여인이

무려 34년간 러시아를 통
치했던 비법이 여기에 숨
어 있다. 권력과 사랑, 만
약 그것이 사랑이 아니라
면, 최소한 젊은 남성들의
헌신적인 봉사를 누렸으
니 개인적으로는 행복했
던 삶이었다고 할 수도 있
을 것이다.

예카테리나는 죽기 바
로 전 해인 1795년에 '대
제'라는 칭호를 제의받았
다. 그녀는 이때 자신에

예카테리나 대제

대한 평가는 역사에 맡긴다며 이 제의를 거절했다. 그녀의 치세는 분명
히 러시아 역사에서는 영광스러운 황금시대였다. 그렇지만 예카테리나
가 폭력을 통해 잠재운 러시아의 구조적인 모순은 한 세기 후에 러시아
혁명이라는 격렬하면서도 참혹한 모습으로 다시 드러나게 된다.

아르헨티나의 구원자

에바 페론

1947년, 20세기의 마지막 파시스트였던 스페인의 독재자 프란시스코 프랑코(Francisco Franco)는 스페인을 공식 방문한 아르헨티나 대통령의 영부인이자 노동복지성 장관인 에바 페론(Maria Eva Duarte de Peron)에게 스페인 최고의 훈장인 이사벨라 십자훈장(Cross of Isabel the Catholic)을 수여했다. 그러자 전 세계는 훈장을 수여한 사람과 받은 사람에 대해 동시에 문제 제기를 했으며, 과연 이들이 이사벨라 여왕이 부여하는 명예를 주고받을 수 있는 자격이 있는가 하는 문제에 대해 심각한 논란이 널리 번졌다.

'에비타(Evita)'라는 애칭으로 더 친숙한 에바 페론은 신화라는 것이 과거로부터 내려오는 것만이 아니라 지금 이 순간에도 계속 만들어지고 있다는 확실한 증거이다. 그녀의 어릴 적 이름인 에비타는 '작은 에바(Little Eva)'라는 의미이다. 그녀가 세상에 자신의 이름을 알린 기간은 불과 8년 남짓이었고 서른세 살의 젊은 나이에 죽었다. 그러나 지난 20세

에비타의 자서전 《내 삶의 이유》 표지

기, 에비타는 전 세계에서 대표적인 문화 아이콘으로 자리 잡았다.

에비타를 표현할 때 가장 많이 인용되는 문구가 '거룩한 악녀이자 천박한 성녀'이다. 그녀의 어린 시절의 삶은 상당 부분 가려져 있지만, 열다섯 살 이후의 삶과 8년 동안의 공직생활, 그리고 그 기간의 어록은 스스로 구술한 자서전을 포함해서 여러 개의 전기에 의해 투명하게 노출되어 있기 때문에 누구라도 그녀에 대한 평가가 가능하다. 그런데 그녀에 대한 평가는 평가자가 세상을 보는 시각에 따라서 극단적으로 달라진다.[108]

---

[108] 《내 삶의 이유》는 1952년 출판되어 전 세계적인 베스트셀러가 됐다. 무슨 이유인지 미국에서의 출판은 지연되어 1953년 《My mission in life》라는 제목으로 양장본이 출판되었지만, 이 책은 출판 당시부터 희귀본이었다. 이후 1980년 출판된 《Evita by Evita》를 통해서 비로소 대중들이 접할 수 있었다.

에비타는 암으로 세상을 떠나기 직전《내 삶의 이유(La Razon de Mi Vida)》라는 제목으로 자서전을 출간했다. 그렇지만 이 책에는 유년 시절의 생활은 물론 그녀의 고향이나 생일에 관한 것, 심지어는 어릴 적의 이름조차 빠져 있다. 그녀가 죽음을 앞두고도 필사적으로 감추려고 할 정도로 이 시절 그녀의 삶은 악몽 그 자체였던 것이다.

평범한 여배우 에비타

에비타는 1919년 5월 7일생[109]으로 광대한 초원 팜파스에 위치한 로스 톨도스라는 작고 낙후된 마을에서 태어났다. 부에노스아이레스에서 자동차를 타고 서쪽으로 서너 시간을 달려야 도달하는 곳이다.

그녀의 아버지는 거대한 농장을 운영하며 지역의 영주 노릇을 하고 있던 후안 두아르테(Juan Duarte)라는 사람이었다. 그녀는 한 살 때 그녀의 어머니 후아나(Juana Ibarguren)와 함께 아버지로부터 버림을 받았다.

후안과 후아나는 모두 다섯 아이를 두었지만, 후아나는 두아르테의 정식 부인이 아니라 내연의 관계만 맺고 있던 사이였다. 후안은 후아나를 버린 다음 가족을 전혀 돌보지 않았으며, 이때부터 에비타는 지긋지긋한 가난에 시달리면서 살아야 했다. 부근의 후닌이라는 작은 도시로 이사한 후아나는 아이들을 돌보기 위해서 이웃사람들을 위해서 바느질을 했으며 농장의 주방에서 요리를 했다. 아직 십 대 초반에 불과했던 두 언니 엘리사(Elisa)와 블랑카(Blanca)도 어머니의 허드렛일에 동참해야

---

109 에비타는 자신이 결혼할 즈음 과거의 출생증명 기록을 파기하고 스스로 다시 기록했다. 이 새로운 출생증명서에는 그녀의 생일이 1922년 5월 7일로 되어 있다.

했다.

　얼마 후 후아나는 오빠의 도움으로 허름한 집을 장만하여 그것을 하숙집으로 개조해 운영하면서[110] 5남매를 키웠다. 그렇다고 두아르테 가족이 가난에서 완전히 벗어난 것은 아니었다. 그들은 여전히 빈민층에 속했으며, 후아나는 막내인 에비타의 현실이나 장래를 위해서 무엇이라도 해 줄 수 있는 여유가 전혀 없었다. 어린 에비타에게는 경제적으로도 정신적으로도 대단히 힘든 환경이었다.

　가족들의 가난이야 대다수의 아르헨티나 사람들이 가난하게 살고 있었으니 어쩔 수 없다고 해도 사생아라는 것이 문제였다. 아르헨티나는 지금도 보수적인 가톨릭 국가이며, 그 당시에는 사생아에 대한 사회적인 차별이 더욱더 가혹한 형태로 존재하고 있었다.

　어린 에비타는 현실을 탈출하는 수단으로 자신이 유명한 배우가 되어 호화로운 생활을 하는 미래를 꿈꾸곤 했다. 그리 오래 다니지 못한 학교에서도 연극부 활동만은 관심을 보였다.

　1935년 초, 열다섯 살인 에비타는 자신의 꿈을 이루기 위해서 과감하게 첫걸음을 디뎠다. 배우가 되기 위해서 후닌을 떠나 부에노스아이레스로 간 것이다.[111] 당시는 전 세계적인 대공황의 시기였고, 농업국이었

---

110 후아나가 하숙집을 운영한 것이 아니라 창녀들을 데리고 있었다는 주장도 있다. 그 주장은 1946년 아르헨티나 대통령 선거 때 페론의 정적들에 의해 처음 제기되었는데, 사실이라기보다는 비열한 인신 공격이었을 가능성이 더 높다. 하지만 그녀에게 부정적인 전기 작가들은 이 주장을 더 선호한다.
111 뮤지컬 〈에비타〉에서는 에비타가 탱고 가수 마갈디(Augustin Magaldi)를 유혹해서 그와 함께 기차로 부에노스아이레스에 도착한다. 뮤지컬 〈에비타〉에 그런 내용이 들어 있는 이유는 이 뮤지컬이 1952년 메리 메인(Mary Main)이 출판한 에비타의 전기 《채찍을 든 여인(The Woman with the Whip)》을 기초로 하기 때문이다. 이 전기는 에비타에 대해 적대적으로 그린 첫 번째 전기이다. 또한 뮤지컬 내용과는 달리 에비타와 혁명가 체 게바라는 단 한 번도 만난 사실이 없다. 다른 중립적인 전기 작가들은 마갈디가 1934년에 후닌에서 공연한 기록을 찾지 못했다. 후일 에비타 바로 위의 언니 에르민다(Erminda)는 이날 에비

던 아르헨티나는 불황의 직격탄을 맞았다. 부에노스아이레스에는 지방으로부터 유입된 인구가 집중되어 거대한 빈곤층을 형성하고 있었으며, 이들을 대상으로 영화나 연극, 라디오와 같이 적은 비용으로 즐길 수 있는 엔터테인먼트 산업만이 황금기를 구가하고 있던 때였다.

에비타는 열여섯 살이 되기 직전 코메디 극장(Comedias Theatre)에서 연극의 단역을 맡으며 처음으로 연예계에 데뷔했다. 연기는 좋은 평판을 얻어서 그녀는 극단과 장기 계약을 할 수 있었으며, 다음해에는 극단의 전국 순회 공연에 참여했다. 그렇다고 이 시기에 그녀가 대중적인 스타가 된 것은 아니었고, 꿈이 이루어진 것도 아니었다. 그녀에게는 경쟁이 치열한 연예계에서 최고가 되려는 야망 이전에 스스로 자신의 생계를 해결해야 한다는 더욱 절실한 문제가 있었다.

그녀는 무명 배우라고 할 수는 없지만 그저 그런 평범한 여배우 중의 한 사람일 뿐이었다. 그렇지만 B급 멜로영화에 출연하고 모델로도 일하면서, 그 바닥에서 살아남았다. 그렇게 여러 해를 바쁘게 살다 보니 그녀에게 행운이 찾아왔다. 그녀는 언제나 자신에게 여배우로서 '섹스어필'이 부족하다고 생각했다. 반면 연극무대에서 다져진 목소리 연기에는 자신이 있었기 때문에 영화 화면에서 승부하기보다는 라디오 드라마에 자주 출연하고 있었다.

1942년 초, 〈역사 속의 위대한 여인들〉이라는 일일 라디오 드라마 시리즈가 당시 아르헨티나 최대의 민간방송사였던 라디오 엘 문도(Radio El Mundo)를 통해 방송되기 시작했다. 그녀는 이 드라마에서 잉글랜드의 엘리자베스 1세와 러시아 로마노프 왕가의 마지막 황후 알렉산드라 역을 맡았다. 드라마는 폭발적인 인기를 끌었으며, 에비타는 이 시리즈를

타가 코메디 극장에서 오디션을 받기 위해 어머니 후아나와 함께 난생 처음 부에노스아이레스까지 기차 여행을 했다고 회상했다.

통해 일약 대중적인 스타로 떠올랐다.

에비타는 최고의 소득을 올리는 연예인 중 한 사람이 되었으며, 라디오 방송국의 지분까지 소유하게 되었다. 그녀는 라디오에서의 인기를 배경으로 다시 한 번 영화에 도전해서 그 시대 라틴 아메리카 최고의 여배우였던 라마르크(Libertad Lamarque)가 주연한 영화 〈격차(La Cabalgata del Circo)〉에 상당히 비중 있는 역으로 출연했지만 흥행에서 큰 성공을 거두지는 못했다.[112]

후안 페론과의 만남

에비타는 뮤지컬 〈에비타〉에서 그려지는 것처럼 무명 배우였다가 후안 페론과의 결혼을 통해 어느 날 갑자기 신분 상승한 것이 아니었다. 후안과 에비타가 만났을 때 에비타는 이미 사회적으로 저명한 여류인사였다. 그녀는 대중적인 인기를 바탕으로 사업에 뛰어들어 상당한 수완을 발휘하고 있었으며, 정치적으로도 후원자들을 찾고 있었다. 그녀의 사업 분야가 정치적인 후원 세력이 절대적으로 필요한 것이었기 때문이다.

에비타는 새로 구성된 아르헨티나 라디오 신디케이트(ARA, Argentine Radio Syndicate)의 설립 멤버였다. 당시 아르헨티나는 군정체제하에 있었으며, 어떤 사업을 하던 군부와의 긴밀한 관계는 필연적이었다. 더군다

---

112 이 영화는 에바 페론의 마지막 작품이며, 후안 페론과 결혼한 이후 개봉되었다. 이 영화를 촬영하면서 에비타와 라마르크의 사이가 완전히 틀어졌으며, 그 이유로 라마르크가 에비타의 블랙리스트에 올랐다는 소문이 돌았다. 후일 라마르크는 1986년 출판된 자서전을 통해 이 소문을 단호하게 부인했다. 그녀는 감독에게 에비타에 대한 불만을 제기하기는 했지만, '에바는 항상 지각을 한다'라는 정도였다고 한다. 아르헨티나 출신인 라마르크는 페론이 집권하고 있는 동안에는 주로 멕시코에서 활동했다.

나 ARA는 공공의 소유인 전파를 독점하기 위한 목적으로 만들어진 조직이었다. ARA를 설립하고 얼마 되지 않았을 때 에비타의 운명은 자신도 전혀 예측하지 못하던 방향으로 흘러갔다.

아르헨티나의 역사에서 1930년대는 '치욕의 10년(Decade Infame)'이라고 불린다. 독립한 지 한 세기 남짓한 20세기 초 아르헨티나는 일인당 국민소득이 전 세계에서 4위에 오를 정도로 경제적인 번영을 구가하고 있었다. 그러나 이 시기의 번영은 광활한 대농장에서 대규모의 방목과 노동집약적인 곡물 경작을 통해서 이루어진 전근대적인 경제 시스템에 기반을 둔 것이었다. 사회적으로도 인종과 사회 계층 간의 차별이 엄연히 존재하고 있었으며, 실질적인 신분 격차는 봉건 시대와 크게 다를 바가 없었다. 정치적으로도 선거권은 소수의 특권층에 제한되어 있었으며, 특권층은 보수적인 정책을 강력하게 고수하고 있었다.

그런데 서서히 산업화가 진행된 이 시기에 유럽 각국에서 대량의 이민이 유입되면서 이들과 함께 사회주의와 무정부주의 같은 급진적인 사상도 함께 들어왔다. 이에 완고한 아르헨티나 사회에도 변혁의 바람이 불기 시작했다. 1912년 최초로 모든 남성들에게 선거권이 개방되었으며, 4년 후에는 국제 사회주의 연맹(Socialists International)의 일원이기도 했던 급진 시민 연합(UCR, Union Civica Radical)이 정권을 잡았다.

그렇지만 이 좌파 정권은 그 자체로도 혼란스러웠고, 의회를 장악하고 있던 보수주의자들의 강력한 견제를 받아 의도하던 사회 개혁 프로그램을 제대로 추진할 수가 없었다. 1929년 불어 닥친 대공황의 거센 바람은 취약한 사회주의 정권에게는 치명타였다. 결국 1930년 좌파 정권은 군부 쿠데타에 의해서 무너지고 극우파인 아르헨티나 애국자 동맹(Liga Pariotica Argentina)이 정권을 잡았다.

군부와 우파가 정권을 잡았던 이 시대가 바로 '치욕의 10년'이다. 이 기간 중에 상상할 수 모든 부도덕한 권력형 비리가 자행되었다. 정권은 부정선거에 의해 연장되었고, UCR 지도자들에 대한 불법적인 체포와 처형이 공공연하게 이루어졌다. 사회 전반에 광범위하게 번진 부정과 부패는 일상적인 것이 되었다. 이러한 상황에서 경제가 제대로 돌아갈 리 없었다. 아르헨티나의 경제는 수직으로 추락했다.

'치욕의 10년'은 1943년 일단의 장교들이 주축이 되어 일으킨 쿠데타에 의해서 13년 만에 종식되었다. 에비타는 쿠데타가 일어나고 얼마 지나지 않은 1944년 정월 육군 대령 후안 도밍고 페론(Juan Domingo Peron)을 처음 만났다. 당시 후안은 마흔여덟 살, 에비타는 스물네 살이었다.[113] 후일 에비타는 자서전을 통해 이 '기적의 날'에 후안이 내뿜는 중후한 매력에 완전히 빠져들어 자신이 먼저 접근했다고 고백했다.

1944년, 아르헨티나는 비극으로 그해를 시작했다. 1월 15일 산후안을 덮친 지진으로 6천 명 이상이 사망하고, 엄청난 피해가 발생한 것이다. 노동성 장관인 페론 대령은 쿠데타를 통해 집권한 보수적인 군부 내에서 특이하게 하층민의 이익을 대변하며 친노조 노선을 걷고 있던 사람이었다. 그는 지진 피해자들을 위해서 모금 활동을 전개하면서 예술계에 도움을 요청했다.

아르헨티나의 유명 연예인들은 일주일 동안 예술제 형식으로 모금 운동을 벌였고, 일정이 끝나자 마지막 날 저녁에는 갈라 쇼를 열었다. 바로 이 갈라 쇼에서 후안과 에비타가 처음 만났다. 에비타는 쇼가 끝난 다음에도 새벽 두 시까지 수다를 떨며 후안을 놓아 주지 않았다. 후안은

---

113 실제 후안의 나이는 쉰한 살이었고 에비타도 연예계의 관행을 따라 자신의 나이를 세 살 어린 1922년생으로 속이고 있었다.

첫 부인인 아우렐리아(Aurelia Tizon Erostarobe)[114]를 자궁경부암으로 잃은 지 5년이 지난 홀아비였다.

쿠데타가 성공한 이후 후안이 임명된 노동성 장관은 아무도 중요한 자리라고 생각하지 않는 한직이었다. 그런데 후안은 이 한직에서 두각을 나타냈다. 그는 역사가 대략 10년 남짓한 사회주의 계열의 노조 연합체 아르헨티나 노동 총연맹(CGT, Confederacion General del Trabajo de la Republica Argentina)과 손을 잡고 노동 관계 법률들을 제정했다. 이 법률들은 노동자들의 오랜 숙원이었던 것들이었다.

에비타가 후안을 처음 만났을 때가 바로 그와 CGT의 연대가 서서히 강화되던 시기였다. 후안은 노조의 강화와 CGT 조직의 전국 확대를 지원하고 있었다. 노동자들뿐 아니라 치욕의 세월 동안 권력에 대한 분노와 무력감에 빠져 있던 서민들은 후안에게서 희망을 찾기 시작했다.

이들의 초기에는 에비타가 적극적이었고 첫 부인에 대한 기억을 지우지 못하고 있던 후안은 미적지근했지만, 잦은 만남을 유지하면서 관계는 점차 깊어졌다.

다음해 2월, 후안이 노조의 적극적인 지원과 대중적인 인기를 얻자 파렐(Edelmiro Julian Farrel) 대통령은 그를 부통령 겸 전쟁성 장관에 임명했다. 그를 후계자이자 권력의 제2인자로 인정한 것이다. 그렇지만 군사 평의회 멤버들의 생각은 전혀 달랐다.[115] 군부란 원래 보수적인 가치를

---

114 아우렐리아에 대해서는 거의 공개된 것이 없다. 1908년생으로 1929년 결혼해서 1938년에 사망했으며 '포토타(Potota)'라는 애칭으로 불렸다고 하는 정도이다. 후안 페론은 이 부인을 진정으로 사랑했고 항상 그녀에 대한 기억 속에 살았기 때문에 그의 앞에서 그녀의 이야기를 꺼내는 일은 금기시되었다고 알려져 있다.

115 파렐은 보수주의자였지만 페론의 상관이었던 관계도 작용해 두 사람은 개인적으로 서로 신뢰하는 사이였다. 그렇지만 파렐의 전임자이자 쿠데타의 실질적인 리더였던 라미레즈(Pedro Pablo Ramirez) 장군은 철저한 파시스트였기 때문에 페론을 상당히 견제했다.

데스카미사도스 집회에서의 에비타

가질 수밖에 없는 조직이다. 그들의 생각으로는 하층 빈민들, 그중에서
도 특히 사회주의자는 국가에 대한 충성심이라고는 전혀 기대할 수 없는
무가치한 존재들인데도 후안은 바로 그들을 대변하고 있었던 것이다.

1945년 10월 9일 보수적인 군사 평의회는 무장 병력을 동원해서 군부
의 이단아인 후안을 체포했다. 그러자 대대적인 시위가 발발했다. 25만
에서 35만여 명의 사람들이 대통령궁인 카사 로사다(Casa Rosada)[116] 정
문 맞은편 광장에 모여 후안의 석방을 요구했다. 아르헨티나의 엘리트
계급은 경멸의 의미를 담아 이 시위에 참가한 사람들을 데스카미사도스
(Descamisados)라고 불렀다. '셔츠를 입지 않은 사람들' 이라는 의미였
다.[117] 후안은 수감된 지 8일 만에 석방되었다.

116 '분홍색 집(Pink House)' 이라는 의미이다. 과거에 심하게 대립했던 두 정당의 색이 붉은색과 흰색
이었기 때문에 정치적 화합의 의미에서 대통령궁을 분홍색으로 칠하기로 결정한 것이다.
117 처음에는 무산자를 조롱하는 의미로 사용되었지만, 후일 에바 페론이 이 '셔츠를 입지 않은 사람
들' 에 대한 진한 애정을 표현하고 난 후 의미가 많이 바뀌었다. 원래는 1945년 10월 16일 부에노스아이

바로 이 일련의 사태가 에비타와 후안이 결정적으로 가까워진 계기였다. 이 시위에서 에비타가 후안의 석방을 위해 노력했던 사실은 분명하지만, 시위를 조직하는 데 얼마나 기여했느냐 하는 문제에 대해서는 논란이 분분하다. 후안은 석방되고 나서 나흘 후에 에비타와 결혼식을 올렸다.

이 1945년 10월 17일의 시위가 아르헨티나 현대사에서 갖는 의미는 상당히 크다. '치욕의 10년'과 군부 통치의 긴 세월 동안 줄곧 억눌려 왔던 아르헨티나의 민중이 최초로 그들의 의사를 적극적으로 표현했던 대사건이었기 때문이다.

후안 페론은 다음해에 치러질 대통령 선거에 출마를 선언했다. 에비타가 정치적으로 대중의 주목을 받기 시작한 계기가 바로 4개월 정도 전개된 이 민선대통령 선거 캠페인이었다. 그녀는 자신이 진행하던 주간 라디오 프로그램에서 페론이 제창한 '정의주의(Justicialismo)'에 동참할 것을 대중들에게 호소했다. 또한 프로그램을 통해서 자신의 불우했던 어린 시절을 공개하며 그들과 동질감을 조성했다.

에비타는 후안과 동행하여 방방곡곡을 순회하면서 캠페인에 적극적으로 참여했다. 에비타가 선거 캠페인에 적극적으로 개입하자 대중들은 환호했지만, 한편으로 그녀는 보수주의자들의 공격을 감수해야 했다. 당시 아르헨티나는 여성에게는 참정권도 부여하지 않고 있을 정도로 보수적인 사회였다. 에비타가 공개석상에 바지를 입고 나타나자 그 사실까지 비난받을 정도였다. 어찌 되었건 에비타가 대중의 주목을 받기 시

레스의 날씨가 무척 무더웠기 때문에 대통령궁에서 모인 사람들 중에서 상당수가 셔츠를 벗고 시위를 하여 처음 이 단어가 사용되었다. 시위에 모인 사람들 대부분이 가난한 노동자였기 때문에 언론에서 복합적인 의미로 사용한 것이다.

에비타와 후안

작하자 후안보다도 그녀가 경쟁자들의 공적이 되고 말았다.

에비타에 대한 공격은 그녀가 사생아로 태어났다는 사실과 그녀의 가족들에 대한 험담, 여배우 시절의 사생활 등과 같이 개인적인 문제들에 대한 근거 없는 비방과 비열한 인신공격이 주를 이루었다. 에비타에 대한 적대적인 전기들은 일찌감치 그녀가 죽기 전부터 발행되기 시작했는데, 그 전기들에 수록된 기사들 중 상당 부분이 대통령 선거 캠페인 기간 중 상대 캠프에서 찍어낸 팸플릿에서 인용한 내용이었다.

1946년 2월 격렬한 선거 캠페인 끝에 후안 페론은 대통령 선거에서 대승을 거두었다. 아르헨티나의 대통령 선거는 최초의 선거에서 과반수를 획득하지 못할 경우 득표율 1, 2위가 최종적인 결선 투표를 하는 제도였다. 당시 선거에서는 여러 명의 대통령 후보가 난립해 있어 대다수의 사람들이 결선 투표를 예상하고 있었다. 그러나 페론은 첫 선거에서 과반수를 훨씬 상회하는 압도적인 승리를 거두었다.

대다수 아르헨티나 국민의 선택이었지만, 동시에 페론에 대한 군부와 가톨릭 교회, 기득권층으로 이루어진 보수주의자들의 반감은 회복할 수 없을 정도로 깊어졌다. 국제 사회의 시각도 착잡했다. 제2차 세계대전을 힘겹게 막 끝낸 연합국, 특히 미국은 불안한 시각으로 페론의 아르헨티나를 바라보고 있었다. 그들은 후안 페론이 사회주의자 아니면 파시스트 둘 중에 하나라고 생각했다.

국제 사회에는 후안 페론이 명문가의 후계자라는 것 외에는 정확하게 알려진 것이 없었다. 그러나 그는 명문가 출신이기는 하지만, 아르헨티나 원주민들에게 헌신했던 의사인 아버지와 19세기에 백인들에 의해 거의 인종청소가 된 원주민 어머니와의 사이에서 태어난 혼혈이었으며, 어린 시절을 어머니와 함께 박해받는 원주민들 틈에서 보낸 사람이었다.[118] 소외받는 계급에 대한 애정은 그의 본능이나 마찬가지였다. 바로 이런 면에서 후안이 에비타와 의기투합했던 것이다.

퍼스트레이디 에비타

훗날 '페론주의'라는 이름으로 불리게 될 정의주의(Justicialismo)는 권위

---

[118] 후안의 어머니 후아나 소사(Juana Sosa Toledo)는 대통령이 된 아들에게 누가 될 것을 염려해 자신의 신분을 드러내지 않고 아르헨티나 최남단으로 거처를 옮겨 은둔하다가 1953년에 세상을 떠났다. 후안은 임종을 맞이해서 측근들에게 자신의 출생을 공개하라는 유언을 남겼지만, 1990년대에 들어서야 처음 공개되었다.

주의적인 독재, 국수주의에 가까운 민족주의, 포퓰리즘, 반제국주의, 반자본주의와 같이 사회주의와 파시즘의 요소를 함께 가지고 있는 복합적인 이데올로기이다. 정의주의에 바탕을 둔 페론의 개혁은 1946년 대통령에 당선되면서 곧바로 시작되었다. 그는 아르헨티나가 제2차 세계대전 때 연합국과 주축국 양쪽으로 모두 식량을 수출하면서 벌어들인 막대한 외화로 국가의 외채를 모두 조기상환하고 '경제적인 독립'을 선언했다.

다음해에 페론은 여러 개로 난립해 있던 철도회사를 모두 국유화하면서 국영 철도회사 FA(Ferrocarriles Argentinos)를 설립했다. 철도는 당시 아르헨티나에서 가장 중요한 수송수단이었다. 이어서 바로 그해에 아르헨티나 역사상 처음으로 산업화를 목표로 한 경제개발 5개년 계획이 발표되었다. 급속한 산업화가 진행되면서 가시적인 성과도 나타났다. 1947년부터 아르헨티나는 제트전투기의 개발에 착수해서 풀키 1호(Pulqui 1)와 풀키 2호(Pulqui 2)를 개발하는 데 성공했다. 세계에서 다섯 번째로 제트기의 생산에 성공한 것이다.[119]

그렇지만 페론 정권의 핵심은 이러한 경제 개혁과 정책의 가시적인 성과가 아니라 바로 대통령 부인인 에비타였다. 대통령 선거가 끝날 무렵부터 대중들은 그녀를 에바 페론이 아니라 어릴 적 이름인 '에비타'로 부르기 시작했다. 에비타는 대통령이 된 후안에게 사회적인 약자들을 위한 정책들을 입안하라고 강하게 압력을 가했다. 그러자 후안은 1946년 6월 그때까지 자신이 겸임하고 있던 노동복지성(Ministry of Labor & Social Welfare) 장관직을 에비타에게 인계하면서 동시에 건강성(Ministry of Health) 장관으로 임명했다.

그 시기까지도 에비타는 후안의 측근들에게 크게 환영받지 못하는 존

---

119 제트 전투기 풀키는 상업화되지 못했다. 1953년 한국 전쟁이 끝나면서 미군이 보유하고 있던 F-86 세이버 중고기가 저렴한 가격으로 대량 공급되면서 세계 시장을 석권했기 때문에 경쟁이 불가능했다.

재였다. 그렇지만 이 공직 생활로 인해 행정부 내에서 그녀의 영향력은 절대적인 것이 되었으며, 동시에 대중적인 인기는 폭발적으로 치솟기 시작했다. 그녀는 노동성과 건강성 두 개의 부처에서 하루에만 수천 건이 접수되는 민원에 대해 일일이 답장을 보냈으며, 민원을 해결하기 위해 최선을 다했다.

아르헨티나의 대중들은 그녀에게 열광하고 있었지만, 기득권층이 그녀에게 가지고 있던 반감은 정도가 아주 심했다. 그들에게 에비타는 팜파스의 외진 작은 촌에서 태어나 빈곤 속에서 자란 사생아, 반반한 얼굴과 호리호리하고 탄력 있는 육체를 무기로 삼아 남자들을 홀려 철저하게 이용하고는 유효기간이 지나면 매몰차게 차버리고 출세가도를 달렸던 창녀였다.

에바 페론 재단

에비타에 대한 기득권의 반감은 전 세계에서 유래를 찾기 힘들 정도로 성공한 자선기관인 에바 페론 재단(Eva Duarte de Peron Foundation)이 탄생한 계기가 되었다. 부에노스아이레스에서는 오래전부터 상류층 부인들의 배타적인 모임인 자선회(Sociedad de Beneficencia)라는 단체가 활동하고 있었다. 이 단체의 회장은 대통령 부인이 맡는 것이 관례였다. 그런데 단체의 구성원들은 에비타가 너무 어리다는 이유를 들어 단체에 가입하는 것마저도 거부했다. 일종의 모욕이었다.

그러자 그녀는 개인 재산 1만 페소를 들여 에바 페론 재단을 설립했다. 처음에 이 재단은 자선회에 지원되는 정부의 지원금과 페론과 긴밀

한 관계에 있던 노조로
부터 자발적인 후원금
을 받아 운영되었고,
점차 대중들의 주목을
받으면서 후원금 규모
가 폭발적으로 늘어났
다. CGT에 소속된 모
든 노동자들이 자신들
의 1년 치 봉급 중 사흘
분에 해당하는 금액을
에바 재단에 기부했다.

에비타는 노동복지성과 건강성의 장관으로 임명됐다.

기금을 조성하는 과
정에서 보수주의자들과 다시 충돌하는 사태가 불가피했다. 에비타가 그
동안 정부가 가톨릭 교회의 자선 활동을 지원하기 위해 지급하던 보조금
을 에바 재단으로 돌린 것이다.[120] 사실 그동안 일부 가톨릭 교회에서는
보조금을 자선이 아니라 불분명한 용도로 사용하는 것이 관례였지만, 보
조금이 없어지니 교회의 반발은 당연한 것이었다. 이렇게 되자 재단의
기금은 순식간에 약 2억 달러 정도로 증가했다.

1950년 연말 결산 때 에바 페론 재단은 26명의 성직자를 포함해서 모
두 1만 4천 명 이상의 인원을 고용하고 있었다. 재단은 1947년부터 빈민
층을 위해 아예 도시 하나를 건설하고 있었고,[121] 무주택자들을 위한 주
택과 무산자들을 위한 병원을 건설하기 위해 건설 노동자들을 고용하면

---

120 후일 후안 페론이 가톨릭 교회로부터 파문을 당한 일은 이 건과는 무관하다. 후안은 미성년자와의
성 관계를 가졌던 사실이 문제가 되어 파문을 당했다.
121 에비타 시(Ciudad Evita)라는 이름으로 부에노스아이레스 외곽에 위치하고 있다. 도시 전체가 에바
페론의 기념관으로 선언되었다.

서 직원 숫자가 늘게 된 것이다. 또한 재단은 그해에만 모두 사십만 켤레의 신발과 오십만 대의 재봉틀, 이십만 세트의 조리 기구를 구입해서 전국에 배분했다.[122]

재단은 교육을 원하는 사람들에게 장학금을 지급하고, 의료를 원하는 사람들에게 의료 서비스를 공급했으며, 전국에 많은 고아원을 지었다. 에비타는 자신이 책임지고 있는 노동복지성과 건강성으로 쇄도하는 민원 중 정부의 시스템으로 해결하지 못하는 문제들은 모두 이 재단을 통해서 해결했다. 또한 그중에서 많은 부분을 직접 결재하고 직접 중재했다.

그러기 위해서 그녀는 새벽 일곱 시부터 업무를 시작해 밤늦게까지 사무실을 지켰다. 하루에 스무 시간에서 스물두 시간을 사무실에서 보내는 날들도 허다했으며, 주말을 함께 하자는 후안의 제의를 번번이 거절하곤 했다. 이 와중에 그녀는 여러 번의 자연유산을 겪었다. 원인은 언제나 과로였다.

그녀에게는 분명히 양면성이 있었다. 에비타는 그 시대의 패션 아이콘이었으며, 전 세계의 퍼스트레이디 중 가장 젊고 아름다운 여인 중 하나였기 때문에 크리스천 디오르(Christian Dior)와 같은 유럽의 디자이너들이 가장 선호하는 모델이었다. 그녀는 대가들이 디자인한 옷과 보석, 시계와 구두를 누구보다도 먼저 착용하는 행운을 누렸으며, 이러한 것들을 대단히 즐겼다.

에비타는 크리스천 디오르가 파리에서 공수해 준 새 디자인의 옷과

---

122 《채찍을 든 여인》의 메리 메인과 같은 전기 작가들은 에바 재단이 페론 부부가 자금을 스위스 은행 계좌로 빼돌리기 위해 설립한 사이비 자선기관이라고 했지만, 후일 페론의 망명 때 그들 부부의 스위스 계좌는 존재하지 않는다는 사실이 밝혀졌다.

보석으로 치장하고 새벽에 재단 사무실에 출근해서 가난한 사람들과 아픈 사람들을 직접 만났다. 그들 중에는 한센씨 병이나 매독으로 피부에 진물이 흐르는 사람들도 있었다. 그녀는 이런 사람들의 손을 직접 잡고 위로하면서 그들에게 키스를 했다. 점차 그녀의 독실한 신앙과 맞물려 노인들과 그녀에게 도움을 받은 아이들 사이에서 그녀를 '성녀'로 생각하는 사람들이 늘어났다.[123]

아르헨티나에서 누구보다도 에비타의 영향을 가장 많이 받은 사람들은 여성들이었다. 1946년 선거 직후 에비타는 후안에게 여성들에게 '일할 권리'와 '투표할 권리'를 주어야 한다고 역설했다. 그녀는 상원의원들을 직접 들볶아서 남녀평등권에 관한 법률을 통과시켰다. 이 법안은 다음해에 하원을 통과해서 여성들은 남성들과 동등한 참정권을 갖게 되었다. 바로 그해 에비타는 여성 페론당(Feminist Peronist Party)을 창당했다. 1951년 선거를 앞둔 시점에서 여성 페론당의 당원 수는 오십만을 넘었다.[124]

에비타의 마지막

1951년 8월 22일 약 이백만 명으로 추산되는 어마어마한 인파가 대통령궁 카사 로사다에서 그리 멀지 않은 정부 청사의 맞은편 광장에 모여

---

[123] 그녀는 모든 학교에서 가톨릭 교육을 의무화하는 법안을 직접 입안해 제출했던 골수 가톨릭 신자였다.
[124] 현재는 정의주의당 여성지부로 개편되었다. 2007년 당선된 현 아르헨티나 대통령 크리스티나 페르난데스(Cristina Fernandez de Kirchner)가 바로 여기 소속이다.

에비타를 부통령으로!

들었다. 에비타의 노력으로 여성에게도 선거권이 보장되고 나서 처음으로 치러질 차기 대통령 선거가 예고된 시점이었다. 이들은 후안과 에비타의 거대한 초상화를 들고 있었다. 페론 부부가 청사 발코니에 모습을 드러냈으며, 잠시 후 후안은 짧은 연설을 했다.

후안이 연설을 마치자 이백만 인파가 일제히 에비타를 연호하기 시작했다. 그들의 구호는 '에비타를 부통령으로!'였다. 에비타가 머뭇거리면서 조금 더 시간을 갖고 생각하겠다고 대답했다. 그러자 군중들은 하나의 목소리로 소리쳤다.

"지금! 에비타, 지금!(Ahora! Evita, Ahora!)"

그러나 에비타는 민중의 부름에 응할 수가 없었다. 그녀의 몸은 이미 치명적인 악성 종양에 침식되고 있었던 것이다. 에비타가 대중 앞에서 처음으로 실신한 시기는 1950년 초였으며, 이때 이미 자궁암은 치유할 수 없는 상태였다. 이백만 인파가 모였던 이날 즈음에는 극도의 무력증과 자궁 출혈에 시달리고 있었으며, 에비타는 자신의 죽음이 임박하고 있다는 사실을 알고 있었다.

1951년 8월 22일의 사진에도 에비타가 대중들에게 응답하는 동안 후안이 그녀가 쓰러지지 않도록 허리를 부축하고 있는 모습이 선명하게 찍혀 있다. 에비타는 그날 저녁에 다시 쓰러졌다. 그녀는 후안이 다음해에

치러진 재선에 성공할 때까지 극
단적인 수술을 받으면서까지 간
신히 버텨냈다. 1952년 6월 4일
후안의 재선을 축하하는 퍼레이
드가 에비타가 대중에게 모습을
드러낸 마지막 공개행사였다.

이 퍼레이드에 참가했을 때 그
녀의 체중은 36킬로그램에 불과

후안의 부축을 받고 있는 에비타

했으며, 커다란 코트 속에 지지대를 감추고 그것에 의지해서 서 있었다.
며칠 후 그녀는 공식적으로 '조국의 정신적 지도자'라는 호칭을 얻었
다. 1952년 7월 26일 오후 8시 25분, 에비타의 죽음이 방송을 통해서 알
려졌다. 아르헨티나는 순간적으로 시간이 정지한 듯 모든 것이 얼어붙
었다. 그리고는 곧이어 깊은 슬픔에 빠졌다.

에비타는 그녀가 없었더라면 무미건조했을 페론주의에 화려한 색깔
을 입힌 사람이었다. 그녀와 후안 페론이 권위주의적인 독재자였다는
사실은 의심할 여지가 없다. 그렇지만 그것은 페론주의의 핵심도 아니
고, 현재 한국에 팽배한 신자유주의적인 입장에서 비판할 수 있는 성격
의 것도 아니다. 그러한 비판은 체 게바라가 수술용 메스를 집어던지고
AK-47 소총을 들었다고 비판하는 것과 같은 일이다.

페론 부부는 아르헨티나가 근본적으로 제국주의적인 선진국으로부터
착취당하고 있는 제3세계에 속한다고 보았으며, 대다수의 고통받는 국
민들을 제국주의자들과 그들에게 기생해서 부와 권력을 독점했던 국내
의 기득권층으로부터 보호하는 데 우선적인 목표를 두었던 사람들이다.
이러한 점에서 후안과 에비타는 체 게바라나 젊은 시절의 피델 카스트

로와 같은 순수한 혁명가들과 맥을 같이 하는 사람들이다.

에비타 이후의 아르헨티나

에비타를 잃은 제2기 페론 정권은 임기를 다 채우지 못하고 미국 CIA 가 개입한 군부 쿠데타에 의해서 무너졌다. 새로 들어선 군부는 아르헨티나에서 에비타의 흔적을 지우기 위해 갖은 노력을 기울였다. 영구보존 처리되었던 그녀의 시체는 모독당하고, 이탈리아에 16년간이나 숨겨졌다. 1972년 페론이 재집권하면서 그녀의 시신도 귀국했으나, 1년 만에 페론이 죽고 다시 한 번 군사 쿠데타가 일어나자 영원한 안식처를 찾지 못해 방황하다 최종적으로 가족묘지에 자리를 잡았다.

새로운 군부의 우선적인 목표는 페론 부부를 모략하는 작업이었다. 미국의 유력한 언론들도 이 작업에 적극적으로 동참했다. 그들은 후안과 에비타를 파시스트로 매도했다. 그렇기 때문에 페론 정권 시절 나치 전범들에게 이민 문호를 개방했다고 주장했다.

제2차 대전 이후 나치 전범들이 아르헨티나에 자리를 잡은 것은 사실이지만, 페론이 그들에게 문을 연 이유는 나치 독일이 가지고 있던 과학 기술과 숨겨진 자금을 흡수하기 위해서였다. 프랑스의 유명한 항공 공학자이자 파시스트였던 에밀 드보아틴(Emile Dewoitine)을 비롯한 나치 독일의 과학자들은 아르헨티나 항공 산업의 산파 역할을 했다.

더욱이 에비타는 나치의 입국에 관여하지도 않았거니와 기본 정서상 급진적인 사회주의 혁명론자라면 몰라도 파시스트가 될 수 있는 사람은 아니었다. 페론 부부를 파시스트로 모는 일이 잘 되지 않자, 아르헨티나 군부는 공격 방향을 바꿔 그들 부부의 부도덕성에 초점을 맞췄다.

그들은 후안과 에비타가 스위스 은행에 거액을 예치해 놓고 있으며, 후안이 망명할 때는 무려 7억 달러라는 거액의 현금을 가지고 있다고 발표했다. 이 말을 곧이곧대로 믿은 파나마 정부에서는 후안의 망명을 대환영했다. 그러나 비행기에서 내린 그가 가지고 있던 돈은 5만 달러가 전부였다. 그 돈은 에비타가 죽기 직전 발행한 자서전《내 삶의 이유》에 대한 인세로 받은 돈이었다.

후안은 파나마에서도 축출되어 여러 나라를 떠돌다가 결국 프랑코가 통치하던 스페인에 정착했다. 그의 입장에서는《내 삶의 이유》가 전 세계적으로 꾸준한 스테디셀러였다는 사실이 불행 중 다행이었다. 그에게는 애당초 스위스 은행의 계좌 따위는 있지도 않았으며, 에비타가 쓴 책의 인세를 수입원으로 해서 망명 16년 동안 근근이 살았다.

에비타의 포퓰리즘으로 인해 아르헨티나 경제가 망가지고 그녀를 모방한 남미 국가들이 모두 망가졌다고 주장하는 사람들이 있다. 더 이상 늘어나지 않는 파이를 키우려고 하지는 않고 나누어 주기에만 바빴다는 논리다. 그러나 경제학적인 통계자료는 이들의 주장을 전면적으로 부정한다. 아르헨티나는 후안 페론이 집권했던 10년 동안 130퍼센트가 넘는 경제성장률을 기록했다. 실질적인 평균 임금은 세 배 이상 올랐다.

아르헨티나 경제를 망친 원흉은 페론 정권이 아니라 그 정권을 무너뜨린 군부 독재 정권이었다. 그들은 국민이 페론 시절보다 더 잘살게 하겠다고 큰소리쳤다. 그들은 허황된 약속을 지키기 위해서 단기 외채를 들여와 국민들에게 풀었으며, 국민들은 잠시 벼락부자가 된 듯한 환상에 빠졌다. 그러나 단기외채라는 달콤한 유혹은 머지않아 이자율 150퍼센트라는 치명적인 독이 되어 아르헨티나 경제를 아예 죽이고 말았다.

아르헨티나의 구원자 에비타

1952년 페론이 대통령이 되면서 아르헨티나의 국가 외채는 80억 달러 선으로 정리되었고, 10년 동안 그 수준으로 계속 유지되고 있었다. 그러나 아르헨티나 경제에서 단물이 빠지자 외국 자본은 하루아침에 철수했다. 남은 것이라고는 450억 달러의 갚을 수 없는 외채뿐이었고, 기대할 수 있는 것은 IMF의 긴급 구제 금융뿐이었다. 그렇지만 아르헨티나 정치가들은 이 사태에서 교훈을 배우지 못했다.

1990년대에 페론주의자이면서도 신자유주의를 표방했던 메넴(Carlos Menem)은 대통령으로 선출되자 페론이 국유화했던 기업들을 모두 사유화하고 친미적인 정치 노선과 극도로 개방적인 경제 정책을 드라이브하면서 이것을 개혁이라고 불렀다. 그의 정책은 서구 여러 나라로부터 최고의 찬사를 받았지만, 그의 개혁이 낳은 최종적인 결과는 다시 한 번 국가경제가 붕괴되는 것이었다.

2007년부터 아르헨티나를 이끌고 있는 사람은 법률가 출신의 정통적인 페론주의자인 크리스티나 페르난데스(Cristina Fernandez)이다. 아르헨티나 사람들이 그녀를 대통령으로 선택한 데는 여러 가지 이유가 있겠지만, 그녀의 이미지가 에비타와 많이 닮았다는 요소도 크게 작용했다. 특히 대중 연설을 할 때의 모습은 에비타와 아주 흡사하다.

신화라는 것이 만들어질 때에는 항상 만들어지는 근거가 존재한다.

에비타의 신화도 마찬가지다. 에비타는 '에바 페론'이라는 공식적인 이름과 '에비타'라는 애칭 중에서 어느 쪽을 선호하느냐는 기자의 질문을 받고 그에게 '에비타'로 써 달라고 부탁하면서 이렇게 설명했다.

"우연히 거리에서 만난 아이들이 나를 보고 '에비타!'라고 외치면 나는 그 아이들의 어머니가 된 것 같은 느낌을 가집니다. 노동자들이 나를 보고 '에비타!'라고 부르면 나는 그들과 동료라는 의식을 가지게 됩니다. 소외받는 여성들이 나를 보고 '에비타!'라고 부르면 나는 그들의 자매가 되어 그들의 슬픔과 기쁨을 함께 나누는 가족이 된 듯한 느낌을 가지게 됩니다."

그랬기 때문에 지금으로부터 반세기 전 아르헨티나 사람들은 에비타에게서 구원을 발견했고, 반세기가 지난 지금에도 그 후손들은 에비타에게서 구원을 찾고 있는 것이다.